U0136057

臺灣史研究叢書 21

明清福建臺灣史第二卷：

晚明福建史

徐曉望著

蘭臺出版社

作者簡介

　　徐曉望，上海人，中國經濟史博士。原福建社會科學院歷史研究所所長、二級研究員、國務院特殊津貼專家、福建省優秀專家、福建省文化名家。歷任中國漢民族研究分會副會長、中國宗教協會常務理事、廈門大學宗教研究所兼職教授、福建師範大學社會歷史學院兼職教授、福建歷史學會副會長、福建媽祖文化研究會副會長。出版專著 32 部，發表論文 300 多篇，共計 1200 多萬字。主要著作有：《福建民間信仰源流》、《福建文明史》、《閩國史》、《媽祖的子民——閩臺海洋文化研究》、《閩南史研究》、五卷本《福建通史》、《大航海時代的臺灣海峽與周邊世界》、《媽祖信仰史研究》、《21 世紀的文化使命》、《中國福建海上絲綢之路發展史》、《閩北文化述論》、《澳門媽祖文化研究》（合著）。曾獲福建社會科學優秀成果一等獎、二等獎、三等獎。

明清福建臺灣史序

鄭學檬

　　徐曉望研究員曾隨廈門大學傅衣凌教授攻讀碩士學位，係名門弟子。畢業後入福建社會科學院歷史研究所從事明清經濟史、福建地方史研究。「蕭條高寄，不與時務經懷」；專心治史，如松柏「經霜而茂」，在福建史、臺灣史研究方面碩果累累。多年之後，再入廈大歷史系，攻讀專門史（中國經濟史）方向博士學位，並於 2003 年完成博士論文，其論文主旨〈明末清初海峽兩岸的市場關係〉問題，我們曾進行過深入探討。

　　明清時期，中國東南沿海閩浙粵地區，是東西方國際貿易的聚焦點，中國的商品，吸引著歐洲殖民勢力，先後有葡萄牙、西班牙、荷蘭、英格蘭的等歐洲強國的商業貿易集團聞風而致，貿易、掠奪不一而足。從辯證角度看，禍福相依，歐洲葡、西、荷、英殖民勢力東來，也促使白銀、黃金、鴉片等舶來品傾銷華夏，從而改變了中國的歷史的發展方向。臺灣海峽在這一時代變革過程中因為其區域優勢和海峽西岸的發達的商品生產產業鏈，而一躍成為國際貿易的聚焦點、亞洲發展至關重要的區域。它是聯繫東北亞市場與東南亞市場的關鍵通道，為世人所矚目。國外學者，如美國加州學派之「大分流」說，即與此議題而發。

　　中國歷史學家一般以積極的態度看明清時代中國的變化，不過，論證

各有不同。徐曉望這本書，以當年博士論文為基礎寫成，以時代變革為背景，論述當時經濟關係諸問題。他認為，其一，明清時期東亞的發展與環球國際貿易市場初成有很大關係；其二，明清國際貿易市場初成不僅有西力東漸的影響，也有福建等中國商人開拓亞洲市場的成就；其三，早期世界市場的中心是在東亞的環中國海區域，西方殖民主義者主要通過介入中國與日本及東南亞的貿易來獲得自身發展的動力；其四，歐洲的成功在於壟斷環球貿易的主要利潤，當這一原始積累的資本形成對英國工業的貫注，便導致工業革命的產生。這些觀點反映了徐曉望對明清世界史的若干思考，雖非「璞玉渾金」，亦可稱百流一源，燦然成章，自有特點。我一向主張要從世界史的高度來看區域史研究，徐曉望的《明清福建臺灣史》能夠從這一角度展開研究，就使他對福建臺灣史的研究具備超越地方史的特性。

徐曉望在福建史學界以勤奮聞名。他的五卷本《明清福建臺灣史》約有 200 萬字，共有 7200 多個注解，平均每本書有 1400 多個注解，其中一些史料來自稀見的明清著作，這是作者多年努力的積累。這套書涉獵較廣，多處研究頗具新意。例如作者在第三卷《晚明臺灣海峽史》中，考察了晚明臺灣的移民史、海盜史及福建官府與臺灣原住民的關係，這些領域的相關研究較少，所以，徐曉望的嘗試值得關注。

總的來說，徐曉望關於明清福建臺灣史的系列研究史料豐富，論述自成系統，是一套值得一看的著作。

鄭學檬 2023.8.28

明清福建臺灣史序

陳支平

　　徐曉望研究員是一位十分勤奮執著的學者。數十年來，他在中國古代史、中國經濟史、中國社會史、中國海洋史、中國理學史，以及福建、臺灣地方區域史和古代文獻的搜集整理領域，均取得一系列重要的學術成果，尤其是在福建地方通史方面，成績卓越，堪稱在當今國內外學界中，無出其右者。近日，徐曉望君又將出版五卷本的《明清福建臺灣史》，著實令人欽佩。現在，徐曉望君希望我為五卷本的《明清福建臺灣史》寫個序言，為了表示所謂的「欽佩」並非虛言場面話，我慨然一口答應了下來。

　　要談到臺灣歷史，有兩點是無論如何迴避不了的，這就是其一，臺灣的歷史是始終與福建歷史分割不開的；其二，福建與臺灣的相互歷史，基本上是從明清時期開始發生的。大概正是出於這兩點迴避不了的因素，徐曉望君的新著，就著眼在福建與臺灣歷史演變發展進程中的這兩個關鍵節點上，命其名為《明清福建臺灣史》。

　　我們說臺灣的歷史是始終與福建歷史分割不開的，這無疑是全方位的。無論是臺灣民眾的先祖淵源關係、臺灣的行政政治嚴格、臺灣的社會經濟開發與經濟運作，還是臺灣的民風習尚、神明崇拜、文教讀書、民間娛樂、方物沿襲等等，基本上是從大陸福建直接傳承而來，或是與福建沿海各地

產生了緊密的聯繫。但是遺憾的是，近十餘年來，研究福建與臺灣兩岸關係史的學者們以及社會熱心人士們，大多把研究的注意力，放在兩岸家族和兩岸神明崇拜的這兩個具社會政治顯示度的方面之上。其中社會意義毋庸置疑，但是從學術的層面來思考，則未免有些偏頗，至少在一定程度上削弱了研究福建臺灣歷史的整體概貌，往往給人一種福建與臺灣的關係歷史，基本上是鬼神來往的歷史，因為即使是民間家族的歷史，所可以研究的依然是那些過世百餘年以上的鬼祖先了。

徐曉望君的這部五卷本的《明清福建臺灣史》的可貴之處，就在於他全面而詳實地反映了福建與臺灣兩岸關係歷史發展演變歷程，把明清時期福建與臺灣的歷史和盤呈現給廣大讀者。例如，在《明清福建臺灣史》第三卷《晚明臺灣海峽史》中，徐曉望君把研究的視野放在當時世界大變局的情境之中，從晚明中國海上力量和臺灣海峽稱霸、閩商與東南亞歐洲殖民者的貿易、晚明華商與南海港市的貿易、晚明福建與日本、琉球的關係等各個不同的角度談起，進而論述明代官民對臺灣的認識、福建官民與海洋巨寇林道乾、林鳳的關係，以及明代後期的臺灣危機和福建官府對於澎湖群島的管理、福建沿海民眾對於臺灣的移民開發等。徐曉望君的這一全方位的歷史敘述，讓我們對於福建及臺灣的歷史演變，有著開闊視野和深邃思考的認識與觀察。

徐曉望君是我的同門師弟，他也和我一樣，本科畢業於廈門大學歷史系，接著攻讀傅衣凌先生的中國經濟史專業的碩士學位。畢業之後，在福建省社會科學院工作，由於工作和科研成績突出，多年擔任福建省社會科學院歷史研究所所長的職務。現在，我們都已經進入或者即將進入古稀之年。徐曉望君命我寫序，看到他即將出版這麼好的高品質著作，作為師兄，當然是希望今後能夠繼續讀到他不斷出版的更多的學術著作。但是推己及人及師弟，我也希望他能多多保重身體，吃好喝好，君不見現在社會上流行一句名言：「身體是自己的」！

2023 年 8 日 26 日

於廈門大學國學研究院

目　錄

推薦序　明清福建臺灣史序　鄭學檬　I

推薦序　明清福建臺灣史序　陳支平　III

（1522—1644 年）

緒論：從國際市場的變化看晚明福建的發展　　1

第一章　明嘉靖年間福建的海上貿易　15

　　第一節　嘉靖初年的閩粵海寇商人　15

　　第二節　葡萄牙人在漳州的貿易　26

　　第三節　浙江雙嶼與閩粵海寇商人　41

　　第四節　福建、葡萄牙商人與日本市場的開拓　53

第二章　明嘉靖年間閩海的抗倭戰爭　69

　　第一節　朱紈的海禁政策　69

　　第二節　明嘉靖年間福建的抗倭戰爭　89

　　第三節　戚家軍入閩與倭寇的平定　102

　　第四節　關於嘉靖年間倭寇的一些問題　114

第三章　晚明福建對外貿易的新格局　125

　　第一節　海禁調整與海澄建縣　125

　　第二節　月港通商與福建私人海上貿易　131

　　第三節　晚明漳泉海商集團的發展　141

　　第四節　晚明福莆海商集團的發展　156

第四章　晚明福建的出口商品與白銀流入　167

　　第一節　福建絲織業的營銷　167

　　第二節　福建陶瓷業的營銷　175

　　第三節　福建製糖業的營銷　183

　　第四節　海外白銀流入福建　188

　　第五節　明代白銀貨幣的流行　200

第五章　晚明福建的城鄉市場　213

　　第一節　福建農村市鎮的發展　213

　　第二節　福建城市的發展　233

　　第三節　福建省內的區域貿易　242

　　第四節　福建與江浙的區域貿易　253

　　第五節　福建與廣東及內陸省分的貿易　271

第六章　晚明福建農業的多元經營　281

　　第一節　糧食種植業　281

　　第二節　果品、釀酒和榨油業　294

　　第三節　製茶業和製菸業　300

　　第四節　漁業和製鹽業　313

第七章　晚明福建的手工業　323

　　第一節　紡織業和造紙業　323

　　第二節　伐木業和造船業　331

　　第三節　冶鐵業及其雇傭制度　336

第八章　晚明福建社會經濟結構的變更　345

　　第一節　福建經濟結構的變更　345

　　第二節　福建土地制度的變化　357

　　第三節　福建社會結構的變化　362

第九章　晚明福建官民關係的變更　373

第一節　商品經濟浪潮中的管理問題　373

第二節　晚明福建徭役制度的變更　379

第三節　明末福建官民關係的變更　385

第十章　晚明福建的書院、科舉、刻書業　399

第一節　福建的書院和科舉事業　399

第二節　福建刻書業的發展　406

第三節　福建的小說出版　425

第十一章　晚明福建的理學和文史藝術　433

第一節　福建的理學家和異端　433

第二節　晚明福建的文學　447

第三節　福建的史地之學　455

第四節　福建的藝術世界　462

第十二章　晚明福建的宗教世界　471

第一節　福建佛教的衰落與復興　471

第二節　天主教在福建的傳播　483

第三節　明代的陳靖姑信仰及聖公崇拜　487

第四節　晚明福建的天妃信仰　495

主要參考文獻　505

緒論：從國際市場的變化看晚明福建的發展

明代中後期，歐洲殖民主義者相繼來到中國沿海，環球貿易體系建立。這使東亞的貿易格局發生很大的變化。在中國、日本、葡萄牙、西班牙、荷蘭諸國的競爭中，福建海商長袖善舞，逐漸成為可以和西方殖民主義者相抗衡的力量。

一、晚明大航海時代發展起來的國際貿易

當元明之際的中國以其富強聞名於世界的時候，西方的歐洲國家正在走出愚昧與停滯，開始了經濟與文化全方位的復興。元代親歷中國的義大利商人馬可・波羅將東方描述為黃金遍地、白銀如山、物產豐美、取之不竭，引起了西方商人莫大的興趣。而從絲綢之路源源而來的香料、絲綢、瓷器等產品似乎都在證明馬可・波羅的神話。於是，在經商傳統的推動下，歐洲掀起了一股向東方尋找財富的熱潮。然而，其時中國與東南亞之間的海上絲綢之路僅僅延續至西亞，而西歐的國家欲購東亞的商品，必須到東地中海口岸向西亞商人採購。貨物經多次轉賣後，價格往往翻數十倍乃至上百倍。而從其數量來講，也遠遠不能滿足西歐國家的需要。歐洲人很需要打通直接與東方貿易的道路。可是，當時的西亞在穆斯林世界的強力控制之下，歐洲的小國是無法與其對抗。為了突破西亞商人的控制，西歐國家開始向南方與西方探航，尋找通向東方的新航路。經過幾個世紀的努力

後，他們終於取得了很大成績。明弘治五年（1492 年）哥倫布發現美洲；弘治十一年（1498 年），葡萄牙航海家達 · 伽馬航抵印度；正德十二年（1517 年），葡萄牙使者到達澳門附近的上川島，是中國與西方接觸之始；正德十四年，麥哲倫率西班牙艦隊橫渡太平洋，航抵呂宋群島。其後，西方的葡萄牙、西班牙、荷蘭、英國、法國等國家紛紛在東南亞建立殖民地，造成東亞國際形勢的變化。它給中國社會發展的影響是極為深遠的。

《劍橋中國明代史》引用南加利福尼亞大學的小約翰 · E · 威爾斯：「1514 年至 1662 年間，中國的人民和政府都捲入了『現代世界體系』發展的第一階段之中，並受其影響。這種捲入是通過將除了南極洲、澳洲之外的所有大陸邊境連接起來進行商品、穀類植物、疾病、人員和思想交流的海上道路來實現的。在與葡萄牙人首次遭遇後，明朝的官方觀念及正規化的對外關係體制幾乎完全不能指導中國官員，對於中國與歐洲的關係也幾乎沒有產生任何作用。然而，官方的實際反應是警惕的、通融的、合理有效的。中國的商人、工匠、水手熱火朝天地參與到建設南中國海貿易和居住點的新世界的活動之中。長崎和九州的其他港口的興起，臺灣中國人移居地的開拓，海澄和稍後的廈門的突然出現，澳門、馬尼拉、萬丹、巴達維亞、阿瑜陀耶、滿剌加的繁榮，以及許多商業和經濟中心的增長，這一切在很大程度上都有賴於中國的這些創業者的活動。與日本、馬尼拉的絲——銀貿易對明朝經濟發生了實質性的影響。」[1] 按，來自《劍橋明代史》的論述代表了西方學術界的標準觀點：葡萄牙和中國的接觸，給東方帶來了空前的機會，雖然明朝的官府對這一變化視而不見，但中國民眾的積極活動，給東南亞、日本和中國都帶來了繁榮。

以上這一觀點大致不錯，但在論述這一階段變化的時候，我們馬上會回想起費正清的中國觀和濱下武志、弗蘭克等人的觀點。按照費正清的想法。東方過去是一盆死水，是歐洲人建立了環球貿易體系，給東方帶來了變化。來自美洲與日本的白銀輸入中國，於是，明朝經濟發生了實質性的改變。對於費正清的觀點，美國的東方學專家很早就開始了批判和反省，這就是中國中心觀的崛起。他們認為中國有自己的發展規律，東方的變化

---

1 〔英〕崔瑞德、〔美〕牟復禮編，《劍橋中國明代史 1368—1644 年》下卷，北京，中國社會科學出版社 2006 年，第 307 頁。

並非是西方帶來的。而且，東方的變化往往有自己的規律。但是，中國中心觀的作者的研究主要著眼於 1840 年以後中國的變化。該怎樣看待大航海時代中國的地位？人們回答不一。濱下武志指出：早在歐洲人抵達東方之前，東亞已經形成了以中國為中心的朝貢貿易體系，歐洲人是將東方原有的市場與歐洲、美洲聯繫起來，而不是創造東方的貿易市場。這一觀點令人深省。不過，濱下先生自己研究的對象也是近代的中國，而不是大航海時代。弗蘭克則是從根本上顛覆大航海時代東方和西方的地位，在他看來，那個時代的世界貿易是中國印度在唱角，歐洲不過是配角而已。他的問題在於：怎樣解釋中國和印度失去這一地位？於是加州學派又有了「大分流」之說，謂近代中國印度與西歐國家的分流，導致發展方向的不同。該說的弱點在於：它難以解釋大航海時代的特徵：原來分立的各個區域開始了整合和貿易，其實，這一時代真正的特徵不是分流，而是合流，是各區域的分散經濟在環球國際市場形成的前提下，世界經濟的整合趨勢。

我認為環球貿易是一個體系，大航海時代環球貿易體系初步形成之後，給世界各國都帶來了機會。與其說，歐洲還是東亞給世界帶來變化，不如說是升級版的世界貿易給東方和西方各國都帶來了機會。誰在這個初成的國際貿易體系中得到最多，誰就會贏得較大的發展機會。在環球貿易體系初成的時代，在這個貿易體系中獲得最多的，其實是中國和日本。

明代的中國是當時世界上經濟體量最大的國家，也是最富裕的國家。在歐洲人看來，當時的中國有世界上最有營養的穀物：水稻；有世界上最美麗的衣料：絲綢；還有世界上最高雅的容器：瓷器。這些物質文明遠超歐洲的水準。其實，當時能與中國一較高下的不是歐洲諸強，而是印度的莫臥兒帝國和橫跨歐洲、非洲、亞洲的奧斯曼帝國。歐洲人在征服美洲之前，是無法與東方大國相比的。莫臥兒帝國由成吉思汗的子孫建立，統治者已經改宗伊斯蘭教，大致征服了印度河流域及恆河流域的主要國家，其物力不亞於明朝。奧斯曼帝國則由發源於中國北境的突厥人建立，其統治者也是伊斯蘭教徒。該國的陸軍力量超越歐洲諸國，不斷向歐洲內陸攻擊，奪占東歐的許多地方，是歐洲諸國畏懼的對象。其弱點在於：該國的領土多為沙漠和山地，缺乏大面積的農田，農業和手工業都不是最發達。總的來說，這兩大國家的物質力量略遜於明朝。

中國在南宋時期是物質文化居於世界前列的國家，歷元朝和明代前期，中國領先世界的地位並未變化。但是，經歷了元朝統治之後，也給這個國家帶來了很多問題。元朝初年的遠征，消耗了中國的物力。為了統治歐亞世界，加重了中國的負擔，本土大元鈔制度的實行，導致中國白銀的外流。最重要的是，元朝打亂了中國傳統的賦稅結構，國家稅收銳減，明初每年全國的田賦僅有 2700 萬石糧食，約相當於 2700 萬貫銅錢，或是 2700 萬兩白銀。而在北宋時期，朝廷最高年收入約在 15000 萬貫。明朝的財政收入僅有宋代的六分之一至五分之一。[2] 但明朝遇到的問題不比宋朝更少，退入蒙古高原的元朝殘餘軍隊仍然具有強大的力量，明朝數度出兵，多次重創對手，但無力消滅北元力量。蒙古草原上的游牧騎兵一直是明朝巨大的壓力，也是明朝財政的無底洞，吸引及消耗了明朝的主要財力。明代前期，朝廷為了彌補財政上的巨大開支，採取濫發鈔票的政策，僅僅兩三代人，明朝的寶鈔就被民眾拒用。明朝在財政上形成巨大的空洞。寶鈔廢除，對民間商業也很不利，取而代之的是白銀。然而，中國本土的銀礦已經不多了。

中國人開採白銀的歷史悠久，並在宋代形成了熟練的技術系統。不幸的是，經歷宋朝瘋狂的開採之後，留給子孫可採的白銀已經很少了。以明朝三大銀產地福建而論，宋代朝廷每年可以福建採購 27 萬兩白銀，明代朝廷壟斷了所有的銀礦，但福建省每年可上供的白銀僅僅四萬兩上下。即使這個數字遠遠不及宋代，迄至明代正統年間，福建省還是無法完成國家的定額，於是爆發了葉宗留起義。其後，除了少數礦洞外，福建多數礦場停採報廢。另一個白銀產地浙江情況與福建不相上下。明代中葉，朝廷的白銀來源，主要依靠雲南和緬甸北部的銀礦。它遠遠不能滿足全國商業運轉的需要，缺銀的情況十分嚴重。因此，明代白銀的購買力要比宋代上漲三倍。

明代中葉，世界上最大的經濟體對白銀充滿著渴望。

就在這一時期，日本的銀礦開始開採了。

2　全漢昇，《中國經濟史研究》第一冊，〈唐宋政府歲入與貨幣經濟的關係〉，中華書局 2011 年，第 180 頁。

二、日本、葡萄牙白銀與東亞貿易圈的發展

　　日本是一個奇特的國家。日本人往往自稱資源貧乏，其實，在歷史上，日本是東亞黃金、白銀、黃銅的主要產地。唐代日本的遣唐使，往往帶上幾十斤黃金到中國經商和學習。元朝到過中國的馬可‧波羅，在其名著中將日本描述為一個黃金遍地的國家。不過，當時日本的採煉技術遠遠落後於中國，雖有各種貴金屬礦產，除了黃金外，白銀和黃銅的開採量很少。宋代的文獻記載，日本商人常到中國採購數額巨大的銅錢，中國銅錢，已經成為日本的基本貨幣。迄至明代中葉，閩浙一帶的礦夫已經成為流寇，他們無從開採銀礦，只好從事掠奪為主的生涯。被官府擊敗後，這些礦夫往往下海成為海寇。應當是這些人將採礦技術帶到了隔海相望的日本，從而引起了日本銀礦的大開採。

　　嘉靖年間日本銀礦的大規模開採，整個改變了東亞形勢。當時的中國極度缺乏白銀，這使日本的白銀迅速找到了自己的價值。只要將日本的白銀運到中國，就可購買各類商品。就此情形而言，可知嘉靖年間中國與日本貿易的大發展，其實是不可阻擋的歷史潮流。起源還是中國需要日本的白銀。但是，中國對白銀的極度渴望，與寶鈔制度的廢除有關。當時的中國若能管理好寶鈔，讓鈔票占據流通的主要地位，整個中國市場對白銀的渴望就不會那麼強烈了。

　　晚明中國對白銀的渴望也改變了世界貿易的通用貨幣。在明代初期，世界各地使用的貨幣各不相同。歐洲通用金幣，所以，黃金是他們最大的追求。印度及南亞一帶，一半通用金幣，一半通用銀幣，並輔之以貝幣。總之，世界貨幣並不統一。由於中國對白銀的需要，世界開始重視白銀。從 16 世紀到 19 世紀，白銀都是國際市場上的主要貨幣，一直到 19 世紀後期，英國才讓英國的金幣統治了世界。白銀時代從此過渡到黃金時代。

　　大航海時代，日本白銀流入中國，中國商品出售日本，是當時世界上最大宗的貿易。16—17 世紀中國商品在海外最大的市場是日本。如前所述，僅是葡萄牙人在晚明的日本市場運走的白銀平均每年為 152.6 萬兩。明代的一兩約等於 0.0375 公斤。明朝每年的白銀收入為 14 萬公斤，等於

373.33 萬兩。[3] 人們公認：這些銀兩主要用來購買中國商品。僅這一數量，便超過中國商品在馬尼拉的銷售額。除了葡萄牙人之外，西班牙人、荷蘭人、中國人都在經營中日貿易。貢德 • 弗蘭克綜彙各人的研究後說：「日本出口到中國的白銀數量比從太平洋上運來的美洲白銀多 3 倍到 10 倍，平均為 6 倍到 7 倍。總之，從 1560 年到 1640 年，歐洲從美洲獲得 19,000 噸白銀，另外有 1000 噸以上白銀從太平洋上運走。而日本的白銀出口就多達 8000 噸或 9000 噸，也就是說，在 28000 噸的總量中，日本就提供了 8000 噸或 9000 噸，將近 30%。」[4]

　　據以上統計，從 1560 年到 1640 年之間的 80 年裡，日本出口了 8000 噸或 9000 噸的白銀，平均每年為 100 噸，或是 112.5 噸。將其換算成銀元，約為 400 萬—450 銀元，或者 296 萬—324 萬兩白銀。是為西班牙人運到東方白銀的一倍以上。如此巨大的貿易額，不是早期的中國與歐洲貿易所能相比的。實際上，當時葡萄牙人雖然掌控了中國與歐洲之間的貿易，但中國與歐洲之間的貿易僅有一兩條葡萄牙的船隻能跑完全程，而每條船的貿易額，不過 20 多萬兩白銀。與之相比，日本與中國之間的貿易額，每年都有幾十條船。所以，在國際市場上，真正的主力是中國與日本之間的貿易。稍後展開的才是美洲和歐洲之間的白銀貿易。不久，西班牙人又將美洲白銀帶到中國，又推動了美洲與中國的貿易。美洲白銀流歐洲，歐洲人用手工業品去換取白銀，美洲和歐洲之間的貿易又發展起來。值得注意的是，早期歐洲強國，如西班牙、葡萄牙、荷蘭、英國，都是積極介入中國與日本之間的貿易，並在這一基礎上發展歐洲與東方的貿易。所以說，是中國對白銀的渴望推動了東亞的貿易，而東亞的貿易帶動了環球貿易體系。

　　葡萄牙人是環球貿易體系建立的關鍵參與者，他們遠航東方，是為了與印度和中國貿易。在印度洋，他們遇到的是阿拉伯商人與印度商人建立的貿易體系。通過一番戰爭和外交，葡萄牙人很快擊潰對手，在印度洋建立貿易據點，在一定程度上控制了印度洋的貿易網絡。於是，他們繼續西進，占領了麻六甲海峽邊上的滿剌加國的海口。

　　滿剌加國與明朝有特殊關係。在明代初年，是明朝的干預，才使這個

3　引自彭信威，《中國貨幣史》修訂版，上海，1965 年，第 671—672 頁。

4　貢德 • 弗蘭克，《白銀資本》，北京，中央編譯出版社 2000 年，第 206 頁。

國家從暹羅帝國中分離出來，成為明朝的朝貢國。鄭和航海之際，曾在麻六甲設立駐屯的據點，當時的滿剌加就是明軍在海外的基地。但在鄭和航海結束後，明軍退出了滿剌加的基地。雖然滿剌加繼續向明朝進貢，每個國王登基，都向明朝彙報，申請明朝的使者到其國家賜封，不幸的是：一次明朝使者溺亡，使麻六甲成為使者們的畏途，有些人拒絕到麻六甲去，從此，明朝與麻六甲的關係遭到削弱。麻六甲要靠自己的力量保衛自己了。明代中葉，麻六甲發展不錯，因其特殊的地理位置，麻六甲成為南海與印度洋貿易的中樞，來自四方的商貨匯聚於麻六甲海港，麻六甲因而致富。問題在於，這個國家沒有力量保衛自己。

　　就麻六甲的文獻來看，麻六甲國王手下有一支數萬人的軍隊。但是，這支軍隊主要用來對付海寇，當時東南亞諸國之間罕有海戰，他們缺乏與歐洲海軍的作戰經驗。葡萄牙人則是在歐洲戰火中錘煉出來的強悍海軍。大航海時代的歐洲恰似中國歷史上的戰國時代，各個國家之間縱橫捭闔，以武力角鬥，爭奪商業利益和政治利益。長期的戰爭鍛煉了各國的軍隊，尤其是海軍，形成了一套自己的戰術，使用最先進的大炮和燧發槍。葡萄牙人的主力戰艦，往往配備數十門致上百門火炮，而與其對抗的東方軍隊，很少配備火炮，武器上的差距，使東方的戰船很難對抗葡萄牙的戰艦，即使有數量上的優勢，也很難對抗歐洲的火力優勢。印度洋的伊斯蘭諸國，曾經組織了一支多國參加的艦隊，集合上百隻戰船，仍然被葡萄牙人擊敗。至於麻六甲這樣的小國，更無力對抗葡萄牙艦隊。葡萄牙人很輕鬆地占領了麻六甲的港口。其後，他們認為麻六甲國已經滅亡，便冒充麻六甲的身分到中國來貿易。其實，葡萄牙人雖強，但其人數不多，只能集中力量於海上，而麻六甲的國王率其部眾退入麻六甲內陸，派使者向中國報告消息，但明朝竟無法干預麻六甲統治者的更迭。以後，麻六甲國失去貿易利益，漸漸淡出南海的國際舞臺。而葡萄牙人占據麻六甲之後，以此為據點，開始做遠東的貿易。他們一開始在廣州碰壁，而後轉到福建和浙江，在浙江的雙嶼港，有一些經營中日貿易的漳州商人，又將他們帶到日本。其後，葡萄牙人以廣東的澳門為據點，往來於日本與中國之間，從中獲取巨大利潤，也給中國及日本兩國帶來好處。

　　如果沒有葡萄牙人的介入，中國與日本的貿易會發展嗎？肯定會的。

因為，中國市場對白銀的渴望，遲早要帶動兩國之間的貿易。即使沒有葡萄牙人作仲介，中國與日本的貿易也會展開的。事實上，也是中國和日本的商人各自發現了彼國的市場。沒有葡萄牙人，中日貿易也將展開。因此，不是葡萄牙人給東方帶來變化，而是中國與日本的大規模貿易帶動了世界。葡萄牙人介入中日貿易，得到更多的利益。

　　葡萄牙人占據澳門之後，對華貿易走向穩定。他們將主要力量投入中國與日本的貿易，每年都派一二條大船到歐洲，運去絲綢、瓷器等中國商品。歐洲的瓷器熱始於 15 世紀後半期。1461 年埃及蘇丹將數件明代青花瓷器送給威尼斯人之後，歐洲貴族很快愛上了來自東方晶瑩剔透的器皿。迄至 16 世紀上半葉，葡萄牙國王開始將來自東方的瓷器當作禮品送給歐洲各個國王，久而久之，王室內的愛好影響了民間，16 世紀前半葉，葡萄牙里斯本和尼德蘭安特衛普的城市裡，已經有專賣瓷器的商店。麥金托什的《中國的青花瓷》一書說：「1608 年，荷蘭東印度公司在中國訂購了 10 萬多件中國瓷器。」[5] 同一時期，來自東方的絲綢也引起了歐洲人的熱情。[6] 歐洲人對瓷器和絲綢的愛好，使中國的商品大量輸出歐洲，歐洲市場不同於其他區域市場的特點在於：這是一個逐步擴大的市場。歐洲的城市大都依賴貿易為生，由於白銀在東方的購買力遠勝於歐洲，他們有了收入，是想辦法到東方購買商品，而不是將其儲備起來。歐洲進入世界市場，意味著源源不斷的市場需求，國際貿易因而發展起來，環球貿易體系初步形成。環球貿易體系形成的根本動力在於中國市場擴大對白銀的需求激增，因而帶動了日本對華貿易，歐洲人介入中日貿易嘗到甜頭後，為中國帶來美洲的白銀，從而串起了歐洲與美洲、美洲與亞洲、亞洲與歐洲的國際貿易。

三、參與海上貿易的福建商人集團

　　在大航海時代的國際貿易中，福建商人並非局外觀光者。他們積極參與這一時代的國際貿易，為東南亞歐洲殖民者的港市提供中國商品，因此，

5　〔英〕崔瑞德、〔美〕牟復禮編，《劍橋中國明代史 1368—1644 年》下卷，第 358—359 頁。

6　〔英〕崔瑞德、〔美〕牟復禮編，《劍橋中國明代史 1368—1644 年》下卷，北京，中國社會科學出版社 2006 年，第 358—359 頁。

他們在歐洲人的殖民地到處受歡迎。事實上，歐洲人在東南亞港市的建設，大都離不開福建商人為他們提供的商品。因此，許多歐洲人的著作都承認：歐洲人在東南亞建成的港市，福建商人有莫大的功勞。那麼，為什麼是福建人呢？這是因為，明代對外貿易的主要港市有兩個系統，其一是廣州、澳門系統，這個系統自古以來是中國吸引外商的主要港口。不過，由於官府的保守觀念，明朝允許外商進入廣州和澳門，卻不允許廣東人從這個港口到海外貿易。明朝另一個外貿系統是福建的月港和安平港、廈門港。福建官府一向允許本地商人到海外貿易，早在宋代，福建就設立市舶司，從對外貿易船隻中徵稅。雖說明代前期朝廷一度禁止私人海上貿易，但到了隆慶元年之後，官府轉變政策，開始允許本地商人從月港到海外貿易，從而形成了龐大的福建海商群落。其時，歐洲人在東南亞與穆斯林國家形成對立，互不往來，只有福建商人周旋於二者之間，給他們帶去各自需要的商品。在這一背景下，福建商人將大量的白銀帶入本土，從而促進了福建等省商品經濟的發達。晚明外省人對福建評價很高：「閩故神仙奧區，天府之國也。」[7]

研究晚明福建的發展，必須基於這個前提：因環球國際市場初成，刺激了福建商品經濟大發展。在這一基礎上，福建各行各業都呈現出欣欣向榮的影響。

晚明的私人海上貿易與臺灣海峽風雲

福建是一個在宋元時期即有海上貿易傳統的區域，而且是一個經濟結構圍繞海外貿易運轉的區域。自宋元以來，福建的許多產業便是為海外貿易而存在的。倘若沒有海外貿易，福建經濟便難以運轉。這種情況用明朝流行的話來說，「海者，閩人之田也。」也就是說，沒有海外貿易，閩人便無法維持自己的生活方式。其實，地理因素的缺陷也是福建省不得不發展對外貿易的重要原因。福建之外的沿海省分大都有廣闊的內腹地區，民眾不能在沿海生活，可以轉移到內腹區域。以山東省來說，該省是中國古代海洋文化的發源區域之一，沿海貿易曾經相當發達。但自元朝所開運河通航之後，山東省的經濟中心便轉移到運河沿線一帶，明朝的海禁剛好與

7　屠本畯，《閩中海錯疏》卷首，〈序〉，商務印書館萬有文庫本，第 1 頁。

這一趨勢相同，因此，在山東的海禁並未給當地民眾生活帶來大害，他們轉移到內陸區域，農業與商業經濟都有一定發展。再如浙江省，當地土壤肥沃，沿海的寧波、台州、溫州都是著名的糧產區，明朝實行海禁，他們便以種糧為生，雖然不能大發展，農民的小日子卻是十分紅火的。福建卻是一個多山的省分，農田的數量極少，農民僅靠種田無法維持生活，只有在市場上出售他們的農副業產品，才能維持正常生活。然而，福建本省的市場十分狹小，而且，由於山嶺的阻隔，與外省的陸上交通十分不便，因此，福建不能像江蘇、浙江等地區，可以主要依靠國內市場為生。制約於福建的地理條件，福建經濟的運轉，實際上只有一個出路——向海外發展。換句話說，對外貿易是福建生命線。

　　由於上述原因，明朝的海禁政策可以禁止其他省分的海外貿易，卻無法禁止福建省民眾的海外貿易。其實，早在明代初期，福建人便在沿海悄悄地進行私人海上貿易。這一貿易的中心，是在漳州的月港（今海澄），當地商人私自製造大船到東南亞各地，進行傳統的絲綢之路商業貿易。不過，這一時期的貿易量較小，給官府及民間的刺激不是太大。迄至明代中葉，有兩個因素大大改變了傳統的貿易形勢。其一，葡萄牙人經過艱苦的遠航，終於繞過好望角，進入印度洋，從而與傳統的亞洲海上貿易路線相接。葡萄牙人從中國載運絲綢、瓷器、白糖等商品銷往歐洲，貿易利潤十分可觀。對中國來說，這標誌著中國商品對歐洲市場的開拓，從而使傳統的海上貿易躍上一個新的臺階。從此，東西方貿易不再是傳統的奢侈品貿易，而是以日用品貿易為主。由於當時歐洲生產的日用品在品質上和價格上都無法與中國相比，因此，他們只能運來白銀購買中國商品。這使大量白銀輸入中國。其次，日本經濟的崛起，也是一個重要因素。早在馬可‧波羅的遊記中，日本被形容成一個黃金之國。確實，日本是世界上貴金屬產量最高的區域之一，約與明代中期相當，日本進入了一個「戰國」時期，各邦國之間的戰爭促使各國競相發展貿易與開礦，大量的黃金與白銀流入市場，其價格只有中國市場的幾分之一。嘉靖二十三年（1544 年），一艘漳州人的商船遇到暴風飄入日本沿海，他們所帶的商品竟以幾倍的價格出售。這些漳州人回到家鄉後，一傳十，十傳百，月港的商人競相到日本貿易。據朝鮮方面的史料，此後數年內，僅僅因迷航誤入朝鮮的福建人便有

上千人。

　　應當說，這是一個白銀讓人瘋狂的時代，漳州人發現，他們在家鄉只能賣幾個銅板的蘆柑，到日本可以換一塊銀子。從湖州採購而來的絲綢、從景德鎮運來的瓷器，以及他們自己生產的白糖，都是國際市場上的搶手貨，只要運得出去，都能賣數倍的價格。這個時候，朝廷的一切禁令對他們來說早已不存在，日本與葡萄牙人手中的白銀，讓他們熱血沸騰，他們不僅到日本去貿易，而且還帶著日本人與葡萄牙人到自己的家鄉與浙江沿海貿易，在浙江寧波沿海的雙嶼港，葡萄牙人竟然在島上修建了天主教堂，開始傳播天主教。然而，樂極生悲，混亂的海外貿易帶來了許多民事糾紛。當時的海外貿易流行預訂制度，海外商人將自己所需的商品告訴仲介人，並預付購物的白銀。許多仲介人用他們的白銀，卻無法交出貨物，等到他們來討取，有些仲介人便說朝廷官軍前來清剿倭寇，讓他們趕快下海迴避。這種方式用上一兩次還能管用，多用幾次就不靈了。於是，外來商人組織武裝從雙嶼港深入浙江沿海地區討債，將債主的財產搶光。一來二去，他們漸漸發現，當時的浙江、福建沿海幾乎沒有警備，每次搶劫，都順利得手。於是，他們乾脆以搶劫為主業，這就形成了海寇問題。當時中日沿海有幾個著名的海寇寇團夥，其領袖都是中國商人，如汪直、徐海和福建籍的李光頭等人。這一時代的日本人以好鬥和忠於主人聞名於世，汪直之類的海商便在日本雇傭了許多浪人，用以衝鋒陷陣，所以，這一時代的海寇被稱之為「倭寇」。其實，嘉靖年間的倭寇以中國人為主，他們大都是福建、浙江、廣東沿海的遊民和商人，真正的日本人只是少數。而葡萄牙人也趁機做一些不法的「生意」，所以，這一時代的倭寇問題是相當複雜的。

　　倭寇大規模侵擾閩浙沿海是在嘉靖三十一年（1552年），其時許多日本沿海的浪人與武士，都受雇於汪直、徐海等人，到中國搶劫，造成極大的破壞。迄至嘉靖三十六年，倭寇在浙江沿海屢遭打擊，他們的活動逐漸向福建境內轉移。倭寇活動最盛時，福建被攻克的城市有20多座，福州與泉州等城市多次被圍，興化府、福寧州被攻克，人民財產受到極大損失。戚家軍入閩後，幾次殲滅戰狠狠打擊了倭寇，倭寇的活動才漸趨低潮。此後，閩浙沿海厲行海禁，倭寇要侵入沿海不再那麼容易，為患沿海多年的倭寇活動漸漸消失。

四、晚明福建經濟文化的發展

　　由於大量白銀經閩商之手流入福建、廣東，並從閩粵流入國內各地，這就帶動了福建省的國內貿易。國內各個主要商團紛紛進入福建，以商品換取白銀。其時，在福建可以大量銷售的國內商品是糧食、棉布、絲綢、生絲、瓷器、藥材，在福建可以購得的商品是：夏布、香料、黑白糖、木材、紙張、茶葉、菸草，發達的省際貿易使福建城市繁榮起來，閩北的建寧府城、延平府城，沿海的福州府城、泉州府城、漳州府城都成為國內有名氣的中等城市，白銀湧進流出，各種商品銷售，被國內商人視為財富之源。在商品流動擴大的潮流中，福建省各項產業都有巨大的發展，沿海不少區域以小商品生產為主，從外省輸入糧食、棉花、棉布等食品和原料，發展加工業。其時，福建省的城鎮化優於內地各省。

　　福建省經濟繁榮帶來文化昌盛的局面。晚明的福建省在經歷倭寇之亂後，學校、書院重建。至於處於閩北山區的建陽書坊，再次成為中國主要出版中心，各類書籍由福建暢銷於全國，民營的書坊主人開始撰寫和出版小說，促進了中國文化事業的發展。不論是《三國演義》、《西遊記》還是《水滸傳》，都曾經在建陽書坊出版過最優秀的版本。在科舉事業方面，沿海諸府展開激烈的競爭。明代前期和中期，興化府的科舉事業領先於全省，甚至領先於全國，考中進士的數量最多。嘉靖倭亂之後，興化府遭受沉重的打擊，福建科舉重心轉到泉州。明代後期的泉州至少有十幾人進入明朝內閣，成為大學士。明代福州考中進士的人數前不及興化府，後不及泉州府，但是，就明朝整個朝代來說，福州籍進士還是最多的。整合唐、宋、元、明、清五代，福州是國內進士最多的府，明代福州科舉的優秀成績構成不可缺少的一環。晚明漳州府的科舉成績也有大發展，數百人中舉成為進士，文化素質進入福建一流水準。與漳州並列的汀州府也有很大的進步，不僅每屆科舉考試都有人中舉，而且數量穩定地增長，顯示雄厚的發展潛力。至於閩北的建寧府、延平府和邵武府，科舉事業雖然不如沿海區域，但從總體數量而言，要比內地省分要好了很多。晚明福建的文學、歷史、哲學各領域都有優秀人物。哲學方面，林希元等福建理學家掌控了四書五經教科書的編寫，儘管受到王陽明學派的挑戰，承襲朱熹、蔡清學派的理學家還是明朝的主流。不過，王陽明學派進入福建，也造就了李贄、林兆

恩之類的異端思想家。在史學方面，李贄的《焚書》、《藏書》顯示了嶄新的史學風格。晚明福建方志學有很大的發展，晚明各個府州撰寫的府志、縣志，內容都要比前志豐富。何喬遠的《閩書》是一部龐大的福建省志。王應山的《閩大記》雖未完成，已完成部分也是一部巨著。明末曹學佺在為撰寫《福建通志》做準備，完成了一些重要章節。福建的優勢還是海外地理，張燮的《東西洋考》是一部海外地理學名著。在文學方面，王慎中、李贄的成就都是傑出的。以謝肇淛、曹學佺為代表的閩中詩派在國內享有聲譽。而曹學佺、何喬遠、張燮三大著作家，都是明末的著名人物。在藝術領域，曾鯨的繪畫和張瑞圖的書法都有很大的影響。

　　總的來說，明代晚期的福建省是國內重要省分，它在經濟上的變化是帶動國內諸省的領頭羊，在文化領域也出現了許多特立獨行的人物。

第一章　明嘉靖年間福建的海上貿易

　　嘉靖初年，閩粵邊境海寇商人十分活躍，從而使明朝的海禁徒有其名。與此同時，葡萄牙人東進臺灣海峽，在福建漳州及浙江雙嶼港一帶貿易。他們與臺灣海峽的閩商合作，開拓了日本市場，造成中國與日本商品大交換的局面。中日貿易是環球貿易體系初成的第一個浪潮，它帶動了國際貿易的良性循環。

第一節　嘉靖初年的閩粵海寇商人

　　嘉靖初年，閩粵交界處的漳州沿海活躍著多股海寇商人，他們或商或寇，對沿海治安產生很大的影響。在一片亂象中，葡萄牙商人趁機進入漳州貿易。

一、嘉靖前期漳州的海寇商人

　　拙文〈明代漳州商人與中琉貿易〉提出：「早在明代初年，漳州人已是海上走私的主要從事者。……在其他地區奉行海禁止的同時，明代漳州一帶的海上貿易卻十分活躍。」、「漳州人是明初海上走私的主力軍。」[1] 我的〈嚴啟盛與澳門史事考〉一文，考證明代前期漳州海寇商人嚴啟盛在

1　徐曉望，〈明代漳州商人與中琉貿易〉，泉州，《海交史研究》1998 年 2 期，第52—53 頁。

廣東香山澳一帶的貿易。[2] 總的來說，我認為明代嘉靖年間出現的漳州海寇不是偶然的，它是明初以來漳州人從事海上活動的發展。不論是海商還是海寇，最早都出現於漳潮海域。拙著《早期臺灣海峽史研究》一書，最早提出了明代中葉即有「漳寇」的活動，「倭寇」活動實際上是「漳寇」的發展。[3]

　　明代漳州人的航海是有名的。張燮曾說：「蓋閩以南為海國，而漳最劇。以海為生者，大半皆漳人云。」[4] 實際上，在明朝以前，泉州人的航海更甚於漳州，明代漳州海上勢力的崛起，與明朝海禁有關。一般人以為，明朝的海禁是全面性的，一旦明朝實行海禁，明朝的對外貿易便全面停止。其實，明朝的海禁在各地的接受程度是不同的。考察中國沿海各地的情況，中國的北方在戰亂造成人口減少，農業有巨大的發展餘地，漁民覺得農業比漁業更有發展天地，所以，他們在明朝政府的幫助下，大都轉成農民，所以，明代的海禁在北方實行較為徹底。明代的北方人大都不吃海魚，說明當地的海上行業基本停止，明朝的海禁是成功的。南方的情況稍有不同。應當說，南方多數地區與北方沿海一樣，奉行了朝廷的海禁命令。例如浙江與福建沿海的北部，向來是官府統治力量強大的區域，因此，官府的禁令得到貫徹，下海民眾越來越少。但在漳州以南的區域，官府對這一帶的統治一向有些問題，早在宋代末期，劉克莊就認為朝廷對漳州畬族的統治力量較弱，只好以不治為治。元代官府的統治在漳州及潮州也受到挑戰，漳潮民眾起來反抗元朝的暴政，演成連綿不斷的反政府起義。明代初期的漳州處於「天高皇帝遠」的地方，他們漠視朝廷的禁令，仍然進行對外貿易，因朝廷的鎮壓，漳州人以武力反抗，於是形成了許多反抗官府的事件。由於地理形勢的影響，自古以來，漳潮民眾的反抗鬥爭不是上山就是下海。所以，漳潮歷史上不僅多有占山為王的強盜，也有不少海寇。[5] 海洋遼闊無邊，島嶼零落星散，朝廷無力對其全面控制，尤其是明朝將邊遠海島的民眾遷至大陸後，這些海島更成為盜賊淵藪，一些上山失敗的造反者，最終

2　徐曉望，〈嚴啟盛與澳門史事考〉，澳門文化司署《文化雜誌》2006 年春季刊總 58 期。

3　徐曉望，《早期臺灣海峽史研究》，海風出版社 2006 年，第 73 頁。

4　張燮，《霏雲居續集》卷三十一，〈贈盧郡丞奏績褒封序〉，第 572 頁。

5　徐曉望，〈明代漳州商人與中琉貿易〉，泉州，《海交史研究》1998 年 2 期。

也轉移到海洋。例如洪武十二年龍巖縣江志賢之亂，他們失敗後，被殺「幾三千人，餘黨遁入海」。[6]其時，明朝的軍隊主要是陸軍，水師力量不強，因而，明代閩粵邊境的海寇活動是十分頻繁的。這是我在《早期台海海峽史研究》、《明代前期福建史》二書中所說的觀點。

不過，明代前期福建與廣東交界處的海寇活動一直是局部性的。他們的活動主要在漳潮海面，未能產生巨大影響。所以，明朝官府往往忽略這些海寇。實際上，這些海寇打開了漳州海上貿易的通道，使明朝的海禁無法徹底執行。由於其他地區都實行海禁，唯獨漳州一帶海上貿易繁榮，所以，明朝的海禁實際上造就了漳州海商，使他們在很長一段時間內壟斷了明朝的海上貿易。陳全之說：「而我民盜海者，漳則為甚。」、「（福建）海舟入夷貨，布、絲、鍋、磁為多。」[7]

那麼，這些海寇及海商主要來自漳州何處？明人認為他們主要來自漳州南部的詔安，後來又有漳州附近的九龍江「五澳」民眾參加。俞大猷論詔安：「今漳州詔安縣五都走馬溪，兩山如門，四時風不為患。去縣及各水寨頗遠，接濟者旦夕往來，無所忌避，誠天與猾賊一逋藪也。諸番自彭亨而上者，可數十日程，水米俱竭，必泊此儲備而後敢去日本。自寧波而下者，亦可數十日程，其須泊而取備亦如之。故此澳乃海寇必經之處，非如他澳則患風水，防追捕，不得久住。卑職見其澳狹廣不能二里許。」[8]來自東南亞的番商往來於南海和漳州、寧波，都要經過此地。

詔安之外，嘉靖年間的「海寇」以「五澳」為多，嘉靖二十五年，備倭都指揮黎秀說：「近署安邊館，乃益知姦民曲折。其船皆造於外島，泊於外澳，或開駕以通番，或轉售於賊黨。而嵩嶼、長嶼、漸尾、海滄、石馬、許林、白石等澳，在在皆賊之淵藪也。不亟窮治，恐益滋蔓。」[9]其中提到了嵩嶼、長嶼、海滄等港灣，就是所謂的「五澳」，這裡的民眾擅長航海，是明代水師的主要來源之地。「海上舟師猛敢者，福建漳、泉、龍溪縣沿

6　李國祥、楊昶等輯，《明實錄類纂》，〈福建臺灣卷〉，武漢出版社 1993 年，第414 頁。

7　陳全之，《蓬窗日錄》卷一，上海書店古籍出版社 2009 年，第 40 頁。

8　俞大猷，《正氣堂全集》卷二，〈呈福建軍門秋崖朱公揭條議汀漳山海事宜〉，第92 頁。

9　杜臻，《粵閩巡視紀略》卷四，文淵閣四庫全書本，第 27 頁。

海月港地方，及廣東東莞縣南頭千戶所，歸德、福永地方。」[10] 其中海滄五澳兵十分出色。「其兵船必發於漳者，蓋漳沿海之民慣於水戰，足以制福興泉三府之海寇也。」[11]

　　漳州五澳的位置。從廈門海口看九龍江出海口諸島，最外面的是浯嶼，然後是北側的廈門島和鼓浪嶼。廈門島西南就是隸屬於漳州的海門島，海門島內側九龍江沿江港口，在北是海滄，在南是月港，二港都是隸屬於漳州。漳州諸港，大致來說，九龍江北岸諸澳有海滄、長嶼、沙阪、許林頭等，如，《粵閩巡視紀略》所說：「其支海之北，則為橋梁尾、嵩嶼、長嶼、海滄、許林頭諸境，濠門巡檢司在焉。即所割龍溪一二三都之地也。」所謂漳州五澳，最早就是指海滄附近的海滄、長嶼、沙阪、許林頭，加上南岸的月港。九龍江上的島嶼，則有海門島、圭嶼（又名龜嶼，或作雞嶼），以及「許茂、烏礁、紫泥三洲，星列迤邐而東」，還有其上游的石碼港。以上羅列了十幾個漳州沿海的港口，這些港口的民眾，有許多人成為海寇。早期的五澳是指月港和海滄附近的沙阪、圭嶼、長嶼等港口，後來越來越多的九龍江民眾捲入海上活動，所以，五澳之稱也在發展，許茂、烏礁、紫泥等村莊也都被納入漳州五澳中。

　　漳州五澳民風強悍，歷來以參加軍隊為榮，在當時號稱「海滄打手」。明代前期朝廷在南方作戰，每每從海滄調發民間武裝。例如，王陽明在平定寧王之亂時，就想從閩中調發海滄兵一萬人。嘉靖十九年六月戊子，因安南出現了政變，明朝策劃出兵干涉，尚書毛伯溫調集四方之兵，其中即有「福建漳泉等處海兵」。[12] 這一事件中，林希元皆力主戰，在他的記載中，也要調發漳州的海兵。漳州海滄人尤其擅長水戰，他們的海滄船、草撇船後來都成為明代水師的主力船型。隨著海滄五澳人口的增長，明軍有限的機會無法容納他們，或者說，他們私下都在從事一些海上走私活動，由於明朝軍隊的制止，他們也與明軍作戰，這樣，他們就成了海寇，或是海寇商人。於是，海滄的漳州商人便形成了對立。一部分參加水師的漳州人主張海禁，因為，只要朝廷申嚴海禁，海上貿易的權力就轉到官軍手中，每

10　陳全之，《蓬窗日錄》卷一，上海書店古籍出版社 2009 年，第 41 頁。
11　俞大猷，《正氣堂全集》卷二，〈呈福建軍門秋崖朱公揭條議汀漳山海事宜〉，第92 頁。
12　張溶等修，《明世宗實錄》卷二三八，嘉靖十九年六月戊子。

個商人出海貿易，都要取得他們的同意。實際上，由明軍軍官出資的商船，都在從事海上貿易，因有軍隊的支持，他們可以無法無天。如果朝廷開放海禁，明朝的水師官員就失去這一權力。有明一代，多數水師官員都支持朝廷海禁，其奧妙在此。一個傳統一旦形成，就連俞大猷這種胸懷大局的水師將領也不敢違反。而海滄一帶的普通民眾，對官府的海禁自然不服氣，他們私下走私成風，遇到官軍干涉，便舉刀反抗，漳州一帶的官民衝突是相當激烈的。漳潮一帶的情況大致相似。可以說是嚴厲的海禁激發了民眾的反抗鬥爭，而這種鬥爭一旦發展起來，幾乎注定是無序的，破壞力極強的。

　　明代中葉，漳州、潮州一帶的海面上，已經有大股海寇活動。「弘治中，海寇蘇孟凱作亂，潮州知府葉元玉討平之。蘇孟凱，饒平人。弘治間，聚眾山林，至有千餘名，因而劫掠海陽村落，民罹其害者數年。知府葉元玉討平。」[13]《漳州府志》記載：「正德元年廣東盜寇漳州。始至，不滿九十人，後依附日眾，自南靖流劫長泰、安溪、永春地方。長泰尤被其害。」[14]俞大猷曾說：「潮州於數年之前，苦遭漳州白艚賊船之害。」[15]在雙嶼港橫行一時的阮思盼即為潮州海寇。嘉靖初，進犯閩南的海寇頗多。嘉靖二年四月壬申，巡按福建監御史王以旂等言，「盜起廣東，轉入漳泉，勢其猖獗」。[16]嘉靖四年五月丙寅，「兵部言福建流賊新大總等起自廣東饒平，殺劫興泉漳三府，殺掠甚眾。」[17]這些海寇中，有不少漳州海滄人：「聞其內多從海寇行奸利者，故習海寇所鬥，於諸兵中為最。」[18]五澳民眾的理想是在水師當兵，明朝不適當的海洋政策使之成為海寇商人，這是一個悲劇。當時有人說：「月港、海滄之民嘯聚而附焉，而諸峒不逞之徒又角起而為之翼，是與閩為敵者，半閩人也。」[19]明代中葉水師的經費不足，海滄五澳

13　郭棐，《粵大記》卷三，〈事紀類‧海島澄波〉，黃國聲、鄧貴忠點校，廣東，中山大學出版社 1998 年重印本，第 56—57 頁。

14　羅青霄等，萬曆元年《漳州府志》卷十二，〈漳州府〉，萬曆元年刊本，第 12—13 頁。

15　俞大猷，《正氣堂全集》，卷二，〈議處安南四峒〉，第 106 頁。

16　張溶等修，《明世宗實錄》卷二十五，嘉靖二年四月壬申。

17　張溶等修，《明世宗實錄》卷五十一，嘉靖四年五月丙寅。

18　茅坤，〈條上李汲泉中丞海寇事宜〉，《明經世文編》卷二五六，《茅鹿門文集》，第 2706 頁。

19　章潢，《圖書編》卷四十，〈福建圖敘‧禁通海奸民〉，文淵閣四庫全書本，第 37 頁。

人進行海上走私的人不少，其中有些人成了海寇，造成福建沿海的治安問題。於是，漳州人海滄人的強悍被大家關注：「漳西北枕山，東南距海，民負風氣勁悍自常性，法如蔑，賦役多不應。持之，則逸。」[20]、「龍溪，漳首邑，其地負山而襟海，山居之不逞者，或阻巖谷林箐，時出剽掠，為民患；海居之不逞者，或挾舟楫，犯風濤，交通島夷。甚者為盜賊，流毒四方。故漳州稱難治莫龍溪者也。」[21]與漳州風氣相似的是廣東潮州。

在明代中葉，從陸上到閩粵各地搶劫的強盜多為廣東人，有「粵盜」之稱。而從海路北上搶劫的，則多冒名為「漳寇」。桂萼〈福建圖敘〉：「海物互市，妖孽荐興（通番海賊，不時出沒）則漳浦、龍溪之民居多。」[22]其實，漳寇中有不少是潮州人，所謂漳寇，其實就是閩粵海寇的簡稱罷了，其實不光是漳州人。海寇在嘉靖年間已經形成一大威脅，何喬遠說：「閩中成（化）、弘（治）以前，山寇多而海寇少，正（德）、嘉（靖）以來，山寇少而海寇多。」[23]浙江的錢薇說：「海故有漳州賊、崇明賊」，以及倭賊，為了平定這些海寇，浙江才設置了巡撫。[24]

就福建的範圍而言，閩粵邊境一帶的海上生涯，逐漸把泉州人也捲進去。嘉靖十年六月癸亥：「初晉江縣巡檢張隆為海賊劫殺，捕之未獲。會漳州民陳大淵等二十六人，以買米至舟中，有防盜器械，為捕盜者所誣。獄已成，淹禁死者六人。」[25]這一事件後，晉江一帶的海上事件越來越多。黃堪的〈海患呈〉說：「本年（嘉靖二十四年、1545 年）三月內，有日本夷船數十隻，其間船主水梢，多是漳州亡命，諳於土俗，不待勾引，直來圍頭、白沙等澳灣泊。四方土產貨，如月港新線、石尾棉布、湖絲、川芎，各處逐利商民，雲集於市。本處無知小民，亦有乘風竊出酒肉柴米，絡繹

20　林希元，《同安林次崖先生文集》卷十，〈黃氏公田記〉，四庫全書存目叢書集部第 75 冊，第 647 頁。

21　林希元，《同安林次崖先生文集》卷十，〈金沙書院記〉，四庫全書存目叢書集部第 75 冊，第 637 頁。

22　黃訓編，《名臣經濟錄》卷二十，〈戶部圖志・田土賦役・福建圖敘〉，文淵閣四庫全書本，第 15 頁。

23　何喬遠，《閩書》卷四十，〈扞圉志〉，第一冊，福建人民出版社 1995 年點校本，第 1003 頁。

24　錢薇，〈海上事宜議〉，陳子龍等編，《明經世文編》卷二一四，《承啟堂文集》，第 2240 頁。

25　張溶等修，《明世宗實錄》卷一百二十六，嘉靖十年六月癸亥。

海沙，遂成市肆。始則兩願交易，向後漸見侵奪。後蒙本府嚴禁接濟，是以海沙罷市。番眾絕糧，遂肆剽掠，劫殺居民。鳴鑼擊鼓，打銃射箭，晝夜攻劫，殆無虛日。去海二十里鄉村，挈妻提子，山谷逃生。竈無煙火，門絕雞犬。……至本月十九日，夷船聞風逃去，居民復業。」[26] 按，此文中的「日本夷船」是不是日本人的，是個疑問。從日本的史料來看，當時還沒有那麼多的日本捲入海上貿易。這些商船，最可能是在日本的漳潮人所擁有的海船，他們成夥到晉江半島貿易，刺激了當地人的航海傳統。晉江的安海很快成為海上走私的中心之一。朱紈說：「今日通番接濟之姦豪，在溫州尚少，在漳泉為多。漳泉之姦豪絕，則番夷不來，而溫寧一帶，亦可少息。」[27] 可見，他們將「漳泉姦豪」當作浙江海面通番貿易的原因之一。此後，「漳寇」之名較少出現，而「漳泉海寇」的稱呼多了起來，閩浙巡撫的朱紈說：「泉州之安海，漳州之月港，乃閩南之大鎮，人貨萃聚，出入難辨；且有強宗世獲窩家之利，凡一鄉防禦之法，皆不得施。今一方士民徒為此等所累，莫不怨之入髓。」[28] 對這一情況，朝廷也是瞭解的，「聖諭所謂漳泉等府豪民，通番入海，因而劫掠沿海軍民，肆行殘害，甚則潛從外夷，敢行作叛。臣伏讀感發，仰知天高聽卑，明見萬里之外矣。」[29] 按，泉州的安海是一個有航海傳統的市鎮，早在宋代，安海民眾就在從事海上貿易，明代的海禁，使他們無法下海。明代前期的海上私人貿易中，很難看到安海人的名字。但是，從嘉靖二十四年漳州人將海上貿易引到安海開始，安海人越來越多地捲入海上貿易，並成為其中的一支主力軍。王忬列舉嘉靖年間福建通番港口時說：「漳泉地方，如龍溪之五澳，詔安之梅嶺，晉江之安海，誠為奸盜淵藪。但其人素少田業，以海為生，重以不才官吏，科索倍增，禁網疏闊，無怪其不相率而為盜也。」[30] 在王忬所說的三個進行走私貿易的地方，包括了泉州晉江的安海，另外兩個是在漳州，其中梅嶺

26　黃堪，〈海患呈〉，安海志修編小組，《安海志》卷十二，〈海港〉，1983年自刊本，第127頁。

27　朱紈，〈閱視海防事・革渡船、嚴保甲〉，《明經世文編》卷二〇五，《朱中丞甓餘集》一，第2157頁。

28　朱紈，〈閱視海防事〉，《明經世文編》卷二〇五，《朱中丞甓餘集》，第2158頁。

29　朱紈，〈閱視海防事〉，《明經世文編》卷二〇五，《朱中丞甓餘集》，第2158頁。

30　王忬，〈條處海防事宜仰祈速賜施行疏〉，《明經世文編》卷二八三，《王司馬奏疏》，第2996頁。

港在漳州靠近廣東的詔安，而漳州龍溪五澳被列為首位，這表明漳州在嘉靖年間海上貿易中獨特的地位。

　　各地的海上動亂，更推高了漳州一帶的海上叛亂。如嘉靖二十五年五月間，漳州海面上的海寇有「海船百餘隻，賊黨數千人，登岸行劫。」嘉靖二十六年二月，漳州詔安沿海有「賊船八十餘隻」。[31] 他們經常在海戰中壓倒明朝官軍。「賊船番船，則兵利甲堅，乘虛馭風，如擁鐵船而來；土著之民，公然放船出海，名為接濟。內外合為一家。其不攻劫水寨衛所巡司者亦幸矣，官軍竄首不暇。」[32] 漳寇也常襲擊泉州府，鄭普的〈平寇碑記〉說：「海巨寇曰阮其寶、四師老、林剪毛者十八種，為患於閩、浙、交、廣間二十餘年。嘉靖某年四月，掠同安小嶝嶼。被執者二百餘人，小嶝遂墟。旋掠東石，圍攻深滬，而惠安屬地則一歲三四至，民遭殘毒，視北虜尤甚。」[33] 泉州惠安人張岳在〈與福建按院何古林〉的信中提到：「漳寇久知其必有此，寒舍聚族海濱，力不能遷，因循以待禍。」[34] 從文意看，張岳家遭到漳寇的襲擊，福建按察使何古林認為張岳住在海濱，很危險，因此勸他搬遷，但被張岳謝絕。又據林希元所說，閩粵海寇「一日殺小嶝嶼民一百七十餘，前後焚燒深滬居民數百家，殺死數百人，焚張都憲之家，殺其叔父，虜其子女，劫其財物，此海寇之患也。」[35] 其中的張都憲家，應是指張岳之家。漳州沿海的一些地方因當強盜而富裕起來，王忬列舉嘉靖年間福建通番港口時說：「漳泉地方，如龍溪之五澳，詔安之梅嶺，晉江之安海，誠為奸盜淵藪。但其人素少田業，以海為生，重以不才官吏，科索倍增，禁網疏闊，無怪其不相率而為盜也。」[36] 嘉靖三十二年正月戊寅，王忬為與海寇作戰的水師開出賞格：「擒斬漳寇、海寇，為從者賞銀三兩，

31　朱紈，〈薦舉將材乞假事權以濟地方艱危事〉，《甓餘雜集》卷二，四庫全書存目叢書本，第 7 頁。

32　朱紈，《甓餘雜集》卷二，〈閱視海防事〉，明朱質刻本，《四庫全書存目叢書·集部》，第 78 冊。齊魯書社 1995 年，第 18—19 頁。

33　鄭普，〈平寇碑記〉，錄自陳國仕輯錄《豐州集稿》，南安縣志編纂委員會 1992 年自刊本，第 407 頁。

34　張岳，〈與福建按院何古林〉，《明經世文編》卷一九四，《張淨峰集》，第 2000 頁。

35　林希元，《同安林次崖先生文集》卷五，〈與翁見愚別駕書〉，乾隆十八年詒燕堂刻本，第 31 頁。

36　王忬，〈條處海防事宜仰祈速賜施行疏〉，《明經世文編》卷二八三，《王司馬奏疏》，第 2996 頁。

次劇賊五兩，船主渠魁二十兩，酋首為眾所服者五十兩，其奪獲賊艘大者五兩，中者二兩，小者一兩。」[37]

以上事實表明，明代閩粵邊境的海寇已經十分活躍，他們發展於成化、弘治、正德年間，在嘉靖初年已經形成很大的勢力。嘉靖中期，海上叛亂發展到泉州、溫州等地，對閩浙沿海形成很大的威脅。

二、海滄的安邊館和海道副使

對於嘉靖初年閩粵邊境的海上亂象，朝廷十分擔憂。

海滄混亂的狀況引起了當地士紳的憂慮，他們很早就建議在海滄或是月港建縣管理。「切念閩中八郡，而漳州為遐陬，漳州八邑，而月港為邊隅。論生聚，則蜂房櫛篦，而貨貝聚集，閩南之奧區也。論俗尚，則民頑好鬥，而衽革輕生，盜賊之淵藪也。蓋地接島夷，民習操舟，通番倡亂，貽患地方者，已非一日矣。嘉靖初年，居民苦之，赴訴於官，請設縣治。監司府縣，徒為一切之計，只於海滄地面設置安邊館，以八府通判輪管其事。」[38] 在漳州士紳們的要求下，明朝終於在海滄設立安邊館。值得注意的是，此時月港尚無官府的高級機構。

「安邊館，在海澄縣東北二十里海滄澳，明嘉靖九年置，委通判駐守。」[39] 安邊館設置後，當地治安有所好轉。俞大猷曾說：「漳龍溪縣之海滄地方，舊即今之梅嶺（梅嶺為出海寇的地方）。後因設安邊館以鎮之，而民遂就理。」[40] 但也有人說，雖有安邊館之設，並未解決當地的問題。仇俊卿說：「漳州海滄之人，悍譎尤甚，素號難馴。嘉靖年間始置安邊館，輪委通判一員治之。半年一更，上下皆無固心。無益於地方海防之助。」[41] 過了不久，情況更為糟糕。當地人說：「只於海滄地面，設置安邊館，以八府通判輪管其事。官貪吏墨，與賊為市。亂且倍於前日。草野之民，莫

37　張溶等修，《明世宗實錄》卷三九三，嘉靖三十二年正月戊寅，第1頁。

38　李英，〈請設縣治疏〉，乾隆《海澄縣志》卷廿一，〈藝文志〉，第16頁。

39　和珅等，《大清一統志》卷三百二十九，〈漳州府〉，文淵閣四庫全書本，第20頁。

40　俞大猷，《正氣堂全集》卷二，〈呈福建軍門秋崖朱公揭條議汀漳山海事宜〉，第91頁。

41　鄭若曾、胡宗憲，《籌海圖編》卷四，〈福建倭變記〉，第280—281頁。

不疾心疾首。」[42] 安邊館之責是禁止當地非法的海外貿易，但因海滄人在海外貿易中賺取許多錢，所以，他們反對官府的政令。這些人中，也有許多是當地的紳士，他們與官府有千絲萬縷的關係，終於改變了安邊館官員的想法。而安邊館的官員們，也乘機與民為市，利用手中權力謀取私利，這就使官府的海禁之令無法執行，當地治安，更為混亂。嘉靖二十八年，朱紈《閱視海防事‧革渡船保甲》說：「蓋福建多賢之鄉，廷論素所倚重，而濱海不理之口，流言亦能動人。故官斯土者，率以因循遷就為自全計，雖有巡按御史除奸革弊，然巡歷不過一年，交代則成故紙。蓋威福之柄移於鄉評，是非之公亂於野史，久矣。」[43] 他們共同反對明朝的海禁政策。閩浙巡視朱紈承認：「但以海為家之徒，安居城郭，既無剝床之災，棹出海洋，且有同舟之濟，三尺童子，亦視海賊如衣食父母，視軍門如世代仇讎。往往倡為樵採漁獵之說，動稱小民失利，或虞激變，鼓惑群聽，加以浮誕之詞，雖賢者深信不疑矣。」[44]

後來，俞大猷向官府建議：將海道副使設於漳州海滄，「此亦須巡海道長駐漳州，方能令出遠行。否則，緩不濟事矣。其兵船必發於漳者，蓋漳沿海之民慣於水戰，足以制福興泉三府之海寇也。」[45] 讓漳州五澳人繼續當兵，這是俞大猷的釜底抽薪之策。但是，這支水師到浙江後，最終被浙江方面遣散。海滄的走私越來越厲害了。備倭都指揮黎秀「既而復上議曰近署安邊館事，諗知違禁通番大船之詳其船皆造於外島而泊於內澳，或開駕以通番，或轉售於賊黨。而嵩嶼、漸尾、長嶼、海滄、石馬、許林、白石等澳，乃海賊之淵藪也。」[46] 可見，海滄的狀況仍然不能樂觀。

明朝曾想以在海滄設置社學的方式改變當地民眾的習性。朱紈說：「海滄，清漳奧區也。島嶼鯨鯢，勛勸弗靖，舊設安邊館，擇列郡守臣有風力者居之，以彈壓鎮服。去歲丁酉（嘉靖十六年，1537年）冬，揭陽唐侯奉

42　李英，〈請設縣治疏〉，鄧來祚等，乾隆《海澄縣志》卷二一，〈藝文志〉，乾隆二十七年刊本，第1頁。

43　朱紈，〈閱視海防事〉，《明經世文編》卷二百零五，《朱中丞覽餘集》，第2157頁。

44　朱紈，〈海洋賊船出沒事〉，《明經世文編》卷二百零五，《朱中丞覽餘集》，第2161頁

45　俞大猷，《正氣堂全集》卷二，〈呈福建軍門秋崖朱公揭條議汀漳山海事宜〉，第92頁。

46　胡宗憲，《籌海圖編》卷四，〈福建倭變記〉，第275頁。

檄來守茲土，慎修厥職，惠綏威懾，邊事弭寧。乃謀立社學，以滋培善化，一變海俗。請於憲臣攝海道南海曾公、奉勅巡海道余公。僉曰：可。乃相安邊迆東磐石之上廢址一坵，負麓面江，氣勢爽闓，規立學舍，中為講堂，後為燕室。齋舍旁列廊廡環繞，凡若干楹。萃子弟之秀者，為延師儒，使朝夕講肄於其中。侯時一到，躬為課，督以相其成。既乃偕許生寶、王生一奇、江生一瀾、林生逢春，詣漷山中，請記其事。夫風聲氣習，五方靡齊，而轉移運化之機，為師帥者則誠有責焉。耳迺聞海滄僻左，髦士得遊於郡邑之學者，無幾人。科目久荒，絃誦絕響。童孺之所見聞，無非風帆浪楫，跳躑陸梁，震撼擊撞之事。其俗尚武，驍悍獰獷，喜亂好爭，驁然有車轔馲鐵之意。茲非其習固然與？夫果毅勇敢，適道之資，而慷慨激烈，溝壑喪元之夫，君子有取焉。海滄之俗，木強氣決，無頹惰浮靡之習，以善導之。端養其蒙，使之降心俛首日周旋於衣冠爼豆之間。沉酣於禮義揖遜之化。漸漬日久，淳風可回。出其餘勇，固將遷善徙義，為直道而行之。民異時次第名揚，亦當有所樹立以聞於世。茲地故宋時有蘇廷儀、顏幾聖諸先正，彬彬輩出，其立朝大節，垂諸汗青，文獻可考也。後生私淑又安知無若人耶？此唐侯嘉惠後學之意，諸生執業于是其可以重勉矣夫。」[47]

　　朱紈就任浙閩巡撫之後，俞大猷向他建議在安邊館駐紮一支水師：「其二曰：急攻捕，以捍衛目前之患也。每賊在某處為害，報至省城、計議募兵召船，行移往來，須四五十日，而倭兵船出追，賊遁云矣。古謂兵貴神速之義，何嘗有乎？必預處福州府福清縣大船若干隻，常泊安邊館，預定的何名捕盜，各認募兵夫若干名。其餘將領之官，一切合用之具，俱各預定明白。朝有聲息，夕發追捕。夕有聲息，朝發追捕。不數日，可收成功。不然，屢來屢追。賊亦不能得志於海上，一二年後，必漸消除也。此亦須巡海道長駐漳州，方能令出遂行。否則，緩不濟事矣。其兵船必發於漳者，蓋漳沿海之民慣於水戰，足以制福興泉三府之海寇也。」[48] 不過，安邊館的水師並沒有起作用。「備倭都指揮黎秀獨謂不然，上議於巡按御史金公豪曰：『日本倭夷先年內犯，朝廷屢下備倭之詔，及委重臣以督海防，是以海洋乂安。今承平日久，軍民趨利忘害，而各處輕生之徒，攘臂向前，私

47　朱紈，《天馬山房遺稿》卷四，〈海滄社學記〉，文淵閣四庫全書本，第 13 頁。
48　俞大猷，《正氣堂全集》卷二，〈呈福建軍門秋崖朱公揭條議汀漳山海事宜〉，第 92 頁。

通貿易，向嘗緝絕，今復啟釁。若不預行究治，恐禍患日深。卒難禁制也。』既而復上議曰：『近署安邊館事，諗知違禁通番大船之詳，其船皆造於外島，而泊於內澳，或開駕以通番，或轉售於賊黨，而嵩嶼、漸尾、長嶼、海滄、石馬、許林、白石等澳，乃海賊之淵藪也。本職欲行禁治，恐澳甲勢要抗拒不服，反速其禍，乞行府縣巡捕官親詣各澳密行，擒治。船隻應燒燬者，燒燬，應留用者留用，庶頑民知警，而通番之風少息矣。』議上，秀遂大為漳泉耆民捕盜怨謗。致劾免官。後十餘年，倭患大熾，沿海數千里生靈靡不荼毒，人始服黎遠覽，而惜其冤抑。」[49] 黎秀這段話，使其受到攻擊，後被撤職，轉回家鄉，在浙江水師任職。但黎秀的這段話是很有價值的。他不僅證明閩粵海寇大多出於九龍江流域，而且還證明他們是倭寇發生的重要原因之一。

　　總的來說，明代漳州的「海滄打手」是影響中國海洋史的重要力量。王陽明曾調用過海滄打手，林希元曾設想招募海滄打手平定安南，俞大猷的軍隊中，海滄打手是主力。在大量海滄人成為福建、廣東水師的同時，他們也出外做海寇，有時被稱為倭寇。因此，《明史》記載有些水師遇到海寇時不肯出力，因為，這些海寇都是他們同鄉。明隆慶之後，朝廷允許月港對外通商，海滄、月港一帶強悍的商人、水手紛紛出外貿易，閩浙沿海的「倭寇」頓時消失。明朝化寇為民的措施成功。以後的海滄人以海洋商人聞名天下。

第二節　葡萄牙人在漳州的貿易

　　葡萄牙人是環球貿易體系的主要建立者之一，當然，他們的行動不是孤立的。在葡萄牙人東進的同時，西班牙人西進，發現美洲，而後來到東南亞，從而聯通了分散於世界各地的貿易體系。明代前期，聯通亞洲海上絲綢之路的主要商人是包涵潮州人的福建商人集團。他們主要使用閩南話，往來於東南亞的各個港口。因閩南商人背後是整個中國市場，所以，葡萄牙人很重視與閩南商人合作。

49　胡宗憲、鄭若曾，《籌海圖編》卷四，〈福建倭變記〉，第 275 頁。

一、葡萄牙人東來

　　關於葡萄牙人與福建人的貿易，國際學術界很早就有研究發表。對中文，西文都有一定基礎的日本學者小葉田淳的二本專著提到葡萄牙人在福建：《足利後期の遣明船通交貿易の研究》、《中世南島通交貿易史の研究》，[50] 小葉田淳在葡萄牙人的史料中發現：「在嘉靖二十年間，漳州海面商船往來不絕，葡萄牙商人的留居漳州達五百人之多。」[51] 這一發現震動中國交通史學界。因為明朝實行海禁，除了官方指定的港口，其它沿海港口都不對外國人開放，明代中葉的漳州並非對外通商港口，怎麼會有葡萄牙人在此定居？從此「葡萄牙人在福建」這一問題引起了廣泛的興趣。

圖 1-1　　葡萄牙戰艦模型及葡萄牙人北上路線圖。攝於澳門博物館。

　　葡萄牙人東進是在明代中期。他們沿著非洲西岸的航行在 15 世紀末期取得重大的成果，於 1498 年繞過好望角，同年抵達印度的加里庫特（Cclicut），1510 年占據印度西岸中部的城市——果阿（Goa），1511 年攻占麻六甲（Ma lacca，即《明史》中的滿剌加），並於明武宗正德十二年

50　小葉田淳，《中世南島通交貿易史の研究》，東京刀江書院 1941 年；小葉田淳，《足利後期の遣明船通交貿易の研究》，《臺北帝國大學史學科年報》，第四期。轉引自傅衣凌，〈明代福建海商〉，《明清時代商人及商業資本》，北京，中華書局 2007 年重刊本，第 106—107 頁。

51　轉引自傅衣凌，〈明代福建海商〉，《明清時代商人及商業資本》，北京，中華書局 2007 年重刊本，第 106 頁。

（1517 年）抵達廣州沿海[52]。他們來到中國後，曾派出馬喀蘭夏從廣東的上川島航行至福建沿海，進行走私貿易[53]。《南明行紀・導言》云：這支分艦隊原來的目標是琉球，但他們只到達福建的漳州沿海，在那裡「進行了極為有利的貿易」，然後返回廣東與主艦隊匯合，其時為正德十三年。[54]但是，當時葡萄牙人經營的重點是廣東沿海，所以他們在福建方面的海上貿易遠不如廣東。

　　嘉靖二年（1523 年），在廣東香山縣西草灣海戰中，廣東水師以仿製的佛郎機攻擊葡萄牙人。從而迫使葡萄牙人離開廣東海面。在這一事件前後，明朝再次調整海洋政策。不過，這次政策調整，對明朝是十分不幸的。因為，明朝官員總結正德年間廣州沿海的動亂，認為是開海禁政策造成的。因為開海禁，所以有邊民出境，這些草民貪圖利益，很快與海外國家打成一片，反而勾引葡萄牙商船來到廣州海面，而葡萄牙人在廣州海面不走，他們的強勢又製造了動亂。明朝官員覺得：要整頓沿海秩序，不如實行海禁，拒海外國家於國門之外，廣東海面才能恢復安寧。因此，從嘉靖元年開始，廣東方面厲行海禁。嘉靖《廣東通志》評論：「佛郎機國，前此朝貢莫之與。正德十二年，自西海突入東莞縣界，守臣通其朝貢。厥後猖狂為惡，乃逐出之。今不復來云。」[55]

　　嘉靖元年葡萄牙人在廣東沿海失敗之後，一度退到麻六甲海岬。葡萄牙上層總結在廣東失敗的原因，感到中國是一個大國，水師力量強大，不能用在印度沿海的進行騷擾的方式來進行貿易。次年，剛好有二艘來自漳州的海船到麻六甲貿易，葡萄牙人便採取和平貿易的方式與漳州人打交道，他們冒險地預付定金給漳州商人，訂購他們所需要的中國商品。然而，這些漳州商船第二年是否會回到滿刺加，其實葡萄牙人一點把握也沒有。鑒於廣東的口岸已經封閉，他們只好採用這一措施，看看能否打破明朝官府

52　戴裔煊，《《明史・佛郎機傳》箋正》，北京，中國社會科學出版社 1984 年，第 3 頁。

53　梁方仲，〈明代國際貿易與銀的輸出入〉，《梁方仲經濟史論文集》，北京，中華書局 1989 年，第 157 頁。

54　〔葡萄牙〕伯來拉、克路士等著，《南明行紀》，何高濟等譯，北京，中國工人出版社 2000 年，第 5 頁。

55　戴璟、張岳等纂修，嘉靖《廣東通志初稿》卷三五，〈外夷志〉，嘉靖刊本第 4 頁。北京圖書館古籍珍本叢刊，第 38 冊，第 579 頁。

對葡萄牙人的封鎖。讓葡萄牙人有些意外的是，第二年，這兩艘商船的主人再次抵達滿剌加（即麻六甲），給他們帶來預定的中國商品。葡萄牙人歡呼起來——對華貿易可以進行下去了！於是，他們每年都付給到滿剌加貿易的漳州商人大批定金，採購中國商品。這種貿易形式使他們與漳州商人建立了良好的關係。值得注意的是，這種預付訂金制度成為明清數百年內西歐國家與中國貿易的基本方式，不論歐洲人想從中國採購什麼商品，除了軍火之外，只要他們付出訂金，都可得到這些商品。那個時代，中國商人的信譽度是很高的。說實話，對中國商人而言，哪裡去找這樣的好顧客呢。

葡萄牙人在貿易中與漳州商人越來越熟，幾年後，一些葡萄牙散商隨著漳州商人來到九龍江口的廈門灣進行貿易。《明世宗實錄》：「佛郎機火者亞三等既誅，廣州有司乃併絕安南、滿剌加，諸番舶皆潛泊漳州，私與為市。至是，（嘉靖八年，1529 年）提督兩廣侍郎林富疏陳其事，下兵部議。言：安南、滿剌加自昔內屬，例得通市，載在《祖訓》、《會典》。佛郎機正德中始入，而亞三等以不法誅，故驅絕之，豈得以此盡絕番舶？且廣東設市舶司，而漳州無之，是廣東不當阻而阻，漳州當禁而不禁也。請令廣東番舶例許通市者毋得禁絕，漳州則驅之，毋得停舶。從之。」[56] 這條史料反映了廣東禁番船之後，來自東南亞的商船便轉移到漳州水域貿易。冒名滿剌加的葡萄牙人，也應是在這時來到漳州貿易。明朝中樞要求漳州禁約葡萄牙人的貿易，看來漳州地方官並未採納。「海澄故為龍溪漳浦地，嘉靖九年都御史胡璉以姦民多闌出通番者，請置安邊館於海滄，委通判一員駐理。而闌出者益不止。」[57] 結果，在其他各省府都執行海禁的背景下，海滄安邊館的忽略，使其成為嘉靖前期的海上私人貿易要地。

漳州之所能一時取代廣州成為海上私人貿易的中心，應與明代走私貿易中有許多漳州商人有關。漳州人是中國對外貿易的積極參與者，他們早在明代前期就控制了南海貿易的主導權，廣東沿海是他們主要活動區域之一。[58] 在漳州本土，15 世紀 80 年代，漳州對外貿易已有較大的發展，「成

56　張溶等修，《明世宗實錄》卷一〇六，嘉靖八年十月己巳，臺北，中研院歷史語言所 1962 年影印本，第 5 頁。

57　杜臻，《粵閩巡視紀略》卷四，文淵閣四庫全書本，第 27 頁。

58　徐曉望，〈明代漳州商人與中琉貿易〉，《海交史研究》1998 年 2 期；〈嚴啟盛

弘之際，豪門巨室間有乘巨艦貿易海外者。」[59] 與此同時，海外的商船也常到福建沿海貿易。成化八年（1472 年）春，陸孟昭接任福建參政，倪岳在送陸孟昭赴任時說：「矧夫閩連山距海，為邊徼之重地。而福興漳泉四郡俯臨大洋，尤其要者也。番舡之往來、夷寇之出沒，往往陰肆剽竊，以為吾民病。」[60] 陸孟昭上任後，以快刀斬亂麻的手段處理問題：「先是，有商率群舶通諸夷，遇他舶，無問官民皆掠之。殺人浮海上如筏。數歲，莫能捕。公至，即奮然曰：『是賊且不制，脫倭寇突至，將奈何！』遂練兵發艦。跡其所在擊擒之。並其丑，皆伏法。戍卒所居，曰玄鍾營者，久而敝，兵器亦多朽窳。皆為修繕，篢若新。」[61] 彭韶於成化十八年的奏議中也提到閩粵交界處的走私貿易：「況南澳港泊界在閩廣之交，私番船隻寒往暑來，官軍雖捕，未嘗斷絕。再若公行互市，後愈難禁，揆之大體，似有未便。」[62] 理解這一背景，就可知道，早在成化年間，漳州沿海已經有私人海上貿易進行，而且，來自於東南亞的海寇及商人已經出沒於漳潮沿海，因而有「番舡」、「夷寇」之稱。不過，當時對外貿易的中心是在廣東沿海，漳州沿海的外來商船肯定不如廣州沿海多。就連漳州人自己，也多是到廣東沿海進行走私貿易。葡萄牙人來到中國後，雖然涉足過漳州，但主要還在廣東沿海貿易，他們應是在那時候就與漳州商人建立了聯繫。因此，當廣東申嚴海禁之令以後，漳州商人很自然地將他們帶到漳州沿海，造成漳州私人海上貿易盛極一時的局面。郭造卿曾說：「（國初）閩因罷諸番市，而利皆歸於廣，漳人垂涎，而引廣夷入境，正德（實為嘉靖初年）廣之禁嚴，番舶入漳泉，而廣失利。」[63] 正如朱紈所說：「倭寇、番夷、佛郎機等賊，倚海為窟，出沒不時，誠難底詰。然此等非藉漳泉之民，雖不禁之，而亦

　　與澳門史事考〉，澳門文化司署，《文化雜誌》2006 年春季刊；徐曉望，《早期臺灣海峽史研究》，福州，海風出版社 2006 年。

59　張燮，《東西洋考》卷七，〈餉稅考〉，北京，中華書局 2000 年，第 131 頁。

60　倪岳，《青谿漫稿》卷十七，〈贈福建右參政陸君赴官序〉，文淵閣四庫全書本，第 14 頁。

61　楊守陳，《楊文懿公金波稿》卷五，〈陸孟昭（昶傳）〉。明刊本。

62　彭韶，《彭惠安集》卷一，〈題為乞恩分豁地土等事〉，文淵閣四庫全書本，第 16 頁。

63　郭造卿，〈閩中兵食議〉，顧炎武編，《天下郡國利病書》第 26 冊，福建，四部叢刊三編影印本，第 19 頁。

不來也。」[64]、「自是，佛郎機諸番夷舶不市粵，而潛之漳州。」[65] 林富批評這一狀況：「況市舶官吏公設于廣東者反不如漳州，私通之無禁，則國家成憲果安在哉！」[66] 可見，廣州沿海的走私貿易轉到廣東後，廣東官員又有失落感了。

二、葡萄牙人在漳州內河的貿易

　　葡萄牙人為何能深入漳州內河？他們在漳州內河的活動沒有人管嗎？這是因為，帶葡萄牙人來到漳州九龍江的是著名的「漳州五澳」的水上人家，他們亦商亦盜，亦兵亦匪，在整個東亞海域都是說一不二的人物。[67]

　　和在廣東活動的葡萄牙艦隊不同，來到漳州貿易的葡萄牙人是一些私商。由於吸取了在廣東沿海的教訓，葡萄人在漳州的活動十分低調，一直以貿易為主。泉州士大夫林希元評論葡萄人：「佛郎機之來，皆以其地胡椒、蘇木、象牙、蘇油，沉、束、檀、乳諸香，與邊民交易，……其價皆倍於常，故邊民樂與為市，未嘗侵暴我邊疆、殺戮我人民，劫掠我財物。且其初來也，慮群盜剽掠累己，為我驅逐。故群盜畏憚，不敢肆。……二十年海寇，一旦而盡。據此則佛郎機未嘗為盜，且為吾禦盜，未嘗害我民，且有利於吾民也。……無是而欲攻之，何也？佛郎機雖無盜賊劫掠之行，其收買子女，不為無罪。然其罪未至於強盜，邊民略誘賣與，尤為可惡。其罪不專在彼，而官府又未嘗以是攻之。」[68] 從林希元所述葡萄牙人的行為中，我們感到葡萄牙人到福建沿海進行貿易，吸取了在廣東失敗的一些經驗，他們放棄暴力行為，而以做生意為主。所以，雖然他們有買賣人口的不法行為，但因他們帶來了巨大的貿易利益，還是被閩南人接受了。

　　在葡萄牙人的文獻中，多次記載葡萄牙人在嘉靖年間到「Chincheo

64　朱紈，《朱中丞甓餘雜集》卷二，〈閱視海防事〉，四庫全書存目叢書，集部第78冊，第 22 頁。

65　何喬遠，《名山藏》卷一○七，〈王享記〉，福建人民出版社 2010 年，第 3013 頁。

66　嚴從簡，《殊域周咨錄》卷九，〈佛郎機〉，北京，中華書局 1993 年，第 323 頁。

67　參見拙著，《明代前期福建史》第六章，第五節，〈明代中葉漳州的港口・海滄、月港〉。

68　林希元，《同安林次崖先生文集》卷五，〈與翁見愚別駕書〉，乾隆十八年詒燕堂刻本，第 31 頁。

（漳州）」貿易。例如：金國平譯費爾南・門德斯・平托《遠遊記》[69]的第 46 章記載一個與葡萄牙人關係很深的船長從北大年去中國：「他於一五三四年（嘉靖十三年）坐一條大船去中國，隨行的有其妻子和二十名滿刺加要塞最富有和最享盛名的葡萄牙人。抵達廣東島之後，在那裡補充了淡水，準備到漳州港去。船在那裡停了兩天了，全體船員同他一樣都是華人。」、「第二年又到漳州港來了。在那裡又搶了一艘從巽他群島來的小船。將上面的十個葡萄牙人斬盡殺絕。」這說明早在嘉靖十三年，葡萄牙人即在漳州港進行貿易。他們雖然遇到海寇的襲擊，仍然不斷地到漳州貿易。

不過，嘉靖年間葡萄牙人的貿易中心很快轉到了浙江沿海的雙嶼港。葡萄牙人何到抵達雙嶼港？目前學術界有爭議。除了零星的可疑記載不算，就確切的史料而言，葡萄牙人大舉到浙江雙嶼貿易應是在嘉靖十八年（1539年）以後。該年正是閩中海上武裝金子老等人大鬧雙嶼港之時，「初自宋素卿叛亂（嘉靖二年）之後，十八年金子老、李光頭始作難，勾西番掠浙閩。」[70]文中的西番應是指葡萄牙人。這裡有兩個問題要注意：其一，葡萄牙人到浙江寧波的雙嶼港，與漳州商人帶他們北上有關。葡萄牙語專家金國平在解釋葡萄牙人將寧波稱之為 Liampó 時說：「Liampó 是葡人從與他們為伍的閩南人那裡，據閩南音拼讀的『寧波』。因此，Liampó 不是寧波的誤稱，確切而說是『寧波』的閩南讀音。」[71]可見，最初到寧波雙嶼的葡萄牙人與閩南人關係很深。其二，在嘉靖十九年以後，迄至嘉靖二十七年，此間葡萄牙人的對華貿易雖然以浙江為主，但其間仍未放棄漳州的貿易。他們的船隻多從麻六甲北上，先到廣東上川島，然後到漳州的某個港口，再從漳州北上浙江的雙嶼。

葡萄牙語名著《遠遊記》第 57 章：

> 在阿納伊河弄到一切航行必需的給養後，我們便離開了這裡。安東尼奧・德・法里亞認為到漳州港去為宜。甲・潘讓也是這樣建議的，再加上安東尼奧・德・法里亞一直非常注意保持同此人的

69　平托著、金國平譯，《遠遊記》，澳門基金會等，1999 年。
70　姜宸英，《湛園集》卷四，〈論日本貢市入寇始末〉，文淵閣四庫全書本，第 38 頁。
71　金國平，《簡論寧波雙嶼港短暫的歷史輝煌》。

友誼。在漳州可以打聽倒有關從巽他、滿剌加、帝汶及北大年過來的葡萄牙人的消息，知道一些與其有關的情況，也可能還有關於雙嶼的消息。

抵達漳州港後，我們遇到了五艘葡萄牙大船。一個月前，他們從上述地方來。我們受到了他們的熱情、隆重的款待。他們把當地，商品及治安的情況向我們做了介紹後，告訴我們說，他們得知的有關雙嶼的消息也是從中國人那裡聽來的。那裡有許多越冬的葡萄牙人，還有人不斷從滿剌加、巽他、暹羅和北大年來。

在漳州港區逗留九天後，我們離開了那裡。我們的隊伍中又多了三十五個士兵。安東尼奧・德・法里亞好好利用了一番那五艘船。我們繼續向雙嶼王國方向行駛。

這些史料都證明葡萄牙人在嘉靖年間曾將福建的漳州作為其對華貿易的主要港口之一。不過，當時葡萄牙人不止在漳州貿易，他們還北上浙江的雙嶼港，那麼，在他們的心中，漳州港的地位如何？一般認為：葡萄牙人將浙江雙嶼港看得更重。但我認為，葡萄牙人將其貿易重心從漳州轉到雙嶼港有一個過程，葡萄牙人從廣東北上福建、浙江貿易，早期的重點是在漳州沿海，嘉靖十四年，廣東官員林富在其奏疏中說：「見今番舶之在漳閩，亦未聞其小有警動，則是不敢肆侮為害，亦章章明矣。」[72] 仔細琢磨這段話，應能證明嘉靖十四年之前，葡萄牙人對華貿易的重心是漳州而不是浙江。

就浙江方面的史料而言，嘉靖十九年之後，雙嶼港有大夥海寇及不受政府管轄的海商盤踞，葡萄牙人應是在這一時期才將活動的重點轉到浙江。俞大猷說：「數年之前，有徽州、浙江等處番徒，勾引西南諸番，前至浙江之雙嶼港等處買賣，逃免廣東市舶之稅。及貨盡將去之時，每每肆行劫掠。故軍門朱慮其日久患深，禁而捕之。」[73] 鄭若曾說：「商舶乃西洋原貢諸夷，載貨泊廣東之私澳，官稅而貿易之。既而欲避抽稅，省陸運，福人導之，改泊海滄、月港；浙人又導之，改泊雙嶼。每歲夏季而來，望冬而去。

72　嚴從簡，《殊域周咨錄》卷九，〈佛郎機〉，北京，中華書局 1993 年，第 324 頁。
73　俞大猷，《正氣堂全集》卷五，〈議王直不可招〉，福建人民出版社 2001 年，第 164 頁。

可與貢舶相混乎。」[74] 其後，葡萄牙人在浙江雙嶼的貿易更甚於漳州，因而葡萄人將雙嶼稱之「雙嶼王國」。

但從嘉靖十九年到嘉靖二十七年四月葡萄牙人退出江浙沿海，葡萄牙人在漳州的活動也很頻繁，林希元〈與翁見愚別駕書〉約寫於嘉靖二十六年末，或是嘉靖二十七年初，他在信中說：「佛郎機之來，於今五年矣。」林希元是一個士大夫，早年可能並不瞭解葡萄牙人在漳州沿海的活動，因而，這句話只能這樣理解：大約在嘉靖二十一年至二十二年之間，葡萄牙船隊開始深入漳州內河，停泊於海滄及附近港口，乃至引起林希元這類士大夫的注意。林希元還在信中提到：嘉靖二十六年來到漳州的葡萄牙船隻有九艘，其中六艘深入漳州內河，其人數量約有五百[75]，這與日本學者小葉田淳的說法剛好相符。所以說，葡萄牙人在漳州活動的最盛期，應是在嘉靖二十年至嘉靖二十八年。也就是說，葡萄牙人在雙嶼港活動的同時，並沒有忽略漳州港的貿易。

三、漳州士紳對海洋問題的關注

嘉靖年間閩浙沿海的官民貿易，引起了浙江官府的不安，這種不安在福建同樣存在，尤其是漳州沿海。早在嘉靖十二年，嘉靖皇帝接到漳州沿海情況的報告後，就有這樣一段話：「海賊為患，皆由居民違禁貿易，有司既輕忽明旨，漫不加察，而沿海兵巡等官又不駐守信地，因循養寇，貽害地方，兵部其亟檄浙福兩廣各官督兵防剿，一切違禁大船盡數毀之。自後沿海軍民私與市賊，其鄰舍不舉者連坐。各巡按御史速查連年縱寇及縱造海船官，具以名聞。」[76] 這裡點明了漳州的海上私人貿易，其實是有官員庇護的。這種情況以後越來越嚴重。

葡萄牙人在浙閩沿海活動的時間，恰是東南沿海海寇猖獗之時。其原因應是漳州的對外貿易引來了海寇的活動。海寇靠搶劫貿易船隻為生，外貿船隻雲集的漳州港，自然會吸引他們。迨至朱紈出山前的嘉靖二十五年至二十六年，漳州沿海的海寇活動相當猖獗。金國平譯平托的《遠遊記》

74　鄭若曾、胡宗憲，《籌海圖編》卷十二，北京，中華書局 2007 年，第 852—853 頁。
75　林希元，《同安林次崖先生文集》卷五，〈與翁見愚別駕書〉，第 31 頁。
76　張溶等修，《明世宗實錄》卷一百五十四，嘉靖十二年九月辛亥。

第 132 章中說到：他們到達廣東上川島之後，「一天，來了一個名叫薩米波謝卡的海寇。那海寇在同漳州的海道的交戰中一敗塗地。二十八艘帆船被俘獲了二十六艘，只有四艘脫險。大部分是重傷患，都在那兩艘船上，因此他被迫在那裡待了二十天，醫治傷患。」

《遠遊記》的第 179 章「（1547 年、嘉靖二十六年）從巽它來的五條船全部抵達了當時葡萄牙人的貿易地漳州。我們在那裡逗留了三個半月，歷盡千辛萬苦，經受了生命危險，因為當地正在暴動之中，人民紛紛鬧事，沿岸艦隊壓境，這一切均為倭寇搶劫所致。」

金譯《遠遊記》的第 203 章：「一五四七年（嘉靖二十六年）一月十六日，我們離開了山川灣及鹿兒島海灣。上帝保佑，一路順風十四天後，我們來到了漳州，中國王國著名的富港之一。當時在那河口流竄一個名叫切波切卡的海寇。他手下有四百條大船，六十艘雙桅帆船。這支艦隊有六萬眾，其中兩萬人為船員，餘均為士兵。這支浩大的隊伍的軍餉及給養全靠在海上搶劫。」

漳州海寇北上浙江，則更加強了雙嶼港的混亂局面，胡宗憲說：「愚考入番罪犯，多係廣福浙三省之人。通夥流劫，南風汛則勾引夷船由廣東而上達于漳泉，蔓延于興福；北風汛則勾引夷船，由浙而下達于福寧，蔓延于興泉；四方無賴又從而接濟之，向導之，若欲調兵剿捕，攻東則竄西，攻南則遁北，急則潛移外境，不能以窮追，緩則旋復合綜，有難于卒殄。此夷船與草撇船之大勢也。」[77]

面對這一混亂的局面，漳泉士大夫與官府的就對外政策展開了激烈的辯論。「（閩縣知縣仇俊卿）又云：沿海地方人趨重利，接濟之人在處皆有。但漳泉為甚。餘多小民勾誘番徒窩匿異貨，其事易露，而法亦可加。漳泉多倚著姓宦族主之，方其番船之泊近郊也，張掛旗號，人亦不可誰何。其異貨之行于他境也，甚至有藉其關文，明貼封條，役官夫以送出境，至京者。及其海船回番而劫掠于遠近地方，則又佯為之辭曰：此非此夥也。乃彼一綜也。訛言以惑人聽，比及上司比責水寨巡司人等，間有一二官軍捕

77　胡宗憲，〈廣福浙兵船當會哨論〉，《明經世文編》卷二六七，《胡少保海防論》，第 2825 頁。

獲寇盜，人船解送到官，彼為巨盜大䭾，屯住外洋者，反役智用幸，致使著姓宦族之人，又出官明認之曰：是某月日某使家人某姓某處糶稻也。或買杉也。或治裝買疋帛也。家人有銀若干在身。捕者利之，今雖送官報贓，尚有不盡，法合追給。或者有司懼禍而誤行追懲，但據贓證與所言之相對，不料所言與原情實不同。其官軍之斃於獄而破其家者，不知其幾也。」[78]

　　如其所云，明朝海禁政策在廈門灣一帶難以執行，與地方豪紳支持對外貿易有關，他們利用自己在官府的影響，打擊執行海禁之令的水師官兵，使海禁之令無法執行。其實，不止是水師的普通官員，就連水師的高級官員也會因此受累。例如，浙江人黎秀曾任漳州備倭指揮一職。上議於巡按御史金公豪曰：「日本倭夷先年內犯，朝廷屢下備倭之詔，及委重臣以督海防，是以海洋乂安。今承平日久，軍民趨利忘害，而各處輕生之徒，攘臂向前，私通貿易，向嘗緝絕，今復啟釁。若不預行究治，恐禍患日深。卒難禁制也。既而復上議曰：近署安邊館事，諗知違禁通番大船之詳，其船皆造於外島，而泊於內澳，或開駕以通番，或轉售於賊黨，而嵩嶼、漸尾、長嶼、海滄、石馬、許林、白石等澳，乃海賊之淵藪也。本職欲行禁治，恐澳甲勢要抗拒不服，反速其禍，乞行府縣巡捕官親詣各澳密行擒治。船隻應燒燬者，燒燬，應留用者留用，庶頑民知警，而通番之風少息矣。議上，秀遂大為漳泉耆民捕盜怨謗。致劾免官。後十餘年，倭患大熾，沿海數千里生靈靡不荼毒，人始服黎遠覽，而惜其冤抑。」[79] 黎秀這段話，使其受到攻擊，後被撤職，轉回家鄉，在浙江水師任職。

四、林希元的對外貿易主張

　　在打壓執行海禁的水師官兵方面，泉州同安人林希元是一個重要人物。作為剛剛退休的官員，他在朝廷也有很大影響，當地的官員都要看其臉色。林希元，字茂貞，號次崖，同安翔風里山頭村人，據同安的學者考證，他生於成化十七年（1481 年），故於嘉靖四十四年（1565 年），他是正德十二年（1517 年）進士，首倡宦官不宜外任，時值嘉靖初年，在大臣們的壓力下，朝廷取消了在各省派駐宦官監視地方大員的制度。在士大夫看來，

78　鄭若曾、胡宗憲，《籌海圖編》卷四，〈福建事宜〉，第 281 頁。

79　鄭若曾、胡宗憲，《籌海圖編》卷四，〈福建倭變記〉，第 275 頁。

這是一次重要的勝利。然而，此後林希元在官場不順利，長期任地方官。在廣東按察司僉事任上，林希元與安南交涉中立場強硬，是主戰派之一。嘉靖二十年因得罪權臣夏言落職回鄉。林希元是閩南一帶的大儒，所著《易經存疑》、《四書存疑》由禮部刊行，風行一時；他關心時事，有關政事的著作有《新政八要》、《王政附言》、《荒政叢言》等。他的家鄉離海滄鎮較近，又是有名氣的大儒，因而林希元在當地的影響很大。地方官也要看他的臉色行事。事實上，他也經常對當地事務發表意見，並要地方官執行。十年後，林希元在給周石崖的信中說到：「希元平生不自揆量，每以天下國家事自任，遂致覆敗，退居林下。鄉國兵荒之禍，猶若在躬，遂至取怒當道，讒謗蝟興。及夫身蒙大難，求救軍門，不惟不救，反施下井之石。其禍皆起於以天下國家事自任，志無間於隱顯致然也。」[80] 可見，林希元自己也不否認他當年在家鄉干預地方政事，因而得罪了官府。言下頗有懊悔之意。不過，當年林希元對官府的態度是十分張揚的。朱紈後來追述：「又如考察閒住僉事林希元，負才放誕，見事風生，每遇上官行部，則將平素所撰詆毀前官傳記等文一二冊寄覽，自謂獨持清論，實則明示挾制。守土之官，畏而惡之，無如之何，以此樹威。門揭『林府』二字，或擅受民詞，私行拷訊，或擅出告示，侵奪有司，專造違式大船，假以渡船為名，專運賊贓并違禁貨物。夫所謂鄉官者，一鄉之望也。乃今肆志狼籍如此，目中亦豈知有官府耶。蓋漳泉地方，本盜賊之淵藪，而鄉官渡船，又盜賊之羽翼。」[81]、「蓋福建多賢之鄉，廷論素所倚重，而濱海不理之口，流言亦能動人。故官斯土者，率以因循遷就為自全計，雖有巡按御史除姦革弊，然巡歷不過一年，交代則成故紙。蓋威福之柄移于鄉評，是非之公亂于野史，久矣。」[82]

　　朱紈這段話揭示了一個祕密：林希元私下也在從事對外貿易！因此，他放縱民眾的海上貿易，並用輿論的力量箝制官府。由於他在朝廷有一定影響，地方官害怕自己的醜事被林希元揭發，所以，對其所作所為，儘量容忍，有時還要聽林希元的「命令」。在林希元等士紳的「鼓勵」下，漳

80　林希元，《同安林次崖先生文集》卷五，〈與周石崖提學書〉，第 28 頁。
81　朱紈，〈閱視海防事〉，《明經世文編》卷二〇五，《朱中丞覽餘集》，第 2158 頁。
82　朱紈，〈閱視海防事〉，《明經世文編》卷二〇五，《朱中丞覽餘集》，第 2157 頁。

州一帶民眾大膽地和葡萄牙人貿易：「夷患率中國並海居民為之，前後勾引則有若長嶼喇噠，林恭等。往來接濟則有若大擔嶼奸民姚光瑞等，無慮百十餘人。」[83]

　　以上這些正史的記載，似乎都對林希元不利，他妨礙了明朝海禁政策的實行，為了個人利益保護私人走私貿易。但是，若從更大的範圍考慮，是非並不是《明史‧朱紈傳》所認定的。因為，閩南是一個有海外貿易傳統的區域，但由於明朝的海禁政策，私人海上貿易成為非法行為，鄭和遠航停止後，中國對外貿易中心從福建轉移到廣東，閩南民眾損失了巨大的利益。葡萄牙人及其它東南亞商人來到漳州，是歷史還給閩南一個機會，當地民眾有權進行對外貿易，以發展經濟。這一前提使他們非常珍視歷史的機遇。從這角度去看這一時期的民眾爭論，應當說，真正的是非剛好與《明史‧朱紈傳》記載相反。

　　為了維護已經存在的對外貿易，林希元曾為葡萄牙人辯護。「佛郎機之攻何謂不當？為夫夷狄之於中國，若侵暴我邊疆，殺戮我人民，劫掠我財物，若北之胡，南之越，今閩之山海二寇，則當治兵振旅攻之，不踰時也。若以貨物與吾民交易，如甘肅，西寧之馬，廣東之藥材，漆，胡椒，蘇木，象牙諸香料，則不在所禁也。」[84] 那麼，林希元的主張是什麼？林希元在與柯喬、鄭岳等人商討對葡萄牙政策時有一番考慮：「鄭生過予問計，元日前柯雙華曾以此告。今熟思之，官府方欲攻夷，未能如何又與追債，不惟法上難行，夷人亦不信。若令夷人將在船貨物報官抽分，然後以逋負告官，則法上可行，夷人亦信。又令至夷船察探其虛實以報。鄭生至海門諭夷人如予策，夷人果悅，置酒延欵。」[85] 文中提到的柯雙華，即為貴州人柯喬，他出任福建按察司主管海道的副使，也是一時之選。王慎中曾說：「比歲閩海多警，朝廷以為憂，制敕按憲臣以海為責者，尤慎其人。而福建實得貴陽柯雙華公。公之在鎮，值島夷佛郎機部長率其酋卒浮海為寇於漳州，瀕海為州而鄰於漳者，咸苦其害，而東甌，南粵均以為警。是時天子方勤

83　佚名，《嘉靖倭亂備抄》不分卷，文淵閣四庫全書存目叢書史部，第 49 冊，第 554 頁。
84　林希元，《同安林次崖先生文集》卷五，〈與翁見愚別駕書〉，第 31 頁。
85　林希元，《同安林次崖先生文集》卷五，〈與翁見愚別駕書〉，第 31 頁。

卹東南，慨然於洪波之不靖，為特遣重臣制置浙閩二海將軍，符檄下，公委重，特至而督促，亦不少貸。」[86] 可見，當時在漳州一帶，柯喬實為最高長官，大權在握。林希元與柯喬的關係不錯，因而向他講出了自己的看法。仔細分析林希元的主張，會覺得林希元的主意有可取之處。他設想在解決葡萄牙問題時，首先從法律上入手，通過追查葡萄牙人應納稅收的方式掌握法律上的制高點。但實行這一策略，首先要同意葡萄牙人進入漳州港口貿易，然後對其收稅，所以，同意林希元的主張，就意味著在漳州港口設置海關，從而使漳州港口成為合法的對外貿易港口。

福建有對外貿易的傳統，宋元明三代都有設市舶司，從南宋後期到明代前期，福建實際上是中國對外貿易的中心。不過，明朝的對外政策有很大調整，明初泉州雖設市舶司，但不允許私人出海貿易，海外入貢國中，泉州市舶司只負責東洋的琉球、蘇祿諸國，隨著蘇祿國的進貢越來越少，泉州市舶司的貿易對象只剩下琉球，於是，泉州市舶司於成化年間搬遷到福州。在泉州市舶司蕭條的同時，廣州市舶司卻日益興盛起來，這對有貿易傳統的閩南人來說，頗有望洋興嘆的感覺。因此，嘉靖初年對葡萄牙貿易轉到漳州，對閩南商人來說，是一個千載難逢的戰略轉機，如果能夠抓住這一時機復興泉州市舶司的功能，漳州就能成為合法的對外貿易中心。林希元建議對葡萄牙船隻徵稅，其背後的戰略意義就在於此。一旦朝廷答應這一點，閩南將重新擁有合法的對外貿易港口。

從長時段歷史來看，漳州於隆慶年間允許漳州月港的商人對外通商，實際上是某種程度實現了林希元當年的主張。不過，隆慶年間的海澄建縣通商，是經歷了長達十幾年的倭寇侵擾之後，為了化盜為商，官府被迫採取的策略。倘若官府在 20 年前就採納林希元的策略，不是可以免除倭寇入侵的浩劫嗎？

林希元不是一個普通的人，他在朝野都有一定的影響。按照福建的傳統，福建官府在當地若有重大政策改變，都要徵詢在籍官員及縉紳們的意見，林希元與時任海道副史的柯喬（雙華）、金巡按都有來往，這些重要官員確實徵詢過林希元的意見，當葡萄牙人的問題剛剛彰顯之時，他們按

86　王慎中，〈巡海副使雙華柯公海上平寇記〉，《明文海》卷三七九，文淵閣四庫全書本，第 16 頁。

照林希元的建議，還曾到漳州的海滄面見葡萄牙人，力圖以和平的方式解決問題。林希元在〈金沙書院記〉中說提到，嘉靖二十六年，龍溪縣的林縣令和海道副使柯喬共同到漳州的海滄，勸導到此地經商的佛郎機商人遠離本地。他說：「島夷久商吾地，邊民爭與為市，官府謂夷非通貢久居於是非體，遣之弗去，從而攻之。攻之弗勝，反傷吾人。侯與憲臣雙華柯公謀曰：殺夷則傷仁，縱夷則傷義，治夷其在仁義之間乎？迺偕至海滄，度機不殺不縱，仁義適中，夷乃解去，時嘉靖某年某月也。」[87]可見，在漳州水師與葡萄牙人之間的衝突產生之前，林希元在某種程度上「控制」了官府對葡萄牙人的政策，他可以讓官員們以和平的姿態來到漳州的海滄港，耐心地勸導葡萄牙人退出漳州的港口，以免衝突的產生。同時，他還可以積極推行對葡萄牙人的抽稅政策，以使對外貿易合法化。

　　然而，林希元的政策遇到兩方面的阻力。其一，在官府方面，柯喬等人雖然表面上答應考慮林希元對葡萄牙人抽稅的政策，其實沒有任何行動；其二，葡萄牙私商因有不少貨款尚未收回，久久不肯離開漳州海面。實際上，他們只是退出漳州內河的港口，將長駐之地改為廈門灣海口的浯嶼，並和漳州民眾繼續貿易。《漳州府志》：「嘉靖二十六年有佛郎機船載貨泊於浯嶼，月港惡少群往接濟。」[88]朱紈說：「外浯嶼乃五澳地方，番人之巢窟也。」[89]但是當地的治安也很亂。徽商許本善「將服賈，資斧不具。伯予千金，乃販繒航海而賈島中，贏利百倍。舟薄浯嶼，群盜悉掠之。」[90]面對這一局面，官府逐漸傾向於武力解決。

　　關於朱紈任職前後漳州水師與葡萄牙船隊的衝突，學術界較為熟悉的是：嘉靖二十八年，海道副使柯喬指揮漳州水師在詔安走馬溪圍剿葡萄牙船隻，這就是著名的走馬溪事件。很少有人知道：在此之前兩年，漳州水師已經與葡萄牙人打過一仗。「嘉靖二十六年，有佛郎機夷船載貨在於浯嶼地方貨賣，漳泉賈人輒往貿易。巡海道柯喬漳州知府盧璧、龍溪知縣林松發兵攻夷船不得，通販愈甚。」[91]據漳州的地方史料，其實還在朱紈抵達

87　林希元，《同安林次崖先生文集》卷十，〈金沙書院記〉，第 15 頁。
88　羅青霄等，萬曆《漳州府志》卷三十，〈海澄縣〉，萬曆元年刊本，第 62 頁。
89　胡宗憲，〈福洋要害論〉，《明經世文編》卷二六七，《胡少保海防論》，第 2824 頁。
90　汪道昆，《太函集》卷四十，〈許本善傳〉，續修四庫全書影印明刊本，第 3 頁。
91　羅青霄等，萬曆《漳州府志》卷十二，〈漳州府〉，萬曆元年刊本，第 13 頁。

海澄之前，福建官府就有意以武力解決沿海的混亂局面，最後發起了一場戰鬥。

在戰鬥發生前，林希元見官方一意主戰，也曾為其策劃，並讓鄭岳與葡萄牙船的華人聯繫。林希元敘述這一過程：「夷舟有九，至者六舟，尚三舟不至，約待會議定，然後報。厚遣鄭生，令還報海道。不至三舟，乃華人假夷者，鄭生行，密遣人通訊，謂己皆華人，故不敢見，願謀夷人自贖。看官府約何日攻夷，願舉兵為內應。鄭生以其謀告予，元喜曰前陳一貫之計大略相似，但當時未有可用之人，今有人矣，如今之策更妙於一貫，決可用。雙華遣鄭岳諭夷人，既有頭緒，如不攻，遣鄭生再往令報稅抽分可也。如欲攻，遣鄭生密通三舟約日舉兵，令彼為內應可也。二者皆勝算。雙華怒元與韓漳南之書，棄不用。乃用捕盜行狗盜之計，掩取夷人解官，坐以強盜梟首之罪，夫既差人往諭其報稅而忽攻之，非失信乎？又不顯攻而用鼠盜之計，非失體乎？彼此皆無所據，撫不成撫，攻不成攻，中國之待夷狄當如是乎？其失一也。既而狄人修怨，焚青浦之民居，掠海上之舟楫，其勢不得不用兵。其用兵也，躬親督戰，既不能如汪誠齋之滅機夷，因風縱火，又不能如周瑜之焚曹操，庸致大舟自焚，多人溺死，徒費官帑之千金，不得小夷之一毛。其失二也。勢莫如何，始納夷人之書，以老人約正捕盜六人，為質於夷船，僅得一番奴一通事之來，又厚燕勞、張鼓樂以送之去，則官府之技倆皆為夷人識破，其為中國之羞甚矣。」[92] 可見，嘉靖二十六年之戰，漳州水師告負，但這場失利的戰鬥罕見記載，看來是官府有意壓下了這一不光彩的事件。漳州水師失利之後，民間貿易更盛。

以上林希元的史料中，除了有關戰事的記載外，林希元提到：巡海道柯喬（雙華）因林希元給「韓漳南」寫了一封信而對其產生意見，因而不用林希元的策劃。這封信所講內容不知。但從柯喬的立場從和平轉到戰爭來看，林希元對他不免有一些怨言，所以，他若在給他人的信中抱怨柯喬，並不奇怪。柯喬無法接受林希元對他的評論，兩人的關係破裂。因此，柯喬在與葡萄牙人的作戰中，不肯按照林希元的辦法出兵，而是另搞一套，結果，因低估了葡萄牙人的戰鬥力而遭受失敗。

92　林希元，《同安林次崖先生文集》卷五，〈與翁見愚別駕書〉，第 31 頁。

　　林希元與柯喬關係的破裂，不是一件小事。它是官府與地方士紳代表人物之間的衝突，雙方矛盾加深不利於朝廷在地方的統治。朱紈就是在這樣一個背景下來到福建漳州。

第三節　浙江雙嶼與閩粵海寇商人

　　福建的漳州及廣東的潮州，自明初以來，一直有海寇商人在活動。正德、嘉靖年間，漳州的走私船隻已經北上浙江沿海做生意，從此開拓了雙嶼港的國際貿易。但是，赫赫有名的倭寇，也是由雙嶼港的商業衝突引發的。

一、早期在雙嶼港活動的漳潮海商與海寇

　　嘉靖年間浙江雙嶼港成為東亞國際貿易的中心，該港的開發，與漳潮人有關。約在正德、嘉靖年間，部分漳州人到浙江寧波沿海的雙嶼港直行走私貿易，後來發展成國際貿易大港，對東亞的經濟和政治影響極大。

　　明代前期，浙江貫徹海禁較為徹底。「海中山嶨錯列，林木蒙翳，亡命奸徒，易於盤據。元末方國珍乘之以據浙東。洪武間湯信國經略其地，遷徙其民，勒石厲禁，迄二百餘年，莽無伏戎，島無遺寇，則靖海之效也。」[93] 但是，到了嘉靖年間，開始有一些福建的漁船到訪浙江沿海的島嶼，在那裡捕魚，或是貿易。其中寧波府定海縣海上的雙嶼港成為南方漁民匯聚的主要港口，而後又發展為海寇及海商活動的中心。嘉靖二十六年，朱紈至浙江，「知沿海大姓，皆利番舶，勾連主藏，轉鬻其貨，謀利潤已久，不歸值，遂搆難。有所殺傷。乃下令申嚴海禁，凡雙檣餘皇，一切毀之。」[94] 雙嶼港的發展有個過程。

　　明代學者探討雙嶼港的海寇與海商，認為雙嶼港海上力量的興起與福州的一次大劫獄有關。鄭舜功在追溯浙海倭寇起源時說：「浙海私商，始自福建鄧獠，初以罪囚按察司獄。」[95]、「邇者倭寇始自福建鄧獠，初以罪

93　李衛等，雍正《浙江通志》卷九十五〈海防一・兩浙海防考〉，文淵閣四庫全書本，第 28 頁。

94　李衛等，雍正《浙江通志》卷九十五，〈海防一〉，第 26 頁。

95　鄭舜功，《日本一鑑・窮河話海》卷六，〈海市〉；鄭樑生編，《明代倭寇史料》，第七冊，標點民國二十八年刊本，臺北，文史哲出版社 2005 年，第 2836 頁。

囚按察司獄,於嘉靖丙戌(五年,1526 年)越殺布政使查約,遁入海,誘引番夷往來浙海,繫泊雙嶼等港,私通罔利。」[96] 可見,福建獄囚越獄入海,是浙江沿海出現閩中私商的契機,而後引發了倭寇侵擾江浙沿海的問題。[97]不過,雖說鄭舜功將福建按察使獄囚犯越獄事件係於嘉靖五年(丙戌),但福建的史料記載此事發生於嘉靖九年(1530 年)。王應山的《閩都記》云:「嘉靖九年正月,福州獄變,賊戕大吏,囚人斬關趨連江,渡海而遁。三月,都御史胡璉以勘事至,遂留巡撫。未幾召還。」[98]《福州府志》的記載更為詳細:「嘉靖九年,侯官獄囚反。時正月二十九日夜也。初,侯官縣令黎文會酗酒,守獄者得囚金,縱之。有林汝美,故縣吏也,以殺人論死;車小二,則郡劇盜也。二人私以兵器藏瓜中,遂率眾斬關而出,殺侯官令,趨南門,將逃於海,適三司晨候御史于南察院,遂殺布政查約、參議楊瑀、都指揮使王翱、經歷周煥。賊逸去,後頗追獲。」[99] 可見,這是一次歷史上罕見的群體越獄事件,獄囚不僅集眾越獄,而且殺死了省級高官多名。雖說越獄囚徒多人被捕,但其中有一些人從連江下海,後到浙江沿海進行私商貿易。其中最重要的是一位叫著「鄧獠」的商人。他在浙江雙嶼建立海上貿易港口。從其被稱為「鄧獠」來看,他應是漳州人,因而,「某獠」是漳州人罵人話中常有的,後來逐漸演變為「某佬」,有「大佬」的意思。明代海寇頭目多被稱為某「大佬」,這也是漳潮一帶的習慣。

　　明代的史料表明,這位鄧獠雖然越獄犯了死罪,但他到了浙江雙嶼港之後,不是進行海寇活動,而只是經營海上走私!這應是在雙嶼港走私利潤實在太大了,讓這位犯下死罪的人也以經商為主!此外,自明初以來,漳州時常有人因海上走私而犯罪被捕,關入福建省的按察使獄。這位鄧獠應當也是同類人物,他一旦獲得自由,便重操舊業,繼續自己的海上貿易生涯。神奇的浙江雙嶼港,將海寇化為商人了!不過,據明代史料記載,雙嶼港的海上走私活動並非起源於嘉靖九年或是嘉靖五年,在更早一些的年分裡,已經有了海商活動。約在嘉靖二十九年之時,福建僉事項喬[100] 說:

96　鄭舜功,《日本一鑑‧窮河話海》卷六,〈流通〉;第 2846—2847 頁。
97　參見,楊國楨,〈十六世紀東南中國與東亞貿易網絡〉,《江海學刊》2002 年第 4 期。
98　王應山,《閩都記》卷一,〈福郡建置總敘〉,北京,方志出版社 2002 年,第 4 頁。
99　喻政修、林烴總纂,萬曆《福州府志》卷七五,〈雜事志‧福州〉,海風出版社 2001 年,第 739 頁。
100　項喬(1493—1552),字遷之,晚號九曲山人,世稱甌東先生,溫州府永嘉縣七甲

「盧鏜都司亦是好漢。在浙寧波海中有雙嶼山，去觀海衛百餘里。海賊通倭夷，在海劫人停泊大船者，巢穴是山之中，耕田築屋已二十七年，海上往來受害者無可奈何。巡視朱紈公委往擒之，不浹旬盡搗其巢穴，得賊船若干隻，夷貨若干金，夷首若干顆。浙人甚便之。今閩中海賊通佛郎機俱停泊於舊故（浯）嶼山塞處，亦甚險固。來又令往擒之，亦生擒百餘顆，盡決之。乃今以朱巡撫事坐獄，未得平反，豈天理耶！」項喬又說：「今閩中海賊通佛郎機俱停泊於舊故（浯）嶼山塞處，亦甚險固。來又令往擒之，亦生擒百餘顆。」[101] 這應是指嘉靖二十八年盧鏜在走馬溪擊敗葡萄牙人一事，而項喬的《甌東私錄》初刻於嘉靖三十年，所以，上引項喬這段話約說於嘉靖二十九年。前推二十七年，雙嶼港出事應在嘉靖二年，當時正為日本向明朝進貢，在寧波港發生爭貢案件。項喬所說的，應是在嘉靖二年，日本進貢之時，與雙嶼港的閩南海商有了接觸，因而發生動亂事件。不過，閩南海商到雙嶼港還要更早些。

　　浙江鄞縣人戴鱀於嘉靖十一年（1532 年）說：「吾郡東濱巨海，自漢以來，寇盜屢發。近歲乃有一種漳船，竊市海外番貨，如胡椒、蘇木、名香、瓑瑁之屬，潛入島嶼而僥倖射利者，私其什百之贏，為之根柢窠穴。其始則猶虞觸法網，畏縮掩覆，俟其來而為之市，而今則湍趨川潰，公行劾尤，闌出外境，而導之入矣。夫居奇貨以取厚殖者，數人之利也。延大盜以窺堂奧者，一郡之虞也，故君子睹微而知著，眾人悅近而忽遠。今以言其事則亦著矣。以言其害則亦近矣，何者？漳船之入吾海嶼，纔十五六年而止耳。梱載而來，固未嘗垂橐而返，海上劫奪，至及漁樵。辛卯之秋，入我青嶼，掠我子女，高檣大舶，輕肆我邊圉，蔑視我官軍，列城之將，防哨之兵，不敢向風而誰何，此其賫貨而私市則然矣。假令包藏禍心，弄兵竊發于鯨波之上，則不知將又何如也。」[102] 如戴鱀在嘉靖十一年（1532 年）所說，此前十五六年，漳州的私人貿易船開始在浙江沿海貿易，其時應為

　　　人。嘉靖八年進士。嘉靖二十六年，升福建僉事。嘉靖三十年，在廣東參知政事任
　　　上，刻成《甌東私錄》十卷。

101　項喬，《項喬集・甌東私錄》，卷六，〈雜著下・時事類〉，溫州文獻叢書本，
　　　第 793 頁。

102　戴鱀，《戴中丞遺集》卷六，〈海防議（壬辰歲為郡縣守宰作）〉，明嘉靖三十九
　　　年戴士充刻本。四庫全書存目叢書，集部第 74 冊，第 11—14 頁。

正德十一年，或是正德十二年（1517 年）。就戴鱉所說的漳船貿易內容而言，嘉靖十一年左右來到雙嶼港的漳船帶來了「海外番貨」，如胡椒、蘇木、名香、瑪瑁之類，這些商品無疑是漳州人從海外帶來的，或者是他們與葡萄牙人貿易得到的商品。浙江是明朝財政力量最強的「首省」，民眾是這一時代最富裕的，因此，民間消費能力較強。由於海禁，浙江民眾對海外商品的需求被壓抑多年，即使有少量商品入市，也滿足不了民眾的胃口。漳船將這些海外商品帶到浙江沿海，很快激發了浙江市場的需求。這是雙嶼港海上貿易增長的基點。當然，戴鱉說這段話，考慮更多的是浙江海上安全問題。應當說，早期漳州人在浙江沿海的活動是十分謹慎的，唯恐觸犯法網，所以，浙江人對他們並不反對。然而，隨著時間的推移，前來雙嶼港貿易的漳州人越來越多，難免發生一些掠奪活動，因而威脅到周邊平民的安全。不過，由於漳州人的海船較大，寧波一帶的明朝水師對他們無可奈何。這讓寧波一帶的紳士十分不安。從戴鱉所說浙江沿海的情況來看，嘉靖九年從福州越獄的一些死囚並非全部轉為商人，有一些原來就是盜匪的那些人，也從事搶劫，因而引起浙海方面的治安問題。這種情況發展下去，令人憂慮。浙江的黃綰說：「東南之事，莫大於浙閩海寇，凡浙之寇，皆閩之人也。閩之人始為回易，交通島夷，以其貨挾其人來吾海上，云為賈。或有為盜者，非盡為也。然而，駕巨舶，運輕帆，行於無涯之浸，飛槍機銃以為利，人莫敢攖之。則皆習為盜矣。盜得其利，官莫為懲，彼恣而無害，故日趨而日眾，始而且閩之賈舶為之，繼而南畿吳越賈舶亦或為之，繼而閩之逃亡集四方無籍為之。又繼而吾土之無籍亦或托為之。所以東南海寇，今為盛也。」[103] 那麼，嘉靖十一年浙江沿海已經有安全問題，為何沒有造成大患呢？這是因為，在浙江從事海上貿易的商業巨頭會有長久考慮，他們會自動約束部下的犯罪行為，以免引起官方注意，最後損傷全體的利益。不過，因雙嶼港一帶的海上形勢較亂，少數巨頭很難控制整體的行為，雙嶼港成為案件多發地帶。嘉靖十二年九月辛亥，「兵部言，浙、福並海接壤，先年漳民私造雙桅大船，擅用軍器火藥，違禁商販，因而寇劫。」[104] 這也說明，當時漳州民常來到浙江沿海，他們雖以貿易為主，

103　黃綰，〈覽餘雜集序〉，朱紈《覽餘雜集》卷首，第 2 頁。

104　張溶等修，《明世宗實錄》卷一五四，嘉靖十二年九月辛亥，第 4 頁。

但已經有個別人變成海寇，襲擊浙江沿海了。

　　嘉靖十九年之後，雙嶼港的閩商越來越多。其名著名者有李光頭與許棟，《福建通志》記其事：「十九年，福州獄囚李光頭等逸入海。注云：光頭閩人，與歙人許棟，皆以罪繫福州獄，至是逸入海島，招集諸亡命，踞寧波之雙嶼港，汪直、徐海、葉宗滿、謝和、方遷助等皆附焉⋯⋯又勾倭及佛郎機諸國互市。」[105]、「閩人李光頭、歙人許棟踞寧波之雙嶼，為之主司。其質契勢家護持之，漳泉為多。」[106] 又如《籌海圖編》記載：「嘉靖十九年，賊首李光頭、許棟引倭聚雙嶼港為巢。光頭者，福人李七；許棟，歙人，許二也。皆以罪係福建獄，逸入海，勾引倭奴結巢於霸衢之雙嶼港。其黨有王直、徐惟學、葉宗滿、謝和、方廷助等。出沒諸番，分跡剽掠，而海上始多事矣。」[107]、「初自宋素卿搆亂之後，十八年金子老、李光頭始作難，勾西番掠浙閩。」[108] 據李獻璋的考證，金子老其人，也是原籍閩中的海寇。

　　這裡需要注意的是，除了漳州人之外，漸有其他籍貫的商人來到浙江雙嶼港，例如徽州人許棟和王直，就是他們之中的著名人物。「自嘉靖元年罷市舶，凡番貨至，輒賒與奸商。久之，奸商欺負不肯嘗，番人泊近島，遣人坐索不得。番人乏食，出沒海上為盜。久之，百餘艘盤踞海洋，日掠我海濱不肯去。小民好亂者相率入海。倭、凶徒、逸囚、罷吏、黔僧及衣冠失職書生不得志群不逞者，皆為倭奸細，為之鄉導。」[109]、「然諸夷嗜中國貨物，至者率遷延不去。貢若人數，又恒不如約。是時，市舶既罷，貨主商家商率為奸利，虛值轉鬻，負其責不啻千萬。索急，則投貴官家，夷人候久不得，頗搆難，有所殺傷，貴官家輒出危言撼當事者兵之，使去，而先陰泄之以為德。如是者久，夷人大恨，言挾國王貨而來，不得直，曷歸報？因盤據島中，竝海不逞之民，若生計困迫者，糾引而歸之。時時寇沿海諸郡矣。」[110] 總之，無序的海上貿易容易引發商業糾紛，而商業糾紛

<hr>

105　陳壽祺，道光《福建通志》，〈明外紀〉，同治十年刊本，第 14 頁。
106　張廷玉等修，《明史》卷二○五，〈朱紈〉。
107　鄭若曾，《籌海圖編》卷五，〈浙江倭變紀〉，第 322 頁。
108　姜宸英，《湛園集》卷四，〈論日本貢市入寇始末〉，第 38 頁。
109　徐學聚，《嘉靖東南平倭錄》，抄隆慶六年益山堂本，全書圖書館縮微資料中心，《禦倭史料彙編（一）》第 149 頁。
110　何喬遠，《名山藏》卷一○五，〈王享記〉，福建人民出版社 2010 年，第 2952 頁。

很可能發展為劫盜。

二、嘉靖十九年之後雙嶼港的海商及海寇

　　雖說嘉靖十一年之時，戴鱉已經感到浙江沿海的海寇問題嚴重，但海寇大舉襲擊浙江沿海，則是嘉靖十九年之後的事。鄭舜功在追溯浙海倭寇起源時說：「至庚子歲（嘉靖十九年），繼之許一、許二、許三、許四等，潛從大宜、滿剌加等國，誘引佛郎機國夷人絡繹浙海，亦泊於雙嶼、大茅等港，以要大利，東南釁門始開矣。」[111] 又如《籌海圖編》記載：「嘉靖十九年，賊首李光頭、許棟引倭聚雙嶼港為巢。光頭者，福人李七；許棟，歙人許二也。皆以罪繫福建獄，逸入海，勾引倭奴結巢於霸衢之雙嶼港。其黨有王直、徐惟學、葉宗滿、謝和、方廷助等。出沒諸番，分跡剽掠，而海上始多事矣。」[112] 如其所說，李七和許二，都有可能是福州越獄囚犯中的人，他們越獄後來到浙江沿海，一邊做生意，一邊殺人放火，成為海寇。從嘉靖九年越獄，迄至嘉靖十八年或是嘉靖十九年，他們在海上活動已經有十年了。「初自宋素卿叛亂之後，十八年金子老、李光頭始作難，勾西番掠浙閩。」[113] 綜合以上史料所記，可知閩粵海寇對浙江沿海形成治安威脅，主要是在嘉靖十八年、嘉靖十九年之後。在這一時期，雙嶼港一帶形成了李光頭、許棟的武裝海商集團。其中許棟為南直隸江南的徽州人。可見，嘉靖十九年以後，雙嶼港一帶的海商武裝，已經不單純是漳州人、潮州人，也有大量的江南民眾加入。三省海寇各行其事，更加強了雙嶼港的混亂局面。胡宗憲說：「愚考入番罪犯，多係廣福浙三省之人。通夥流劫，南風汛則勾引夷船由廣東而上達于漳泉，蔓延于興福；北風汛則勾引夷船，由浙而下達于福寧，蔓延于興泉；四方無賴又從而接濟之，向導之，若欲調兵剿捕，攻東則竄西，攻南則遯北，急則潛移外境，不能以窮追，緩則旋復合艐，有難于卒殄。此夷船與草撇船之大勢也。」[114]、「寇勢盛於嘉靖二十年後，是時居有定處，隱泊宮前澳、南紀澳、雙嶼澳而已。又人有

111　鄭舜功，《日本一鑑‧窮河話海》卷六，〈流通〉，第 2846—2847 頁。
112　鄭若曾、胡宗憲，《籌海圖編》卷五，〈浙江倭變紀〉，第 322 頁。
113　姜宸英，《湛園集》卷四，〈論日本貢市入寇始末〉，第 38 頁。
114　胡宗憲，〈廣福浙兵船當會哨論〉，《明經世文編》卷二六七，《胡少保海防論》，第 2825 頁。

定夥，名酋不上六七。」[115]、「都督萬表云，向來海上漁船出近洋打魚樵柴，無敢過海通番。近因海禁漸弛，勾引番船，紛然往來海上。各認所主，承攬貨物裝載。或五十艘，或百餘艘，或群各黨分泊各港。又各用三板、草撇腳船不可勝計，在於沿海，兼行劫掠，亂斯生矣。自後日本、暹羅諸國，無處不到。又誘帶日本島倭奴，借其強悍以為護翼。許二住雙嶼港，此海上宿寇最稱強者。」[116]

海寇的活動迫使浙江官府出面鎮壓。張時徹說：「當嘉靖壬寅（二十一年，1542年）癸卯之間，漳閩之人，與番舶夷商貿販方物，往來絡繹於海上。其時邊氓，蓋亦有奸闌出入者。公方為厲禁，犯者輒置重法，律無遺誅矣。適武人有欲立功邊徼者，以虛聲鼓上聽，當途柄兵之人，亦皆好為生事，輒議兵剿焉。公獨憂形于色，上議沮之。其略曰：海上之患，方以番舶為甚。然其所欲，不過與地方人負販貿易，務違禁網物，取息幣耳。自愷葹事來，問死刑軍徒者，不下百數十人，今亦稍稍輯矣。然通番非盡從夷之人，番貨非即殺人之物，通番下海，雖在不原，各有定律，要亦未應盡誅也。今欲不問所從來，概名曰賊，遽爾兵之，恐非所以協議安眾也。……況海船非我敵明甚，我衛所哨軍，皆要貪生畏死之人，綿力薄材，不諳戰鬥，癸未倭夷之變，不聞遣一卒，往歲倭夷且至，徵兵應調，逗留不進。軍衛世受國家豢養，乃不能奮一旦之力，有事率委之義勇漁船。夫義勇乃市井之徒，漁船皆網罟之輩，平日既無祿于官，又無忠信之結，一旦驅之死地，其不能舍舟而走者，幾希。」[117]果然不出所料，浙江官軍被海寇打得大敗：「遂出師，眾果大潰，海道公僅以身免。其後，番舶主如王東、陳四盼、許二輩，輒露刃坐葉舟，直入定海關要，索酒米牛豕諸物貨，而有司一不應，輒大噪不已，蓋不三四年，而東南之禍起矣。」[118]如其所說，浙江官軍不分清紅皂白，將雙嶼港的海上商船都當作海寇處置，引發雙嶼港海商與海寇合夥抵抗，浙江官軍戰敗之後，海上力量在寧波定海一帶為所欲為，

115　鄭若曾、胡宗憲，《籌海圖編》卷十一，〈經略・敘寇原〉，第673頁。

116　鄭若曾、胡宗憲，《籌海圖編》卷十一，〈敘寇原〉，第674—675頁。

117　張時徹，〈招寶山重建寧波府知府鳳峰沈公祠碑〉，《明經世文編》卷二四三，《芝園全集》，第2542頁。

118　張時徹，〈招寶山重建寧波府知府鳳峰沈公祠碑〉，《明經世文編》卷二四三，《芝園全集》，第2543頁。

然而，雙嶼港海上秩序更加失控。

面對這種情況，今人會失笑。哪有正規軍打不過海寇的道理？海上貿易混亂，是危機，也是機會。派上一些官員設置一個海關，凡來貿易的船隻，讓其繳納稅收之後自行貿易，這不是很好嗎？然而，按照明朝的「祖制」，這就是不行！

明人文章中的「祖制」，即是開國皇帝朱元璋定下的制度。朱元璋雄才大略，應當說，由他定下的制度大體上是合理的，也是明朝法制的基礎。對明朝人來說，遵從祖制，就是維護法律制度不可動搖。在中國這樣散漫的國家，人情大於法制是普遍現象，只有確立祖制不可動搖的原則，才能在明朝維護一定的法律制度。換句話說，為了長遠的利益，明人即使看到祖制有一些不合理的地方，也不願因改革而動搖祖制的權威性。明白這個前提，就知道明人改革祖制是一件非常困難的事。只要祖制還能維持，他們都不願改革。然而，朱元璋確立明朝制度的時候，有一些是長久政策，有一些是臨時措施，明人確立祖制不可變動，就讓一些臨時措施成為長久法律了。明朝的海禁政策就是如此，明初的海禁本來是為了防止海寇的臨時措施，卻變成長時段的法律制度，給明朝帶來的災難無可言喻。一些明智的官員覺得這樣下去不行，就建議改制，譬如設立市舶司，允許私人海上貿易等等，但都遇到保守派的質疑。改變祖制，是何用心？任何人面對這樣的質問，都很難抵擋。所以，在明朝設關收稅，不是一件簡單的事。

至於明朝的軍隊，也是一支磨難很多的軍隊。明太祖朱元璋設立軍隊時，定下了軍隊自行生產的制度。每個衛所的軍隊都要靠屯田養活自己。然而，隨著時間的推移，明朝軍隊的田地或是被人偷偷賣給民眾，或是被自己的軍官強占，根本無法保證收入，也無法養活軍隊。因此，明朝的衛所軍人不得不逃亡他地。這樣，明朝官府一旦遇到事件發生，調發衛所軍隊作戰，會發現這支軍隊已經是紙老虎，戰士們面黃肌瘦，大都無力作戰。因此，明代中葉的衛所軍被海上力量打敗，幾乎是注定的命運。嘉靖十九年之後，雙嶼港的海上武裝商人仍然以漳潮人為基本力量，他們的活動有一定之規。

朱紈的〈海洋賊船出沒事〉一文提到：「此皆內地叛賊，常年于南風迅發時月，糾引日本諸島、佛郎機、彭亨、暹羅諸夷，前來寧波雙嶼港內

停泊，內地姦人，交通接濟，習以為常，因而四散流劫，年甚一年，日甚一日，沿海荼毒，不可勝言。」[119]、「都督萬表云，向來海上漁船出近洋打魚樵柴，無敢過海通番。近因海禁漸弛，勾引番船，紛然往來海上。各認所主，承攬貨物裝載。或五十艘，或百餘艘，或群各黨分泊各港。又各用三板、草撇腳船不可勝計，在於沿海，兼行劫掠，亂斯生矣。自後日本、暹羅諸國，無處不到。又誘帶日本島倭奴，借其強悍以為護翼。」[120] 這兩段史料表明，嘉靖十九年以後的浙江雙嶼港，有來自日本、泰國以及葡萄牙人的商人屯駐貿易，形成了較大的規模。其中，來自漳州的商船仍然扮演重要角色。但是，因商業引起的糾紛無法解決，時有海寇襲擊沿海的現象。「嘉靖二十五年五月，漳寇及崇明倭寇犯乍浦金家灣，軍士陳馬兒等死之。」[121] 朱紈的〈廣福浙兵船當會哨論〉提到海寇的活動：「愚考入番罪犯，多係廣福浙三省之人。」[122] 黃綰在〈罷餘雜集序〉中說：「凡浙之寇皆閩之人也。閩之人始為回易，交通島夷，以其貨挾其人來吾海上，云為賈或有為盜者，非盡為也，然而駕巨舶，運輕帆，行於無涯之浸，飛槍機銃以為利，人莫敢攖之，則皆習為盜矣……始而閩之賈舶為之，繼而南畿、吳越之賈舶亦或為之，繼而閩之逃亡集四方之無籍為之，又繼而吾土之無籍亦或托為之。」[123]、「數年之前，有徽州、浙江等處番徒，勾引西南諸番，前至浙江之雙嶼港等處買賣，逃免廣東市舶之稅。及貨盡將去之時，每每肆行劫掠。」[124] 因而「都御史唐順之云：賊之根本實在閩中，海上經略，此第一義，況一海相通，喘息，閩賊亦浙直賊也。」[125] 因此之故，「故漳泉強梁、狡猾之徒，貨貲通番，愈遏愈熾，不可勝防，不可勝殺。為倭嚮導者，官府繫其家屬，不敢生還，歲歲入寇。是外寇之來，皆由內寇糾引之也。福建之亂何時已乎。福亂不已，浙直之患何時而靖乎。」唐

119　朱紈，〈海洋賊船出沒事〉，《明經世文編》卷二零五，《朱中丞覽餘集》，第2161頁。

120　鄭若曾、胡宗憲，《籌海圖編》卷十一，〈敘寇原〉，第674—675頁。

121　宋景關，乾隆《乍浦志》卷六，〈外紀〉，乾隆五十七年增刻本，第2頁。

122　胡宗憲，〈廣福浙兵船當會哨論〉，《明經世文編》卷二六七，《胡少保海防論》，第2825頁。

123　黃綰，〈罷餘雜集序〉，見朱紈，《罷餘雜集》卷首。

124　俞大猷，《正氣堂全集》卷五，〈議王直不可招〉，第164頁。

125　鄭若曾、胡宗憲，《籌海圖編》卷四，〈福建事宜〉，第280頁。

荊川云：倭患始於福建，福建者，亂之根也。諒哉言乎。[126] 浙江的官府也明白，這些有時被為倭寇的「夷人」，或曰番人，大多來自南方。

屠仲律的〈禦倭五事疏〉說：「夫海賊稱亂，起於負海奸民通番互市，夷人十一，流人十二，寧紹十五，漳泉福人十九，雖概稱倭夷，其實多編戶之齊民也。臣聞海上豪勢，為賊腹心，標立旗幟，勾引深入，陰相窩藏，展轉貿易，此所謂亂源也。曩歲漳泉濱海居民，各造巨舟，人謂明春倭必大至，臣初未信，既乃果然。」[127] 福建興化府的朱淛說：「莆濱大海，鯨鯢出沒，時時有之。調度官軍，事體重大，閉門送客，視為故常。嘉靖二十三年甲辰歲（1544 年），南土大荒，盜賊充斥海上，復有戮民黃世隆、世光、俞子賓等為之嚮導，劫掠大姓，驅虜細民，立限責償，屠毒慘酷。其鄧姓者，一縣尤為桀黠。番酋二百餘人，皆醜黑獰惡，艤舟寨門。」[128] 胡宗憲說：「愚考入番罪犯，多係廣福浙三省之人。通夥流劫，南風汛則勾引夷船由廣東而上達于漳泉，蔓延于興福，北風汛則勾引夷船，由浙而下達于福寧，蔓延于興泉，四方無賴又從而接濟之，向導之，若欲調兵剿捕，攻東則竄西，攻南則遯北，急則潛移外境，不能以窮追，緩則旋復合艅，有難于卒殄。此夷船與草撇船之大勢也。」[129] 這裡所說的草撇船，都是漳州海滄一帶亦盜亦商的船隻。

漳潮海船的活動，一方面搞亂了浙江沿海的治安，另一方面，造就雙嶼成為一個國際性港口。不論是葡萄牙人還是日本商人，甚至是東南亞商人，都來到浙江雙嶼港貿易，漳潮商人從中獲利不淺。漳潮商人的利潤引起本土商人的關注。一些江浙商人從走私到雙嶼港發展到自行在雙嶼港貿易，並有自己的海上武裝，這就是王直、徐海等江浙海寇商人崛起的原因。

綜上所述，浙江雙嶼港的興起與漳潮私商有關。浙江舟山群島盛產黃魚，是福建漁民的傳統漁場之一，每年春夏之間的黃魚季節，來自江南各地的漁船湧入舟山群島，其中也有來自福建的漁民。明代中葉，海禁鬆弛，海上貿易逐漸活躍起來。大約在正德年間，有一些福建私商開始到浙江沿

126　鄭若曾、胡宗憲，《籌海圖編》卷四，〈福建事宜〉，第 282 頁。
127　屠仲律，〈禦倭五事疏〉，《明經世文編》卷二八二，第 2979 頁。
128　朱淛，《天馬山房遺稿》卷四，〈海寇志〉，文淵閣四庫全書本，第 19—20 頁。
129　胡宗憲，〈廣福浙兵船當會哨論〉，《明經世文編》卷二六七，《胡少保海防論》，
　　　第 2825 頁。

海貿易。福建與浙江雖是鄰省，但兩省多為山地，交通困難，自古兩省間的貿易都是以海路為主。明朝的海禁雖然一度使閩浙之間貿易轉到陸上，但陸上運輸成本遠大於海路，所以，一旦閩浙之間的海路開通，當地的廉價優質商品便吸引了福建人前去貿易。這樣，舟山沿海一些原被列入禁地港口，便成為私商往來的地方。經營海上貿易的漳州商人，並帶去了東南亞的物產，引進轟動。定海附近的雙嶼港就是這樣興起的。迄至嘉靖九年或是五年，一般在福州越獄的大股海寇也來到雙嶼港，他們多為漳州人，按照漳潮的習俗被稱為「某獠」，或是「某大獠」，「獠」是漳州一帶對土著的貶稱，後來民間的頭目也被稱為「獠」。獠字雅化之後，被寫成「佬」，於是，「某大獠」便成為「某大佬」，反而成為民間流行的尊稱了。從早期雙嶼港稱霸的頭目多為某大佬來看，在此地活動的私商以漳州人為多，其中也有潮州人，後來，加入其中的江浙人也不少。

這些海商隊伍有一定的活動規律。雙嶼港的貿易是有季節性的，每年春天，漳潮海商的商船隨著東南風北上，來到浙江雙嶼港貿易。秋天，東北風刮起來之後，他們又乘船南下漳州、潮州，並到東南亞貿易，出售得自雙嶼港的商品。他們的活動引起了東南亞商人及葡萄牙人的羨慕，於是，來自東南亞的番商及葡萄牙商人，都追隨漳州人至雙嶼港貿易，嘉靖十九年之後，雙嶼港成為這一時代的國際貿易中心。不過，因雙嶼港缺乏法律秩序，海商們的活動每每引發糾紛和案件，這引起浙江方面的不滿。因浙江水師屢屢被海寇打敗，閩粵海寇在浙海的活動越來越倡狂，隊伍擴大很快。在浙江方面，也有許多江南籍的強盜捲入海寇活動。然而，由於閩粵海寇在浙江沿海鬧得太不像話，明朝終於派出朱紈出巡浙江福建沿海，這使官府和海寇們的鬥爭進入一個新的階段。

以上歷史表明，來自漳潮的海上力量，才是雙嶼港發展的關鍵所在。一些文章將雙嶼港的發展歸結為葡萄牙人來此貿易，其實不對。葡萄牙人是後到者，不是開發者。從葡萄牙人掌握的海圖來看，在嘉靖前期，他們繪製的浙海的地圖還是十分茫然的。但在嘉靖十九年之後，雙嶼港成為「海上鬧市」，葡萄牙文獻中出現雙嶼港的名字多了起來，大批葡萄牙船隻到雙嶼港貿易，應當是在該年之後。其時，雙嶼港興盛一時，不論是葡萄牙人還是中國東南各省的商人，都在島上建立了拜神的宮廟，還有許多房子。

這時的雙嶼港，已經是東亞的海上貿易中心了。

總之，明代中晚期的浙江雙嶼港是海寇與私人海上貿易的活動中心，這些海寇最初來自福建的漳州和廣東的潮州，後來才有許棟及王直的江浙海寇集團加入。由於漳潮人在雙嶼港的活動，導致東南亞番船及葡萄牙貿易船隻前來貿易，使雙嶼港成為東亞海上貿易的中心，建立了雙嶼及日本、東南亞乃至葡萄牙的貿易關係。但是，雙嶼港的興盛只到嘉靖二十八年。

以上事實表明，嘉靖年間閩粵海寇的活動造成了東南沿海的兩個亂點：其一為漳州與潮州交界處的邊海區域；其二為浙江寧波府沿海的雙嶼島。考其原因都與閩粵海盜有關，因此，官府將平定海寇的關鍵定位於閩粵交界處的治安。

第四節　福建、葡萄牙商人與日本市場的開拓

晚明東亞經濟的發展與來自日本的白銀有很大關係，對於日本市場的開拓，國際學術界一向強調葡萄牙人的作用，實際上，葡萄牙人是在閩南人與日本市場關係的基礎上發展對日本貿易的，不如說，晚明日本市場是閩粵商人與葡萄牙人共同運作的結果。

一、漳潮商人發現日本市場

日本在唐宋時期就和中國市場建立了關係，並以出產黃金聞名。不過，宋元時代日本沒有什麼商品與中國貿易，而且，其貿易主要集中於浙江寧波，主要由日本進貢商人在寧波購買浙江的商品。因海禁原因，明代前期閩商直接去日本的例子至今未見。明成化年間邱濬說：「惟日本一國，號為倭奴，人工巧而國貧窘，屢為沿海之寇。當遵祖訓，不與之通。」[130] 不過，到了嘉靖年間，這種情況有所變化。其時，「漳州月港家造過洋大船往來暹邏、佛狼機諸國，通易貨物，海道不靖。」[131] 私人海上貿易使漳州、潮州一帶的民眾對東亞各地的航道越來越熟悉，正是在這一基礎上，漳潮民眾開拓了對日本貿易。謝肇淛說：

130　邱濬，《大學衍義補》卷二五，〈市糴之令〉，文淵閣四庫全書本，第 15—17 頁。
131　陽思謙等，萬曆《泉州府志》卷二四，第 36 頁。

海上操舟者，初不過取捷徑，往來貿易耳，久之漸習，遂之夷國。東則朝鮮，東南則琉球、旅宋，南則安南、占城，西南則滿剌加、暹羅，彼此互市，若比鄰然。又久之，遂至日本矣。夏去秋來，率以為常，所得不貲，什九起家。於是射利愚民輻輳競趨，以為奇貨，而榷采之中使利其往來稅課，以便漁獵，縱令有司給符繻與之，初未始不以屬夷為名。及至出洋，乘風挂帆，飄然長往矣。[132]

鄭舜功說：

嘉靖甲午（十三年、1534年），給事中陳侃出使琉球，例由福建津發，比從役人皆閩人也。既至琉球，必候汛風乃旋。比日本僧師學琉球，我從役人聞此僧言日本可市，故從役者即以貨財往市之，得獲大利而歸，致使閩人往往私市其間矣。後有私市平戶島，島夷利貨，即殺閩商。未幾，天乃雨血其地，地復出血，島夷俱災。遭殺諸商皆夢於島主，島主寢疾，立廟祀之，其島始安。自後私商至彼，待以殊禮。繕舟匱乏，島夷稱貸，故私商眾，福亂始漸矣。[133]

如鄭舜功所說，福建人的對日本貿易是在嘉靖十三年陳侃出使琉球之後興起的。據陳侃的《使琉球錄》，陳侃出使琉球時，為了保證出使的安全性，專門請了漳州的夥長前來操舟。除了漳州人之外，福州的福清人也擅長駕船，所以，船上也有不少福清人。他們在琉球候風期間，聽說日本有生意可做，便到日本貿易，獲得大利。從此，福建商人不斷到日本貿易。實際上，在陳侃出使琉球之前，也可能有一部分漳潮商人到日本貿易了。在弘治與正德之交，江西大儒費宏在給福建按察副使陸君美的信中說：

琉球、日本諸海國，去閩僅數千里，而彭湖、黿鼉、高華諸嶼，隱然可數於烟波浩淼之間。奇貨珍材以售於華人，獲輒數倍。故濱海冒禁之民，往往通賈胡，駕巨舶，倚風濤，旁午出沒，或乘以鼓行攻劫，而下郡輒騷動無寧居。[134]

132　謝肇淛，《五雜組》卷四，〈地部二〉，上海古籍社點校本2011年，第69頁。

133　鄭舜功，《日本一鑑·窮河話海》卷六，〈海市〉；鄭樑生編，《明代倭寇史料》，第七冊，第2836頁。

134　費宏，《太保費文憲公摘稿》卷九，〈送福建按察司副使陸公君美序〉，《續修四庫全書》第1331冊，第435頁。

　　這條史料表明，早在弘治、正德年間，東南海寇已經到達日本和琉球。[135]

　　鄭舜功的《日本一鑑》又載：

> 皇明嘉靖癸未（二年，1523 年）……廣東之揭陽縣大家井民郭朝卿，販稻航海市漳泉，遭風漂流至其國。既還，得知海道，復販貨財私市矣。故濱海有犯罪者亡入彼中，彼島之主不知為罪犯，而哀落魄唐人，多給之文移令周遊所部。及別島主與本島之親，故以濟究苦自足。罪犯錯綜盤固於夷島，歲增月益乎其間，誘引倭夷，從來海市，漸為寇邊之患也。[136]

　　潮州揭陽縣人郭朝卿是在海上運載糧食到福建貿易時遇到了颶風，這場風將其船隻一直送到日本的港口，從而建立了潮州與日本的貿易關係。

　　以上史料各有矛盾之處，但可以說明，早在弘治、正德與嘉靖初期，漳潮商人已經到日本貿易了。不過，其時的日本銀礦尚未發現，日本市場上缺乏與中國貿易的貨物，所以，對日本貿易並不顯著。而陳侃時代的日本情況不同，據日本史學家的研究，16 世紀的 30 年代至 40 年代（明嘉靖九年至嘉靖二十八年），日本銀礦的開採有了大發展。據日本學者田代和生等人的研究，其時日本引進了朝鮮的「灰吹法」。[137] 而「灰吹法」的要點是用鉛和銀合煉，融化的鉛將銀礦中的銀置換出來，因而得到純淨度較高的銀。日本在 16 世紀前期，還要從國外進口銀，得到「灰吹法」之後，日本大規模開採銀礦。

　　按，所謂「灰吹法」，應是明朝煉銀的基本方法，永樂《政和縣志》記載了當地一首描述煉銀的詩：

> 洞宮山中秋八月，銀氣夜騰光燁燁。
>
> 良工望氣鑿山尋，剗開石崖成巨穴。

135　徐曉望，《早期臺灣海峽史研究》，第 74—75 頁。

136　鄭舜功，《日本一鑑・窮河話海》卷六，〈海市〉；鄭樑生編，《明代倭寇史料》，第七冊，第 2835 頁。

137　田代和生，〈德川時代の貿易〉第 136 頁。轉引自速水融、宮本又郎編，《日本經濟史》，北京，三聯書店 1997 年。

高穿絕頂低黃泉，入如蟻行行不絕。

翻沙出土坑轉深，椎聲錚錚石擘裂。

礦脈橫斜若樹枝，色異銅錫與鉛鐵。

七十二品種種殊，自非良工孰能別。

良工操椎斷山骨，擔向溪旁搗成屑。

載洗載搏投猛火，雞卵出窠包紫纈。

雜鉛同煉作圓陀，蝦蟆蝕後黑光月。

聚灰平地中開池，熾炭旁圍紅焰烈。

圓陀鎔就一泓水，灰池滾滾金波熱。

金波翻動百珠隨，少傾珠盡良工悅。

冷泉灰灑銀自凝，耀彩揚光比霜雪。

捧出千人萬人喜，盡誇乾坤氣凝結。

古人修道亦如斯，若未成功向誰說。[138]

　　這段文字中最為關鍵的是：「雜鉛同煉作圓陀，蝦蟆蝕後黑光月。聚灰平地中開池，熾炭旁圍紅焰烈。」其中即有鉛，亦有「灰」，可見，早在明代初期，福建礦工已經使用了「灰吹法」煉銀。從當時的技術水準看，朝鮮的灰吹法應當從閩浙等地引入，再傳到日本。更有可能的是，福建銀礦工人直接到了日本。據《廣信府志》周凱的〈封禁山考〉，正統、景泰年間葉宗留起義失敗後，不少閩浙礦夫下海，葉宗留從中國史冊上失蹤。他們及其後繼者都有可能來到日本謀生，從而將閩浙一帶的「灰吹法」帶到日本或是朝鮮。

　　日本最早的銀礦是石見銀山，發現於嘉靖五年（1526 年），當時產量較少，嘉靖十二年（1533 年），日本引入了「灰吹法」，銀產量開始增加。其時，日本島根縣的岩美郡和兵庫縣發現了特大型銀礦，每年都生產巨額數量的白銀，從而使日本迅速成為亞洲最大的銀產區。日本市場上大量白

138　黃裳、郭斯垕纂修，永樂《政和縣志》卷三，〈坑冶〉，廈門大學出版社 2015 年，第 84—85 頁。

銀的湧現，導致日本物價飛漲，民眾生活困難。因而，這時期的日本急需從中國進口商品，以平抑國內市場上的物價。最早到日本的漳潮人獲得大利後，將消息傳到漳州與潮州，於是，對琉球及日本的貿易都有了很大的發展。這一時期的中國已經進入白銀時代，國內市場上大宗貿易主要使用白銀，然而，中國所產白銀遠不足市場使用。浙江與福建的銀礦自唐宋以來就在開採，迄至明代中葉，閩浙銀礦基本枯竭，以天順四年（1460年）來說，當年福建僅上繳28250兩，這比起宋代福建白銀開採量，已經非常小了。但在明代居然可以排名第三。宋代朝廷每年在福建採購二三十萬兩白銀，並非很費力。明代福建銀礦產量全面下降，其時，雲南銀礦排名第一，也不過每年上繳102380兩白銀。[139] 明代前期，全國各礦上納的白銀不會超過20萬兩。很顯然，這些白銀遠不夠市場交易所用。因此，明代前期白銀的價格飛漲，梁方仲、全漢昇估計，明代前期白銀的購買力約為宋代兩倍！中國的銀價飛漲，而日本的白銀過剩，這一背景說明中國與日本之間的貿易有很大的潛力。

　　日本銀礦大開採之後，日本市場有限，黃金、白銀過剩造成物價飛漲，而其國內手工業生產落後，無法滿足人們的要求，所以，日本很需要進口中國商品，以抑制物價。《籌海圖編》記載日本喜歡的中國商品：

> 絲，所以為織絹紵之用也……若番舶不通則無絲可織，每百斤直銀五六十兩。取去者，其價十倍。
>
> 絲綿，髡首裸裎，不能耐寒，冬月非此不煖，常因匱乏，每百斤價銀至二百兩。
>
> 紅線，編之以綴盔甲，以束腰腹，以為刀帶，書帶，畫帶之用，常因匱乏，每百斤價銀七十兩。
>
> 水銀，鍍銅器之用，其價十倍中國，常因匱乏，每百斤賣銀三百兩。
>
> 針，女工之用，若不通番舶，而止通貢道，每一針價銀七分。
>
> 鐵鍋，彼國雖自有，而不大，大者，至為難得，每一鍋價銀一兩。
>
> 古文錢，倭不自鑄，但用中國古錢而已，每一千文價銀四兩，若福

建私新錢，每千價銀一兩二錢，惟不用永樂開元二種。

藥材，諸味俱有，惟無川芎，常價一百斤，價銀六十七兩，此其至難至貴者也，其次則甘草，每百斤二十金以為常。[140]

由此可見，由於日本大銀礦的開採，日本人有了數量巨大白銀用以採購物品，因此，中日之間的貿易變得十分有利可圖。中國稍好一點的商品，只要能運到日本，就可售出高價。因而引發了到日本貿易的高潮。事實上，在東亞市場上十分活躍的葡萄牙人和漳潮商人，都在發展對日本貿易。如果《日本一鑑》的記載可靠，早在嘉靖二年，廣東潮州人郭朝卿便到了日本，以後不斷航行日本與中國之間。其後，閩商也加入對日本交通。

嘉靖十三年（1534 年），陳侃出使琉球，一批福建商人順便到日本貿易。當時的福建商人以漳州人為多，這是漳州人直通日本的開始。據日本方面的記載，嘉靖十八年七月，有一艘明朝的商船漂至日本的周防。嘉靖二十一年（1542 年），嚴嵩的〈琉球國解送通番人犯疏〉提到：「臣等看得奏內陳貴等七名，節年故違明禁，下海通番，貨賣得利。今次適遇潮陽海船二十一隻、稍水一千三百名，彼此爭利，互相殺傷，蓋禍患所繇起自陳貴，厥罪實深重矣。」[141] 這條史料表明，當年潮州商人到琉球貿易的船隻眾多，竟有 21 條船隻、1300 多名水手！然而，同年到琉球貿易的漳州商人更多，竟有 26 條船隻！其水手數量雖未統計，從他們敢於主動挑戰潮州商人來看，他們的數量應當更多些。從陳貴等人的船隊數量來看，漳潮商人運去的貨物不是琉球所能消化的，這些貨物最終應是轉運到日本市場。這說明明代中葉，日本市場已經有了較大的發展。而其關鍵原因是白銀的開採和使用。

其時閩粵商人通商日本，多從琉球路過。嘉靖二十一年，漳州商人與潮州商人在琉球械鬥，琉球將械鬥的雙方送交明朝處理，漳潮商人與琉球之間產生矛盾。自此以後，漳潮人就比較少到琉球，而是直接到日本貿易。日本方面記載，嘉靖二十二年，有一艘明朝的商船來到越前。[142] 同年，有

140　鄭若曾、胡宗憲，《籌海圖編》卷二，〈倭好〉，第 198—200 頁。

141　嚴嵩，〈琉球國解送通番人犯疏〉，《明經世文編》卷二一九，《南宮奏議》，第 2301 頁。

142　木宮泰彥，《日中文化交流史》，胡錫年譯，商務印書館 1980 年，第 616 頁。

三個葡萄牙人和福建商人一起到了日本九州之外的種子島，此地仍屬琉球管理，但不久被日本九州的藩主占領。在日本的戰國時代，九州的薩摩藩不斷侵略琉球的領土，一個接一個攻占日本之南、琉球以北的島嶼，最終將琉球置於自己的控制之下。

在日本九州的豐後、肥前、薩摩三個藩主所在地，不斷有中國商船訪問。日本人的《豐薩軍記》載：

> 前天文十年（1541 年）七月二十七日，唐船開到豐後神宮寺，有明人二百八十人來日本。……天文十二年八月七日，又有五艘來。十五年（1545 年），在佐伯之浦攏岸。其後永祿年間，又駛來數次。[143]

這都表明，在葡萄牙人抵達日本之前，已經有一些中國商船到了日本九州的港口。從時序來看，他們應當是漳州商人。又據日本的《鐵炮記》一書，鉅賈王直是在嘉靖二十二年（1543 年）抵達日本九州肥前藩的平戶港，而後在那裡建立了商業據點。王直的部下多為漳州人，應當是他們引導王直抵達日本。漳州商人早就到過此地，其後，漳州商人發展直接對日本貿易。

嘉靖二十三年（1544 年）年底，朝鮮上報了一個漳州人的通番事件。十二月乙酉「漳州民李王乞等載貨通番，值颶風漂至朝鮮。朝鮮國王李懌捕獲三十九人，械送遼東都司。上嘉懌忠順，賜銀五十兩，彩幣四表裏。」[144] 李王乞等人的目標當然是日本，不幸失事漂到朝鮮，朝鮮將其送還明朝。通番日本的人卻漂到了朝鮮，這說明當時去日本通商的人數不少，才會有個別人漂到朝鮮。其他文獻記載：嘉靖甲辰年（1544 年，嘉靖二十三年），「忽有漳通西洋番舶為風飄至彼島（日本），回易得利，歸告其黨，轉相傳語，於是，漳泉始通倭。異時販西洋惡少無賴，不事產業，今雖富家子及良民靡不奔走；異時維漳緣海居民，習奸闌出物，雖往僅什二三得返，猶幾幸少利，今雖山居谷汲，聞風爭至；農畝之夫，輟耒不耕；齎貸子母錢往市者，握籌而算，可坐至富也。於是中國有倭銀，人搖倭奴之扇，市習倭奴之語，甚豪者佩倭奴之刀。」[145] 可見，雖然早期就有漳州商人抵達

143　木宮泰彥，《日中文化交流史》，胡錫年譯，第 616 頁。

144　張溶等修，《明世宗實錄》卷二九三，嘉靖二十三年十二月乙酉。

145　洪朝選，《芳洲先生文集》，〈瓶臺潭侯平寇碑〉，香港，華星出版社 2002 年，

日本貿易，但是，日本多銀的消息是在嘉靖二十三年傳遍漳州的。當時對
日本的貿易利潤幾倍於福建與東南亞的貿易，所以，引起了福建漳州沿海
狂熱的「通倭」浪潮。「至於私通日本，舟容萬斛，所受皆富商大賈，所
載皆綾段繭絲，積日曠時，乃能集事。」[146] 這條材料反映了當時對日本貿
易船隊的規模。其時往日本貿易的人數也相當驚人，據記載，因當時閩商
多走日本，有時被颱風刮到朝鮮，朝鮮便將這些漂流民送返中國。朝鮮方
面記載：「嘉靖二十五年二月，朝鮮署國事李峘，遣使南洗健、朴菁等，
解送通番人顏容等六百一十三人，皆漳泉人也；二十六年三月朝鮮國王李
峘遣人解送福建下海通番奸民三百四十一人，咨稱福建人民故無泛海至本
國者，頃自李王乞等始以往日本市易，為風所漂，今又獲馮淑等，前後共
千人以上，皆挾帶軍器貨物。前此倭奴未有火炮，今頗有之。蓋此輩闌出
之。故患起兵端，貽患本國。」[147] 可見，當時的漳州人幾乎是像潮水一樣
湧入日本進行貿易。漳州的《龍溪縣志》記載：「商人貿遷，多以巨舶行
海道，所獲之利頗厚。時有颱風之險，亦冒為之。」[148] 這是真實的情況。
在漳州商人的帶動下，私人海上貿易逐漸發展到福建沿海的多數地區，「福
建遂通番舶，其賊多諳水道，操舟善鬥，皆漳泉福寧人。漳之詔安有梅嶺，
龍溪海滄、月港，泉之晉江有安海，福鼎有桐山，各海澳僻，賊之窩，向
船主、喇哈、火頭、舵工皆出焉。」[149] 形成了全面開花的現象。張時徹說：
「海濱之民，不業他技，生則習游善泅，貧者操尋丈之艇，出沒波濤，逐
魚鹽什一之利，其富者腰重鏹操奇贏，學弄文身雕題之舌，把臂出肺腑，
博市象犀、珠貝、玳瑁、文羆諸珍異可貴之物，以弋厚息，率能奸闌出入，
埋挾往來。」[150] 如張時徹所說，在嘉靖二十年之後，閩浙形勢十分混亂，
到處都有海商在活動。

　　第262—263頁。

146　朱紈，《天馬山房遺稿》卷四，〈海寇志〉，福建師範大學圖書館藏明刊本傳抄本，
　　　第24頁。

147　佚名，《嘉靖倭亂備抄》，第552頁。又見，張溶等修，《明世宗實錄》卷
　　　三二一，第5963頁。

148　劉天授等，嘉靖《龍溪縣志》卷一，上海古籍書店1963年影印天一閣藏本，第26頁。

149　趙文華語，沈廷芳等，乾隆《福建續志》卷七四，〈藝文〉。轉引自傅衣凌《明清
　　　時代商人及商業資本》第109頁。

150　張時徹，《芝園定集》卷三一，〈贈函峰阮公晉副都御史撫鎮福建序〉，明嘉靖
　　　二十三年鄒守愚刻本，四庫存目叢書集部，第82冊，第168—169頁。

　　浙江雙嶼港之所以能在嘉靖十九年之後大發展，與對日本貿易打通是有關的。當年的漳州商人往來於東南亞、中國和日本。他們一個商業週期大約是兩年。每年冬天，南海刮起東北季風，漳州商人從漳州出發，順風航抵東南亞諸港，購進東南亞的各色商品。次年春天，東南季風興起，東南亞的漳州商人乘風回航，在漳州小駐一段，便以到臺灣打柴等藉口，出發向東，先到臺灣沿海，再從臺灣沿海北上寧波附近的雙嶼港一帶，出售購自東南亞的商品，購進浙江一帶生產的瓷器、生絲。他們有時順著東南風，從雙嶼港航抵日本的平戶港，在那裡出售中國商品，換得白銀。待得秋季東北風興起，他們又可乘風回航中國，或在雙嶼港過冬，或者南下漳州過年。明年，一個新的週期又開始了。就這樣，對日本貿易迅速從閩浙部分地區蔓延至沿海多數地方。「又有一種奸徒。見本處禁嚴。勾引外省。在福建者。則于廣東之高潮等處造船。浙江之寧紹等處置貨。糾黨入番。在浙江廣東者。則于福建之漳泉等處造船置貨。糾黨入番。此三省之通弊也。」[151]

二、葡萄牙人進入日本市場

　　與漳州人同樣周旋於東南亞與東北亞之間的是葡萄牙人。關於葡萄牙人何時抵達日本，日本學術界幾經討論，最後多數人同意：大約是在嘉靖二十二年（1543 年），一些葡萄牙人搭乘漳州人的商船來到日本邊上的種子島，看到船主在對日本貿易中獲得大利，從此展開了葡萄牙人對日本的貿易。

　　揭示以上史實表明：葡萄牙人能夠發現日本，與漳州人有很大關係。但葡萄牙人真正開拓日本市場，還是相當曲折的。這是因為，葡萄牙人搭乘的這艘船是從浙江雙嶼港出發的，他們回到雙嶼港之後，不論中外商人都對日本市場的高利潤感到興趣。第二年，他們組織多艘船隻到日本貿易，其中葡萄牙人的船隻遭受暴風襲擊沉沒，只有少數人漂流到琉球，被視為海盜，受困於彼處。他們歷經波折被送還雙嶼港之後，又搭便船回到葡萄牙人占據的麻六甲港。這樣，第一波想到日本貿易的葡萄牙船隻幾乎全軍

151　胡宗憲，〈廣福浙兵船當會哨論〉，陳子龍、徐孚遠編，《明經世文編》卷二六七，第 2825 頁。

覆沒。1449 年抵達麻六甲的著名傳教士方濟各‧沙勿略說：「（麻六甲）長官對耶穌會的成員展現了偉大的慈愛。為了帶我們去日本，他本打算派一艘克拉克帆船和幾名葡萄牙人，卻沒有找到能夠（直接）航行至那裡的船舶。他命令在本地結婚的中國異教徒 Ladron 準備了一艘中國帆船。因此就由他負責帶我們去日本。」[152] 這段話表明，當時的葡萄牙人雖說已經抵達日本數年了，但還沒有能夠直接從麻六甲航行到日本的領航員。相關活動，他們不得不求助於中國商人、水手。事實上，一直到日本的天文十九年，即嘉靖二十九年（1550 年），才有一艘來自中國上川島的葡萄牙船進入平戶港貿易。可見，葡萄牙人真正到日本貿易要比漳潮商人遲很多，而且是在漳潮人航海技術的基礎上才進入日本市場。1596 年出版、林斯豪頓所著《東印度水路志》承認：「早先葡萄牙人也利用中國帆船從澳門載貨到日本。尤其是一五四四至一五六○之間，常常如此。葡萄牙人初航日本，就是乘著漢人的帆船。」[153] 總之，是葡萄牙人介入福建商人已經發現的日本市場和航路，而不是像個別西方學者的誤解：是葡萄牙人發現中國去日本的航線，給中國帶來白銀。

　　不過，葡萄牙人對日本貿易發展較好。葡萄牙人與福建人一樣，發現這裡的白銀十分便宜，這使他們欣喜若狂。葡萄牙人很快發現，從中國運絲綢到日本，換得日本的白銀，然後再購取中國的商品運到歐洲市場上出售，這是世界上最有利的三角貿易。他們以廣東上川港為根據地，在這裡購得中國商品後，再東向日本平戶諸港。在那裡出售中國商品，換得白銀。

　　嘉靖三十二年（1553 年），葡萄牙人從上川島進入澳門貿易，嘉靖三十六年（1557 年）葡萄牙人在澳門定居取得廣東官府的認可。此後，他們以澳門為據點，每年派出商船到日本貿易。許孚遠說：「日本長岐地方，廣東香山澳佛郎機番每年至長岐買賣，裝載禁鉛、白絲、扣線、紅木、金物等貨進見關白。」[154] 用中國的商品換取日本的白銀，然後輸入中國，從中獲得巨大的利潤。

152　〔日〕松浦章，〈明末清初的澳日貿易〉，陳燕虹譯、孔穎校，《澳門研究》2016 年第 3 期，第 104、107 頁。

153　鄭維中，《製作福爾摩莎──追尋西洋古畫中的臺灣身影》，臺北，大雁文化事業公司 2006 年，第 53 頁。

154　許孚遠，《敬和堂集》疏卷，〈請計處倭酋疏〉，日本東京尊經閣藏明刊本，第 71 頁。

日本方面史料記載，葡萄牙人名叫「那五」的船，每年有一至兩艘抵達日本平戶，葡萄牙人的船，每艘約可載人 100 至 300 人。每年六月至九月，葡萄牙船隻從中國的上川航行到日本，十月至十一月返航。[155] 不久，葡萄牙人從上川進入澳門，開闢了澳門到日本平戶的航線。葡萄牙人的船，每艘約可載人 100 至 300 人，載貨 600 噸至 800 噸。每年六月至九月，葡萄牙船隻從中國的上川航行到日本，十月至十一月返航。[156] 開始，他們的貿易未必能與漳潮商人相比，而後逐漸增多。1555 年一艘葡萄牙船運到廣東上川島的白銀價值十萬克魯扎多。[157] 克魯扎多為葡萄牙人鑄造的金幣，一個克魯扎多含黃金 4.56 克，十萬克魯扎多就是 456 公斤黃金，亦即 12160 兩黃金。其時，中國市場的黃金與白銀的比例是 1：7，明代的一兩約等於 0.0375 公斤 [158]，十萬克魯扎多約合 85120 兩白銀。嘉靖末年，到日本的葡萄牙船隻通常每年有兩艘，也就是說，嘉靖末年，葡萄牙人從日本運出的白銀大約每年 17 萬兩白銀。

由於當時的葡萄牙人在東方沒有同樣來自歐洲的競爭對手，廣大的中日貿易足以容納漳州商人和葡萄牙商人，他們之間合作多於競爭，同樣獲得巨大的利潤。對葡萄牙人來說，這是東亞貿易的黃金時代，每一次在中國與日本之間貿易，都給他們帶來巨大的利潤。葡萄牙國由此進入歷史上最繁榮時期。

三、重評嘉靖年間中日貿易的意義

嘉靖年間是東亞國際市場初步形成的時代。在明以前，中國與日本、朝鮮、琉球之間雖然存在著貿易，但多是國與國之間的貿易，其貿易量較少，很難產較大的影響。明代前期，明太祖和明成祖建立了一個以明朝為核心的進貢貿易體系，在東亞，朝鮮和琉球都是這一體系的積極參與者，而且從中得到較多的好處。這一形勢迫使日本考慮與中國的關係，若長期

155　〔日〕外山幹夫，《松浦氏と平戶貿易》，日本，東京，國書刊行會昭和六十二年，第 115 頁。

156　〔日〕外山幹夫，《松浦氏と平戶貿易》，日本，東京，國書刊行會昭和六十二年，第 115 頁。

157　〔日〕松浦章，〈明末清初的澳日貿易〉，陳燕虹譯、孔穎校，《澳門研究》2016 年第 3 期，第 106 頁。

158　彭信威，《中國貨幣史》，人民出版社 1988 年，第 671—672 頁。

自立於這一體系之外，日本就跟不上東亞世界的發展步伐，日本最終被迫向中國進貢。然而，這一體系的建立，並非完全是自由貿易，明朝付出太多，也感到無法持續下去，只好限制日本十年一貢。進貢體系下，貿易受限制，所以，日本被認為是東亞貿易圈週邊的國家。有規模的中國與日本的貿易，實際上是由私人海上貿易開拓的。

正德嘉靖年間，葡萄牙抵達廣東和福建的沿海港口，標誌著中國與歐洲直接貿易關係的建立。但是，由於中國與歐洲之間遠隔千山萬水，海上行程極為漫長，即使是葡萄牙這樣的國家，每年也只能派出一二艘商船維持葡萄牙和遠東的關係，所以，當時的中國與歐洲貿易還很艱難，貿易量也少，僅僅刺激了歐洲人到東方貿易，早期的香料貿易不過幾萬兩銀子吧。早期中歐實際經濟聯繫是微不足道的。真正改變東亞格局的是中國與日本的貿易！嘉靖年間日本特大銀礦的發現，使白銀充斥日本市場，而這一時期的中國正處於白銀飢渴的時代，巨額白銀流入中國，給雙方都帶來巨大的利益。於是，中日貿易形成了一股巨大的潮流。然而，無秩序的貿易也帶來了許多問題，合理的解決辦法是建立市舶制度，將對外貿易管理起來，並允許合法的對外貿易。可惜的是，朱紈未能看到這一點，他逆潮流而進的海禁政策注定要失敗。面對潮流不是疏導而是試圖堵塞，這類政策是很危險的。時代不同了，明代初年中國與日本的貿易沒有什麼實質性內容，明朝實行海禁也就禁止了。但嘉靖年間來自的白銀洪流可使多少中國人致富，過時的海禁已不可行。有人說，嘉靖年間的倭寇活動是朱紈海禁政策逼出來的，這固然不對，但也有幾分道理。從經濟上看，朱紈的海禁最終的結果是迫使中國商人退出日本市場，中國與日本之間的貿易反而由葡萄牙人主導，並讓葡萄牙人中獲得巨額利潤，這是葡萄牙人遠東事業的基礎。對中國而言，如果中日貿易不能直接進行，由葡萄牙人居間也是一個不錯的結果。不過，在評論這一事件時，我們必須跳出歐洲中心論的枷鎖，歐洲學者常說是葡萄牙人發現和發展了中國與日本的貿易，從而推動了東亞的巨變。這並非事實，因為，從晚明中國與日本的經濟態勢來說，中國對白銀的飢渴肯定會導致中日貿易的發生、發展，事實上也是漳潮商人最早發現了日本市場。葡萄牙人介入中國與日本的貿易，要比漳潮商人遲十幾年。只是因為形勢的變化，中國與日本之間無法直接貿易，才使葡萄牙人在一段時間裡占據了中日貿易的最大部分。

　　過去研究晚明中國與世界的互動，大都是將晚明視為一個時代。而且都說是美洲白銀推動了中國對外貿易。我這裡將嘉靖年間的對外貿易分立出來，是因為可以分出中國與日本、中國與美洲關係的先後不同。應當說，晚明世界經濟大發展的基本原因，是中國對白銀的渴望。正是中國對白銀的巨大要求，才使日本和美洲白銀的輸入有了意義。但是，晚明國際市場上最早對中國輸入的白銀，不是來自美洲，而是來自日本。最先發現日本市場的，不是葡萄牙人，而是廣東和福建交界處的漳潮商人。指出這一點的意義在於：歐美學術界歐洲中心觀的根基與大航海有關。在他們看來，是歐洲人建立了環球貿易體系，然後推動了世界貿易的發展，因而使世界進入了近代社會。其中，歐洲人將美洲白銀輸入中國，導致了東方商品經濟的發展。然而，本章的研究完全推翻這一點。在我看來，葡萄牙人雖然在明代中葉來到東方，建立了中國與歐洲葡萄牙港口的直接貿易，但因航路的危險，這一貿易量很少，並沒能改變東西貿易大勢。葡萄牙人在東方的成功，主要是介入廣東香山島東南亞與中國之間傳統的香料貿易以及介入浙江雙嶼港中國與日本的貿易，這是在東方傳統商業網絡上的發展，並非開創一個新的網絡，而是成功地利用了這一網絡。所以說，要對大航海時代的歷史進行重新評價。

　　西方學者研究東方的歷史，總愛說歐洲人建立環球貿易體系推動了東亞的變化。在日本白銀市場發現方面，西方史學家也愛說這是葡萄牙的發現。其實，相關考證表明，福建商人發展日本白銀市場會更早一些。葡萄牙人的運氣在於：他們較早跟進福建商人的行動，並在抗倭戰爭雙方打得不可開交之時，建立了澳門到日本平戶的穩定航線。由於明朝嚴禁中國商船到日本貿易，才使葡萄牙人在明代後期的一個時段大致壟斷了日本的白銀輸出和絲綢進口。就晚明中日兩國的經濟互補性來看，即使沒有葡萄牙人進行中國與日本之間的仲介貿易，中國與日本的經濟互動同樣會展開。而十六世紀至十七世紀中國與日本的貿易，是當時世界市場上最重要的貿易之一，不僅給中國與日本帶來大發展，並在世界市場上造成巨大的影響。西班牙人看到白銀在東方世界的巨大購買力，開始將美洲白銀運輸到菲律賓購取中國的絲綢、瓷器等商品，從而建立了環球貿易體系中最為艱難的一段：跨越太平洋的貿易體系。因此，西方學者常說，是美洲白銀給明代

的經濟帶來巨大變化。然而，我們若是考察日本白銀及美洲白銀對中國經濟的貢獻，會發現輸入中國的日本白銀比美洲白銀更多，所以說，是中國與日本之間的白銀貿易帶動了世界貿易，而不是相反。實際上，西班牙人、葡萄牙人及荷蘭人將美洲和歐洲的白銀帶入中國，是在中日白銀貿易上的發展。在這一基礎上，歐洲人連通了東亞與大西洋、太平洋的關係，從而建立了環球貿易體系。

　　從大趨勢看，即使沒有歐洲人抵達遠東這一偶然事件，中國缺乏白銀，日本盛產白銀這一事實都不會改變。這表明，晚明中國與日本經濟上的化學反應肯定會發生，而且，在葡萄牙人介入之前已經發生。也就是說，晚明東亞經濟的崛起是一個歷史趨勢，沒有葡萄牙人的介入，它也會發生。

　　16 世紀環球貿易體系建立的原動力是什麼？通常我們會回答：這是香料貿易的結果。由於歐洲人對胡椒、肉豆蔻、丁香之類食物香料的偏好，他們為了取得香料派船隻到東方探險，因而渡過了大西洋、印度洋、太平洋，到東南亞東部的摩鹿加群島取得了香料。但我注意到一個問題：開發胡椒、丁香、肉豆蔻之類的香料，正是中國人的發明，明代前期的鄭和船隊也是在國際航線是販運香料的大軍，他們從爪哇島的東部購進香料，將它運到印度西部的港口出售給中東商人，再由中東商人轉運到歐洲從而開啟了歐洲人的味口。所以說，香料貿易正是中國人開創的，香料之路也是中國人開創了最重要的一段路。其次，國際市場上的香料貿易量有限，早期到歐洲約為幾千兩到幾萬兩白銀。因此，葡萄牙人到遠東之後，漸漸將貿易的重點轉到中國的絲綢、瓷器、蔗糖等商品。甚至為此將香料貿易丟給了荷蘭人。在與中國人貿易期間，葡萄牙人每年有一二條船抵達歐洲，每年貿易量約為二三十萬兩白銀。總量也不算大。葡萄牙人真正經營的重點是在中國與日本之間。

　　晚明中國與日本貿易，是這一時代國際貿易發展最重要的大事，它是國際市場形成的第一個啼聲，也是國際市場發展的原動力之一。換句話說，大航海時代國際市場形成的原動力是來自中國與日本之間的貿易。這一貿易，是晚明東亞貿易的基本形勢。而後葡萄牙人、西班牙人、荷蘭人、英國人都將主要精力加入這一貿易，並從中獲利，積累了第一桶金。

　　西方殖民者來到東方有先有後，葡萄牙人在先，西班牙人其次，荷蘭

與英國再次之。西班牙人來到遠東之後，帶來了美洲的白銀，其數量略大於日本的白銀。這對中國來說，是一個新的刺激。它的功效在於：為中國商品開拓了美洲市場，而美洲與歐洲有著密切的聯繫，在美洲與歐洲貿易及歐洲與東亞貿易已經存在的前提下，美洲與東亞貿易的建立，便導致了環球貿易體系的初成。東亞內部貿易的區域市場也發展為國際市場的一部分。因此，西班牙人抵達東方的意義相當重大。研究大航海歷史的學者無不讚賞美洲白銀對世界經濟的積極意義，我也如此。我在這裡僅是指出，在美洲白銀抵達東亞之前，東亞內部中國與日本的貿易早已興盛起來，這才吸引了西班牙的加入和美洲白銀的越洋西渡。啟動大航海時代世界市場的原動力來自東亞中國與日本的貿易，而東亞市場的發動，其原動力又是中國對白銀的巨大需求，中國才是大航海時代國際市場形成的第一動力。是中國將世界帶入白銀時代。

小結

明代晚期日本銀礦的開發是一件大事。它使海外終於有一個國家可以大量採購中國的商品。本章的考證再次說明，早在嘉靖中葉，漳州商人和潮州商人都到達日本貿易，福建的灰吹法煉銀術也傳到了日本，導致日本銀礦大規模的開採。日本多銀和中國缺銀的狀況必然導致中國與日本之間的貿易。本來這一貿易已經在明朝和日本之間展開，葡萄牙發現這一貿易的巨大利潤，很快加入中日貿易，於是形成了中國、日本、葡萄牙的三角貿易。這類貿易最早是非法的私人貿易，最早在浙江寧波的雙嶼港展開，但因無規則的貿易亂象導致官府開始鎮壓海邊的海寇商人。其時，掌握雙嶼港的是亦商亦寇的海洋商幫，在這江浙、福建、廣東三大幫之中，儘管表面上是江浙商人王直為其領袖，但海上實力最強大的是福建商幫。嘉靖二十三年之後，來自福建漳州的商人像洪水一樣湧入日本，掀起第一波中日貿易高潮。白銀的流入使中國市場上缺少通貨的歷史終結，晚明中國市場因而擴大。日本的巨額白銀在與中國貿易中得到價值的實現，成為東亞著名的富國，經濟文化都有很大的發展。所以說，中國與日本的貿易是這一時代世界經濟的一個高潮。即使沒有葡萄牙人參與，中國與日本的貿易也會發展的。

　　葡萄牙人在嘉靖年間活動於福建、浙江沿海，他們的活動擴大了中國商品的出口，不過，葡萄牙人亦商亦盜的行徑，也引發了許多問題。和中國各路商幫相比，早期葡萄牙人所占的貿易份額不算大，不過，因倭寇之亂的發生，中國與日本的貿易被打斷，葡萄牙人在廣東占據澳門之後，取得購取中國商品的立足點，此後，葡萄牙人往來於澳門與日本之間，成為中日貿易的主要仲介，葡萄牙人從中獲利巨大。但是，他們的仲介身分確立，只是因為中國與日本之間的對立，明朝對日本的制裁造就了葡萄牙人的突出地位。這種地位隨時可以取代的。所以說，中日貿易的決定性因素不是處於仲介的葡萄牙人，而是中國與日本經濟的相互吸引。

　　嘉靖年間，雙嶼港私人貿易的混亂現象導致明朝再次加強海禁，從而引發了一系列的矛盾，中國與日本都將為此付出代價。

第二章　明嘉靖年間閩海的抗倭戰爭

明代嘉靖年間，福建和浙江沿海都出現了海寇襲擊的案子，官府發現：浙江雙嶼港的來客多為福建漳州人和廣東潮州人，他們引來了一些不知名的番寇和倭寇，因此將閩浙沿海治安當作重要問題，著力解決。然而，過分嚴厲的海禁政策反而導致閩浙沿海的官民衝突，給倭寇以可趁之機，於是，爆發了一場延續十多年的倭寇之亂。嘉靖倭亂給福建、浙江二省造成極大的破壞。

第一節　朱紈的海禁政策

朱紈在嘉靖二十六年之際實行最嚴厲的海禁，是明朝海洋政策的重大倒退。其時正為中國與日本貿易興起之際，日本的白銀大量流入中國，中日貿易對雙方都有極大的好處。歷史上罕見的高利潤使漳州商人高度興奮，朱紈的海禁給他們澆了一頭冷水，造成閩浙士紳竭力反抗。朱紈的海禁及後來的倭寇入侵，造成的結果是中日貿易被葡萄牙人居間控制。大量利潤流入澳門。

一、浙閩巡撫朱紈和海禁之令的重申

閩浙沿海的亂象始於沒有秩序的海上貿易。相傳當時入侵閩浙沿海的倭寇，都與閩浙沿海的大姓有關係。事實上，閩浙沿海的富豪庇護前來貿

易的葡萄牙人和閩粵海寇商人，確實與海上貿易有關。中國的對外貿易一向利潤較高，由於明朝的海禁，發展海上貿易很困難，中國商品在海外的價格上漲，海上貿易的利潤就更大了。因此，從事海上貿易的利潤很高。閩浙沿海的一些豪紳充當閩粵海寇商人的庇護者，包攬他們的商品，販賣於國內市場，獲利頗高。不過，這類走私貿易問題很多。有時雙方爭執，就有可能演化為鬥爭。因此，那些外來的海寇商人喜歡和有名有姓的豪紳打交道，否則錢財被經手人欺騙，連人都找不到。這是閩浙豪紳被海寇商人看好的原因。

　　閩粵海寇商人發財的很多。對日本貿易流行之後，抵達日本的閩粵商人發現：日本的人工非常便宜，他們便出錢雇傭佩刀的日本浪人，充當打手。由於當時的貿易多為走私貿易，每每遇到打劫，海寇商人便派出一小隊的日本浪人保護前來貿易的商人。交易完成之後，又派這隊來自日本的打手送商人到達安全的市鎮。這樣往來多次，日本打手便熟悉了閩浙一帶的道路。他們在送商人到達安全地方後，回程往往進行主人命令之外的搶劫。隨著這類事件多次發生，浙江沿海便有出現倭寇的叫喊。從其行為來看，他們確實是倭寇。此外，當年葡萄牙人在浙江雙嶼港貿易，也有亦盜亦商的行為，因此，浙江沿海民眾也將他們看成是倭寇。

　　最初，閩浙豪紳與海盜的關係較好，時間久了，雙方關係發生變化。有些人欠海寇商人的錢不想還，便哄他們明軍要來剿匪了，讓他們快逃。這種手段用了一兩次，海寇商人還會相信，多用幾次，沒有人會再上當了。於是，到浙江「做生意」的海寇商人流行武裝討債。某個大戶欠債不還，這些海寇商人會毫不留情地派出大隊人馬討債，公開搶劫大戶。有一次，竟然搶劫了一戶有名的縉紳人家。嘉靖年間明朝官員回顧浙海問題時說：「按海上之事，初起于內地奸商王直、徐海等常闌出中國財物與番客市易，皆主于餘姚謝氏。久之，謝氏頗抑勒其值，諸奸索之急，謝氏度負多不能償，則以言恐之曰，吾將首汝于官。諸奸既恨且懼，乃糾合徒黨、番客，夜劫謝氏，火其居，殺男女數人。大掠而去。縣官倉惶申聞上司，云倭賊入寇。」[1] 餘姚謝氏在嘉靖初年出了一位大臣，曾經當過嘉靖皇帝的老師，連他的家都被海寇搶劫，嘉靖皇帝大怒，派出以強硬手段聞名的朱紈出任

1　張溶等修，《明世宗實錄》卷三百五十，嘉靖二十八年七月壬申。

浙江巡撫，兼管福建沿海數郡。一場大風暴就要來了。

嘉靖二十六年六月癸卯：「巡按御史楊几澤言，浙江寧紹台溫皆枕山瀕海，連延福建福興泉漳諸郡，時有倭患。沿海雖設衛所城池，控制要害，及巡海副使備倭都司督兵捍禦，但海寇出沒無常，兩省官僚不相統攝，制禦之法終難畫一。往歲從言官請，特命重臣巡視，數年安堵，近因廢格，寇復滋蔓。抑且浙之處州與福之建寧連歲礦寇流毒，每徵兵追捕，二府護委事與海寇略同。臣謂巡視重臣亟宜復設，然須轄福建浙江，兼制廣東潮州，專駐漳州，南可防禦廣東，北可控制浙江，庶威令易行，事權歸一。事下兵部，集諸司覆，如其言。第廣東潮惠二府仍隸兩廣提督，有事則協心議處。上曰，浙江天下首省，又當倭夷入貢之路，如議設巡撫，兼轄福建福興建寧漳泉等處提督軍務，著為例。」[2]

按，在設置浙閩巡撫之前，閩浙兩省負責海上治安的主要官員是省按察使司的一名副使，簡稱：「海道副使」。因閩中的海寇主要從九龍江流出，所以，福建海道副使在漳州的海滄設立了副使專館，理論上海道副使應用一半時間駐紮此地。這次朝廷考慮設置浙閩巡撫，提倡者楊几澤又提出巡撫應專駐漳州！漳州的重要性於此可見。其時漳州治安最為重要的又數海滄，海滄人即可為朝廷當兵出征，也有可能出海為盜，或是經營海上商業，朝廷若能使海滄人完全忠於朝廷，所有的海滄打手為朝廷而戰，平倭一事就搞定一半了。其時，被選為浙閩巡撫的是新任南贛巡撫的朱紈，他是一個認真負責的官員，在嘉靖朝多次平定各地的叛亂，因而成為朝廷信任的王牌人選。

朱紈上任之初，同僚紛紛給其出主意。陳昌積說：

> 今天子察其宿弊，用宰臣議，間數歲一設巡視。於是詔秋崖朱公仍以都御史巡撫浙江，兼巡視浙閩海道事。公瀕行，兵憲白坪高公，屬言於昌積。顧愚不知國事者，其何以貺公？雖然，請持所聞以質於公可乎？今議海防者，有請于溫汕相鄰之地，築城開府，奪雙嶼港，建置水營，增海卒據守之。是為豫握要轄，覆其巢穴之計也。有請立保甲，以相譏防，是沿古之法也。不知迎分子錢，歸送海儀

之名色，遊說行成，通關納賂之奸，圖半出於保甲中之人，而可盡信乎？有請禁止片船隻艇不許下海，如此則海濱無寸土之民，衣食靡出，將晏然而就斃乎？其患尤恐滋也。予謂撲火必沃其灼，捄弊必繫其自，弗過其上流之賂，而欲清海卒召用之奸，難矣。海卒召用之不用命，而欲海寇之不盜吾境，難矣。公提督南贛，先聲所流，墨夫解綏，號令一下，旗幟易色。爬梳宿弊，毛洗而節劃之，何其威風也。能於此有不能於今大受耶。此固志用世者之所同拭目也。[3]

　　這段話表明，當時浙江一帶的士紳考慮過各種方案，例如，奪取雙嶼島駐兵，實行嚴厲的海禁，徵用海兵可靠嗎？同時，也有一些人擔憂：對策若是過激，有可能激發更大問題。陳昌積認為，關鍵還是要打擊海寇們的保護傘，這已將矛頭指向沿海士紳的上層了！從後面的史實來看，朱紈將以上各類策略，都付諸執行了！可見輿論對官府的影響。就今人的立場來看，當時輿論界過於消極，很少從積極的一面來考慮海外貿易的重要性。在政策執行方面，也過分相信官府的權威，以為官府的海禁便能簡單地解決問題。此外，沒有區別對待閩浙兩省是很大的錯誤。當時的動亂主要出現在浙江沿海，而福建沿海的局面尚可控制。在福建沿海的鄉紳中，林希元提出了重建市舶司收稅等一套最合理的方案，可惜不被採納。朱紈在總體上是被浙海輿論所操縱的。

　　嘉靖二十六年，朱紈調任浙江巡撫時說：「臣自贛州交代，行據福建都按二司者，都指揮僉事等官路正等會議，呈稱今日通番接濟之姦豪。在溫州尚少。在漳泉為多。漳泉之姦豪絕，則番夷不來。而溫寧一帶亦可少息。等因到臣因思海濱遐遠，難以遙制，乃入漳州，一面候敕，一面閱視海防，則大壞極弊，可駭可憂，……臣今日不為陛下明言之，則臣今日所行，皆乖方違眾之事，市虎傳信，蕙茲損真，臣將來之罪，亦自不知所終矣。」[4]可見，朱紈在與福建官吏的討論中，很快認識到嘉靖年間進行海上貿易的主要是漳泉民間商人，其中又以漳州人為主，所以，朱紈要平定海上亂象，首先要到漳州。

　　朱紈人未到，閩南的官員已經感到政壇氣候的變化。過去，福建海道

3　陳昌積，〈送大中丞秋厓朱公序〉，黃宗羲編，《明文海》卷二九五，第7頁。
4　朱紈，《甓餘雜集》卷二，〈閱視海防事〉，第16頁。

副使柯喬等官員聽從林希元的意見，大有開放口岸通商之意。但是，當他們感到朝廷對此不悅之後，很快轉變政策，開始驅逐在海滄、月港一帶貿易的葡萄牙人。迫使葡萄牙人的船隻退居廈門之外的浯嶼。但是，葡萄牙人因當年度生意未結束，不肯輕易離開閩南的海口。因此，葡萄牙人的船隻老在浯嶼一帶徘徊。柯喬等人便組織民間武裝攻擊浯嶼的葡萄牙人之船，雙方打了一場戰鬥。《明世宗實錄》記載，嘉靖二十六年十一月癸巳，「佛郎機國夷人入掠福建漳州，海道副使何喬禦之，遁去。巡按御史金城以聞，且劾浯嶼指揮丁桐，及去任海道副使姚翔鳳受金黷貨，縱之入境。乞正其罪，詔以桐及翔鳳令巡按御史執來京，究治防禁事宜。兵部詳議以聞。」[5]這一段文字的背後有許多問題，其一，這一事件表明，葡萄牙人進入海滄、月港一帶貿易，是因地方官接受了葡萄牙人的賄賂。結果，本應嚴管海道的按察副使也對葡萄牙人的商業網開一面，其他官員可想而知。其二，葡萄牙人其實不是在嘉靖二十六年才進入九龍江內河，而是早在嘉靖初年便來到九龍江口貿易，後來見沒有人管他們，約於嘉靖二十年前後逐漸進入海滄、月港一帶，定居於此。當地的官員接受了葡萄牙人的賄賂，有意放縱他們。其三，嘉靖二十六年夏天，朱紈被派任浙江巡撫，兼管福建的沿海諸府。他抵達漳州之前，朝廷政策轉向強硬的消息已經傳到福建沿海。原來對葡萄牙人較為寬鬆的地方官，紛紛調整對策，他們試圖將葡萄牙人趕走，文的不行，便動武，造成流血事件。閩南文獻表明，在柯喬發動的對葡萄牙人戰鬥中，漳州官軍實際上是被打敗的。

朱紈大約於嘉靖二十六年的下半年抵達漳州。他瞭解當地情況之後，上疏抨擊林希元等與葡萄牙人貿易的地方紳士，厲行海禁；並在閩南招募水師官兵。他以各種藉口在民間沒收和購買了不少大船，用以組建福建水師，以平定閩浙沿海的動亂。

正在這時，浙江方面「海寇」襲擊事件越來越多了。朱紈不得不趕到浙江處理。嘉靖二十六年十二月乙亥，「海寇突犯浙江寧波、台州，大肆殺掠。官軍莫有禦者。巡按御史裴紳等以聞，并劾分守參議鄭世威、分巡副使沈翰、備倭都指揮梁鳳罪。上命撫按官逮世威等，勘明奏處。且令嚴

5　張溶等修，《明世宗實錄》卷三百三十，嘉靖二十六年十一月癸巳。

為禁備。」[6]《明史紀事本末》載：「巡按御史裴紳劾防海副使沈瀚、守土參議鄭世威，因乞敕紳嚴禁泛海通番勾連主藏之徒。從之。紳乃下令禁海。凡雙檣餘艎一切毀之，違者斬。」[7]如其記載，嘉靖二十六年至二十七年之交，明朝廷發布的海禁之令，其實是御史裴紳提出來的，然後得到皇帝的批准，由朱紈執行。值得注意的是，裴紳提出海禁，在朝廷上並沒有人反對，這表明當時的朝廷官員都沒有認識到問題的嚴重性，認為只要嚴守祖制，厲行海禁，便能永遠斷絕海上走私，連帶消滅海寇。不過，朱紈厲行海禁，使其與閩浙民眾發生衝突。

當時的閩浙民眾從海外貿易中得到的利益比害處更多，他們雖然希望朝廷管理海上交通，建立有秩序的海上貿易，但絕不希望斷絕海上貿易。因此，他們對朱紈的海禁命令敷衍了事，在一些大家族的支持下，仍然從事非法的海上貿易。朱紈面對這種情況上奏朝廷：「夷患率中國並海居民為之，前後勾引則有若長嶼喇噠、林恭等。往來接濟則有若大擔嶼奸民姚光瑞等，無慮百十餘人。今欲遏止將來之患，必須引繩排根，永絕禍本。」[8]有人向朱紈報告，按照明朝的政令，沿海不許造船，只有海島地方可以配置渡船。而福建大姓與土豪，每每以渡船之名造船，實際上用於海外貿易，朝廷官員不敢干涉。於是，朱紈下令「革渡船，嚴保甲，搜捕奸民，獲交通諸番者，不俟命輒斬。」[9]他知道閩浙的大姓是他實行這一政策的最大阻力，「敕命福建漳泉等處海寇出沒，地方有事，爾須往來督視，設法剪除，蓋謂之設法，則使貪使詐……大抵治海中之寇不難，而難於治窩引接濟之寇。治窩引接濟之寇不難，而難于治豪俠把持之寇，聞此地事未舉而謗先行，效未見而肘先掣，蓋山海淵藪，視為表裏，衣冠劍戟，相為主賓，利于此必不利于彼，善于始，必不善于終，此海道歷年養亂所以至于此極也。」[10]朱紈將矛頭直接對準沿海一帶的士大夫。「賊船番船，則兵利甲堅，

6　張溶等修，《明世宗實錄》卷三三一，嘉靖二十六年十二月乙亥。

7　谷應泰，《明史紀事本末》卷五五，〈沿海倭亂〉，北京，中華書局1977年，第846頁。

8　佚名，《嘉靖倭亂備抄》不分卷，文淵閣四庫全書存目叢書史部，第49冊，第554頁。

9　陳壽祺等，道光《福建通志》卷二六七，〈明外紀〉，第15頁。

10　朱紈，〈請明職掌以便遵行事〉，《明經世文編》卷二〇五，《朱中丞甓餘集》，第2156頁。

乘虛馭風，如擁鐵船而來。土著之民，公然放船出海，名為接濟，內外合為一家。其不攻劫水寨、衛所巡司者，亦幸矣。官軍竄首不暇，姦狡者因而交通媒利，亦勢也。如今年正月內，賊擄浯洲良家之女，聲言成親，就于十里外高搭戲臺，公然宴樂。又八月內佛狼機夷通艘深入，發貨將盡，就將船二隻起水于斷嶼洲，公然修理。此賊此夷，目中豈復知有官府耶？夷賊不足怪也，又如同安縣養親進士許福先，被海賊擄去一妹，因與聯姻往來，家遂大富。……夫所謂鄉官者，一鄉之望也。乃今肆志狼籍如此，目中亦豈知有官府耶。蓋漳泉地方，本盜賊之淵藪，而鄉官渡船，又盜賊之羽翼。」[11]朱紈見此，便向朝廷要求訓訴幾個私下進行海外貿易的退休官員。朝廷不允，於是，朱紈說出了「去中國瀕海寇易，去中國衣冠盜難」的名言。即使這樣，被點名的這些官員（如同安人林希元），一時十分難堪。為了在短期內實現海禁，朱紈展現了雷厲風行的風格：「巡撫紈下令捕賊甚急，又令並海居民有素與番人通者，皆得自首及相告言。于是人心洶洶，轉相告引，或誣良善。而諸奸畏官兵搜捕，亦遂勾引島夷及海中巨盜，所在劫掠，乘汛登岸。動以倭寇為名。其實真倭無幾。是時海上承平日久，人不知兵。一聞賊至，即各鳥獸竄。室廬為空。官兵禦之，望風奔潰，蔓延及于閩海浙直之間。調兵增餉，海內騷動。朝廷為之旰食。如此者六七年，至于竭東南之力，僅乃勝之，蓋患之所從起者微矣。」[12]

　　朱紈的海禁政策歷來引起爭議。海禁是明朝的傳統政策，這項政策的實行，不利於沿海經濟的發展，這是早已被證明的。在海外廉價白銀大量流入中國的背景下，要阻止這股洪流其實是不可能的。後人評論：「漳州沿海，地瘠民稠，無田可耕，素事舟楫，販海為業。嘉靖末年，禁例太嚴，生計蕭索，株守鄉土者，群聚思亂，流落外洋者，畏避逃生，釀成勾引拾餘年之禍。」[13]在當時的背景下，只有順勢利導，像林希元主張的那樣允許民眾通商，並開設海關收稅，才是最好的對策。朱紈是個缺乏遠見的書生，不懂順勢而變。面對閩浙沿海的亂象，他只懂恢復明初海禁的老政策。他不懂這一政策對中國經濟傷害極大，沿海民眾普遍反對海禁。在嘉靖年間，

11　朱紈，〈閱視海防事〉，《明經世文編》卷二〇五，《朱中丞覽餘集》，第2158頁。

12　張溶等修，《明世宗實錄》卷三百五十，嘉靖二十八年七月壬申。

13　許孚遠，《敬和堂集》疏卷，〈疏通海禁疏〉，明萬曆三十九年刊本，第24頁。

官方強力推行海禁，只會引起更多的問題。他的海禁政策受阻，不去檢討自己的原因，而是單方面批評浙閩一帶的勢家大族阻止國策的執行，就已經注定他悲慘的結局。

不過，朱紈在閩浙沿海重建一支有戰鬥力的水師，卻是他的貢獻。按照明朝的制度，海船寬度超過一丈八尺都是違法的，但這一時期的福建，因走私貿易興盛，有許多超過標準的大海船，朱紈在閩浙沿海查違禁大船，從漳州南部的玄鍾港到福清諸港，共查出一百餘隻大船。但他也知道：「各澳之船，豈止一百餘隻而已乎？估買者，二十三船也，而其當買者豈止于二十三隻而已乎？夫官府之價三四十兩，民間之造必費八九十兩，見在者買，不在者置。……買一而置十，或又為不均……興泉福清，亦皆如此。各令輪班在官聽用。人得雇募工食，船得雇募船價，彼亦樂聽無詞。故今春調往浙江者，福清大船也。都指揮盧鐺調往溫州者，陸鰲大船也。張文昊調往福寧州成功者，即今續到估買玄鍾洪君相等船也。」[14] 不管怎麼說，朱紈的強硬政策使福建官府擁有一支二十三艘大船組成的艦隊。在俞大猷等人的建議下，朱紈招募福清人和漳州海滄五澳人當水兵。由於「海滄打手」歷來的聲威，這支水師剛組建成，就讓閩浙一帶的海寇心理崩潰。嘉靖二十七年，朱紈指揮俞大猷等人率領的水師攻擊雙嶼港。在雙嶼港活動的海寇商人中，有不少來自福建的海寇，他們聽說家鄉的水師前來作戰，根本無心抵抗，他們僅僅堅持了一個白天，晚上便四散而逃。其中少數人被水師擊敗，多數船隻逃出雙嶼港。朱紈怕他們捲土重來，便下令用大木和石塊填塞港口，於是，這個危害浙江治安數十年的海寇巢穴被徹底顛覆了。俞大猷培訓出來的水師獲得大功。這裡需要交代一句的是：俞大猷是林希元發掘的人才。林希元說：

> 其（俞大猷）為人以泉衛百戶舉武進士上第，知予有志當世，從予問學。予探其志趣、言論、膽略有過人者。酷喜之。安南之役，予募兵漳泉，君以金門千戶從事，發謀吐慮，動契予心。方與同升，適予蹉跌，願莫之遂。予既退居，盧江起金門上京師，鄉縉紳交薦，受命司馬，整頓邊陲，以勞效擢試都指揮，守備汀漳。屢平寇盜，

---

14 朱紈，《閱視海防事‧沒官海船》，《明經世文編》卷二〇六，《朱中丞甓餘集》，第 2170 頁。

民賴以安。予每薦之，當道亦知其才。閩中海寇，頻年作梗，禍延吳越，封疆之臣，束手無策，當道乃以其事委君，遂取官印於劇盜。平群盜於玄鍾。當道交薦，擢都指揮僉事。分閫東廣。[15]

　　俞大猷是一個戰略家，明朝最終平定倭寇，與他的策劃是有關係的。當倭寇發生之際，閩南士大夫全力推薦俞大猷，使其受到各方面的重用。但是，俞大猷一生坎坷，這與其名氣過大，外人妒忌有關。

　　朱紈在浙江獲得成功後，又將水師主力調到福建，在福建獲得了「走馬溪大捷」。

二、葡萄牙人在走馬溪

　　走馬溪隸屬於漳州東山島，東山未建縣之前，走馬溪歸詔安縣管轄。走馬溪與當時重要的走私港口梅嶺隔海相望。

　　嘉靖年間，梅嶺是與海滄、月港並列的私人海上貿易港口。梅嶺和東山島的走馬溪環抱一個海灣。俞大猷說：「諸番自彭亨而上者，可數十日程，水米俱竭，必泊此儲備而後敢去日本。自寧波而下者，亦可數十日程，其須泊而取備亦如之。故此澳乃海寇必經之處。」[16]如俞大猷所說，嘉靖年間的梅嶺、走馬溪一帶海灣，已經成為溝通南海、浙海及日本沿海的重要港灣，往來貿易的商船多要在此停泊汲水。當地民眾給往來商船及海盜船隻提供飲水、食物乃至商品，因而致富。王忬列舉嘉靖年間福建通番港口時說：「漳泉地方，如龍溪之五澳，詔安之梅嶺，晉江之安海，誠為奸盜淵藪。但其人素少田業，以海為生，重以不才官吏，科索倍增，禁網疏闊，無怪其不相率而為盜也。」[17]官府很早就知道梅嶺的大名了。朱紈在福建漳州、泉州推行保甲制度時說：「旬月之間，雖月港、雲霄、詔安梅嶺等處，素稱難制，俱就約束，府縣各官，交口稱便。」[18]實際上，梅嶺人只是在家

15　林希元，《同安林次崖先生文集》卷七，〈送盧江俞君擢廣東都閫序〉，第 582 頁。

16　俞大猷，《正氣堂全集》卷二，〈呈福建軍門秋崖朱公揭條議汀漳山海事宜〉，第 92 頁。

17　王忬，〈條處海防事宜仰祈速賜施行疏〉，《明經世文編》卷二八三，《王司馬奏疏》，第 2996 頁。

18　朱紈，〈閱視海防事・革渡船嚴保甲〉，《明經世文編》卷二○五，《朱中丞甓餘集》，第 2159 頁。

鄉遵守官府的政令，私下仍然到海上謀生。梅嶺是出產火長與水手的地方。「福建素通番舶，其賊多諳水道，操舟善鬥，皆漳泉福寧人。漳之詔安有梅嶺，龍溪海滄、月港，泉之晉江有安海，福寧有桐山，各海澳僻遠，賊之窩，向船主、喇哈、火頭、舵工皆出焉。」[19] 他們中間的許多人在海上生涯中發達。俞大猷說：「漳詔安縣之梅嶺也，此村有林、田、傅三大姓，共一千餘家。男不耕作，而食必粱肉。女不蠶桑，而衣皆錦綺。莫非自通番接濟，為盜行劫中得之？歷年官府竟莫之奈何。」[20] 按，在 1982 年繪製的福建省詔安縣地圖上，尚可看到梅嶺鎮下轄的「林厝」、「田厝」、「下傅」等地名，說明自古以來，林、田、傅就是當地的大姓。梅嶺這三大姓在明代的對外貿易及其他海上生涯中致富。俞大猷這段話的基本意思後來出現在朱紈的奏摺中：「賊船集泊每於走馬溪、下灣者，則以此地兩山壁立，風濤不驚，若天成一賊藪然，又有梅嶺群惡以濟之耳。如田，如林、如何、如傅、如蘇等姓，延聚數里許，人戶不下千餘。凶頑積習，險狠成風，或出本販番，或造船下海，或勾引賊黨，或接濟夷船，先年引賊肆劫，合縣生靈，受其荼毒，慘不可言。」[21] 王忬說：「臣訪得漳泉各澳之民，僻處海隅，俗如化外，而勢豪數姓人家，又從而把持之，以故羽翼眾多。番船聯絡，遂貽東南莫大之害，斷非從容文法，可以坐消。」[22]

　　如上所說，明代中後期，番船經常到訪梅嶺。葡萄牙人很早就在這裡活動。胡宗憲說：「三四月東南風汛，番船多自粵趨閩，而入于海。南澳雲蓋寺、走馬溪乃番船始發之處，慣徒交接之所也。」[23] 走馬溪，位於東山島西南的岐下村。此地有一條小溪向北流入西浦港，與梅嶺隔海相望。嘉靖二十六年，葡萄牙人退出月港、海滄之後，仍然在這一帶活動，直到嘉靖二十八年發生了「走馬溪事件」。據說，梅嶺人也曾捲入倭寇活動。俞大猷說：「漳州之梅嶺，在詔安縣地方。此地方之人，相尚為賊，或在海，或在山，為漳潮二府之害，已數十年。一向議征，未有決策。近日賊首吳

19　鄭若曾，《鄭開陽雜著》卷一，〈福建守禦論〉，第 38 頁。
20　俞大猷，《正氣堂全集》卷二，〈呈福建軍門秋崖朱公揭條議汀漳山海事宜〉，第 91 頁。
21　朱紈，《甓餘雜集》卷五，〈設專職以控要害事〉，第 33—34 頁。
22　王忬，〈條處海防事宜仰祈速賜施行疏〉，《明經世文編》卷二八三，《王司馬奏疏》，第 2994 頁。
23　胡宗憲，〈福洋要害論〉，《明經世文編》卷二六七，《胡少保海防論》，第 2824 頁。

平回居其鄉，其眾益逞，此地不征，則閩廣之患終不能息。」[24] 俞大猷在「嘉靖二十六年五月內，督領海兵在於玄鍾、蒲澳，戰擒海寇賊首康老等大小船七十隻，生擒八十餘名，攻沈下水五百餘名。」[25] 可見玄鍾澳一帶海盜數量之多。

俞大猷說：「今漳州詔安縣五都走馬溪，兩山如門，四時風不為患。去縣及各水寨頗遠，接濟者旦夕往來，無所忌避，誠天與猺賊一逋藪也。諸番自彭亨而上者，可數十日程，水米俱竭，必泊此儲備而後敢去日本。自寧波而下者，亦可數十日程，其須泊而取備亦如之。故此澳乃海寇必經之處，非如他澳則患風水，防追捕，不得久住。卑職見其澳狹廣不能二里許。」[26] 葡萄牙人往來於南海和漳州、寧波，都要經過此地。

嘉靖二十六年，朝廷政策傾向於重新海禁。漳州的官員聞悉消息，逼葡萄牙人退出海滄、月港等地。於是，葡萄牙人退到浯嶼、走馬溪等沿海港口，以避官軍鋒芒，但不肯完全離開漳州。嘉靖二十七年，朱紈在浙江寧波獲得了驅逐雙嶼港海盜的戰果。戰後，朱紈下令用木石填塞雙嶼港，使海寇無法再次進入。其後，葡萄牙船隊整體退往福建。該年六月有情報顯示：「佛郎機夷船眾及千餘，兩次衝泊大担外嶼，俱因有備，開洋遠去。」[27] 其時，葡萄牙人主要活動在廈門之外的舊浯嶼及詔安走馬溪一帶，這兩個地方一向是海寇窩，葡萄牙人與海寇合二為一，冒犯海禁，大做生意。御史杜汝楨說：「前賊乃滿剌加國番人，每歲私招沿海無事之徒，往年海中販鬻番貨，未嘗有僭號流劫之事。二十七年復至漳州月港、浯嶼等處。各地方官當其入港，既不能羈留人貨，疏聞廟堂，反受其聞廟堂，反受其私賂，縱容停泊，使內地奸徒，交通無忌。」[28] 明軍屢次發兵圍剿，都未能成功。於是，朱紈又率水師趕到漳州，準備對葡萄牙人用兵。感受到壓力的葡萄牙船隻漸漸南下，在詔安走馬溪停泊，他們尋找機會貿易，有時也會搶劫。嘉靖二十八年（1549 年），發生了著名的走馬溪事件。

24　俞大猷，《正氣堂全集》卷十五，〈奉報兵部尚書克齋李公書〉，第 374 頁。
25　俞大猷，《正氣堂全集》卷十六，〈懇乞天恩辨明下情將功贖過疏〉，第 402 頁。
26　俞大猷，《正氣堂全集》卷二，〈呈福建軍門秋崖朱公揭條議汀漳山海事宜〉，第92 頁。
27　朱紈，《甓餘雜集》卷三，〈亟處失事官員以安地方事〉，明朱質刻本，第 43 頁。
28　王士騏，《皇明馭倭錄》卷五。中國文獻珍本叢書，禦倭史料彙編（二），全國圖書館文獻縮微複製中心 2004 年，第 222 頁。

走馬溪位於漳州東山島的西側，與詔安梅嶺隔海相望。此地距廣東南澳不遠，歷來是走私貿易的中心。葡萄牙人有兩三條船在這一帶貿易，也常與明軍作戰。一日，葡萄牙人正在海邊休息，突然發現岸上有明軍攻打過來，頭腦發熱的葡萄牙士兵便拿著武器去追打岸上的明軍。原來，這是明軍的調虎離山之計，早已潛伏於海外的明軍水師，待船上的大部葡萄牙人到了岸上，便突襲靠港的葡萄牙戰船，很輕鬆地奪占兩船葡萄牙船隻，回頭來援的葡萄牙人見自己的船隻已經被俘，失去戰鬥意志，全部投降被俘。隨之被俘的還有和他們長期協同作戰貿易的漳州海寇商人李光頭，除此之外，就是一些到走馬溪與葡萄牙人貿易的漳州當地商人。他們往往是漳州大姓派出去貿易的代理商。朱紈奏報明軍作戰情況：

> 嘉靖二十八年（1549 年）正月廿六等日，舊浯嶼夾板、尖艚、叭喇唬等項賊船，同佛郎機國夷王船，陸續追逐出境。內有夷船於二月十一日復回至詔安縣洪淡巡檢司地方靈宮澳下灣拋泊。盧鏜、柯喬會同分布軍門，原委中軍福州左衛指揮使陳言領福清海滄兵，浯嶼水寨把總指揮僉事李希賢領浯嶼兵，銅山西門澳水寨把總指揮同知侯熙領銅山兵，守備玄鍾澳指揮同知張文昊領玄鍾兵……出兵埋伏賊夷所泊山頂。本月二十日，兵船發走馬溪，次日，賊夷各持鳥銃上山，被梅嶺伏兵亂石打傷，跑走下船。盧鏜親自撾鼓督陣，將夷王船兩隻，哨船一隻，叭喇唬船四隻圍住。賊夷對敵不過，除銃鏢矢石落水及連船飄沉不計外，生擒佛郎機國王三名。一名矮王，審名浪沙羅的‧嗶咧，係麻六甲國王子；一名小王，審名佛南波。二者，係滿喇甲國王孫；一名二王，審名兀亮嗶咧，係麻六甲國王嫡弟，白番……共一十六名。黑番鬼亦石……共四十六名。俱各白黑異形，身材長大。賊首喇噠，賊封大總千戶等項名色。李光頭的名李貴……共一百一十二名。番賊婦哈的哩等二十九口，斬獲番賊首級三十三顆，通計擒斬二百三十九名口顆……前項賊夷，去者遠遁，而留者無遺，死者落水，而生者就縛，全閩海防，千里清肅。[29]

按說這是大功一件，但是，對朱紈有成見的官員很快在其中發現問題。

29　朱紈，《甓餘雜集》卷五，〈六報閩海捷音事〉，第 41—44 頁。

《明世宗實錄》記載：嘉靖二十八年四月庚戌，「巡視浙江都御史朱紈疏報詔安之捷。因言閩賊蟠結已深，成擒之後，姦宄切齒，變且不測，臣訊得所俘偽千總李光頭等九十六人，交通內應，即以便宜檄都指揮盧鏜海道副使柯喬斬之。部臣請下巡按勘覈，已，御史陳九德劾紈不俟奏覆，擅專刑戮，請治其罪。並坐鏜及喬等詔兵部會三法司雜議。言紈原奉敕許以便宜行事，顧賊擒於二月奏發於三月，似非臨陣者比，宜俟得旨行刑。鏜喬皆不得為無過。然事難遙度，請遣風力憲臣往驗其事。得旨，令給事中一員會巡按御史覈實，具報沿海居民。亟令所司安輯，毋致殃及無辜。紈罷職待勘，鏜喬等下所遣官訊之。已，乃遣兵科給事中杜汝貞往勘。」[30]

　　事情為什麼會發生反轉呢？這與朱紈對軍官管教不嚴有關。走馬溪之仗，是在福建按察使柯喬指導下，盧鏜率領福建水師獲得的勝利，本是一件功勞。問題在於：走馬溪之戰中，除了葡萄牙人之外，福建水師俘獲了不少與葡萄牙人貿易的漳州商人和平民。其中有葡萄牙人船舶雇傭的一些洗衣婦、裁縫，更多的是與葡萄牙人貿易的小商販。當中有一名長期與葡萄牙人合作的海寇商人——李光頭。按照明朝的法律，李光頭是可判死刑的，但洗衣婦及小商人肯定沒有那麼嚴重的罪。柯喬和盧鏜為了擺威風，將這些洗衣婦、小商販及李光頭的夥伴一起押到訓練士兵的校場，讓士兵充當刀斧手，每個士兵都將刀架在犯人脖子上，隨時準備動手。柯喬和盧鏜在點將臺上休息，過了一會兒，柯喬和盧鏜覺得刀下陪斬的商販已經得到足夠教訓，便派人持牌到校場赦免官兵刀斧下嚇得屁滾尿流的那一夥人。可是，校場上的充當刀斧手的士兵都是業餘劊子手，他們看到長官派人持牌奔向校場，以為長官已經下令殺死罪犯，便紛紛舉刀砍下去，一時砍下了 96 個腦袋。可見，這根本就是個烏龍事件！多數人不該殺而被殺了。大錯犯下之後，柯喬和盧鏜乾脆說這些被殺的這些人都是罪犯。消息傳出來，漳州輿論一時大譁。朱紈卻包庇柯喬和盧鏜，他的奏疏將柯盧二人擅殺百姓說成是斬殺通番罪犯，連同擊敗、俘虜葡萄牙人一事一起上報。生命何等珍貴，竟然如此糟蹋，當然要引來四方批評了。不過，明朝中樞一開始是支持朱紈的。《明世宗實錄》記載嘉靖二十八年七月壬申：

30　張溶等修，《明世宗實錄》卷三四七，嘉靖二十八年四月庚戌。

初，巡視浙福右副都御史朱紈既報浯嶼擒獲夷王之捷，隨奏夷患率
中國，並海居民為之前後勾引，則有若長嶼喇噠林恭等，往來接濟
則有若大擔嶼奸民姚光瑞等無慮百十餘人，今欲遏止將來之患，必
須引繩排根，永絕禍本，乞下法司議所以正典憲威奸慝者。紈尋去
任。都察院議下，巡按福建御史轉行巡視海道都司等官，緝捕前項
奸徒并土豪為淵藪者悉正以法。至于見獲佛郎機國王三人，亦宜審
其情犯，大彰國法。仍移檄各處，有能告捕魁惡者重賞，首改自新
者聽免本罪。且浙福海患相沿，出此入彼，宜令兩省諸臣一體會議
施行，報可。[31]

然而，事情很快翻了過來：

詔逮巡視浙福都御史朱紈至京訊鞠。下福建都司都指揮僉事盧鏜、
海道副使柯喬獄，論死。先是紈奏海夷佛狼机國人行劫至漳州界，
官軍迎擊之于走馬溪，生擒得賊首李光頭等九十六人。已遵便宜斬
首。訖章下兵部，請俟覈定論功。會御史陳九德疏論紈專殺，濫及
不辜。法司覆請遣官會勘。上從之。遂革紈職，命兵科都給事中杜
汝禎往。至是，汝禎及御史陳宗夔勘上，前賊乃滿喇伽国番人，每
歲私招沿海無賴之徒，往來海中販鬻番貨。未嘗有借號流劫之事。
二十七年復至漳州月港浯嶼等處，各地方官當其入港，既不能覊留
人貨，疏聞廟堂，反受其私略，縱容停泊，使內地奸徒交通無忌。
及事机彰露，乃始狼狽追逐，以致各番拒捕殺人。有傷國體。其後
諸賊已擒，又不分番民首從，擅自行誅，使無辜並為魚肉。誠有如
九德所言者。紈既身負大罪，反騰疏告捷，而鏜喬復相與佐成之，
法當首論其冒功。坐視諸臣通判翁燦指揮李希賢等罪次之，指揮僉
事汪有臨，知府盧璧，參將汪大受又次之。拒捕番人方叔擺等四名，
當處死。餘佛南波二者等五十一名，當安置，見存通番奸徒，當如
律發配發遣。於是兵部三法司再覆如汝禎等言。紈鏜喬遂得罪。翁
燦等下巡按御史提問。汪有臨等奪俸有差。[32]

以上判詞中，關鍵在於將朱紈推為主要責任人，實際上，擅殺百姓數
十人的是柯喬和盧鏜。朱紈只是不該包庇柯喬和盧鏜。審訊的人有意將責

31　張溶等修，《明世宗實錄》卷三百五十，嘉靖二十八年七月壬申。
32　張溶等修，《明世宗實錄》卷三六三，嘉靖二十九年七月壬壬子。

任引到朱紈的身上，是因為當時朝廷的閩浙籍大臣對朱紈不滿。朱紈在獄中十分憤怒，最終自殺而死。他的死，又引起輿論的倒轉，朱紈明明是奉令剿滅海寇，怎麼又成為罪狀呢？後來柯喬、盧鏜二人被釋放出獄，這與朱紈的自我犧牲有一定關係。

朱紈個人的悲劇在於他死摳明初制定的「寸板不許下海」的不合理政令，而忽略了沿海民眾要求參予海外貿易的要求。明人總結這一段歷史說：「當時若得才略大臣，假以便宜，得破格釐正，通彼我之情，立可久之法，除盜而不除商，禁私販而通官市，可不費一鏃，不損一人，海上帖然至今耳。朱秋崖紈清正剛果，專以禁絕為事，擊斷無避，當時譁然。卒被論劾，憤邑以死，至今人士皆為稱冤。冤則冤矣，海上實情實事果未得其要領。當時處置果未盡合事宜也。」[33] 遺憾的是，這一場鬥爭最終以雙方都不願意見到的方式結束，這表明朝廷無法在沿海建立一個合理的商業與防務並重的制度，於是，閩浙沿海陷入了一種無秩序狀態中，倭寇問題伴隨而來。「漳泉尋復通倭，倭亦以巨航至漳泉，人往往有詐負其直者，遂生嫌隙，而倭患萌矣。」[34] 可見，朱紈的海禁失敗後，海外夷船乾脆開到福建沿海貿易，而缺乏管理的對外貿易引起了雙方的矛盾，這類矛盾日積月累，很容易引起戰爭。更為致命的是，明代中葉，福建海防廢棄，所以，一旦倭寇入閩，鬧得不可收拾。

在走馬溪之戰中，葡萄牙人遭受重大損失。鄭永常考證明軍共俘虜葡萄牙人 19 名，「黑番」46 人，另有華人 112 名，中外婦女 29 名，共計206 人。[35] 明末何喬遠總結這一事件：「二十六年，巡視浙福都御史朱紈嚴海禁，漳人不敢與貿易，捕逐之。（嘉靖二十八年）夷人憤起格，盡為我所殺。」[36] 廖大珂考證，走馬溪之戰，明軍共殺死俘虜葡萄牙人及其合作者計 400 餘人。[37] 不過，有些被俘的葡萄牙人被明朝官員釋放，得以回歸澳門。

33　徐光啟，〈海防迂說〉，《明經世文編》卷四九一，《徐文定公集》，第 5437 頁。

34　陽思謙等，萬曆《泉州府志》卷二四，泉州市編纂委員會 1985 年影印彙刊本，第 36 頁。

35　鄭永常，《來自海洋的挑戰——明代海貿政策演變研究》，臺北縣，稻鄉出版社 2008 年，第 179 頁。

36　何喬遠，《名山藏》卷一〇七，〈王享記〉，第 3013 頁。

37　廖大珂，〈早期葡萄牙人在福建的通商與衝突〉，《東南學術》2000 年第 4 期。

走馬溪事件的重要性在於：葡萄牙在這一事件後，退到廣州沿海的屯門一帶做生意，後來進入澳門港。浙江的雙嶼港和福建的漳州不再見到葡萄牙人的貿易商船。葡萄牙人的對華貿易，大致被廣東澳門壟斷。不過，由於葡萄牙人早期在閩浙活動多年，澳門港中有不少閩浙商人。明代廣東籍名臣龐尚鵬說澳門：

> 其通事多漳、泉、寧、紹及東莞、新會人為之，椎髻環耳，效番衣服聲音[38]。

可見，葡萄牙人到澳門之初，與他們合作的人多為福建的漳州、泉州人。

葡萄牙人退出閩浙沿海之後，倭寇的侵襲卻越來越嚴重，形成了大規模的破壞。

三、閩粵海寇與倭寇活動的形成

嘉靖年間倭寇活動的形成，是一個東南海商發展成為海寇的歷史過程。「太守嚴中云：海商原不為盜，然海盜從海商起，何也？許二、王直輩通番渡海常防劫奪，募島夷之驍悍而善戰者，蓄於舟中，泊於雙嶼。濱海之民以小舟裝載貨物接濟交易，夷人欺其單弱，殺而奪之，接濟者不敢自往，聚數舟以為衛。其歸也，許二輩遣倭一二十人，持刃送之。倭人還舟，遇船即劫，遇人即殺。至其本國，道中國劫奪之易，遂起各島歆慕之心。而入寇之禍不可遏矣。」胡宗憲評論：「此言海商初無糾倭入寇之念，因防他盜，漸至乎此。其後遂即真大受倭患矣。」[39]研究這段話可知，早在嘉靖十九年前後，就有小股倭寇侵襲浙江沿海了，按照當時的習慣，這些海寇每每被稱為倭寇。所以，明軍會有圍剿倭寇及海寇的行動。然而，海寇的規模越來越大。鄭曉的《鄭端簡公集》說：「中國近年寵賂公行，官邪政亂，小民迫于貪酷，苦于役賦，困于饑寒，相率入海為盜。蓋不獨潮、惠、漳、泉、寧、紹、徽、歙奸商而已。凶徒逸賊，罷吏黜僧，及衣冠失職，書生

38　龐尚鵬，〈題為陳末議以保海隅萬世治安事〉，陳子龍等編，《明經世文編》卷三五七，第 3835 頁。

39　鄭若曾、胡宗憲，《籌海圖編》卷十一，〈經略一〉，第 674 頁。

不得志群不逞者，皆從之，為鄉道，為奸細。」[40] 要注意的是：此時的海寇已經不只是「閩粵海寇」，浙江與南直隸也有不少遊民下海為寇，著名的海寇首領王直就是徽州人。

嘉靖二十七年，朱紈指揮明軍攻占雙嶼港，而後將其堵塞；嘉靖二十八年，朱紈和盧鏜、柯喬等人率明軍攻殲詔安走馬溪的葡萄牙商船武裝；嘉靖二十九年，朱紈被免職後自殺，盧鏜、柯喬後來被釋放。從嘉靖二十九年到嘉靖三十一年，明朝撤銷了朱紈擔任過的浙江及福建沿海四府的巡視一職，朝廷官員中，一時沒人敢管沿海事務。明朝的政壇的地震於此可見。更為糟糕的是，繼朱紈之後管理浙江沿海的官員，改變了朱紈所做的許多東西。朱紈的海禁政策當然不對，但他有一點是做得不錯的，就是為浙江省建立了一支水師：「都御史朱紈用副使柯喬議，欲以海滄月港等澳耆民充捕盜。」[41] 實際上，朱紈曾組織了一支以福建人為主的浙江水師，並讓俞大猷率領他們到雙嶼港作戰。朱紈能夠驅逐雙嶼港的「倭寇」，與這支水師有關。其後，這支水師駐紮浙江數年，他們在維護浙江沿海的治安方面起過一定作用。不過，在朱紈之後，浙江缺乏遠見的官員過河拆橋。「嘉靖乙酉，閩浙小康，浙江海道副使丁湛，傳示備倭各總官，凡福船勿復給支，任其歸去。福兵既歸，于路乏糧，劫掠到家。」[42]、「浙中衛所四十一，戰船四百三十九，尺籍盡耗，紈招福清捕盜船四十餘，分布海道。在台州海門衛者十有四，為黃巖外障。副使丁湛盡散遣之。撤備弛禁。未幾，海寇大作，毒東南者十餘年。」[43] 福清人擅長航海，他們的船隻叫大福船，船型巨大；而漳州人的海船有海滄、草撇兩種，在當時是中小船隻。福船、海滄、草撇這三種船隻，後來一直是明朝水師的主力船艦。在那個時代，養活一支擁有 40 餘隻海船的水師也要花錢的，自從雙嶼港被堵塞之後，浙海水面的外商四處逃竄，主要在福建海面活動。這是因為，浙江海面缺少可停靠大船的深水港，少數大港已經被明軍控制，所以，外商在浙江海面站不住腳。面對這一情況，丁湛這類地方官員覺得：再養一支水師

40　鄭曉，〈與彭草亭都憲〉，陳子龍、徐孚遠編，《明經世文編》卷二一八，《鄭端簡公文集二》，第 2276 頁。

41　杜臻，《粵閩巡視紀略》卷四，第 27—28 頁。

42　鄭舜功，《日本一鑑‧窮河話海》卷六，〈流通〉；鄭樑生編，《明代倭寇史料》，第七冊，第 2848 頁。

43　張廷玉等修，《明史》卷二〇五，〈朱紈傳〉。

很不划算，但要讓這支水師退回福建，福建方面已經有自己的水師，自然不會接收。於是這個官員想了一個餿點子，不給浙江水師發餉，將他們餓跑！反正他們原來也只是漁人，回家打魚好了。浙江水師官兵見浙江方面突然不發餉，而且趕他們走，其心情之憤怒可想而知。他們南下時，沒有飯吃的士兵搶劫了一些地方。被搶的村莊馬上告狀到官府，這一次，官府的效率很高，「福建海道副使馮璋，得聞前情，已到福兵，遂獲於獄，其未到者聞風遁去，之日本，此又益增賊寇也。」[44] 果不其然，一些早回家士兵，便被官府傳喚，以強盜罪起訴！這一消息傳到其他的水師官兵耳朵裡，眾人大譁，因為，他們已經無路可走了！浙江方面已經不要他們，回家，可能被當海寇斬首！剩下一條路可想而知，他們向東航行，去那個充滿白銀的地方。不過，在那個地方，他們沒有資本，做不了生意，出路只有一個，就是受雇載運海寇或是商人，回到中國大陸來「做生意」！當時的地方官就這樣完成了「將水師逼成海寇」這樣幾乎不可能出現的轉變。這批由水師轉化而來的海寇，具有較大的破壞力。不久，明代官員發現，漳州海滄許多人當海寇。所謂「聞其內多從海寇行奸利者。」這是確有其事的。

　　浙江官府發現錯誤之後，重新組織浙江水師，仍是到福建來招兵、造船。嘉靖三十一年任浙江巡撫的王忬說：

> 一審機宜以調客兵。臣聞騏驥日馳千里，捕鼠則不如狸狌，言殊性也。浙人素稱懦弱，聆倭夷劇寇之名，則懾駭奪氣。而閩人輕悍習水，喜於搏賊圖財，都御史朱紈昔年用之以平雙嶼、南麂之寇，海患幾息。已而閩兵久戍，約束無人，中間乘機為盜，及窺路行劫之情，難保必無。然兵者不義之徒，惟在將領駕馭何如耳。臣於浙江沿海衛所軍餘，通行挑選取精壯，候大小戰船造完，分布訓練，將來亦自可用。但以未嘗之兵，抗方張之賊，臨敵退卻，誤事匪細。此臣所以不得不參用閩兵也。即今在閩造船，就於福清等處地方雇募慣戰兵夫，行委將官統駕往浙，每船添撥本處軍餘一半相兼，防禦操習閩人長技，經陣數次，膽氣日壯。一年之後，閩兵可減其半，

44　鄭舜功，《日本一鑑・窮河話海》卷六，〈流通〉；鄭樑生編，《明代倭寇史料》，第七冊，第 2848 頁。

二年之後，閩兵可無事調用矣。[45]

　　從王忬奏疏來看，當時他調用閩兵是臨時措施，想在浙兵學會航海技術後，用浙兵取代閩兵。但是，航海是一種文化，航海技術建立在航海文化發展的基礎上，浙江內地的農民沒有經過航海文化的浸潤，很難一下子學會福建的航海技術，所以，王忬調離浙江後，浙江仍然在閩中聘用水兵。俞大猷尤其重視海滄兵。「總兵俞大猷云：……惟藤牌手出在福建漳州府龍溪縣，土名海倉、許林、嵩嶼、長嶼、赤石、玷尾、月港、澳頭、沙坂等地方。此各地方，山川風氣，生人剛勇善鬪，重義輕生。若責其本府縣官用心選募，約得三千人，每名月給工食銀一兩五錢，行糧四斗五升，俱自家起行之月為始。又每名另給衣裝器械養妻子共銀二十兩，若至軍病死，給棺木銀六兩，陣亡給埋葬銀一十二兩。」[46] 在又一場合俞大猷說：「漳州出兵地方共可募兵一萬名：月港、海滄、烏嶼、牌頭、雙嶼、長嶼、玄鍾、梅嶺、六鼇、銅山、赤石、太倉、井尾。」[47]、「訪漳之海倉、月港，同之鼎尾、嘉禾，超距之徒，比屋而是，壅於客兵跳叫，而無所用。」[48] 茅坤說：「或云調處州并福州、漳州兵……福州及漳州兵當故勒習水戰矣。聞其內多從海寇行奸利者，故習海寇所鬪，於諸兵中為最。」[49]

　　俞大猷曾對浙福軍門王忬說：「禦海寇者，船隻、器械，無一不備。兵長、兵夫，皆素練習。勝算定於未戰之先，使聞風而自不敢至耳。是何也？蓋海上之戰無他術，大船勝小船，大銃勝小銃，多船勝寡船，多銃勝寡銃而已。大船出於福建之福清縣，中小哨船出於福建之龍溪等縣、玄鍾等所。銃則責令船主多稅備用，官府給與稅銀爾。海戰兵夫，則龍溪縣之月港、嵩嶼、長嶼、林尾、沙坂等澳之人，皆可募也。」[50] 嘉靖倭患期間，趙文華巡視江浙時說：「今沿海等府造福蒼等舡，僅止數百。」[51]、「鄙見明春防禦必須厚集兵船，而大半乃藉閩中，紛紛差官往造，恐未盡善。且

45　王忬，〈條處海防事宜仰祈速賜施行疏〉，《明經世文編》卷二八三，第 2995 頁。
46　鄭若曾、胡宗憲，《籌海圖編》卷十三，〈經略三〉，第 896 頁。
47　俞大猷，《正氣堂全集》卷十，〈又與王方湖書〉，第 139 頁。
48　葉春及，《石洞集》卷八，〈鹽法寺田議〉，第 44 頁。
49　茅坤，〈條上李汲泉中丞海寇事宜〉，《明經世文編》卷二五六，《茅鹿門文集》，第 2706 頁。
50　俞大猷，《正氣堂全集》卷五，〈議以福建樓船擊倭〉，第 160 頁。
51　趙文華，《趙氏家藏集》卷三，〈條陳海防疏〉，四庫未收書輯刊本，第 12 頁。

揚州吳淞逸賊聞其往匿南澳，而內逆勾夷為寇又多閩人，必得節鉞親臨。」[52]
張岳在嘉靖、隆慶年間也提到要調用「福清四澳」的釣船，以作平倭之用。[53]
明末林偕春說：「方浙直亂時，調整閩兵，及閩亂日，反調浙兵。」[54] 大致
來說，明代後期，浙江與福建的水師多為閩人，而陸軍多為來自浙江南部
的戚繼光之兵。這些都是後話了。

　　朱紈攻克雙嶼港之後，閩浙海上的海寇商人之間，也發生了許多事件，
後起的徽商王直統一了海上武裝。「直本徽州大賈，狃於販海，為商夷所
信服，號為汪五峰。凡貨賄貿易，直多司其質契。」[55] 當時雙嶼港的海商，
本來是由閩人李光頭及徽商許棟為首。在嘉靖二十七年的戰事中，雙嶼港
被明軍攻占，李光頭後在詔安走馬溪事件中被殺，許棟失蹤。雙嶼港群商
之間矛盾再起，許棟的大管家王直襲殺潮寇陳思盼。「許二住雙嶼港，此
海上宿寇最稱強者。後被朱都御史遣將官領福兵破其巢穴，焚其舟艦，擒
殺殆半；就雙嶼港築截。許二逸去。王直原在許二部下管櫃，素有沉機勇略，
人多服之。乃領其餘黨，改住烈港。漸次併殺同賊陳思盼、柴德美等。」[56]
按，當時雙嶼港的海商，雖然偶爾有劫掠沿海的事件，大體而言，他們還
是以經商為主的。但陳思盼不同，他很早就是一名海寇。曹學佺記載：「嘉
靖十九年，海寇陳思盼勾倭據漳州橫港。」[57] 按，橫港實在浙江沿海，而陳
思盼為潮州人。《閩書》記載：「廣東有海賊陳四盼者，自為一黨。」[58] 這
股潮州海寇與日本人勾結，將倭寇引入浙江沿海，其武力大增，多次擊敗
浙江官軍，於是，海寇活動在浙江沿海蔓延。「寇勢盛於嘉靖二十年後，
是時居有定處，隱泊宮前澳、南紀澳、雙嶼澳而已。又人有定夥，名酋不
上六七」，雙嶼港事件後，海上武裝發生兼併。「許棟、李光頭就擒，
張月湖、蔡未山死，陳思盼為王直所殺，王萬山、陳太公、曹老又皆不聞

52　趙文華，《趙氏家藏集》卷六，〈答巡撫阮函峰〉，第 11—12 頁。

53　張岳，〈與福建按院何古林〉，《明經世文編》卷一九四，《張淨峰文集》，第
　　2000 頁。

54　林偕春，《雲山居士集》卷二，〈邑志兵防論〉，漳浦方志辦 1986 年據光緒十五
　　年多藝齋刻本謄印，第 11 頁。

55　張溶等修，《明世宗實錄》卷四百五十三，嘉靖三十六年十一月。

56　鄭若曾、胡宗憲，《籌海圖編》卷十一，〈敘寇原〉，第 674—675 頁。

57　曹學佺，《曹能始先生石倉全集》，《湘西紀行》下卷，〈海防〉，明天啟間刊本，
　　第 35 頁。

58　何喬遠，《閩書》卷一四六，〈島夷志〉，第 4356 頁。

矣。」[59] 其他文獻表明，王直與漳泉海上武裝的關係較好，他們合夥擊敗潮寇陳思盼，其實是海上力量的重要變化，從此，漳泉海上武裝在王直、許海等人的旗幟下，多次侵掠浙江沿海，他們手下的倭寇犯下許多罪行，漸漸發展為一股不可控的邪惡勢力。

第二節　明代嘉靖年間福建的抗倭戰爭

嘉靖年間，日本的內戰告一段落，除本州著名的大名在為爭奪中央政權而戰外，邊海諸國的競爭趨於穩定，而中國沿海卻進入了倭患最嚴重時期。從嘉靖中葉到隆慶年間，前後 20 餘年間，中國東南沿海有數十萬人被殺，數十座城市被克，是明代歷史上極為嚴重的事件之一。福建在倭寇時期，是受損失最大的區域之一。

一、嘉靖年間倭寇對福建的侵擾

倭寇入侵中國與王直有關。據明朝的情報，它與海寇王直有很大關係。「直本徽州大賈，狃於販海，為商夷所信服，號為汪五峰。凡貨賄貿易，直多司其質契。會海禁驟嚴，海壖民乘機局賺倭人貨數多。倭責償於直，直計無所出，且忿海壖民，因教使入寇。倭初難之，比入，則大得利。於是各島相煽誘，爭治兵艦，江南大被其害。」[60] 這一段敘述史料很清楚，要加上一點的是：前述浙江水師由福建漁戶構成，他們被逼成海寇之後，遠航日本。次年，有大批海船載運海寇從日本到浙江沿海。《明實錄》記載：嘉靖三十一年（1552 年）四月，「漳泉海賊勾引倭奴萬餘人，駕船千餘艘，自浙江舟山、象山等處登岸，流劫台、溫、寧、召（紹）間，攻陷城塞，殺擄居民無數。」[61] 其後，這一類事件每年都發生。嘉靖三十二年閏三月甲戌，「海賊汪直糾漳廣群盜勾集各梟倭夷大舉入寇，連艦百餘艘，蔽海而致。南自台寧嘉湖以及蘇松，至于淮北濱海，數千里同時告警。」[62] 以後，這類事件連年發生。嘉靖三十一年之後，浙江與福建沿海遭受多股倭寇八

59　鄭若曾、胡宗憲，《籌海圖編》卷十一，〈經略一・敘寇原〉，第 673 頁。

60　張溶等修，《明世宗實錄》卷四百五十三，嘉靖三十六年十一月。

61　張溶等修，《明世宗實錄》卷三八四，嘉靖三十一年四月丙子，第 5 頁。

62　張溶等修，《明世宗實錄》卷三九六，嘉靖三十二年閏三月。

侵。熊明遇總結：

> 又有洪澤珍者（攻福寧陷福安皆此賊）通番巨寇也，俗稱洪老。其
> 黨有嚴山者（入安東，陷福清，攻興化、惠安、泉州府）、許西池
> 者（犯廣東揭陽等處者）、蕭雪峰者、張璉者（二賊閩廣會剿始
> 平）⋯⋯皆閩廣間人，先後勾倭起事。始嘉靖戊午，終萬曆乙亥。
> 十八年間，攻福寧，陷寧德，圍松溪，攻長樂，陷福清，攻惠安，
> 陷興化。[63]

　　嘉靖三十一年到嘉靖三十五年倭寇入侵的重點是浙江，但福建也遭到
倭寇的騷擾。史載：「嘉靖三十一年，倭寇福寧州，古縣千戶吳清戰死。」[64]
嘉靖三十一年（1552 年），「閩寇許朝堅、洪迪珍誘倭往來海上。朝議遣
兩浙都御史王忬兼領泉漳興福四郡，以湯克寬、俞大猷為閩浙參將，大猷
出洋，焚蕩賊巢，群盜流散。克寬督兵海完壖護城捕賊，復以計擒治奸豪，
破解支黨，時論以為得策。而通番奸豪殊不便，計且搖動忬。」[65]據《明史》
的記載，王忬整頓海防略有起色，但因北方蒙古人南下，嘉靖皇帝將王忬
調至北方，閩浙沿海又處於混亂的狀態下。閩粵海寇與倭寇見沿海官軍軟
弱可欺，便展開了大規模的侵襲活動。

　　嘉靖三十二年十月，「有倭舟失風飄至興化府南日舊寨，登岸流劫，
殺千戶葉巨卿。把總指揮張棟督舟師衝擊，倭走據山。知府董士弘糾民
兵、獵戶與棟等圍而殲之。⋯⋯未幾，南日寨復有三舟登岸，棟、士弘擊
之。引去，擒賊數人，皆真倭。」[66]其實，縱然是小股倭寇入侵，造成的
破壞也是很大的。四月甲辰，「倭攻福寧州峯（秦）嶼所，破之，大掠而
去。」[67]林希元說：「乙卯（嘉靖三十四年）夏，倭寇一百六十，自興化黃
石登岸，入駐鎮東海口，巡海分巡參將等官駐箚福清，募漳泉打手剿捕。
殺死都指揮、指揮千百戶、武舉三十員，軍民以萬計。不能得其要領，反
增二百二十人以去。」[68]從林希元所述戰例，我們可知當時福建官軍之無能

63　熊明遇，《文直行書》卷十三，日本，第 36 頁。
64　陳壽祺等，道光《福建通志》卷二六七，〈明外紀〉，第 5046 頁。
65　曹學佺，《曹能始先生石倉全集》，《湘西紀行》卷下，〈倭患始末〉，第 35 頁。
66　張溶等修，《明世宗實錄》卷四〇三，第 7 頁。
67　張溶等修，《明世宗實錄》卷三九七，嘉靖三十二年四月甲辰，第 7 頁。
68　林希元，〈上巡按二司防倭揭帖〉，《明經世文編》卷一六五，《林次崖文集》卷

是驚人的，傷亡萬人以上，竟無法殲滅一小股一二百人的倭寇，並讓它從從容容地脫身而去。又如嘉靖三十五年三月間，「倭寇百餘人流突古田，殺備倭指揮劉炘、副千戶王月。」[69]《福建通志》記載，三月，「倭寇福寧州，倭二百寇州城，官軍千數不能攖。」[70]倭寇在福建如此輕易地得手，使他們逐漸將侵略的重點從江浙轉向福建。該年十月，有倭寇萬餘人駐紮福寧州境內的三沙港，不久，倭寇再次進攻秦嶼堡，圍攻七晝夜，不克。但是，十二月，倭寇在閭峽堡擊敗了知州鍾一元率領的福寧州官軍，鍾一元戰死；分巡建寧道僉事舒春芳督兵再戰赤岸，又失利。舒春芳僅以身免[71]。

嘉靖三十五年倭寇入侵重點從浙江轉向福建，實際上和張經及王江涇戰役有很大關係。先是，江浙一帶倭寇大舉入侵，造成很大的破壞。嘉靖皇帝派出重臣張經到江南總督抗倭戰爭。張經見沿海官軍缺乏戰力，便調來廣西狼兵作戰。嘉靖三十四年五月，廣西狼兵及江浙軍隊在江蘇王江涇大敗倭寇，斬首倭寇二千級，在日本造成很大的影響。如前所述，倭寇大舉入侵江浙是在嘉靖三十一年，並且是由王直、徐海等人帶來的。其中王直經常往來於日本九州諸藩，與日本九州大名結下深厚的關係。王直為了慫恿日本人跟隨自己來中國搶劫，總是給日本人灌米湯：明朝軍隊有多無用，富裕的江南有多少財富可以搶劫。於是，除了下層浪人外，日本武士也垂涎江南的財富。嘉靖三十四年，一支由薩摩藩義子陳東率領的倭寇來到中國，王直和徐海慫恿他們到蘇州一帶作戰。不料他們在這裡遇到廣西狼兵和數量龐大的江浙軍隊，一場會戰打下來，九州武士戰死無數，陳東等核心人物也死於亂軍之中。日本大名對此十分驚懼，對王直、徐海也產生懷疑：他們是不是故意坑陷日本武士？是不是真的？還真的很難回答。徐海後來成為明朝官府的間諜，這是史料公認的。他是不是有意將倭寇大舉入侵的消息傳給了官府？或是舉報了倭寇的進攻路線，使明軍可以集中力量打一個伏擊仗？看來，他至少是將消息透漏給明軍，所以總督張經策劃了一個殲滅戰。這一仗的重要性在於：原來日本九州的大名，是有意派更多的日本武士登陸江浙諸省。其時零碎的倭寇騷擾在中國東南便獲得很

四，第 1680 頁。

69　張溶等修，《明世宗實錄》卷四三九，第 2 頁。

70　陳壽祺等，道光《福建通志》卷二六七，〈明外紀〉，第 5064 頁。

71　陳壽祺，道光《福建通志》卷二六七，〈明外紀〉，第 5064 頁。

大的成功，若是有組織的日本武士登陸東南，不是有更大利益嗎？但是王江涇之戰徹底打碎了九州大名的夢想。原來整頓之後的明軍就像甦醒的獅子，缺乏鐵甲保護的日本武士根本不是對手。日本的九州大名轉而懷疑王直、徐海等人，你們不是說明軍很好打麼？怎麼讓日本武士遭受這麼大的損失？九州武士的家屬紛紛向王直要人，王直在九州已經待不下去了。然而，抗倭前線的都督張經卻遭到不幸。

張經在江南一帶督戰，其實長期沒有戰果。江浙縉紳看到家鄉遭受破壞，心中都不好受。紛紛要求張經儘早剿滅倭寇。見張經沒有反應，更是著急。他們慫恿執政的嚴嵩，派出以能幹聞名的趙文華到前線督戰。趙文華是個急性子，天天督促張經出戰。張經布署已定，非常煩趙文華。一怒之下的趙文華上疏怒責張經無視百姓疾苦，一味避戰。同樣一怒之下的嘉靖皇帝和嚴嵩隨即下令逮捕張經下獄。張經被逮不久，王江涇大捷消息傳來，然而，嘉靖皇帝和嚴嵩等人卻以為這是趙文華的功勞，最後還是殺了都督張經。

張經被逮捕後，管轄江南的都督就換胡宗憲做了。胡宗憲是徽州人，和王直是同鄉。他將王直之母請到衙門，讓人傳訊給王直，勸他解散海寇，回歸家鄉。王直要求朝廷免除其罪之外，還要開放港口通商。胡宗憲竟然也答應。王直大喜，這下他可以向九州那些大名交待了。九州大名對王直的消息半信半疑，但王直拿出的胡都督信件，可真是白紙黑字，他們商量許久，決定次年派大批武士隨王直到中國沿海，或戰或和，看看能不能撈到油水？

胡宗憲在誘惑王直的同時，也在誘惑王直親密的夥伴：海盜頭子徐海。堂堂都督大人給徐海及其周邊諸人送禮，連徐海最寵愛的小妾王翠翹也有一份。徐海周邊的每個人都十分開心，他們竟然成為都督看重的人，哪能不報答呢？於是，許多小股倭寇都被徐海出賣給明軍，徹底覆滅。徐海本身十分志驕意滿，對明軍的防備也放鬆了。讓他萬萬想不到的是：有一天夜裡，明軍忽然打過來，徐海還沒有酒醒便被殺了。胡宗憲居然如此無情，連飽受災難的江南百姓都有點同情徐海，後來將這種同情轉到徐海小妾王翠翹身上，於是有了《王翠翹傳奇》問世。

嘉靖三十五年，王直率大批倭寇到浙江沿海，準備接受胡宗憲的招安。

他肯定知道徐海已經被殺，但是，他覺得自己與徐海不同，因為他和胡宗憲是老鄉，老鄉意味著雙方知根知底，一旦翻臉，都能給對方的家屬造成傷害。所以，中國人輕易不敢背叛老鄉。其實王直也沒有其他的路可以走了：他的背後是九州大名和倭寇，以前的好兄弟徐海已經被殺，在江浙海寇中，他的實力已經下降。實際上，無論江浙還是日本，都不再是他隨意放縱的地方。算起來他的最好出路就是降明了。於是，他按照胡宗憲的要求，將隨他來的大股海寇遣散，各自返鄉，準備化盜為寇，以後當回商人。這就是大股海寇、倭寇進入福建的原因。王直以後的命運大家都知道了：胡宗憲原先真的是打算保王直的。後來覺得朝廷官員都打算報仇，自己不能犯眾怒，於是派人追回已經發出的奏疏，改換內容上報。不出所料，皇帝果然下令殺死王直，至於什麼開海通商，胡宗憲知道根本沒有可能，也沒有上報。倭寇方面，知道王直被殺的消息，憤而殺死被派來做人質的官員，紛紛造反。但明軍早有準備，將其圍困於一座海島上。然而，倭寇見形勢不妙，早就有了死拚的打算，他們堅守孤島險要之地，明軍竟然無法攻克。數月後，明軍不得不放開一個口子，讓倭寇駕船突圍，明軍縱船攻擊。可是，海上風急浪大，還是有許多倭寇船隻向南突圍。從此，倭寇攻擊的重點就轉向浙江南面的福建沿海了。

嘉靖三十六年四月，在福寧州一帶活動的倭寇從寧德航海南下，突然出現在福州城下，福州大震。當時的福州已有近 200 年未見戰爭，府庫武器腐朽，衛所軍如同百姓，從未打過仗。倭寇的到來，引起了福州市民空前的恐慌。史載福州，「四郊被焚，火照城中，死者枕籍，南臺及洪塘民居，悉為灰燼。」[72] 新任福建巡撫阮鶚束手無策，竟然派人與倭寇談判，「取布政司庫銀數萬兩，及改機紬數百疋，金花千枝，牙轎數乘餂之。并遣以新造巨舟六艘，俾載而去。」[73] 這就是歷史上極為罕見的巡撫賄賂強盜事件。當時在福州的倭寇極為倡狂，「宿近郊，日暮酒酣，皆投戈熟寢」。福清人謝介夫欲率所部鄉兵夜襲倭營，阮鶚怕他激怒倭寇，竟然痛打介夫[74]。有抗倭職責的巡撫竟然如此保護倭寇，也是歷史上罕見的笑話。次年，在輿論的壓力下，阮鶚被朝廷撤職、逮捕。不過指出這一點時，我們也要說明，

72　陳壽祺，道光《福建通志》卷二六七，〈明外紀〉，第 5064 頁。
73　張溶等修，《明世宗實錄》卷四五七，第 6 頁。
74　林昂等，乾隆《福清縣志》卷一四，〈武功〉，福清縣方志委 1987 年，第 572 頁。

阮鶚這樣做，也與當時福州人心惶惶有關，董應舉說：「臣幼時聞諸父老，嘉靖末，倭肆劫得志，一夕談笑肉薄城下，不過千人，城上人股慄，江上兵船銜尾閉眼欲走。當事者不得已，括金帛啗之。揚揚而去。」[75] 可見，阮鶚在這種情況下，也有他的難處。又據〈福建倭變記〉記載，倭寇在福州城外，「擄去戰艦二十有奇，又焚燬十餘艘。」[76]

嘉靖三十七年（1558 年）夏四月，倭寇再次從連江南下，越過北嶺，進逼福州城，福州戒嚴，城外房屋，焚毀一空。倭寇越過省會，南下福清，新建的福清城在設計上有嚴重的缺陷，該城牆臨近北山，「賊據北山，俯而瞰城，每發輒斃，守堞之士，披靡奔潰，無有以一矢加遺。日未移暑，萬室蕩然。」[77] 倭寇將福清縣擄掠一空後，又南下興化府，攻城失利，再南下惠安，攻城五晝夜不能得手，被殺百餘人。乃退兵南下，往攻南安。南安縣城沒有城廓，居民聞知倭寇前來，早已逃至泉州等地，倭寇掠無所得，將南安城公私住房全部焚毀。五月三日，倭寇至泉州城下，泉州被圍 20 餘日，倭寇轉攻永寧衛，不得入，乃去[78]。

漳州境內的倭寇活動在嘉靖三十六年漸漸猖獗。該年六月，海寇許老、謝策部突襲月港，焚掠千餘家[79]。次年三月，倭寇自潮州突至漳州詔安，劫掠三都、五都等地的村莊，並進入漳浦境內。十月，倭寇突至銅山，圍攻水寨。此時漳浦、詔安的沿海到處都是倭寇，人民生命財產受到極大損失。十一月，海寇許老、謝策勾引倭寇二千餘人，航海至泉漳海面的浯嶼[80]，閩南倭寇進入高潮時期[81]。

先是，徐海、陳東、汪直等人率倭寇大舉入侵江浙，擁眾數萬，明朝官軍屢戰屢敗。總督胡宗憲使用離間計，使倭寇內閧，官軍乘機殲滅徐海、陳東等海寇。次年，他又利用同鄉的關係，以招安為名，誘捕盤踞日本五

75　董應舉，〈《崇相集》疏〉，〈嚴海禁疏〉，民國十七年重刊本，不分卷，第 3 頁。
76　胡宗憲，《籌海圖編》卷四，〈福建倭變記〉，第 15 頁。
77　葉向高，〈福清縣闢城記〉，林昂等，乾隆《福清縣志》卷十一，〈藝文志〉，第 420 頁。
78　陽思謙，萬曆《泉州府志》卷二四，第 36 頁。
79　蔡世遠等，康熙《漳州府志》卷三三，〈災祥〉，康熙五十三年刊本，第 23 頁。
80　據萬曆泉州府志，泉漳海面有「舊浯嶼」與「新浯嶼」之分，新浯嶼即為廈門島，舊浯嶼在大擔島、二擔島之南。
81　蔡世遠等，康熙《漳州府志》卷三三，〈災祥〉，第 24 頁。

島、以「徽王」稱著海上的著名倭寇首腦汪直。而汪直所率倭寇主力 3000 餘人，被明軍圍困於海島上。但明軍圍攻數月，竟對倭寇毫無辦法。嘉靖三十七年十一月，這股倭寇突破明軍的包圍，乘船順東北風來到福建，據《籌海圖編》的〈福建倭變記〉記載，賊首洪澤珍將倭寇引入舊浯嶼，盤踞為巢穴[82]。於是，福建沿海的倭亂進入高潮。

嘉靖三十八年，北至福寧州，南至漳州沿海，福建沿海每一個縣境都有倭寇活動。此外，內地的山寇乘時而起，閩省的官吏焦頭爛額，束手無策。

在漳州境內，「正月，倭寇由島尾渡浮宮直抵月港，奪舡劫八九都珠浦及官嶼等處，復歸浯嶼。二月倭寇數千自潮州掠詔安、雲霄、漳浦；三月，由厝嶺抵月港八九都，轉石碼福滸東洲水頭，奪流劫。隨至攻泰善化里。四月，薄縣城，知縣蕭廷率眾禦卻之。八月，由龍溪天寶市入南靖，九月，屯永豐竹員，所過各縣焚劫殺掠，不計。既而，至平和縣清寧里，知縣王之澤率兵禦之。」[83]

在泉州境內，「三月，倭寇復寇郡，至石筍橋，燔民居，城中固守，乃從烏石南去。初五日，又至石筍橋，初七日，焚營邊屋，十一日，南往安平，時安平城已完守，賊不得入，復至郡城南新橋，僉事萬民英從橋置門禦賊。一時鄉兵被賊驅回，與鄉民男婦奔赴城者，墜死千有餘人。賊竟排橋門至車橋，大焚民居，直至城下，官軍以鳥銃拒退。攻同安縣城，指揮白震、同知李時芳、教諭吳金率士民固守，復至安平城下，遂散劫海都。時郡城分而守，目不交睫者，凡四閱月，乃息。」[84]

在福寧州境內，從三月開始，倭寇數千圍攻福寧州城，城中官兵在代理知州徐甫宰的率領下，分工守城，每一名軍士負責一個城垛，無令不得下城；另聚銳卒數十，四面支援。其時，分巡道舒春芳鑄造大銃與鳥銃裝備守城兵，倭寇衝鋒，多被銃炮擊死。大戰七晝夜，倭寇終於退去。但是，這股倭寇攻福安縣得手，福安縣城的城牆尚未完工，萬餘倭寇突至，城內守軍倉促應戰，在倭寇火力下，死傷慘重，城被克之後，福安人被殺三千七百餘人。秋八月，倭寇攻克桃坑寨，再攻柘洋堡失利。冬十一月，

82　胡宗憲等，《籌海圖編》卷四，〈福建倭變記〉，第 18 頁。
83　蔡世遠，康熙《漳州府志》卷三三，〈災祥〉，第 24 頁。
84　陽思謙，萬曆《泉州府志》卷二四，第 37 頁。

倭寇進攻壽寧縣[85]。

在福州境內，夏四月，倭寇攻至福州城下，福州城第三次戒嚴。五月，倭寇攻克永福縣，知縣周煥等人戰死。不久，倭寇再攻福清縣。轉掠興化府的莆田縣[86]。

本年度，總督福建等地的胡宗憲上奏：「福建水陸官兵共擒斬倭寇一千五百六十有奇」，朝廷給予獎賞，實際上，倭寇散布福建沿海各島，長駐不去，成為福建的心腹大患。

嘉靖三十九年（1560 年）三月，倭寇第四次來到福州城下，新任福建巡撫劉顯大開福州城門，以他帶來的北方精騎追逐倭寇，但殺死二名倭寇之後，便退回福州城。本年度倭寇活動的重點是在閩南。正月，倭寇攻南安縣，三月攻長泰縣，四月攻克泉州著名的崇武所城，復攻南安縣，屯兵三十餘日。五月，倭寇攻同安，八月，攻永春。該年，與倭寇有密切聯繫的廣東饒平縣海寇張璉攻陷漳州府的雲霄鎮，九月，攻克詔安二都的赤嶺寨。十一月，饒賊轉攻南靖、龍巖二縣，被龍巖縣令湯相擊敗。

本年度倭寇活動的特點是分為數十人或數百人的小股，散掠福建鄉鎮，所以，本年度只有南安縣與永春縣城被倭寇攻克，但民眾的生命財產損失仍然是很重的。

嘉靖四十年，倭寇活動的主要地區仍在閩南，晉江縣、同安縣、詔安、南安縣、漳浦縣、長泰縣、安溪縣都受到倭寇嚴重的侵擾。興化城除了城市外，鄉鎮都成了倭寇橫行的天下。安溪縣被倭寇占據，「公署民房燒毀殆盡」[87]。在福建北部，寧德縣也被倭寇攻克。在這一背景下，福建巡撫劉燾受到指責，最終由在浙江建功立業的胡宗憲取而代之，但是，這一人事變動，一直到第二年才落實，在這期間，福建倭寇的活動又掀起一個高潮。

嘉靖四十一年，廣東海寇張璉進犯漳州的漳浦縣，城中守軍出戰不利，被迫閉城防守。張璉等海寇掘城外墓葬，以死人骨列於城下，標明其主人，迫使其子孫出錢贖買。二月，另一股倭寇攻陷泉州城外的永寧衛，轉攻永

85　陳壽祺，道光《福建通志》卷二六七，〈明外紀〉，第 5065—5066 頁。
86　陳壽祺，道光《福建通志》卷二六七，〈明外紀〉，第 5065—5066 頁。
87　陽思謙，萬曆《泉州府志》卷二四，第 37 頁。

春縣，圍攻二十日不能克，退走，還攻永寧衛。先是，永寧衛倭寇退走之後，逃至外地避難的永寧軍民紛紛返回永寧城，不料倭寇突然返回，永寧衛軍民被殺萬餘人。

二、嘉靖年間倭寇猖獗的原因

從嘉靖三十一年倭寇大舉侵擾東南沿海，迄至嘉靖四十一年戚繼光入閩前夕，倭寇在福建等地活動已達十年，福建沿海的幾大城市都受到圍攻，如福州、莆田、泉州，被攻克的縣城有：寧德、福安、永福、福清、永春、安溪、南安、南靖等縣，民眾的生命財產受到極大的損失。為什麼倭寇的活動如此猖獗？這是由幾方面的原因造成的。

第一，關於倭寇的戰鬥力及其弱點。明代的倭寇以其凶悍聞名，「倭賊勇而戇，不甚別生死，每戰輒赤體提三尺刀，舞而前，無能捍者。」[88] 王世貞的這段話影響很大，被許多著作所引用。若是如此，倭寇的戰鬥力主要來自勇氣。其實，倭寇的裝備也相當好，林希元曾指出：倭寇的長技有三：銃、箭、刀。銃，即最早的火繩槍，由葡萄牙人輸入日本，因當時的日本正處在戰國時代，各個大名都很重視武器的引進，火繩槍很快裝備了日本的武士，而在明朝，對銃的控制很嚴，最初與倭寇作戰的部隊大多沒有火銃，所以，倭寇在火力上壓倒福建的衛所部隊。其次，日本的弓箭製作有其特點，射程要比中國的弓箭更遠，在雙方交戰時，倭寇以火繩槍與弓箭射亂衛所軍，而後揮舞著倭刀衝鋒，福建的民兵很難抵擋。日本的倭刀是一種兼有中國劍與刀二者特點的武器，它的寬度與劍差不多，但比劍要長，其使用方法類似中國的刀，但其刀身比中國刀窄，使用時比中國的刀更為靈動，武術家認為，這是一種冷兵器格鬥時代最好的武器。在武器上的優勢，加上傻裡傻氣的日本人不怕死，所以，由他們組成的倭寇使中國的民兵很難抵擋。「三四倭奴，挺刃而至，官兵數百相顧披靡」[89]。不過，倭寇能在中國橫行，也與他們沒有遇到有戰鬥力的部隊有關，若是朱元璋時代的明軍，不是倭寇所能抵擋的。即使是戚繼光的部隊，也只是將一批農民訓練幾個月，便打得倭寇無還手之力。問題在於，戚繼光入閩之前，福建

88　王世貞，〈倭志〉，《明經世文編》卷三二二，《王弇州文集》，第 3555 頁。
89　張溶等修，《明世宗實錄》卷四一七，第 7 頁。

沒有一支有戰鬥力的隊伍。

　　倭寇主要的弱點在於水上。當時日本的造船水準遠遠落後於中國，倭寇所乘的船隻，多以海草塞縫，船員在船上，要不停地舀水，否則，船隻就會因為進水太多而下沉。因此，明朝水師遇到倭船，並不與其直接交戰，而是將大船朝倭船衝去，便可將其擊沉。明人說，「禦倭之船當高大，高大則我能衝壓彼，彼舟小不能當我也。」[90] 鄭若曾說：「福船有三種，上焉者謂之大福船（其高如城，敵難仰攻。但非人力可驅，全仗風勢。喫水一丈一二尺，惟利大洋，若無風即不可使。一入裏海沿淺而行，即無用矣。）次者謂之海滄（略小於福船，喫水七八尺，風小可動，但其功力非福船比。）又次者謂之草撇（乃福船之小者），皆福船也。東洋深淺非沙民不能知，福船大小非福人不能駕。故以福人操舟，而雜用沙民，以為鄉導，且學習之。所謂設福船者如此，非盡用大福船也。」[91] 胡宗憲的《籌海圖編》第十三卷附有「草撇船圖式」，並注明「即福船之小者」。這條史料也說明，草撇船是福船的一種，來自福建。胡宗憲還曾將草撇船稱之為：「漳州之草撇。」[92] 這都說明草撇船是來自漳州的一種海船。

　　最早發現中國海船優勢的是俞大猷。當年俞大猷給浙江巡撫王忬上疏便論及此事：「王公遣使者從瓊速公，公即圖上方略。謂攻賊長技，當以福建樓船破之，則蝘蜓之醜不足平，而蒼沙諸船非足恃也。王公善之，大調福建舟師，分布諸島澳。公至溫，遂入海，連日斬俘無數。自是浙直海洋千餘里，俱以樓船取勝，所斬獲無慮數萬。」[93] 當時人比較中日軍隊各自的特點，都認為：明軍的水師勝於日本，而日本的陸軍勝於中國，林希元論平倭：「其撲滅之處，皆得之于水。蓋彼舟小於我，自來捕賊者，皆捕于海，則無不粉碎。故倭賊所至，則焚舟登陸，而不待舟。殺掠既飽，然後尋舟以去。……既登陸，則無如之何。故將兵者皆伺之于海。以大船衝之，則無不破碎。……安海之倭，僅二百四十，參將黎鵬舉領兵四百，頓四十里之外，不敢助泉兵而擊。……今乃能擒倭于福寧州，則不能得于

90　姜寶，〈議防倭〉，《明經世文編》卷三八三，《姜鳳阿集》，第4154頁。
91　鄭若曾，《江南經略》卷八上，〈兵器總論〉，第10頁。
92　鄭若曾、胡宗憲，《籌海圖編》卷十三，〈經略五〉，第883頁。
93　俞大猷，《正氣堂全集》卷五，〈議以福建樓船擊倭〉，第159頁。

陸而得之于海，可見也。戊午十月真假倭僅八十，參將合巡海漳浦、福寧三千之兵，四路把截，竟不能得，使從容由南靖以去，則不能得賊于陸，又可見也。」[94] 不過，由於當時福建水師的船太少，而且海疆遼闊，處處可以透越，所以倭寇入侵，多不願與明朝水師作戰，而是想辦法登陸，只要他們一登上陸地，明軍便很難消滅他們了。

第二，明代衛所軍的腐朽。在抗倭期間，明代的衛所軍最讓人失望，除了在海戰中，明朝水師靠自己的大船多次重挫倭寇外，在陸地上的戰鬥幾乎是屢戰屢敗。這與明代的軍隊腐朽是分不開的。當然，明軍的腐朽，有一個歷史過程。明朝在福建城市駐紮大量的軍隊，隨著和平歲月的到來，軍隊無所事事，許多人利用身在城市的條件，兼營工商業，逐步轉化為普通的城市居民。而另一些人成了兵痞，他們鬧事有餘，成事不足。正德十二年（1517年）夏五月，福州城中三衛軍鬧事。「初，官軍月餉八斗，給之價。布政司伍符以糴賤裁之。」福州衛所軍在秦貴、葉元保的鼓動下，捉住福建布政使伍符的子與婿，意圖殺之。官員反復安撫始定。八月，秦、葉二人再次聚兵造反，「大索城中金銀，聚眾開化寺」，因內部分贓不均，被明官府鎮壓。次年三月邵武軍亂，同年，延平府軍兵駱興與陳邦興等倡亂，「一時無籍者附和之，辱官吏，劫富民，舉城驚惶，晝戶不開。」[95] 對福州官員來說，福州城的衛所軍成了心腹大患，不但不能依賴他們保衛福州城，反而是一個時時必須考慮的反叛因素。在實戰中，腐朽的衛所軍也是避重就輕，反而敗事。例如，嘉靖四十年（1561年），倭寇進攻寧德，寧德縣北有衛所軍4000人。可是，他們一聽到倭寇要來進攻，參將王夢麟便帶其部下退到寧德城中，另一參將馮鎮乾脆帶二千衛所軍退回福州。結果，要隘之地，輕易地被倭寇占領。倭寇開始攻城後，福州衛所軍有一半人乘機爬城逃走。剩下的民兵擋不住倭寇的進攻，寧德城被倭寇攻占，百姓被倭寇屠殺[96]。

由於沿海衛所軍不可靠，每逢戰事，官府情願臨時募兵，但限於經費

---

94 林希元，〈拒倭議〉，《明經世文編》卷一六五，《林次崖文集》卷四，第1683—1684頁。

95 陳壽祺，道光《福建通志》卷二六七，〈外紀〉，第12頁。

96 陳壽祺，道光《福建通志》卷二六七，〈外紀〉，第5068頁。

與官吏從中貪汙，募來的軍兵多不能打戰。林希元親見：「前年浙江募兵漳泉，每兵與銀三兩，器械在內，聽其自備。斬木為竿，末置尺鐵。青紅白布裹首，行裝不辦，盔甲俱無。此如執朝茵以禦蕭艾，有不碎乎？」即使是這麼低的募兵費亦不能保證，官吏從中貪汙越來越多，「邇者浙江募兵五澳，每兵與安家銀三兩，募兵官及捕盜扣剋，每兵只得銀二兩，或一兩八錢。」[97] 由此看來，明代沿海的募兵制極為腐敗，官員從中貪汙，士兵既沒有糧餉保證，也沒有最基本的裝備，幾乎是一群手無寸鐵的乞丐。要靠他們打勝仗，簡直是天方夜譚。其實，不用說抗擊倭寇，就連國內的強盜，他們也無法對付。「嘉靖二年，流寇九十三人流劫興、泉、漳三郡，莆田鄉士夫子女多被鹵掠。」官府調集三府官兵圍剿，竟無可奈何[98]。明代前期閩北的「礦賊」，一股不過數十人，或上百人，縱橫福建，竟無人抗衡。所以，在抗倭戰爭中，往往出現幾百名倭寇集群，便能橫行福建，其實是不奇怪的。一旦倭寇人數達到數千人，在福建就可以任意進攻城市，官軍根本無力阻擋。

朝廷為了剿平福建的倭寇，也從外省調來了一些軍隊，被稱為「客兵」，但是，這些客軍驕悍跋扈，一如衛所軍。嘉靖三十七年（1558年），倭寇逼近興化府，城中恰有從湖廣省調來的麻陽兵千人，「莆布衣林兆恩倡議約湖廣兵追賊，酬金二千兩，立字為券」，於是，麻陽兵縋城出戰。可是，麻陽兵僅殺死兩名倭寇，便退回城中，糾眾向林兆恩要錢，將林兆恩綁在樹上毆打。莆田鄉紳怕士兵進一步鬧事，只好借官銀 2000 兩分給他們[99]。這些士兵的表現幾乎使人無法容忍，然而，和其他軍隊相比，他們又算是好的，胡宗憲派總兵張四維的兵防守閩浙邊界，四維的兵公然搶劫福寧州南鎮，「慘毒甚於倭」[100]。比他們更勝一籌的是粵兵，一位福建官員說：「父老輒為余泣曰：吾民之苦客兵，甚於盜也。夫當事者走千里，召外兵擊賊，豈不至急民哉！及其至，乃不肯發一矢，徒攫金而歸也。歲費

97 林希元，〈上巡按二司防倭揭帖〉，《林次崖文集》卷四，《明經世文編》卷一六五，第 1679 頁。
98 林希元，〈上巡按二司防倭揭帖〉，《明經世文編》卷一六五，《林次崖文集》卷四，第 1680 頁。
99 陳壽祺，道光《福建通志》卷二六七，〈明外紀〉，第 5065 頁。
100 陳壽祺，道光《福建通志》卷二六七，〈明外紀〉，第 5066 頁。

帑金數萬，即道塗牛酒，又半之矣。卒乃使其民憂嗟怨歎，若覯賊焉。」[101]
嘉靖三十九年八月，駐在福州的廣東兵三百人公開叛亂，他們流劫尤溪、
大田、沙縣、歸化、將樂、泰寧、建陽，進入江西境內，殺死軍民不可計
數[102]。總的來說，抗倭十年，福建沒有一支可以依靠的正規軍，個別抗倭
戰役的勝利，靠得是民兵，但民兵缺乏訓練，他們憑城作戰尚可，野戰便
不是倭寇的對手，所以，福建境內的倭寇愈演愈烈，幾乎到了不可救藥的
地步。第三，倭寇騷擾得到了福建境內許多反政府武裝的配合。福建與江
西、廣東交界處，歷來是反政府武裝的潛伏之地，「是時閩中苦倭，山寇
亦乘是而起，上杭之三堡，連城之郎村，武平之岩前、象洞，皆盜窟也。
四出剽掠，官吏莫能制。」建寧知縣吳金說：「訪得各賊係程鄉林朝曦、
梁統，上杭蕭劉二姓等為之首，而潮汀二府亂民群起為從。」[103]嘉靖四十
年二月，福建永定縣、連城縣被饑民攻克；三月，永春民呂尚四叛亂，擁
眾萬人，攻陷永春；十二月，龍巖賊蘇阿普等進犯順昌、將樂諸縣，殺死
延平衛千戶王堂。這些「山寇」的活動，直接配合了沿海的倭寇，使明朝
的官軍無法全力對付倭寇。在這一背景下，一向是朝廷統治基石的福建
沿海區域，也出現了割據，如漳州月港的張維「二十四將」海寇於嘉靖
三十七年造反後，在漳州沿海一帶割據。《漳州府志》記載：「（海寇）
張維據九都城，吳川據八都草坂城，隆據港口城，旬月之間，附近效尤各
立營壘，九都有草尾城、征頭寨，八都有謝倉城，六七都有槐九寨，四五
都有方田、溪頭、浮宮、霞郭四寨，互相犄角，各有頭目，號二十八宿，
三十六猛，官府為倭饒亂，故屢召之，竟不服。」[104]嘉靖四十年十一月，
巡按福建御史李廷龍奏：「七月至九月，廣東之程鄉賊、三饒賊、塘下南
安之倭賊，及各路之流賊出沒，諸郡無日不報警。其福、興、泉三府則苦
海賊，汀漳二府則苦山賊與流賊迭出為患。而內地奸民佐之。今崇安、南
靖二城相繼告陷矣。延寧二府近亦苦兵矣。」[105]如此亂象，福建境內的明
軍已經無法控制了。

101　宗臣，〈七月西征記〉，《明經世文編》卷三三〇，《宗子相文集》，第 3534 頁。
102　張溶等修，《明世宗實錄》卷四八七，第 1 頁。
103　陳壽祺，道光《福建通志》卷二六七，〈明外紀〉，第 5065—5067 頁。
104　蔡世遠等，康熙《漳州府志》卷三三，〈災祥〉，第 26 頁。
105　張溶等修，《明世宗實錄》卷五〇三，第 1 頁。

第三節　戚家軍入閩與倭寇的平定

在福建倭患日益熾烈的形勢下，福建巡撫游震得請調浙軍入閩。此時，浙江方面的倭寇活動已處於低潮，總督胡宗憲終於允許參將戚繼光率新練浙軍 6000 人入閩作戰，從而敲響了閩中倭寇的喪鐘。

一、戚家軍第一次入閩

戚繼光，山東東牟人，世襲登州衛指揮。在抗倭戰爭中，他調任浙江，屢立戰功。他鑒於明代衛所軍的腐朽，於嘉靖三十八年赴浙江處州義烏縣招募礦徒當兵，從而組成了一支強勁的軍隊。

戚繼光對新招來的士兵進行嚴格的訓練，他以明太祖軍法治軍，以身作則，不講情面，他的部下，沒有人敢以身試法。戚繼光說：「賞罰，軍中要柄。若該賞處，就是平時要害我的冤家，有功也是賞，有患難也是扶持看顧；若犯軍令，就是我的親子姪，也要依法施行，決不干預恩讎。」[106] 戚繼光說到做到，相傳他在閩東作戰，下令士兵一往無前，誰回頭，便處死！他的小兒子走在前面，見倭寇勢大，回頭看了父親一眼，便被戚繼光下令斬首！戚家軍戰勝倭寇之後，在其子被殺處建了一座亭紀念，民間稱之為「懷兒亭」。所以，戚繼光的部下，沒有人敢於瀆職。最重要的一點是，戚繼光愛護士兵，不剋扣軍餉，士兵樂於聽他的命令。因此，戚繼光的部隊上下同心，團結如同一人，作戰時發揮出很大的威力。戚家軍另一個優點是軍紀極嚴，「民之耕牛蓄聚，秋毫無犯」，「各境爭作軸幢彩旗，出郊迎之」。[107] 因此，戚家軍在福建極得民心。

在作戰方面，戚繼光在與倭寇的長期作戰中，已摸索出一套針對性很強的戰術。他將士兵組成 12 人一組的「鴛鴦陣」，前面二人手執鳥銃，以圖在較遠的距離內殺傷對手；位列第二排的二人是狼筅兵，他們各執一條巨大毛竹製成的狼筅，專門對付倭寇的倭刀。徐獻忠說：「倭刀犀利，質本剛脆，所畏者，大片毛竹，擊之即折。以狼筅、竹篙應之，亦所宜也。」[108]

106　戚繼光，《紀效新書》卷四，〈諭兵緊要禁令篇〉，北京，中華書局 2001 年，第 80 頁。
107　陳良璟，〈倭難紀略〉，錄自林昂等，乾隆《福清縣志》卷二十，〈雜事志〉，第 760 頁。
108　徐獻忠，〈復蔡可泉中丞書〉，《明經世文編》卷二六八，《徐長谷文集》，第

在戚繼光部隊中，執掌狼筅的是身強力壯的老兵，每逢近身搏鬥，狼筅兵以狼筅橫掃，倭寇的倭刀根本無法施展。為了保衛打前鋒狼筅兵，戚繼光規定：狼筅兵戰死，全隊皆斬！這樣，只要狼筅兵衝鋒，其他士兵就得跟上，否則就是死路一條了。這種軍法在後人看來很殘酷，但在以肉搏為主的古代戰場上，沒有這種軍法，即無法逼使士兵參與血肉橫飛的戰鬥。兵法云：「置之死地而後生」，戚繼光軍律，正是深通兵法之作。事實上，戚繼光這一規定，也不是他的發明。在明太祖的軍隊中，早已實行這一規定——將領戰死，其部下全部斬首！明太祖將一群烏合之眾組成百戰百勝的軍隊，與其嚴厲的軍法有關。

戚家軍入閩之時，正是倭寇極為猖獗之時，「自溫州來者合福寧、連江諸倭據寧德縣橫嶼，結營海中。自廣東南澳來者，據福清峰頭，連營數澳。北自福寧，南及漳泉，沿海千里，盡為賊窟。」[109] 戚家軍從北往南，橫掃倭寇。

橫嶼之戰。嘉靖四十一年（1562 年）八月，戚繼光大破倭寇於橫嶼。橫嶼是寧德縣附近的一個小島，被倭寇盤踞已有三年之久。倭寇在島上「建巨屋，圍以重城」，工事相當完備。橫嶼的周圍全是淤泥淺灘，潮來一片海，潮去一片泥，雖有戰船，無法從海上靠近，若是從陸上進攻，要跋涉十里路的海灘，倭寇自以為可以高枕無憂。除此之外，橫嶼附近幾個村莊不少民眾在倭寇的淫威下充當倭寇的耳目，為倭寇通風報信。戚繼光來到寧德後，捕獲了幾個探子，但戚繼光不殺他們，而是通過他們轉告這幾個村莊的從倭人員，只要他們立功贖罪，官府絕不追究他們的以往，爭取他們倒向明軍。次日退潮時候，戚繼光的大軍人挾一束稻草，填泥而進，每百步一憩，漸漸逼近橫嶼。此時倭寇早已在岸邊列陣而待。戚家軍兵分三路，主力正面攻打倭寇，另外兩路兵抄襲倭寇後路並焚燒倭寇巢穴。三路大軍接戰後，倭寇憑險據守，戚家軍進展緩慢。鏖戰多時，戚家軍的後衛部隊在王如龍的率領下增援前線，明軍士氣大振，倭寇陣容傾刻之間崩潰，戚家軍四面圍捕。此時，原來是倭寇據以防守的天險，反而成為他們不可逾越的天塹，有 600 多名倭寇在淤泥中淹沒，被斬殺 340 多人，被俘 29 人，

2834 頁。

109　陳壽祺等，道光《福建通志》卷二六七，〈明外紀〉，第 5069 頁。

倭寇基本被殲滅。這是福建抗倭歷史上空前的大捷。[110] 次年六月庚戌，「巡按御史李邦珍勘上福建剿平舊倭狀。先是賊兩破寧德城，屯據橫嶼。嶼去縣十餘里，四面皆水路險隘，不便深入。故官軍與賊相守逾年，莫敢決一戰者。四十一年七月，內總督尚書胡宗憲檄浙江參將戚繼光部浙兵七千餘人援之。令軍中人持草一束，填河而進。遂大破賊巢平之。生擒九十餘人，斬首二千六百餘級。焚溺死者無算。奪被虜三千七百餘人，印二顆。」[111] 以上殲斬數字不同，應是上報時間不同的緣故。《福建通志》所錄，應是早期的戰報，而巡按御史李邦珍詳細調查後，所上的資料應當更為準確。

牛田之戰。福清縣的牛田是倭寇盤踞的又一個據點。倭寇聽說「戚老虎」來了，糾合分散各地的武裝，共有 2 萬餘人，屯駐於牛田附近的村寨，連營 30 里，聲勢頗壯。戚繼光來到牛田附近，先派出 1000 名士兵攻占石塘，吸引倭寇的注意力。他自己親領三路明軍，乘夜奔襲杞店倭寇，將睡夢中驚醒的倭寇一舉殲滅。戰後，戚家軍退至錦屏山休息。夜晚，有倭寇 700 餘人前來偷襲，被戚家軍伏兵發現，戚繼光迅速整合部隊迎戰，倭寇不支退去，戚家軍乘勝追擊，直搗牛田大寨，連續攻克倭寇多個營壘。倭寇為了挽回敗局，以騎兵衝陣，而富有經驗的戚家軍伏地以鳥銃還擊，倭寇的騎兵被打得七零八落。這一仗，共殺死倭寇 668 名，迫使倭寇脅從部隊 2000 餘人反正，並解救了被俘百姓 954 人。

林墩之戰。從牛田逃出的倭寇尚有數千人，他們盤踞興化府城南面 20 里的林墩。戚家軍追蹤而來，他們進入興化府城後，為了不驚動倭寇，全軍休整，戚繼光本人還穿便裝拜會客人，十分悠閒從容。下半夜，城裡的百姓只聽一遍鈴過後，分住居民家的戚家軍士兵紛紛起身吃飯集合；第二遍鈴響了以後，戚家軍便出發了。但是，給戚家軍帶路的人是一個奸細，他帶著戚家軍專走小路，進抵林墩時，東方破曉，倭寇阻水為陣，兩軍之間的通道只有一條小橋，橋道只容一人行進。面對這種陣式，大多數軍隊都要望而怯步，但戚家軍在這時真正顯示了打硬戰的能力。戚繼光派出的第一哨士兵衝過河之後，36 人全部血戰而死；第二哨再衝，戰死一半。戚繼光毫不氣餒，發動第三波攻擊。血戰一個時辰，倭寇終於支持不住了，

---

110 陳壽祺等，道光《福建通志》卷二六七，〈明外紀〉，第 5069 頁。
111 張溶等修，《明世宗實錄》卷五百二十二，嘉靖四十二年六月庚戌。

他們讓出道路，退回老巢。戚家軍乘勝追擊，擊敗倭寇多次反撲，攻克倭寇老巢。這一仗，戚家軍殲滅倭寇 3000 餘人，其中斬首 2023 級，被逼入河中淹死的倭寇不計其數。[112]

經過橫嶼、牛田、林墩三次血戰，戚家軍殲滅倭寇 7000 餘人，但自己的部隊也死傷 1000 餘人，更由於盛暑遠征，士兵不服水土，有 2000 餘人染病，能作戰的僅剩 3000 餘人。在這一背景下，戚繼光撤兵回浙江休整。他計畫讓士兵回鄉招兵，每人只要擴兵一人，部隊重新集中時，就有 10000 餘人的部隊。但是，戚家軍一退，福建的形勢馬上發生變化。

戚家軍退出時，正是初冬小陽春天氣，沿海刮起東北風。日本的倭寇大舉入閩，到處都有倭寇登陸的消息。戚家軍退至福清的牛田，便與增援的倭寇打了一場遭遇戰。經過一番苦戰，戚家軍消滅了這一股倭寇，斬首 180 級。但是，這股倭寇的實力不同往常，他們盔甲鮮明，刀槍精良，作戰技術精巧。如果說以前的倭寇中有許多中國的海寇，這股新來的倭寇則是真正的日本軍人，如果不能給予重挫，日本武士還會接踵而來。不幸的是，福建境內只有一支戚家軍真正有戰鬥力，嘉靖四十一年末，戚家軍退出福建後，倭寇又橫行八閩了。

二、戚家軍第二次入閩

嘉靖四十一年（1562 年）末來到福建的倭寇可分為南北二路，北路從福寧州登陸，僅數百人，他們從閩東深入閩北，攻克壽寧、政和兩縣，大肆屠城。十二月，倭寇進圍松溪縣。然而，松溪人民震驚於倭寇的屠殺，自動組織起來作戰。松溪獵戶用強弩射擊倭寇，殺傷多人，大大打擊了倭寇的氣焰。相持三晝夜，倭寇不得已退走。二十天後，盤踞邊遠村莊的倭寇突然返回城下，以呂公車與雲梯猛攻縣城，早有防備的松溪縣民猛烈反擊，雙方相持一個多月，一無所得的倭寇在付出重大代價之後不得不狼狽逃竄。而松溪縣民兵追蹤倭寇後隊，乘其不備，偷襲成功，獲得很大的戰績[113]。戚繼光第二次入閩時，在連江馬鼻等地將這股倭寇及增援殲滅，斬

112　戚繼光，《戚少保奏議》卷一，〈上應詔陳言乞普恩賞疏〉，北京，中華書局，2001 年，第 28 頁。

113　魏濬，〈禦倭紀事〉，錄自潘拱辰等，康熙《松溪縣志》卷十，〈藝文志〉，第

首 2400 有奇。[114]

　　倭寇的主力是在南路。嘉靖四十一年十一月，倭寇 4000 餘人突然圍攻興化府城。興化戰役就此展開。興化府城是閩中名城，當地人以讀書做官出名，每次科舉都有許多人中舉，因此，興化城中官宦人家多、財富多。如何喬遠所說：「時興化衣冠巨族，繁侈相望，地新被倭，村落一錢寸帛皆在城中，食玉薪桂。」[115] 倭寇垂涎而來。興化府城中的民眾竭力抵抗倭寇，經過 26 天苦戰，倭寇並未占到便宜。興化城被圍後，劉顯從福州趕來支援，但他的士兵僅有八九百人。他分兵 300 入城，但半路遭到倭寇狙擊，大部傷亡，僅有 60 餘人進入城內。又有一次，劉顯派出 8 名士兵穿越倭寇防線入城，但在半路被倭寇截殺，聯絡印信落入倭寇手中。倭寇派出 20 人冒充劉顯的部下入城，由於他們身穿劉顯部的號衣，又有印信為據，主持守城的翁大器對他們信任有加，將他們派至最為重要的北門防守。夜半，這 20 人乘風放火吶喊，倭寇乘機潛入城內，翁大器等官軍聞知消息，紛紛墜城逃跑，於是，一座名城就被倭寇攻克了。此時正為十一月二十九日。倭寇在興化城中駐兵兩個月左右，殺人如麻，城中屍積如山。最後，連倭寇也無法承受城內屍體散發出的惡臭，退出興化府城，轉至平海衛。當時平海衛的歐陽深帶兵襲擊倭寇，中伏而亡，倭寇乘機攻克興化海邊的平海衛，以此為據點。

　　興化府城失陷，震動了明朝廷。倭寇侵擾中國十餘年，縣城、衛城、所城被克無數，但府城被克，還是第一次，它說明倭寇的活動已不是疥癬之患，而是有可能動搖明朝廷基石。為了早日平息倭寇，福建巡撫游震得被撤職，著名的抗倭統帥譚綸接任巡撫。抗倭名將俞大猷任福建總兵，戚繼光任副總兵。當時福建明軍不少，但是，其中多數只能守城，可用於野戰的僅是劉顯部八九百人，俞大猷部 6000 餘人。俞大猷部剛剛從漳泉一帶召來，都是未經很好訓練的新兵，而俞大猷所面對的「倭賊有二三千，從賊有七千」。[116] 從實力上看，俞劉兩部都不是倭寇對手。因此，俞大猷等

260—261 頁。

114　戚繼光，《戚少保奏議》卷一，〈上應詔陳言乞普恩賞疏〉，第 28 頁。

115　何喬遠，《閩書》卷六七，〈武軍志・戚繼光傳〉，第 1953 頁。

116　俞大猷，《正氣堂全集》卷十五，〈興化滅倭議〉，第 354 頁。

部將領都盼望戚繼光部早日入閩。

戚家軍於嘉靖四十二年（1563年）三月再次入閩。四月初八日，以戚家軍為主力的明軍猛攻平海衛倭寇，俞家軍與劉顯部從兩翼夾攻，斬殺倭寇2200餘級，「火焚、刃傷及墮崖、溺水死者無箅，縱所掠男婦三千餘人，復得衛所印十五顆。」[117] 這是一場遲到的勝利，因為倭寇在興化府城獲勝後，駐紮平海衛數月，有許多倭寇已返航回國，戚繼光與俞大猷等人所殲滅的，僅是一部分倭寇。

平海之戰後，閩人紛紛歌頌戚家軍的威力，明朝相應地做出人事調動，將俞大猷部調至廣東，劉顯部也調出福建，任命戚繼光為福建總兵，主持福建軍事。這一人事變動，對福建有利也有弊。從有利的一面來說，戚繼光任福建總兵，負責福建抗倭軍事，是最佳人選。從不利的一面來說，俞大猷部、劉顯部的外調，都使福建抗倭力量減弱，此外，由於戚繼光要承擔起全省的防務，便將其部下分到福建各地，他自己控制的軍隊太少，福建官軍的野戰力量大大減弱了。

嘉靖四十二年冬，倭寇再次大舉入侵福建。原來，自平海衛得利航海歸國的倭寇，「寶貨充溢，諸倭歆動，遂鳩黨二萬七千餘，大舉入寇，議以冬汛劫仙遊，來春圖省會。」[118] 於是，當東北風再起的十月，倭寇在福建沿海四處登陸，形成大規模的入侵浪潮。身負重任的戚繼光說：「查閩中倭寇，于上年攻破興（化）、平（海）府、衛之徒，僅五六千之數。今年入犯，則二萬有餘，設使倭再獲利而歸，必空國入寇。」[119] 按照戚繼光的戰略，本年度一定要狠狠地打擊倭寇，讓他們知道入侵中國是一場賠本的買賣。若讓其得利而歸，倭寇的入侵必定會一浪高過一浪，後果不堪設想。

新一輪的決鬥展開後，戚繼光部明軍連連獲勝。「把總朱機三破倭於烽火門，又破倭于舊水澳；把總傅應嘉兩破倭於小埕，守備羅章佐破倭于池嶼；守備胡守仁破倭于石邱；守備耿宗元破倭於圳上；義總金科、葉大正破倭于平海後潘及福寧閭峽；把總顧喬破倭于南日。」又有一支倭寇

117　張溶等修，《明世宗實錄》卷五百二十，第8523頁。
118　陳壽祺等，道光《福建通志》卷二六七，〈明外紀〉，第5071頁。
119　戚繼光，《戚少保奏議》卷一，〈請重將權益客兵以援閩疏〉，第8頁。

2000 餘人自福清登陸，戚繼光設伏上逕橋，將其殲滅。[120] 以上十二仗，殺倭數千，但是，倭寇的船隻仍在福建各地口岸登陸，戚繼光統計有倭船 68 艘，倭寇 2 萬餘人。登陸的倭寇陸續向仙遊縣靠攏，戚繼光識破倭寇的意圖，派出 200 名戰士協助仙遊人守城，自己率一部分戚家軍屯駐興化府，使倭寇不敢盡力攻仙遊。

仙遊圍城戰開始以後，倭寇的攻勢十分凶猛，在仙遊城頭多次發生肉搏戰。由於倭寇在興化府的屠殺，仙遊民眾深知倭寇攻進城市，等待他們的是什麼下場。因此，仙遊人同仇敵愾，誓與倭寇血戰到底。他們再也不是見倭寇便望風而逃的普通百姓，而是勇猛無畏的戰士，在多次肉搏戰中，將倭寇擊敗於城下。戚繼光在城外只有數百人的隊伍，每逢倭寇展開攻城，他便擺出出戰的架勢，使倭寇不敢全力攻城。這樣，雙方相持了 50 餘日，戚繼光盼望已久的浙江換防部隊由譚綸率領趕到仙遊附近了。

仙遊會戰。十二月廿五日晨，大霧籠罩仙遊的城郊，戚家軍兵分多路，向倭寇進攻。倭寇製成呂公車多輛，每輛車都高過仙遊城牆，正準備向仙遊城發起最後的衝擊。戚家軍從霧中襲來，攻破倭寇一個大寨，其他的倭寇倉促結陣對抗，戚繼光親自率領的戚家軍主力突破倭寇的防線，兩翼包抄也獲得成功，明軍擒斬倭寇 1000 餘級。解救被擄百姓 3000 多人，殘倭 10000 餘人向南逃去。[121] 按，當時的倭寇與「閩粵海寇」聯合行動，所謂倭寇，其中不少閩粵海寇，所以，倭寇失敗之後，都是向南邊的漳州、潮州海島逃去。其時，廣東鄰近福建的南澳島，尚有日本海船出沒，來自日本的真倭，也想從南澳島搭日本船回到本島，所以，在戚繼光的打擊下，大股倭寇選擇向南逃竄。

王滄坪之戰。嘉靖四十三年春二月，戚家軍在同安縣王滄坪追上倭寇，此時的倭寇尚有很強的戰鬥力，約有 5000 倭寇憑山結陣，與戚家軍對抗。雖然地勢對戚家軍不利，但戚家軍再次顯示了頑強的戰鬥作風，他們前仆後繼，向倭寇進攻，終於擊破倭寇的陣容，斬首數百級，被戚家軍逼落懸崖的倭寇不計其數。於是，倭寇向南逃至漳州境內。

120　陳壽祺等，道光《福建通志》卷二六七，〈明外紀〉，第 5071 頁。
121　陳壽祺等，道光《福建通志》卷二六七，〈明外紀〉，第 5071 頁。

蔡丕嶺之戰。倭寇入漳州，尚有數千之眾，企圖襲占漳浦縣。而戚繼光也追蹤而來，在漳浦蔡丕嶺，戚家軍再次追上倭寇，倭寇在甘蔗林中設伏，戚家軍前鋒受挫；但是，在戚繼光的鼓舞下，戚家軍再次發動反擊，大破倭寇。一仗下來，戚家軍戰死 80 餘人，斬殺了倭寇 300 餘級。[122] 這樣，戚家軍將倭寇從北趕到南，逼入了廣東境內。福建沿海恢復和平。

嘉靖四十二年冬進入福建的數萬名倭寇和次年增援的倭寇，在戚繼光、俞大猷部明軍的圍剿下，大部被消滅。這對倭寇來說，是一次極為慘重的教訓。謝肇淛說：「嘉靖之際，倭之掠閩甚慘，而及官軍破賊之日，倭何嘗得一人隻馬生歸其國耶？」[123] 從此以後，福建境內雖然還有零星的倭寇登陸事件，但都不再造成大規模的破壞。

在陸上與倭寇作戰的同時，譚綸、俞大猷及戚繼光開始整頓福建水師。實際上，福建水師戰力一直很強，但因得不到陸軍的配合，所以戰果有限。此時戚家軍入閩之後，與水師相互配合，多次沉重打擊了倭寇，朱機、傅應嘉等福建水師將領多次立功，戚繼光與譚綸趁機重建福建五大水寨，於是，福建海上防線日益穩定。

嘉靖四十三年六月，戚家軍追蹤倭寇進入廣東潮汕地區，與劉顯部、俞大猷部再次會師，重創倭寇。剩下的倭寇逃到海邊奪船下海，不料遇上颱風，許多倭船傾覆，殘存的 2000 餘倭寇重又回到岸上，在俞大猷等部明軍的圍殲下，全軍覆沒。[124]

嘉靖四十四年夏四月，又有一批倭寇在福建沙堤、南鎮、小埕、閭峽、曲鼻等處登陸，遭到戚家軍駐守部隊的迎頭痛擊，殘倭遁入山區，在戚家軍的圍剿下，大都餓死於山林。[125]

消滅倭寇之後，福建民眾強烈要求戚家軍駐閩，明朝順應民心，任命戚繼光為福建總兵。後來，因廣東方面海寇猖獗，戚繼光又奉調入粵，但是，他仍然留下一支軍隊駐守福建沿海。一個惠安人說：「嘉靖末，倭躪

122　蔡世遠等，康熙《漳州府志》卷三三，〈災祥〉，第 28 頁。張溶等修，《明世宗實錄》卷五百三十，第 8642 頁。

123　謝肇淛，《五雜組》卷四，〈地部二〉，第 80 頁。

124　張溶等修，《明世宗實錄》卷五三五，第 8688 頁。

125　陳壽祺等，道光《福建通志》卷二六七，〈明外紀〉，第 5073 頁。

閩，人死以谷量。……當是時，詔書大出兵逐賊，賊寖平，人歸海上田漁。穆廟初，歲比登。」[126] 可見，由於戚家軍成為福建安全的保障，福建民眾的生產得以恢復。迨至隆慶年間，福建沿海連續大豐收，人民的生活回復到以往的和平。其後，戚家軍駐閩已經形成一個慣例。從嘉靖年間到萬曆後期，福建沿海一直有一支戚家軍駐紮，他們多次打退前來侵犯的倭寇，捍衛了福建沿海和平的局面。福建人對戚家軍評價很高，福州于山風景區有一座為戚繼光建立的戚公祠，數百年來香火不斷，祭祀這位做出巨大貢獻的抗倭將軍。

圖 2-1　福州于山戚公祠及祠內戚繼光像

三、平定閩粵海寇、山寇

在嘉靖末年，閩粵之間，海寇、倭寇、山寇交相而起，成為南方的治安之患。林井丹先生說：「彼倭寇之從海上來也，實海寇為之接引也。其屯聚而野掠也，山寇實嚮道之。夫山寇非他也，蓋多村里惡少與夫愚蠢編氓。」[127]「或曰海寇固未易絕也，彼其延蔓既久，枝幹日繁，一邑九鄉，半為賊藪，是沿海之鄉，無一而非海寇之人也。黨與既眾，分布日廣，自州郡以至監司，一有舉動，必先知之。是州郡監司之左右胥役，無一而非海寇之人也；舟楫往來，皆經給票；商旅貨物，盡為抽分，是沿海之舟楫、商旅，無一而非海寇之人也；奪人之糧，剝吏之金，輒以賑給貧民，貧民莫不樂而爭赴之。是沿海貧民無一而非海寇之人也。又集四方亡命、徵無

126　駱日升，《駱台晉先生文集》卷三，〈東喬府君駱公暨封恭人郭氏合葬墓誌銘〉，鄭煥章點校，商務印書館 2017 年，第 59 頁。

127　林大春，《林井丹先生集》卷八，〈論海寇必誅狀〉，明刊本，第 4 頁。

賴生儒，稍習文義，以治其部伍，修其辭約。而彼乃深居大舶，行王者之事，公然出入城郭，列羽衛以要陪官之宴，此其目中已無嶺南久矣。」[128] 由此可見，嘉靖、隆慶時期海寇在閩粵之猖獗。

海寇長期配合倭寇作戰，林井丹先生說：「倭船一至，即為東道主矣。是以倭至登岸必焚舟也，示無去意也。明有主也。其劫掠既飽，所獲輜重未及移徙，而海賊先已艤船候之郊矣。此皆鄉人所習聞而親見之者也。」[129] 可見，要杜絕倭寇侵入之源，一定要消滅海寇。嘉靖、隆慶年間，閩粵沿海有許多海寇集團，例如何亞八集團，許棟、謝西池集團，謝老、嚴山老集團，洪迪珍、張維集團、張璉集團等等。他們相互火併，又受明軍圍剿，多數海寇集團曇花一現地消亡了。迄至倭寇大部被剿滅的嘉靖四十四年（1565 年），閩粵海寇彙集於吳平、曾一本、林道乾的旗幟下，活動於廣東潮州一帶的沿海。林井丹先生說：「竊照海寇林道乾者，本與曾一本、吳平等乘倭嘯聚，其初不過數十人，尋投入倭中為別哨，遂稱勍賊。及倭滅。平遂統有其眾，流劫地方；而道乾、一本亦各自樹黨與平為倚角之勢，以抗拒我師。後官兵追平急，平竄海外，莫知所往。而其黨漸潰，散奪食海上。於是，道乾、一本復稍稍收之。以益其勢。兩賊者勢復大熾，兩不相下，乃各自雄長，為嶺東連年巨患。潮海之區，半為賊有，生民塗炭極矣。」[130] 福建水師在消滅這批海寇中，起了很大的作用。

吳平為福建詔安人，他加入綠林後，一開始跟隨倭寇流劫，以後自立隊伍，配合倭寇活動，成為南方海寇的主要頭目。嘉靖四十三年十一月，吳平向廣東總兵俞大猷乞降，被安置於詔安梅嶺。俞大猷招撫吳平，是為了乘機擊破廣東其他海寇。但吳平也利用這一條件，在梅嶺造船數百，「聚眾萬餘，築三城守之。」[131] 在戚繼光與俞大猷的壓力下，他曾經誘捕倭寇數十名，獻給官府，但一直不肯徹底投降。他私下與山寇勾結，企圖襲擊漳州。嘉靖四十四年春，戚繼光與俞大猷分路夾擊詔安的吳平，吳平「將家屬財貨盡運舟中，衝浪而出，都司傅應嘉等率水師追之，犁沉賊舟

128　林大春，《林井丹先生集》卷八，〈論海寇必誅狀〉，第 5 頁。
129　林大春，《林井丹先生集》卷八，〈論海寇必誅狀〉，第 5 頁。
130　林大春，〈上谷中丞書〉，周碩勳，乾隆《潮州府志》卷四十，〈藝文志〉，第 53 頁。
131　張溶等修，《明世宗實錄》卷五四五，第 8806 頁。

一百五艘」。[132] 由於廣東方面的水師未能及時趕到，吳平殘部逃入廣東海面，屯駐於南澳島。

　　吳平的殘部還有相當的實力。嘉靖四十四年六月，吳平乘戚繼光率部攻打漳平縣龍頭山山寇之際，突然襲擊詔安懸鐘所，奪取了官軍 13 艘戰船，俘虜了把總朱機等官兵。當傅應嘉部趕到時，吳平已退回南澳。在嘉隆之際，能如此重挫戚家軍的，也就只有吳平部海寇。

　　漳平之戰。其時在福建南部活動著許多山寇，姜寶（鳳阿）的〈議剿除山寇〉：「福建之山寇，汀漳為多，阻山中險隘為巢穴，藉剽劫民間者以為糧，倚近寨諸奸狡為耳目，而我學校中一二無恥生，時為之謀主羽翼，挾以取重於有司，因之以為利，其積漸非一日矣。前時將官不能兵，不諳曉諸險隘、道路之迂曲，兵每不敢進，而坐視其剽劫之四出，竟莫敢誰何也。有司者率惟怯畏首尾，惟奸人言是惑，每與之私講解，贈貽之請，無犯所屬地以為信。」[133] 這些山寇憑險據守，不時出掠，與海寇相呼應。其中尤其以漳平縣的龍頭山山寇最為出名。戚繼光大軍進入漳州府，若要進一步南下剿匪，必須拔除這一根插在背後的釘子。嘉靖四十四年六月，戚繼光出兵龍頭山。由於山地險峻，戚繼光採取了步步為營的戰術，分三路進攻，並堵住山寨的糧道。經過兩個多月的作戰，山寇多因缺糧餓死，自動投降者達 1000 餘人，匪首 100 餘人頑抗被殺。戚家軍順利地結束了龍頭山之戰[134]。

　　南澳島之戰。南澳島在閩粵之交，地勢險峻，自嘉靖以來，一直是倭寇與海寇的盤踞之地。吳平在南澳整修山寨，企圖憑天險抗拒戚家軍。戚繼光在漳平的戰事，一直延續到九月，最後攻克了龍頭寨。此後，他將主力調至沿海，從月港乘船直抵南澳。吳平水師不敢迎戰，退入南澳港，戚繼光抓住機會，以沉船堵塞港口，將吳平的水師全部封在港內。此後，戚繼光傳令沿海船戶，將船集中於官軍看護之下，這就使吳平斷絕了與陸上的聯繫，使其糧食越來越緊張。戚繼光見時機成熟後，率大軍在南澳島登

132　陳壽祺等，道光《福建通志》卷二六七，〈明外紀〉，第 5073 頁。

133　姜寶，《姜鳳阿文集》卷十一，〈議剿除山寇〉，日本東京尊經閣文庫藏明刊本，第 20 頁。

134　同上。

陸，在龍眼沙結陣，吳平當此之際，也想背水一戰，但他的部下來到龍眼沙附近，發現地上有許多木板，上面刊刻著：「脅從棄刃不死」，於是，海寇喪失鬥志，紛紛向戚家軍投降，吳平大敗。

　　嘉靖四十四年冬十月，廣東方面的俞大猷部駕海船 300 餘艘到達南澳海面，吳平懼俞大猷部前來襲擊，放棄了一些口岸，將主力集中於南澳主山。戚繼光與俞大猷達成協議，俞大猷部在外海建立水上封鎖線，戚繼光部以陸軍主力進攻。雙方接戰後，吳平親自督眾憑險頑抗，但仍然擋不住戚家軍的猛攻，節節敗退。最後，吳平率 800 人乘一種叫「叭喇唬」的小船，穿過淺灘，避開俞大猷的水師，逃到廣東山區，但其部下被全殲；「先後斬級二千餘顆，生擒叛賊陳進卿等，及俘獲無算。」[135] 此後，俞戚兩人率閩廣水師窮追吳平海寇，吳平逃到越南海面，被迫投水而死。[136]

　　吳平死後，他的殘部仍然活動於廣東境內。

　　福建省在嘉靖末年不再有倭寇入侵城鎮的現象，眾人都以為此後就沒有倭寇入侵問題了。實際上，嘉靖末年的倭寇活動中心是轉移到廣東境內，而且，他們多與嶺南海寇配合。迄至吳平、曾一本等巨寇滅亡，倭寇的海上活動仍在繼續。他們時常進入福建沿海，與福建水師作戰。不過，這時期的福建水師戰力強大，每每挫敗倭寇。例如：隆慶三年春四月，「小埕寨把總葉文選等於海洋擒斬真倭一百一十四顆。七月，海賊歐老者擁倭突窺銅山、古雷地方，殺掠凶橫，把總楊文通擒斬真倭三十餘級。五年春，海寇楊狫招倭擁船突至玄鍾海洋，知有備去。」[137] 事實上，一直到萬曆年間，一直有倭寇入侵福建沿海的問題，不過，由於福建水師力量強大，他們大都被消滅於海上。

　　以上史料表明：首先，隆慶年間仍有倭寇襲擊臺灣海峽，但由於福建方面有戚家軍把守，來犯倭寇大多被殲滅。其二，這些倭寇來犯，大都被殲滅於海上，所以，對福建民眾影響不大，這是由於福建水師的力量大增。其三，這些倭寇的協從主要是潮州海寇，猖獗一時的海滄海寇不見蹤影。這是由於：此時的漳州開放海澄對外貿易，這一政策化盜為商，許多海滄

135　黃俁卿，〈倭患考原〉，文淵閣四庫全書存目叢書，史部，第 52 冊，第 509 頁。
136　陳壽祺等，道光《福建通志》卷二六七，〈明外紀〉，第 5073 頁。
137　曹學佺，《曹能始先生石倉全集》，《湘西紀行》卷下，〈倭患始末〉，第 43 頁。

海寇都以貿易為業，少數堅持不改的海寇則被殲滅。而潮州的海寇力量很強，明朝剿撫並用的策略一時難以奏效，因此，廣東方面不肯開放口岸，而潮州海寇也越鬧越凶，他們隊伍中有一些真的倭寇。

第四節　關於嘉隆年間倭寇的一些問題

嘉靖、隆慶年間，東南沿海的倭寇活動猖獗，對福建治安影響很大。其中一些歷史教訓值得研究。

一、嘉靖隆慶年間福建境內倭寇活動失敗的原因

福建水師的加強。戚繼光入閩以後，他對福建最大的貢獻是整頓水軍。他與巡撫譚綸商議，恢復明代前期五大水寨的建制，在福寧州的松山建烽火寨，在連江定海建小埕寨，興化府的南日寨重建於南日島上，浯嶼寨在廈門重建，銅山寨建於銅山島之上。水寨的船隊要實行會哨制度，每年春秋二汛，各寨都要派出船隊巡邏海上。若是遇到小股倭寇，水寨各自為戰，若是遇到強敵，各寨水師匯集一起，共同作戰。塗澤民曾講到福建水師的布陣，「分為三哨，每哨巨艦五隻，每容一百二十人；福船十隻，每容七十五人；哨船十隻，每容四十八人；快船十隻，每容三十五人；八漿十隻，每容十五人。每哨二千三百三十人。而雜流役居外。計三哨合用六千九百九十人。而雜流役居外。」[138] 以如此強大的陣容出征，海寇、倭寇難與抗拒。當時倭寇的船隻偏小，製作不精，在海上遇到福建水師，幾乎沒有還手之力，如明人所說：「禦倭之船當高大，高大則我能衝壓彼，彼舟小不能當我也。」[139] 所以，重振福建水師，便足以抑制倭寇的入侵。他的後任也繼承了他的事業。隆慶年間，福建巡撫塗澤民說，「今閩中已照李總兵建議，造冊封琉球過洋極大巨艦，皆可以一當十者二十四隻，併集有大福船共八十隻，及龍艚快船五十隻矣。」[140] 所謂「冊封琉球極大戰艦」，是當時明朝所造冊封琉球使者所乘坐的船隻。琉球位於福建東面的太平洋上，每當春夏之際，颱風肆虐，航行極為危險。因此，明朝每次冊

138　塗澤民，〈行監軍道〉，《明經世文編》卷三五四，《塗中丞集》，第 3812 頁。

139　姜寶，〈議防倭〉，《明經世文編》卷三八三，《姜鳳阿集》，第 4154 頁。

140　塗澤民，〈與京中諸公書〉，《明經世文編》卷三五三，《塗中丞集》，第 3801 頁。

封琉球，都要造極大巨艦，其長度在 14 丈至 20 丈之間，這是僅次於鄭和巨艦的大船。由這些大船組成的福建水師，當然不是任何海寇可以抵擋的。不過，造船也給福建省造成極大的負擔。黃俁卿說：「是時兩省用兵，閩獨累甚，轉輸供應，耗費不貲。且一時製造巨船一百二十隻，又為廣東造福船八十隻，窮山巨木，斬伐無遺。大姓墓材，合圍以上亦盡濯濯。騷動褋沓，甚于倭後之時云。」[141] 按，其時俞大猷任廣西都督，應廣東方面之邀，指揮廣東水師，他為了加強廣東水師的力量，在福建訂製 80 艘大船，並招閩兵擔任，因此，在剿滅曾一本的戰事中，福建的貢獻是極大的。

　按，中國與日本之間的鬥爭延續千年，大致而言，宋元以後的日本陸軍要比中國軍隊強一些，而中國水師要比日本強。中國能壓制日本的武裝力量，除了陸軍的力量外，很重要的一個原因是中國水師要比日本強。而中國水師之強，其原因又在於中國的造船業要比日本強，總能造出比日本更大更好的船隻。所以，海戰中，日本船艦不是中國水師的對手。要注意的是，福建水師一直是中國水師的主力。一直到甲午戰爭，日本在海戰中擊敗北洋水師，日本才取得對中國的軍事優勢。究其原因，是李鴻章麻痺大意，他所引進的兩艘 7000 噸級的裝甲巨艦，其炮彈有問題，大都不能爆炸。而由福建馬尾船廠的製造的 2000 噸級平遠艦，在大戰中表現極佳。如果李鴻章多投入一些銀兩在馬尾造艦，中國水師的表現應更好一些吧。

　對於閩粵倭寇主要活動區域，明朝都採取了一定的措施，月港被改為海澄縣，官員進駐後，海寇遠徙，地方治安恢復。閩粵交界處的南澳島原是海寇吳平與倭寇的盤踞之處，戚繼光等人決定在此建立水寨，永絕倭患。姜寶說：「而閩廣交界之所為南澳，澳中有柘林，有金嶼，有臘嶼，有虎嶼，有石獅頭嶼，有雞母澳，有宰豬澳，有龍眼沙澳，有雲蓋寺澳，有清澳，有深澳，又有許朝光新舊城山嶼，在大海洋，少人屯聚，地甚遼闊，而又有險可據。近年海賊吳平曾據以叛，造居室，起敵樓于娘娘宮澳口之前後，泊蒙衝巨艦于澳前深處。我師攻之不克，賴戚將軍竭謀悉力，僅能驅逐之于廣海。而其地未聞有所以經略。他時倭復來，與我內地賊互相結而盤據，為閩廣間腹心肘腋患，此不可不逆慮。謂當于五水寨之外，於此更設一鎮，

141　黃俁卿，《倭患考原》，第 510 頁。

即其所為新舊城，所為宮室敵樓，增置而修葺，分兵命將戍守之。地可以耕，海亦可以漁，即可省兵餉之四五，或即招募土著，統之以能將，為防海永遠計，亦一策也。」[142]

　　民間大築土堡是一個不可忽視的因素。民間築堡抗拒土匪的侵擾，始於明代中葉，例如漳浦的埔尾土堡，「始壘土，後稍以山石，正德二年，山寇環攻七晝夜，不能下。」這些土堡在倭亂期間起了很大作用，明代林偕春的〈兵防總論〉說：「方倭奴初至時，挾浙直之餘威，恣戮之荼毒于時。村落樓寨望風委棄。而埔尾獨以最爾之土堡，抗方張之醜虜，賊雖屯聚近郊，迭攻累日竟不能下而去。⋯⋯自是而後，民乃知城堡之足恃。凡數十家聚為一堡，砦壘相望，雉堞相連，每一警報，輒鼓鐸喧聞，刁斗不絕。賊雖擁數萬眾，過其地竟不敢仰一堡而攻。則土堡足恃之，明驗也。」[143] 福建沿海到處發生類似事例，例如，閩東福寧州的柘洋堡曾遭到倭寇的猛攻，但倭寇非但沒有占到便宜，反而付出了很大的代價。柘洋之戰後，「鄉人始知有城堡之利，而沿海五十七堡以次創築云」。[144] 嘉隆年間，福建境內築堡成風，沿海地方尤多。以漳州府來說，龍溪境內共有土堡 24 座，其中石美土城廣 1450 丈有奇；漳浦縣有土堡 28 座；長泰縣有 3 座山寨；平和縣有 3 座土堡；詔安縣有 5 座土城，1 座土堡；海澄縣有 17 座土堡[145]。這些土堡有些保存至今，它的外牆厚達一丈，牢不可破。堡內有水井、倉庫，囤集糧食，飲水不缺。在火炮威力不大的古代，這種圍樓與土堡幾乎是不可攻破的。因此，它的出現，大大扼制了倭寇的活動空間。比之土堡更具威力的是：鄉村聯防的出現，「埔尾、洋下諸堡，遂糾族人習學技擊，教一為十，教十為百，少年矯健，相為羽翼，每遇賊至，提兵一呼，揚旗授甲，雲合回應」。[146] 寨堡的修築與聯防的建立，使福建的平民可以和凶猛的倭寇對壘，處處都有寨堡擋路，倭寇就無法在福建橫行了。

　　最重要的還是戚家軍的駐閩。戚繼光在隆慶年間北調，但是，他的部

142　姜寶，〈議防倭〉，《明經世文編》卷三八三，《姜鳳阿集》，第 4153 頁。

143　林偕春，〈兵防總論〉，陳汝咸等，康熙《漳浦縣志》卷十一，〈兵防〉，民國二十五年排印本，第 771—772 頁。

144　陳壽祺等，道光《福建通志》卷二六七，〈明外紀〉，第 5066 頁。

145　顧炎武，《天下郡國利病書》第 26 冊，漳州，第 114—116 頁。

146　林偕春，〈兵防總論〉，錄自陳汝咸，康熙《漳浦縣志》卷十一，〈兵防〉。

下仍為福建官方所倚重。據趙炳然的〈為閩人私募浙兵移咨〉一文，當時福建募用的浙兵，「在總兵部下者二萬餘，在軍門標下者萬餘，而福建共用浙兵以三萬計」。[147] 這些士兵承戚繼光遺教，剽悍善戰，一改明代衛所軍的腐敗氣習。偶有倭寇來襲，大多被他們消滅。

此外，武備的重振也是重要因素。為了在武器上與倭寇抗衡，福建沿海城市鑄造了大量的槍炮，葡萄牙式的火繩槍，在中國稱之為銃，戚繼光的部隊即裝備了許多銃；葡萄牙式的火炮，在中國稱為「佛郎機」，福建沿海許多城市的城頭都配備了佛郎機。例如福清縣曾被倭寇攻克，但在設置佛郎機之後，路過的倭寇多次被佛郎機殺傷，不敢攻城。

二、嘉靖、隆慶年間倭寇的實質

明代的倭寇中有許多中國人，這是明代的常識，「夫海賊稱乱，起於員（緣）海姦民通番互市，夷人十一，流人十二，寧紹十五，漳泉福人十九，雖概稱倭夷，其實多編戶之齊民也。」[148] 趙炳然說：「閩倭寇止十二三耳，大抵皆閩亂民也。背公黨惡之徒，未易收拾」；「屢遣人往閩探報，聞寇二起，其一據興化者是也。數雖不的，大抵倭賊十三四耳。今尚不出，拘執士夫，索取贖價。往往有贖出者。」又一股攻松溪縣者，「內山賊十六七也」。[149] 大致說來，嘉靖隆慶年間的倭寇都是中國海寇與倭寇合股，這是可以得到證實的。實際上，許多倭寇本身是中國海寇雇用而來的打手。據史書記載，大多數的倭寇頭目都是中國海寇。據黃俁卿的《倭患考原》的記載，許多進入福建境內的倭寇，都是當地海寇引來的。例如：嘉靖三十六年，「海寇許朝堅、謝策等，勾倭突至漳州登岸焚掠」，福建巡撫阮鶚親自來到漳州詔安，「計獲八澳四姓巨魁何邦珙等二百餘名，搜出各家違禁貨物會問，俱題，悉置于法。」[150] 侵擾福建各地的倭寇，大多是以當地海寇、山寇為嚮導。例如嘉靖三十七年，「海賊洪迪珍、謝策、許朝堅等糾倭三千餘，散劫諸村，旋犯詔安，殺男婦百五十餘人」；「倭

147　趙炳然，〈為閩人私募浙兵移咨〉，《明經世文編》卷二五三，《趙恭襄文集》，第 2670 頁。

148　張溶等修，《明世宗實錄》卷四二二，第 2 頁。

149　趙炳然，〈與徐存翁又〉，《明經世文編》卷二五三，《趙恭襄文集》，第 2672 頁。

150　黃俁卿，《倭患考原》，第 506 頁。

合漳賊躁連江。」[151] 所以，黃俁卿總結道：「倭之內犯，皆土賊為之嚮導，如永寧衛之陷，則泉賊李伾觀、江益瘋等誘之也。永春之攻，則謝愛夫、黃元爵等誘之也。浦城（應為莆田之誤）之寇，則饒賊張璉、蕭晚、林朝曦等誘之也。其為患最大者，則王直、徐海誘倭以犯浙，吳平、曾一本、林鳳之徒誘倭以犯閩廣。所在皆然，莆可知矣。」[152] 當時中國海寇雇傭少量日本人作打手，以故，明史所載倭寇首領多為閩浙人。其來由如王世貞的《倭志》說：「中國亡命者，多跳海，聚眾為舶主，往來行賈閩浙之間。又以財物役屬勇悍倭奴自衛」[153]；「近侍郎趙文華獲降倭，知入寇海賊俱係日本所屬野島小夷，為中國逋逃所引，其王未必知也。」[154] 可見，當時的閩浙海商多雇傭倭寇為其火中取栗，這是倭寇出現在中國的原因。而且，這些海寇往往是搶劫中獲利最大者。明代大臣宗臣說了一個故事：倭寇攻下福清後，想搶銀子。華人故意將倭寇引至福清縣獄，騙其云：「此帑藏也。」於是，倭夷「呼其類數千人，闖門以入。」當他們許久才發現這是縣獄而不是縣庫時，倭寇中的華人早已將縣庫銀兩運走了。[155] 這一故事很能反映當時倭寇與海寇的關係。由於明代海防的形同虛設，倭寇的搶劫多能獲得實利，於是，沿海居民大量加入：「但今之漁商者，有司何能詰之。詰亦亂，不詰亦亂。其意以為漁商者，猶勞且費也。不漁不商，不勞不費，持大刀走數十里，便可得黃金數斤，狎美婦人數十，揚揚而去，我兵畏晼，豈不愉快得意哉！」[156] 所以，林希元說：「又有可怪者焉，今雖曰倭，然中國之人居三之二。」[157]

由於閩浙人雇傭的倭寇在中國輕易得手，後來日本人也大量加入，有一些是日本的正規軍。戚繼光由興化府第一次撤退時，便消滅了一股旗幟鮮明、裝備很好的倭寇，這些人是「真倭」。大致說來，明代嘉靖時期的倭寇，也可分為三期，前期如林希元所說的比例，日本人占倭寇的三分之一，考慮到倭寇入侵往往有數萬人，即使是三分之一，也是一個相當大的

151　黃俁卿，《倭患考原》，第 506 頁。
152　黃俁卿，《倭患考原》，第 508 頁。
153　王世貞，〈倭志〉，《明經世文編》卷三三二，第 3555 頁。
154　張溶等修，《明世宗實錄》卷四三三，第 7473 頁。
155　宗臣，〈報子與〉，《明經世文編》卷三百三十，《宗子相集》，第 3531 頁。
156　宗臣，〈報子與〉，《明經世文編》卷三百三十，第 3531 頁。
157　林希元，〈拒倭議〉，《明經世文編》卷一六五，《林次崖文集》，第 1684 頁。

比例了。第二時期，由於徐海、汪直等倭寇頭目被殺，許多日本的島主親自率兵入侵中國。例如，進攻克壽寧、政和二縣的倭寇頭目曾向松溪縣令發出文書，自稱「日本國巡海船主大王」[158]，這時的倭寇中，日本人的比例大大上升，攻克興化府的倭寇，就應是這一類倭寇。第三類的倭寇是在戚繼光將倭寇大部消滅以後，個別海寇團夥以倭寇為名號，這類倭寇以吳平、曾一本所部為代表。此外，廣東境內的倭寇一向以中國人為主，早在嘉靖年間，即有郭春震說：「備倭者，本以禦倭寇也。近年倭鮮至，而閩粵人與其溫紹人亡命者，率竄入海，遂肆狷獗，為濱海諸郡患。」[159] 又如林井丹先生說：「倭寇者，非果盡有日本之眾而雕題椎髻之族也，大抵多漳台等處流賊，挾殘倭以為酋首，而彼遂有名號，以鼓舞其徒眾。所至破鄉下寨，盡收其少壯，而被削之，久之，與倭無間矣。」[160] 這類倭寇在福建、廣東的活動一直到萬曆年間，他們中間有百分之九十是「偽倭」。

三、倭寇給福建造成的破壞

　　倭寇是中國歷史上最為殘酷的海匪，殺人如麻，多次屠城，流水皆赤。攻克壽寧、政和二縣的倭寇在致松溪縣令的信中承認「二縣人民可惡，盡被誅之。」[161] 前述倭寇攻克福安縣，被殺軍民達 3700 人。泉州人說：「唯濱海四郡，而吾泉其一焉。嘉靖之季，閩苦中夷，泉尤荼毒甚。夷僅僅嘗我爾，海上不戒，無能發一卒，浮一艇，為禦圉。夷遂長驅肆鹵，前若無人。所至破產，連歲不解。」[162] 謝肇淛說：「倭至嘉靖末抄掠浙、直、閩、廣，所屠戮不可勝數。即以吾閩論之，其陷興化、福清、寧德諸郡縣，焚殺一空，而興化尤甚，幾於洗城矣。」[163] 據載，倭寇攻克莆田時，殺死進士 17 人，舉人 53 人，秀才 356 人，莆田三一教教主林兆恩的弟子與僧人共收屍 20000 餘具。[164]「閩在嘉靖之季，受倭毒至慘矣，大城破，小城陷，覆軍殺

158　魏濬，〈禦倭紀事〉，錄自潘拱辰等，康熙《松溪縣志》卷十，松溪縣方志委 1986 年 7 月點校本，第 260 頁。

159　郭春震，〈備倭〉，吳穎纂修，順治《潮州府志》卷七，第 1695 頁。

160　林大春，《林井丹先生集》卷八，〈論海寇必誅狀〉，第 4 頁。

161　魏濬，〈禦倭紀事〉，錄自潘拱辰等，康熙《松溪縣志》卷十，第 260 頁。

162　莊履豐，《莊梅谷先生文集》卷五，〈送郡伯鄒公擢閩憲視海道序〉，第 52 頁。

163　謝肇淛，《五雜組》卷四，〈地部二〉，第 78 頁。

164　張寄民，〈興化倭禍記〉，錄自《興化文獻》馬來西亞雪蘭峨興安會館 1947 年刊本。

將，膏萬姓于鋒刃者，十年而未厭。倭之視閩如薙草焉。歲劫、歲焚、歲殺，有司將吏狼顧脅息，而莫之誰何。」[165]谷應泰總結道：「初，倭既自浙創歸，嘗一犯淮、揚、吳、越，皆不利，遂巢閩中，首尾七八載。所破城十餘，掠子女財物數百萬，官軍吏民戰及俘死者不下十餘萬。」[166]

　　十年的倭寇侵擾，也造成福建非正常死亡人口的大幅度增加。人民為了逃避倭寇，在山野間風餐露食，體質下降，許多人染病死亡。許多城市擠滿了外來人口，「各方逃難入城，無處棲身，凡寺院、佛堂、儒學門下，城門空處，靡不有之。加之以饑寒病死過半」。[167]其次，由於屠城之後大量屍體死亡不得掩埋，瘟疫隨之而來。如寧德縣：「嘉靖四十年，倭夷陷城之後，瘟疫大作，並倭賊屠戮俘虜，大率男婦子女將去其半。」[168]遭受倭寇侵擾的城市無不人口大減。寧德縣，「況被倭之後，雖經培養三十餘年，而民尚貧瘠，學校科第寥寥無聞。」[169]南安縣「自嘉靖中倭寇犯，民經兵火，癘疫之餘，戶口損十之六七」。[170]其時被攻克的縣還有福清、福安、安溪、永春等縣，福建遭受的倭患之慘，是前所未聞的。一個惠安人說：「嘉靖末，倭躪閩，人死以谷量。」這是實況。[171]

四、對嘉隆年間倭寇問題的思考

　　值得注意的是，在倭寇活動中，有許多中國人參加。這是為什麼呢？在明代即有人提出：是不是漳州人故意引誘倭寇來侵擾中國，以便從中謀利？當代學術界也有人提出：嘉隆年間的倭寇實際上是海上人民起義，是東南人民反抗明朝海禁的鬥爭，其性質是應當肯定的[172]。但是，又該怎樣解釋倭寇對東南社會的破壞？如果肯定嘉隆年間倭寇活動，難道倭寇屠殺

165　董應舉，〈嚴海禁疏〉，《崇相集》疏，第3頁。

166　谷應泰，《明史紀事本末》卷五五，〈沿海倭亂〉，第868頁。

167　陳良璥，〈倭難紀略〉，林昂，乾隆《福清縣志》卷二十，〈雜事志〉，第760頁。

168　舒應元，萬曆《寧德縣志》，〈災祥〉，明萬曆十九年刊本膠捲，第36頁。

169　舒應元，萬曆《寧德縣志》卷一，〈鄉都〉，第14頁。

170　葉獻綸等，康熙《南安縣志》卷六，〈田賦志·戶口〉，康熙十一年刊本。

171　駱日升，《駱台晉先生文集》卷三，〈東喬府君駱公暨封恭人郭氏合葬墓誌銘〉，鄭煥章點校，商務印書館2017年，第59頁。

172　戴裔煊，《明代嘉隆年間的倭寇海寇與中國資本主義的萌芽》，北京，中國社會科學出版社1982年。

東南沿海平民也該肯定嗎？這是無法接受的。但若簡單地否定倭寇活動，亦會面臨一個難題：該怎樣解釋東南一部分人民參加倭寇活動？從文化學的角度來說，這還是一個內陸文化與海洋文化衝突的問題：內陸人民以農為主的生活方式為什麼不能被沿海人民接受？沿海的發展一定要犧牲它與內陸的關係嗎？這是一個相當錯綜複雜的問題，任何人面臨這一問題都很難輕易地回答。

　　從倭寇活動來看東南沿海人民與朝廷的關係。在明代統治者眼裡，東南人民是一些不安分的「刁民」，他們不像內地民眾一樣以農為生，而是想方設法去海外謀生，而且不顧朝廷的禁令，犯禁走私，大賺其錢。是否東南人民就不能與朝廷合作，一定要掀起具有叛亂性質的海寇行動？就明朝的歷史來說，這一問題是很難回答的，明代的東南幾乎沒有完全安定過，從明初的海寇到晚明的倭寇與走私，東南人民一直進行著朝廷不滿意的行動，其間雖有個別的穩定時期，似乎只是動亂之間的過渡。但是，我們若將這一問題向前延伸到宋元時期，我們反而會對這一問題的產生感到驚訝，因為，在宋代，福建與中央政府的合作親密無間。儘管北宋時期，朝廷遠在河南的開封，距福建有數千里之遙，但朝廷卻贏得了遠方福建人民的心，而朝廷也一直將浙江、福建與廣東當作可靠的後方，當金兵南下中原時，朝廷便遷至東南的杭州建都。尤其值得注意的是，宋代的朝廷不是畏海，而是將海洋當作最後的避難所，宋高宗趙構從寧波下海，躲過了金兵的追擊；南宋滅亡時，小朝廷在海上漂泊多年。所以，對宋朝廷來說，東南諸省是其統治的支柱，尤其是福建路，在朝廷心中有獨特的地位，在民間有「一汴、二杭、三閩、四廣」的說法，朝廷將閩廣當作最後棲息地。

　　宋朝統治海洋的成功，應當是受到道家哲學的影響，凡事順其自然，他們注意到沿海民眾的生活與內地不同，但不是著力去消滅這種不同，而是順應不同，所以，他們非但不是想方設法消滅沿海的對外貿易，而是歡迎這種貿易，並且，通過徵稅從中謀利，以彌補財政收入的不足。也可以說，宋朝廷的思維是正常人的思維，它對海外貿易的反映是正常的。

　　明代中國仍有廣泛的海外機會，尤其是在環球航海體系建立之後，美洲白銀流入遠東，使中國商品的輸出可以獲得比國內十倍以上的利潤。在這一利益面前，只要頭腦正常的人，都會認為這種貿易機會是不可放棄的，

應當抓住這一機會大幹一場，使國家繁榮富強。福建沿海人民進行對外貿易，便是順應形勢的反應，並不是什麼特別奇怪的行為。但明代的朝廷在早期是一個理想家充斥的地方，他們總想把中國改造為古代的理想社會，最好沒有商業、沒有海外貿易。所以，他們嚴禁民眾的對外貿易，將它視為非法行為而取締。到了後來，他們又因為畏懼倭寇而不肯開放口岸對外貿易。這樣，就使它站到了東南人民利益的反面，實際上也不利於中國經濟的發展。對於明代東南的海上貿易，至今仍有人以為這只是關係到少部分人利益的貿易，其實大謬不然。明代的經濟已經發展到這樣一個階段，它的農業、手工業，其實都仰仗海外貿易的利潤。在海外白銀滾滾而來的背景下，中國的農產品與手工業品在市場上獲得較大的利潤，從而獲得發展的機會，帶來了晚明社會的繁榮。因此，明朝禁止海外貿易，毫無疑問是逆歷史潮流而動的。那麼，防止倭寇入侵是否可以算是正當的海禁理由呢？應當說，隨著商品經濟的發展，東亞的海不再是平靜的海，各方勢力的入侵，使東亞的國際形勢十分動盪，同時又充滿了機會。就中國的利益而言，不應是害怕動盪便放棄機會，而是應當以實力為基礎，在動盪中牢牢把握自己的機會。從這個要求去看明朝的海洋政策，就不能不感到失望，明政府的政策一向是消極的。

就當時中國的實力而言，如果有決心在東亞的海洋上表現一番，應當不是那種窩囊的形象，戚繼光調用數千農民訓練幾個月，便擊敗了倭寇，晚明鄭芝龍稱霸海上，擊敗了荷蘭等海上強國，他們並沒有動用全國的資源，便取得了可觀的效果。而掌握全國財富的明朝，只會望著海洋長嘆，其關鍵原因在於官僚機構的腐朽，已無法將中國的力量集中起來，發揮全民族的能量，結果在對外競爭中處於劣勢。

如果要說這場抗倭戰爭有點積極意義的話，那就是將有「東南佛國」之稱的福建沿海泉州、漳州一帶的民眾百煉成鋼，他們不再是只知燒香拜佛的善良民眾，戰爭鍛煉了他們的心智，養成剛強堅忍、不畏艱辛的性格。他們不再畏懼海寇的入侵，而是揚帆入海，成為臺灣海峽的主人。如果有人欺壓他們，必定遭到反抗。閩南人，注定要在這個時代震動世界。

小結

許多人都認為倭寇的出現是明朝對外政策不當的緣故。明嘉靖年間的統治者沒有看到世界形勢的變化，沒有看到東亞的貿易帶來巨大的利益，還是一味子固守過時的海禁政策，並想重建明初「片板不許下海」的嚴禁體系，這一思想太過時了。

明嘉靖年間是一個白銀匯成洪流衝擊中國市場的時代，中國民眾沒有理由拒絕這個帶來好處的白銀洪流，所以，明朝的海禁缺乏民意的支持。朱紈的海禁，如果在明代初年還可實行，但在嘉靖年間已經不可能執行。在白銀浪潮的衝擊下，閩粵之間的沿海民眾不顧一切地駕船出海，進行私人海上貿易，導致明朝海禁的全面崩潰。白銀的流入及中國商品的輸出其實給中國帶來很大的利益，晚明經濟活躍，與這一點是有關的。

令人惋惜的是，明朝在嘉靖年間一再犯下錯誤，沿海官員缺乏海洋管理經驗，他們對民眾的輕蔑，使他們一再做出輕率的決定。朱紈的是海禁便是如此。更令人不可思議的事則是不給浙江水師發餉，迫使這些本來為朝廷效力的的普通水兵走向反面，成為倭寇的助力，導致東亞海上力量的轉變，這給倭寇創造條件大舉侵略中國的條件，也導致一場本來不該發生的戰爭。倭寇活動給東南造成極大的破壞，並導致中國與日本的直接貿易中斷，而後，葡萄牙人控制臺灣海峽的白銀貿易。這使本來由東南沿海商人經營中日貿易轉入他人之手。當然，歷史的車輪不可抗拒，最終，明朝還是給東南民眾開了一個可與外界聯繫的小口，這就是月港通商。其實，當時手握大權的朱紈若能採大儒林希元的意見，開放泉州市舶司貿易，對外來船隻徵餉，並允許民眾到海外貿易，這場戰爭本來是不會發生的。

抗倭戰爭起源於各路商幫帶來的日本浪人武裝，他們在東南沿海的搶劫在嘉靖年間形成了重大的治安問題，因而明朝重行海禁，派軍隊剿滅海寇。但因沿海各路商幫手中掌握了大量的金錢，可以雇傭日本的浪人武裝，所以，抗倭戰爭持續了十多年才將閩浙倭寇基本消滅。在這裡，由浙江人組成的戚家軍和福建人組成的水師都發揮了重要作用。平定倭寇之後，閩浙經濟大有發展。

第三章　晚明福建對外貿易的新格局

明代中後期，歐洲殖民主義者相繼來到中國沿海，環球貿易體系建立，這使東亞的貿易格局發生很大的變化。在中國、日本、葡萄牙、西班牙、荷蘭諸國的競爭中，福建海商依靠祖國的支持，逐漸成長起來，成為可以和西方殖民主義者相抗衡的力量。他們在抗擊西方的入侵、保衛中國海疆安全方面發揮了重要的作用。

第一節　海禁調整與海澄建縣

隆慶元年（1567年），原轄漳州龍溪縣的月港建縣，更名為海澄，隨即官府批准了海澄商人對外通商的要求，這一政策相對明初的海禁而言是一巨大的變化，福建商人的海上貿易因此合法化，有了更大的發展。

一、隆慶、萬曆年間海禁政策的調整

晚明在形式上還保留著海禁政策，但在各省的執行不同，在各時段的執行也不同。其間差異很值得研究。福建省在隆慶元年設立海澄縣，設治於月港，允許民眾出海通商，這是一個巨大的變化。關於海澄建縣與明代海上交通的關係，清初杜臻有一段總結：

> 海澄故為龍溪漳浦地，嘉靖九年都御史胡璉以姦民多闌出通番者，請置安邊館於海滄，委通判一員駐理。而闌出者益不止。二十五年

都御史朱紈用副使柯喬議，欲以海滄月港等澳者民充捕盜。備倭都指揮黎秀獨以為不可，已復上議曰：近署安邊館，乃益知姦民曲折。其船皆造於外島，泊於外澳，或開駕以通番，或轉售於賊黨。而嵩嶼、長嶼、漸尾、海滄、石馬、許林、白石等澳，在在皆賊之淵藪也。不亟窮治，恐益滋蔓。議上，忌者群毀之，秀坐免官。亡何，倭果大熾。遂改安邊館為靖海館。二十九年，閩寇大起，多據地以拒捕。而月港亦為賊巢，官軍於海滄、白石、鎮海、野馬、井尾分道逐擊，賊始敗遁。參將王麟追及於古浪，把總劉一桂追及於荊嶼，斬獲數百，擒賊首許西池等及倭眾三千餘，海疆稍靖。四十二年以委員非專任，特添設捕盜同知以治之。四十四年用知府唐九德議，即海防館設縣，治割龍溪東境一都至九都之地及漳浦縣地以隸之，營構城署，至隆慶元年乃成。此叛邑所自始也。[1]

以上所述海澄建縣過程相當細，卻漏了朱紈和柯喬的關鍵作用。嘉靖二十七年五月，閩浙巡撫朱紈和福建海道副使柯喬合計要在月港設縣：

請於月港地方建設縣治，月港有八九都，海滄有一二三四五六七都，又漳浦縣之井尾、島尾，同安縣之沿海都分與月港毗連者湊割以附，共成一縣。如此則上下控馭，而姦宄自屏。朝夕調撫，而良善自生。

月港地方，距漳城四十里，海滄二十里，東連日本，西接暹球，南通佛郎、彭亨諸國，居民聯錯，大約萬數，通番出海，則釀利有家，事露勢窮，則逋逃有主。[2]

按，海滄和月港是九龍江下游一起發展起來的市鎮，最早官府的管理機構都設於海滄，如安邊館之類。可能是由於官府機構過多吧？當地私人海上貿易不易發展，所以，嘉靖年間的月港發展更快。朱紈、柯喬所見的月港：「漳州府龍溪縣月港地方，距府城四十里，負山枕海，居民數萬家。方物之珍，家貯戶崎，而東連日本，西接暹球，南通佛郎、彭亨諸國，其民無不曳繡躡珠者，蓋閩南一大都會也。」[3] 當時福建的壯縣，能有幾千戶人家就算不錯了，月港僅是個市鎮，卻有「數萬人家」，是設縣的好地方。

1　杜臻，《粵閩巡視紀略》卷四，第 27—28 頁。
2　朱紈，《甓餘雜集》卷三，〈增設縣治以安地方事〉，第 20—22 頁。
3　朱紈，《甓餘雜集》卷三，〈增設縣治以安地方事〉，第 20 頁。

不過，朱紈的上報後來沒有下文，一直到倭亂發生後，人們才感到必須在月港建縣。有的官員說：

> 愚又有說焉，島夷之入寇也，月港、海滄之民嘯聚而附焉，而諸峒不逞之徒又角起而為之翼，是與閩為敵者，半閩人也。如之何，閩兵之不弱以靡也。頃者台臣有城邑建官之議，不惟剪賊之羽翼，而且厚吾之藩籬，是誠制治保邦之要也。由是以通沿海漁鹽之利，以通諸蕃貿易之利，逐末少者，譏而不征。逐末多者，征而有數，則不惟島夷之患可息，而且軍需之利日興，是又裕民足國之機也。[4]

最後落實建縣的是福建巡海道邵楩，《福建通志》記載：

> 邵楩，字良用，仁和人。嘉靖進士。任福建巡海道，駐漳州。時海禁廢弛，姦民出入貽禍，楩廉其有狀者殺之，羅織相告者勿詰。反側悉安。倭寇犯長泰，選火藥手百人蹻擊之。賊宵遁，又遣舟師攻海寇於月港、銅山、清漳諸處，凡七克，寇悉平。又以月港宜建城而分龍溪之半以為縣，可弭寇。是為海澄縣。既去民祀之。[5]

其時，漳州知府唐九德也是大力支持海澄建縣的，海澄民眾對唐九德十分感恩。由名士張燮為唐九德寫的傳記謂：

> 月港故稱盜藪，至是始議創邑，得報可。舊民避兵郡中，漫指某子甲先是嘗梁賊黨者，飲血而圖報復，噂㗧彌夣，公調劑萬端，違言乃解。因置城郭，籍編戶，立學校，今海澄遂為東南望邑焉。[6]

唐九德開闢海澄縣成功，與海澄打開對外貿易有關。在這一基礎上推行儒教，很快使海澄變成文儒彬彬之鄉了。

二、福建海禁政策的調整

海澄縣建於隆慶元年。明朝同意在海澄建縣是有原因的。經過嘉靖後期的倭亂之後，明朝廷覺得有必要調整對外政策。王文祿《策樞》是有代

4　章潢，《圖書編》卷四十，〈福建圖敘〉，第 37 頁。

5　郝玉麟等，雍正《福建通志》卷三十，〈名宦・漳州府〉，第 47 頁。

6　張燮，《霏雲居集》卷三十四，〈通議大夫廣東按察使麓陽唐（九德）公傳〉，《張燮集》第一冊，陳正統等編，中華書局 2015 年，第 627 頁。

表性的。他說：

> 商貨之不通者，海寇之所以不息也。海寇之不息者，宜其數犯沿海
> 及浙東西，而循至內訌也。何也？自嘉靖乙酉，傅憲副鑰禁不通商
> 始也。伊昔寧波、廣東、福建各有市舶司，前元則澉浦有宣慰司，
> 錢清、上海皆通海舶。今盡革之，貨販無路，終歲海中為寇，曷能
> 已也？況海外鳳凰山、馬跡潭、雙嶼港久為崔苻之藪，設若攻而破
> 之，舊寇既破，新寇必生。海中之利無涯，諸番奇貨本一利萬，誰
> 肯頓息哉？莫若奏聞于朝，修復舊制，沿海凡可灣泊舡處及造舡出
> 海處，各立市舶司；凡舡出海，紀籍姓名，官給批引，上註舡長若
> 干、闊若干、載貨若干、稅銀若干，隨遇灣泊照驗批引，有貨稅貨，
> 無貨稅舡，不許為寇。若是，則國利其用，民樂其宜，皆嗜利而不
> 復敢為寇矣。不然，歲復一歲，養成巨寇，不為孫恩盧循之蔓延不
> 已也。[7]

按，早在嘉靖前期，朝廷內部就有關於海禁的爭論，王文祿屬於主張
開放海禁的那一派人，而且提出相當具體的海口通商策略，這一策略就是
隆慶元年後月港實行的策略。不過，王文祿的設想是在東南多省的海口設
置通商管理機構，並允許當地民眾出海。而隆慶萬曆年間敢做這一選擇的
只有漳州府。在明朝廷看來，傳統的海禁政策無法實行，但全面對外開放
也會引起動亂，所以，朝廷有選擇地嘗試通商試驗，東南海港，有禁有放，
其根本是對當地海洋經濟的認識有不同。經歷了嘉靖年間倭寇騷擾沿海的
大動亂時代之後，福建的地方官深深感到，大海是閩人賴以生存的基礎：
「閩中事體與浙直不同，惟在撫之得宜而已。蓋寸板不許下海之禁，若行
於浙直，則海濱之民有魚鹽之利，可以聊生，而海洋即為之肅清。若福建
漳泉等處多山少田，平日仰給全賴廣東惠、潮之米，海禁嚴急，惠潮商舶
不通，米價即貴矣，民何以存活乎？」[8]這是嘉靖年間的描述。張燮說：「舶
政之開在漳圭海，蓋土田不任耕作，故相率以帆檣為耒耜。及春揚舡，猶
之播種，迨南薰後鼓枻還歸，則得秋而萬寶成也。」[9]

7　王文祿，《策樞》，北京，中華書局 1985 年，第 11—13 頁。轉引自金國平、貝武
　權主編，《雙嶼港史料選編・中文卷》，第 127 頁。

8　鄭若曾、胡宗憲，《籌海圖編》卷四，〈福建事宜〉，第 279 頁。

9　梁兆陽修，蔡國楨、張燮等纂，崇禎《海澄縣志》卷十八，〈藝文志〉，第 17 頁。

　　因此，在福建禁止海外貿易是不可能的。在這一背景下，有一些官員提出：廢除過時的海禁令，允許通商，以求化寇為民。[10]唐順之亦有類似意見：「今也海禁太嚴，見船在海，有兵器火器者，不問是否番貨，即捕治之。米穀魚鹽之類，一切屬禁。據其跡雖似犯法，論其情，海船往來，非帶兵器、火器無以防海寇之刦奪。不有可原者乎？明乎此，則民情得伸而亂源可塞矣。」「如愚見，莫若因其勢而利導之。督撫海道衙門令漳泉巨室有船隻者，官為編號，富者與之保結，許其出洋。南則哨至廣東，北則哨至浙江，裝載貨物，納稅自賣，督之以將官，限之以信地，交牌報驗。其回也，南則許販惠潮之米，北則許販福寧溫台之米。但不許至外國及載番貨。」[11]又如福建巡撫譚綸在嘉靖年間就上奏：「閩人濱海而居，非往來海中，則不得食，自通番禁嚴，而附近海洋魚販，一切不通。故民貧而盜愈起，宜稍寬其法。」[12]譚綸在奏議中請示：

> 五曰寬海禁。臣惟中外之分，界限不可不嚴，而貨利之津，人情實不可壅。宋臣蘇軾謂，宜以不治治之。臣嘗愛其說。以為得馭戎狄之至要。況閩人濱海而居者不知其凡幾也，大抵非為生於海，則不得食。海上之國，方千里者，不知凡幾也，無中國綾錦絲枲之物，則不可以為國。禁之愈嚴，則其值愈厚，而趨之者愈眾。私通不得，即攘奪隨之。昔人謂：「獘源如鼠穴也，須留一箇，若還都塞了，好處俱穿破。」意正如此。今豈惟外洋，即本處魚鰕之利，與廣東販米之商，漳州白糖，皆一切禁罷，則有無何所於通，衣食何所從出？如之，何不相率而勾引為盜也。為今之計，正宜嚴禁日本不許私通外，其它如採捕魚鮮、貿易米穀，與在廣東轉販椒木、漳州發賣白糖之請，悉宜如臣近日將各府單桅船隻定為號色，編立保伍，聽於附近海洋從便生理之意，推廣而行。但有勾引事發，乃行連坐重治。如此雖未必盡無法外之遺姦，但天下之事，豈有皆利而無害，惟當權其分數之多寡，使為賊者半、為商者半，或為商者十之七，為賊者十之三，則彼之分數既減，而我之致力亦易，不愈於相率而共為盜乎。第其事多變通，法難執一。如蒙敕下該部，再加看詳，

10　鄭永常，《來自海洋的挑戰——明代海貿政策演變研究》，第214—215頁。

11　胡宗憲，《籌海圖編》卷四，福建事宜，第282頁。

12　《明世宗實錄》卷五三八，嘉靖四十三年九月丁未，第8719頁。

轉行福建撫臣，就近酌處便宜行事，惟取其有裨於成算，不必淆亂
於人言，則小人之衣食有寄，而地方之禍患自消矣。伏乞聖裁。[13]

而後，譚綸另有他任。身為海澄人的謝彬曾在廣東為官，他以廣東管
理烏艚的例子提出更為詳細且可執行的計畫：

至於雙桅大船，亦不必燒毀。彬前在廣州，患烏艚之害，逐一編號，
輪流上班。該班者，籍其兵力出海捕賊，下班者，聽其攬載商貨前
往海南等處貿易。彼有所利，自不為盜。而官府亦賴其用。足省兵
糧。今月港之船，似亦可仿此行之。昔彬少時見三都邊民往往造船
通番，盜賊殊少。故有安邊館之設，四方客商輻集月港，謂之小蘇
杭。近者通番之禁愈嚴，而盜賊愈多，故議者每愈奏通市舶，以事
體重大莫之行。為今之計，若聽其販易近地土夷，官不教之，亦不
禁之。但不許通販倭國，蓋近地土夷自來未有進中國者，五澳之民，
國初通販，至今亦未聞有勾引為患。唯嚴立船戶保甲，不許為非，
一船事發，眾船連坐。如此，雖不行市舶，而市舶之利亦興。不必
燒船，而大船之害自息。[14]

明穆宗隆慶元年，福建巡撫塗澤民奏准海澄商民可去海外經商。由於
朝廷中對開口通商早有心理準備，所以，塗澤民的建議很順利地通過了。

不過，一些史書在敘及海澄對外通商之後，便說明朝的海洋政策從此
進入開放階段，這是錯的。實際上，海澄對外通商有許多限制。其一，海
澄港只允許當地商人到海外貿易，不允許外國商人到海澄港貿易，因此，
葡萄牙等地的商人都被拒之門外，而明末荷蘭人一再要求到海澄港貿易被
拒絕，也是這一原因。其二，福建全省只有海澄一個港口可以對外貿易，
除了海澄之外，其他各個港口都不允許進行直接的對外貿易。當然，這一
點對閩南商人是有利的，明代後期的中國海商主要是閩南人，與這一點有
關。其三，朝廷嚴禁商人到日本貿易，這是沒有商量餘地的。朝廷官員發
現：日本在福建的北面，去日本的商船一定要乘春夏之際的南風北上，而

13　譚綸，〈條陳善後未盡事宜以備遠略以圖治安疏〉，《譚襄敏奏議》卷二，文淵閣
　　四庫全書本。
14　謝彬，〈剿撫事宜議〉，梁兆陽修，蔡國楨、張燮等纂，崇禎《海澄縣志》卷
　　十九，〈藝文志〉，第 12 頁。

東南亞諸國在福建的南部，去東南亞諸國是在秋冬之際乘北風南下。這樣，海澄港官員的工作變得十分簡單，只要限制春夏之間出發的船隻，便可達到禁通日本的目的。明朝官府的這一措施，確實在很長一段時間內限制了福建商人的對日本貿易，而盤踞澳門的葡萄牙人乘機壟斷了對日本的貿易。本自從福建商人退出直接對日本貿易之後，葡萄牙人以廣東的澳門為據點，發展對日本的轉口貿易，澳門因而繁榮，成為南海區域最重要的商埠之一。這一政策也影響了日本人，日本人自倭亂被平定以後，無法直接到中國沿海貿易，他們只好遠航東南亞港口，主要是在呂宋的馬尼拉採購中國商品。可見，明朝的政策對當時的東亞貿易影響很大。

第二節　月港通商與福建私人海上貿易

隆慶元年月港通商，是明代海洋史上的重要事件。準確把握這一事件的實質十分重要。

一、學術界對明代漳泉人海上活動的研究

國際學術界重視浙江沿海的漳州人，已經相當久了。日本學者小葉田淳的《明代漳泉人的海外通商發展》，是最早研究漳泉商人的名篇，也在國際上產生較大影響[15]；傅衣凌先生在 19 世紀 40 年代著有〈明代福建海商〉，文中提出：「福建的海商大賈，通番世寇，如阮其寶、李大用、謝和、王清溪、嚴山老、許西池、張維，以及二十四將、二十八宿等，差不多都為漳州月港人。」[16] 旅日臺灣學者李獻璋在 1961 年發表了〈關於嘉靖年間浙海的私商及舶主王直行蹟考（上）〉[17]，提出浙海私商中，著名的鄧獠、金子佬都是福建人。其他著名海商有：阮其寶、洪獠（洪迪珍、洪澤珍）、林獠、郭獠、魏獠等。如林仁川、陳傑中的〈試論明代漳泉海商資本發展緩慢的原因〉[18] 關注明代漳泉的體海商資本。林仁川 1987 年的《明末清初

15　小葉田淳，《明代漳泉人の海外通商發展》，臺北，野山書房 1942 年。

16　傅衣凌，〈明清時代商人及商業資本〉，《明代福建海商》，北京，人民出版社 1980 年，第 107 頁。

17　李獻璋，〈嘉靖年間における浙海の私商及び舶主王直行蹟考 (上)〉，日本，《史學》34 卷，第 1 號（1961 年）。

18　林仁川、陳傑中，〈試論明代漳泉海商資本發展緩慢的原因〉，《中國社會經濟史研究》1982 年第 1 期。

私人海上貿易》一書，分析了明末清初的私人海上貿易集團，其中也包括了漳州的海寇集團。翁佳音在其〈十七世紀福佬海商〉一文，研究了與葡萄牙人及荷蘭人貿易的漳泉商人中的兩個派別。[19] 晁中辰的《明代海禁與海外貿易》結合明朝海禁政策的鬆動，論述明代私人海上貿易的發生過程。[20] 楊國楨認為，「在月港開放後的四十餘年間，是漳州海商主導東亞貿易網絡的黃金時代。」[21] 彭慕蘭給福建人的海上貿易網絡很高的評價：此書第一節就寫：「福建人的貿易網絡」，他所證明的一條通則：「在過去，世界各地的貿易都是通過同鄉所構建的人際關係網絡進行。」他將福建人稱為離散族群，他們大部分生活在城市，少部分人去鄉村開荒種地。[22]「福建作為造船、漁業、貿易中心已有一千多年的歷史，即使福建的森林遭到毀滅性砍伐，導致造船業轉移到泰國等地，福建人仍是東南亞主要的船運業者和貿易商。在東南亞各個王國，福建人擔任收稅員、港務長、金融顧問等職務，後來在福建（東南亞？）的歐洲人殖民地裡，還是福建人擔任這些職務。」[23] 澳門大學歷史系教授安樂博也注意到閩粵海商的作用。安樂博主編的《海盜及走私：大中華海域的暴力和秘密貿易》對海盜商人的歷史進行研究。「書中的作者對各地沿海的武裝力量、私人海上貿易的演變以及西方殖民活動的互動關係提出了獨特的見解。各編論文作者立足於這個大中華海域，證明各地區的帝國興衰直接為沿海一帶的居民和海上貿易者提供了一個世界性的橫向流動網絡，說明中國沿海、日本、菲律賓和麻六甲海域峽居民向外流動，拓展新的生存空間。這正是海洋區域歷史生活重要的一個片段。雖然生活壓力是促成這批沿海居民從事海上武裝和走私活動的根本原因，但他們同時與來自歐洲的傳教士、商賈和殖民者有密切的往

---

19 翁佳音，〈十七世紀福佬海商〉，臺北，中研院中山人文社會科學研究所，《中國海洋發展史論文集》第七輯上冊，1999 年。又見，翁佳音，《荷蘭時代——臺灣史的連續性問題》，第七章，〈漢人網絡：福佬海商〉。臺北，稻鄉出版社 2008 年，第 153 頁。

20 晁中辰，《明代海禁與海外貿易》，北京，人民出版社 2005 年。

21 楊國楨，〈十六世紀東南中國與東亞貿易網絡〉，《江海學刊》2002 年，第 4 期。

22 彭慕蘭（Kenneth Ponmeranz）、史蒂夫·托皮克（Steven Topik），《貿易打造的世界——社會文化與世界經濟》，黃中憲譯本，陝西師範大學出版社 2008 年，第 21 頁。

23 彭慕蘭、史蒂夫·托皮克，《貿易打造的世界——社會文化與世界經濟》，黃中憲譯本，第 21 頁。

來，進而讓整個大中華海域演變成一個有著多元文化的大熔爐。」[24]

　　以上研究是後人進一步探索的基礎。

二、隆慶、萬曆年間福建私人海上貿易的發展

　　隆慶元年，官府允許漳州對外通商，最早是想設馬頭於漳州最南端的詔安，「先是發舶在南詔之梅嶺，後以盜賊梗阻，改道海澄。隆慶六年，郡守羅青霄以所部凋耗，一切官府所需倚辦，里三老良苦。於是議徵商稅，以及賈舶，賈舶以防海大夫為政。」[25] 其時，海澄成為官府海關所在地。

　　海澄即為月港，明嘉靖時期，月港是東南違禁通番的主要地區之一，明代到漳州的官員，每每驚異當地的「奇異」風俗：「（海）澄，水國也，農賈雜半，走洋如適市。朝夕之皆海供，酬酢之皆夷產。閭左兒艱聲切而慣譯通，罷襁育而善風占，殊足異也。」[26] 說明這是一個與海外有廣泛聯繫的城市。為了彈壓當地的走私活動，明朝廷在這一帶相繼設立「安邊館」、「靖海館」、「海防館」，但都不能起到安定海疆的作用。在倭亂最盛的時期，月港一帶有所謂的張維「二十四將」非法武裝，他們控制了月港一帶海岸達數年之久，給當地人民帶來無窮的災害，迄至戚繼光平倭南下，月港的非法武裝十分震撼。謝彬記載：

> 月港私造雙桅大船，不啻一二百艘，鼓泛洪波巨浪之中，遠者倭國，近者暹羅、彭亨諸夷，無所不至。甚者沿邊越境，劫掠商民，非一日矣。今聞大兵將至，輒謀整船隻，挈載妻子，欲往海島彭湖等處避居。不者，則屯聚外澳，俟兵還復回。又不者，則如去歲橫潰四出，流劫鄉村，以搖動漳城。[27]

　　對於月港這樣的區域，官府以招安為主。當地官員誘殺「通倭」的一些頭目，便放過他們。其後，朝廷重新控制月港。由於深受非法武裝統治之苦，當地的士紳多要求朝廷加強統治。嘉靖末年，在當地士紳的多方懇

24　李燨熙，〈評安樂博主編《海盜及走私：大中華海域的暴力和秘密貿易》〉，李慶新主編，《海洋史研究》第二輯，北京：社會科學文獻出版社 2011 年，第 381 頁。

25　張燮，《東西洋考》卷七，〈餉稅考〉，第 132 頁。

26　蕭基，〈東西洋考小引〉，張燮，《東西洋考》，第 15 頁。

27　謝彬，〈剿撫事宜議〉，梁兆陽修，蔡國楨、張燮等纂，崇禎《海澄縣志》卷十九，〈藝文志〉，第 10 頁。

求下，朝廷在月港設立縣治，更名海澄。縣治設立後，該怎樣處置當地民眾出海貿易的習慣便提到議事日程上來，福建巡撫塗澤民建議讓月港之民對外通商。由於朝廷中對開口通商早有心理準備，所以，塗澤民的建議很順利地通過了。從此開創了福建對外貿易的新局面。李廷機說：「弟生長海陬，少時嘗見海禁甚嚴，及倭訌後，始弛禁，民得明往，而稍收其稅以餉兵，自是波恬。或言弛禁之便，蓋貧民籍以為生，冒禁陰通，為患滋大。而所通乃呂宋諸番，每以賤惡什物貿其銀錢，滿載而歸，往往致富，而又有以彼為樂土而久留者。」[28] 月港通商開創了福建對外貿易的新局面。明代官員說：「我穆廟時除販夷之律，于是五方之賈，熙熙水國，刳艅艎，分市東西路。其捆載珍奇，故異物不足述，而所貿金錢，歲無慮數十萬。公私並賴，其殆天子之南庫也。」[29] 這是明代海洋政策的一大變化。

不過，明朝的新政策僅適用於海澄一地，不要說其他省分，就連福建的其他地區，仍都維持著海禁令。也就是說，除了海澄一口之外，福建其他口岸都不允許民眾從事海外貿易。海澄的特殊性在於：它是全中國惟一允許商人去海外經商的口岸。蔡獻臣說：「嘉靖之倭亂，人以為自通倭始，故自朱秋崖開府以來，禁之甚嚴。而呂宋諸夷之販，則官為之給引置権，亦開一面之網，非得已也。然向惟漳民為盛，而同之積善、嘉禾鄰於漳者，亦時往。」[30] 可見，當時官府將月港通商看作對當地人的讓步，並非真的認為海禁錯了。在許多人看來，這只是一個新設縣的「土政策」，沒有多大意義。因故，不要說明代的史著，就連當地的《海澄縣志》對此事發生的具體過程，亦是記載不詳。然而，它對中國人的海洋發展史來說，具有非凡的意義，它標誌著：明朝終於承認私人海上貿易的合法性，而經營海外貿易的商人，有可能通過合法的方式經商謀利，於是，明末福建終於出現了脫離海寇的自由海商階層。月港幾乎是無人不商：「歲雖再熟，穫少滿籌。戴笠負犁，個中良苦。於是，饒心計與健有力者，往往就海波為阡陌，倚帆檣為耒耜，凡捕魚緯簫之徒，咸奔走焉。」[31] 為商人打工的也不少：「顧海濱一帶，田盡斥鹵。耕者無所望歲，只有視淵若陵，久成習慣。富家徵

28　李廷機，〈報徐石樓〉，《明經世文編》卷四六〇，《李文節公文集》，第 5041 頁。
29　周起元，〈東西洋考序〉，張燮，《東西洋考》，第 17 頁。
30　蔡獻臣，《清白堂稿》卷十七，〈同安縣誌‧風俗志〉，第 21 頁。
31　梁兆陽修，蔡國楨、張燮等纂，崇禎《海澄縣志》卷十一，第 447 頁。

貨，固得稛載歸來，貧者為傭，亦博升米自給。」[32]「蓋漳，海國也。其民畢力汗邪，不足供數口，歲張艅艎，赴遠夷為外市。而諸夷遂如漳婪奧間物云。」[33]「大都澄民之習夷者，什家而七。」[34]

不過，月港通商有很大的局限性，當時月港的政策是「許出不許進」。儘管官府允許月港之民到海外貿易，然而，海外番船到福建貿易，卻是遭到禁止的。曹學佺記載，隆慶六年之時，「漳州府同知羅拱辰議開番船之禁，通商販之利。牒上，都督殷從儉然之。疏請報可。參將俞大猷獨以為非，俞習海上事，蓋有深見者。」[35] 隆慶末年的俞大猷已經七十多歲，並在廣東任職多年，他深知番船前來貿易會帶來麻煩多多，出於水師的利益出面反對。最終漳州海澄未能成為番船合法貿易的港口。

海澄的特殊政策使之成為四方海商的匯聚點，許多海商紛紛到海澄定居，或是申請出海的權限。出海的船隻逐漸增加。明神宗萬曆十七年（1589年），明朝廷規定海澄出海船隻為：東洋44隻，西洋44隻，共88隻。[36] 但是，這一限額不能滿足海商的要求，不久，又增至117艘。當時月港的商船有二種：「大者廣可三丈五六尺，長十餘丈。小者廣二丈，長約七八丈。」[37] 從其體積看，這些船隻的載重量約在200噸—500噸之間，110艘船的總載重量可達數萬噸。在古代世界，這是一個不小的數字。因此，明末的月港是中國外貿中心：「澄商引船百餘隻，貨物億萬計。」[38] 這一貿易規模大於宋元時期的泉州港。林茂桂說：

> 環寓皆商也。獨澄之商舶，民間醵金發艅艎，與諸夷相貿易。以我之綺紈磁餌，易彼之象珉香椒，射利甚捷。是以人爭趨之。第其出也，凌颰破浪，與天吳九首博命；其返也，頭會箕斂，不勝嗞血吮膚之慘。是以人又爭患苦之。視中土之商輪機優游，利害勞逸，奚

32　張燮，《東西洋考》卷七，〈餉稅考〉，第131頁。
33　王起宗，《東西洋考序》，張燮，《東西洋考》，第13頁。
34　高克正，〈海上採金議〉，蔡世遠等，康熙《漳州府志》，卷三十，〈藝文志〉，第51頁。
35　曹學佺，《曹能始先生石倉全集》，《湘西紀行》卷下，〈倭患始末〉，第43頁。
36　張惟賢等修，《明神宗實錄》卷二百一十，第3939頁。
37　張燮，《東西洋考》卷九，〈舟師考〉，第170頁。
38　許孚遠，《敬和堂集》疏，〈疏通海禁疏〉，第20頁。

嘗霄壤。[39]

　　海澄的通商使東南沿海終於出現了和平局面，萬曆年間福建巡按陳子貞說：「閩省土窄人稠，五穀稀少，故邊海之民，皆以船為家，以海為田，以販番為命。向年未通番而地方多事，邇來既通番而內外乂安，明效彰彰耳。」可見，對外貿易大大緩和了沿海民眾與官府的矛盾。不過，這一政策很快遇到考驗。當日本侵略朝鮮的事件發生後，明軍赴朝鮮支援，中國與日本處於戰爭狀態中。為了防止日本再次騷擾中國沿海，明朝在萬里海疆重申海禁之令，但是，考慮到海澄之民一向依靠航海為生，「一旦禁之，則利源阻塞，生計蕭條，情困計窮，勢必嘯聚。……死黨一成，勾連入寇，孔子所謂：『謀動干戈不在顓臾也。』」結果，朝廷在海澄實行特殊政策：「於東西二洋照舊通市，而日本仍禁如初。」這樣，海澄獨口通商政策一直保留下來。[40] 從經濟利益來說，海澄的獨口開放，對福建是很有利的，它進一步鞏固了福建在中國海外貿易中的優勢，一直延續數百年。

三、福建官府對月港的管理

　　明朝允許月港商人去海外貿易，是考慮到讓外國船隻在沿海貿易，對中國的影響太大，容易發生武裝衝突，甚至演變成海寇入侵中國的事件。而讓月港商人去海外貿易，有如「禍水外引」，一般不至發展為對中國影響很大的海寇。明朝最擔心的是對日本貿易會帶來倭患，所以，官府絕對不允許月港商人去日本，為達到這一目的，明朝制定了一系列規章制度，《漳州府志》記載：

> 刊海稅禁約一十七事。其〈禁壓冬議〉以為：過洋之船以東北風去，西南風回（按：南洋國家位於福建之南，所以，與這些國家的貿易都要利用季節風，北風去，南風回），雖回緩亦不過夏。唯自倭回者，必候九十月間風汛。且日本無貨，只有金銀，凡船至九十月方回，又無貨物者，明係輾轉交倭。縱有給引，仍坐以通倭罪。同綜船夥，及澳甲等，許其舉首給賞之。[41]

39　張燮，《東西洋考》卷七，〈餉稅考〉，第 152 頁。
40　張惟賢等修，《明神宗實錄》卷二六二，第 4864—4865 頁。
41　袁業泗等，萬曆《漳州府志》卷九，〈洋稅考〉，第 17 頁。

　　由於福建方面嚴格的控制，從隆慶元年之後的三四十年間，日本罕見中國商船，成為日本方面十分頭痛的一件事。從這裡也可知道明代漳州商人並非故意要勾引倭寇，只要給他們合法的貿易權利，即使有很大的利潤，他們也不願意去冒「通倭」的風險。總之，明朝這方面的政策是起了效果的。

　　在月港方面，當時被允許通商的僅是東南亞國家：

> 東洋若呂宋、蘇祿諸國，西洋暹羅、占城諸國，及安南、交趾，皆我羈縻屬國，無侵叛，故商舶不為禁。而特嚴禁販日本者，比於通番接濟之例。[42]

> 尚有暹邏、柬埔寨、廣南、順化，以及日本倭所謂西洋也。暹邏出犀角、象牙、蘇木、胡椒；如加留巴又出西國米、燕窩，他番所無；柬埔寨、廣南、順化亦出蘇木、胡椒。[43]

　　此外，西班牙所占據的馬尼拉、荷蘭人所占據的巴達維亞、萬丹，也是福建商人雲集之地。對明代官府來說，與其讓西歐那些國家到中國的港口貿易，產生對中國的騷擾，不如讓中國商人去海外貿易，即使發生問題，也不至影響中國。這一體制，在福建維持了 30 多年。

　　必須說明的是，雖然萬曆年間倭寇在閩浙境內的騷擾活動基本停息，但在廣東境內，仍然有大股倭寇在活動。所以，明朝對日本來船防範十分嚴厲。萬曆六年十一月辛亥兵部題：

> 國初于閩廣兩浙設三市舶，不徒督理貢事，亦以牽制市權，意固深遠。尋以浙江多故，旋改旋罷，惟閩廣二舶尚存，而廣南番船直達省下，禁令易行。福建市舶專隸福州，惟琉球入貢一關白之。而航海商販盡由漳泉，止于道府告給引文為據，此皆沿海居民，富者出資，貧者出力，懋遷居利，積久弊滋，緣為姦盜者已非一日。……二謂泉漳商船無可辨查，要行該有司將大小船隻編刻字號，每船十隻立一甲長，給文為驗；三謂沿海居民間有通賊接濟，宜立保甲互

42　袁業泗等，萬曆《漳州府志》卷九，〈洋稅考〉，第 2 頁。

43　何喬遠，《鏡山全集》卷二四，〈開洋海議〉，陳節、張家壯點校本，福建人民出版社 2015 年，第 689 頁。

相稽察，如一家接濟則九家報官，敢有容隱則九家連坐，其保甲長
另行重處；四謂南日山寨新移吉了巡司之旁，道里不均，應接不及，
須移置平海衛南哨澳地方，以便策應。臣竊謂近日劇賊林道乾、林
鳳等逋逃島外，尚漏天誅，更有點獪豪富託名服賈，勾通引誘，偽
造引文，收買禁物，藉寇兵而齎盜粮，為鄉導而聽賊用，誠有如督
撫二臣所言者。伏乞敕下閩廣，該地方官查照前議，斟酌施行。[44]

萬曆七年九月丙寅，……福建都御史耿定向會同巡按御史敫鯤各條
議：一、清查船隻，稽察貨物；一、編制船號，照對文引；一、稽
覈保甲，禁緝接濟；一、商船分番出洋，量留防守；一、漳潮互相
關會，稽察船隻；五事。部覆，均為閩廣沿海要務。從之。[45]

可見，明朝對月港漳泉商人出外十分關注，管理之嚴，勝過其他地方。

月港的稅收。

隆慶元年，明朝許可月港商人對外通商，不過，彼時官府權威尚未建
立，派到本地的官員立足都有困難，所以，也沒有稅收。隨著月港的穩定
和繁榮，官府機構進駐，民眾開始奉公守法。隆慶六年，官府於月港之外
的「濠門、嵩嶼置立哨船，聽海防同知督委海澄縣官兵抽盤海船裝載胡椒、
蘇木、象牙等貨。」[46]

明朝於萬曆三年（1575 年）開始對月港出海船隻進行抽稅：「萬曆三
年，巡撫劉堯誨題請舶稅充餉。歲以六千兩為額，委海防同知專督理之。」[47]
而為了保證稅收的來源，又制定了許多相關制度。這裡我們要專門指出：
一些論文專著將稅收當作明朝廷允許月港對外貿易的原因之一，其實，在
隆慶元年月港開放時，並未對出外貿易的商人徵稅。可見，當時明政府並
不是為了稅收而開放海禁。但是，海外貿易的利潤漸漸引起人們的注意，
當時漳州一帶駐軍極為缺乏糧餉，所以，在通商的 9 年之後，開始徵收貿
易稅等項目。

明代月港對出海貿易船的稅收有引稅、水餉、陸餉等。「引」是明代官

44　《明神宗實錄》卷八一，萬曆六年十一月辛亥。
45　《明神宗實錄》卷九一，萬曆七年九月丙寅。
46　羅青霄，萬曆元年《漳州府志》卷五，〈賦役志・商稅〉，第 25 頁。
47　袁業泗等，萬曆《漳州府志》卷九，〈洋稅考〉，第 17 頁。

方發給出外商船的許可證，根據商船出海貿易的地方不同，引稅數額也不同：「東西洋每引稅銀三兩，雞籠、淡水稅銀一兩，其後加增東西洋稅銀六兩，雞籠、淡水二兩。」[48] 可見，引稅極輕，而當時的海權國家海外貿易許可證的稅收常達幾萬兩銀子。萬曆十七年四月丙申，福建巡撫周寀言：

> 漳州沿海居民，往販各番，大者勾引倭夷，窺伺沿海，小者導引各番，劫掠商船。今列為二欵：一、定限船之法。查海禁原議給引，以五十張為率，每國限船二三隻。今照原禁，勢所不能，宜為定限。如東洋呂宋一國，水路稍近，合酌量以十六隻，其餘大率準此。以後商販告票造船應往某國者，海防官查明，數外不准打造。一、薄稅銀之征。商餉規則，每貨值一兩者，稅銀二分，又西洋船闊一尺，稅銀六兩，東洋船闊一尺，稅銀四兩二錢。既稅其貨，又稅其船，無乃苛乎。除船稅照舊，其貨物以見在時價衰益劑量。兵部覆，東西二洋各限船四十四隻。[49]

　　《漳州府志》對此評論：月港「每請引百引為率，隨告隨給，盡即請繼，原本未定其地，而亦未限其船，十七年周寀議將東西二洋番舶，題定隻數，歲限船八十隻，給引如之。後以引數有限，而私販者多，增至百一十引矣。」[50] 總之，官府對頒引十分慎重，但是，因外貿的發展，引的數量逐漸增加。萬曆二十五年十一月庚戌，朝廷討論海澄的引船管理：

> 福建漳泉濱海人藉販洋為生，前撫涂（塗）澤民議開番舡，許其告給文引，于東西諸番貿易，惟日本不許私赴。其商販規則，勘報結保，則由里鄰置引，印簿則由道府督察。私通則責之海防，抽稅盤驗則屬之委官。至是法久漸敝，撫按金學曾等條議：一定舡式，一禁私越，一議委官，歲委府佐一員駐劄海澄，專管榷稅。海防同知不必兼攝。一議引數。東西洋引及雞籠、淡水、占坡、高址州等處共引一百十七張。請再增二十張，發該道收貯。引內國道東西，聽各商填註，毋容獪首高下其手，一禁需求。部覆允行。[51]

48　張燮，《東西洋考》卷七，〈餉稅考〉，第 132 頁。
49　《明神宗實錄》卷二一○，萬曆十七年四月丙申，第 3979 頁。
50　袁業泗等，萬曆《漳州府志》卷九，〈洋稅考〉，第 17 頁。
51　《明神宗實錄》卷三一六，萬曆二十五年十一月庚戌，第 5899 頁。

　　如上所述，萬曆二十五年後，船引數增至 137 張，月港對外貿易的規模於此可見。

　　至於水餉，也是向船隻徵收的一種稅收。據張燮的《東西洋考》第七卷〈餉稅考〉，萬曆三年月港抽水餉的稅率約為每隻船數十兩銀子到二三百兩銀子[52]。當時外貿船隻的貿易量常常在數萬兩銀子以上，所以，水餉數額不能算高。

　　和水餉相應，陸餉是對貨物所抽的稅收，其稅率也不過在百分之一二。

　　總的來說，和宋元時代相比，月港稅收是相當低的。宋元時代的官府稅收常常占商舶貨物的幾成，加上官僚的額外索取，往往使海商破產。而明代月港的稅收不過占船貨價值的百分之幾，總數也不過 20000 多兩銀子。所以，明代的海商多巨富。有人將月港的稅收與宋元時代相比，認為這說明明代的海外貿易額比宋代低得多，這是未弄清宋明稅收比率造成的。實際上，明代月港的貿易比宋元時期的泉州港更盛。萬曆四十四年，漳州推官蕭基說到月港：「洋船多以百計，少亦不下六七十隻，列艘雲集，且高且深。」[53]此處洋船是指從月港出發，到東西洋貿易的商船，都是華商的船。與其相比，宋代泉州港稅收主要來自番商，通常每年能來十幾艘番船就算不錯了。張燮說：「市舶之設，始于唐宋。大率夷人入市中國，中國而商於夷，未有今日之夥者也。」[54]這是定論。

　　海澄的開放也引起了各方面的羨慕，例如，泉州人認為：在宋元時期，泉州是對外貿易的主要港口，現在這一地位被月港所替代，「邇者番舶為漳所移」[55]這句話，表明了泉州人對明代漳州海外貿易更勝一籌的承認。他們很希望能夠扭轉這一局面；而潮州商人在對外貿易中也有很大勢力，廣東方面卻不讓他們進行對外貿易，這樣，他們只好維持亦商亦盜的傳統方式，這是潮州長期動亂的原因之一。

52　梁方仲，〈明代國際貿易與銀的輸出入〉，載《梁方仲經濟史論文集》第 166 頁。
　　張燮，《東西洋考》卷七，〈餉稅考〉，第 140—141 頁。
53　張燮，《東西洋考》卷七，〈餉稅考〉，第 137 頁。
54　張燮，《東西洋考》卷七，〈餉稅考〉，第 153—154 頁。
55　郭造卿，〈閩中經略議〉，顧炎武《天下郡國利病書》第 26 冊，〈福建〉，第 12 頁。

第三節　晚明漳泉海商集團的發展

對於明代福建海商的研究，業師傅衣凌先生早在 60 年前即有〈明代福建海商〉一文，堪稱歷史學界研究福建海商的奠基之文。本文在此基礎上進一步研究明代福建沿海形成的漳州、泉州、福州三大海商集團各自特點，他們對浙江、廣東沿海的控制，奠定了閩商在中國海上貿易中核心地位。

一、漳州海商集團的發展

明朝實行海禁，民間的私人海上貿易屬於非法行為，因而，這一禁令的推行，導致中國沿海許多地方對外貿易的斷絕。例如，明代江南地區原有發達的對外貿易，迄至明代前期，除了鄭和航海時期之外，明代前期江南的對外貿易幾乎斷絕。又如北方的山東沿海區域原有發達的對朝鮮貿易，但在明代前期也不見了。其時海禁政策在北方沿海得到最忠實的貫徹，據一些野史記載，明代的山東人不吃海魚，僅此一條，便可知當時山東實行海禁十分徹底。不過，北方能夠貫徹海禁政策與當地人的生活方式及人口密度有關。首先，明代的山東人口不過五、六百萬，而山東的富饒是歷代有名的，因而，山東人在內陸開墾農田，種植糧食，足以維持生活。其他沿海各省，諸如江蘇、浙江、廣東諸省，都是田多人少，當地人從事農業收益不錯，沒有必要違反朝廷的海禁，做違法生意。但是，福建沿海的情況與其他地方不同，福建歷來是地少人多，明代初年的福建約有 1400 多萬畝土地，人口卻有 384 萬，人均田地不足 4 畝，其田地占有量不到其他省分的三分之一。因此，明朝海禁政策在福建的推行就有了問題。其次，明朝海禁政策能否推行也和朝廷在當地的統治力度有關。漳州歷來是民風強悍的地方，早在宋元時期，這裡就有「畬蠻」的活動，宋朝對其放任自流，以不治而治之。元代漳州發生過著名的陳吊眼起義，當元朝大軍橫掃亞歐大陸之際，是陳吊眼這個微不足道的漳州山民最早起來反抗元朝的殘暴統治，從此中國各地的民眾接連不斷，最終推翻了元朝的統治。明朝建立後，漳州仍是民眾不斷起義的地方，在元代形成的各類武裝隱藏於山區和沿海，經常襲擊明朝的官軍，可以說，明朝對漳州的統治很不穩固。在這一背景下，可知明朝的海禁政策在漳州無法推行。當地民眾不管不顧，自行下海

貿易，形成了私人海上貿易集團。[56] 漳州的玄鍾港位於閩粵之交，原來是一個軍港。然而，明代中葉以後，朝廷所頒糧餉經常斷供。玄鍾軍人開始經營海上貿易。「懸鍾向專造運船販米至福行糴，利常三倍。每至輒幾十艘，福民便之。廣浙之人亦大利焉」[57]。如張燮所說：「漳，海國也，斥鹵舄鹵，不脛而走四裔。然賈人子，信柁水宿，到處貿易其文物以歸，則歲為常。」[58] 再如池顯方說：「閩人多寄田於于海，寄家于夷。」[59] 陳組綬論福建：「魚鹽之地，多山林，少田賦，故時乞糴於交廣，否則貨易於島夷，否則盜，禁之不可。舍此之外，貧民胡擇焉。」[60] 其中作為漳州主要海口的月港，從事外貿的人口比例較大：「澄民習夷，什家而七。」[61]

　　明代正德、嘉靖年間是世界海上貿易發生巨變的時代，葡萄牙人與西班牙人航海來到東方，他們與在當地貿易的漳州商人接觸，從而建立了對中國的貿易關係。此後，中國商品開始進入歐洲市場，其中絲綢、瓷器、白糖都得到了很高的評價，例如，漳州窯所製瓷器，在中國只能算粗瓷，但在歐洲可以賣出黃金一樣的高價。[62] 得以高價出售。可見，明代漳州商人的貢獻是很大的，他們最早接觸了來到南洋的歐洲人，開闢了中國與歐洲的貿易體系。在東亞方面，日本引進大陸的煉銀技術之後，開始大規模開採銀礦，這使當時日本的銀子像石頭一樣便宜。漳州商人最早發現了日本這一塊寶地，他們瘋狂駕船到日本港口，出售一切中國的產品，運回巨額白銀。不幸的是，漳州人大量進入日本遭到明朝的禁止，更因為朱紈過激的海禁，導致倭寇活動的發生。明中葉襲擊中國沿海的倭寇多與閩粵海商有關，桂萼《福建圖敍》：「海物互市，妖孽荐興（通番海賊，不時出沒）則漳浦、龍溪之民居多。」[63] 其時，漳州海寇商人聞名全國，「東南濱海

56　徐曉望，〈明代漳州商人與中琉貿易〉，泉州，《海交史研究》，1998 年第 2 期。
57　陳夢雷等，《古今圖書集成》職方典，卷一千一百一十，〈臺灣府〉，第 17682—17683 頁。
58　張燮，《霏雲居集》卷三十，〈方使君坐銷紅夷碑記〉，《張燮集》第一冊，中華書局 2015 年，第 573 頁。
59　池顯方，《晃巖集》卷十三，〈湄洲海神傳〉，廈門大學出版社 2009 年，第 288 頁。
60　陳組綬，《皇明職方兩京十三省地圖表》卷上，第 88 頁。
61　高克正，〈折呂宋採金議〉，張燮，《東西洋考》卷十一，〈藝文考〉，第 222 頁。
62　〔西班牙〕胡安・岡薩雷斯・德・門多薩（J. G. de Mendoza），《中華大帝國史》孫家堃譯本，第 256 頁。
63　黃訓編，《名臣經濟錄》卷二十，〈戶部圖志・田土賦役〉，文淵閣四庫全書本，

之地，以販海為生，其來已久，而閩為甚。閩之福興泉漳，襟山帶海，田不足耕，非市舶無以助衣食；其民恬波濤而輕生死，亦其習使然，而漳為甚。」[64]

經過一段倭寇活動之後，東南沿海遭受極大的破壞，明朝統治者終於認識到海禁政策在漳州無法實行。於是，明朝允許漳州商人從月港出海貿易，並建立海澄縣管轄。這使月港民眾對官府的態度轉變。張燮評漳州知府唐九德的德政：「月港故稱盜藪，至是始議創邑，得報可。舊民避兵郡中，漫指某子甲先是嘗染賊黨者，飲血而報復，噂沓彌芬。公調劑萬端，讒言乃解。因置城郭，籍編戶，立學校，今海澄遂為東南望邑焉。」[65] 海澄建縣後，漳州商人獲得了合法經營海外貿易的權利。航海商販，盡由漳泉。止於道府告給引文為據。「此皆沿海居民，富者出資，貧者出力，戀遷居利。積久弊滋，緣為奸盜者，已非一日。」「更有黠猾豪富，託名賈服，勾通引誘，偽造引文，收買禁物」。福建官府決心加強管理：「今總督凌雲翼議將下番船舶，一一由海道掛號，驗其丈尺，審其貨物，當出海回籍之候，俱欲焰數盤驗，不許夾帶違禁貨物。巡撫福建劉思問一謂漳州澳船須令赴官告給船由、文引，並將貨物登記。二謂泉漳商船無可辨查，要行該有司將大小船隻編刻字號，每船十隻立一甲長，給文為驗。三謂沿海居民間有通賊接濟，宜立保甲互相稽察。如一家接濟，則九家報官。敢有容隱，則九家連坐。其甲保長另行重處。」[66] 這些管理措施，有些地方不合理，不過，有了管理，畢竟維持了海洋秩序。漳州、泉州一帶的海上貿易更有發展。「饒心計與健有力者，往往就海波為阡陌，倚帆檣為耒耜，凡捕魚緯簫之徒，咸奔走焉。蓋富家以貲，貧人以傭，輸中華之產，騁彼遠國，易其方物以歸。博利可十倍。故民樂之。……以舶主中上之產，轉兮逢辰，容致巨萬，顧微遭傾覆，破產隨之。亦循環之數矣。」[67]

許孚遠說：「據海澄縣番商李福等連名呈稱：本縣僻處海濱，田受鹹水，

第 15 頁。

64　許孚遠，《敬和堂集》，〈疏通海禁疏〉，第 26 頁。

65　張燮，《霏雲居集》卷三四，〈通議大夫廣東按察使麓陽唐公（九德）傳〉，《張燮集》第一冊，第 627 頁。

66　《明神宗實錄》卷八一，萬曆六年十一月辛亥。

67　梁兆陽修，蔡國楨、張燮等纂，崇禎《海澄縣志》卷十一，第 447 頁。

多荒少熟，民業全在舟販，賦役俯仰是資。」[68] 總之，經營海外貿易，已是海澄人的主要行業。《閩書》謂：「海澄，有番舶之饒，行者入海，居者附貨。或得竇子棄兒，養如所出，長使通夷，其存亡無所患苦，犀象、瑇瑁、胡椒、沈檀之屬，麕然而至。」[69]。明代鄭懷魁的〈海賦〉說：「富商巨賈，捐億萬，駕艨艟，植參天之高桅，懸迷日之大蓬，約千尋之修纜。」[70] 由此可見當時漳州大船的雄偉。《東西洋考》記載漳州人船舶：

> 舟大者廣可三丈五六尺，長十餘丈，小者廣二丈，長約七八丈。弓矢刀楯，戰具都備。倅遇賊至，人自為衛。依然長城，未易卒拔焉。造舶費可千餘金，每還，往歲一修輯，亦不下五六百金。或謂水軍戰艦，其堅緻不及賈客船。不知賈舶之取數多，若兵艦所需縣官金錢，僅當三之一耳。

> 每舶舶主為政，諸商人附之如蟻封衛，長合併徒巢。亞此則財副一人，爰司掌記。又總管一人，統理舟中事，代舶主傳呼。其司戰具者為直庫，上檣桅者為阿班，司椗者有頭椗、二椗，司繚者有大繚、二繚，司舵者為舵工，亦二人更代。其司針者名火長，波路壯闊，悉聽指揮。書雲有常，占風有候，此破浪輕萬里之勢，而問途無七聖之迷者乎？[71]

以上舶主、總管、阿班、司椗、司繚、司舵、火長都是專業人才，普通水手也很多。「蓋舶主而下，多財善賈者，元不數人。間有憑子母錢稱貸數金輒附舶遠行者。又有不持片錢，空手應募得值以行者，歲不下數萬人。」[72] 漳州府治龍溪縣也以海上人材出名。「族大之家，指或數十，類多入海貿夷。壯者散而之他郡，擇不食之壤，開山種畬，或拏舟滄浪間。」[73] 閩南沿海諸縣，每縣都有數萬可下海的水手，這是中國海洋力量雄厚的實力。

68　許孚遠，《敬和堂集》，〈疏通海禁疏〉，第 20 頁。
69　何喬遠，《閩書》卷三八，〈風俗志〉，第 946—947 頁。
70　鄭懷魁，〈海賦〉，李基益等，康熙《海澄縣志》卷十六，〈藝文〉，清康熙刊本，第 1 頁。
71　張燮，《東西洋考》卷九，〈舟師考〉，第 170—171 頁。
72　梁兆陽修，蔡國楨、張燮等，崇禎《海澄縣志》卷五，〈賦役志・餉稅考〉，第 367 頁。
73　何喬遠，《閩書》卷三八，〈風俗志〉，第 946 頁。

漳州海澄月港的對外通商是單向性的，只允許當地人到月港取得許可，然後到外地經商，並不允許海外商人進入月港貿易。早期在漳州沿海，曾有葡萄牙人前來貿易，月港對外通商後，葡萄牙人反而不能在月港定居和貿易。後來，西班牙人、荷蘭人請求到月港、廈門經商，都被明朝廷拒絕。所以，月港通商絕對不能說是開放。此外，當時的中國沿海，只有海澄一個港口允許當地人出外經商，它如浙江、廣東二省都在實行海禁。廣東的澳門雖然允許葡萄牙人前來貿易，但不允許本地商人從澳門到海外貿易；浙江的海禁最為嚴厲，當地的水師一看到日本船隻便發起攻擊，對赴日本的船隻也查得很嚴，總之，浙粵二省的海禁一直到明代末年還很嚴厲，這種狀況，也不能說是開放。不過，浙粵二省海禁的另一面是造就了福建人的海上優勢，月港成為東南商人薈聚的地方，「漳郡之東，迤四十里，有地一區，是名月港，乃海陸之要衝，實東南之門戶，當其盛，則雲帆烟檣，輻湊于江皋，市肆街廛，星羅於岸畔。商賈來吳會之遙，貨物萃華夏之美，珠璣象犀，家聞而戶溢。魚鹽粟米，泉湧而川流。」[74] 貨物湧向月港的另一方面，是月港商人走遍全國各地，「南走交廣，北涉京師，東望普陀之勝，西企海市之奇。」[75] 如果熟悉月港商人的活動軌跡，就可知道，這段文字是說月港商人南到廣東、越南，北到京師，他們還在浙江的普陀山港口經營中國與日本之間的海上貿易。明代鄭懷魁的〈海賦〉說：「富商巨賈，捐億萬，駕艨艟……外域既至，相埠彎舟，重譯入國，金幣通酋，期日互市，定儈交售。……持籌握算，其利十倍，出不盈筐，歸必捆載。」[76] 明代末年，對日本的海禁逐漸鬆弛，漳州商人對日本貿易重興。萬曆《漳州府志》說：「比歲海濱人視越販為常事，詭給沙埕引，無不詣山城君者。當事憂之，嚴為令，與民更始。有更犯者無赦。夫越販起於富人射利，其意原非勾賊，唯是輸其寶貨，露其情形，此其漸不可長者。」[77] 文中的「山城君」，是明朝人對日本天皇的稱呼，此處為日本代稱。這段記載表明，明末到日本貿易的漳州人非常多。天啟五年福建巡撫南居益說：「海上之民，以海為田，

74　謝彬，〈鄧公撫澄德政碑〉，張燮等，崇禎《海澄縣志》卷十七，〈藝文志〉，第503頁。

75　鄭懷魁，〈海賦〉張燮等，崇禎《海澄縣志》卷十六，〈藝文志〉，第14頁。

76　鄭懷魁，〈海賦〉，李基益等，康熙《海澄縣志》卷十六，〈藝文〉，清康熙刊本，第1頁。

77　袁業泗修、劉庭蕙纂，萬曆《漳州府志》卷十五，〈兵防志〉，第1040頁。

大者為商賈，販於東西洋，官為給引，軍國且半資之，法所不禁，烏知商
艘之不之倭而之於別國也。」「閩閩越三吳之人，住於倭島者不知幾千百
家，與倭婚媾，長子孫，名曰唐市。此數千百家之宗族姻識，潛與之通者，
實繁有徒。」[78] 事實上，明末日本長崎港華人所建三大寺中，其中之一為漳
州寺。該寺最早為媽祖道場，建於日本寬永五年（1628 年），由東渡長崎
的泉州僧侶覺悔建立，其徒弟於慶安二年（1649 年）擴建為寺，名曰：「紫
山福濟寺」。因其信眾皆為泉州人和漳州人，所以有泉州寺之稱，後因漳
州商人較多，通常稱為漳州寺。[79] 其時，漳泉商人多從浙江渡海貿易，因而
帶動了江南一帶商人到日本貿易。萬曆四十年八月丁卯，兵部言：「至通倭，
則南直隸繇太倉等處以貨相貿易，取道浙路而去。而通倭之人皆閩人也，
合福、興、泉、漳共數萬計，無論不能禁」[80]。受閩商的影響，江南富商也
到日本長崎貿易，他們在長崎所建寺院，被稱為南京寺。漳州寺與福州寺、
南京寺三足鼎立。總之，月港獨特的地位使閩人獨攬中國對外貿易數十年，
而福建商團中，又以漳州海商的勢力最大，他們在日本長崎、菲律賓馬尼
拉乃至廣東的澳門，都是最有影響的商人。

　　總結漳州海商集團的特點是：在明朝實行海禁時期，他們就冒禁航海。
其貢獻是維繫了福建民間海上貿易的傳統，開闢了與日本、歐洲商人的貿
易。在他們的影響下，明朝終於同意開放海澄為對外貿易港口，允許漳州
商人從月港去海外貿易。由於月港為當時中國唯一允許中國商人合法出境
的地方，漳州商人集團成為中國最重要的海商集團，長期壟斷中國對外貿
易。由於月港通商是合法的，晚明漳州商人並非完全依賴海上武力，其中
也成長起一批自由商人。[81]

二、泉州海商集團的發展

　　泉州位於東南沿海，在歷史上與海外世界有著廣泛的聯繫。明代前期，

78　《明熹宗實錄》卷五八，天啟五年四月戊寅，第 2661 頁。
79　劉序楓，〈明末清初的中日貿易與日本華僑社會〉：臺北，《人文及社會科學集刊》
　　第十一卷第三期（1999 年 9 月），第 455—456 頁。
80　《明神宗實錄》第 118 冊，第 9385—9389 頁。
81　楊國楨，〈17 世紀海峽兩岸貿易的大商人——商人 Hambuan 文書試探〉，氏著《閩
　　在海中——追尋福建海洋發展史》，江西高校出版社，1998 年。

由於明朝的海禁，泉州人從事海外貿易的人很少，這是因為泉州科舉事業發達，許多人在朝廷中做官，願意違法的人較少。但是，早在明代中葉，便有一些邊海民眾捲入海上貿易。例如，晉江安海鎮的《霞亭東房顏氏族譜》：「嗣祥，字子端，號悠然，普智長子。生成化丁亥（1467 年）正月廿四日，正德辛巳年（1521 年）七月廿六日卒暹羅。」「賢良，字世純，號清江，孝宗長子，生成化丙午年（1486 年）四月廿二日，嘉靖乙酉年（1525 年）六月初七日卒暹羅。」以上顏氏族譜所載的顏嗣祥和顏賢良，分別享年 55 歲、49 歲，他們活動於海上的時間，應是明中葉的弘治、正德年間。其中顏賢良晚年的活動，已經進入了晚明的嘉靖年間。顏家人生活在邊海的安海港，官府對此地管理不力，這裡人出海較早是可以理解的。

　　隨著嘉靖年間對外貿易的發展，泉州人捲入海外貿易的越來越多。仍以顏氏家族為例。「森器，字世用，號益江，孟華次子。生弘治丁巳年（1497 年）十月廿九日，嘉靖丙戌年（1526 年）六月初七日卒暹羅。」「會，字世清，號翠林，嗣振長子。生弘治丙辰年（1496 年）十月廿二日，嘉靖甲寅年（1554 年）卒海外。」其他於嘉年間死於暹羅的顏氏家族成員還有顏森禮、顏侃、顏璽等人。[82] 這說明顏氏家族長期做泰國的生意，從弘治、正德一直延續到嘉靖年間。冒險去日本經商的人也不少：楊南宗為晉江人，「一鄉民從倭既而歸治生業，族少年謀鈂往事，力止之曰：人既更新，奈何已甚。得保全無害。」[83]

　　安海的地形條件十分有利於下海貿易。王慎中說：「泉之為郡，東南履海，延衰迤邐，畫岸為疆，如循衣裾，緣岸曲折蟠屈。人營其間以居，對視列島隱見，出沒烟濤雲浪間，錯落若置碁聚塊，皆蠻人邑國也。無重關穹壁斷蹊絕坂之限。舟浮水面，負巨颿而行，日可踔數百里。島外諸國，皆有奇產異物，珍瓚怪詭。邀利忘生之夫，枕席大險，以牟鉅贏。故泉之盜患莫劇於海。」[84] 又如萬曆《泉州府志》寫道：「石湖、安平，番舶去處，

82　晉江安海鎮，《霞亭東房顏氏族譜》，轉引自鄭山玉、李天錫、白曉東，〈泉州僑鄉族譜華僑出國史料剖析〉，莊為璣、鄭山玉等，《泉州譜牒華僑史料與研究》，中國華僑出版社 1998 年，第 1096 頁。

83　黃任等，乾隆《泉州府志》卷六十，〈明篤行〉，同治重刊本，第 40—41 頁。

84　王慎中，《遵巖集》卷十四，〈刻招魂章碑石〉，文淵閣四庫全書本，第 58 頁。

大半市易上國及諸島夷。」[85]引文中的「上國」應是指江南區域，而她與「島夷」的聯繫，則證明其海外貿易發達。在晚明重商的風氣裡，商人成為各階層最為羨慕的對象。泉州晉江地主，「量田所入以為出，久之，有餘，以其餘貨附宗人之敏者，貿遷于外。」[86]安海的高元近，原為一名儒生，「以父業儒，家計窘迫，乃棄儒入商，往西南夷以牟利，歷年不歸。」[87]金門島的習俗是「有銖積而致千金者。」[88]該島的洪氏家族「商販外洋，巨富數十萬。」[89]與漳州海商略有不同的是：泉州商人在國內市場上也很有勢力。「安平許翁三泉，南舟北轅之人也。出口有無棄之言，處身有不選之行，居而鄉人信之，出而四方敬且重之。」[90]有些家庭兄弟分工：黃尚絅，晉江安平人。「遭家道中落，謂弟曰：我賈爾讀，各自努力。於是歷吳越燕趙東粵，積勤累纖，上供母，下資弟讀。」[91]林翁的家庭：「有壯子六人，儒賈守業，異物不遷。賈者以贏，儒者以名，二子一孫，褒然膠序。」[92]儒賈分工，在泉州人中是常見的。「陳子居於海上，歲恒讀書郡城。」「陳子之二兄服賈服勞焉。」[93]

　　一些城居地主兼營農業、商業，「尤公兄弟共炊而食，自勞其身，轉貨浮巨海，出東方歐駱鄮甬之墟。授弟其柄，使握家政。」[94]尤家兄弟的分工十分有趣，哥哥出海貿易，弟弟在家主持家政，其主持家政的內容不明。若僅僅限於家政，那麼，這是一個純粹的商人家庭。但明人所謂的「家政」，也有可能包括農業投資，因而，這也有可能是一個兼營農商的人家。此外，一些農村富家也進城經營商業，明代中葉的仙遊林翁「家于縣西，始事勾股，既，乃於城西樊圃雜植桑柘、椶櫚、果樹若菜茹，因號西圃主人。既

85　陽思謙等，萬曆《泉州府志》，卷三，〈風俗〉，第 55 頁。

86　王慎中，《遵巖集》卷十四，〈陳啟文墓誌銘〉，第 12 頁。

87　安海志修編小組，新編《安海志》卷三三，〈節烈〉，第 380 頁。

88　洪受，〈滄海紀遺〉，《滄海紀遺譯釋本》人才之紀第三，黃鏘補錄，郭哲銘譯釋，第 153 頁。

89　洪受，〈滄海紀遺〉，《滄海紀遺譯釋本》本業之紀第六，第 171 頁。

90　何喬遠，《鏡山全集》卷四六，〈壽許翁序〉，第 1237 頁。

91　黃任等，乾隆《泉州府志》卷六十，〈明篤行〉，同治重刊本，第 41 頁。

92　何喬遠，《鏡山全集》卷四二，〈壽林翁序〉，第 1238 頁。

93　何喬遠，《鏡山全集》卷四八，〈壽陳母序〉，第 1288—1289 頁。

94　王慎中，《遵巖集》卷一二，〈淑閒吳氏墓誌銘〉，第 25 頁。

又市田數畝、廛數區，而勤力於其間。」[95] 這位林翁「始事勾股」，說明他原來是一位會計人員，這類人物對金錢是比較敏感的。他從原來的位置上退下來以後，經營的內容相當廣泛，即種田，又種植各類經濟作物，還經營商店。他的目的很明顯，是為了謀取市場利潤。

在歷史上漳泉商人往往是並稱的。在倭亂時期有人說：「今日通番接濟之姦豪，在溫州尚少，在漳泉為多。」[96] 馮璋說：「又況泉漳風俗，嗜利通番，今雖重以充軍死之條，尚猶結黨成風，造舡出海，私相貿易，恬無畏忌。」他又說：「漳泉惡俗，童男幼女，抵當番貨，或受其值而徑與其人，而賺得其貨，或委身而甘為贅壻，或連姻而藉以富家，番華交通，一至此甚。」[97] 這都是泉州重商習俗的反映。

明朝海禁之後，早期泉州商人很少去海外貿易，但他們在江南城市頗有勢力。泉州的王氏鉅賈常在蘇州一帶貿易，父死子繼。王瑞，「賈行吳中。尋父故游處，以不泯其志。翁所挾貲於諸賈中為最下，然溫郁可近，貌悅色恭，言語煦煦，其和襲人。臨財有信若秋霜，吳中高其為人，愛而任焉。諸挾高貲者，顧不得與翁齒。縉紳士夫南北行，過吳中，翁得皆與其賢者接。同賈者常尾翁後，附名刺中，因以求通，揖讓進止視翁。每招賢者游，指斥山𡿧，談說光景，亹亹與賢者往反，成其為賓主。諸賈默然，引爵執筯，竟日徒飽而已。退則相目推翁以為能。王賈之名在吳中頗盛。」江南與泉州可通海路，不過，因海禁的原因，這條海路經常受到干擾，王瑞嘗試開闢海路貿易受阻。「最後傾貲懷珍貨，買巨舶，浮海踔東甌。亂，明州以濟，將赴臨安。為邏卒所邀，貲沒之盡。然翁所懷貨，皆非令所禁，邏卒為暴勒沒之耳。」[98] 也有泉州商人在福州等省內城市貿易。明代的泉州商人潘泗，「年甫三十，賈三山南臺間，主于鄭家，與徽賈客為同舍」。潘泗拾得徽商丟失的白銀三百兩，後原物奉還，顯示了很高的商人休養，得到商界同仁的表揚。[99] 不過，隨著時代的變化，泉州的海上交通逐漸興盛。「阮

95　鄭岳，《山齋文集》卷十，〈壽西圃林翁八十冠帶序〉，文淵閣四庫全書本，第 12 頁。

96　朱紈，〈閱視海防事〉，《明經世文編》卷二百零五，《朱中丞甓餘集》，第 2157 頁。

97　馮璋，〈通番舶議〉，陳子龍等，《明經世文編》卷二百八十，第 2966 頁。

98　王慎中，《遵巖集》卷十二，〈處士易直王翁墓誌銘〉，第 16 頁。

99　李光縉，《景璧集》卷十三，〈兩翁世德傳〉，第 2137 頁。

伯宗，字一峰，同安人，幼孤，守志鞠之。十餘歲，泛海求贏餘以養母。」[100]
丁懷可，晉江人。「家苦貧，稍長，業賈以養父。時島夷內訌，一錢一縷，
皆自萬死一生中得之。」[101] 黃宗任，晉江安平人，「歸而收拾餘燼，自以
其意經營，貲稍進。乃揚帆島嶼間，獲奇羨，歸而歎曰：此畏途也。」[102]
可見，泉州商人敢於冒險到海外經商。

　　泉州商人集團中，最為著名的是泉州的安平商人。何喬遠說，「安平
一鎮在郡東南陬，瀕於海上。人戶且十餘萬，詩書冠紳等一大邑。其民齊
力耕織，多服賈兩京師、齊、汴、吳、越、嶺以外，航海貿諸夷，致其財
力，相生泉一郡人。」[103] 他又說：「吾郡安平鎮之為俗，大類徽州。其地
少而人稠，則衣食四方者十家而七。故今兩京、臨清、蘇杭間，多徽州、
安平之人。第徽人以一郡，而安平人以一鎮，則徽人為多。是皆背離其室
家，或十餘年未返者，返則兒子長育至不相別識。蓋有新婚之別，聚以數
日離者。」[104] 李光縉也說：「吾溫陵里中，家絃戶誦，人喜儒不矜賈。安
平市獨矜賈，逐什一趨利，然亦不倚市門。丈夫子生已及弁，往往廢著鬻
財，賈行遍郡國，北賈燕，南賈吳，東賈粵，西賈巴蜀，或衝風突浪，爭
利於海島絕夷之墟。近者歲一歸，遠者數歲始歸，過邑不入門，以異域為
家。壼以內之政，婦人秉之。此其俗之大都也。」[105]、「安平人素商海上，
所寄多金錢珍重寶，捲握之物，可富數人。」[106]、「安平多尚遠商，不計
華夷。」[107]、「安海以商為業，雖文身赤髮之國亦到。」[108] 安平商人以遊
歷四方而著名，「晉江安平之俗……適遊四方，歷覽名區，問以齊魯燕趙、
吳越甌貉、百粵之墟，無不能道。至問郡縣公堂所列何區，莫能言也。」[109]

100　黃任等，乾隆《泉州府志》卷六十，〈明篤行〉，同治重刊本，第55頁。

101　黃任等，乾隆《泉州府志》卷六十，〈明篤行〉，第52頁。

102　黃任等，乾隆《泉州府志》卷六十，〈明篤行〉，第43頁。

103　何喬遠，《何氏萬曆集》卷二十三，〈泉郡貳守楊公安平鎮海汛碑〉，明萬曆刊本，
　　　第20頁。何喬遠，《何氏萬曆集》明萬曆刊本，北京，故宮博物院編，故宮珍本
　　　叢書第538冊。海南出版社2000年，第77頁。

104　何喬遠，《鏡山全集》卷四八，〈顏母壽序〉，第1276頁。

105　李光縉，《景璧集》卷四，〈史母沈儒人壽序〉，江蘇廣陵古籍刻印社1996年影
　　　印崇禎十年刊本，第726頁。

106　黃克纘，《數馬集》卷四八，〈陳肖軒墓誌銘〉，第2260頁。

107　安海志修編小組，新編《安海志》卷二三，〈節烈〉，第379頁。

108　安海志修編小組，新編《安海志》卷二三，〈節烈〉，第381頁。

109　洪朝選，《芳洲先生文集》上卷，〈蔡省庵墓誌銘〉，香港，華星出版社2002年，

安海的普通市民廣泛參與商業，安平王氏，三代人貿易吳中，前二代人有得有失，至第三代「賈大進，廓增溢羨，為安平鉅家。」[110]、「安平人喜賈，少事詩書，挾重貲，浮海島外為業，巨姓子弟不免焉。」[111]

　　泉州商人以擅長經營聞名。泉州人錢峰，家逢變故，獨身到安溪的湖頭市經商。「有藍媼者，其人無嗣，入湖市木之客，多駐寄其家。媼見公至哀，而給食之。遂留與居，視若已子。公是以得藉資於客中之殷者，持籌握算，反為諸客先。公起貲從此。始公治賈有三策，無財時作力，少有財時鬥智，既饒，則爭時。此其大都也。數年之間，立致千金。愈益居積，種樹牧畜，出貸子錢，收而息之，以貲雄湖市中。」[112] 這位商人經商從賣苦力開始，然後是鬥智，再後是掌握時機，他對商業的體會很值得後人學習。又如泉州梅峰的鄭承元，「剖囊中余藏，出金錢數千緡，委二三蒼頭，轉轂旁郡國，通四方異貨，逐贏得為奇勝。身治產積居，不窺市井，不行異邑，坐而待收，與里中貴公子當世之賢人所以富者同。樂觀時變，趨若鷙鳥之發，猶孫吳之用兵，商鞅之行法，人雖學其術，弗如之矣。一年之中，收息什之，數歲之後，收息伯之，最後息千之。公以此起家……乃銳身出與家僕俱南走越，北走吳，酤出入金錢而卷之。」[113] 鄭承元擅長用人，從當地的一個小商人發展為鉅賈，令人佩服。晉江安平的黃宗任在海外發財後歸來：「歸而歎曰：此畏途也。危其身以博阿堵，非常策。于征貴賤，權取與，任人而息之，貲遂大起。治家嚴，而有法教。」[114] 可見，他以貸款為生。

　　泉州商人的商業網絡不僅伸展到南京、蘇州一帶，還向北方延伸。泉州商人蔡宗實「謀賈于燕齊」，「時倭寇充斥，商旅道阻，冒波濤浮海以去。初至臨淄，繼入洛陽。仰取俯拾，薄飲食，忍嗜欲，與童僕同苦樂。以義為利，以不貪少敗。貲漸起，供父甘毳，無所不備。」[115] 在北京從事批發

第 147 頁。

110　王慎中，《遵巖集》卷十二，〈處士易直王翁墓誌銘〉，第 17 頁。
111　李光縉，《景璧集》卷十四，〈柯烈婦傳〉，第 2411 頁。
112　李光縉，《景璧集》卷十三，〈錢峰洪公傳〉，第 2166 頁。
113　李光縉，《景璧集》卷十三，〈梅峰鄭季公（承元）先生傳〉，第 2226—2227 頁。
114　黃任等，乾隆《泉州府志》卷六十，〈明篤行〉，同治重刊本，第 43 頁。
115　黃任等，乾隆《泉州府志》卷六十，〈明篤行〉，第 37 頁。

生間的鉅賈林文明，為晉江人後裔，長期定居於北京，但與來自泉州的商人交好，從事絲綢及海外商品胡椒之類的買賣。

> 公諱文明，字尚榮，其先閩之晉江人。高祖德宗生政……公少磊落有大贏志，而其父前卒，式微甚，公奮曰：「大丈夫豈其立槁哉？夫致千金者，必之都市。」乃脫身游京師，家焉。是時，方弱冠也。屬有天幸不致乏絕，稍稍從賈人子為積著。又屬有天幸，稍稍具橐裝。公雖游於什一乎，而不為貪賈趨射乾沒之技，較量圭撮，要以寬大、忠信與時消息，諸賈人子咸稱曰：「是廉賈也，是不為侵然諾者也。」間以其貨賄至者，得公一諾，賢於十券，公益得操而息之，幾與素封埒。而公時時念故鄉不置。好游鄉諸學士大夫間，以其為閩之人也者。則事之。以其為泉之人也者，則亟事之。而公直易、長厚，不為城府，人人皆為交歡。公所居窮巷，常有長者車輒，座客常滿也。泉計偕孝廉，歲百數十人，無論識與不識，褫鞍解裝，首之公舍。然公敦禮好客，自其天性，要非內贊借交以謬自重者。諸學士大夫或欲以居間為公歡，固問之，豈欲言事乎：公逡逡遜避，於是林長公之聲重海內，海內諸學士大夫多從之游者矣。[116]

> 公尤甚喜施予，急人之急，其急人也，甚於己。王問卿者，載綺繒，可直數百金，斥賣都市，都市人以次來受賈。既而賈皆散敗，業不能償。而王故善緹騎帥，則屬緹騎帥徵之急。公閔然曰：「獨奈何以數百金傷十數命哉？」即割橐中裝為償之。時公素不能千金，償之逾半矣。既而貢士莊待試闕下，主王所暴卒。其僕以遺椒鬻公，鬻之三日，公括椒而遺金二百在焉。大驚：「此莊氏物也，夫人不幸客死，而吾忍掩其金乎？」亟呼其僕歸之。當是時，王為莊隸遺橐方急僕，僕啐啐無所出。及金歸，叩頭出血謝：「非公，奴死矣。」王聞之，亦亟為謝。公生平所為義非一，饑待而火者，寒待而衣者，斃待而槥者，藏待而土者，旅待而裝者，齋待而供者，橋道宮寺待而題名者，歲無虛月，月無虛日。而其所最急者，里中諸武冑襲職上司馬，窘不能為計。以告公，公輒先後濟之，曰「吾為若德，若皆世世稱侯者，無令以窘故失侯。」至于今，諸武冑窘輒思公，安

---

116 莊履豐，《莊梅谷先生文集》卷十一，〈明處士林長公行狀〉，陳建中、陳秋紅點校本，商務印書館 2018 年，第 180 頁。

得起林長公於九京邪？公來吾事濟矣。當公施予問道，絡繹出，產且中挫，所親謬規之：「顧及時為子孫計」，公謝曰：吾豈老詩不念子孫哉？吾少也，因不能忍人困，且寶貴非生有也，子孫自力爾。[117]

可見，林文明是一個以誠信為特點的巨賈，他對公益事業的熱心也是有名的。他的另一個特點是愛和官場人物交往。來自家鄉到北京考試的舉人，每每成為他的客人；那些去泉州上任的武將，也都會得到林文明的贊助。值得注意的是：當時到北京考試的舉人，大都會帶些胡椒之類的商品，到北京出售給林文明，這樣，他們就可得到一筆可觀的利潤，從而支付旅行的開支。明代士商不分，足見一斑。

就泉州商人發展的歷史來看，他們在宋元時代是中國對外貿易的開拓者，但到了明代前期，他們為明朝的海禁所制，出外貿易的不多。迄至明代中期，泉州人加入漳州人的海商集團，因而有漳泉海寇集團的出現。迄至明代後期，海澄港成為允許中國商人進行對外貿易的唯一港口，泉州商人也到海澄申請出海的許可，因而成為中國重要的海商集團。不過，因福建的主要海口在漳州境內，當時的泉州商人不如漳州商人。直到明代末年，以鄭芝龍為首的海上勢力控制了臺灣海峽，作為泉州石井人的鄭芝龍將其家庭安置於安海，並在這裡出售「航海許可證」，從而使晉江安海成為福建最重要的出海貿易港口之一。從鄭芝龍到鄭成功開闢原屬泉州的廈門港，泉州商人在海上的勢力超過了漳州人。

三、明代漳泉海商的盛衰

漳泉海商集團的起落。漳州海商是明代海洋事業的開拓者，早期明代前期，漳州海商就與潮州海商一起，擔負起中國民間對外貿易的重任。迄至隆慶年間，漳州開放月港對外貿易，而潮州繼續打戰，潮州海商集團一度衰落，於是，形成了漳州海商獨霸海洋的局面。事實上，從明初到明末，漳州海商縱橫東亞海上，稱霸一時。即使到了明代後期，我們看到：在麻六甲任華人首領的是漳州人鄭芳揚等。翁佳音探討荷蘭人中的材料，認為大泥華商李錦原為漳州海澄人，他死於 1612 年，身後留下 6000 萬里亞爾

117　莊履豐，《莊梅谷先生文集》卷十一，〈明處士林長公行狀〉，第 180 頁。

（real）財富。他認為：直到 17 世紀之初，活躍於東亞、東南亞貿易圈的漢人大商人，主要人物仍然為漳州、廈門與同安籍。[118]

泉州在歷史上的海洋事業比漳州更為強大。在宋元之際，泉州海商馳騁於東南亞與印度洋，泉州港號稱東亞最大的港口。北宋元祐二年（1087年）在泉州設置市舶司，經歷南宋、元代，迨至明代前期，泉州仍為福建市舶司駐地。然而，隨著東洋進貢國的減少，常到泉州市舶司作客的海外商人，僅剩下琉球一國。而琉球國距福州港較近，於是，成化年間，福建市舶司從泉州遷到福州，結束了泉州設置市舶司的三百年歷史。

眾所周知，明朝實行海禁政策，這一政策在各地的影響程度不一。如第二卷所述，明朝的海禁政策在漳州和潮州無法執行，但在泉州，這一政策是得到貫徹的，這與泉州的地理形勢有關。以惠安而言，「邑海道不逾三十里，祈望之司居其四。陸則要脊，海則咽喉，視他屬較重矣。」[119] 可見，當時的惠安海岸線不長，卻有四所軍事要點，難怪海上私人貿易很難發展了。在這一背景下，泉州商人的特點是發展陸上貿易，構織國內的商業網絡。他們可以從月港、安海港等港口得到海外商品，並將其銷售於國內市場，這樣，他們與漳州商人形成了分工。漳州商人主要從事海外貿易，而泉州商人主要從事國內貿易。不過，對這種自然狀態下形成的分工，泉州商人是不滿意的。因為，泉州商人本來是海洋貿易的開拓者麼。郭造卿曾站在泉州人的立場上說：「邇者番舶為漳所移」[120]，即代表了這種思想。嘉靖年間，同安人林希元曾經為福建官府策劃建市舶司徵稅方案[121]，就有恢復泉州市舶司之意。明末泉州人何喬遠寫過多篇討論海洋政策的文章，他也有讓泉州與漳州分工的方案。其主要意思是：讓漳州官府負責對西洋的貿易，而讓泉州負責東洋的貿易。這些觀點委婉表達了泉州商人的想法：想從漳州人手中分得一些海外貿易的利潤。按，明代末年泉州商人已經進入海外貿易，以發生於馬尼拉的大屠殺來說，死於這場災難的華商中，漳

118　翁佳音，《荷蘭時代臺灣史的連續性問題》，臺北，稻香出版社 2008 年，第158、170 頁。

119　駱日升，《駱台晉先生文集》卷二，〈惠安縣誌纂續〉，鄭煥章點校，商務印書館 2017 年，第 32 頁。

120　郭造卿，《閩中經略議》，顧炎武，《天下郡國利病書》第 26 冊，〈福建〉，第 12 頁。

121　林希元，《同安林次崖先生文集》卷五，〈與翁見愚別駕書〉，第 539 頁。

州商人約占十分之七八，泉州商人約占十分之二三，泉州商人的力量明顯比不上漳州人。漳州商人的優勢在於：明代對外貿易的主要港口月港在他們的控制之下，對外貿易的主要分額大都被漳州商人拿走。泉州人與漳州的關係雖然密切，盡其所能，也只能拿到十之二三，這已經是很不錯了。泉州之外，沒有聽說外地商人在月港能拿到船引，他們最多是在漳泉人掌握的商船上搭股合夥。這種狀況是漳州人在海外貿易中長期占優的原因。

　　安海港是泉州海商活動的主要港口。安海位於泉州出海口的海峽之內，即可避風，又方便於出海航行。該港歷史上有與海外通商的習慣。但在明代前期一度沉寂。嘉靖年間，漳州對外貿易之風捲到安海，當地很快成為對外走私貿易的重要港口。不過，一直要到明代末年當地鉅賈鄭芝龍成為福建水師的軍官，安海港才成為對外貿易的重要港口。其時，月港因朝廷重新施行海禁而衰落，安海港則因鄭芝龍的關係，每年都有一些船隻到海外貿易，因此，安海港的對外貿易漸漸趕上了月港。迄至明末代年，安海港和月港的繁榮，又將廈門港帶動起來。

　　廈門港與漳泉海商的合流。明代的廈門是隸屬於泉州的一個島嶼，它位於九龍江的下游，港闊水深，風景優美，明代初年，朝廷在這裡駐紮水師一千來人，稱為中左所，隸屬於泉州衛。中左所的位置在今廈門市政府所在的小山坡上，而廈門港，今稱廈港，位於中左所的西南側，大約相距數公里。廈港的對面就是風景優美的鼓浪嶼，廈門島與鼓浪嶼構成的海峽，當地人稱為鷺江，是一個深水良港，早年漁船、商船都停泊於此。廈門原是一個荒島，居住的人不多，自中左所駐紮此地，島嶼的安全有了保障，軍民人口逐漸增長，漸漸成為一個繁榮的小鎮。廈門島距月港不遠，在明代晚期，月港是漳州下游物產的轉運中心，廈門的物質供應大都來自月港，或是其上游的石碼港。隨著晚明月港的繁榮，作為月港外港的廈門港也繁榮起來了。萬曆年間，已經有名為黃金的洋商定居於鼓浪嶼，而原駐月港的一些官府機構也移到了廈門島。廈門的商漁船已經有三百多艘。當時外商進入廈門之後，不是直接北上泉州，而是沿著九龍江上溯，先到月港，再過江東橋，抵達漳州。明清之際，鄭成功、鄭經父子為了保護廈門，在月港到江東橋一線與清軍作戰，都說明廈門通往漳州大路的重要性。總之，明清時代廈門的崛起，與漳州資本的大量投入有關。而明末漳州發展起來

後，被朝廷招安的海寇首領鄭芝龍長期定居於廈門，而定居於鼓浪嶼的漳籍、泉籍洋商越來越多，這樣，廈門城漸漸成為福建省著名海港，泉州商人和漳州商人逐漸合流了。其時，著名的海商有泉州籍的李旦、許心素、蘇鳴崗等人，他們大多以廈門港為活動基地。

　　明清之際的泉州商團，最為著名的是鄭芝龍、鄭成功、鄭經三代鉅賈。鄭芝龍占據臺灣沿海發展自己的力量。「芝龍初為海寇，以泉州為桑梓地，侵漳而不侵泉；故漳人議剿泉人議撫。」[122] 他在襲擊福建沿海之時，對下屬有個命令：要保全鄭芝龍的鄉親，亦即泉州石井、安海一帶的商人。這樣，鄭芝龍的活動極大影響了漳泉兩大海商集團的起落。在鄭芝龍之後，泉州商人有很大發展，漳州商人則屢受打擊，其發展程度漸漸不如泉州了。

第四節　晚明福莆海商集團的發展

　　福州是福建的省會，位於山海交匯區域，發展商業的條件很好。但是，福州商人並非只有坐商，他們還兼營行商，到海外貿易也是常見的。至於莆田商人，也是中國著名的商人集團之一。由於莆仙方言接近閩南話，所以，人們常把莆田商人列入閩南商人集團之一。實際上，莆仙商人主要活動範圍是在福州府，他們與福州商人打成一片，組成了福莆商人集團。

一、晚明福州海商的發展

　　福州是一個有航海傳統的城市，早在漢代就有人在臺灣海峽航行。[123] 宋元時期，也有不少福州人到海外航行。福州是閩越人的區域，這裡的習俗與北方儒教發源地有所不同。北方人重農輕商，而福州的風氣一向是尊商重利：「福州會城及建寧、福寧，以江浙為藩籬，東南抱海，西北聯山，山川秀美，土沃人稠。地饒荔挺橘柚，海物惟錯，民多仰機利而食。俗雜好事，多賈治生，不待危身取給。若歲時無豐食飲，被服不足自通，雖貴官巨室，閭里恥之。故其民賤嗇而貴侈。」[124] 謝肇淛說：「蓋吾郡縉紳多

122　李瑤，《南疆繹史摭遺》卷十，〈鄭成功傳〉，臺灣文獻叢刊本第 132 種，第 555 頁。
123　徐曉望，《早期臺灣海峽史研究》，福州，海風出版社 2006 年，第 3 頁。
124　張瀚，《松窗夢語》卷四，〈商賈紀〉，北京，中華書局 1985 年，第 84 頁。

以鹽筴起家，雖致政家居，猶親估客之事。」[125]官僚士大夫都以經商為常事，普通民眾就更不用說了。閩縣人周之夔說：「自吾家龍塘而下，由荻蘆門入海，其地屬於連邑。其山多怪石，其田斥鹵，歲穫率畝一鐘。其民舍陸而食於海，重厚少文，其天性也。」[126]

在明代福州商人中，以福清人得風氣之先，彭韶記載：「福清商十三人，見殺於石城，民斂其貲而燬其尸。」[127]彭韶是明成化年間的人，這條史料說明：福清商人早在明中葉即活躍於國內市場上。福清商人的興起與其地理環境有關。「福清僻在海隅，戶口最繁，食土之毛十才給二三，故其民半逐工商為生。」[128]府志云：「福清背山面海，田多瀉鹵，然頗有海舶之利，饒於財。雄他邑。其人剛勁而尚氣，四方雜處。」[129]當時有人將福清商人與徽商相比，如謝肇淛說：「吳之新安，閩之福唐，地狹而人眾，四民之業，無遠不屆，即遐陬窮髮，人跡不到之處，往往有之。誠有不可解者。蓋地狹則無田以自食，而人眾則射利之途愈廣故也。」[130]可見，明代福清人即是聞名全國的商人集團。[131]

商人從來是被利潤所吸引，早在明代海禁時期，就有一些福清人從事航海。何喬新的傳記云：「福清薛氏以所居瀕海，歲出諸蕃互市，事覺，遂聚眾欲為亂，先生掩其不備，盡獲其渠黨，海道以寧。」[132]考何喬新於成化年間任福建按察副使[133]，這一案件說明：早在成化年間，福清薛氏家族便在從事海上貿易。倭寇活動時期，也有福清人成為海寇商人，嘉靖二十六年，福清馮淑等三百四十人泛海通番。[134]王忬在其奏疏中說：「近

125　謝肇淛，《五雜組》卷十五，〈事部三〉，第 320 頁。
126　周之夔，《棄草集・文集》卷一，〈壽鄉飲賓唐思岡文〉，第 485 頁。
127　彭韶，《彭惠安集》卷四，〈陳文耀方伯公墓誌銘〉，第 28 頁。
128　葉向高，〈論本邑禁糶倉糧書〉，《古今圖書集成》，〈食貨典・荒政部〉，卷一百零一，第 83238 頁。
129　喻政修、林烴總纂，萬曆《福州府志》卷七，〈土風・福州〉，海風出版社 2001 年，第 103 頁。
130　謝肇淛，《五雜組》卷四，〈地部二〉，第 78 頁。
131　參見，傅衣凌，《明清時代商人及商業資本》，〈明代福建海商〉，北京，人民出版社 1956 年。
132　何喬新，《椒邱文集》外集，〈椒邱先生傳〉，文淵閣四庫全書本，第 5 頁。
133　喻政修、林烴總纂，萬曆《福州府志》下冊，卷四二，〈官政志〉，第 20 頁。
134　董應舉，《崇相集》議二，〈漫言（止言福海）〉，第 95 頁。

聞積年渠魁，如寧波之王直，福清之李大用，飄泊波浪，俱有首丘之思。」[135]
這些史料說明，當時福清人也是海上走私貿易的重要參與者之一。又如福
清的劉省宇之兄，明末崇禎年間成為「日本通事」。[136]

　　明朝允許月港通商之後，漳州、泉州海商集團發展很快，在對呂宋馬
尼拉城的貿易中，較少見到福清商人的影子。然而，福州商人在日本一直
很有影響。明末漳泉海商經常到福州口岸採購商品出海貿易，於是出現了
漳泉商人與福州商人合作的傾向。曹學佺記載：

> （萬曆）四十年夏，（福建）巡撫丁繼嗣斬通倭點賊蔡欽所於市。
> 欽所，漳人，向與省會奸民陳思蘭結為死友，往來倭國。有林美、
> 邱如泰、陳良調、林啟文等互相販鬻市倭，各以雄貲極購龍袍錦綺
> 以媚其酋長，至是敗露，擒獲置法。思蘭先逮，獄斃。林美等各論
> 戍有差。[137]

　　可見，這是一個漳州商人與福州商人合作去日本貿易的例子。這樣，
隨著明末漳泉商人的活動重心轉移到福州港，也帶動了福州海口一帶民眾
的對外貿易。於是，長樂、連江也有不少人到日本經商。黃承玄說：

> 訪得近來福州越販較他郡為多。皆由漳泉沿海奸民來省織造違禁緞
> 絹，收買湖絲糖鐵，因而勾引合夥先將空船潛迫近海港澳，如長樂
> 港口松下澳、梅花，福清萬安等港，甚有公然停泊南臺大橋者。其
> 所置貨物或雇請漁船裝載接盤，或肩挑僻遠小艇透越，或插入官貨
> 幸脫關譏。[138]

古代的海上航行傷亡很大。

> 董見龍謹諭隔江嘉登里，地多海鹹，時遭歲歉。然昔年未通番之
> 時，生計亦自不乏，殷實時有者。人無外心，各勤本業也。自近年
> 惡少生心通番，地方益窮，去者死海死盜死倭，及病歸死者，不下

135　王忬，〈條處海防事宜仰祈速賜施行疏〉，《明經世文編》卷二八三，第2996頁。
136　陳舜系，《亂離見聞錄》上卷，李龍潛、楊寶霖、陳忠烈、徐林等校，《明清廣東
　　　稀見筆記七種》，廣東人民出版社2010年，第15頁。
137　曹學佺，《曹能始先生石倉全集》，《湘西紀行》卷下，〈倭患始末〉，第44頁。
138　黃承玄，《盟鷗堂集》卷二九，〈申禁越販牌〉，第26頁。

五六十人。骨肉生離，長作蠻夷之鬼，妻兒慟哭，莫招魚腹之魂，丁壯或至絕嗣，髑髏雜於泥塵。嗚呼哀哉，通番求富，反以致窮，通番求活，反以速死。[139]

儘管這樣，福州商人仍然到海上冒險，造就一番事業。

福州商人的特點是掌控浙江沿海的對外貿易，這可從福州漁民及軍人在浙江沿海的活動說起。明代福州商民在浙江沿海的活動十分頻繁。舟山群島是福建漁民主要的漁場，「台之大陳山、昌之韭山、寧之普陀山等處出產帶魚，獨閩之莆田、福清縣人善釣。每至八、九月，聯船入釣，動經數百，蟻結蜂聚，正月方歸，官軍不敢問。」崇禎元年十二月，舟山的洋面「有船一綜，約八十餘隻……係閩中釣帶魚船隻。」[140] 其時，浙江方面因為閩中多釣船到舟山等地打魚，怕因此引至倭寇，一些紳士提出了禁閩中漁船的主張：「禁越釣以遏閩船之入浙，則閩人不得為倭引導矣……福建漁船擅入浙區地面者，許官兵擒拏解處，以違禁論罪。」[141] 以上這些史料都說明福州漁民在浙江沿海的人數很多。

由於浙江沿海的漁民多為閩人，所以，浙江官府在組織水師時也想到福建來招兵、造船。張岳在嘉靖、隆慶年間也提到要調用「福清四澳」的釣船，以作平倭之用。[142] 明末林偕春說：「方浙直亂時，調整閩兵，及閩亂日，反調浙兵。」[143] 一直到明代末年，浙江的水師都是到福清沿海選拔，這就讓福清人控制了浙江沿海航海權。

福清人是天生的商人，他們掌控浙江沿海之後，福清商人也多到浙江沿海活動，有些人還從浙江沿海到日本去貿易。王在晉浙江沿海處理過多次福建人經浙江沿海去日本貿易的案件：

又一起為福清人林清與長樂船戶王厚商造釣槽大船，倩鄭松、王一

139　董應舉，《崇相集》議二，〈諭嘉登文〉，第 81 頁。

140　崇禎二年四月二十四日到浙江巡撫張延登題本。錄自中研院，《明清史料乙編》，第七本，第 618—619 頁。

141　王在晉，《越鐫》卷十八，〈防海八議〉，第 457 頁。

142　張岳，〈與福建按院何古林〉，《明經世文編》卷一九四，《張淨峰文集》，第 2000 頁。

143　林偕春，《雲山居士集》卷二，〈邑志兵防論〉，漳浦方志辦 1986 年據光緒十五年多藝齋刻本謄印，第 11 頁。

為把舵，鄭七、林成等為水手，金士山、黃承燦為銀匠。李明習海道者也，為之鄉導；陳華諳倭語者也，為之通事。于是招來各販，滿載登舟。有買紗羅、紬絹、布疋者，有買白糖、磁器、果品者，有買香扇、梳篦、氈襪、針、紙等貨者。所得倭銀在船鎔化，有爐冶焉、有風箱器具焉。六月初二日開洋。至五島，而投倭牙五官、六官，聽其發賣。陳華齎送土儀，李明搬運貨物，同舟甚眾。此由長樂開船發行者也。[144]

王在晉感慨地說：「聞閩中各路有三四十船下海，網巾雲履等物，靡所不售。」[145]、「夫漳泉之通番也，其素所有事也。而今乃及福清；閩人之下海也，其素所習聞也，而今乃及寧波，寧海通販，于今創見，又轉而及于杭州，杭之置貨便于福，而寧之下海便于漳。」[146]、「杭城之貨，專待閩商市井之牙勾同奸賈，捏名報稅，私漏出洋，此可不嚴入官之禁乎？」[147]王在晉很擔心浙江人也捲入對外貿易中，「以數十金之貨得數百金而歸，以百餘金之船，賣千金而返，此風一倡，聞腥逐羶，將通浙之人弃農而學商，弃故都而入海，官軍利其賄，惟恐商販之不通，倭夷利其貨，惟恐商船之不至，獲息滋多，則旋歸故里，可勾倭，而使入資斧；偶詘，則久戀夷邦，可導倭以行奸。」[148]總之，當時福建商人在浙江沿海的「通倭」活動，讓官府感到不治理不行了，這也說明福建商人對浙江海外貿易的掌控。

以上史料也表明了明代福州商人的另一個特點，他們大都從事對日本貿易。他們先是從浙江沿海發船到日本，後來是由福州沿海直接發船去日本。先是福清人去日本貿易，後來長樂人、福州琅琦人也到日本貿易。福州是福建的省會所在地，朝廷對這一地區的控制較嚴。明末董應舉說：「臣聞諸鄉人，向時福郡無敢通倭者，即有之，陰從漳泉附船，不敢使人知。」[149]這反映了明中葉福州一帶的情況。但了明代後期，董應舉說：「二十年來，

144　王在晉，《越鑴》卷二一，〈通番〉，第 497 頁。
145　王在晉，《越鑴》卷二一，〈通番〉，第 501 頁。
146　王在晉，《越鑴》卷二一，〈通番〉，第 498 頁。
147　王在晉，《越鑴》卷二一，〈通番〉，第 500 頁。
148　王在晉，《越鑴》卷二一，〈通番〉，第 498 頁。
149　董應舉，《崇相集》疏，〈嚴海禁疏〉，第 3 頁。

琅琦作俑，外省通番奸徒，反從琅琦開洋。近在門戶之口，遽成異國，此不可不慮也。」[150]、「閭巷少年，仰機利泛溟渤，危身取給，不避刀鋸之誅，走死地如鶩者，徼重獲也。」[151] 琅琦是閩江入海口的一個小島，離福州水路不過 50 里，實際上是福州的外港，因此，一些客商從這裡去海外貿易，引起了福州士大夫的驚慌。由於福州距日本的距離較近，明末官府禁止月港商人出外貿易之後，漳泉商人索性到閩江口從事對外貿易。「漳泉通番其故習也，今乃反來嘉登覓船。舍彼素通之地，借途於此，不知何意？」[152] 福州對日本貿易也是較為方便的。「從福海中開洋，不十日直抵倭之支島。如履平地。一人得利，踵者相屬，歲以夏出，以冬歸。倭浮其直，以售吾貨。」[153] 可見，福州的對日本貿易發展極快。從以上資料中得知，當時還有外省人到閩江口岸雇船出海，這說明福州不愧為對外貿易港口，四方客商彙集。董應舉說：「今盜賊皆萃福海，亦只為打劫通番船而來。」[154] 這說明福州在明末成了中國與日本貿易的主要口岸，乃至海寇船隻也雲集福州海面。明代末年，福州人在日本的長崎建立了福州寺，該寺的正名為：聖壽山崇福寺，俗稱福州寺。創於日本寬永六年（1629 年），先建一祭祀媽祖之祠堂。寬永九年再擴大為寺。長崎悟真寺唐人墓地從 1627—1861 年共葬 230 人，其中閩人 150 人。長崎崇福寺唐人墓地埋葬者籍貫統計表（1656—1861）合計 205 人，其中閩人 165 人，不明籍貫者 33 人，江浙等地共有 6 人，閩人占絕對多數。[155] 而福建人中，2002 年我在實地考察時看到，埋葬此地的福建人又以福清人為主，大約占了十分之九。可見，以福清商人為核心的福州商人集團在當地取得了很大的成功。從此，福清商人在對日本貿易中占據重要地位。這種情況一直延續至今。

二、晚明莆田的商人集團

　　莆田在明代前期是一個商品經濟相當繁榮的區域，莆田人的兩大行業

150　董應舉，《崇相集》，〈閩海事宜〉，第 69 頁。
151　喻政修、林燫總纂，萬曆《福州府志》卷七，〈土風〉，第 106 頁。
152　董應舉，《崇相集》議二，〈諭嘉登文〉，第 82 頁。
153　董應舉，《崇相集》疏，〈嚴海禁疏〉，第 3 頁。
154　董應舉，《崇相集》〈閩海事宜〉，第 69 頁。
155　劉序楓，〈明末清初的中日貿易與日本華僑社會〉，臺北，《人文及社會科學集刊》第十一卷第三期（1999 年 9 月），第 456、458 頁。

一為讀書做官，二為遠遊經商。然而，由於莆田的富庶之名在外，在抗倭戰爭中，莆田成為最大的受害者之一。嘉靖四十一年倭寇攻破莆田城，進行了毀滅性的大屠殺。莆田城內的大戶人家大都在這場屠殺中破產，莆田商人集團也遭受了最慘重的打擊，在很長時期內，莆田缺人丁，缺資金，商人集團不夠發達。但是，莆田人天生的經商才華使他們從很低的起點重新開始，而和平恢復後，莆田人口漸有增長：

> 自倭寇擾亂十年，生齒損耗。嘉靖壬戌至崇禎甲申，一百餘年休養生息，他不可知，即如霞林，是吾母外家，吾常遊其處，一年報新生子多至數十人，一姓如是，他姓可知，一鄉如是，他鄉可知。故吾鄉生聚之盛，未有過於崇禎時也。[156]

莆田的大戶經濟重又出現：郭尚書（應聘）租至一萬三千石，惠洋庶民方南川，租亦一萬二千石。富者千倉萬箱。」[157] 晚明莆田的富庶由此可知。

莆田是糧食消費大戶，明末莆田城中有十家米商，他們因關門而受到官府懲罰。「北門兜米戶林一娘，責累而死。龍坡鋪鄭三姐，因受責腿壞，不能開鋪，剩谷三十餘石未糶。至次年，每石糶銀六兩，驟得二百餘金。」[158] 以上是米商。

荔枝和龍眼是興化商人輸出的基本商品。荔枝。明清時期，福建的荔枝名揚天下，在陳懋仁看來：「閩中惟四郡有之。福州最多，而興化軍最為奇特。」[159] 興化郡的仙遊縣「楓亭驛荔枝甲天下。」[160] 據《安海志》一書，明代的福建沿海已經懂得：「龍眼焙作乾，謂之桂林、桂元，運往溫、台、蘇、杭、南京等處發賣牟利。」[161] 如大家所知，莆田的「桂圓」，是莆仙商人手中的一張王牌，他們經營桂圓，應不亞於安海商人。

156　余颺，《莆變紀事》，中國社會科學院歷史研究所清史研究室編，《清史資料》第一冊，北京，中華書局 1980 年，第 135—136 頁。

157　陳鴻、陳邦賢，〈熙朝莆靖小紀〉，錄自《清史資料》第一輯，第 120 頁。

158　陳鴻、陳邦賢，〈清初莆變小乘〉，《清史資料》第一輯，北京，中華書局 1980 年，第 67 頁。

159　陳懋仁，《泉南雜志》卷上，叢書集成初編第 3161 冊，第 6 頁。

160　王世懋，《閩部疏》，叢書集成初編第 3161 冊，第 2 頁、第 4 頁。

161　安海志修編小組，《安海志》卷十一，〈物類志·土貨〉，第 104 頁。

　　興化府很早就試種菸草：「淡巴菰，今莆中亦有之。俗曰金絲醮。」[162]「金絲烟，乃天啟時從番國傳來，泉州人購得其種，初惟浪子所嗜，吸烟昏醉倒地，無人不厭。種植漸廣，貴賤男女皆食。今時客到，請其吸烟為先禮。」[163] 莆田城內，買賣煙絲人很多。「龍坡鋪江使人者，賣烟為業。因閉城烟葉罕貴，欲出城買烟，遂報為首名。」[164] 鄭麗生的《閩廣記》記載莆田人王朋兄發明油炒菸：「時菸葉方從海外輸入，嗜者少，價甚賤。朋兄從泉州、興化轉販烟絲來榕，糊其口，一日天雨，烟絲為屋漏所濕，極懊喪如。置釜中焙乾。不意香味倍佳，大利市，遂設于下渡，標榜曰：王大盛炒烟。……其烟吸時易燃，而烟灰棄地即滅。無引火之虞。最為農工及船戶所喜，暢銷于沿海各縣，亦遠至北京，漸起家。」[165] 以上有關王朋兄的籍貫有兩種記載，一者說其莆田人，一者說其太原人。按王氏家族有兩大堂號，其一為太原王，其二為瑯琊王，福建的王氏家族多自詡為太原王，他們在其門楣上常會刻上堂號。王朋兄家族自稱為太原王，世代相傳，後人遂以為其祖先為太原人。其實，王朋兄應為莆田人。他於明末在福州發明炒菸，而後盛行天下。因王朋兄是炒菸的發明者，所以，福州王大盛炒煙在清代享譽 300 餘年。油炒的菸絲燃燒速度快，且有一股特殊的香味，所以，一旦出現，大受歡迎。明清「福烟」之名享譽天下，與其有關。

　　除了菸草外，莆田人做當鋪生意也是有名的。明代做當鋪生意以徽州人為大，其實要算莆田人了。不過，在江南城市，莆田人的當鋪生意不如徽州人，莆田人的當鋪主要在福建城市。

　　航運業。其時在閩浙海面，興化海船是重要運輸力量。「每賃興化府大海船一隻，價至八十餘兩。其取利不貲。」[166] 這條史料表明，在沿海運輸中，興化大海船是重要力量。這是可以理解的，因為，在漁業部分的研究讓我們知道：晚明興化府漁民發明了獨特的釣深海帶魚的大釣船，而國內生產帶魚最多的正是浙江的舟山漁場。因此，晚明的興化商人應是經常往來於浙江海面。晚明興化府對台貿易興盛。興化府沿海島嶼離臺灣島很

162　姚旅，《露書》卷十，〈錯篇〉下，第 261 頁。
163　陳鴻、陳邦賢，《清初莆變小乘》，《清史資料》第一輯，第 74 頁。
164　陳鴻、陳邦賢，《清初莆變小乘》，《清史資料》第一輯，第 68 頁。
165　鄭儷生，《閩廣記》卷二，〈朋兄烟〉，廈門大學圖書館藏抄本。
166　浙江巡撫張延登，〈請申海禁疏〉，計六奇，《明季北略》卷五，第 103 頁。

近。「今彭湖盈盈一水，去興化一日水程。」[167]因此，興化人很早就到彭湖、臺灣謀生。萬曆二年六月，海寇林鳳船隊進入東番之後，「六月二十六日有烏嶼澳漁民劉以道、郭大原等六人自魍港逃回。」[168]劉以道會講「番語」，至少在臺灣活動有數年之久。與劉以道同時，「烏嶼寮商民郭召、郭時等近日各駕海船前往小東夷地經紀」。[169]此處的「烏嶼寮」應當是臺灣海峽中部著名的「烏丘嶼」吧。該嶼靠近明朝水寨南日島，明代該嶼應屬於莆田縣管轄。這些史料表明：莆田烏嶼的海商，很早就到臺灣的魍港一帶做生意了。

晚明莆田仙遊的商人在外建設興安會館，《露書》云：「長安有莆田會館，館之樓上，祀莆城隍。」[170]實際上，不論是近處的福州府、福寧府，還是北京和南京，都有莆仙人的興安會館。總之，晚明莆田商人也是走遍天下的。

小結

明朝允許福建的月港通商，其實本來還想在廣東也設置口岸，讓廣東商人到海外發展。然而，在福建擔任過巡撫的劉堯誨改任廣東總督之後，發現廣東沿海的海寇十分強大，若在此時開放廣東港口，會帶來一系列問題。因此，劉堯誨在廣東的政策是允許海外商人入貢，但不允許廣東商人外出貿易。因廣東和福建是明代兩個主要對外貿易的省分，劉堯誨的這一政策，導致月港成為明朝唯一一個允許本地商人到海外貿易的海口。這一政策無意中促進了福建商人稱霸東南亞的局面。在隆慶通商之後的一百多年裡，福建商人縱橫東南亞及東亞各國，組建了滲透村鎮的商業網絡，東南亞主要港市的建設，幾乎都離不開福建商人的作用。就像山西人是票商，徽州人是鹽商一樣，明代的福建人成為中國的海商，中國的對外貿易，幾乎都離開不福建商人。他們不僅在本省的海口經營，實際上，廣東的廣州和澳門也是閩商的天下，在浙江雙嶼港走私的商人，也是以福建商人為主。

167　《明熹宗實錄》卷三七，第 1927—1928 頁。
168　劉堯誨，《督撫疏議》卷二，〈報剿海賊林鳳疏〉，萬曆刊本，第 1 頁。
169　劉堯誨，《督撫疏議》卷一，〈報海賊逃遁疏〉，第 45 頁。
170　姚旅，《露書》卷十三，〈異篇上〉，明天啟刻本，四庫全書存目叢書子部，第 111 冊，齊魯書社 1995 年版，第 775 頁。

他們在日本受到歡迎，因為，他們可以給日本帶去被禁止出口的各類商品。即使是在東南亞歐洲人控制的港市，他們也成為當地商人之首，與各方貿易。在他們的努力下，產自中國東南的各種商品輸出海外港市，福建港市也成為絲綢、瓷器、黑白糖等商品過境的主要港口，不論是來自江浙的絲綢，還是來自景德鎮的瓷器，都要經過福建商人之手出口。大量商品經過福建，還促進了福建成為中國出口商品的主要產地，福州、泉州、漳州三大城市成為絲綢產地，漳州的山區以及泉州的德化縣、晉江縣，成為出口瓷的產地，至於自於福建的蔗糖，更是福建出口的骨幹產業，各項出口產業的繁榮，使福建經濟有很大發展。

劉堯誨政策的另一個面是壓制了廣東直接對外貿易的發展。受其限制最嚴重的是潮州商人。由於無法走合法道路到海外貿易，潮州商人多成為非法武裝，萬曆年間潮州的林道乾海寇及林鳳海寇，都橫行於海上。在受到明朝官軍打壓之時，他們都曾經到海外謀取生路，因而開發了馬來半島的道乾港等地方。潮州人的海上勢力因而得以發展。

福建省瀕臨的臺灣海峽被稱之為東海，廣東省南面的大片海域被稱為南海，就地域形勢來看，廣東商人經營南海比較有利，但在明代，由於廣東方面屬行海禁，廣東海商的發展受到抑制。由於廣東的倭寇活動一直延續到隆慶、萬曆年間。為了鎮壓潮州海域的倭寇活動，廣東官府更為嚴厲地實行海禁，這就將海外市場讓給了福建商人，潮州商人的海上活動受到嚴厲的壓制。為了鎮壓廣東的海寇，隆慶年間，福建晉江人俞大猷成為廣東的水師統領，他到福建製造海船、招聘水兵，組成了一支以閩南人為主的廣東水師，從而控制了廣東沿海。迄至明代末年，鄭芝龍被調到廣東任總兵，他在鎮壓潮州海寇、山盜時，進一步加強了對廣東海面的控制，閩人控制了閩粵海洋，就基本控制了明朝的對外貿易，這是東南亞一帶多為閩商天下的原因。

閩人除了海外貿易，在國內市場上也有一定地位。不論泉州商人、福州商人以及莆仙商人集團都有廣闊的國內商業網絡。例如，莆仙商人在南京等地開設當鋪，福州商人在江南各城市出售荔枝、龍眼等果品，這都是著名的事例。僅從泉州商人而言，他們在北京和廣州都有廣大的商業網絡，廣州城的泉州商人有數萬，實際上，明代廣州城的主要商業網絡是由泉州

人控制的。將各地海商聯繫起來看，漳州和潮州商人集團在南海周邊有很大勢力，福州商人、漳州商人在日本有貿易據點，而泉州商人、福莆商人集團在國內有廣泛的商業網絡，他們的合力就構成了可與徽商集團相抗衡的福建海商網絡。這一網絡覆蓋國內與國外，大致構成了遍及東亞的商業網絡，事實上，東亞各港口貿易的主要商品都離不開福建海商的操作。只有理解這一點，才能明白福建海商集團的重要性。

第四章　晚明福建的出口商品與白銀流入

　　明清之際福建與海外的物資與科技交流，深深影響了福建經濟的構成。福建的許多產業以海外市場為生存的基礎，從海外流入的白銀又成為福建許多產業擴張的前提。明清之際福建輸出海外的重要商品有絲綢、瓷器、蔗糖等物資，換回白銀進入中國，活躍了中國的傳統市場。

　　明清時代的福建出口各種小商品，進口糧食與布匹兩大類基本消費品，這一生產消費模式又與海上運輸緊密結合，所以，明清之際福建經濟已經達到一定程度的海洋化。

第一節　福建絲織業的營銷

　　明代福建輸出商品中，以絲織品的價格最高，也給福建帶來最多的收益。明代福建不但生產絲綢，還從外省購入許多絲織品，以供出口其他國家。

一、福建絲織品的生產

　　古代福建曾是蠶桑業的重要產地之一，但到了明代，蠶桑業迅速衰退，以漳州為例：「漳屬，古所謂善蠶之鄉也。歲五蠶，吳越不能及。蓋其地曠，桑後凋，又疆土始辟，民寡而地沃桑盛，故蠶功治焉。厥後民生漸繁，穀土日多，桑土日稀，而蠶功遂廢。」[1]據說，種桑需用較肥沃的土地，否

---

[1]　沈定均等，光緒《漳州府志》卷三八，〈民風〉，清光緒三年刊本，第 3 頁。

則種出的桑葉產絲量不高，蠶絲較粗。如《八閩通誌‧食貨志‧土產》說：「此地蠶桑差薄，所產者多纇，民間所須織紗帛，皆資於吳航所至。」[2] 同樣的記載亦見於《興化府志》。明代福建人多地少，不可能以良田種桑，所以，福建的蠶桑業逐漸廢棄。為了扭轉這一局面，萬曆年間，曾有人在福建引種江南蠶桑，《古田縣志》說：「蠶桑，王政要務，古田素不業蠶，萬曆三十年縣令王繼祀原籍西吳，素諳蠶桑，度此中山場閑曠，盡可栽桑，地勢高燥，盡可育蠶。又慮地利不同，取浙中蠶種，採本土桑葉，試育一筐，大有成驗。恐民未曉其法，刊刻一單，備載植桑、飼蠶、收繭之法，頒布鄉閭，家習戶曉。今桑柯漸長，浸乎有蠶繅杼軸之望焉。」[3] 但是，古田的蠶桑業到底未能成為當地主要產業，更沒有推廣到全省。其原因是，福建的山地瘠薄，而山地種桑，產量不高，蠶絲的品質也不行，織出的絲綢缺乏光澤，因而沒有銷路。經過比較，福建農民認為蠶桑業的利潤不如其他行業，以寧德縣來說，明代縣令舒應元曾在當地提倡蠶桑，「先期易種以待，給散每家，責令種桑幾株，麻幾畝。」[4] 但是，他的提倡終未被當地農民接受，後人認為：與其在當地種桑麻，不如種其他作物好，如寧德一帶：「於今西鄉未嘗種桑麻而所產之利固幾倍于桑麻也……計茶所收，有春夏二季，年種利不讓桑麻……其無茶竹之地，亦舍桑麻而種地瓜，利反較勝桑麻。」[5] 這是福建蠶桑業無法大發展的原因。

　　不過，明代福建雖不生產蠶絲，卻有挺不錯的絲織業，其關鍵原因在於原料來自外省。《閩大記》云：「帛，蠶絲所經緯，有土絹、改機、絲布、線絹、草緞、帽緞之屬，皆出於會城。漳絹、莆絹間有之。欲如吳紈、蜀錦之美好，無有也。以絲出湖蜀，此地所產，盡不佳矣。」[6] 據其所載，明代福建出產多種絲織品，不過，其原料大都出於江浙與四川二地。《閩部疏》論福建：「所仰給它省，獨湖絲耳。紅不逮京口，閩人貨湖絲者往往染翠紅而歸織之。」[7] 據此，福建絲織業原料主要來自湖州，所以，閩人

2　黃仲昭，弘治《八閩通誌》卷二五，〈食貨志〉，第 512 頁。
3　劉日暘等，萬曆《古田縣志》卷五，〈物產〉，第 88 頁。
4　舒應元，萬曆《寧德縣志》卷二，〈物產〉，明萬曆十九年刊本膠捲，第 5 頁。
5　張君賓等，乾隆《寧德縣志》卷一，〈物產〉，寧德縣志辦 1983 年重印本，第 85 頁。
6　王應山，《閩大記》卷十一，〈食貨考〉，第 190—191 頁。
7　王世懋，《閩部疏》，叢書集成初編第 3161 冊，第 12 頁。

能夠織出高級絲綢產品。據史料記載，「杭州鄒虞為延平守，鄉人有托購繡補者，蓋其處繡工最著稱也」。[8] 福州則以改機錦出名，錦是一種有機織花紋的絲織品，明代蘇杭能出產雙面錦，織品兩面都有花紋，「弘治間，有林洪者，工杼柚，謂吳中多重錦，閩織不逮，遂改段機為四層，故名曰改機」。[9] 改機錦問世後，很快暢銷各地，《閩書》述及福州物產時說：「紡織之利，迺有改機之絹」。[10]《閩部疏》論福建外銷商品，首先提到「福之紬絲」。《鉛書》記載江西鉛山市場上各地產品，也列入了「福絹」[11]。方以智論述漳州紗，「東陽紅雲紗，出漳州，東陽，人名也」。[12]「懷素是福州薛懷南所織，自出匠心，以鐵柱分綜，故雙映生雲。若瑣服則安海所傚西洋，以六霞緞質石矸起雲者也。」[13] 晚明王應山說：「帛，蠶絲所經緯，有土絹、改機、絲布、線絹、草緞、帽緞之屬，皆出會城。」[14] 這都說明福州的絲綢有其獨到之處。

閩北的建寧府也是絲綢產地之一，據府志記載，當地生產「土絹」的縣有：建安、甌寧、浦城；生產「土綾」、「土紗」的縣有：甌寧、浦城[15]。在明代中葉，傳統的「建寧錦」還是有一定名氣的。

泉州是福建又一絲織業中心，「機杼所就，與他邑相灌輸」。[16] 當地人「敏而善倣，北土緹縑，西夷之毲罽，莫不能成」。[17] 府志記載當地生產的絲綢品種有：

絹，用湖州頭蠶絲為上，柘蠶次之，有素織、花織、雲織、金線織，出郡城；

紗，亦用湖絲，好者有素紗、花紗、金線紗，出郡城；

8　施鴻保，《閩雜記》卷九，福建人民出版社 1985 年，第 140 頁。

9　喻政修、林熗總纂，萬曆《福州府志》卷三七，〈土產〉，第 349 頁。

10　何喬遠，《閩書》卷三八，〈風俗〉，第 941 頁。

11　笪繼良、柯仲炯纂修，萬曆《鉛書》卷一，〈食貨五〉，萬曆四十六年刊本，第 70 頁。

12　方以智，《物理小識》卷六，〈衣服類〉，第 38 頁。

13　方以智，《物理小識》卷六，〈衣服類〉，第 38 頁。

14　王應山，《閩大記》卷十一，〈食貨考〉，第 190 頁。

15　謝純等，嘉靖《建寧府志》卷一三，〈物產〉，上海古籍書店 1963 年影印天一閣藏本，第 9 頁。

16　陽思謙等，萬曆《泉州府志》，卷三，〈風俗〉，第 55 頁。

17　何喬遠，《閩書》卷三八，〈風俗〉，第 942 頁。

絲布，用湖絲，今織者少，出郡城；

羅，一為硬羅，一為軟羅，但不如蘇杭佳，亦有織天鵝絨者，不如漳州佳；

土紬，土蠶繭薄，絲多類，但可為粗綢耳。七邑俱有，然俱少。[18]

泉州絲綢在明代是有名的，王澐說：「泉人自織絲，玄光若鏡，先朝（指明朝）恒貴尚之。」[19]

圖 4-1　中國傳統絲織業的提花機，攝於福建博物院

漳州在明代是國內著名的絲綢產地之一，何喬遠稱讚漳州：「其處工作之良，則有織襲之絺，繡帠之補。」[20]萬曆《龍溪縣志》說當地的絲綢「皆用湖絲織成者，非土絲。漳人巧善織，故名於天下」。[21]漳州絲織品在國內外都受歡迎，《閩部疏》列舉福建商品，「漳之紗絹」排在第二位。[22]姚士麟的《見只編》則說：「漳之紗絹」，尤為日本所重。[23]據《漳州府志》記載，漳州出產的絲織品有：

18　陽思謙等，萬曆《泉州府志》卷三，〈物產〉，第 43 頁。
19　王澐，《漫遊紀略》卷一，〈閩遊〉，第 5 頁。
20　何喬遠，《閩書》卷三八，〈風俗〉，第 946 頁。
21　佚名，萬曆元年，《龍溪縣志》卷一，〈物產〉，明刊本膠捲，第 19 頁。
22　王世懋，《閩部疏》，第 12 頁。
23　姚士麟，《見只編》卷上，引自謝國楨，《明代社會經濟史料選編》中冊，福建人民出版社 1980 年，第 147 頁。

天鵝絨，本出外國，今漳人以絨織之。置鐵線其中，織成割出，機製雲蒸，殆奪天巧，近又有織陀羅尼者，第工費浩繁，出不甚盛。

土潞綢，漳織者迫真潞州產，驟按之不甚可辨，但差薄耳。

紗，漳紗，舊為海內所推，今俱學吳中機杼織成者，工巧足，復相當，且更耐久。

綺羅，漳製亦學步吳中，第不如紗為精。

光素緞絹，漳絹與他處不同，亦有最佳者。[24]

可見，漳州人的特點是善於仿造各地產品，國內最著名的蘇綢與潞綢，在漳州都有製造。而且，漳州人還從海外輸入了天鵝絨的織法。宋應星說：「凡倭緞制起東夷，漳泉海濱傚法為之。」[25]按，天鵝絨，今人稱之為絲絨，其面料厚實柔和，獨具風采，由於出於漳州，一直被稱為漳絨。明清以來，漳絨在國內是極為著名的。宋應星認為天鵝絨的織法是從日本傳入，但日本的科技史專家則認為日本從來不生產天鵝絨。實際上，從絲絨的織法來看，它應當是一種模仿波斯地毯絲織物。波斯地毯多用羊毛織成，線條較粗，這與原料羊毛是相適應的。漳州絨選用湖絲為原料，做出的絲絨細膩柔滑，是一種高級織品。

由此可見，明代福建民營絲織業的發展，已達到一個相當可觀的水準。雖說它在國內的地位比不上吳越，但也算國內絲織品重要產區之一。因此，郭子章說：「東南之機，三吳、越、閩最夥」。[26]這一評價是有根據的。在這個基礎上，福建絲織品大量向海外輸出。

二、明代福建的絲織品市場

明代前期，閩人大多以苧布為衣，自產自用，對絲綢的消費量不大。但這一習俗在明代後期有很大變化。如泰寧縣的人說：「泰之產只苧布耳，苧布之外，一絲一絮，必易於外，而今之富民子弟，服必羅綺，色必紅紫，

24　袁業泗，萬曆《漳州府志》卷二七，〈風土下・物產〉，第 2 頁。
25　宋應星，《天工開物》乃服第六，巴蜀書社 1989 年，潘吉星校注本，第 326—327 頁。
26　徐光啟，《農政全書》卷三一，〈蠶桑〉，嶽麓書社 2002 年，第 492 頁。

長袖大帶，自為得意。一人倡之，十人效之，浮侈志淫，可為太息。」[27] 可見，明代中後期福建的年輕人，都喜歡絲綢類衣服，而且喜歡改變式樣，如邵武府，「風會日流，至于今，而靡極矣。……今衣服必紈綺，簪珥必珠玉，長裾而大袖，製且日日新焉。」[28] 這種習俗在沿海表現得淋漓盡致，《泉州府志》說：「及今而商賈胥役之徒，美服食、僕妾輿馬，置良田好宅，履絲曳縞，擲雉呼盧以相誇耀，比比而然。甚者少年輕俏，窄袖禿巾，衣冠多不循制度，以自為容悅，晉同二邑為尤多也。」[29] 甚至連交通最不方便的汀州也捲入這種風氣，一個汀州人說：「又汀俗儉樸，數十年以前，衣被悉布素，今則履絲曳縞之輩，輕裘緩帶之風，踵相接矣。且酒食征逐，歌唱絲竹，以相娛者，又比比皆是。富而奢，尚難為繼，貧而侈，何以善後？禮義薄而奸慝作，未有不由於斯也。」[30]

　　消費習俗的變化，使福建絲綢市場大為擴張。明代，福建從江南進口大量的生絲與絲綢。如《八閩通誌‧食貨志‧土產》說：「此地蚕桑差薄，所產者多纇，民間所須織紗帛，皆資於吳航所至。」[31] 同樣的記載亦見於《興化府志》：「本地蠶葉差薄，絲多纇，民間所織紗帛，皆資于吳中」[32]。如泉州「絲縷綿絮，由來皆仰資吳浙」。[33] 如《安海志》所說：「俗尚游商，富家挾財本置綿葛等布，胡椒、木香、牙、明珠、翡翠等貨，以往兩京、蘇杭、臨清、川陝、江廣等處發賣。仍置其地所出如絲綿、錦綺、氈布、靴襪等物。」[34] 可見，當時的福建輸出各種海外商品及土產，進口江南的絲綢。福建絲織品的進口量很大，唐甄回憶明代：「吳絲衣天下，聚於雙林，吳越閩番至於海島，皆來市焉。五月載銀而至，委積如瓦礫。吳南諸鄉，歲有百十萬之益。」[35] 這樣看來，福建每年從江南輸入的棉花與絲綢可達數百萬兩銀子。

27　韓國藩等，萬曆《邵武府志》卷十，〈風俗〉，第 4 頁。
28　韓國藩等，萬曆《邵武府志》卷十，〈風俗〉，第 18 頁。
29　黃任，乾隆《泉州府志》卷二十，〈風俗〉，引《萬曆舊志》，第 14 頁。
30　蔡芳，〈耕織論〉，引自，乾隆《長汀縣誌》卷七，〈風俗〉，清乾隆刊本，第 6—7 頁。
31　黃仲昭，弘治《八閩通誌》卷二五，〈食貨志〉，第 512 頁。
32　呂一靜等，萬曆《興化府志》卷一，〈物產〉，第 77 頁。
33　陽思謙等，萬曆《泉州府志》卷三，〈風俗〉，第 55 頁。
34　安海志修志小組，新編，《安海志》卷十一，〈物類八‧布帛〉，第 115 頁。
35　唐甄，《潛書》下篇，〈教蠶〉，中華書局 1984 年刊本，第 157 頁。

日本市場的開拓

明代是日本經濟大發展的時代，由於日本盛產金銀而缺乏中國絲綢，在日本市場上，中國絲綢的銷路很好，「大抵日本所須，皆產自中國……湖之絲綿，漳之紗絹，松之綿布，尤為彼國所重。」[36]《籌海圖編》記載日本喜歡的中國商品：「絲，所以為織絹紵之用也。蓋彼國自有成式花樣，朝會宴享，必自織而後用之。中國絹紵，但充裏衣而已。若番舶不通則無絲可織，每百斤直銀五六十兩。取去者，其價十倍。絲綿，髠首裸裎，不能耐寒，冬月非此不煖，常因匱乏，每百斤價銀至二百兩。布，用為常服，無綿花故也。綿紬，染彼國花樣，作正衣服之用。錦繡，優人劇戲用之，衣服不用。紅線，編之以綴盔甲，以束腰腹，以為刀帶，書帶，畫帶之用，常因匱乏，每百斤價銀七十兩。」[37] 由於明朝對日本的經濟制裁，日本商人只好到東南亞市場購買中國絲綢。徐光啟指出：「自時厥後，倭自知釁重，無由得言貢市。我邊海亦真實戒嚴，無敢通倭者；即有之，亦眇小商販，不足給其國用。于是有西洋番舶者，市我湖絲之物，走諸國貿易；若呂宋者其大都會也。而我閩浙直商人，乃皆走呂宋諸國；倭所欲得于我者，悉轉市之呂宋諸國矣。倭去我浙直路最近，去閩稍倍之。呂宋者，在閩之南，路迂迴遠矣；而市物又少，價時時騰貴，湖絲有每斤價至五兩者，其人未能一日忘我貢市也。」[38] 當時在澳門的葡萄牙人也從事日本市場上的中國絲綢貿易。全漢昇說：「葡船把自廣州收購的絲貨，經澳門運往日本出售，其中光是生絲，在十六、十七世紀間的五十餘年內，少時約為一千五、六百擔，多時約達三千擔……在十六世紀最後二十五年內，日本出產的銀子約有一半輸出國外，而輸出的大部分都由澳門葡人運走。自 1599 年至 1637 年，三十八年間，葡船自長崎輸出銀 58000 箱（每箱一千兩），或 5800 萬兩。這許多自日運往澳門的銀子，大部分都轉運入中國，用來購買輸日絲貨及其他貨物，和當時澳門葡人日常生活的消費品。」[39]

36　姚士麟，《見只編》卷上，叢書集成初編本，第 50—51 頁。
37　胡宗憲，《籌海圖編》卷二，〈倭好〉，第 51—52 頁。
38　徐光啟，〈海防迂說〉，《明經世文編》卷四九一，《徐文定公集》四，第 5438 頁。
39　全漢昇，〈略論新航路發現後的中國海外貿易〉，張彬村、劉石吉，《中國海洋發展史論文集》第五輯，第 7—8 頁。

歐美市場的開拓

明代的中國絲綢享譽世界，不論是歐洲還是美洲，對中國絲綢的需求都十分旺盛。以生絲生產來說，西方國家早在中世紀便引進了中國的蠶桑，西班牙、法國與義大利的生絲生產已達到相當的規模。但是，在價格革命發生之後，歐洲物價飛漲，生絲變得十分昂貴，一個投資者在西歐市場上組織生產生絲，遠不如從中國購進更為合算。所以，中國的生絲成為歐洲市場上最暢銷的商品之一。何喬遠評論西班牙人與荷蘭人，「是兩夷人者，皆好服用中國綾緞雜繒，其土不蠶，惟藉中國之絲為用，湖絲到彼，亦自能織精好段匹，鏨鑿如花如鱗，服之以為華好。是以中國湖絲百斤值銀百兩者，至彼悉得價可二三百兩。」[40] 學者們研究荷蘭人撰寫的《巴達維亞城日記》後指出：臺灣荷蘭人主要經營絲綢、瓷器、砂糖等重要商品，其貿易對象是日本、波斯與歐洲。一百斤生絲在臺灣收購的價格是荷蘭幣二百里爾，在日本可售 424 里亞爾，利潤達 100%[41]！而馬尼拉市場生絲的價格也很高。「馬尼拉的絲價每担 240 兩，比大員至少貴 100 兩。」[42] 再以美洲市場來說，西班牙人占據美洲以後，發現當地有巨大的銀礦，他們使用奴隸開採銀礦，銀子的價格十分便宜。西班牙人很快發現：用美洲金銀從中國採購商品，是世界上最有利的貿易之一。他們將銀子運到中國來採購絲綢，返運美洲銷售，可獲得極高的利潤。因此，與中國的貿易，成為拉丁美洲最為重要的一項生意，即使橫渡太平洋的艱苦航行令人畏懼，西班牙人仍然竭力保持每年有幾艘船到東方採購絲綢等商品。它給中國帶來了源源不斷的白銀。據梁方仲估計，自萬曆元年至崇禎末年，從海外輸入中國的白銀達 1 億銀元以上。[43]

荷蘭人對中國絲綢的追求也是十分瘋狂的。他們占領臺灣以後，為了得到中國商品，採取給福建商人預付訂金的方式來採購。「我們的人冒

40　何喬遠，《鏡山全集》卷二三，〈請開海禁疏〉，日本內閣文庫藏明刊本，第 31—32 頁。

41　村上直次郎譯注，中村孝志校注，《巴達維亞城日記》，東京，平凡社，1974 年版。此處參照陳孔立主編，《臺灣歷史綱要》，北京，九洲圖書出版社，1996 年，第 54—56 頁。

42　程紹剛譯註，《荷蘭人在福爾摩莎》，臺北，聯經出版事業公司 2000 年版，第 58 頁。

43　梁方仲，〈明代國際貿易與銀的輸出入〉，《梁方仲經濟史論文集》第 178—179 頁。

險預付給一名中國商賈約 40000 里耳，但我們信得過他，因為該人在此之前已為我們購到 250 擔絲（當時也是預付給他）。如果我們沒有這樣做，恐怕不會獲得這麼多的絲貨，因為普通商人運到大員的貨物仍無明顯增長。」[44] 早期與荷蘭人貿易的廈門商人是許心素，1621 年，在巴達維亞的荷蘭人在其報告中提到：「在前面的報告中已經述及，我們在等待 den Haen 從大員運來生絲 200 擔，但因風暴而遲遲未到，致使許心素的帆船被迫在漳州灣滯留 3 個月，此時我們已將資金預付給他。公司在大員的人為此甚感不安，決定派 Erasmus 和 den Haen 兩船前往漳州打探許諾的 200 擔生絲出於何故仍未運至大員。」荷蘭船到達廈門外海停於烈嶼，「許心素派一條帆船運來 200 擔生絲交給我們的人，他們又預付他可購 70 擔的資金，價格為每擔 137 兩。他不久即交貨 65 擔。我們還與另一商人訂貨，並預付銀兩給他，又獲得 10 擔。我們的那時共購得 275 擔，計畫南風季初送往日本，如能多購入，也將一同運去。」[45] 很顯然，這種先付訂金的貿易方式，絕對是有利於福建商人的。荷蘭人後來抱怨：「只有得到一個許心素，他使我們信託到 100000 里爾給他，卻僅僅只有六個月，看到他運貨回來，然後就隨他的意思，不照市價支付了；然後就是一官（即鄭芝龍），他滿口答應，要讓一兩個商人來跟我們交易（他自己也因而獲利），但他們運來的貨物都只夠我們資金四分之一的交易量，剩的資金，都得年年毫無收穫地積存下來，造成我們的主人很大的損失。」[46]

　　總的來說，晚明時期，不論在本省市場、日本市場、歐美市場，江南絲綢都是最暢銷的商品，這對福建絲織業的影響是巨大的。

第二節　福建陶瓷業的營銷

　　瓷器一向是福建出口的大宗商品之一，但在明清時期，福建的瓷器生產和貿易幾經波折，因此，弄清楚明清時期福建瓷器的生產外貿大趨勢對進一步加深這方面的研究、糾正個別錯誤提法是很有必要的。

44　程紹剛譯註，《荷蘭人在福爾摩莎》，第 51 頁。
45　程紹剛譯註，《荷蘭人在福爾摩莎》，第 59—60 頁。
46　江樹生譯註，《熱蘭遮城日誌》第一冊，台南市文獻委員會 2000 年版，第 108 頁。

一、明代福建沿海製瓷業發展大勢

　　福建民間的對外貿易在明中葉以後有所改觀。造成這一背景的是明朝海禁的鬆弛。明朝海禁是為防止倭寇入侵而設的，明中葉以後，倭寇活動陷入低潮，明朝的海禁也有所鬆動，東南沿海的民眾紛紛下海捕魚，乃至經商，造成走私貿易興盛的狀況。

　　明代的私人海上貿易興起之後，中國瓷器的對外輸出再次振興，但是，這一時期的對外貿易尚處在非法狀態下，從事對外貿易的人要儘量低調，因此，他們不可能大張旗鼓地到處進貨，一切都是在地下進行，他們悄悄地採購各種物品，儘量不引起人們的注意。儘管這樣，市場上瓷器的價格還是隨著需求的增長而增長，給予民間窯廠謀利的機會。明清之際與福建山區瓷窯生產相映成趣的是：在山區各瓷窯逐漸衰退的背景下，福建沿海各地的瓷窯生產增長。眾所周知，明清時代福建沿海最著名瓷窯還是德化窯和平和窯，其實，除了這兩地外，福建沿海還有不少地方生產瓷器。例如永春縣出產青瓷，「色微綠而粗，出縣北十九都，皆龍巖人業作之。」[47]

二、明代景德鎮瓷在福建的外銷

　　明清時代福建銷售的高級瓷器多來自景德鎮，因此，當外國人到福建海口購買瓷器時，對景德鎮瓷的興趣最高。何喬遠說：「東洋則呂宋，其夷佛郎機也。……而江西之瓷器……皆所嗜好。」[48] 這是說占據菲律賓的西班牙人最喜歡景德鎮瓷。有關景德鎮瓷器歐洲市場上的銷售，研究文章是很多的，葡萄牙人於 1515 年就向景德鎮市場訂製一批瓷器，1602 年，荷蘭人在海上攔獲一艘西班牙船隻，並將船上所載數萬件瓷器運到阿姆斯丹出售，獲利匪淺[49]。據統計，在 1657 年以前的五十年內，英國、荷蘭、法國共向歐洲販賣了 300 萬件中國瓷器。又如《瓷器與荷蘭東印度公司》一書記載：該公司於 1602 年至 1682 年的 80 年內，共從中國運走了 1600 萬件瓷器。除了歐洲國家之外，東南亞國家也需要大量的中國絲綢之類的

47　林希元，嘉靖《永春縣志》卷一，〈物產〉，舊抄本膠捲，頁碼不明。
48　何喬遠，《鏡山全集》卷二三，〈請開海禁疏〉，第 675 頁。
49　錢江，〈十七至十八世紀中國與荷蘭的瓷器貿易〉，廈門大學，《南洋問題研究》1989 年第 1 期。

商品，當地製瓷業不發達，所用瓷器、陶器，多數來自中國。日本對中國磁器的需求量頗大，「大抵日本所須，皆產自中國……他如饒之磁器……尤為彼國所重。」[50]總之，江西景德鎮瓷器的外銷量很大，為了滿足海外市場的需要，福建商人從江西運入很多的江西瓷器。王應山說：「若陶磁之美，悉至自饒。此土所出最粗。」[51]又如《安海志》記載明代的安海所需的瓷器：「自饒州來，福州鄉人由福州販而之安海，或福州轉入月港，由月港而入安海。」[52]福州南臺的行戶中，「瓷器牙人陳台等三名，年認稅銀二十兩」；[53]前些年在福州平潭縣的島外礁石間發現了一艘康熙年間的沉船，船上的景德鎮青花瓷達數萬件，這些瓷器應是由定居福州的閩南商人將其運往廈門等閩南港口，不幸半途遇難，沉沒於碗礁附近。這些瓷器到了閩南港口，其中多數應為外銷所用。

三、漳州平和縣南勝窯的地位

漳州窯的興起。漳州出土過宋元時代的古窯，但其數量不大。明朝海禁之後，漳州的窯器市場受到限制，產銷面不大。正德《漳州府志》記載：「白瓷器，出漳平縣永福里。黑瓷器，出南靖縣河頭。青瓷器，出南靖縣金山。」[54]這史料值得注意的是：其中並未提到平和南勝窯。可見，迨至明代前期，南勝窯在閩南之漳州並不出名。又如嘉靖《龍溪縣志》記載，漳州有窯冶戶 9 戶，家屬共 59 口，[55]此處的窯冶戶，是指經營製瓷業和冶鐵業的人家，就其總數 9 戶而言，實際從事窯業的龍溪人，也許不過四到五戶，人數不多。這也說明直到嘉靖前期，漳州的製瓷業尚不發達。

平和縣的南勝鎮位於該縣東南部博平嶺的西側，在其東側，有兩條江

50　姚士麟，《見只編》卷上，叢書集成初編本，第 50—51 頁。

51　王應山，萬曆《閩大記》卷十一，〈食貨考〉，中國社會科學出版社 2005 年，第 195 頁。

52　安海編志小組，《新編安海志》卷十一，〈土貨〉，引《明志》，1983 年自刊本，第 117 頁。

53　許孚遠，《敬和堂集》公移，〈酌免商稅福州府〉，第 44—48 頁。此處轉引自陳怡行，〈明代的福州：一個傳統省城的變遷（1368—1644）〉，臺灣，暨南大學歷史學系碩士論文，2004 年，第 150—153 頁。

54　陳洪謨、周瑛等，正德《漳州府志》卷十，〈諸課雜志‧物產〉，北京，中華書局 2012 年，第 211 頁。

55　劉天授等，嘉靖《龍溪縣志》卷四，〈田賦〉，第 2 頁。

流入大海，一條是在雲霄境內入海的漳江，另一條是在漳浦縣入海的漳浦溪，這兩條江的下游，恰是明代走私貿易最盛的地方。約在嘉靖初年，葡萄牙人就到這一帶貿易。[56] 那時的歐洲人非常喜歡中國瓷器，尤其喜歡產自景德鎮的青花瓷。每一件景德鎮瓷器，都可獲得可觀的利潤。由於景德鎮瓷在外的銷路很好，引起了福建商人的羨慕，於是福建沿海一帶流行仿製江西瓷器。據考古調查，其仿製地主要是漳州的平和、華安（原為龍溪縣西部）、南靖，而以平和縣為最。郭柏蒼說：「漳窯，出漳州。明中葉始製白釉色器。」[57] 據文獻的記載，平和南勝鎮在萬曆年間已經成為著名窯區。袁業泗的萬曆《漳州府志》將南勝瓷器與景德鎮瓷比較：「瓷器，出南勝窯者殊勝他邑，然亦不甚工巧。」[58] 可見，平和南勝窯在漳州諸窯中最好，但總體品質還比不上景德鎮。

　　從平和窯傳世品來看，這些地區所造瓷器不如景德鎮精細，做工較粗，僅是外表與景德鎮相似，有的碗底還留著砂粒，而景德鎮瓷器在造型完工後，都有一道刮碗底的工序，決不會留下砂粒破壞整體形象。但對海外平民來說，他們既想和富人一樣消費同樣的商品，又想少付出商品的價錢，對他們來說，仿製品其實是最好的選擇，這都造成漳州一帶大量仿製瓷器的生產。日本是漳窯的主要市場之一。近年在日本關西地區成批出土了漳州窯瓷器，其中的青花開光鳳凰牡丹大盤，雉雞牡丹大盤等，基本可以確定是花仔樓碗窯山窯址的產品。在菲律賓、印尼等國的博物館中，都收藏了產自漳州的中國瓷器。近來在菲律賓沿海打撈的西班牙船「聖達戈」號，沉沒於 1600 年，該船上也發現此類瓷器[59]。這都說明：明清之際，漳州仿製的景德鎮瓷器曾經大量出售於海外。不過，海外國家常將這些出產於漳州平和縣南勝鎮一帶的瓷器稱作「汕頭器」，其原因可能是它最早由潮州人從汕頭將這些瓷器帶到海外，因而漳州窯之名不顯。近三十年的考古和研究，終於指明這些瓷器的原產地在漳州平和縣一帶。

　　在日本香界，一向崇尚「交趾香合」，因古文中的「交趾」通常是指

56　徐曉望，〈明代葡萄牙人在漳州的貿易及東亞歷史的拐點〉，《澳門研究》2012
　　年第 3 期。
57　郭柏蒼，《閩產錄異》，長沙，嶽麓書社 1986 年，第 39 頁。
58　袁業泗，萬曆《漳州府志》卷二七，〈風土志〉，萬曆四十一年刊本，第 3 頁。
59　福建省博物館，《漳州窯》，福建人民出版社 1997 年，第 94 頁。

越南，而越南中部港口會安向來是對日本貿易的重要港口，每年有許多船隻到日本貿易，這些船隻被日本人稱為「交趾船」，德川幕府時期，長崎官府每年會給來自交趾的商人頒發多道船引。看來，所謂交趾香合，應是由來自越南會安的船隻帶到日本的，所以有「交趾香合」之稱。然而，明清之際，在越南會安做貿易的多為福建人：「蓋會安各國客貨碼頭，沿河直街，長三四里，名大唐街。夾道行肆，比櫛而居，悉閩人，仍先朝服飾，婦人貿易。凡客此者，必娶一婦，以便交易。」[60] 明代的漳州月港是中國唯一允許本地商人出海貿易的港口，許多福建商人從這裡出海，到東南亞貿易，會安碼頭出現他們的身影是自然的。不過，晚明漳州官府嚴禁商人到日本港口貿易，日本商人也無法到中國的港口貿易，這樣，日本商人為了採購中國絲綢之類的商品，只好到東南亞國家求購。會安是中國商人與日本商人貿易的地方。日本人所著的《增補華夷通商考 · 交趾》云：「國之總名稱交趾，由此國內廣南處來日本之船，稱為交趾船」、「此國中，唐人多居住。又福州、漳州之商船至此國，調配各物後，抵日本者謂之交趾船。居住之唐人，有受國王之命，訂做渡海日本商船者。」[61] 而此地中國商人又以來自月港的漳州商人為多，他們將來自漳州的瓷器大量運銷會安，在會安，又通過漳州人經營的「交趾船」運到日本，「交趾香合」僅是其中的一種商品。近年的研究和發掘表明：「交趾香合」主要是由漳州南勝窯生產的瓷器。[62]

　　清中葉以後，漳窯瓷器逐漸退出海外市場，但是，漳窯的本地市場卻十分穩定。明清之際南勝漸成為漳州主要瓷器產地。康熙《平和縣志》說：「瓷器，精者出南勝、官寮，粗者出赤草埔、山格。」[63] 道光《平和縣志》的物產志重複了這段話。迄至光緒三年的《漳州府志》仍給南勝窯瓷器好評：「磁器：出南勝窯者，殊勝他邑。」[64] 這說明南勝的瓷器生產一直延續

60　（釋）大汕，《海外紀事》卷四，北京，中華書局 1987 年，第 80 頁。

61　長崎西川求林齋編輯，《增補華夷通商考》第三卷，〈交趾〉。寶永五年刊本，日本三井文庫收藏。轉引自福建省博物館、日本茶道資料館等，《特別展：交趾香合——福建出土的遺物和日本的傳世品》，第 138、143 頁。

62　福建省博物館、日本茶道資料館等，《特別展：交趾香合——福建出土的遺物和日本的傳世品》，日本寫真株式會社 1998 年。

63　王相、昌天錦等，康熙《平和縣志》卷十一，〈物產志〉，廈門大學出版社 2008 年，第 491 頁。

64　沈定均、吳聯薰等，光緒《漳州府志》卷三九，〈物產志〉，清光緒三年漳州芝山

到晚清。不過，晚清的漳窯品質有所下降：郭柏蒼說：「漳窯……其文如冰裂。舊漳琢器雖不及德化，然猶可玩，惟退火處略黝；越數年，黝處又復潔淨。近製者，釉水、胎地俱鬆。」[65] 進入民國之後，漳窯之名就不如寧德等地的窯口了。

四、德化窯的白瓷生產與貿易

白瓷器是福建瓷的上品，歷來受國際市場重視。白瓷窯在福建分布很廣，文獻記載：泉州府志記載，「磁器，出晉江磁灶地方，又有色白，次於饒磁，出安溪崇善龍興、龍涓三里，又有白瓷器，出德化程寺後山中，潔白可愛。」[66] 在以上白瓷窯中，以德化白瓷最著名。

德化縣位於閩南山區，從宋代以來，一直以出產瓷器聞名，考古學家在當地發掘出 200 多處歷代瓷窯遺址[67]。明代的《德化縣志》記載：「白瓷，瓷產程田寺後山中，穴而伐之，綆而出之。碓舂細滑，淘去石渣，飛澄數遍，傾石井中，以灑其水，乃塼埴為器，石為洪鈞，足推而轉之。薄而苦窳，厚則綻裂，土性然也。罍、瓶、罐、瓻，潔白可愛。博山之屬，多雕蟲為飾。」[68] 可見，德化白瓷精工細作，以造型優美出名；《閩書》云：「陶型之器，亞於饒九[69]。」意為德化瓷器僅次於江西饒州九江的景德鎮瓷器。但也有人不以為然，例如，周亮工說：「閩德化磁（瓷）茶甌，式亦精好，類宣之填白。予初以瀉茗，黯然無色……乃知德化窯器不重於時者，不獨嫌其胎重，粉色亦足賤也。」[70] 這裡周亮工說到德化瓷器的一個優點與兩個缺點，缺點是：瓷胎重、裝茶後的水色不佳。這二個批評基本是對的。明代多數人都認為德化瓷器不如景德鎮瓷器，如王澐說：「德化陶器，純素，微類定州。其質厚重，不及浮梁。」[71] 但是，德化瓷器流傳一時，也有自己

書院原刊，北京，中華書局 2011 年點校本，第 1759 頁。

65　郭柏蒼，《閩產錄異》，長沙，嶽麓書社 1986 年，第 39 頁。

66　陽思謙等，萬曆《泉州府志》卷三，〈輿地志〉，第 44 頁。

67　福建省博物館，《德化窯》，北京，文物出版社 1990 年，第 1 頁。

68　許仁等，嘉靖《德化縣志》卷二，〈物產〉，明刊本膠捲，第 30 頁。

69　何喬遠，《閩書》卷三八，〈風俗志〉，第 942 頁。

70　周亮工，《閩小記》卷二，福建人民出版社 1985 年，第 38 頁。

71　王澐，《漫遊紀略》卷一，〈閩遊・器物〉，江蘇廣陵古籍刻印社筆記小說大觀本，第 17 冊，第 5 頁。

的特點，其一如周亮工所說：德化瓷的優點是「式樣精美」，德化瓷工正是憑著這一優勢製造了許多供擺設的仙佛像，並憑這一點打開市場。其次，德化瓷器另一個優點是：質地堅硬，白如玉石。其中上品瓷器在日光照耀下，晶瑩如玉，有透明的感覺。明代，德化瓷器在海外極受歡迎，歐洲有一批愛好中國瓷器的收藏家，他們稱讚德化白釉器為「中國瓷器之上品」，其原因在此。

　　德化窯在明代大發展，造出轟動海外世界的白瓷器，與明代德化製瓷術發展有關。德化燒瓷器窯爐，在宋代稱為龍窯，這種窯爐往往長數十米，像一條蜿蜒的長龍，故名。元代德化出現了分室龍窯，明代進一步發展為階級窯。關於這種變化的意義何在？我國陶爐專家劉振群教授說：「釉的高溫黏度增加了，為了使釉面光滑均勻，要控制升溫速度和保溫時間，快燒快冷不易保溫的龍窯逐漸感到不適應了。尤其是福建德化白釉瓷（建白或稱豬油白），不但釉中含氧化鉀高，而且坯胎中含氧化鉀也高，更不適於在龍窯中燒成。古人就把龍窯和饅頭窯兩者的優點結合起來，創造了階級窯。……階級窯的最初形式（由龍窯過渡到階級窯的形式）為分室龍窯。在龍窯內砌分隔牆，隔牆到頂，而下部留有一排通火孔。福建德化屈斗宮元代分室龍窯……都屬於這種形式。後來逐漸演變，到明代已是一個個窯室單獨砌築，從外形看已非龍窯，就成了正式的德化階級窯。」[72] 明代，德化到處都分布著這一類陶瓷窯，生產規模相當大，構成了福建外銷瓷的主力軍。其產品銷售東南亞、西亞、歐洲、日本，是福建出口的最大宗商品之一。

　　在東方的瓷器抵達歐洲之前，歐洲普通人的食用器皿還處在木碗陶杯時代。高級貴族雖然可用金銀器皿，但是，歐洲一旦發生戰爭，君主可以徵收各個貴族的金銀器製造貨幣，或是購買武器。因此，歐洲貴族所藏金銀器多不能長久。這一文化背景下，歐洲人愛上了中國的瓷器。歐洲的瓷器熱始於 15 世紀後半期。1461 年埃及蘇丹將數件明代青花瓷器送給威尼斯人之後，歐洲貴族很快愛上了來自東方晶瑩剔透的器皿。迄至十六世紀上半葉，葡萄牙國王開始將來自東方的瓷器當作禮品送給歐洲各個國王，

72　劉振群，〈窯爐的改進和我國古陶瓷發展的關係〉，《中國古陶瓷論文集》，文物出版社，1982 年，第 167 頁。

久而久之，王室內的愛好影響了民間，十六世紀前半葉，葡萄牙里斯本和尼德蘭安特衛普的城市裡，已經有專賣瓷器的商店。1603 年，「荷蘭人捕獲一艘駛往里斯本的大帆船，船上裝載著 1200 捆中國生絲和大約二十萬件明代瓷器。」阿雷茲的〈葡萄牙和陶瓷〉一文說：「早在十六世紀三十年代，每年大約有 4 萬至 6 萬件中國瓷器從亞洲運到里斯本，到了四十年代，據說里斯本的上層人物已身著中國絲服、品嘗著中國茶，按照葡萄牙圖式專門訂購明朝瓷器了。」[73] 其時，葡萄牙的醫院裡病人常用中國盤子用餐，而在巴西的葡萄牙人日常生活中也使用明瓷。十六世紀八十年代，里斯本的某條街上就有六家以上專門出售中國瓷器的商店。[74]

葡萄牙人喜歡瓷器的習俗慢慢傳到歐洲各地。據統計，在 1657 年以前的五十年內，英國、荷蘭、法國共向歐洲販賣了 300 萬件中國瓷器。又如《瓷器與荷蘭東印度公司》一書記載：該公司於 1602 年至 1682 年的 80 年內，共從中國運走了 1600 萬件瓷器。除了歐洲國家之外，東南亞國家也需要大量的中國絲綢之類的商品，當地製瓷業不發達，所用瓷器、陶器，多數來自中國。日本對中國磁器的需求量頗大，「大抵日本所須，皆產自中國……他如饒之磁器……尤為彼國所重。」[75] 中國普通的瓷器也有外銷市場。例如在日本，中國瓷器大受歡迎。「在廣州購買時價格參差不齊，到日本至少可賣二至三倍的價錢。」有一艘到日本的葡萄牙船上載有「瓷器約 2000 簍」。[76]

總的來看明代福建瓷器生產大勢，自明朝海禁政策實行後，福建山區的瓷器生產衰落，沿海製瓷業興起，並在海禁鬆弛後獲得大發展。不過，福建出口的瓷器，不僅有德化瓷和平和南勝瓷，景德鎮瓷器才是外商追逐的極品。[77] 明代漳州窯的名氣不如德化窯，到了清代初年陷入了一場危機。其時，清朝對歐洲貿易被朝廷集中於廣州地區，廣州石灣窯因而獲得大量

73　〔英〕崔瑞德、〔美〕牟復禮編，《劍橋中國明代史 1368—1644 年》下卷，北京，中國社會科學出版社 2006 年，第 358—359 頁。

74　〔英〕崔瑞德、〔美〕牟復禮編，《劍橋中國明代史 1368—1644 年》下卷，第 377 頁。

75　姚士麟，《見只編》卷上，叢書集成初編本，第 50—51 頁。

76　The Great Ship from Amacon: *Annual of the Macao and Japan Trade*, pp.179-181. 轉引自：李金明，《海外交通與文化交流》，雲南美術出版社 2006 年，第 160 頁；又引自黃啟臣，《黃啟臣文集——明清經濟及中外關係》，第 333 頁。

77　徐曉望，〈論明清時期福建瓷器生產大勢〉，《澳門研究》2013 年第五期。

訂單；漳窯產品的精度比不上景德鎮瓷，價格無法和石灣產品競爭，逐步退出了國際市場。[78]

第三節　福建製糖業的營銷

在明代出口的三大商品中，絲綢和瓷器分別以浙江省和江西省的產品為佳，出口量也多，只有蔗糖產銷一直以福建省產品為主。

一、福建的製糖業

福建甘蔗分為果蔗與狄蔗二種，果蔗似竹而幹粗，可以食用。姚旅說：「蔗，海內寥寥有之，惟閩粵多液而甜。其運入兩都者出西江，長不半間，而味復短。甘蔗亦惟泉州、漳州為佳，兩都得之，喜同隋珠。」[79]這樣看來，福建果蔗雖以品質優良聞名，但由於地域的關係，較少進入外省市場。另一種甘蔗是用之以榨糖的狄蔗。狄蔗幹小而皮堅硬，難以食用，但含糖量高，適用於榨糖。王應山說：「糖產諸郡，泉漳為盛。」而福建山區，「種蔗皆漳南人，遍滿山谷。」[80]《尤溪縣誌》記載：「砂糖、糖水，皆竹蔗為之，本邑原少，近緣漳泉流寓者多闢山廣種之。」[81]明代沿海的甘蔗種植影響了糧食生產，據載，甘蔗先是種在沿海的山地，如嘉靖年間的惠安縣：「唯深山肥潤處種畬稻，兼種畬蔗，傍山煮煉，歲亦獲利。」[82]而後，由於甘蔗的利潤越來越高，農民使用良田種蔗，萬曆年間的《泉南雜志》記載：「甘蔗，幹小而長，居民磨以煮糖，泛海售焉。其地為稻利薄，蔗利厚，往往有改稻田種蔗者。故稻米益乏。」[83]據說，明代漳泉一帶缺糧，即與農民以稻田種蔗有關。由此可知，閩南的甘蔗種植相當廣泛。

明代福建是國內主要的糖產區之一，宋應星說：「凡甘蔗有二種，產

78　徐曉望，〈論明清時期福建瓷器生產大勢〉，《澳門研究》2013 年第五期。

79　姚旅，《露書》卷十，〈錯篇上〉，福建人民出版社 2008 年，第 237 頁。

80　王應山，《閩大記》卷十一，〈食貨考〉，第 198 頁。

81　鄧一韜纂修，崇禎《尤溪縣誌》卷四，〈物產〉，明崇禎九年刊本，書目文獻出版社《日本藏中國罕見方志叢刊》，1990 年影印本，第 595 頁。

82　張岳，嘉靖《惠安縣志》卷五，〈物產〉，上海古籍書店 1963 年影印天一閣藏本。第 20 頁。

83　陳懋仁，《泉南雜志》卷上，叢書集成初編第 3161 冊，第 7 頁。

繁閩廣間，他方合併得其什一而已。」[84] 這說明了福建製糖業在中國的地位。
王應山說：「糖產諸郡，泉漳為盛。有紅白及冰糖商販四方貨賣。」[85] 可見，
福建糖業以泉漳二府為盛。實際上，興化府的製糖業亦不亞於泉漳，《興
化府志》記載：興化府原來不知白糖製造法，「正統間，莆人有鄭玄者，
學得其法，始自為之，今上下習奢，販賣甚廣。」[86] 可見，興化府的白糖製
造是相當有名的。《羅源縣志》記載，「崇禎志云：興化府人每在邑販買，
煎為白糖、糖霜。則從前所產倍蓰矣。」[87] 莆田人在明末到羅源等外縣製造
白糖，說明當地的製糖業是相當盛的。倒是福州在宋元時曾為國內著名的
糖產地，明代當地糖業反而落後於泉漳。福州西郊著名的甘蔗洲，在宋代
是國內著名的糖產地，但明末已不見大片蔗林，這也許和明中葉以後氣候
普遍變冷有關吧。

二、福建製糖技術的改進

　　明代前期福建製糖術基本沿用元代的方法，如弘治《興化府志》記載：

> 黑糖，煮蔗為之。冬月蔗成後，取而斷之。入碓搗爛，用大桶裝貯，
> 桶底旁側為竅，每納蔗一層，以灰薄撒之。皆築實，及滿，用熱湯
> 自上淋下，別用大桶自下承之，旋取入釜烹煉，火候即足，蔗漿漸
> 稠，乃取油滓點化之，別用大方盤把注置盤內，遂凝結成糖，其面
> 光潔如漆，其腳粒粒如沙，故又名砂糖。

> 白糖，每歲正月內煉砂糖為之。取乾好砂糖置大釜中烹煉，用鴨卵
> 連清黃攪之，使渣滓上浮，用鐵笊籬撒取乾淨，看火候足，別用兩
> 器，上下相乘，上曰口，下曰窩，口下尖而有竅，窩內虛而底實，
> 乃以草塞竅取煉成糖漿，置口中，以物乘熱攪之，及冷，糖凝定。
> 糖油墜入鍋中，二月梅雨作，乃用赤泥封之。約半月後，又易封之。
> 則糖油盡抽入窩，至大小暑月，乃破泥取糖，其近上者全白，近下
> 者稍黑，遂曝乾之。用木桶裝貯，九月各處商皆來販賣，其糖油鄉

84　宋應星，《天工開物》卷上，〈甘嗜第四〉，第 278—279 頁。

85　王應山，《閩大記》卷十一，〈食貨志〉，第 194 頁。

86　周瑛等，弘治《興化府志》卷一二，〈貨殖志〉，同治十年重刊本，第 12 頁。

87　林春溥等，道光《羅源縣志》卷二八，〈物產〉，羅源縣政協文史委 1983 年點校本，
　　第 554 頁。

人自買之。[88]

　　明代中後期，福建製糖技術不斷革新，第一，蔗糖加灰法的進步，元代福建引進來自西域的加灰法，使糖水凝結為糖塊，這是製糖技術的一大進步。不過，元代福建糖戶是選用樹灰作添加劑，而明代則選用石灰，「每汁一石，下石灰五合于中。」[89] 石灰鹼性比樹灰強，且品質穩定，是一種更好的添加劑。其次，加灰時間也有改進，元代糖戶將甘蔗搗爛後即加入樹灰，明代糖戶則是在蔗糖加溫提煉達到沸點後再加入石灰，這樣效果更好，能夠均勻地中和糖汁中的酸素，加快蔗糖的凝結。

　　第二，在砂糖脫色技術方面頗有改進。首先，使用了蛋清澄清技術，如弘治《興化府志》的記載，在煉白糖時，當糖液鼎沸後，「用鴨卵連清黃攪之，使渣上浮，用鐵爪籬撇取乾淨。」其次，黃泥脫色技術更為成熟。為了生產高品質白糖，糖農還使用多次脫色技術，「官糖取之，再行烹鍊，劈雞卵攪之，令渣滓上浮，復置瓷漏中，覆土如前，其色加白，名潔白糖也。」[90] 由於潔白糖遠銷海外，所以它又叫「洋糖」。

　　第三，冰糖製法改進。據《糖霜譜》的記載：宋代製冰糖的方法是以異物加入糖液中，候其自然結晶，結晶過程長達半年以上，而且不一定能得到結晶冰糖。元代糖戶怎樣製冰糖不明。明代閩中糖戶採用白砂糖為原料炮製冰糖，「造冰糖者，將洋糖煎化，蛋青澄去浮滓，候視火色，將新青竹破成篾片，寸斬，撒入其中。經過一宵，即成天然冰塊。」[91] 可見，明代福建製造冰糖技術已相當穩定，其中關鍵在於：宋代要從稀薄的糖水中煉取結晶糖，所以十分不容易，而明代的白糖已是固體糖，將它轉化為結晶糖是比較容易的。明清時代，冰糖一直是福建的特產。

　　第四，蔗車榨汁法。用蔗車榨糖是明末才出現的新技術。原先，蔗農提取糖汁的方法極為繁瑣，先要把甘蔗剁碎，放入水碓中搗爛，再用熱水沖淋，使蔗汁流出。用這種方法提取的蔗汁濃度較稀，提煉蔗糖要耗費較多能源。明末從臺灣引入了蔗車榨糖法，直接從甘蔗中榨出糖汁。蔗車是

88　周瑛等，弘治《興化府志》卷一二，〈貨殖志〉，第 11 頁。
89　宋應星，《天工開物》，〈甘嗜第四〉，第 283 頁。
90　何喬遠，《閩書》卷一五〇，〈南產志〉，第 4456 頁。
91　宋應星，《天工開物》，〈甘嗜第四〉，第 283—285 頁。

一種以牛為動力、拉動輥筒榨蔗的機械，它的製作及使用方法見載於《天工開物》第四節，這裡不再詳引。蔗車的使用不僅提高了榨汁功效，而且還使榨糖手工業形成流水作業工程，它的出現，是製糖技術上的一次革命[92]。蔗車最早出現於《天工開物》的記載，但它始於那一省，《天工開物》的記載不明。而大多數福建方志記載的榨糖法都是古老的磨漿法，所以，一些人以為《天工開物》記載的蔗車也許不在福建，不過，盡覽廣東方志也沒有找到廣東有蔗車的記載。後來，我在清代《南安縣志》裡發現一段記載：「南安蔗車稅，稅一百九拾兩……按，此條係崇禎中有牙稅之征，因南安無牙稅可征，故詳請將蔗車稅抵補。朕蔗車時有興廢，欲執為定額亦難矣。」[93] 這條史料證明：明代末年福建南安縣已開始徵收蔗車稅，它說明明末福建確已使用蔗車。廣東一直到清代，榨糖業都是掌握在閩人手中，所以，蔗車應當首先出現福建。

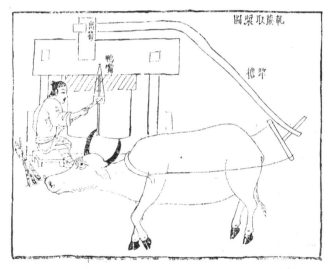

圖 4-2　宋應星《天工開物》所附糖車圖 [94]

　　那麼，蔗車這種具有大型機械技術的榨蔗機器是怎樣發明的呢？我曾經考慮過是不是荷蘭人引進的，後來隨著研究的深入，才發現荷蘭人在臺灣根本不從事工業生產，他們所需要的一切物資都是從華人手中購取。因

92　徐曉望，〈福建古代製糖術與製糖業〉，泉州，《海交史研究》1992 年第 1 期。
93　葉獻綸等，康熙《南安縣誌》卷七，〈車稅〉。
94　宋應星，《天工開物》，潘吉星校注本，巴蜀書社 1989 年，第 282 頁。

此，他們沒有給臺灣引進蔗車的動力。據明鄭時期的史料，臺灣是有蔗車稅的。那麼，發明蔗車的地方只能在福建和臺灣。根據陳第〈東番記〉等書的史料，臺灣很早就有了甘蔗，而且他們取糖汁的方法與福建人不同。福建傳統方法是磨，將甘蔗切成小塊後磨成汁，臺灣原住民的方法是「硤蔗」，也就是將甘蔗汁榨出來。明代漢人進入臺灣時，便觀察到臺灣人飲用蔗汁不是用漢人傳統的磨漿法，而是直接榨取蔗汁，這種方法當然更好，值得汲取。不過，當時臺灣人的數量有限，沒有必要製造大型的榨蔗機，他們榨甘蔗的機器應是較小的。我在雲南旅遊時在製糖區曾見過一種小型的榨汁機。它以硬木雕成可以榨汁的輥筒，兩個輥筒並列，下有齒輪連結。使用時一手搖動輥筒，一手將剖成細條的甘蔗塞入兩個輥筒之間壓榨，蔗汁順著雕好的孔道流出，下用瓶罐接蔗汁，即可飲用。這使我想到，榨蔗取汁可能是臺灣及東南亞普遍使用的技術，漢人看到這種機器後得到啟發，將漢人的牛拉磨技術和臺灣傳統榨蔗技術結合，並將其大型化，便成了榨甘蔗的蔗車。

　　蔗車是臺灣糖寮的基本設備。每一座糖寮都要裝置一臺蔗車。荷蘭人占據臺灣後，大力發展當地的榨糖業，同時根據蔗車的數量與產量徵稅。福建在歷史上從未有蔗車稅，至明末，鄭芝龍在其家鄉南安縣有很大的影響，他為了解決軍餉問題，建議地方開徵蔗車稅。鄭芝龍與臺灣的荷蘭人交往很深，這樣看來，蔗車應是他從臺灣引進的。

　　蔗糖在東方也是重要的商品，主要產自中國的福建、廣東以及東南亞的暹羅、占城、柬埔寨以及爪哇。據安東尼‧瑞德的研究，東南亞的煉糖廠是在中國榨糖法傳入當地後大發展[95]，其時約為明清之際。此前東方國際市場上的蔗糖大都來自中國。在十六世紀後期，來自中國的蔗糖引起歐洲人的注意。中國自元代開始生產白色的蔗糖，這種看上去雪白的糖品，外觀好，純度高，很快引起歐洲人的注意。荷蘭人占據臺灣時期，每年都要從福建沿海採購大量的白糖及紅糖，轉銷歐洲和日本。晚明閩廣糖品進入國際市場。鄭芝龍在澳門時，他的舅舅派他到日本做生意，「至天啟三年癸亥夏五月，程有白糖、奇楠、麝香、鹿皮欲附李旭船往日本，遣一官押

95　〔澳〕安東尼‧瑞德，《東南亞的貿易時代：1450—1680 年》第二卷，《擴張與危機》，第 49 頁。

去。」[96] 其中白糖排在首位。葡萄牙大船到日本，砂糖是其所載商品之一。有一艘葡萄牙大船上所載白糖約 60—70 擔，買價每擔 1.5 兩，在日本售賣達 3 兩，甚至 4.5 兩，但日本人不習慣使用白糖，他們寧可要紅糖。紅糖在澳門的買價是 0.4—0.6 兩，在日本每擔可賣 4—6 兩，這是一種贏利最大的商品，故這艘船載運 150—200 擔。[97] 大致而言，歐洲人喜歡白糖，日本人更喜歡紅糖。據岩生成一的研究：「自 1637 年至 1683 年間，中國船隻輸入日本的砂糖數量，最多為 1641 年的 542.7 斤，最小為 1643 年全年無輸入。平均每年達 169 萬斤。」[98] 這些砂糖除了少數來自東南亞之外，主要來自中國的福建等地。17 世紀荷蘭人傳到東方的消息是：歐洲的白糖市場從 1200 擔增至 6400 擔，再到 8000 擔、12000 擔。[99]1637 年有 110 萬磅中國的白砂糖運到荷蘭。[100] 除了歐洲外，亞洲的波斯等國也進口中國的糖。不過，十七世紀末，歐洲的蔗糖市場也吸納了來自東南亞和巴西的大量蔗糖，而中國出產的糖反而不太顯著。

第四節　海外白銀流入福建

　　明代東南中國輸出海外大量的絲綢、瓷器、糖品，換取大量白銀輸入中國。福建是海外白銀輸入中國的主要碼頭，各省商人樂於到福建經營，用商品換取福建的白銀，這帶活了福建經濟。

一、海外白銀輸入中國大勢的形成

　　如前所述，宋元國際貿易中主要使用白銀和銅錢。由於中國銅錢走向世界取代了東亞及東南亞傳統的金融媒介——寶貝，導致各國商品生產的

96　江日昇，《臺灣外志》，上海古籍出版社 1984 年，第 3 頁。

97　The Great Ship from Amacon: *Annual of the Macao and Japan Trade*, pp.179-181. 轉引自：李金明，《海外交通與文化交流》，雲南美術出版社 2006 年，第 160 頁；又引自黃啟臣，《黃啟臣文集——明清經濟及中外關係》，第 333 頁。

98　曹永和，〈從荷蘭文獻談鄭成功之研究〉，引自《臺灣鄭成功研究論文選》，第 367 頁。

99　陳碧笙主編，吳文華、孫晉華、陳毅明著，《南洋華僑史》，江西人民出版社 1989 年，第 76 頁。

100　曹永和，〈從荷蘭文獻談鄭成功之研究〉，引自《臺灣鄭成功研究論文選》，第 368 頁。

發展，朝鮮、日本及東南亞的一些都將銅錢當作主要貿易貨幣，從而使東部亞洲的國際貿易得到發展。然而，銅錢主要是細部貿易的貨幣，它適宜平民的日常使用，凡是使用銅錢的貿易，貿易總量是有限的。而且，銅錢的貿易範圍主要在日本、朝鮮、越南和爪哇，再往西走，就要用世界性的通用貨幣金銀，在金子數量有限的背景下，主要使用銀兩。

宋元時代的印度洋諸國金銀比價低於中國，大致上，中國金銀比例是 1：10，而印度洋國家的金銀比例是 1：5，懂得這個差價，就可明白：為什麼唐宋時代在印度洋周邊活動的阿拉伯商人千方百計要到中國來，他們不僅是來購買絲綢和瓷器的，還看中了中國的白銀。中國是世界上最早的銀礦開採大國，早在唐宋時代，就達到了年產 20 萬～ 30 萬兩白銀的水準。因此，中國可以向周邊世界輸出白銀，圍繞中國的亞洲絲綢之路貿易也就發達起來了。這是唐宋中國突然在亞洲崛起的經濟原因。

然而，僅僅中國生產的白銀是不夠亞洲世界使用的，從北宋到南宋、元代，紙幣在中國的使用從局面走向全國，尤其是元代規定紙幣為唯一的通貨。迄至明代初年，中國仍然廣泛使用紙幣，與此同時，中國的白銀開採仍然興盛。據梁方仲的研究，明朝從開礦中總收入為：9786462 兩，其中永樂朝為 4894898 兩，最多的一年是永樂朝的第十二年，收入為 393949兩。最少的如正統初年，每年僅數千兩，最少的正統四年降至 953 兩。[101]可見，明朝開採銀礦幾乎到了竭澤而漁的地步。那麼，開採出來的銀礦到哪裡去了？只有一個解釋，在全國使用紙幣的背景下，白銀主要流入國際市場。尤其是元朝流行大元鈔近百年，白銀在統治者手中只能用來賞賜其他各大汗國。俄羅斯考古學家在伏爾加河畔的薩拉托夫港墓地發現了兩枚刻著「濟國惠民」的銀幣，追蹤歷史，這應是在金帳汗國忙哥帖木兒時期，元世宗忽必烈為支持 1266 年登基的帖木兒，送去了大量白銀。這是中國白銀西流一例。此外，當時的商人也利用中國不用白銀的空檔，將白銀運到西亞做生意。高橋弘臣說：「一般認為蒙古人極其喜好金銀，與蒙古統治者階層勾結，被稱為『斡脫』的西域商人自蒙古帝國時代起，從蒙古統治階層接受銀的貨與，以此為資本放貸，吸取中國的的銀，在將其一部分還

101　梁方仲，〈明代銀礦考〉，《中國社會經濟史集刊》第 6 卷，第 1 期（1939 年 6 月）。又見《梁方仲經濟史論文集》，北京，中華書局 1989 年，第 120 頁—124 頁。

給蒙古統治階層的同時，將剩餘的大部分運到苦於銀不足的西亞東部地區出售，牟取暴利。」[102] 又如鄭和遠下西洋時，印度諸國的金銀比例是 1：5，比中國高一倍。於是，鄭和在印度洋揮灑白銀採購印度的珠寶棉布。王士性的《廣志繹》記載：「國初，府庫充溢。三寶鄭太監下西洋，齎銀七百餘萬，費十載，尚剩百萬餘歸。」[103] 鄭和下西洋的前十年，一共去了四次，平均每次花費 125 萬兩白銀！僅僅十年，元明以來國家積累的白銀七百萬兩，被他花去了六百萬兩。當然，鄭和也採購了巨量的黃金珠寶充溢皇宮，這是明代楚王墓中能出土大量黃金珠寶的原因。所以，鄭和遠航應是賺錢的，否則，明代諸王不會那麼有錢。但是，由於白銀流出過多，也給中國經濟帶來很大的麻煩，鄭和七下西洋後，明朝無力進行第八次下西洋，未必沒有白銀流出過多的因素。總的來說，由於當時世界上主要銀產地集中於中國與印度，而中國所生產的銀不夠亞洲世界使用，導致國際市場上銀價上升，印度洋世界以高價吸納中國的白銀，東亞商人不得不減少對印度洋的貿易，以減少白銀流出。明代中葉，中國的金銀比價與印度洋拉平，大致也是 1：5。一直到葡萄牙人進入印度洋和亞洲東部海域，海外白銀才大量流入中國。

　　明嘉靖年間，中國對外貿易發生兩大變化。其一是葡萄牙人來到中國沿海貿易，其二，日本白銀大量流入中國。葡萄牙人是在明代中葉抵達中國。那時葡萄牙人在遠東的殖民地，每年會派一至二艘大帆船回到里斯本，每年可運 20 萬兩左右的白銀帶到中國貿易。史料證明，葡萄牙人到中國貿易，更多的是帶來中國所需的東南亞及印度商品，例如香料、蘇木、寶石等等，銀兩是次要的。而嘉靖年間的中國對日本貿易，導致日本白銀大量流入中國。按，一直到明代中葉，日本的經濟大大落後於中國、朝鮮甚至是越南這些東亞國家。但在嘉靖年間，日本引入中國的灰吹煉銀法，銀礦產量急劇增加，從嘉靖二十二年開始，大量的日本白銀湧入亞洲市場。其時，中國輸出的是各種商品，日本卻沒有什麼像樣的商品與中國貿易，如鄭若曾所說：「日本倭商惟以銀置貨，非若西番之載貨交易也。」[104] 因此，

102　高橋弘臣，《宋金元貨幣史研究——元朝貨幣政策之形成過程》，上海古籍出版社 2010 年，第 285 頁。

103　王士性，《廣志繹》卷一，〈方輿崖略〉，北京，中華書局 1981 年標點本，第 5 頁。

104　鄭若曾，《江南經略》卷八上，文淵閣四庫全書本，第 43 頁。

嘉靖年間的中國貿易，就是以中國商品換取日本的廉價白銀。這導致日本白銀大量流入中國。中國與日本貿易成為嘉靖年間世界貿易的一個熱點，也可說是第一個高潮。就連位於地球西部的歐洲國家，都積極參加中國與日本的貿易，並從中獲得高額利潤。以上事實，可見本書第二卷的論述。

從 1571 年開始，西班牙人在菲律賓的馬尼拉建立貿易基地。東方貿易形勢發生巨大變化。西班牙人很早就向世界各地進發，他們最早發現美洲，而後繞過美洲向太平洋發展。明朝嘉靖皇帝登基的正德十六年，正是麥哲倫抵達菲律賓群島之時（1521 年），這位來自葡萄牙的西班牙使者第一次完成了環球航行。麥哲倫的環球航行，是環球貿易體系建立的起點。此前，葡萄牙人從歐洲向東發展，將其在非洲的貿易發展到亞洲西部的印度洋區域，進一步發展到環南海貿易圈；1521 年之後，西班牙人從歐洲出發，將其已經發展到美洲的貿易逐次發展到遠東的菲律賓，從而進入環南海貿易圈，於是，環球貿易圈初成。不過，在環球貿易體系初成的時代，世界上可貿易的東西並不太多，葡萄牙人運回歐洲的是東南亞的香料和中國的絲綢、瓷器，然而，由於航程過於艱難，貿易總量並不太多。西班牙人在美洲尚未發現銀礦，能夠運回歐洲的，只是搶劫來的金銀。其時，國際上較熱的貿易點都與傳統絲綢之路有關，例如，印度與西亞及南歐的貿易，中國與環南海區域的貿易。迄至嘉靖二十二年（1543 年）前後，西班牙人將以水銀置換白銀的技術引入波多西（Potosi）等美洲銀礦，導致美洲白銀生產大發展。[105] 此後二十年，大量美洲白銀通入歐洲，給予歐洲人巨大的金銀資本，使他們對海外殖民地的經營更為積極。其時，也有一部分白銀通過西班牙人跨越太平洋的貿易直接輸入東方市場。

按，當時的歐洲與東方之間，金銀比價存在巨大的差異。歐洲的金銀比價大多在 1：12 至 1：16 之間；而中國和印度的金銀比價，大約為 1：5 至 1：7 之間。存在這種現象的原因在於：歐洲是銀礦極為豐富的地區，而且歐洲人科技進步極快，約在 1554 年發明了水銀加鹽煉銀礦的方法之後，近代初期的歐洲白銀產量驟增，1571 年這種技術又在美洲推廣，於是，美

105　據全漢昇翻譯的史料，秘魯的波多西 potosi 銀礦於 1545 年發現，每星期可生產二萬五千銀元至四萬銀元。即每年生產 523.2 萬銀元。其銀礦含銀量達 50% 左右。全漢昇，〈明代的銀課與銀產額〉，全漢昇，《中國經濟史研究》二，北京，中華書局 2011 年，第 124 頁。

洲的白銀產量大增。巨額美洲白銀流入歐洲，因而歐洲有了世界上最大差距的金銀比價。瞭解這一背景，就可以知道：為什麼歐洲人願意帶著白銀到遠東貿易，因為，白銀在歐洲的價值大約只有在遠東的二分之一和三分之一，只有將白銀帶到中國來，才會獲得最大利益。可見，中國對白銀巨大的吸引力，才是這個世界貿易的動力。

二、日本輸入中國白銀數量的估計

　　晚明從海外輸入的白銀分別來自日本和美洲。因為中國商品在日本極受歡迎，而日本可對中國輸出的只有白銀，所以，晚明中國商品的銷售，導致日本白銀大量流入中國。從大範圍來說，晚明進入中國的白銀來自三個方面：其一，葡萄牙、荷蘭等歐洲國家從歐洲帶來的白銀；其二，西班牙從美洲直接輸入馬尼拉的白銀，後由閩粵商人轉運到中國；其三，來自日本的白銀。在這三大白銀流中，早期以日本的白銀最為重要。

　　具體地說，來自日本的白銀又可分為三個方面：其一，由華商直接經營的白銀輸入。例如，嘉靖年間，日本白銀輸入浙江雙嶼和福建漳泉港口，明代末年，閩粵商人到日本貿易輸入白銀。其二，由葡萄牙商人轉運的日本白銀。隆慶及萬曆年間，閩浙沿海嚴禁對日本貿易，葡萄牙商人在廣東沿海開闢對日本貿易，他們從日本運出白銀轉至廣東的澳門，再由澳門輸入廣東採購中國商品。這一貿易一直延續到明末，為中國帶來大量白銀。其三，由日本商人運到東南亞諸港的白銀，導致越南的會安等海港的興起，日本商人在這裡採購中國商品，因此，東南亞諸國也有許多白銀流入中國。

　　嘉靖年間華人的對日本貿易。嘉靖年間先是由潮州商人發現了日本市場，而後漳州商人在日本獲得極大的利潤，此後，江浙商團也進入日本。不過，由於嘉靖隆慶年間的大倭寇活動，導致明朝加強海禁，並拒絕對日本的直接貿易。其後，葡萄牙人一度壟斷了中國的對日本貿易。葡萄牙商人先是由福建商人帶到日本。嘉靖末年，因倭寇橫行的關係，東南沿海諸省對日本船舶的海禁日益嚴厲。導致閩浙二省對日本的直接貿易減少。於是，葡萄牙人漸漸占據中國對日本貿易的主導地位。他們從澳門出發，到日本長崎貿易，以中國商品換取日本的白銀，導致白銀大量進入中國。

　　對於日本輸出白銀，中國學者全漢昇、梁方仲都有研究。全漢昇的

研究得到較多引用。全漢昇推算：葡萄牙人平均每年從日本運出 153 萬兩（47.92 噸）白銀到中國澳門。這些白銀主要供採購中國商品使用。[106] 但是，若是參考葡萄牙人的估計，全漢昇估計的數字偏高了。

葡萄牙人統計，從 1546 年到 1638 年，葡萄牙人平均每年從日本運出白銀 12525 公斤左右（12.53 噸）。[107] 亦即 400800 兩。那麼，93 年中，葡萄牙人共運出 1164825 公斤白銀，亦即 1164.825 噸白銀。和全漢昇的估計相比，葡萄牙人自行估計的數量要少四分之三。

布里安 · 莫洛尼和夏維中估計，從 1580 年到 1640 年，葡萄牙人從日本運至中國的白銀有一百六十五萬公斤。[108] 按，一百六十五萬公斤，可以折合 1650 噸，或是 5280 萬兩；平均每年 88 萬兩，或是 27.5 噸。這個資料比全漢昇估計的要少，但也十分可觀。

以上統計的差異，可以這樣考慮，早期貿易中，葡萄牙人運出的白銀不如後期多。有人認為，葡萄牙人與日本貿易的早期，年均貨物價值超過五十萬克魯扎多的金幣。約在 1583 年至 1591 年間，年均貨運量超過六十萬克魯扎多，16 世紀末 17 世紀初，達到了一百多萬克魯扎多。按其價值計算，五十萬克魯扎多可價值 13 噸（416000 兩）白銀，後期經葡萄牙商船輸出的日本白銀約相當於每年 26 噸（832000 兩）白銀。[109] 即使在後期，葡萄牙人實際從日本運出的白銀也比全漢昇的估計要少。平均葡萄牙人的數字，葡萄牙人每年從日本帶 85 萬兩白銀到中國澳門港。不過，明朝對葡萄牙人進入內地有不少限制，所以，葡萄牙人雇用了不少閩人為其做中間生意，這些人被廣東人稱為「閩攬」，葡萄牙人生意多通過「閩攬」進入

106　全漢昇，〈略論新航路發現後的中國海外貿易〉，張彬村、劉石吉《中國海洋發展史論文集》第五輯，第 7—8 頁。

107　〔澳大利亞〕傑佛瑞・C・岡恩，《澳門史》，秦傳安譯，中央翻譯出版社 2009 年，第 28 頁。

108　原出：〔澳〕布里安 · 莫洛尼（Brian Moloughney）、夏維中，〈白銀與明朝的滅亡再研究〉，澳大利亞大學編，《遠東歷史論集》坎培拉，澳大利亞大學 1989 年，第 51—78 頁。本文引自〔葡〕魯伊 · 羅里多（Rui D'Avila Lourido），〈葡萄牙人與絲綢之路：明朝末年的澳門與馬尼拉〉，《文化雜誌》2002 年秋季刊，第 107、115 頁。

109　〔澳門〕塞亞布拉，〈16—17 世紀澳門、中國和日本的歷史關係〉，澳門文化局《文化雜誌》2004 年春季刊，第 34 頁。

廣州。

　　其實，除了葡萄牙人經營的日本與澳門貿易之外，日本白銀還可通過其他途徑進入中國。據說日本實行朱印船制度後，日本商人每年帶到東南亞 20 噸白銀。[110] 也就是 53.3 萬兩。日本商人在東南亞主要還是想採購中國商品，所以，這些銀子在東南亞轉來轉去，只怕最後有一半以上流入中國，也就是 26.6 萬兩。

　　迄至明末，中國對倭寇的海禁漸漸鬆弛，中國與日本之間的直接貿易重又恢復。「日本國法所禁，無人敢通……而其國有銀名長崎，別無它物。我人得其長崎銀以歸，將至中國，則鑿沉其舟，負銀而趨。」[111]、「漳人假以販易西洋為名，而貪圖回易之東之厚利，近便給引西洋者不之西，而之東。及其回也，有倭銀不可帶回者，則往彭湖以煎銷。或遂沉其舡，而用小舡以回家。」[112] 當時從日本流入中國的白銀之多，讓閩南大儒蔡獻臣擔憂：「彼之銀錢日來，而吾之用物幾盡矣。」[113] 崇禎十四年到日本長崎的鄭芝龍商船六艘，其所載商品價值 318149.2 兩。[114] 也就是接近 32 萬兩白銀。加上其他船隻，崇禎十四年，由華商經手，從日本流入中國的白銀每年達一百多萬兩白銀！

　　可見，明代末年從日本輸入中國的白銀有三個部分：其一，葡萄牙人從長崎帶到澳門的白銀及荷蘭人從長崎帶到臺灣、巴達維亞的白銀；其二，華人從長崎帶到閩粵一帶港口的白銀。其三，日本朱印船帶到越南會安、泰國大城等港口的白銀。三者相加，才是日本輸入中國的白銀總量。根據以上估計：葡萄牙商人及荷蘭商人每年約帶 88 萬白銀，日本朱印船所帶白銀的一半轉入中國，其數量為 26.6 萬兩，明末中國船每年約帶 100 萬兩，三者相加，明末從日本輸入中國的白銀每年約為 214.6 萬兩白銀，折

110　〔澳〕安東尼‧瑞德，《東南亞的貿易時代：1450—1680 年》第二卷，《擴張與危機》，第 37 頁。

111　何喬遠，《鏡山全集》卷二四，〈開洋海議〉（崇禎三年在南都作），陳節、張家壯點校本，福建人民出版社 2015 年，第 689 頁。

112　洪朝選，《洪芳洲先生讀禮稿》雜著，〈代本縣回勞軍門諮訪事宜〉，四庫未收書輯刊本，第 16—17 頁。

113　蔡獻臣，《清白堂稿》卷十七，〈同安縣志‧風俗志〉，福建省圖書館 1980 年據崇禎本抄，第 21 頁。

114　〔日〕山脇悌二郎，《長崎の唐人貿易》，東京，吉川弘文館 1964 年，第 30 頁。

合 80.37 噸。

關於日本輸入中國白銀總量，需要考慮日本學者的研究。萬明在其論文中統合了日本學者的主要研究：

岩生成一認為自 1560—1600 年，日本每年出口白銀 33.75—48.75 噸，迨至 17 世紀初年，每年白銀輸出量上升到 130—160 噸。約占世界白銀產量的 30%—40%。

山根弘造和神木哲男認為：1560 年至 1600 年間，中國和日本的商船每年從日本輸出的白銀 11.25 噸，同時由葡萄牙輸出的日本白銀有 22.5 噸。二者相加就是 33.75 噸；17 世紀 20 年代，葡萄牙人輸出的日本白銀應為 45—56.25 噸。日本實行鎖國政策後，拒絕了葡萄牙人及西班牙人的商船，日本白銀輸出由中國商船和荷蘭商船承擔。17 世紀 30 年代，估計日本每年輸出的白銀為：150—187.5 噸。

小葉田淳的研究是：17 世紀初年，日本每年輸出的白銀為：150—187.5 噸。[115]

從大趨勢而言，明末，從美洲輸往呂宋的白銀數量銳減，東亞的貿易重心轉向日本。「今東西洋利寖薄，賈人侵假而闌入倭境。」[116] 閩商於明末直接到日本貿易，每年都有數十艘商船。如果平均每年為 40 艘船，每艘船載貨物 3 萬兩，這就是 120 萬兩了。從萬曆三十五年算起，這一貿易持續 37 年，總貿易量可達 4440 萬兩！其總量要比葡萄牙人多了很多。此外，葡萄牙人的對日本貿易被取代之後，明末荷蘭人每年也有五六艘商船到日本貿易，所以，明末日本白銀對中國輸出是巨大的，足以彌補美洲對華輸出白銀的減少。

統計三方面的統計數字，明代末年每年從日本流入中國的白銀應有 200 萬兩白銀。明代的一兩約等於 0.0375 公斤。[117] 每噸銀子折算中國計量單位 26666.67 兩，則為 75 噸白銀！

115　萬明，〈明代白銀貨幣化：中國與世界連接的新視角〉，《河北學刊》2004 年第 3 期。
116　袁業泗修、劉庭蕙纂，萬曆《漳州府志》卷九，〈賦役志下・洋稅考〉，萬曆四十一年閔夢得刊本，漳州市政協、廈門大學出版社 2012 年影印本，第 23、25 頁。
117　彭信威，《中國貨幣史》，第 671—672 頁。

三、晚明從歐美輸入中國的白銀

　　日本之外，亞洲市場上的其他的白銀主要來自美洲。其中有一部分是從美洲轉運歐洲的白銀。

圖 4-3　早期的西班牙銀幣，尚未鑄成圓形。攝於福建省博物館。

　　美洲是環球國際貿易初成時代重要的白銀產地。晚明產於美洲的白銀源源不斷地進入菲律賓的馬尼拉港，再由福建商人運回閩南的月港。何喬遠說：「東洋則呂宋，其夷佛郎機（西班牙）也。其國有銀山出銀，夷人鑄作銀錢獨盛。我中國人若往販大西洋（此處指暹羅、柬埔寨諸國），則以其所產貨物相抵，若販呂宋，則單是得其銀錢而已。」[118] 在福建商人中，流傳著許多美洲白銀的傳說。例如熊明遇說到的紅毛番，通常這詞是指荷蘭人，熊明遇卻用以稱呼美洲的西班牙人。「紅毛番，去中國水道最遠。地無他產，產白金，國中用白金鑄錢，輕重大小有差。錢如其王面。」[119]、「其國人富，少耕種，善賈，喜中國繒絮財物，往往裝銀錢大舶中，多者數百萬，浮海外之旁屬國市漢繒絮財物以歸。」、「中國人利其銀錢所贏得過當，輒偵其船之至不至，酤一歲息之高下。有逗冬以待者。近呂宋殺中國賈人，不盡死者，臣僕之。自是漢財物少至。」[120] 這是中國史料的記載。閩粵民間開始使用銀錢：萬曆五年，福建巡撫龐尚鵬練兵：「試標鎗用五尺竿掛小銀錢三箇於竿上。」[121] 今人在漳州民間發現過多枚 16 世紀來自美洲的西班牙銀幣，有的銀幣上加蓋葡萄牙人的印戳。[122]

　　梁方仲研究了海澄設縣後白銀的輸入。他據史料編製了〈萬曆三年東西洋船水餉等第規則表〉、〈明萬曆十七年四十三年稅率比較表〉，又假

118　何喬遠，《鏡山全集》卷二三，〈請開海禁疏〉，第 675 頁。

119　熊明遇，《文直行書》卷十三，〈紅毛番〉，熊人霖順治五年刊本，第 22 頁。

120　熊明遇，《文直行書》卷十三，〈紅毛番〉，第 23 頁。

121　龐尚鵬，《軍政事宜》，萬曆五年刻本，第 29 頁。

122　林南中，《漳州外來貨幣概述》，福建人民出版社 2004 年，第 13—17 頁。

定為值百抽二的商品稅則，那麼，海澄稅額收入在 21087 兩餘時，其進口貨物總值應為 1353381 兩餘！關於從美洲輸入中國的白銀，至萬曆十年，總計應有 300 萬比索（元），若加上澳門的每年 20 萬亦計算在內，便為 500 萬比索以上。算到崇禎十七年止，則在 71 年間，應有 2130 萬比索的流入了。連葡人的輸入應為 3550 萬元以上。[123]

全漢昇列表研究了 16—17 世紀從美洲輸往菲律賓的白銀。據全漢昇的研究，1586 年以前，由菲律賓流入中國的白銀每年有 30 萬兩，1586 年達到 50 萬兩，1598 年上升至 100 萬兩，與美洲流入菲律賓的白銀相等。1602 年已經上升到 200 萬兩白銀，1604 年達到 250 萬兩以上。1620 年達到是明代的高峰，為 300 萬元；其後多數時期為每年 200 萬元，一直維持到 17 世紀末年[124]。可以將其折換成銀兩統計，崇禎《海澄縣志》記載，明代流入中國的西班牙貨幣「大者七錢五分」[125]，那麼，300 萬銀元價值 225 萬兩白銀，若是 200 萬銀元就是 150 萬兩白銀。對這一美洲白銀運銷數量，也有不同意見。

威廉・阿特威爾引用一些史料證明，實際走私到東方的美洲白銀可能遠比全漢昇統計的要多，通常年分，運送到菲律賓的白銀實際上有 500 萬披索，最多的 1597 年一年達 1200 披索[126]。不過，對這一問題，我們還要考慮中國商品的銷售量。西班牙人運到東方的白銀不會白送給中國商人，而是要換取一定數量的中國商品。其時，美洲西班牙人最歡迎的中國商品是絲綢，據說馬尼拉的西班牙人購買的中國商品，有百分之九十的資金用於購買絲綢。那麼，西班牙人採購的絲綢有多少？全漢昇說：「在 1636 年以前，每艘船從菲律賓回航美洲，載有三百至五百箱絲織品，但到了 1636 年，有一艘船上的絲織品超過一千箱，另一艘多至一千二百箱。」每箱的

123　梁方仲，〈明代國際貿易與銀的輸出入〉，原刊《中國社會經濟史集刊》第 6 卷第 2 期（1939 年 12 月）；《梁方仲經濟史論文集》，北京，中華書局 1989 年，第 176 頁。

124　全漢昇，《中國經濟史論叢》第一冊，〈明清間美洲白銀的輸入中國〉，新亞研究所出版，第 438、444 頁。

125　張燮等，崇禎《海澄縣志》卷十一，〈物產・貨屬〉，北京，書目文獻出版社《日本藏中國罕見方志叢刊》，1990 年影印崇禎五年刊本，第 440 頁。

126　〔英〕崔瑞德、〔美〕牟復禮編，《劍橋中國明代史 1368—1644 年》下卷，北京，中國社會科學出版社 2006 年，第 373 頁。

容量約為 322 匹絲織品，重約 250 磅。[127] 明代中國的絲織品，一匹絲綢約長一丈二至一丈四，可以給人做一套絲綢衣服。按照廣州澳門的批發價，普通絲綢每匹 1.1—1.4 兩，到了馬尼拉應可漲價一至二倍，算一倍半，即為 3.125 兩，西班牙大船載絲綢的大箱一箱可載 322 匹，總值為：1006.25 兩銀，這樣，400 箱價值為 402500 兩，1100 箱為 1106875 兩白銀。運到美洲，總價還可以漲兩倍，即為 330 萬兩銀。如果西班牙每年有這樣的兩艘船做馬尼拉與美洲之間的生意，那麼，他們每次約支付 220 萬兩白銀，在美洲售出 660 萬兩白銀。這個數額與全漢昇的估計相當。可見，西班牙人運到菲律賓馬尼拉的白銀雖多，但其採購商品數量受到中國輸出商品的限制。若從中國商品輸出數量來看美洲運到菲律賓的白銀，大約就是全漢昇統計的數量。

實際上，西班牙人運到歐洲的白銀數量遠比他們運到中國的要多。有關西班牙研究的著作記載：1540 年至 1700 年間，「新大陸產出大約五萬噸白銀，這一數量是當時歐洲既有白銀庫存的一倍。」一般認為，其主要貴金屬流向歐洲。「在 1500 至 1650 年間，超過一百八十噸的黃金和一萬六千噸的白銀從新大陸運到了西班牙。」[128] 平均每年可達 1.2 噸黃金和 106.67 噸白銀！在這一背景下，大航海時代的歐洲諸國紛紛發行金幣和銀幣。而由西班牙人發行的披索或稱「鷹洋」，漸成全歐洲或是整個世界的標準貨幣。由於歐洲得到美洲最多的貴金屬，這保證了近代歐洲一直是世界的貴金屬高地，或者說是世界銀行。這使歐洲保持對世界各國的財政優勢，17 世紀歐洲的法國、英國等國家，其每年財政收入都超過明朝或清朝，原因在此。不過，由於全世界的黃金都向歐洲流動，歐洲國家更愛發行金幣而不是銀幣，歐洲所得到的白銀大都鑄成銀幣輸往東方。據估計，歐洲在 1571—1821 年之間從拉丁美洲進口價值四億美元的白銀中，有一半被西方國家用於購買中國的商品。[129]

127　全漢昇，《明清經濟史研究》，臺北聯經出版公司 2002 年，第 23 頁。

128　亨利‧卡門（Henry Kamen），《黃金時代的西班牙》，呂浩俊譯，北京大學出版社 2016 年，第 90 頁。

129　Jacpues Gernet,*Omundo chines*.《中國社會史》，1975，vol.l.p30. 轉引自〔葡〕羅利洛，〈16—18 世紀的澳門貿易與社會〉，吳志良、金國平、湯開建合編，《澳門史新論》第二冊，第 403 頁。

　　歐洲運送白銀到東方的國家主要是葡萄牙與荷蘭兩國。葡萄牙人運到東方的白銀，有間接運輸和直接運輸之別。明代末年，葡萄牙人每年會派一二艘船隻離開東方殖民者，抵達歐洲本土的里斯本港，而後運輸白銀回到東方。他們的船隻所帶白銀，每年約 20 萬兩。布里安 • 莫洛尼和夏維中估計，從 1580 年到 1640 年，葡萄牙人從歐洲（經好望角）和馬尼拉轉運到中國的白銀約有五十萬公斤。[130] 平均每年為 8333 公斤，也就是 8.33 噸白銀。以一噸白銀折合 26667 兩（明代的兩）白銀計，總數為 22.21 萬兩。

　　除此之外，葡萄牙人也曾從馬尼拉港得到美洲白銀。按，葡萄牙人與西班牙人的關係複雜。葡萄牙人原先與西班牙人競爭對日本貿易，不讓他們到澳門貿易。因而，西班牙人以牙還牙，同樣不讓葡萄牙人到馬尼拉貿易。即使西班牙於 1580 年合併葡萄牙之後，這一規定仍然存在。直到兩國因天主教問題於崇禎七年（1634 年）被逐出日本市場之後，濡沫相嘘，開通了馬尼拉與澳門之間的貿易，但到了 1640 年葡萄牙重新獨立後，這種貿易就斷絕了。所以，澳門與馬尼拉之間通商的時間不長，葡萄牙人帶來的白銀主要來自歐洲本土。

　　葡萄牙與西班牙相鄰，里斯本不遠處，就是西班牙人的塞爾維亞港。1580 年，西班牙兼併葡萄牙之後，對葡萄牙商人多有優惠政策，於是，葡萄牙商人從塞爾維亞採購巨額白銀，用於遠東的貿易。如前其中帶到中國的大約每年 20 萬餘兩。這個數量應是直接貿易。除此之外，從歐洲諸國經地中海到印度果阿等港口的貿易，也會將歐洲白銀帶到印度，從果阿到中國的貿易，完全掌握在葡萄牙人手中。加上這個部分，經葡萄牙人之手將歐洲白銀帶到中國的數量會更多些。莊國土估計，1569—1636 年，葡萄牙平均每年從果阿搬運 100 萬披索到東方來。若一半在中國消費，即達 3400 萬披索，相當 2720 萬兩。[131] 這也是一個不可忽略的量。

130　原出，〔澳〕布里安 • 莫洛尼（Brian Moloughney）、夏維中，〈白銀與明朝的滅亡再研究〉，澳大利亞大學編，《遠東歷史論集》坎培拉，澳大利亞大學 1989 年，第 51—78 頁。本文引自〔葡〕魯伊 • 羅里多（Rui D'Avila Lourido），〈葡萄牙人與絲綢之路：明朝末年的澳門與馬尼拉〉，《文化雜誌》2002 年秋季刊，第 107、115 頁。

131　莊國土，〈略論早期中國與葡萄牙關係的特點 1513—1613 年〉，澳門《文化雜誌》1994 年第 18 期。

　　荷蘭本土的阿姆斯特丹在 16 世紀後期是歐洲的航運中心，西班牙人每年要到阿姆斯特丹採購巨額商品，因而將白銀輸入荷蘭的港口。不過，明代末年荷蘭人的對日本貿易一直很發達，所以，他們只要用在日本賺得的白銀採購中國商品就行了。直接從歐洲帶到遠東消費的白銀不會那麼多吧。

　　關於明代世界各地輸入中國的白銀總量，學者估計不同。梁方仲估計，自萬曆元年至崇禎末年，從海外輸入中國的白銀達 1 億銀元以上。[132] 也就是 7500 萬兩白銀。莊國土的估計要多很多。他認為明季海外流入中國的白銀達 35000 萬披索，折合 28000 兩白銀。其日本流入中國的白銀達 17500 萬兩。[133] 李隆生認為，明末運到中國的日本白銀，每年應有 170 萬兩以上；美洲至中國的白銀年均約 125 萬兩二者合計約 290 萬兩，接近 300 萬兩。明朝自身的白銀產量每年約 30 萬兩，二者比較，海外來銀要比中國自產多 10 倍！[134]

　　白銀流入的趨勢在清朝仍然延續。貢德・弗蘭克估計：整個明清時代，流入中國的白銀達數億元。[135] 對這個歷史過程我是這樣理解的：明清中國經濟的增長、紙幣的崩潰以及對白銀的渴望，使日本及美洲發現的白銀獲得了極高的價值。中國商人為了獲得白銀，將中國的商品輸出海外，引起整個世界市場轟動，於是，圍繞著白銀和中國商品的輸出環球貿易體系建立，中國將世界帶入白銀時代。[136]

第五節　明代白銀貨幣的流行

　　明朝大量使用白銀為貨幣，這是中國歷史上的一件大事，也是世界經濟史上的重要事件。事實上，正是明朝對白銀的大量使用，將世界帶入白

132　梁方仲，〈明代國際貿易與銀的輸出入〉，《梁方仲經濟史論文集》第 178—179 頁。

133　莊國土，〈16—18 世紀白銀流入中國的估算〉，《中國錢幣》1995 年 3 期，第 3—10 頁。

134　李隆生，《晚明海外貿易數量研究——兼論江南絲綢產業與白銀流入的影響》，臺北，秀威資訊科技股份有限公司 2005 年，第 165 頁。

135　〔德〕貢德・弗蘭克（Frank, G.）格著，《白銀資本——重視經濟全球化中的東方》，（*Reorient:The Global Economy in the Asian Age*）劉北成譯，中央編譯出版社 2000 年 3 月第 1 版。

136　徐曉望，〈閩商發展史・古代部分〉，蘇文菁等，《閩商發展史》，廈門大學出版社 2013 年。

銀時代。

一、晚明白銀的使用

　　明代前期，中國國內是實行紙幣制度。這一制度到宣宗以後就基本崩潰了。嘉靖年間的陸容說：「寶鈔，今惟官府行之，然一貫僅值銀三釐、錢二文，民間得之，置之無用。」[137] 那麼，民間使用什麼貨幣？各地是不同的。明代商品經濟最發達的江浙區域，很早就開始使用銀兩了。我們知道，大明鈔在永樂之後貶值很快，大約在宣德年間，民眾就不願意用大明鈔了。宣德元年秋七月癸巳：「嚴鈔法之禁。時行在戶部奏：比者民間交易，惟用金銀，鈔滯不行，請嚴禁約。上命行在都察院揭榜禁之。凡以金銀交易及藏匿貨物高擡價直者，皆罰鈔。強奪強買者，治其罪。」[138] 可見，明朝核心一帶使用金銀為交易，排擠了紙幣的市場，因此，明朝想用嚴刑酷法迫使民眾仍然使用紙幣，最終無法貫徹。隨著大明鈔的貶值，白銀在民間受到信任。但在這方面，政府的禁令往往不起作用。明代中葉，江浙市場上往往使用銀兩為貨幣，這是因為，江南是全國市場的核心，這裡的商人要做全國性的貿易，當時的紙幣不可靠，古銅錢是非法的，商人長距離貿易只能用白銀。明代白銀的產量每年都有幾十萬兩，加上歷史的積累，足以在市場上流通。傅衣凌研究了 146 張珍貴的明代徽州祁門縣土地買賣契約，發現洪武及永樂年間，祁門民間的土地買賣大都使用寶鈔；宣德年間寶鈔、布、稻穀兼用；而到了正統、景泰、天順年間，雜用各色貨幣替代品的現象仍然存在，但用銀的例子多了起來。迨至成化、弘治年間統計的 46 例買賣，全部都用白銀。[139] 這說明徽州在明代中葉買賣中的通貨主要是白銀。對這一問題的繼續研究是萬明。她考察 427 份明代徽州契約，結論是明代中葉以後，徽州民間交易已經有了明顯的白銀貨幣化趨勢。[140] 面對民間白銀廣泛流通的情況，官府也不得不做出相應改變。「浙中錢鈔素不通行，官軍領出貿易俱減其價……乞准收折銀解納布政司，給散官軍俸鈔為便。」[141] 這些制度的變更

137　陸容，《菽園雜記》卷十，文淵閣四庫全書本，第 8 頁。
138　《明宣宗實錄》卷一九，宣德元年秋七月癸巳。
139　傅衣凌，〈明代前期徽州土地買賣契約中的通貨〉，氏著，《明清社會經濟史論集》，
　　　北京，中國人民出版社 1982 年，第 244—245 頁。
140　萬明，〈明代白銀貨幣化的初步考察〉，《中國經濟史研究》，2003 年第 2 期。
141　《明世宗實錄》卷四七，嘉靖四年正月己巳，第 1199—1200 頁。

都為江浙一帶廣泛使用白銀為貨幣打下基礎。

不過，由於明朝白銀的總量有限，白銀只能在核心區域使用，例如運河沿線的城市，從北京到臨清，淮陰，再到揚州及江南城市南京、蘇州、杭州。南北直隸和浙江是用銀的主要區域。出了這一區域，缺銀的區域不少，這些區域的民間交易就未必使用銀兩了。因此，當時普遍的情況是銀兩和銅錢並用：嘉靖三十七年四月，御史鐘沂的主張得到戶部的支持：「其一疏通錢。除起運輕齎糧銀之外，凡存留王府及官員折俸、折鈔、問罪紙贖等項，俱得銀錢兼用。其民間貿易但係歷代舊錢與洪武嘉靖錢相兼行使。有富豪阻壞及鎔錢鑄器者，坐以重法。」[142] 這裡出現了「銀錢兼用」一詞。其後，在隆慶、萬曆的實錄中，「銀錢兼用」、「銀錢兼收」、「銀錢並行」等詞經常出現。這都說明白銀和銅錢是並行的貨幣。「夫銀、錢之所以便者，水火不毀，蟲鼠不侵，流轉萬端，復歸本質。蓋百貨交易，低昂淆亂，必得一至無用者衡於其間，而後流通不息。此聖人操世之大術也。」[143]

明代後期，閩粵海商從海外運來大量的白銀。

> 夫二廣歲輸制以銀，以其地不產銅耳。如天下皆不用銀，則二廣亦不能獨用，二廣不能獨用，而二廣之民於是乎而不窮矣。嗟夫，古之為富者，菽粟而已。為其交易也，不得已而以錢權之。三代之賦，粟也，非錢也。漢唐之賦，粟也，錢也，帛也，非銀也。用銀始於閩、粵，以其地坑冶多而海舶利耳。[144]

這一觀點也得到博聞多識的范端昂的贊成。他在《粵中見聞》一書中說：「用銀，始於閩粵，而閩粵銀多從番舶而來。番有呂宋者，在閩海之南，產銀。其行銀，如中國之行錢。西洋諸番銀多輸其中以通商，故閩粵人多商賈于呂宋運銀。」由於海外流入的白銀首先進入閩粵兩省，當時鑄銀匠人多為閩人。如黃承玄所說：「各省直傾銷銀鋪，閩匠居多。」[145]

晚明的中國，正處在經濟崛起的前夜，商品經濟發展到一定的程度，但是，當時的商業貿易最缺的是交換媒介。紙幣已經廢除，銅錢不適應遠

---

142 《明世宗實錄》卷四五八，嘉靖三十七年四月戊子。
143 謝肇淛，《五雜組》卷十二，〈物部四〉，上海古籍社點校本 2011 年，第 249 頁。
144 屈大均，《廣東新語》卷十五，〈貨語・銀〉，第 404—406 頁。
145 黃承玄，《盟鷗堂集》卷三十，〈禁傾銷低銀〉，明刊本，第 14 頁。

距離貿易,最好的貿易媒介就是白銀。可惜的是中國的白銀太少,因此制約了中國經濟的交換規模。正在這個時候,大量海外白銀的流入,刺激了中國商品交換的發展,整體經濟活躍起來。也使福建、浙江的沿海區域成為白銀的天下。當地民眾為了得到海外的白銀,不惜冒著生命危險到海外貿易。大量白銀因而流入中國,成為民間貨幣。「用銀始於閩、粵,以其地坑冶多而海舶利耳。」[146] 隨著閩粵進口的白銀越來越多,用銀的地域也越來越廣泛。「自大江以南,強半用銀。」[147] 此言出自萬曆年間大儒郝敬之口,得到多人引用,惜未見原文。好在《春明夢餘錄》一書也有引用郝敬之說:

> 今海內行錢,惟北地一隅,自大江以南,強半用銀。即北地惟民間貿易,而官幣出納,仍用銀,則錢之所行無幾耳。舉天下之人用其最少者,若之何不匱?況逐年九邊之費,往而不返。頃者,天府之入,又閉而不出。銀非雨之自天,非湧之自地,非造之自人,奈何不竭!竭而強取,則民病。取之不得,則國病,必然之勢也。惟銅則不然,二百餘年來,錢法不修天下廢銅在民間。[148]

一兩銀子的體積並不大,但民間用銀,常可將一兩銀子瓜分到「分」這樣的單位。萬曆末年黃承玄路過仙霞嶺,瞭解當地挑夫過仙霞嶺的價格是:一擔 80 斤的貨物,走三天過仙霞嶺,每人價格是白銀一錢兩分。精明的官員會察覺「分」的誤差。佘自強為四川合州人,他談到做地方官的經驗:

> 利歸各役,名歸官府者,立法之始,凡遇出門拜客,即停車於各街行市中,親取戥子多把,到後堂喚匠式造定。大約戥子一兩,准准一百分者,拆零碎合之。一兩必有餘銀三分,惟總錠完者,則無此數。若拆封後算不合數,即弊也。百姓完糧,宜隨其便,只用一塊,不許添搭,若有小塊添搭,收頭易于侵匿。二弊也。或塊或錠,俱要毛邊,不要鎚邊。收頭重秤在櫃,人去後私地夾去,又鎚邊使不見迹。三弊也。[149]

---

146 屈大均,《廣東新語》卷十五,〈貨語・銀〉,第 404—406 頁。
147 郝敬,《諫草》卷上,〈請行錢法疏〉,傅斯年圖書館藏 1990 年影印本,第 18—19 頁。未校原文。
148 孫承澤,《春明夢餘錄》卷四七,〈工部〉,文淵閣四庫全書本,第 9 頁。
149 佘自強,《治譜》卷五,崇禎十二年刻本,第 20 頁。

以上文字雖然是說官府在收銀之時，要防止工役作弊，卻反映了民間社會以「分」為單位的計量習慣。民間社會用銀之普及，於此可見。

由於來自海外的白銀主要通過廣州、潮州及福建的漳泉二州進入中國，這些地方鑄造的銀錠成為大家關注的對象。

> 粵東銀，其在野者，多用大口鍋，形如盎圓而高邊，及雙吹。在城者，多用砒傾硬錠、漳州錠、方槽，日趨於偽。其紋者若潮州餅、井欄酥與二洋之大小銀錢，有九五六色。最高者交趾銀條、銀舌，若山銀，則丹房所謂銀筍，色至足矣。市井小人，爭以巧偽為事，或盪錫於邊，或鑽鉛於腹。或灑鐵沙於面，或釣銅於四角，或以白銅，藥煮之為猺銀，最易惑人。故便民莫善於錢。[150]

如其所述，當時閩粵一帶的銀匠會將海外輸入的白銀鑄成元寶狀態，不過，也引發了民間製偽之術，讓人防不勝防。有的白銀外表漂亮，實際上只有五成白銀，商人一不小心，便會蒙受巨大損失。萬曆末年，便有木商因遭受巨大損失，要求福建官方禁止低假銀流行。[151]

那麼，當時的中國人為什麼不直接用銀幣？歐洲銀幣進入中國其實很早。在明代中葉廣東市舶司長官韋眷墓中，曾出土了三枚來自榜葛剌國（今孟加拉）銀幣和一枚威尼斯銀幣[152]。其實，印度洋周邊港口的銀幣種類極為繁複，重量、成色都不相同，這在鄭和時代的《瀛涯勝覽》諸書中就有記載。迄至晚明，歐洲諸國的白銀貨幣也是不等值的，各有特點。在這一背景下，將海外來銀重新熔鑄為一定成色的銀錠，不失為好辦法。剛好明朝中樞要求地方進貢的白銀全要鑄成元寶，這一制度流行於民間了。

明代末期，西班牙鑄造的美洲銀圓流行於歐洲各國，漸漸壓倒歐洲各國所鑄的銀圓。在東方流行的銀圓中，也以西班牙銀幣為主。漳州直接輸入西班牙在美洲鑄造的銀錢，《海澄縣志》記載明代流入的西班牙貨幣：「銀錢，其中有文，大者七錢五分，夷名黃幣峙；次三錢六分，夷名突唇；又次一錢八分，名羅料釐，小者九分，名黃料釐；又小者四分有奇，俱自

---

150 屈大均，《廣東新語》卷十五，〈貨語‧銀〉，第 406 頁。
151 黃承玄，《盟鷗堂集》卷三十，〈禁傾銷低銀〉，第 13—14 頁。
152 夏鼐，〈揚州拉丁文墓碑和廣州威尼斯銀幣〉，《考古》1979 年第 6 期。

呂宋、佛郎機攜來。今漳人通用之。」[153] 可見，西班牙人早期輸入中國的銀幣至少有三種，以後逐漸統一，開始流行相當於七錢三分銀的鷹洋。「錢用銀鑄造，字用番文，九六成色。漳人今多用之。」[154]

　　隨著海外白銀增多，而銅錢造偽越來越厲害，明末閩粵一帶有一段時間只流行銀塊。於是，給銀兩稱重的「鰲秤」十分流行，每個人都要備一份。晚明的福建：「今民間皆用銀，雖窮鄉亦有銀秤。」[155] 這說明用銀習俗深入明末的閩粵農村。「閩、廣絕不用錢，而用銀低假，市肆作姦，尤可恨也。」[156]

　　其實，在交易中光用銀塊會帶來許多不便。對於中國市場來說，最好的方式還是銀、錢並用。到了明末清初，鄭成功鑄造大小與鷹洋相似的銀幣：「漳州軍餉」，並且用銅錫鑄造大量的銅錢。鄭氏政權失敗後，朝廷大量進口銅鑄幣，漸漸使中國回到銀銅並用的時代。而且墨西哥鷹洋漸成為民間流行的主幣。

　　總的來說，晚明閩粵一帶流行銅錢和白銀並行的貨幣制度。明代前期，江浙一帶流行白銀，而閩粵一帶流行銅錢為貨幣，其原因和中國白銀數量來源有限有關。不多的白銀，使之只能使用在中國的核心市場，即江浙與兩京；至於福建與廣東流行銅錢，這是宋以來的閩粵市場慣例。其後變化是的國家金融制度，而不是閩粵區域。元朝和明代初年，都是流行鈔票，按照國家金融制度，銅錢是不該使用的。然而，由於福建、廣東與東南亞及東北亞有著密切的聯繫，而且這些區域仍然延續宋以來的銅錢為貨幣的制度，所以，閩粵人要與這些地方做生意，就得延續傳統以銅錢為通貨的制度。而且他們都是使用唐宋的古錢，導致民間自鑄古錢。閩粵鑄造的唐宋古錢，不僅可用於本省，而且可用於日本、琉球和東南亞諸國，因此，東部亞洲的銅錢鑄造利潤大部流入閩粵二省，尤其是流入福建漳州。可是，非體制銅錢的使用也有其麻煩，由於閩粵二省各地民間私鑄銅錢規格不同，導致各地貨幣市場的分裂。跨區域的貿易只有使用白銀，當時的《商人指

153　張燮等，崇禎《海澄縣志》卷十一，〈物產‧貨屬〉，第 440 頁。
154　顧炎武，《天下郡國利病書》卷一二〇。梁廷枏，《粵海關志》卷四，〈前代事實三〉，道光刊本，第 25 頁。
155　顧炎武，《天下郡國利病書》第二十六冊，〈福建‧漳浦〉，第 120 頁。
156　謝肇淛，《五雜組》卷十二，〈物部四〉，第 249 頁。

南》都會指出，各縣市場流通什麼貨幣，比價是多少？只有白銀才能跨越區域流通。在這一背景下，閩粵海商在海外得到的白銀大量流入閩粵區域，並經過閩粵沿海區域進入江南和兩京，也是閩粵區域經濟發展的機會，帶著白銀的閩粵商人到處受到歡迎，外地商人也願意進入閩粵貿易。這就加強了閩粵與外地之間的商品流通，從而使閩粵沿海區域的城市化進程加快。

　　事實上，除了白銀之外，明代福建的番貨也是十分有名的。如夏允彝所說：「閩產多精良，其濱海之邑，遠通諸夷島，所貿尤珍異。」[157]據明末崇禎《海澄縣志》的記載，明代福建進口的海外商品有：「瑣服、交趾絹、西洋布、吉貝布、銀錢、犀角、象牙、瑪瑙、琥珀、玳瑁、龜筒、翠羽、鶴頂、琉璃、楠香、沉得香、速香、檀香、安息香、麝香、乳香、降真香、丁香、片腦、薔薇水、蘇合油、鉛、羚羊角、明角、烏角、鹿角、獺皮、馬尾、孔雀尾、黃蠟、白蠟、花梨木、烏楠木、蘇木、棕竹、科藤、藤黃、阿魏、沒藥、血竭、蘆薈、銅鼓、自鳴鐘、倭屏風、倭刀、玻璃鏡、嘉文席、藤花簟、眼鏡、金剛鑽、鶴卵杯、燕窩、西國米、胡椒、孩兒茶、蟹肉、波羅蜜、椰子。」[158]這些商品通過閩南商人之手進入國內市場，明人在論述月港時說：「若乃南走交廣，北涉京師，東望普陀之勝，西企海市之奇。沿海之地，相錯如繡。甌台在其左，番禺在其右。」[159]這段文字隱約反映了月港與國內其他港口之間的聯繫。明中葉以後，海禁鬆弛，沿海的海運十分興盛，「泉漳二郡商民，販東西二洋……或假給東粵高州，閩省福州、及蘇杭買貨文引，載貨物出外海。」[160]福建商人正是利用了這一條件，從海外購入商品後，又將這些商品從海路轉運國內市場的。

二、關於早期白銀時代的一些問題

　　世界的白銀時代是在大航海時代開啟的，然而，是由西方殖民主義者開啟了白銀時代，還是由東方經濟大國的運作導致這個時代的開啟？中國

157　夏允彝，崇禎《長樂縣志》卷四，〈物產〉，崇禎十四年刊本，第66頁。

158　張燮等，崇禎《海澄縣志》卷十一，〈物產〉，北京，書目文獻出版社《日本藏中國罕見方志叢刊》，1990年影印本，第10—15頁。

159　張燮等，崇禎《海澄縣志》卷十六，〈藝文志〉，第14頁。

160　沈鈇，〈上南撫臺暨巡海公祖請建彭湖城堡置將屯兵永為重鎮書〉，顧炎武《天下郡國利病書》第26冊，四部叢刊本，福建，第31頁。

對這個時代的來臨做出什麼貢獻？為什麼中國最後在白銀時代的末期落伍了？有許多相關問題是值得研究的。

白銀時代是由誰開啟的？白銀時代誕生於大航海時代，歐美早期著作認為是西班牙人開發了美洲的銀礦，因而給世界帶來了白銀，並將世界帶入了白銀時代；而弗蘭克等新銳歷史學家則將中國當作那個時代的經濟中心，認為是中國的需求將世界帶入白銀時代。我傾向於弗蘭克的觀點。但弗蘭克的缺點是沒有進行第一手史料的研究，因而他的觀點一向受到質疑。總之，這個問題是有必要深入研究的。

我認為，世界貿易中的白銀時代，正是在中國與世界貿易中開創的。在世界貿易中，哪一種貨幣成為主流，總是和這一時代世界經濟最強國家有關。晚明的世界，雖然葡萄牙人、西班牙相繼自稱是世界帝國，但是，他們所占領的國土大都是荒涼的，尚待開發，轄下總人口不過數百萬。與其相比，明朝卻是一個有上億人口的國家。因此，決定這個時代貨幣的，不會是西班牙、葡萄牙這些國家，而是世界最大的經濟體——中國。明代中國的工農業領先世界，有世界上最好的衣料——絲綢，有世界上最好的主食——稻米，世界上最甜的食物——白糖，還有世界上最好的容器——瓷器。因此，海外國家無不嚮往中國。葡萄牙人評價：「中國的政治組織極不相同。在中國，歐洲人看到人民的經濟生活和社會組織都超過了西方。在當時，中國都市的巨大發展是建立在史無前例的極其繁榮的農業、工業和貿易的基礎上的。」「在太平時期，工藝，特別是實用藝術和手工業又繁榮起來，明朝是中國的陶瓷製造術、家具和小擺設生產的鼎盛時期。瓷器、漆雕、青銅雕、玉器和各種琺瑯製品已達爐火純青的程度。」[161] 此處要說的是：在經濟史學界，有一種觀點認為：早在 13 世紀，歐洲經濟就超越了中國的水準。這也是 GDP 崇拜論的副產品吧。我在本書第一卷就說過，歐洲是一個金銀產量較大的區域，這是自然礦產分布造成的。歐洲的人均金銀占有量超過世界每一個區域，並不奇怪，誰叫歐洲境內有那麼多的銀礦、金礦呢！但是，中世界的歐洲光有金銀而工農業不發達，儘管貴族的生活五光十色，但是，他們的人民用木杯喝水，用木盤吃飯，穿著羊皮或

161　〔葡〕雅依梅・科爾特桑，《葡萄牙的發現》鄧蘭珍等譯，中國對外翻譯出版社
　　公司 1996 年，第 53—54 頁。

是麻布製成的衣服，吃的東西主要是粗糙的麵包和烤肉。過著這種生活，就算手中有許多黃金白銀又有什麼意義？13世紀的歐洲，人均占有金銀數量肯定超過中國，若是計算歐洲的人均GDP，超過中國也是有可能的。但是，他們的生活十分落後。所以，13世紀馬可波羅抵達中國之後，對中國人的生活羨慕不已，由旁人記載敘述他在中國經歷的巨著，在歐洲引發一股中國熱。這都說明，就生活的實際內容而言，當時的中國比歐洲更發達。

由於明代中國是世界上最發達的國家，中國經濟與外貿也就左右了周邊世界。那個時代中國流行的銅錢和白銀，也成為東亞世界的主幣。如前所述，白銀在中國成為貨幣的歷史悠久，不過，宋元時期中國的白銀是和紙幣一起流行的，真正的主幣是鈔票，而不是白銀。然而，紙幣有其內在的問題，隨著大明鈔的衰落，迄至明代中葉，白銀已經成為中國市場商品交流的主幣。其時，海外商人想換取中國商品，就要使用中國市場通用的貨幣——白銀。於是，他們想方設法獲得白銀，而後帶到中國來購取商品。為了得到白銀，海外國家盡力開採銀礦，從中國引進先進的煉銀技術。在這方面，日本走在前頭。明嘉靖年間，日本潛入中國的礦工學會了中國傳統以鉛置換銀的煉礦技術，從而使日本的白銀生產迅速擴大，巨額白銀輸出中國，使日本社會發生了巨變。

研究東亞貿易史讓我們知道，日本的白銀約在1543年開始大量進入中國，西班牙人於1571年占領菲律賓的馬尼拉之後，開始運輸巨額白銀進入東方。除此之外，葡萄牙人和荷蘭人都會從歐洲轉運一些白銀帶到中國市場，其數量明顯不如日本和西班牙商人帶來的白銀。他們的目的都是用白銀購取中國的商品。於是，環球貿易就此形成。而在環球貿易的早期，主要貨幣就是中國市場最需要白銀。這樣，中國將世界帶入白銀時代。

實際上，西班牙和日本都要感謝他們的時代，經歷宋元明三代之後，中國的百姓拋棄了紙幣，不論官府怎樣宣傳，他們都不肯接受堂而皇之的大明鈔，這才給白銀統治中國市場的機會，也給了世界上產銀國家很大的機會，若中國還處在紙幣時代，白銀在中國沒有那麼大的市場，不會買到很多東西。所以說，中國對白銀的需求，是這一時代世界經濟發展的動力，也造就了新的世界貨幣。大家都拿白銀到中國買東西，白銀便成世界通用貨幣。這個時代，世界是圍繞著中國經濟旋轉的。

中國在白銀時代的地位。如前所述，大航海時代的前期，中國將世界帶入了白銀時代。換一種說法，白銀時代是中國開啟的。那麼，世界上多數白銀都流入中國，能否說明這個時代中國占有巨大的優勢？表面上看是這樣，實際上，白銀時代占盡優勢的不是最需要白銀的國家，而是那些擁有大量白銀的國家，例如西班牙、日本。進一步分析，西班牙的白銀還不是屬於本國的，因為，西班牙人為了開發美洲，以高利息大力舉債，因此，西班牙人從美洲得到的白銀，大都被用於還債，西班牙人實際掌握的白銀並不多。從西班牙塞維利亞港流向歐洲各大城市的白銀，多數情況下是豐潤了巴黎、倫敦、佛羅倫斯、漢堡、安特衛普、阿姆斯特丹等城市，也就是說，富裕了歐洲的整體。雖說西班牙國王菲力普賽斯二世一度將哈布斯堡霸權擴張到極點，可是，為了維持這一霸權，西班牙耗盡了國力，在荷蘭、英國、法蘭西等國家的攻擊下，西班牙開始落伍。和西班牙人相比，日本在東洋面臨的形勢較為簡單，日本國統一後，國內戰事基本停止。豐臣秀吉發動的侵略朝鮮戰爭失敗後，對外戰爭也停止了。德川幕府建立了對全國的統治，從此進入和平發展時代。日本文化的特點在於擅長學習，因為有了巨額白銀，所以，日本可以向中國、荷蘭等國家引進工農業技術以及科學知識。這樣，日本的城市化進展頗快，很快趕上了東亞的先進水準。所以說，在白銀時代的早期，最為得利的是日本和西歐。日本因有巨額白銀，工農業大發展，很快成為發達國家。歐洲歷來有巨額金銀，他們選擇以黃金為主要貨幣，相對次要的白銀用於國際市場，從而購得中國、印度等國家的商品和技術，厚積薄發，最終成為世界上最發達區域之一。

在西歐和日本白銀自然藏量遠勝中國的背景下，中國對白銀的特殊重視，使日本和西歐自然成為富國。總之，從金銀的角度來看近代西歐和日本的高速發展，其原因太簡單了：這兩個地區是自然界擁有黃金白銀最多的地方，歐洲因其海上霸權還獲得了非洲的黃金和美洲的白銀，因此，只要這兩個地方經營適當，就能以其財力發展科技和商業，使自己走到世界前列。中國的情況則相反，雖說明代中國的生產力比日本和西歐發達，但是，中國缺乏貴金屬，黃金白銀在中國的購買力遠勝西歐日本，用黃金和白銀衡量國際財富，中國就不是最富的國家。當時中國的財力物力雖然遠勝其他國家，不過，由於朝廷不擅長經營，未能將中國的經濟優勢轉化為

金融優勢，並擴及世界，反而被世界市場所左右。假使中國傳統的紙幣沒有崩潰，就算國際市場一直使用金銀為貨幣，中國對白銀的需求不會那麼強烈。這也就是說，那些盛產金銀的國家不會在國際市場上取得絕對的優勢。可惜事情完全相反。

關於海外白銀進入中國的大勢，首先要認識嘉靖朝四十五年（1522—1566 年）的重要地位。在嘉靖元年，環球貿易體系初成，可資貿易的商品不多。迨至嘉靖二十二年（1543 年），日本從中國引進的以鉛置換銀的煉礦法獲得成功，日本白銀生產大發展，並有大量白銀流入中國市場，促成了中國與日本民間貿易的高潮。在美洲也有同樣重要的變化，該年南美洲的波多西銀礦，成功引進了歐洲大陸新發現的以汞置換白銀的煉礦法，從此，美洲可以出口大量的白銀。由於日本距離中國較近，因此，日本開採的大量白銀在嘉靖年間就湧入中國，而美洲進入中國的白銀要遲一些。儘管西班牙人在 1521 年就打通了美洲到菲律賓的航線，但是，他們在菲律賓建立殖民地的設想，要到幾十年後才明確並付之行動。1571 年（隆慶五年）馬尼拉開港，標誌著美洲白銀大量進入中國的周邊。換句話說，美洲白銀大量進入中國，要比日本白銀要遲 28 年。認識這一點，就可知道：不是歐洲人帶來了白銀改變了中國經濟，而是亞洲經濟自身的變化導致中國與日本之間絲瓷糖換取白銀的大貿易。中國很早就能大量生產絲綢、瓷器、黑白糖，並且使用白銀為貨幣。由於白銀生產跟不上商品經濟擴大的規模，在中國出現銀根緊縮，從而產生了對白銀的巨大需求。在這個背景下，能夠大量出口白銀的日本市場對中國具有重要意義，進而對美洲和歐洲產生巨大影響，將美洲和歐洲的白銀吸到中國。於是，整個世界市場圍繞著中國旋轉起來。傳統歷史書都說是西班牙人和葡萄牙人發現了環球貿易航線，因而建立了初級的環球貿易體系；實際上，比它更為重要的是中國對白銀的需求，因為，是全世界的白銀湧向中國，才帶來了中國商品灌輸全球的世界貿易，那個時代，世界是圍繞著中國運轉的。

對於白銀輸入中國，還要注意的一個問題是：1600 年是一個重要的分界線。此前不論從日本還是美洲輸入中國的白銀都是有限的。梁方仲認為：「關於從美洲輸入中國的白銀，至萬曆十年，便應有三百萬比索，若加上

澳門的每年二十萬亦計算在內，便為五百萬元以上。」[162] 如其所記，早期歐美輸入中國的白銀，大約每年 50 萬元而已。以後隨著中國對外貿易的發展，大約在 1600 前後，自日本及美洲輸入中國的白銀分別為每年一百萬兩上下。迄至明末，上升至每年三五百萬兩左右。所以，從白銀進入中國的總體趨勢而言，明末輸入數量要比嘉靖、隆慶及萬曆前期多得多。實際上超過了中國市場需要的數量。

小結

　　福建各式產業中，受到國際市場較大影響的是絲織業、製瓷業、製糖業及菸草業。明代前期，福建雖有絲織業與製瓷業，但並不以這二種產業出名，晚明時期由於月港等港口成為中國主要的輸出港口，大量的過境貿易刺激了福建絲織品的生產，潮州、漳州、泉州、福州都相繼成為東南重要的絲織品產地。福建的漳州沿海與泉州沿海，也發展起可與景德鎮瓷業競爭的製瓷業。這兩個行業的發展，主要是為了出口。晚明海外國家運走的絲瓷等商品，其實有相當部分出自福建人的仿冒。製糖業則是另一種情況。製糖業是世界性的產業，不論印度、阿拉伯及地中海國家，都有發達的製糖業。中國的特色在於白糖製造，晚明福建製造的白糖甲於天下，在世界市場上獲得相當分量的占有額。荷蘭、葡萄牙、西班牙等地的商人將中國白糖運往歐洲及中東各國，獲得相當的利潤。日本市場的情況不同於歐洲，日本位於東北亞的溫帶，種植甘蔗的條件不如福建亞熱帶地區，所以，日本只能進口中國的黑糖。不論是歐洲對白糖的需求，還是日本對紅糖、黑糖的需求，都刺激了福建製糖業的發展。荷蘭人占據臺灣後，更在當地發展製糖業，並使臺灣在 17 世紀成為東亞最大的糖產地之一，牢牢掌控了日本等東亞市場。以上是中國出口商品帶給福建沿海區域的變化。

　　我們應當承認：16—17 世紀國際市場的變化，給予環臺海區域部分產業相當重大的影響，促使這些行業繁榮，並成為當地經濟的支柱。至於製茶業，也是武夷山一帶的傳統產業，不過，武夷茶的大量輸出，要到清代才有較大的分量，此處不宜詳述。

162　梁方仲，〈明代國際貿易與銀的輸出入〉，《中國社會經濟史集刊》第 6 卷第 2 期（1939 年 12 月）；《梁方仲經濟史論文集》，北京，中華書局 1989 年，第 176 頁。

　　研究明代的貨幣制度，讓我最驚訝的還是閩粵兩省與東亞區域的一體性。自從明代前期開始，不管國內金融制度有什麼變化，閩粵市場與海外市場都是一體的。由中國出產的銅幣流行於東北亞、東南亞諸國，東南亞流行的貴金屬貨幣也是中國的貨幣。明中葉以前，由於東亞的白銀產量有限，在國內市場和東南亞市場出現了銀根緊縮的現象，導致白銀購買力的急增。在這一背景下，日本人利用中國技術開礦成功，導致白銀數量猛增。嘉靖年間日本白銀大量流入中國，活躍了中國市場。而東亞國際市場白銀的特殊地位，又引發了葡萄牙人和西班牙人相繼將歐洲和美洲的白銀輸入中國，這樣，東亞以白銀為主的國際市場上升為世界性的國際金融市場，中國將世界帶入了白銀時代。受東方的影響，也因為美洲白銀大量流入歐洲，歐洲諸國大量鑄造銀幣，這對歐洲主要使用金幣的傳統是一大變化。應當說，歐洲這一變化是為了適應國際市場，實際上是受到東亞金融市場的影響，本質上是受中國的影響。因此，大航海時代的世界之所以能夠獲得大發展，其主動力來自中國。

第五章　晚明福建的城鄉市場

　　晚明福建商品經濟的發展，並且在福建經濟中所占地位逐步上升，這不能不造成福建經濟結構的全面調整與交換的加強，從而造成晚明福建城鄉市場的發展。

第一節　福建農村市鎮的發展

　　在晚明商品經濟發展的背景下，福建各地農村市場也有很大發展，墟市的數量比明代前期增長好多。

一、晚明福建農村的市鎮

　　明代後期，由於海上私人貿易的興盛、全球航海體系的建立、以及國內貿易的興盛，刺激了福建的市鎮經濟的發展，一批市鎮在福建各地成長起來。順昌縣的黃元作「東郭新墟詩」：「舳艫沙際集，商賈陌頭通。」[1]描述了一個墟市在城外河道邊上成長。沿海港口大都成長為市鎮，如福寧州的水澳原是一個「瀕海舡貨所集」的碼頭，於是，它自然成為一個商市；又如當地的沙洽市，位於四十都，「瀕海，舟通會城，商貨輳集。」[2]龍溪

1　鄭慶雲等，嘉靖《延平府志》卷三，〈坊市〉，上海古籍書店 1961 年影印天一閣藏本，第 6 頁。
2　林子燮等，萬曆《福寧州志》卷一，〈鎮市〉，明刊本膠捲，第 99 頁、第 103 頁。

縣的石碼港，於嘉靖年間建石碼鎮，又於萬曆時經營新市[3]。長樂縣十洋市建於鄭和航海之時，鄭和航海結束後，當地的「十洋街」荒廢，「值淫雨霖，泥濆深數尺，民病也。其直南又從斜徑繞出城門，履水草，弗堪輿，人跡鮮少。」晚明隆慶年間，縣令蔣以忠決心恢復十洋街。他向當地父老諮詢此事，原以為多少會有一點阻力，卻想不到當地紳士對重建十洋市的熱情十分高漲：「僉曰：『負廓田畝斤金，即夷為大道，將列廛，利貿遷，土可貴矣，侵何傷！』」於是，上下合力修建街道，「東西兩路民願自葺，聽之。」、「街東長三百丈，直南內外長四百丈有奇，中為橋一、亭一、坊一，其費金不煩官帑云。」縣令洋洋自得地說：「今洋街聿新，商旅胥出途，市當再成。」[4]

位於交通要道的村莊往往成長為較大的市鎮，如仙遊縣的沙溪市，「南北往來大路，客店稠密。」[5]在福寧通往內地的商道上成長起一連串的市鎮，例如，福安縣原來只有石磯津市（又名富溪津市），「魚鹽之貨叢集，販運本縣，上通建寧。」後來，隨著商品貿易的興盛，它的上游又興起了穆洋市，「在十八都，鹽貨從富溪津過者居積于此，蓋廉溪之上游，亦泰順、壽寧、政和、松溪、浦城之喉舌也。」[6]和明初相比，晚明福建的墟市不論在數量上還是品質上，都有很大的發展。明末福建沿海的市鎮相當密集：「閩北自沙埕、南達南澳，上下幾二千里。其人皆沿海而居，烟火相連、市鎮互錯。」[7]以下按府州敘述各地的市鎮。

福州府。據弘治《八閩通誌》的記載，弘治年間，福州府10個縣僅有10個墟市，其中長樂縣、羅源、懷安、永福四縣無市，連江、古田、閩清、閩縣等五縣分別只有一個市，此外，侯官縣有二市，福清縣有四個市。平均每個縣只有1個墟市。在福建各府中是密度最低的。不過，明初福州已是一座大城市，也許是它的發展，取代了農村市鎮，造成農村墟市不正常的蕭條。萬曆年間，隨著福建商品經濟的發展，福州城鄉的市鎮開始多了

3　林鳳聲等，民國《石碼鎮志》卷三，〈建置〉。廈門大學藏抄本。
4　夏允彝，崇禎《長樂縣志》卷二，〈經略志・街巷〉。複印明刊本，第25—27頁。
5　呂一靜等，萬曆《興化府志》卷二，〈建置志〉，明萬曆三年刊本膠捲，第98頁。
6　陸以載等，萬曆《福安縣志》卷一〈輿地志〉，北京，書目文獻出版社《日本藏中國罕見方志叢刊》，1990年影印本，第123頁。
7　集體編，《明實錄閩海關係史料》，熹宗實錄，天啟六年。臺灣文獻叢刊第296冊，第141頁。

起來。據林燵、謝肇淛等人編纂的《福州府志》記載：萬曆年間福州府的閩縣、侯官、古田、閩清4縣即有17個墟市[8]，其中，古田縣的市鎮有了明顯的發展，弘治年間該縣只有一個市，但在萬曆年間，它已有了七個市。不過，萬曆《福州府志》有個明顯的缺陷——它僅統計了福州府的閩縣、侯官、古田、閩清四個縣的鎮市，其餘六縣不明，若要解決這個問題，只有參校明代的縣志了。萬曆《福州府志》的編纂，主要參考各縣方志，如果各縣方志不記載，萬曆《福州府志》也無法增入，以長樂縣為例：長樂縣在明代有二部方志：弘治長樂志與崇禎長樂縣志，弘治志修於萬曆府志之前，而其中未載一個市鎮，所以，萬曆府志也不記載長樂縣的市鎮。但是，據崇禎《長樂縣志》的記載，長樂縣尚有坊口市、梅花城市、廣石澳市、陳塘港市等四個縣城外的市，城內尚有十洋市，是隆慶年間由縣令下令建造的[9]。再查各縣之縣志，確有一些縣根本不計鎮市之數，如嘉靖年間的羅川志，便不統計羅源縣的鎮市數，這應是府志無法統計當地市鎮數的原因。再如弘治年間的福清縣尚有四個市鎮，而萬曆年間的《福州府志》卻只記載當地有一個漁市，看不出什麼理由使萬曆年間福清縣的市少了，只能說當地縣志漏載，所以，府志也不記載。

此外，福州府志還有一個缺陷，它只記載「市」，不記載「墟」，是否明代福州各縣就沒有墟呢？這個問題不好回答，因為在福州的農村，明顯還有一些商業活動點，但未成長為墟，例如長樂縣的諸多碼頭：

馬頭埠，「在縣西吳航，通馬江，聚舟之處。弘治壬戌，知縣王漁命工壘石砌道通津。」

河南道，在縣西河南，舊名鼓山道，後以巨石砌，商販聚舟之處。

庵頭塢，在永寧橋前，商販聚舟之處[10]。

這些貿易點只要稍加建設，即可成為墟市，也許是福州府人覺得沒有這個必要，所以未去建立墟市吧。查閱明代福州尚存的幾部府志縣志後，所見明代福州墟市共有26個，它也許少於實際數字，但目前只能以此為準。以福州所轄九縣平均，每個縣只有3個市鎮。

8　喻政修、林燵總纂，萬曆《福州府志》卷一二，〈街市〉，第147—148頁。

9　夏允彝，崇禎《長樂縣志》卷二，〈經略志〉，第42頁。

10　夏允彝，崇禎《長樂縣志》卷二，〈經略志〉，第42頁。

　　明代福州市鎮中，最引人注目的是水口市、洪塘市與海口市。

　　水口市是古田縣位於閩江邊上的一個重要水口。「離縣南九十里，舊名水口鎮。下通白沙，上接黃田，其溪自縣南流與嵩溪會，故名水口。蓋水勢至此漸緩，溪濱地亦漸寬，下無灘石，上下舟航畢集焉。」[11]

　　洪塘市在福州西郊，是上游船隻進入福州登陸的碼頭，也是上游與沿海商品交換之地，董應舉說：「上府粟聚于洪塘」[12]，就是說，上游來的糧食都在洪塘集中貿易。明人論洪山橋：「以通洪塘名。商舶北自江至者，南自海至者，咸聚于斯，蓋數千家云。」[13]洪塘本身也是一個大鎮，「沿江居民袤數里」，它是福州往西驛道的起點，其下是下塢街，下塢街的延伸，又是芋原街，晚明這裡的驛路，已發展為數里長街了。[14]

　　福清縣以出產商人聞名於南方，它的商品經濟是比較發達的，該縣的主要港口即為海口市，當地有龍江可以作為港灣，「龍江廣五里，深五丈餘，舊名螺江……有橫橋跨其上，舳艫千艘，竟日夕不絕，亦一都會之處也。」當地人說：「海口枕山襟海，田園不及頃，四方舟車往來，百貨俱集，人稱小杭州。貿易可以自給。」[15]

　　興化府。原轄三縣，但在明英宗時，興化縣撤銷，併入莆田與仙遊。莆仙是明代前期福建人文最盛的地區，商品經濟的發展也走在各縣前面。弘治年間二縣共有 6 個墟市，其中莆田一縣即有五市，其中黃石市，「跨連江、莆田、景德、谷清四里」，成為以上四里的交易中心，「居人延亙千餘家，其秀民多讀書登仕版，而處者率以力本為業，果園蔬畦，映帶遠近。故雖非商賈所聚，而市井之盛，為莆一大聚落也。」[16]但在嘉靖年間，莆田被倭寇攻克，數萬人被殺，財物被擄搶殆盡，城市受到極大的破壞，經過幾十年的恢復，仍然不見起色，所以，迄至萬曆年間，莆田的商品經濟比之弘治年間並不更為繁榮，如白湖市在莆田縣東，「舊經云：白湖東

11　楊德周，崇禎《玉田志略》卷一，〈風土〉，福建省圖書館藏抄本，第 7 頁。

12　董應舉，《崇相集》議，〈米禁〉，第 46 頁。

13　林濂，《洪山橋記》，陳壽祺等，道光《福建通志》卷二九，〈津梁〉，第 678 頁。

14　喻政修、林燫總纂，萬曆《福州府志》，卷一二，〈街市〉，第 147—148 頁。

15　林以寀，順治《海口特志》，〈疆域〉、〈風俗〉，一說此書撰於康熙時期。福建省圖書館藏抄本。

16　黃仲昭，弘治《八閩通誌》卷十五，〈坊市〉，第 285 頁。

引滄江，介延壽、木蘭二水之間，南北商舟會焉。」自宋以來，白湖市一直是莆田的大市[17]，但在萬曆年間，據府志的記載，該市「今存者僅銅、鐵、竹篾等行」。[18] 它的重要性已大大下降了。據呂一靜的萬曆《興化府志》，萬曆年間興化府計有 8 個市鎮[19]。比之弘治年間，莆田與仙遊二縣各自增加了一個市，但沒有實質性變化。

仙遊著名的大市是楓亭市「在南通泉州，北通郡城，東通黃石、平海，西通本縣，為四達之衢市，之東有太平港，潮汐盈縮，楓流水亦至此入海。」在萬曆年間，楓亭市已成長為「街長三里許」的大市鎮，「為仙遊鬧市，商賈貿易頗盛。」[20] 莆田著名的大鎮是涵江（涵頭市），「市瀕海港，魚塩之所聚，商賈之所集，亦莆名區也。」[21] 萬曆時期的涵江市「長三里許，人家稠密，商賈魚塩輻湊，為莆鬧市。」[22]

泉州府。該府在弘治年間共有 26 個市鎮，其中晉江縣有九個市，為數最多，其他諸縣都有二三個市。全府七縣，平均每個縣有 3.7 個墟市。泉州是我國商品經濟較發達的區域，晚明受海外貿易發展的影響，市鎮也有一定的發展，如安溪的湖頭市，是山區有名的貿易集鎮，「百貨所集，亦號小泉州。」[23] 沿海市鎮如惠安輞川鎮，「阻山負海，魚塩米粟之利通焉。」[24]

與萬曆福州府志一樣，泉州的府志只記市，不記墟，所以，泉州市鎮的數量也不多，從數量而言，萬曆年間泉州府的市鎮比弘治年間增長了 6 個，共為 32 個市鎮，平均每縣有 4.8 個市鎮[25]。

安平港。安平又稱安海，是泉州晉江縣靠海的一個市鎮。元代的泉州是著名的東方大港，明朝禁止海外貿易之後，泉州港成為廢港，而當地商人多到沿海一帶經營私人海外貿易，這就造成沿海私港的興起。安海一直是泉州的海港之一，「日本海島，七日順風，即至本處。」可見，安海與

17　黃仲昭，弘治《八閩通誌》卷十五，〈坊市〉，第 285 頁。
18　馬夢吉等，萬曆《興化府志》卷一，〈輿地志〉，明萬曆間刊本膠捲，第 6 頁。
19　呂一靜等，萬曆《興化府志》卷二，〈建置志〉，第 81 頁、第 93 頁。
20　呂一靜等，萬曆《興化府志》卷二，〈建置志〉，第 81 頁、第 93 頁。
21　黃仲昭，弘治《八閩通誌》卷十五，〈坊市〉，第 285 頁。
22　呂一靜等，萬曆《興化府志》卷二，〈建置志〉，第 81 頁、第 93 頁。
23　何喬遠《閩書》卷三三，〈建置志〉，第 836、832 頁。
24　何喬遠《閩書》卷三三，〈建置志〉，第 836、832 頁。
25　陽思謙等，萬曆《泉州府志》卷五，〈規制志‧市廛〉，第 20 頁。

日本的交通較為方便。而且安海又是一個較難管理的地方：「況縣治去遠，刁豪便於為奸。正教未流，愚民易於梗化。」[26] 於是，在嘉靖倭患期間，安平成為與月港齊名的走私港之一。朱紈曾說：「泉州之安海、漳州之月港乃閩南之大鎮，人貨萃聚，出入難辯（辨），且有強宗世獲窩家之利。」[27] 月港通商後，安平的商人多到月港申請對外貿易的許可：「明萬曆間，漳郡海澄鄉宦競設內港渡，往來安平，以濟商人，甚為稱便。」[28] 但是，由於明朝廷頒發船引是在海澄，所以，當時安平的對外貿易不如月港，當時郭造卿說：「邇者，番舶為漳所移」[29]，即是說這種情況。但自 1571 年西班牙人占據呂宋馬尼拉之後，安平商人抓住了商機，李光縉說：「安平人多行賈，周流四方。兄伯十二，遂從人入粵。尠少有誠壹輻輳之術。粵人賈者附之。纖贏薄貸，用是致貲。時為下賈。已，徙南澳與夷人市，能夷言，收息倍於他氏，以故益饒，為中賈。呂宋澳開，募中國人市，鮮應者，兄伯遂身之大海外而趨利，其後安平效之，為上賈。」[30] 這一段文字很實在地描寫了一個安平商人發財的經歷。去呂宋貿易很快在安海形成一股風氣：「自呂宋交易之路通，浮大海趨利，十家而九。」[31] 按，馬尼拉開港雖然始於 1571 年，但其成為東亞主要貿易港口是在萬曆二十八年（1600 年）之後，可見，安平鎮海外貿易的發展是在萬曆後期才進入高潮。明代末年，由於鄭芝龍等著名海商定居安海，安海的對外貿易不亞於月港。

安海市。安海又稱安平，是泉州的外港。「安海距泉郡五十里而遙，其地北阻府會，南控漳潮，諸島夷僅在衿帶間。」[32] 明代中葉，安海已有一規模：「本都數千人家，粟帛之聚，甲於鄉邑。」[33] 明代海禁之後，泉州港的海外貿易蕭條，而私人海上貿易在沿海的安平鎮悄悄地發展起來。「福建遂通番舶，其賊多諳水道，操舟善鬥，皆漳泉福寧人。漳之詔安有梅嶺，龍溪海滄、月港，泉之晉江有安海，福鼎有桐山，各海澳僻，賊之窩，向

26　黃堪，〈海患呈〉，安海志修編小組《安海志》卷十二，〈海港〉，第 126—127 頁。

27　朱紈，〈閱視海防事〉，《明經世文編》卷二百零五，《朱中丞甓餘集》，第 2158 頁。

28　安海志修編小組，《安海志》卷十四，〈橋渡〉，第 178 頁。

29　郭造卿，〈閩中經略議〉，顧炎武編，《天下郡國利病書》第 26 冊，第 12 頁。

30　李光縉，《景璧集》卷三，〈寓西兄伯壽序〉，第 512—513 頁。

31　李光縉，《景璧集》卷十四，〈二烈傳〉，第 2398 頁。

32　蘇琰，〈安海建署記〉，安海志修編小組，《安海志》卷五，〈公署〉，第 40 頁。

33　黃堪，〈海患呈〉，安海志修編小組，《安海志》卷十二，〈海港〉，第 127 頁。

船主、喇哈、火頭、舵工皆出焉。」[34] 王忬列舉嘉靖年間福建通番港口時說：「漳泉地方，如龍溪之五澳，詔安之梅嶺，晉江之安海，誠為奸盜淵藪。但其人素少田業，以海為生。」[35]

明代中葉，安平鎮已是「東南巨鎮，闤比闠聯，萬有餘家」的大鎮[36]，明末鉅賈鄭芝龍等人定居安海，其時有人說：「安平一鎮在郡東南陬，瀕於海上，人戶且十餘萬，詩書冠紳等一大邑。」[37] 晚明安海的繁華程度已不亞於月港，「今市散處直街曲巷，無往非貿易之店肆，約有千餘座。蓋四方射者所必趨，隨處成交，惟直街為最盛。鰲美塔以上為魚肆、肉鋪，市下多錦繡、棉布，邇年北門外，山芻、野蕀、五穀、茨芋、水蟲、羽族，凡百物皆朝萃於此，迨午而去，日日為墟也。」[38] 由於安海商人的蹤跡遍及天下，除了日用品以外，各種商品也都彙集安海，「凡人間之所有者，無所不有，是以一入市，俄頃皆備矣。」[39] 明代後期，安海已成為泉州各縣與海外各地的海口，實際上，它的繁榮已超越一般的城市。

廈門的發展也很突出。何喬遠說：「嘉禾為嶼，山斷而海為之襟帶。自國初以來，徙丁壯，實民籍，長子育孫，今而冠帶邵（郡？）右，往往輩出，生齒若一縣。其地上磽下鹵，率不可田，即田不足食民三之一；則土人出船貿粟海上，下至廣而上及浙。蓋船以三百餘。」[40]

廈門港的發展，使明代晚期的廈門與同安都成為繁榮的市鎮，當時來到中國的西班牙人這樣描述道：中左所，「這是一個有 3000 戶人家的市鎮。」從同安出發，「我們萬分驚異地看到沿河兩岸有許多城鎮，彼此相距那樣近，簡直可說那是一座城，而不是許多鎮，不僅這裡，我們還發現赴福州的整個路上（約六十里格）人煙都是那麼稠密」；「我們途經的那

34　趙文華語，沈廷芳等，乾隆《福建續志》卷七四，〈藝文〉。轉引自傅衣凌，《明清時代商人及商業資本》，北京，人民出版社 1980 年，第 109 頁。

35　王忬，〈條處海防事宜仰祈速賜施行疏〉，《明經世文編》卷二八三，《王司馬奏疏》，第 2993 頁。

36　關德憲，〈安平城二敵樓記〉，安海志修編小組，《安海志》卷四，〈城池〉，第 33 頁。

37　何喬遠，《鏡山全集》卷五二，〈楊郡丞安平鎮海汛碑〉。轉引自《傅衣凌治史五十年文編》第 225 頁。

38　安海志修編小組，《安海志》卷三，〈封域‧鎮市〉，第 21 頁。

39　安海志修編小組，《安海志》卷十一，〈物類〉，引《明志》，第 23 頁。

40　何喬遠，〈嘉禾惠民碑〉，沈有容，《閩海贈言》第 1—2 頁。

些城鎮，當地的居民開耕土地達到連巉巖、石山都播種的程度，儘管看來在那兒得不到什麼收成，所以，我認為這是世界人口最多的國家。」[41]

「這個同安鎮大約 1 萬或 1.2 萬戶人家，白方石築的城牆。他們說此鎮連同附近的村子約 15 萬人，顯然這並不誇大。」、「我們經過一條半里格多長的街道，兩側沿街是一座真正的魚市，售賣各種魚類，雖然也有些肉和水果，絕大部分擺的是魚，多到簡直好像不會有那麼多的人把那兒的魚消耗掉。」[42]

漳州府。6 個縣，在弘治年間共 11 個市鎮，平均每個縣僅有 1.8 個市鎮；其中龍溪縣有 9 個市鎮，是沿海市鎮較為密集的地區，其中月港市、石碼頭市都是較有名氣的市鎮。但漳州府的其他縣市鎮數量少，如漳浦縣、長泰縣、漳平縣都僅有一市，而龍巖縣與南靖縣，連一個市鎮都沒有。可見，遲至明代中葉，漳州的商品經濟發展程度尚不如沿海其他地區，但是，由於漳州在嘉靖年間以後，成為中國的外貿中心，當地商品經濟發展極快，市鎮數量也大幅度增長。劉天授撰於 1535 年的嘉靖《龍溪縣志》記載龍溪縣有 12 個市，比弘治年間已經多了 3 個市。據袁業泗等人萬曆 41 年的《漳州府志》市鎮志記載，明萬曆年間，漳州分為 10 縣，共 69 個市[43]。其中最多的縣是龍溪縣，全縣有 15 個市，比弘治年間多 6 個，比嘉靖年間多 4 個，其時，龍溪縣還分出了海澄縣。漳州沿海的漳浦、平和與海澄三縣，在萬曆年間分別有 10 個、9 個、7 個市，以上四縣都分布於沿海，說明漳州沿海在明末以較高的速度發展。據崇禎《海澄縣志》市鎮的記載，明末海澄縣又多出了舊橋市、新橋頭市、海滄鎮等三個市。總計明代漳州府共有 72 個市，比明代中葉增加了 61 個市，換句話說，明代漳州市的數量增長了五倍多，給人留下了深刻的印象。

漳州人對市鎮有多種叫法，據嘉靖《漳平縣志》記載：當地有五店，櫸林店、華口店、鄧阪店、溪南店、留田店，這些所謂店，應當就是墟市，如鄧坂店「在和睦里，鄧林羅溪上流，轉貨延平之埠」，「溪南店，在感

41　拉達，〈出使福建記〉，伯來拉、克路士等著，《南明行紀》，何高濟譯。中國工人出版社 2000 年，第 250 頁。

42　拉達，〈出使福建記〉，伯來拉、克路士等著，《南明行紀》，何高濟譯，第 252 頁。

43　袁業泗等，萬曆《漳州府志》卷二九，〈坊里志・市鎮〉。第 9—10 頁。

化里小溪，通販之埠。」[44] 而龍巖縣的墟市一概叫鎮，如龍巖縣的雞鳴鎮、雁石鎮、上坪鎮等等[45]。到了萬曆漳州府志中，以上這些店與鎮，一概改稱市。龍巖縣的縣前市：「厥市多旅寓，厥技多筆工、衣工、裱褙工、厥貨朱墨、紙箚、魚鹽、蔬果，間有庖人，售飲食，厥飲惟白酒、紅酒、燒酒，厥食魚肉、米粉、麵線、餛飩、糕餅之類。」、「南門市，四方百貨攸萃，當日中，則米、菽、蔬、果、牲畜、鮮肉，塞衢充道，由南橋之左，達式安街之右，至摩肩不可行。」、「東門市，貨惟魚鹽蔬薪，四方之貨不在焉。」、「西門市，貨物稀少如東門。」[46] 可謂麻雀雖小，五臟俱全。

漳州最大的市鎮是著名的月港。月港位於九龍江下游的入海口，「在郡（漳州）東南五十里，本龍溪八九都地，舊名月港，唐宋以來為海濱一大聚落」[47]，月港周圍有月港、盧沈港、普賢港、海滄港、東頭港、員當港、鴻江港等一大批港群，從其名字我們可知，其中的海滄港、員當港、鴻江港，現在都屬於廈門港，由此可知，當時的廈門港已是月港的外港了。月港位於九龍江下游，其上游翻越漳平縣的分水嶺，可通閩北山區的閩江流域商道，《漳平縣志》記載：「以東南溪河由月港溯回而來者，日有番貨，則歷華口諸隘，以達建延，率皆奸人要射，滋為亂耳。」[48] 可見，這是一條走私月港番貨的商路。月港的發展有一個過程，明宣德年間，當地已開始出現走私貿易，「成（化）弘（治）之際（1465—1505 年）稱『小蘇杭』者，非月港乎？」[49] 可見，迨至明中葉，月港已是南方一個有名的市鎮。葡萄牙人來到東方以後，月港附近海面成為雙方交易的一個中心，月港商人的經營更上一層樓，所以，縣志說：「明正德間豪民私造巨舶揚帆外國，交易射利。」[50] 嘉靖年間，月港已是「兩涯商賈輻輳，一大鎮也。」[51] 謝彬寫到：「漳郡之東，迤四十里，有地一區，是名月港，乃海陸之要衝，實東南之門戶，當其盛，則雲帆烟檣，輻湊于江皋，市肆街廛，星羅於岸畔。

44　曾汝檀，嘉靖《漳平縣志》卷一，〈埠市〉，漳平圖書館 1985 年重刊本，第 9 頁。
45　湯相，嘉靖《龍巖縣志》卷上，〈市鎮〉，明刊本膠捲，第 67 頁。
46　湯相，嘉靖《龍巖縣志》卷上，第 67 頁。
47　張燮等，崇禎《海澄縣志》卷一，〈建置〉。書目文獻出版社影印本，第 318 頁。
48　曾汝檀，嘉靖《漳平縣志》卷九，〈武備志〉，第 4 頁。
49　陳瑛等，乾隆《海澄縣志》卷十五，〈風土〉，乾隆二十七年刊本，第 2 頁。
50　鄧來祚等，乾隆《海澄縣志》卷一，〈建置〉，第 1 頁。
51　劉天授等，嘉靖《龍溪縣志》卷一，〈地理・月港〉，第 16 頁。

商賈來吳會之遙，貨物萃華夏之美，珠璣象犀，家闃而戶溢。魚鹽粟米，泉湧而川流。」[52]

倭寇平息後，明朝在月港建立海澄縣，在當地商人的要求下，月港成為中國唯一允許民眾赴海外經商的市鎮，當地商人擁有大海船百餘隻，「貨物億萬計」[53]，一度控制了中國的對外貿易，富甲天下。王應山說：「海澄新邑，珠璣、犀牙、玳瑁、香、布之屬輻輳。」[54]晚明的月港實際上是中國與海外諸國貿易的中心之一，關於這一點，本書另文探討；在福建省內，月港也是南方的貿易中心港，如安海志記載明代的安海要從月港批發一些商品：「磁器，自饒州來，福州鄉人由福州販而之安海，或福州轉入月港，由月港而入安海。」[55]

福寧州。該州 3 個縣，在弘治年間僅有 1 個墟市，是福建各區域中墟市數量最少的一個，平均每個縣有 0.3 個墟市！在嘉靖年間的倭亂中，福寧州受到很大的破壞，看來福寧州在萬曆年間恢復很快，商品經濟有明顯的發展。萬曆年間，當地三縣已有 20 個墟市，平均每縣有 7 個墟市[56]。增長幅度也是最大的，翻了 20 倍！有一些市給人留下了深刻的印象：福寧州的秦嶼市「人民輳集與州等。」[57]

沙埕市。福寧州福安縣的沙埕市（今屬福鼎縣）是閩東重要的交換中心。沙埕是一個位於閩浙交界處的海灣，海灣伸向內地十幾公里，寬狹處不等，最寬處不過數公里，狹窄處僅一公里，四周群山圍繞，僅有一個寬約二公里的海口通向大海。從自然條件來說，沙埕是一個良港。「過此數里，即汪洋浩瀚，……又有官澳一嶼，有上中下三澳，適為沙埕諸港遮罩，在東海數里而近，兩山夾之，名曰關門，此門之外，風濤顛簸，舟覆十九。」[58]沙埕港附近人口稀少，在古代僅是一個避風的港口。閩東的交換中心原在福寧州（今霞浦）附近的赤岸，由於明代實行海禁，赤岸逼近州

---

52 謝彬，〈鄧公撫澄德政碑〉，張燮等，崇禎《海澄縣志》卷十七，〈藝文志〉，第 503—504 頁。

53 許孚遠，〈疏通海禁疏〉，《明經世文編》卷四百，《敬和堂集》，第 4332 頁。

54 王應山，萬曆《閩大記》卷十，〈風俗考〉，第 188 頁。

55 安海志修編小組，《安海志》卷十一，〈物類志〉，引《明志》，第 117 頁。

56 林子燮等，萬曆《福寧州志》卷一，〈輿地志·鎮市〉。第 98 頁。

57 林子燮等，萬曆《福寧州志》卷一，〈輿地志·鎮市〉。第 98 頁。

58 林子燮等，萬曆《福寧州志》卷一，〈鎮市〉，第 98 頁。

城，在這裡進行走私貿易，顯然是不適當的，而沙埕港位於閩浙交界處，地理形勢隱蔽，在明代海禁鬆弛後，「閩浙商貨往來，必經於此。」福建在晚明時期自浙江的溫州、台州輸入糧食，而向浙江輸出福建的木材、紅白糖，主要在沙埕港交易，因此，沙埕港的商人專做仲介貿易，「開鋪招船歇客人戶，共五十五家」，其中不少「外省異郡」之人。明代末年，沿海航行合法化，沙埕市也成為官府認可的集市，為了保證當地的稅收，福寧州派出水師巡海，「使南來船隻必盡入沙埕，毋令透越。」這樣，沙埕便成為福建與浙江等地交易的一個中心點，成長為閩浙之間著名的鎮市[59]。「沙埕當閩浙交界之衝，百貨所聚，店家無慮數千，皆在水際。」[60] 明末董應舉說：「溫台粟聚于沙埕，福海民資以販糴。」某年沿海禁嚴，董應舉向福建的督撫提出：「不若開沙埕禁，以北粟予南人，泛海便。又不如聽海商販往尤便。」[61] 沙埕港對福建的重要性於此可見。

　　建寧府。建寧府是福建較早的開發區，該府地廣人稀，雖說境內只有8 個縣，但其一個縣的面積，大多可以抵沿海二個縣，而且交通不便。為了適應這種情況，建寧府較為重視墟的建設，這些墟的貿易內容不過山區土特產，貿易量也不大，但它分布於較為邊遠的山區，解決了當地民眾貿易的需要。因此，在統計上，早在明代中期，建寧的墟市數量就很可觀。例如：在弘治年間建寧府 8 縣共有 34 個墟市，平均每個縣有 4.3 個墟市，大大超過了沿海。但是，晚明商品經濟的發展給山區影響不像沿海那麼顯著，據丁繼嗣等人的萬曆《建寧府志》，萬曆年間建寧府共有 43 個墟市，僅比弘治年間增加 9 個墟市，增幅不大，平均每縣 5.4 個墟市[62]，落後於沿海的水準。不過，由於福建出省的大道通過閩北，所以，閩北個別地區墟市的數量增長很顯著。建陽縣在弘治年間僅有 6 個墟市，但在萬曆年間墟市的數量大增，「各鄉市集，在鄉一十六里，鄉市各有日期，如崇化里書坊街，洛田里崇洛街，崇文里將口街，每月俱以一六日集；崇政里茶當、新橋，崇泰里馬伏、渡頭，永忠里麻沙、陳墩，嘉禾里廣賢街，每月俱以二七日集；崇泰里長埤街，崇文里黃亭、下街，每月俱以四九日集。是日

59　林子燮等，萬曆《福寧州志》卷一，〈鎮市〉，第 100—103 頁。
60　董應舉，《崇相集》，〈閩海事宜〉，第 68 頁。
61　董應舉，《崇相集》議，〈米禁〉，第 45 頁。
62　丁繼嗣等，萬曆《建寧府志》卷十一，〈建置志・坊市〉，第 3—25 頁。

里人並諸商會聚，各以貨物交易，至晡乃散。俗謂之墟。」[63] 以上共 13 個
集市，比之弘治年間的 6 個市，多了一倍。

　　書坊市。建陽崇化里的書坊，是明代最大的書籍生產中心，據《建陽
縣志》的「書坊書目」記載，嘉靖年間建陽縣書坊生產的書有：制書《大誥》
等 24 種，經書《四書大全》等 47 種，諸史《史記》等 44 種，諸子《六子
全書》等 21 種，諸集《文獻通考》等 49 種，文集《文章正宗》等 88 種，
詩集《離騷經》等 35 種，雜書《天下志略》等 75 種，總計 383 種[64]，從其
在《金史》之下注明「已上六史今板俱燬」來看，除了特別注明的書籍之外，
上述「書坊書目」中所列的書籍種類都是建陽書坊所擁有的書籍，並且，
書坊藏有這些書的刻版，如果需要，隨時可以印書。上述這些書籍，有的
一種書即是一部大書，例如《資治通鑑》便是一部數百萬字的書，在這裡
僅列為群書的一種。此外，我們還需要考慮的一種情況是：列入縣志的，
都是不會引起爭議的書籍，諸如小說、戲曲之類，在古代都被視為不該出
版的書，以上書目是不會載入的。但據後人的輯錄，在萬曆以前出版的傳
世明代小說中，計有 66 種是書坊出版的，約占這一時代傳世明版小說的三
分之二！[65] 以上這些材料都表明明代後期建陽書坊之盛。所以，明代版本學
家胡應麟說：「三吳七閩，典籍萃焉。」、「凡刻之地有三，吳也、越也、
閩也，……其精吳為最，其多閩為最，越皆次之。」[66] 謝肇淛說：「閩建陽
有書坊，出書最多。」[67] 明末何喬遠的《閩書》也說：「書坊之書盛天下」。
據研究麻沙本的專家張秀民所說，明代建陽書坊主人見於著錄的有 60 家左
右，其中 47 家有姓名堂號可考，余氏家族 12 家，劉姓 10 家，楊姓 4 家，
葉姓 4 家，鄭姓 3 家，熊姓 3 家，其餘各姓在 2 家以下[68]。當時人記載：書
坊「比屋皆鬻書籍，天下客商販者如織。」[69]

63　魏應時等，萬曆《建陽縣志》卷一，〈輿地志〉，第 265 頁。
64　朱凌等，嘉靖《建陽縣志》卷五，〈學校志・圖書〉，上海古籍書店 1963 年影印
　　天一閣藏本，第 21—30 頁。
65　徐曉望，〈建陽書坊與明代小說出版業〉，葉再生主編，《出版史研究》第四輯，
　　北京，中國書籍出版社 1996 年，第 67 頁。
66　胡應麟，《少室山房筆叢》卷四，〈經籍會通〉，上海書店 2001 年，第 42—43 頁。
67　謝肇淛，《五雜組》卷一三，〈事部一〉，第 337 頁。
68　張秀民，〈明代印書最多的建寧書坊〉，《文物》1979 年第 6 期。
69　朱凌等，嘉靖《建陽縣志》卷三，〈封域志・鄉市〉，第 6 頁。

　　建陽書坊是街道與墟市共存的貿易網絡，雖說它的街道「比屋鬻書」，但仍然有逢一逢六的集市，這說明書坊的書籍生產從書坊街擴大到周圍農村，乃至周邊市鎮。例如，麻沙原為宋代的書市，但元末毀於戰亂，明代嘉靖年間，當地的進士張睿與劉蔡二大姓「新刻書板寖盛」[70]，雖說麻沙的書可以在當地出賣，但麻沙只是一個地方性的市鎮，而書坊則是一個全國性的書市，將書運至書坊市集，顯然有更多的銷路。

　　延平府。延平府位於福建中部，是商旅往來必經之地，而且，該府在明代前期是福建主要的銀產地，所以，早在明中葉，當地的經濟就很發達，墟市數量也多。該府 6 個縣，在弘治年間共 32 個墟市，平均每個縣有 5.3 個墟市，在其時代，是福建墟市數量排名第二的地區。其中沙縣有 12 個墟市，是當時墟市最多的兩個縣之一。明代晚期，隨著商品經濟的發展，延平各縣墟市也在增長中，令人遺憾的是：在福建八府一州中，唯獨未見到萬曆年間的《延平府志》，以下只能以各縣零星史料作一分析。

　　以永安縣來說，該縣在弘治年間僅有 4 市 1 墟，但到了萬曆年間，又增加了吉口墟、西洋墟、大湖墟、洪田墟、嶺後墟等 5 個墟[71]，共計 10 個墟市。

　　南平縣，順治《延平府志》記載南平縣境除了城內的通衢大市外，城外有三個墟：「王臺館墟、皇澤墟、上洋口墟（高陽里）」[72]，共計 4 個墟市，比之弘治年間，墟市總量多了三個。

　　順昌縣在弘治年間有 4 個墟，嘉靖年間順昌城鄉縣有 4 個市，即縣市、幕坂、富屯、仁壽，另有 4 個墟，即大槎、就墟、鄭坊、富屯[73]，一共是 8 個縣市。

　　將樂縣在弘治年間有 6 個市，萬曆年間將樂有 11 個墟市：十字街市、水南市、高灘市、儒林市、萬安寨市、大原市、茶塢墟、南口墟、村頭墟、坑口墟、光明墟。此外，將樂縣每年還舉行大型的廟會，「會，凡三，附

70　朱凌等，嘉靖《建陽縣志》卷四，〈治署志・貨產〉，第 33 頁。

71　蘇民望等，萬曆《永安縣志》卷三，〈建置志・街巷市墟〉，書目文獻出版社《日本藏中國罕見方志叢刊》，1990 年影印本，第 21 頁。

72　孔自洙等，順治《延平府志》，卷三，〈經政志〉，順治十七年刊本，第 14—16 頁。

73　鄭慶雲等，嘉靖《延平府志》，卷三，〈坊市志〉，第 6 頁。

之。高灘會，館上歲以二月五日迎土社神，四方民貿易大會者三日；大原會，隆溪上都，歲以七月二十、二十三日迎張睢陽，會與高灘同。小坊會，隆溪下都，歲以八月二日，亦迎張睢陽，會與大原同。」[74]

嘉靖《延平府志》記載沙縣有：大市、洛陽口市、尾歷水東市、尾歷水西市、高沙市等五市，沙縣的墟有 8 個，即：華巖、新橋、富口、高橋、黃砂、下茂、羅墩、新坊，沙縣在嘉靖年間的墟市總數是 5 市、8 墟，共13 個[75]。比之弘治年間，沙縣之墟市僅增加一個。

尤溪縣的集市不發達，在弘治年間，尤溪縣只有一個縣市，據崇禎《尤溪縣志》，迄至崇禎年間，縣志記載當地的市場仍然只有一個。

以上延平府在嘉靖、萬曆年間，比之明代中葉多了 18 個墟市，共計47 個墟市，平均每縣有 8 個墟市。

汀州府。該府是明代福建有明顯發展的一個地區，該府 8 個縣，在弘治年間共 26 個墟市，平均每個縣只有 3.2 個墟市，但在崇禎年間，當地 8縣共有 54 個墟市，比明初增加了一倍。平均每個縣為 6.5 個市[76]。

汀州的墟市以廟會最有特色。廟會是與宗教節日相結合的大型墟市，晚明福建西部出現了一些全國性的廟會，如清流縣的樊公會，「每歲八月二十八日，相傳樊公誕辰，邑人每歲於是日迎神賽會，先期八月初，直隸江、浙、閩、廣各處客商，俱寶其土所有貨物集於縣中，至期各以財貨互相貿易。四方人欲市貨者，俱如期至會。至九月間方散。」在這期間，當地人為迎神賽會，殺牛百餘頭。閩西是一個交通相對困難的地方，要求其他地方的商人一年到頭都在閩西經商，是不切實際的。但是，閩西與全國市又有不可缺少的聯繫，怎樣把商品打入全國市場，是當地發展商業必須首先考慮的事情，因此，在這一背景下，選擇一年舉行一二次大型廟會，實在是一種十分聰明的辦法。對外來的商人來說，他們一年只要到清流一次，便能參與一次規模空前的盛會，購得當地的主要商品，這是一種省時高效的方法，何樂不為？為了保證外來商品都有銷路，清流縣的四保鄉在樊公會結束後，又有轉水會，「每九月重陽日，清流會客攜帶餘貲發賣，

74　黃士禎等，萬曆《將樂縣志》卷二，〈建置志〉，明刊本膠捲，第 12 頁。
75　鄭慶雲等，嘉靖《延平府志》，卷三，〈坊市志〉，第 9 頁。
76　唐世涵等，崇禎《汀州府志》卷一，〈街市〉，明崇禎十年刊本膠捲，第 21—27 頁。

數日而退。」再後，清流縣還有餘朋會，「在縣夢溪里，以十月初一日，客商財貨在此交易，數日而退。」[77] 清流縣的做法為連城縣仿效，明末，連城縣有連城會，「每歲以四月八日為會，先期京浙江廣各處客商俱齎土貨集縣貿易，十日而散。」長汀縣的羊角墟，「其地有崇福庵，俗稱曰羊肉庵，每年正月二十日商旅各以貨集庵貿易，三日始散。」當然，不是每個設想都能成功的，歸化縣試辦夫人會，「每年六月十一日惠利夫人誕辰，四方商旅輻輳交易，今廢。」不過，當地的「巖前市，每年四月八日集市交易，陳村市，每年九月九日，集貨交易。」這兩個市卻是成功的[78]。

邵武府。該府位於福建與江西交界處，也是福建通往西部主要商道經歷處，所以，早在明代前期當地的商品經濟便有一定規模，該府 4 個縣，在弘治年間共 25 個墟市，平均每個縣有 6 個墟市，是福建各區域墟市數量最多的一個府，其中，邵武縣有 14 個墟市，是弘治時福建墟市最多的一個縣。明代晚期，當地墟市仍有增長，嘉靖年間邵武府有 43 個墟市[79]；迄至萬曆年間，更增長到 48 個墟市[80]。比明代前期增加了近一倍。其中邵武一縣有 23 個墟市，是福建墟市最多的一個縣。

邵武府境內也辦有廟會，例如泰寧縣有鼻頭廟前會，「每年七月二十五日、九月二十八日集」。建寧縣也有城隍頭市廟會，「每年二十八日，俗謂城隍誕辰，四方商旅畢集貿易。」[81] 泰寧縣與建寧縣毗鄰汀州府，與其共同構成了一道引人注目的廟會區。

二、晚明福建農村市場的特點

（一）晚明福建墟市的增長十分顯目。據以上統計，明代前期的弘治年間，福建共有 171 個墟市，明代後期福建各地的墟市數量大大增加了，明末萬曆年間沿海四府一州計有 158 個市鎮；山區四府共為 179 個墟市，

77　陳桂芳等，嘉靖《清流縣志》卷二，〈圩市〉，福建人民出版社 1992 年，第 14 頁。

78　唐世涵等，崇禎《汀州府志》卷一，〈街市〉，第 21—27 頁。

79　刑址等，嘉靖《邵武府志》卷二，〈地理・街市〉，上海古籍書店 1963 年影印天一閣藏本，第 78 頁。

80　韓國藩等，萬曆《邵武府志》卷三，〈輿地志・里圖〉，明萬曆四十七刊本膠捲，第 2—12 頁。

81　韓國藩等，萬曆《邵武府志》，卷三，〈里圖〉，第 10、12 頁。

山區與沿海共計337個墟市，比之弘治年間，多出了166個墟市。也就是說，大致增長了一倍。如果說宋代福建商品經濟的發展尚勝於明代中期，但晚明福建經濟的發展，則大大超越了宋代晚期。可見，那種以為明代福建商品經濟尚不如宋代的觀點是錯誤的。

在福建各區域中，墟市增長情況如下：漳州的墟市增長最多，一共增長了60個墟市，位居全省第一；汀州府增長28個，名列第二；邵武府增長23個，排名第三；福寧州增長19個，排名第四；以下是福州府16個，建寧府9個，泉州6個，延平府和興化府都是2個。增長較少的福州等五個府，都是福建歷史上較為發達的區域，商品經濟已有一定的規模，所以很難有大發展。而南部的漳州府、汀州府在福建歷史上曾是開發較遲的區域，但在明代表現了它有強大的發展潛力。

在福建各區域中，墟市總量最多的是漳州府。如果說明初漳州還是商品經濟較落後的地區，可以說，明末的漳州已是全省商品經濟最發達的地區，這不僅表現在漳州外貿的發展，同樣表現於市鎮數量的增長方面。從內涵來說，明代的月港也是全國發展最快的市鎮之一，在明初它還是一個不出名的小漁港，但在明末，它已成長為一個繁榮的縣城，在它的刺激下，原來作為月港邊緣港的廈門，在明代末年也成長為一個可觀的城市。

（二）從墟市的總量來看，福建可能落後於其他省分。明末福建有57個縣，總共不過337個墟市，平均每個縣有6.24個墟市，比起其他省分偏少，這是由於福建是多山地帶，八山一水一分田，可供人類居住的地區就不多。所以，不可能有較多的市。其次，我們要看到：雖說晚明福建的市鎮經濟大有發展，但是，福建的偏僻山區仍有非常落後的地方，我們且以福建山區最為邊遠的壽寧縣為例，據明末馮夢龍的記載，當地的「貨物」僅有：「席與藤紙，俱出十一都黃壇底，紙被坊一圖有之，不如政和之厚也。棕出三都葛藤嶺，茶出七都，茶油、生油出九都錢塘，桐油出五都二圖西塘，俱不甚廣。」[82]可見，當地沒有什麼很有特色的商品生產，馮夢龍說：「壽無土宜，貿易不至，故人亦無習賈者。惟正街鋪行數家，販賣布貨雜物，然皆江右客也。」壽寧城市之小，出乎許多人的意外，「壽城如彈丸，

82　馮夢龍，《壽寧待志》，〈物產〉，福建人民出版社1983年，第46頁。

而玄武山占北之半，東南相距不半里，舉足可周。」[83] 可見，壽寧縣不過是一個大村莊而已，自然不需要有一定規模的商品交換，那怕是小小的墟市。壽寧在福建不是唯一的例子，如閩清縣在萬曆年間還只有一個墟市[84]。和明末江南市鎮普遍性的發展相比，福建是有所不如的。不過這當然與地形有關，江南地處長江中下游平原，河流縱橫，交通方便，每一個鄉村都是四通八達，而福建山凹裡的偏遠鄉村，人口極少，交通不便，又沒有什麼物產，糧食能自給，所以，老百姓不需要市鎮。

（三）明代福建「墟」與「市」的區別。經過以上的統計，我們注意到：明代福建沿海四府一州都沒有墟，所有列上名的市鎮，都名之為市，而山區各地，大都有一些墟，如嘉靖《延平府志》記載：該府有 21 個市，13 個墟[85]。那麼，墟與市的區別在哪裡？就規模看，墟是較小的市場，它大都分布在較為偏僻的山區，貿易數量少；而市分布在城市與郊區的交通要道，貿易規模較大。由於貿易量有限，墟期間隔時間較長，一般是三五天進行一次貿易，而福建的許多市，都是每天都進行貿易的，例如連江縣的大市，「凡縣之商旅貿易悉萃於此，朝聚暮散。」[86] 又如安海市，「凡百物皆朝萃於此，迨午而去，日日為墟也。」[87] 當然，以上所述的都是沿海的市，至於山區，有些地方對市與墟的區別不甚重視，如《建陽縣志》記墟、市二者不分，所有的墟都可稱為市，實際上它的貿易量很小。

福建沿海有市無墟，所以墟市總數比山區少，但沿海的市多是「日日為墟」，其貿易時間不亞於山區，而且，沿海有一些全省聞名的大市，如月港市、安海市、洪塘市、涵江市，以此來看，沿海市鎮雖少，但貿易量恐不會亞於山區。

（四）晚明福建的市鎮多為貿易型。以生產為主體的市鎮只有建陽的書坊。在以上敘述中，我們曾專門介紹了月港、安海、沙埕、書坊等明代福建四大市。在以上四市裡，書坊是一個集生產與貿易為一體的大市，晚明的書坊有數百家印書的書坊，全國各地的商人雲集於此，而書坊的書籍

83　馮夢龍，《壽寧待志》，〈風俗〉，第 56、49 頁。

84　俞政修，林烴、謝肇淛纂，萬曆《福州府志》卷十二，〈街市〉，第 149 頁。

85　鄭慶雲等，嘉靖《延平府志》卷三，〈坊市〉，第 9—10 頁。

86　黃仲昭，弘治《八閩通誌》卷十四，〈坊市〉，第 262 頁。

87　安海志修編小組，《安海志》卷三，〈封域‧鎮市〉，第 21 頁。

銷往四方；閩東的沙埕港是閩浙二省貿易的交匯港，它的衰興，反映了福建與浙江二省貿易的走勢；至於安海與月港，則是全國著名的對外貿易的港口，明末二鎮與海外的聯繫是非常密切的。從以上四鎮的狀況，我們不難得出以下結論：晚明福建是國內商品經濟最發達的地區之一。但是，福建的市鎮多依賴於商業貿易，上述四鎮中，只有書坊是以生產為重的市鎮，查遍福建明代方志，很難再找到幾個以生產為主業的市鎮！這與明代的江南隨著商業的發展，一些市鎮從商業為主轉向手工業為主，是大為不同的。造成這一區別應和福建的商品生產多是分散型的家庭生產有關，也與農村商品生產的分散性有關。以福建礦業而言，由於原料的關係，它無不是散布於深山的手工業，雖說每一個礦點都有成百上千名工人，但他們仍然不足形成一個市鎮。再者，福建各項手工業都依賴水磨、水碓、水榨為動力，而這些水力工具的特點都要分布於山區河谷地帶，所以很難集中為一個生產性的市鎮。除了特殊的書籍生產之外，福建的市鎮只能以貿易為主。

（五）明代農村市場發展的一大特點是街道在農村出現。且以建陽縣為例，萬曆年間，當地除了縣城有三條街外，四鄉集鎮也出現了街道，如：

> 水南街，隸三桂里；
> 同遊街，隸同由里；
> 馬鋪街、後山街，俱隸崇化里；
> 書坊街，隸崇泰里；
> 麻沙街，隸永忠里；
> 長平街、界首街、崇東街，俱隸北洛里；
> 將口街，隸崇文里；
> 徐墩街，隸興賢下里；
> 大闡街，隸興賢中里[88]；

「里」是明代的鄉級「政府」，街道隸屬於里，便說明它是處在農村的。以上建陽四鄉街道共 13 條。同樣的情況也出現在邵武縣，萬曆年間，邵武縣鄉村各都共有界首街等 10 條街道[89]。

88　謝純等，嘉靖《建寧府志》卷十，〈坊市〉，第 11—12 頁。
89　韓國藩等，萬曆《邵武府志》卷三，〈輿地志‧里圖〉，第 1—8 頁。

　　我們注意到：建陽的市與街並不完全重複，例如，崇化里書坊街、洛田里崇洛街、崇文里將口街、永忠里的麻沙街都是墟市，但徐墩街、界首街等地，卻不在萬曆《建陽縣志》的墟市名單中。這使我們想到：街是另一種農村與城市商業交換的不同形式。

　　街的出現有著與墟市完全不同的概念。按照閩粵一帶的習俗，街，是排列著商店的道路，因此，它是商品經濟發展到一定程度的產物。從《八閩通誌》的記載來看，明代前期，福建的城市才有街道，鄉村是沒有街道的。其原因不難解釋，因為，當時的商業發展規模有限，城市的街道不多，鄉村自然不需要街道。明代後期，隨著農村商品經濟的發展，商業逐漸繁榮起來。有一些交通點成為交換的據點，商民在這裡沿著大道搭店買賣，自然形成了街道。街與墟市的不同在於：墟市是定期的商業交換據點，除了墟期，一般的日子這裡是沒有商業的；而街道的商業主要依賴商店，即使沒有墟市，也會有商業存在。所以，街道與墟市是兩種不同的商業方式，墟市的形成，需要廣大民眾的參與，它建立在約定俗成的基礎上，有時需要官府的干預。比方說：官府為其確定墟期。例如，建陽縣的墟市有一六日、二七日、三八日、四九日等四種，假如沒有官府的干預，很難想像建陽全縣各地的墟市會有如此均衡的墟期。而街道的形成，則是民間自為的行為。在那交通要道，最初也許只有過境的商旅，一個小商販偶而在這裡進行買賣，發現這裡的生意好做，他便留下來從事長期貿易；而後，為了放置貨物和自己生活的方便，便在這裡搭起廠棚供行人休息與自己貿易；再後，生意繁榮使他產生了長期定居的設想，便將廠棚建成正式的房子，於是，最早的商店便形成了。其他人看到他的成功，也跟著他到這裡建造商店，商店沿著官道排列，最終形成了一條街道。例如，書坊街，「比屋皆鬻書籍，天下客商，販者如織。」[90] 所以，明清鄉村的街道完全是商業行為擴張到一定程度的表現。

　　街和墟市在交換上也有不同的意義，嚴格地說：墟市是農民出售商品的場所，它是為四鄉農民交換產品而設的。由於農民的商品生產大多是副業，即使是糧食的出售，也有一定季節，所以，他們不需要經常性的商業，而只要有一定的間歇式的商業，便能滿足他們的需求。墟市是天然地屬於

90　朱凌等，嘉靖《建陽縣志》卷三，〈封域・鄉市〉，第 6 頁。

農民的。但街道的形成，則是商人與手工業者面對農民的商業行為。商人與手工業者是專業的商品經營者，一個商人或手工業者在某街道設立自己的店鋪，是為了吸引四方的農民前來購買他們的商品，他們最好每天都有生意做，而不是只有趕墟的時候才有生意。因此，他們的組合形成了街道。它的特徵是：基本上每天都在營業。

從經營對象來說，街道的存在依賴的是消費階層，而墟市的存在依賴的是農產品的商業化。就像沒有農產品的商業化便不會有墟市，沒有一個較為富裕的消費階層，也不會有街道上常設的商店。過去，只有城市才有一些有錢消費階層，所以，只有城市才有一些街道，而後，農村的富裕，造成農村有一批有錢的消費階層，所以，農村街市也發展了。其次，一旦某種農村產品的商業化發達，它也需要經常性的批發商業，這時，墟市的間歇性特點已不符合交換的進展，它也需要街道的出現作為發達商業的支柱，因此，這一時期的街道的發展，同時意味著農村商品經濟的發達。從墟期來看，建陽的墟期一直是五日一集，直到民國時期亦無大變化。但這並不意味著當地農村的商業沒有大發展，而是這一發展從墟市轉入街道經常性的貿易。這也就是說，農村街道的發展，是福建農村商業發展程度的標誌。建陽縣農村在嘉靖時期出現了十三條街，其意義在此。

鄉村街的出現是明末福建農村的普遍現象，以建陽所在的建寧府來說，它的建安縣農村有際材街、房村街、東遊街、太平街等四條街道，甌寧農村有吉陽等三條街道[91]，邵武府城關外街的出現很能說明問題。邵武府城中有許多街，但其城關之外，尚有許多街。「郭東為東關，其街一，曰城東街；……郭西為西關，其街二，曰城西街，熙春街；……郭南為南關，其街二，曰城南街，坳口街；……郭北為北關，其街一，曰水北街。」在城外的農村，「民之所居成聚，亦有街市，郡東一都之街二，曰：故縣前街，故縣後街；……五都之街一，曰：王堂街；六都之街一，曰界首街……二十六都之街一，曰龍潭街；……郡南……三十三都之街一，曰舊墟街；……四十六都之街二，曰：古山街，嚴山街；郡西五十都之街一，曰龍斗街。」這些街位於傳統的城市之外，關外之街，可以看作城市向農村的擴展，城市在商品經濟發展的浪潮中，需要在空間上的拓展，表現為城區的擴大。

91　謝純等，嘉靖《建寧府志》卷十，〈坊巷〉，第 1—13 頁。

因此，與城市相聯結的郊外，漸漸地城市化。此外，農村居民較集中的地方，也出現了街，上述的故縣前街、故縣後街、王堂街、界首街、龍潭街、舊墟街、古山街、嚴山街、龍斗街等九條街，都是分布於農村的街。邵武所屬各縣中，光澤縣「邑中之街七」，除此之外，在距城較遠的地方，尚有杉關驛前街、止馬街；泰寧縣城外無街，建寧縣農村有里心街[92]。

而福州的四郊也有新亭街、洪塘街、下塢街、芋原街。其中洪塘街「沿江居民袤數里」[93]，「商舶北自江自者，南自海至者，咸聚于斯，蓋數千家云。」[94] 可見，洪塘街是江船與海船的交匯中心之一。

墟市與街道不是對抗的經濟結構，而是相輔相成的經濟體，所以，有的鄉村街道可以成為墟市的所在地。重要的鄉村市鎮，大都兼有街道與墟市。以建陽縣來說，當地的麻沙街、書坊街、將口街，同時又是麻沙市、書坊市、將口市。

第二節　福建城市的發展

晚明福建的城市有縣城、府城、省城三級，其發展程度不同。

一、縣級城市

縣城作為某種意義上的城鄉結合部，它即是本縣商業的中心樞紐，是全縣墟市的中心市場，也是城市商業的起點，如將樂縣的十字街市，「在縣治中，東達攀龍門，西通萬安門，南抵金溪門，北距安福門，商賈四集之所，歲時貿易不絕。」[95] 有些小縣城城外沒有一個墟市，只有縣城設置縣市，它扮演了全縣商業中心的角色。晚明福建的商品經濟浪潮使福建的縣城有較為顯著的發展。例如：長樂縣在明初鄭和駐紮時，出現了「十洋成市」的盛況，但鄭和航海結束後，當地的「十洋街」荒廢，「值淫雨霖，泥潰深數尺，民病也。其直南又從斜徑繞出城門，履水草，弗堪輿，人迹鮮少。」隆慶年間，縣令蔣以忠決心恢復十洋街。他向當地父老諮詢此事，

92　刑址等，嘉靖《邵武府志》卷二，〈城池〉，第 77—81 頁。
93　喻政修、林燫總纂，萬曆《福州府志》卷十二，〈街市〉，第 147 頁。
94　陳壽祺等，道光《福建通志》卷二九，〈津梁〉，第 678 頁。
95　李敏，弘治《將樂縣志》卷一，〈地理‧市〉，第 4 頁。

原以為多少會有一點阻力，卻想不到當地紳士對重建十洋市的熱情十分高漲：「僉曰：『負廓田畝斤金，即夷為大道，將列廛，利貿遷，土可貴矣，侵何傷！』」於是，上下合力修建街道，「東西兩路民願自葺，聽之。」、「街東長三百丈，直南內外長四百丈有奇，中為橋一、亭一、坊一，其費金不煩官帑云。」縣令洋洋自得地說：「今洋街聿新，商旅胥出途，市當再成。」蔣以忠還修了北街、城隍街，明末，長樂城里共有 12 條街[96]。由於商品經濟的發展，城市街道的建設成為普遍現象，連城縣的十字街，以石砌成，「幾八百餘丈」[97]，而寧化縣的新街，「廣二丈」，算是當時的大馬路了[98]。就數量而言，晚明福建縣城的街道也有很大的增長，永安縣是一個新設的縣鎮，據弘治《八閩通誌》的記載，永安縣城在弘治年間已有三條街市；迨至萬曆年間，永安的街道達到 15 條[99]；而連江縣的街道達到了 16 條[100]，這些街道，有些相當繁華，尤溪縣的宣德街，「自東溪門直至西津門，綿亙三里許，廣丈餘，琢石為之，有市居中。」[101]總的來說，在晚明商品經濟的浪潮中，福建山區與沿海的縣城都得到較為明顯的發展，以山區小城漳平縣為例，它被立為縣治時，僅是一個大村莊，立縣之後，「人聚市通，令行俗定，庶成縣鎮。」[102]清流縣著名的樊公會廟會，即設於縣城，每當廟會時，熱鬧非凡。城市彙集來自四方之人，則是其共同的特點，龍巖縣的縣前市：「厥市多旅寓，厥技多筆工、衣工、裱褙工、厥貨朱墨、紙箚、魚鹽、蔬果，間有庖人，售飲食，厥飲惟白酒、紅酒、燒酒，厥食魚肉、米粉、麵線、餛飩、糕餅之類。」、「南門市，四方百貨攸萃，當日中，則米、菽、蔬、果、牲畜、鮮肉，塞衢充道，由南橋之左，達式安街之右，至摩肩不可行。」、「東門市，貨惟魚鹽蔬薪，四方之貨不在焉。」、「西門市，貨物稀少如東門。」[103]可謂麻雀雖小，五臟俱全。不過，有些

96　夏允彝，崇禎《長樂縣志》卷二，〈經略志‧街巷〉，複印明刊本，第 25—27 頁。
97　邵有道，嘉靖《汀州府志》卷三，〈坊市〉，天一閣藏明代方志選刊續編，第 39—40 冊，上海書店影印本，第 25 頁。
98　邵有道，嘉靖《汀州府志》卷三，〈坊市〉，第 19 頁。
99　蘇民望等，萬曆《永安縣志》卷三，〈建置志〉，書目文獻出版社《日本藏中國罕見方志叢刊》，1990 年影印本，第 20 頁。
100　喻政修、林烴總纂，萬曆《福州府志》卷十二，〈街市〉，第 150—151 頁。
101　鄧一韞纂修，崇禎《尤溪縣志》卷二，〈規制志‧街市〉，第 576 頁。
102　曾汝檀等，嘉靖《漳平縣志》卷一，〈封域‧開設〉，第 10 頁。
103　湯相等，嘉靖《龍巖縣志》卷上，第 67 頁。

山區小縣，其人口實際上不如一個集鎮，如閩清縣：「閩清僻陋，邑居僅僅三百餘家，田賦、生員皆屬省下。」[104]

二、府州城市

福建的府城作為地區商業中心，顯示出比縣城更大的氣魄。南平的「通衢大市，在府治南，自四鶴門遠至建寧門。」[105] 其長度在四五里以上。葡萄牙人說：「在很多大城市裡，特別是從當地統治官員下船的碼頭直到財政官員的衙門，馬路如此漂亮寬敞，可以並排通行 10 個或 15 個騎馬者。」[106] 建寧府治的建安縣與甌寧縣，共有 23 條街道[107]；而邵武城有 27 條街[108]；汀州府城長汀縣的府前街，「袤可百餘丈，廣丈餘，砌以小石，街心縱布石版一帶。」[109] 該地的水東街市，「江廣貨物貿易於此。」[110] 其餘的各個府城，無不是當地的商業中樞。

漳州與泉州。和山區相比，沿海城市的面貌變化更大，在明代初年，由於海禁的影響，造成福建沿海城市的衰退，而明中葉以後商品經濟的繁榮，又造成沿海城市空前的發展，漳州府駐地龍溪縣城，共有 32 條街[111]。閩南的房子多用石砌，「海濱饒石，門柱庭砌，備極廣長。雕摩之工，倍於攻木。」漳州城內，「甲第連雲，朱甍畫梁，負黼爭麗」。[112] 泉州城與漳州齊名，它的建築也十分漂亮，泉州的府學建築是八閩最大的學校建築，「其地據郡之兌方，最盛而廣袤，先師之廟、明倫之堂，巍棟華宇，甲於閩中。途闢四軌，牆高數仞」。[113] 明代的泉州城仍是沿用元代的城牆，「其周三十里，其高二丈一尺，內外皆石」。[114] 當時人都認為：「泉州城大於

104　董應舉，《崇相集》，〈閩海事宜〉，第 69 頁。

105　黃仲昭，弘治《八閩通誌》卷十四，〈坊市〉，第 275 頁。

106　費爾南・門德斯・平托，《葡萄牙人在華見聞錄》，澳門文化司署、東方葡萄牙學會、海南出版社、三環出版社，王鎖英譯本，1998 年，第 92 頁

107　謝純等，嘉靖《建寧府志》卷十，〈坊巷〉，第 1—13 頁。

108　邢址等，嘉靖《邵武府志》卷二，〈地理・街市〉。

109　邵有道，嘉靖《汀州府志》卷三，〈坊市〉，第 12 頁。

110　邵有道，嘉靖《汀州府志》卷三，〈坊市〉，第 15 頁。

111　劉天授等，嘉靖《龍溪縣志》卷一，〈地理〉，第 4 頁。

112　劉庭等，萬曆《漳州府志》卷二六，〈風土志上〉，第 3 頁。

113　王慎中，《遵巖集》卷八，〈府學修造記〉，文淵閣四庫全書本，第 40 頁。

114　何喬遠，《閩書》卷三三，〈建置志〉，第 817 頁。

福」[115]，「其城高如省中，而加廣五百十九丈，且無省城九山及諸公署，而闡闠星聯，科甲鼎盛。」[116] 泉州城內的府學是著名的建築，「其地居郡之兌方，最盛而廣裒，先師之廟，明倫之堂，巍棟華宇，甲於閩中，途闊四軌，牆高數仞。」[117] 葡萄牙人這樣描述：「泉州市和我們所看到的其他很多城市都建有很好的街道，又寬又直。看到它們如此之直，沒有任何東西凸出來，真是令人讚歎。房屋的基礎部分是石砌的，但是其餘部分都用木材建成。在馬路的兩旁有一些簷廊，由商人占用。除去這部分面積外，剩下的部分可以讓十五個人騎馬並行。這些城市還建有很多拱形凱旋門，橫貫馬路兩旁，所以人馬只得從拱形門下穿行。拱形門的門樓建在高高的柱子上，上面是木建築，華美異常，用瓷瓦鋪頂。門樓下面被用來出售小裝飾品，行人也在那裡躲雨避陽。達官貴人的房屋大門處也有這樣的拱形門，只不過小一些。」[118]

西班牙公使團於 1575 年 7 月抵達泉州，認為此城「可能有七萬戶人家，……近橋有一千多條船停泊在河裡。」、「你可買到可口的食品，像魚、肉、果品、蜜餞、果醬，很便宜的東西，幾乎不花錢就可買到。」、「表演戲劇、木偶戲、相聲、歌唱，極好的音樂，以及其他節目。」[119] 他們描述：「泉州的街道，及我們在別的城市看到的街道，都相當平坦，又大又直，使人看來驚羨。他們的房屋用木頭構造，屋基例外，那是用石頭作地基，街的兩邊蓋有波形瓦，下面是接連不斷的廊子，供商販活動，街道寬到可容 15 人並排騎行而不擠。當他們騎馬行走的時候，他們必須穿過橫跨街道的牌樓，牌樓是木結構，雕刻成各種式樣，上面蓋的是細泥燒的瓦。在這些牌樓下，布商叫賣他們的小商品，他們要站在那裡抵禦日晒雨淋。富紳在他們家門口也有這些牌樓，儘管其中一些修得不及另一些雄偉。」[120] 按，不同的人對城市人口的估計是不同的，拉達在其〈出使福建記〉中說，「泉州城有 5 萬多人戶，不包括那些住在城郊的，城郊多而大。城市四周有石

115　王世懋，《閩部疏》第 5 頁。
116　郭造卿，〈閩中經略議〉，顧炎武《天下郡國利病書》第 26 冊，福建，第 10 頁。
117　王慎中，《遵巖集》卷八，〈府學修造記〉，第 40 頁。
118　費爾南・門德斯・平托，《葡萄牙人在華見聞錄》，第 38 頁。
119　轉引自楊欽章，〈十六世紀西班牙人在泉州的所見所聞〉，《福建論壇》1985 年 1 期。
120　伯來拉、克路士等著，《南明行紀》第 68 頁。

頭築的高牆圍繞，還有一座十分出名的橋，600 多步長，整個齊整地鋪以石板，每塊 20 步長。」[121] 此外，興化原是一個大城，當地人告訴拉達：倭寇的入侵使城市破壞極大，有 3 萬多戶人家的地方，迄今未有人住。

三、省會福州

福州是全省的政治經濟中心，也是閩江流域的核心城市。福建的省城福州是「山海奧區，五方雜處，膏壤衍而生齒繁，東南一大都會也」。[122] 明初福州築城，「廣袤方十里，高二丈一尺有奇，厚一丈七尺，周三千三百四十九丈」。[123] 晚明來訪的西方人說：「城市極壯麗，特別靠近城門，大得出奇。城門用鐵包著。門屋和樓塔建在高處，其較低部分用磚和石築成，和城牆相稱。城牆上面的建築物用木頭構造，一層又一層，有許多層。他們的城池堅固，是因為有高大的城牆和壕塹。」[124] 福州城的建築一向聞名於世：「甲第朱門長樂郡，管絃燈火晉安城」；「十萬人家煙漠漠。」[125] 閩縣知縣陳敏曾說：「禮制榜文庶民房舍不得過三間五架，今福州街市民居有七架、九架，其架或過於五，而一間、二間，其間不至於三。」這是說福州的民居跨度較大，二間房子便有七架或九架房梁[126]。福州的房屋多為木頭建築，「房屋多用板障，地平之下，常空尺許，數間相通，以妨濕氣。上則瓦，下布板」。[127] 謝肇淛說福州市，「一則民居輻湊，夜作不休；二則宮室之制，一片架木所成，無復磚石」。[128] 這說明當時的福州主要是木構建築。有名的「三坊七巷」雲集全省士大夫的精華，其建築自成風格。福州鎮海樓高大宏偉，是八閩最壯觀的建築。其餘各類公署、寺院，都以雄偉壯麗著稱。當時的西班牙人描述福州的衙門：「其中一座的大門口，有一個立在四十根柱子上的塔，每根柱子是一根石頭，各有 40 掌或 40 拃長，寬或周為 12，我們許多人都實地測量過。此外，每

121　拉達，〈出使福建記〉，《南明行紀》第 254 頁。
122　王應山，《閩大記》卷十，〈風俗考‧福州〉，第 187 頁。
123　何喬遠，《閩書》卷三二，〈建置志〉，第 779 頁。
124　伯來拉、克路士等著，《南明行紀》，第 67 頁。
125　林楓，《榕城考古略》卷上，〈城櫓第一〉，福州，海風出版社 2001 年，第 5 頁。
126　《明英宗實錄》卷一五三，第 6 頁。
127　謝肇淛，《五雜組》卷九，〈物部一〉，第 220 頁。
128　謝肇淛，《五雜組》卷四，〈地部〉，第 94 頁。

根都那麼大，看來很難製作。它們是帶棱角的，顏色、長度和寬度都差不多，彼此沒有什麼不同。這件物品令我們都讚歎不已。」他們評論福州：「福州城很大，有內外都用方石築成的高大城牆，從城牆的寬度看，中間是實以泥土，瞭望樓蓋瓦，有整齊的走廊，裡頭可住人。他們用的梯級，修得很平坦，人們可以騎馬上下，他們常這樣做。如前所述，街道是鋪平的。有大批的商販，各人在自己的店門掛一塊大牌子，寫明他出售何種商品。手藝人也寫明他的行業。市場不小，售賣的物品極其豐富。城市建在水上，許多條河流經過它，河岸是傾斜的，很寬闊，作為城市的街道使用。河流上有各種木橋和石橋，和街道一般高，不妨礙船隻來往。河道很寬，在河流通過城池的地方，牆上有拱門。他們的巴勞（一種小船，原注）駛來駛去，那是他們的一種船，僅在白天行駛。晚上關閉拱門，把所有的城門都關上了。這些河流和船隻使該城變得十分高貴，好像它是另一個威尼斯。房屋都很矮，但蓋得很好，除售貨的屋外，並不高大。看到這些城市那麼大，感到驚奇，原因在於，如我所說，房屋造得很矮，占了大面積的地盤。」[129] 明末西班牙人估計：福州城有 15 萬戶人家[130]。

　　福州以商業城市聞名東南，明代的詩人王恭詠福州：「七閩重鎮舊繁華，九陌三衢十萬家。」[131] 許旭說：「福州自城南邐珠門抵南臺二十里，百貨填集，珍奇充牣，觸目燦爛。比之閶門，何啻幾十倍！閩中子女玉帛，羽毛、齒革，無不甲于天下。」、「閩中千家萬戶，煙火相望，庶富如此。」[132] 明代的福州，是福建上游商品的匯聚之處，上游各縣所生產的糧食、苧布、紙張、木材等商品，都匯聚於福州城郊市場，並轉銷沿海區域。同樣，沿海區域生產的食鹽、棉布、鹹魚等商品也通過閩江幹流運銷上游各地。

　　晚明福建的城市有發達的手工業。漳州「城門之內，百工鱗集，機杼爐錘，心手俱應。」[133]、「工人極精緻，漆器、首飾、絹布俱好。」[134] 漳州

129　〔葡〕伯來拉、克路士等著，何高濟等譯，《南明行紀》，第 79—80 頁。

130　拉達，〈出使福建記〉，《南明行紀》，第 256 頁。

131　王恭，〈南樓奇觀為朱孔周賦〉，引自王應山，《閩都記》卷三，方志出版社 2002 年，第 17 頁。

132　許旭，《閩中紀略》，清道光吳江沈氏刻本，第 24、27 頁。

133　袁業泗等，萬曆《漳州府志》卷二六，〈風土志上・風俗考〉，第 3 頁。

134　劉天授，嘉靖《龍溪縣志》卷一，〈地理〉，第 26 頁。

人仿製各種海外商品，如自鳴鐘，於明末傳入中國，漳州人不久也就能製造了，「不須夷中物矣」[135]；城市手工業不像農村手工業那樣以實用為主，而是有許多奢侈品，仙遊縣生產鉛粉，「桃花、口粉二粉，縣市所造。」[136]為了吸引客戶，在世風日益奢華的背景下，城市手工業品越做越精美，漳州所製轎子，可臥可坐，可通風、可保暖，其外觀也十分講究：「編竹絲作鳥獸花草之紋，在阿堵中鏤骨作花飾之。精巧輕便，宇內無雙。」各地民眾都以乘漳州牙轎為榮，山西「洪洞嫁女，以漳州牙轎為華觀，無則多方借」。[137]因此，漳州牙轎的價格越來越高，「比來一乘有價至二十金者」。[138]漳州還以各種精緻的產品著名：

象牙，漳人刻為牙仙人之屬，以供近玩，耳目肢體信人也。備極淫巧。出海澄。又有牙箸、牙杯、牙帶、牙扇。

銅器，漳近有鑄銅者，銅爐、銅佛、銅仙人屬，爐錘頗工，不在泉州蘇銅之下。

錫器，出漳浦者最精，驟視之燁燁有光，他處鮮有及此。

枕，古者用木作枕，今以細竹為絲，編成。漆之精妙可觀。又有扶手，以皮覆之。

描金漆杯，亦竹絲編成者，又有茶盤，雖精雅不逮吳中，然卻耐用。

紗燈，漳人近以細篾絲為質，甚細，覆五色。薄紗其上，小品有致，他郡重之。

屐，舊以潮州為佳，近漳人差效其製。

此外，漳州還出產玻璃、五彩石、假山石、水晶器等產品[139]。鐘錶於晚明傳入中國，姚旅說：「近西域利瑪竇作自鳴鐘，更點甚明，今海澄人能效作。」[140]

135　梁兆陽等，崇禎《海澄縣志》卷十一，〈物產〉，第 15 頁。
136　陳遷纂修，弘治《仙溪縣志》卷五，〈物產〉，福建省圖書館藏抄本，第 2 頁。
137　姚旅，《露書》卷八，〈風篇〉，福建人民出版社 2008 年，第 184 頁。
138　袁業泗等，萬曆《漳州府志》卷二七，〈風土下·物產〉，第 3 頁。
139　袁業泗等，萬曆《漳州府志》卷二七，〈風土下·物產〉，第 3 頁。
140　姚旅，《露書》卷九，〈風篇〉，第 215 頁。

　　在明代末年，漳州、泉州、福州都是有名的手工業城市，尤其是福州，「居市廛者，作器用精巧，雖至針篦至微鮮，足適於用」[141]，它的手工業產品聞名東南。如墨紗燈，「閩中近製墨紗燈，精巧異常，海內爭重之」。[142]福州的剪刀在當時被稱為：「打得好」的精品[143]。除此之外，福州城的絲織業相當繁榮，我已在手工業部分有所描述，此處就不再重複了。

　　市區向城外發展是晚明福建城市的一個重大特點。宋代福建的城市大多無牆，著名的福州城，其繞城僅有一堵土築的矮牆，民眾出入城市比較方便。而明代為了防止倭寇與山寇的侵擾，各地城市普遍築起了厚厚的城牆。城牆雖然開有城門，但城門大多是夜閉晝開，這給商業的發展帶來很大不便。不僅如此，有些城市為了安全還在城內設置柵欄，汀州城郡守唐世涵「下令街坊扼要處，各設柵門啟閉以時，比屋安枕」。[144]而商業的發展，要求超越時空的自由，這樣，在交通要道的城門口，逐漸興起了市場。最初也許是從鄉下來的商販、農民聚集在城門外等開門，但他們的聚處自然形成一個市場，於是，一些人乾脆在這裡設店做長期生意。由於他們處於城外，可以不受城內官府的各種限制，即可通宵營業，也可任意擺攤，他們的生意越來越興旺。這樣，一條條街道便出現在城門外。如邵武城的城東有城東街，並有東市；邵武的北面，有熙春街和水北街；它的城南有二條街，其一是城南街，又名房廊街，此外還有一條是坳口街，其中，坳口街還是坳口市的所在地[145]。當然，城市向城外發展最顯著的是福州城，據萬曆《福州府志》，福州城內僅有 12 條街，而其城外則有 8 條街。如福州城南門外的中亭街「自揚威坊至萬壽橋數里，居民鱗次。」中亭街至今仍是福州的重要商業街道之一，它的出現，說明福州城市向著閩江發展，街道已延伸至閩江江岸，從現在的地圖測量，自福州南門到萬壽橋頭，街道的實際長度約有五公里。其次，從萬壽橋到南臺，在明代被稱為南臺街，「委巷甚多」，可見，這裡也是福州的老市區之一。至於萬壽橋對岸的下

141　何喬遠，《閩書》卷三八，〈風俗〉，第 941 頁。

142　徐𤊹，《徐氏筆精》卷四，福建人民出版社 1997 年，第 145 頁。

143　姚旅，《露書》卷十二，〈諧篇〉，《四庫全書存目叢書》子部，第 111 冊，第 760 頁。按，此條未見福建人民社本。本書摘自《露書》的其他材料，皆引自福建人民社本。

144　唐世涵等，崇禎《汀州府志》卷一，〈方輿志·街市〉，第 21 頁。

145　韓國藩等，萬曆《邵武府志》卷二，〈輿地志〉，第 2—3 頁。

渡，位於藤山（今蒼山）腳下，「恆數里皆民居」，也形成了可觀的市區。福州的城東有鉢頭街，「東門外，達于東嶽廟前」，看來，這也是一條可觀的城外街道[146]。

明代福建城市的第二個特點是：城市商業雖以店鋪為主，但市場仍是明代城市經營商業的主要形式之一。「在集市上開店設攤的工匠，不論是幹什麼的，都把自己的行當畫在門上。集市是出售各種生活所需品的市場，貨物充足。」[147]、「馬路兩旁的屋子都有簷廊，屋子裡念頭各種各樣的商人，在簷廊下出售各種各樣的水果和其他很多東西。在每個城市的大街和主要馬路上都有這種簷廊。」[148]永春的縣前市，「兩廊店舍長一里許，上至城隍廟，下至三皇廟」。[149]長汀城中的店頭市，「鹽鐵雜貨，於此貿易」，又有何邊市為「鹽牙市鹽」處[150]。莆田的白湖市，「有銅錢、竹篾、傢伙等鋪。」[151]建寧縣城還舉辦廟會，該縣的城隍市在十字街頭，「每年五月二十八日，俗謂之城隍誕辰，四方商旅畢集貿易。」[152]隨著城市商業的日益繁榮，城市的市越來越多，福州在弘治年間僅有三個市，都在城外郊區，萬曆時，城內即有：還珠門市、安泰橋市、土街市、閩縣前市、相橋市、懷德坊市等六個市[153]。而其城外近郊，尚有中亭市、潭尾市、洪塘市等三個大市。此外，建寧府城亦有9個市，而邵武的縣城內外竟有12個市，其數量超過福州，雖說邵武府與建寧府的市也許不如福州的市那樣繁華，但它的存在，說明了山區城市因商品交換的活躍而繁榮起來。如建寧縣位於閩江上游，是福建通往江西的要道之一，「建寧，土地膏腴，專有魚、杉、油漆、苧麻之利，以通商賈。郊于建昌藩郡，染而為奢俗。」[154]

總之，晚明福建的城市有可觀的發展，作為福建各區域的商業中心，這些城市的存在，往往體現了福建市場之間的聯繫，以及福建市場與外省

146　喻政修、林燫總纂，萬曆《福州府志》卷十二，〈街市〉，第147—148頁。

147　費爾南・門德斯・平托，《葡萄牙人在華見聞錄》，第58頁。

148　費爾南・門德斯・平托，《葡萄牙人在華見聞錄》，第92頁。

149　林希元等，嘉靖《永春縣志》卷二，〈規制志・市〉。

150　唐世涵等，崇禎《汀州府志》卷一，〈街市〉，第23頁。

151　呂一靜等，萬曆《興化府志》卷二，〈建置志〉，第73頁。

152　韓國藩等，萬曆《邵武府志》卷三，〈輿地志・里圖〉，第12頁。

153　林燫等，萬曆《福州府志》卷十二，〈街市〉，第6頁。

154　何喬遠，《閩書》卷三八，〈風俗志〉，第946頁。

市場的聯繫。

第三節　福建省內的區域貿易

　　晚明福建山區與沿海的大交換。福建省內區域市場的分工，造成各區域之間的商品交換，而最為顯著的是山區四府與沿海四府一州之間的商品大交換。

一、明代福建交通的發展

　　福建的陸路交通線有水路與陸路二種。

　　河流與航線。福建山道崎嶇，不良於行，省內交通一向以江河水運為主。古代的閩人很注意開闢河流交通，葉春及說：「唯溪流之疏，實萬世利也。」[155] 這是因為：明代的商品主要依靠河流運輸，河道通，商品可以輸出，百姓生產的商品得以實現其價值；河道不通，商品無從發賣，老百姓的生活將受到很大影響。因此，明代的福建各地，都很重視開闢水路交通。例如，永安至清流、寧化的水路，原是不通的，主要是「九龍灘」之險不可逾越，據說，元末陳有定為了通糧道，方才開闢九龍水道，成化

圖 5-1　閩東山區的古河道碼頭

十八年，縣令凌宷「冬時募工鑿去惡石，灘勢少殺。」[156] 它的開闢，對明代汀州的發展起了很大作用。當時，汀州與外界的聯繫主要是通過這一條水路，所以，在方志的記載上，清流縣作為汀州主要的口岸，其市鎮也多於其他各縣。這與清代汀州商人主要走汀江水道是不同的。大致上，在明代的福建，河流有多長，通商里程也有多長，只是在個別水道，為了避免過於險峻的河流，商人多繞道而行，例如，在汀江的上杭段，有一段河流不通船隻，商人只好將貨物運上岸，陸行一段後，再換船下水，這是很不

155　葉春及，《惠安政書》四，福建人民出版社 1987 年，第 97 頁。
156　鄭方坤，《全閩詩話》卷六，〈賴世隆〉，文淵閣四庫全書本，第 57 頁。

利的。

　　福建最重要的水道是閩江，閩江的發源地在武夷山脈，其支流如崇陽溪、南浦溪，其源頭在分水關之下的崇安縣與仙霞嶺之下的浦城縣，分水關一向是福建商人出省的主要商路，被稱為「大關」，仙霞嶺路最為艱難，但是一條通往江浙最近的道路，被稱為「小關」。此外，光澤縣境的杉關也是江西通往福建的主要道路之一。商人越過仙霞嶺、分水關、杉關諸口之後，便可順溪流直下福州，周之夔說：「從陸路度小關，踰仙霞嶺，下浦城；度杉關，下光澤，買船下溪，運貨艱辛。……計過山下溪，每擔費腳力三錢，計至省之日，每擔共費資本一兩矣。」[157]

　　福建的河流發源於海拔千米的武夷山脈，僅僅一千多里的水程，便進入海洋，所以，福建的河流，落差很大，航行十分困難，尤其是在上游。如邵武縣，「諸水東下一百二十里，至順昌之富屯，凡灘五百有奇。」[158]這些險灘礁石密布，航行十分危險，如清流縣，「自縣後順流至九龍八十里，上六龍屬清流，下三龍屬永安，九龍之險，不減瞿塘三峽，每船至九龍背，須別雇慣熟篙師一人攔頭，仍用箬篷包廂船頭，以拒怒浪。然後敢下龍口。有潛靈王廟，舟人必祭禱而行，然篙師慣熟，百不失一，龍背有陸路十餘里，懼險者多舍陸以行，至龍尾復登舟，抵永安，下延平，以至於福。」[159]在河流航行，順行與逆行相差很遠，「若自長汀順流而下，兩日可至上杭，逆流而上，五日乃至長汀。」[160]木船上駛，主要靠民夫拉縴，從民謠「一灘高一丈，邵武在天上。」[161]這句話，我們可以想知當時從下游往上游運輸的艱難。從上游到下游，雖說順流好行船，但是，灘多流急，十分危險，「邵居閩蕃上流六百七十餘里，石岐以東，兩山夾溪如圍，溪流悍急，橫波之石，廉利侔劍。」[162]下水船隻一旦碰上礁石，往往撞得粉碎。所以，不是有經驗的舵工，是不敢在閩江上游航行的。其次，由於河流過於險峻，只能通行小船，例如，長汀縣的水路「止通三板小船，所載

157　周之夔，《棄草集・文集》卷五，〈條陳福州府至荒緣由議〉，江蘇廣陵古籍刻印社 1997 年，第 924 頁。
158　刑址等，嘉靖《邵武府志》卷二，〈地理・山川〉，第 13 頁。
159　邵有道纂修，嘉靖《汀州府志》卷一，〈地理・水路〉，第 16 頁。
160　邵有道纂修，嘉靖《汀州府志》卷一，〈地理・水路〉，第 25 頁。
161　刑址等，嘉靖《邵武府志》卷二，〈地理・山川〉，第 13 頁。
162　刑址等，嘉靖《邵武府志》卷二，〈地理・形勝〉，第 40 頁。

不過八九擔。」[163] 其他的河流稍寬，但通行的船隻也不過載重一萬斤左右。據記載，邵武府四縣有這類「民船大小四百九十八艘」[164]，這大致反映了明代上游河流的運輸能力。閩江的下游可通行較大的船隻，「福州府所轄驛站，自大田直抵延建俱是水路，用船一隻，人夫八九名，可運三四十扛。」[165] 驛站占用相當多的勞動力，以南平縣來說，「茶洋驛水夫八十人，馬夫四十四人，驢夫九人，大橫驛馬夫十人，驢夫三人，王臺驛水夫十五人，劍浦驛館夫二人，廚夫二人；劍浦遞運所水夫四十人；倉峽遞運所水夫二百三十人。」[166] 以上共計 435 名人夫，也就是說，南平縣必須隨時保持 435 名人夫，以供過往官員使用，這是相當沉重的負擔。

河流極大地影響了福建城鎮的分布。福建內陸的城市，大多處於河畔，南平的劍浦「當二水之交，為都會，上游舳艫、輿馬，其密如櫛，與他驛道簡僻不同。」[167] 而河流交匯處，多為大城鎮。至於那些不通河流的地方，商業貿易受到嚴重的影響，例如，武平縣的水路不通福建其他縣，其地僅縣城有一市，郊區有二個墟市[168]。

陸路商道。古代福建的河流航線有二大缺點，上水船逆水行舟，速度極慢，下水船順流飛馳，容易觸礁，十分危險，所以，陸路是不可缺少的補充，況且，有些地區不通水路，陸路是他們唯一的選擇，如大田縣：「小民亦安於本業，第田不足，居十之一，土綿利薄，小民半磽确山中，惟倚苧麻，其所耕不足糊口，倘一仍旱潦，而斗米百錢無可糴者。蓋道險不通輿騎，水急不利舟楫。生理鮮少，取足肩販，路中絡繹無寒暑。勞苦視他邑為最」[169]。由於福建是一個山區省分，除了沿海之外，大多數商道都不良於行，如寧德福寧州「四郊皆峻嶺，商賈肩負唯艱」的情況[170]，蓋因福建的陸路多在山嶺中穿越，往往是上坡下坡，連續不斷，才翻過一座山，

163　邵有道纂修，嘉靖《汀州府志》卷一，〈地理・水路〉，第 25 頁。

164　刑址，嘉靖《邵武府志》卷五，〈版籍〉，第 2 頁。

165　王弼，〈乞照舊編僉驛傳奏疏〉，載陳衍等，民國《福建通志》，《福建郵驛志》第 16 頁。

166　鄭慶雲，嘉靖《延平府志》卷五，第 23 頁。

167　鄭慶雲等，嘉靖《延平府志》卷五，第 26 頁。

168　邵有道纂修，嘉靖《汀州府志》卷三，〈坊市〉，第 20 頁。

169　劉維棟，萬曆《大田縣志》卷四，〈土風〉，明萬曆三十九刊本膠捲，第 19 頁。

170　林子燮等，萬曆《福寧州志》卷一，〈輿地志・風俗〉，第 27 頁。

又面臨下一座山，行程相當艱苦。這對福建商業發展極為不利，如漳州，「其地所產魚鹽比浙（江）又賤，蓋肩挑度嶺，無從發賣故也。」[171] 但是，福建的商路也有其特點，由於山高路滑，福建的商路多鋪以石塊，「自崇安周八郡，驛路三千餘里而遙，路皆甃石，獨漳泉間稍因剛土耳。一望盤紆，修潔可鏡，擔夫行子屬迹不沾尺土。為工亦鉅矣。」在明代，陸路全鋪石塊的道路並不多見，王世懋說：「若吳之白公堤，杭之蘇公堤，以兩公橫得名耳，以數計之，蓋萬尋方寸也。」[172] 所以，王世懋將福建石砌驛路視為天下奇觀了。福建多雨，山路陡滑，若不鋪上石塊，是不能通行的。全石道路的出現，標誌著福建的陸路在雨天也可通行無阻，這在古代是一了不起的成就。葡萄牙人讚歎福建的道路：「道路上都鋪著方方正正的石塊。有些路段由於缺乏石塊，鋪著磚塊。在去福州的路上，必須經過一段山脈，那兒完全是用鎬劈山造路，有些地段的路面鋪設得與我們經過的平地路面一樣好。看到這些，我們認為世界上沒有比中國人更好的建路者了。」[173]

當時的歐洲人對對福建的橋梁評價極高：「我聽我的一個同伴說，他知道一座橋有 40 個拱。這些橋修得那麼大，原因是中國靠海的地方很平很低，在海水上漲時老是被淹沒。橋的寬度和長度儘管很成比例，卻修得很平坦，中間不比兩頭高，這樣你可以從這頭一直望到那頭，兩側按羅馬作品的樣式雕刻得令人驚歎。但最使我們驚奇的是造橋石頭是那樣巨大，當我們入城的時候，看見很多這類石頭立在路旁無人住之處，這對他們不是一件輕易的工作，儘管用場不大，除了從旁邊經過的人外，沒有人看它們。橋拱不是按我們的形式修建的，是用各種石頭拼成拱形，但可以說所有石頭是從一根柱子平鋪到另一根柱子，這樣就都平鋪在拱頂，也堅實地當作大道。我驚奇地看見上述的這些大石頭，其中有的長和高是 12 步，小的也足有 11 步半長。」[174]

福建驛路約寬一丈至一丈八，如莆田「出郡城南北各四十里許，官路

171　胡宗憲等，《籌海圖編》卷四，〈福建事宜〉，第 33 頁。
172　王世懋，《閩部疏》，第 12 頁。
173　費爾南・門德斯・平托，《葡萄牙人在華見聞錄》，第 36 頁。
174　伯來拉、克路士等著，《南明行紀》，第 66 頁。

原廣一丈二尺，與馬得並行。」[175] 不過，福建的陸路每每受到農民的侵占，一些農民將商道刨為農田，造成福建商道日益變小，這是福建陸路通道的問題。

自福州至興化、泉州、漳州，是福建的沿海平原，被稱之為福建的精華地帶，葡萄牙人從福州到泉州時，「在到達泉州之前經過了很多地方，其中有些地方特別大。這裡沿海地帶的人口是如此稠密，以至每半里格之內必有鎮子、村落或店鋪。店鋪裡出售一切必需品，貨物數量充足。沿途都是人。」[176] 這些地方的驛道是福建驛道的主要幹線，但是，其運費比海路更許多，「閩漳泉人運貨至省城，海行者每百斤腳價銀不過三分，陸行者價增二十倍，覓利甚難。」[177] 福州到泉漳的道路是福建省最好的道路，除了少數山嶺，基本是平地，但是，它的運費尚比海路高 20 倍，若是山路，其運費則不知比海路高多少了。由此可見，明代愚蠢的海禁政策成為福建商業發展的最大障礙。

主要關隘。「入閩有三道，建寧為險道，兩浙之所窺也。邵武為隘道，江右之所趨也。廣漳航海為間道，奇兵之所乘也。」[178] 除去海道，入閩的主要道路是邵武府的杉關與建寧府的分水關及浦城仙霞嶺路。由於福建與江浙一帶的聯繫更為重要，所以，建寧府內的二關最為重要。分水關因可接長江水系，歷來以貨運為主，而浦城仙霞嶺路更吸引行人，「凡往來閩浙暨之京師者，以其路捷而近，莫不爭趨焉。由是上官、使客告至、告去者，絡繹不絕。而其民亦不免於勞役。」[179] 其間道路也十分艱險。周亮工說：「閩由浦城往浙，必度仙霞，峻嶺高三百六十級，凡二十八曲，長二十里。」[180]「三里一亭，五里一聚」，儘管山道修得較好，但因山道陡峭，「入閩者多苦浦城山路。」[181] 華廷獻於明末從浙江到仙霞嶺，「十七日抵青湖，舍舟登陸，過仙霞嶺，嶺百四十里，陟降凡兩程，峭壁中開隘口盈丈，俯高

175　馬夢吉等，萬曆《興化府志》卷一，〈輿地志〉，第 20 頁。

176　費爾南・門德斯・平托，《葡萄牙人在華見聞錄》，第 34 頁。

177　胡宗憲等，《籌海圖編》卷四，〈福建事宜〉，第 33 頁。

178　刑址等，嘉靖《邵武府志》卷二，〈地理・山川〉，第 40 頁。

179　楊榮，《楊文敏集》卷十二，〈送浦城陳大尹考滿復任序〉，文淵閣四庫全書本，第 17 頁。

180　周亮工，《閩小記》卷三，〈仙霞嶺〉，福建人民社 1985 年，第 52 頁。

181　姚旅，《露書》卷七，〈雜篇〉，第 160 頁。

臨下，百人守隘，千夫莫能過也。」[182] 周亮工說：「今入閩度仙霞者，必乘竹兜子。淮南王安〈諫擊閩越書〉：『輿轎而踰嶺』，則知竹兜之制，漢已有之矣。今仕者乘轎，古無是制。轎字亦始見於此。」[183] 當時官員乘轎是民間很艱苦的徭役之一，明宣宗時，地方官抱怨：「福建等處差遣者，不乘應給舡馬，皆欲乘轎，亦多違例強索，百姓苦之。」[184] 不過，民間也有自由受雇的轎夫，周瑛的〈僕夫謠〉寫光澤一帶的轎夫：「邵武僕夫性質野，短衫禿袖身半赭。丈二長輿在肩膊，山路長驅疾如馬，每遇高坡即大呼，一呼一上誰復顧。眼中惟見是夷行，腳底何曾有險步。光澤西去八十里，清溪亂齧故山趾，平明受直往西行，薄暮懷直見妻子。每日只受四十錢，受直不多心歡然。更有高堂受直者，錦衣緩帶白日眠。」[185]

　　福建的商道漫長，行人來往不便，來閩的商人水陸兼程，要費相當多的時間才能進入福建的腹地。例如，華廷獻登上仙霞嶺之後，走了 8 天才到南平[186]，從南平到福州城外，一水可通，一般要 3 天行程。也就是說，明代一個官員入閩後走到福州，最快要十一二天。這算是最順利的。如果遇上不測風雨，行途還要延長。

　　福建對外商道以海道最為便利。臺灣海峽盛行季風，秋冬是東北風，夏天是南風，乘帆船入海，秋冬便於南下廣東、海南、南洋等地，春夏可以北上浙江、江蘇、山東、河北沿海，以及日本、琉球等海外國家。因此，福建商人與海外的聯繫往往比與國內的聯繫更強，這是福建的一個重要特點。

二、福建山區與沿海的區域貿易

　　福建依山面海，全境群山縱橫，只有沿海的中部與南部有狹長的平原。由於福建不像山東、遼寧一樣形成伸入海洋的巨大半島，所以，福建的海洋文化只限於沿海諸縣，但是，這裡集中了福建主要人口，福建人口最多的城市——福州、莆田、泉州、漳州都在沿海。由於地理條件的差異，福建沿海與山區物產的差異很大，例如：沿海多魚鹽，山區多竹木。但在明

182　華廷獻，《閩游月記》卷一，臺灣文獻史料叢刊第六輯，第 239 種，第 3 頁。

183　周亮工，《閩小記》，福建人民社 1985 年，第 29 頁。

184　《明宣宗實錄》卷五四，第 8 頁。

185　周瑛，《翠渠摘稿》卷六，〈僕夫謠〉，文淵閣四庫全書本，第 26 頁。

186　華廷獻，《閩游月記》卷一，第 3 頁。

代初年，由於商品經濟發展的規模有限，福建山區與沿海的經濟都有自給自足的傾向，人們只消費自己生產的產品，對外來物品不是很感興趣。然而，隨著晚明小商品經濟的發展，山區與沿海都有地方特色的商品問世，二者之間的經濟差別越來越顯著，而山區與沿海的商品交換很自然地加強了，如泉州府山區諸縣，「山藪居民，藝葛苧，機杼所就，與他邑相灌輸；而貿易魚鹽，不過饔飧是賴。」[187] 這種現象在全省都存在，「漳浦東南濱海、西北負山，附海者魚鹽，居山者耕牧，川陵險窄，舟車不通。其民或負薪米至海，以易魚鹽。或持魚鹽入山，以求薪米，皆彼此自為相通。山間之民數日食無鹽則病，必商人領票肩鹽入山行賣，勢不能家給人足，匪惟深山之民，終歲無鹽，而商病矣。海濱之民，一日不賣鹽則饑。」[188] 漳州的情況說明：當地山區與沿海的小商品生產者相互依賴，雖說他們經營的商品數量不大，但作為他們自身來說，卻是一日也離不開這種交換。其他地方也是如此，例如，「泉州須紙于延平，須酒於建州之類」[189]，由於積少成多，明末福建山海之間的交換形成了規模可觀的商品流。

山區商品運銷沿海。山區輸往沿海的大宗商品有木材、紙張、茶葉、紅麴等多種：

木材。杉木是中國古代最重要的建材，明代的福建沿海，多數房屋都由木材製造，因此，木材消費量相當大。福建山區流行種杉的習俗。以泉州的山區縣來說：「永春最盛，安溪、德化次之也。人生女，課種百株，木中梁棟，其女及笄，藉為奩資焉。」[190] 明中葉以後，沿海經濟欣欣向榮，對木材的需求量大增，王應山說：「杉木出上府，集于洪塘，備宮室之資，為利甚溥。」[191] 這都說明杉木是福建山區輸往沿海最多的商品。為了滿足下游的需要，也為了滿足自身的需要，東南內陸山區杉木種植大增。明末何喬遠說：「杉，建、延、汀、邵、福寧為多，是插而生者。」[192] 尤溪縣也以杉木生產聞名於一時，「計歲貿約至數十萬，自省城而下，架屋者率

187　陽思謙等，萬曆《泉州府志》卷三，〈風俗志〉，第 55 頁。
188　袁業泗等，萬曆 41 年《漳州府志》卷九，〈鹽法考下〉，第 4 頁。
189　何喬遠，《鏡山全集》卷二四，〈開洋海議〉，第 690 頁。
190　黃仲昭，弘治《八閩通誌》卷二六，〈物產〉，第 542 頁。
191　王應山，萬曆《閩大記》卷十一，〈食貨考〉，第 2 頁。
192　何喬遠，《閩書》卷一百五十，〈南產志〉，第 4452 頁。

取給於本邑。深山百年者為壽具最佳，然亦不可多得。」[193] 陳璘在南澳島種樹，「松苗四萬，杉苗三萬有奇。」[194] 邵武府是杉木種植的後起之秀，萬曆年間有人說：「杉，舊本地少種之者，故郡之老屋猶多用松木為棟樑。近三四十年來，郡人種杉彌滿岡阜，公私屋宇悉用之。皆取諸本土而足。……蓋駸駸乎與延建之杉等矣。郡人所謂貨，此其最重者也」[195]。李默在文章中言及建安縣的士紳與木商的矛盾：「高陽之產杉木也，比於楚材，歲中所伐，以億萬計。狼籍溪澗。豪商利於速達，稍雨輒下木，奔放衝擊，陂埧盡決。農畝苦之。先君具白于監郡，始立禁防，始作筏，相銜而下。田得無淹。惠行數十里。而先君常以身為豪商敵，至破己貲為之，鄉人頌焉。」[196] 明代的木商以資本雄厚聞名：「獨木商典鬻經營，汗血資本，動計千餘。」[197]《騙經》一書提到福州，「前去大江邊，有柴商財本巨萬。」[198] 建安縣，「地產杉木，歲所伐以億萬計，狼籍溪澗，遇雨，木輒奔放，陂埧盡決。客商利速，農之岷苦之。」[199]

苧麻。大田縣官吏說：「弊縣田地鮮少，穀價騰湧，所仰給者苧麻耳。麻熟時，漳泉客商入山收販四鄉。」[200] 可見，當時福建山區的苧麻向沿海輸出。

紙。據《三山志》等書，宋代福建沿海是紙業相當發達的地方，直到明初，沿海一些地方還有生產紙張，可是，萬曆年間呂一靜回顧興化府的情況時說：「彭志云：文賦里繭村有皮紙，今皆轉販於延建上郡。」[201]、「莆人所用紙，皆自順昌等縣興販而至者。」[202] 這說明晚明福建沿海消費的紙張大多來自山區，這是山海分工的反映。

193 鄧一臝纂修，崇禎《尤溪縣志》卷四，〈物產〉，第 598 頁。
194 陳璘，〈南澳山種樹記〉，吳穎，順治《潮州府志》卷一二，第 1738 頁。
195 韓國藩等，萬曆《邵武府志》卷九，〈物產〉，明刊本膠捲，第 91 頁。
196 李默，《群玉樓稿》卷七，〈先考吏部府君行實〉，萬曆元年李培刻本，第 67 頁。四庫全書存目叢書集部第 77 冊，第 776 頁。
197 黃承玄，《盟鷗堂集》卷三十，〈禁傾銷低銀〉，第 13—14 頁。
198 張應俞，《騙經》，北京，大眾文藝出版社 2002 年，第 458 頁。
199 龔用卿，《雲岡文集》卷十五，〈明封奉政大夫吏部郎中翠屏李公墓誌銘〉。
200 劉維棟，《大田縣志》卷九，第 59 頁。
201 呂一靜等，萬曆《興化府志》卷一，〈物產〉，第 77 頁。
202 周瑛等，弘治《興化府志》卷十二，〈貨殖〉。

茶油。「延建汀邵皆出，閩下四府及江西諸處皆用以燃燈。熬熟亦可和諸菜食之。」[203]

其他各類產品眾多，古田的紅麴，「此惟古田能造，遠方、閩中皆用之。」[204] 漳州「縉紳肅客，則市豆酒、建酒、順酒之屬」。[205] 福州造紅酒用古田之曲，還從尤溪等縣運入糯米為原料，《尤溪縣志》記述：「半溪秫，興文所產為最，省會釀酒，俱資於此。」[206] 汀州府的竹器非常出名，「枕，古用木為枕，今以細竹絲編成，漆之精妙可觀，出永定。」、「扇，上杭灑金扇、清流油紙管家扇，永定竹紙扇，薄嫩如絹，最為工致。」[207] 這些都是在各地受歡迎的產品。

山區輸往沿海的物產中，最為重要的是糧食。以泉州府而言，它靠山一側的幾個縣都是產糧縣，安溪「其穀足以食郡中。」永春「土沃泉膏，率種一斗而收十之六七，餘可食郡中。」[208] 可見，泉州靠山的數縣都以糧食輸出為最大宗商品。這是泉州一府的情況。從全省的形勢看，閩江象一把攤開的摺扇，支流分布於汀州、邵武、延平、建寧等上四府，而上四府中，除了延平之外，大都是餘糧區，明末董應舉說：「吾郡米粟多出上府」，「且上府粟是吾郡（福州）海民利。」[209] 在山區的汀州歸化縣有如下記載，「近溪之米，裝驀止于省城。」[210] 而福州近郊的洪塘市是上游商品的匯聚處，「上府粟聚于洪塘……福海民資以販糴無阻者，此固然之事也。」這裡所說的福海民是指福建沿海各縣的民眾，明代的福州城已有幾十萬人口，其糧食消費是很大的，但上游糧食除供應福州之外，還可供應福州以東的連江、長樂、福清等縣的幾十萬人口[211]。周之夔總結道：「福州一府，上仰延、建、邵、汀及古田、閩清大箬、小箬各山各溪米，皆係彼處商販順流而下，屯集洪塘、南臺二所，以供省城內外，及閩安鎮以下沿海之民轉糴。……各

203　韓國藩等，萬曆《邵武府志》卷九，〈物產‧貨之屬〉，第32頁。
204　劉日暘等，萬曆《古田縣志》卷五，〈物產‧貨之屬〉，第86頁。
205　袁業泗等，萬曆《漳州府志》卷二七，〈風土下‧物產〉，第3—4頁。
206　鄧一矗纂修，崇禎《尤溪縣志》卷四，〈物產〉，第595頁。
207　唐世涵，崇禎《汀州府志》卷四，〈土產〉，第22頁。
208　何喬遠，《閩書》卷三八，〈風俗志〉，第943頁。
209　董應舉，《崇相集》議，〈米禁〉，第46—47頁。
210　楊縉等，正德《歸化縣志》卷一，〈風俗〉，明嘉靖刊本，第4頁。
211　董應舉，《崇相集》議，〈米禁〉，第46頁。

處米，大約出之浦城、松溪、建陽等居其十之四，出之邵武者十之六，……
延汀米差少。」[212] 明末為了防範海寇，沿海一帶實行海禁，這一政策使沿
海三縣民難以到福州運米，如《長樂縣志》載：「長邑山多田少，故民食
多仰於延、建諸郡，但運糶者每以『接濟』挾之。從則所索不貲，違則輒
行掠散，最為民患。」沿海三縣因此鬧糧荒。後來，產生了小船運輸之法，
這是長樂縣的首創，「邑令鄭尚友申請：縣給船由，用小船載至縣，既非
出海之舟，難加接濟之目，利民防奸兩得之矣。」[213] 在有些時候，福建沿
海的海禁放鬆，允許各地商民前來洪塘貿易，於是董應舉說：「今漳、泉、
興化諸府商販日集洪塘，販米以出。」[214] 以此看來，閩江上游之米有時還
一直運往閩南。不過，上游產米有限，僅供應福州府，猶有不足，漳泉若
運米過多，福州府各縣米價便會大大上升。所以，福州人一向反對漳泉商
人前來運糧，屢屢倡行米禁。這樣看來，閩江上游之米遠銷閩南只是一時
的權宜，並不經常。

　　沿海商品運銷上游。對山區的民眾來說，許多商品也來自外地，清流
縣，「樂農圃而罕事商賈，財貨器用多仰給外郡。」[215] 安溪縣「民樹藝而
外，百無能解商賈工藝，咸遠人擅之。以有利。……魚鹽橘果之利，轉販
自外，而至利射一倍。」[216] 實際上，山區消費的許多商品都是從沿海運來的，
汀州的橄欖，「出上杭，有自省中來者差小，名丁香欖，為佳。」[217] 此外，
沿海從海外輸入的商品也在山區銷售，如漳平縣，「以東南溪河由月港溯
回而來者日有，番貨則歷華口諸隘，以達建延。」[218] 不過，山區從沿海輸
入最引人注目的是魚鹽二種商品。以食鹽來說，閩北的政和、壽寧二縣農
民「常往福寧盜販。」[219] 在漳州，由於不實行官場鹽引制，食鹽輸出是合
法的貿易，「惟是漳所屬縣，若龍巖、漳平、寧洋皆山邑，窮僻，民間不

212　周之夔，《棄草集・文集》卷五，〈條陳福州府致荒緣由議〉，第 919 頁。
213　夏允彝，崇禎《長樂縣志》卷十一，〈叢談〉，第 1 頁。
214　董應舉，《崇相集》議，〈與畢見素議改折官糶〉，第 37 頁。
215　陳桂芳，嘉靖《清流縣志》卷二，〈風俗〉，第 42 頁。
216　林有年等，嘉靖《安溪縣志》卷一，〈地理志・廈門〉，國際華文出版社 2002 年，
　　　第 25—26 頁。
217　唐世涵等，崇禎《汀州府志》卷四，〈土產志〉，第 13 頁。
218　曾汝檀，嘉靖《漳平縣志》卷九，〈武備志〉，第 4 頁。
219　郭造卿，〈閩中分處郡縣議〉，顧炎武《天下郡國利病書》第 26 冊，福建，第 22 頁。

能致食鹽。而浯、丙民鬻鹽者，輒用海舟載到海澄，歇泊埠頭，轉駁小舟，溯西北二溪，出華封，往龍巖諸邑散賣。又自寧洋而上達馬家山，越永安蔓延延、建、邵所屬行鹽地，其徼利十倍。」[220] 食鹽走私是明代沿海民眾與山區貿易的重要內容，如安溪人「行賈通於永安、大田，民負鹽入鬻之，而皆盜鹽也。」[221] 官府的食鹽生產更為大宗，「鹽出福興泉漳濱海七場……然行鹽之地，不越本省。」主要是沿海對山區的延平府、建寧府、邵武府的貿易[222]。

沿海的魚產品是另一種輸入山區的重要商品，「暮取諸海，且鬻諸市，為鮮魚，醃曝成乾貨，賣他方為鮝魚，或不醃而曝，名白鮝，尤他方所珍者。」[223] 例如，惠安的輞川市，「鱗介之所出也。」[224] 海產品從這裡發售山區，「大要邊海捕魚之鮮者，可販而走惠安、晉江二處。其臘者可舟載而之三山、興、漳等處。」[225] 再如《惠安縣志》記載，「凡魚大者宜薨、小者宜臘，賈人常哀而市之，或由海道以達於三山及延建諸郡。」[226] 它的利潤可觀，泉州山區的德化縣，「魚鹽海物自晉江轉販至，其直三之。」[227]

魚鹽與山區的木材、糧食一樣，都是未加工或少加工的商品，除此之外，城市的手工業製品也向山區大量輸出。城市手工業不像農村手工業那樣以實用為主，為了吸引客戶，在世風日益奢華的背景下，城市手工業品越做越精美，以銅器來說，「漳有鑄銅者，銅爐、銅佛、銅仙之屬，爐錘頗工，不在泉州蘇銅下。」海澄縣以牙雕聞名於世，其原料象牙「俱估客市來」，「漳人刻為牙仙人之屬以供近玩，耳目肢體信人也。備極淫巧。出海澄。又有牙箸、牙杯、牙帶、牙扇。」又有錫器，「出漳浦者最精，驟視之，燁燁有光，他處鮮有及此。」、「紗燈，漳人近以篾絲為質，甚細，覆五色薄紗其上，小品有致致，他郡皆重之。」、「水晶，漳出漳浦之梁山，及大帽山，邇者鏤作佛像、瓶、杯、斝及雜器之屬，變而屢奇。」、「五

220　袁業泗，萬曆《漳州府志》卷九，〈賦役志下〉，第 3 頁。

221　何喬遠，《閩書》卷三八，〈風俗志〉，第 943 頁。

222　王應山，萬曆《閩大記》卷十一，〈食貨考〉，第 194—195 頁。

223　周瑛等，弘治《興化府志》卷十二，〈貨殖志〉，同治重刊本，第 9 頁。

224　何喬遠，《閩書》卷三八，〈風俗志〉，第 942 頁。

225　朱彤等，《崇武所城志》，〈生業〉，第 41 頁。

226　張岳，嘉靖《惠安縣志》卷五，〈物產〉，第 20 頁。

227　何喬遠，《閩書》卷三八，〈風俗志〉，第 942 頁。

彩石，亦用藥製成者，琢作鎮紙，體具三棱，著眼下向有物處，造之目鏡，所遇瓦礫、草、石，皆成五色。」[228] 這些精工巧製的手工業製品，一般不是山區城鄉手工業者所能製造的，在世風日趨奢華的形勢下，沿海各種精緻的商品便向山區各地輸出，成為當地富室熱衷的消費品之一。

　　明代後期福建山海經濟的大交換，是建立在社會分工發展的基礎上的。山區的輸出以糧食與原料等商品為主，沿海輸入山區的商品則以鹽、魚、水果與手工業產品為主，這種交換顯然有利於山海雙方。晚明福建商品經濟比宋代更勝一籌，其中很大的一個原因是：宋代福建山海經濟交換尚不顯著，而晚明則以山區與沿海的大交換聞名於世。從宋代的《三山志》來看，當時除了山區不能生產的食鹽與海魚外，山區與沿海的物產差別不大，明代作為山區產品特點的木材、紙張、茶葉，除了茶葉一種外，其它都能在沿海生產。其原因在於：宋代沿海尚有大片森林，當地人伐木、造紙，小商品經濟十分繁榮。但到了明代晚期，沿海的森林基本被伐盡，由於沿海多是石山，民眾不可能像山區民眾一樣進行人工種植樹林，所以，沿海的森林一被破壞，便很難恢復。這造成沿海伐木業、造紙業等以森林為原料的行業中衰。於是，沿海不得不向山區進口各種森林產品。其次，沿海商品經濟的發達，使其更重視商業性農業的發展，如泉州「其地為稻利薄、蔗利厚，往往有改稻田種蔗者。故稻米益乏。」[229] 這也是沿海從山區進口糧食的原因之一，「建溪南輸，福人賴之。」[230] 於是，到了晚明時期，沿海與山區各自形成規模較大的、並有地方特點的小商品生產，造成福建山海經濟發展方向的分化。

第四節　福建與江浙的區域貿易

　　晚明的江浙區域已經成為中國的市場中心及經濟中心，福建則是當時的對外貿易中心，也是海外白銀輸入中國的主要過道。就此而論，江浙與福建的貿易應是晚明區域貿易中最發達的。

228　袁業泗等，萬曆《漳州府志》卷二七，〈風土下・物產〉，第 3—4 頁。
229　陳懋仁，《泉南雜志》卷上，第 7 頁。
230　王世懋，《閩部疏》，第 13 頁。

一、福建與江浙之間的商道與商人

　　福建與江浙之間的商道。晚明福建通往江浙有兩條陸上通道，其一，從崇安分水關通往江西，然後從贛東北的玉山進入浙江的常山，再順著錢塘江上游通往杭州；其二，從浦城的仙霞嶺通往浙江的江山縣，從而接通錢塘江上游的河流。關於明代這兩條商道的詳細情況，可看黃汴的《天下水陸路程》，此書作於隆慶年間，記載了分布於全國的主要商道，以下摘錄有關閩浙商道的記錄：

從浙江衢州經江西玉山到福州。

> 衢州府西安縣上杭埠驛，……西八十里廣濟驛，常山縣；十五里，草平驛，江浙界，今革；三十五里懷玉驛，玉山縣；九十里廣信府上饒縣葛陽馬驛；八十里鵝湖驛，六十里車盤驛，並屬鉛山縣；四十里至大安驛，三十里崇安縣長平水驛；下水三十里，武夷山；四十里興田驛，並屬崇安；五十里建溪驛，建陽縣；七十里葉坊驛，屬於甌寧縣；五十里建寧府（甌寧縣、建安縣）城西驛，屬甌寧；四十里太平驛，屬建安；四十里大橫驛，屬南平；四十里延平府南平縣劍浦驛，西北去邵武府；東六十里茶陽驛，屬南平；九十里黃田驛，五十里水口驛，並屬古田；四十里小箬驛；八十五里白沙驛，並屬侯官。六十五里芋源驛，屬懷安縣；二十里至福建布司福州府三山驛。……自常山縣至水口驛（屬古田縣），水馬並應。崇安至福州府水路灘洪緩急。[231]

　　若將以上驛道所經城市羅列，就可較為簡明地看出浙江通往福建的商道走向：衢州、常山（以上屬浙江）、上饒、玉山、鉛山（以上屬江西）、崇安、建陽、甌寧、建安、南平、古田、侯官、懷安、福州（以上屬福建）。由此可知，這一條商道主要是通過鉛山與崇安之間的分水關而進入福建。除了隸屬於福建的城市外，外地城市中，最為重要的是鉛山縣河口鎮。該鎮是贛東北的交通咽喉與商業中心，由這裡發出的商船可以沿信江而下，進入鄱陽湖，然後從鄱陽湖進入長江水系，從而聯通長江流域諸地；從鄱陽湖也可進入江西省的贛江水系，贛江水系的上源又可通向廣州，此外，

231　黃汴，《天下水陸路程》卷一，山西人民出版社1992年，第2—3頁。

如前所述，在鉛山還可以翻越玉山進入浙江，在常山縣上船，進入下游的錢塘江流域。因此，明末的鉛山河口鎮，是東南區域運輸的樞紐之一，對福建省來說，只要進入了河口鎮，就可進入陸上的東南區域商業網絡，由於這一原因，由崇安經分水關到鉛山的商道，成為福建最重要的出省商道。實際上，由這條道路通往江浙，要比仙霞嶺路稍遠一些，但因這條商路的重要地位，仍然成為福建通往江浙的主要商道。明人稱這條商道為分水關大路，有時也簡稱為「大關」。

入閩的第二條商道是從衢州府的江山縣經仙霞嶺到建寧府浦城縣，黃汴的《天下水陸路程》對此也有記載：

> 上杭埠，水。九十里江山縣；十五里清湖；路，十五里石門街，十五里江郎山；十里峽口渡；十里觀音閣；十五里保安橋；十里仙霞嶺，巡司。十里，楊姑嶺，十里龍溪口；十里下溪口；十里南樓，閩浙界；十五里大竿嶺；十里五顯廟；五里梨園嶺，十里魚梁街；十里仙陽街；三十里浦城縣，下舡；八十里水吉，巡司；七十里葉坊驛，五十里建寧府。[232]

這條道路雖然中途沒有河口鎮之類的大鎮，但它也因此不要繞道江西，「凡往來閩浙暨之京師者，以其路捷而近，莫不爭趨焉。」[233] 不過，明代仙霞嶺沒有設驛道，所以，人們有時稱之為仙霞嶺小關。在明代人的著作中，經常可以看到「大關」與「小關」之名。

由於仙霞嶺山道即險且長，屢有意外事件發生，運輸不夠安全，因此，在這一條商道上有商品運輸保險制度實行，明代的《商賈買賣指南》一書介紹客人從福州到浦城後，「凡泊舟先尋主家行主，照數主家遣人搬挑商量，一百斤工銀一錢，凡雇夫各有票照數挑至清湖縣某家留歇。與清湖主人驗收明白交卸。有自浦城至清湖凡五日路程，中二日，山甚險峻。雇夫已定，次日起程，至十八里有店，作午飯，每人半筒米與店主。」[234] 由此

232　黃汴，《天下水陸路程》卷八，第 254 頁。

233　楊榮，《楊文敏公集》卷十二，〈送浦城陳大尹考滿復任序〉，文淵閣四庫全書本，第 17 頁。

234　延陵處士編校，《新鋟江湖祕傳商賈買賣指南評釋》，潭邑余文台梓行本，下卷，第 21—22 頁。

可見，商人從福州到浦城後，可以和貨物分道而行。貨物交給浦城的行主，他保證將其運到浙江江山縣境內的清湖鎮，而商人空手過山，到清湖領貨。

值得注意的是：當時人工價錢十分便宜，從浦城到清湖的五天山路，一百斤貨物的運費僅值銀兩一錢；此外還看到一條從福州城西驛運到南平建溪水口運費價錢：「城西驛上至建溪陸路一百二十里，常轎價只一錢六分；或路少行客，則下減一錢四分或一錢二分，亦擡。」[235]如此低廉的運費，是閩浙之間商品運輸的重要條件。

總的來說，當時的商道主要沿著河流走。閩浙之間，錢塘江與閩江兩條大江自然成為聯絡兩省的主要商道。而兩江上游之間的商道，則由崇山之間的山路構成。福建通往浙江的山路主要有兩條，其一繞道江西鉛山河口鎮，是為當時主要的出閩大路；其二翻越仙霞嶺，從浦城到浙江的江山縣。

福建與江浙之間的海路交通。福建與江浙二地面臨東海，擁有眾多的港口，較為著名的大港有今屬江蘇的上海、乍浦，今屬浙江的寧波、溫州，以及屬於福建的福州、泉州、廈門等港口。東海位於太平洋西北部，秋冬盛行東北風，春夏盛行東南風，帆船順風而行，一年至少可以往返一趟。不過，明代由於倭寇入侵東南海疆，閩浙二省都實行嚴屬的海禁，雖然沿海運輸不在禁止之列，但也受到多方面的限制。例如，嘉靖年間間閩浙巡撫朱紈即規定了當時的海運船不可太大：「其福州等處原編民間賣穀船隻，一面行查奉何事例，一面行各寨澳巡司，定以三百石為率，長不過四丈，闊不過一丈二尺，深不過六尺者，許其自便。惟不許假借鄉官名目，亦不許官與編號。如丈尺過此式者，俱限文到半月內報官，一體免罪，估價官買，充戰哨公用。俱要編立字號，大書深刻桅下橫木，以防那換。」[236]後來，胡宗憲的《籌海圖編》一書也說：「所謂寸板不許下海者，乃下大洋入倭境也，非絕民採捕於內海，販糴于鄰省也。嚴其保甲，令民沿海運糴，則廣浙有無相通，而福民不患於無食矣。」[237]可見，官府雖然允許閩浙沿海港口之間進行貿易，但對船隻的大小有相當的限制，船隻過小，不能進遠

235　張應俞，《騙經》，北京，大眾文藝出版社 2002 年，第 341 頁。

236　朱紈，《閱視海防事・沒官海船》，《明經世文編》卷二百零六，《朱中丞覽餘集》，北京，中華書局 1987 年，第 2166 頁。

237　胡宗憲，《籌海圖編》卷四，文淵閣四庫全書本，〈福建事宜〉，第 29 頁。

海，只能在沿海港口貿易。於是，官府可以通過控制港口來限制海上貿易：

> 照閩船不入浙，浙船不入閩，俱限溫福分界沙埕地方換船，此向來
> 通行之禁也。五月六月，正發船通番之候，有違禁越界之船，即將
> 其船入官，凡係閩中載木貨大船，盡行收入定海，不許出洋。閩船
> 不入，浙船不出，茫茫大匯，豈一葦之可杭？而華夷之路絕矣。[238]

　　這條史料告訴我們，當時閩浙邊界的沙埕港是重要的貿易港，按照官方的規定，閩浙之間的貨物貿易，都應通過這一港口交換，分別由各省的貨船將其運回。應當說，在嘉靖年間倭寇頻頻入侵的時代，閩浙官方仍能批准這一條例，對保護當時的沿海運輸是有重要意義的。但是，隨著時間的推移，倭寇大舉入侵的可能性越來越小，官府對海運的禁令也有所放鬆，尤其是福建方面，民眾從官方獲得船引是較為容易的：「泉漳二郡商民，販東西二洋，代農賈之利，比比然也……或假給東粵高州，閩省福州、及蘇杭買貨文引，載貨物出外海。」[239] 浙江方面的海禁也不像隆慶年間那麼嚴厲，有一些官員以寬容的態度對待福建商船：「閩故仰哺外地，絺苧蔗漿諸物，方舟而出，米穀菽麥之利，連帆而入。商于吳粵者無禁也。」[240] 當然，在以人為政的明代，隨著官員的更換，政策也會發生變化，萬曆後期任江浙都撫的王在晉說：「夫閩商入浙，浙貨入閩，此商途貿易之常，勢不能遏。然入閩自有大關、小關正路。舍嚴衢而由寧紹台溫，其為海販明矣……不如責令杭城沿江一帶船埠，凡閩商載貨，路由嚴衢者，方許逕發，若渡江而東，必報官稽覈北新關稅票。當風汛之月，閩商販段百匹，絲綿數百斤，及有氈條布疋等件有似通番貨物者，即著本關，委官報府，查其去嚮。」[241] 按，王在晉之所以對閩商嚴查，主要是由於當時的閩商中，有人從海路購取杭州絲綢運到日本出售，所以，當時浙江方面力主嚴查閩商以防通倭。從王在晉的奏疏來看，他更希望來往於閩浙之間的商人多走

238　王在晉，《越鑴》卷二十，〈禁通番議〉，萬曆三十九年刻本，四庫禁燬書叢刊，
　　　第 104 冊，第 483—484 頁。

239　沈鈇，〈上南撫臺暨巡海公祖請建彭湖城堡置將屯兵永為重鎮書〉，顧炎武《天下
　　　郡國利病書》第 26 冊，福建，北京，中華書局，四部叢刊三編，第 31 頁。

240　黃克纘，《數馬集》卷二五，〈巡撫福建副都御史袁公生祠碑〉，江蘇廣陵古籍刻
　　　印社 1997 年，第 1168 頁。

241　王在晉的《越鑴》卷二十，〈禁通番議〉，第 483 頁。

陸路的商道而少走海道，以免發生有人乘機去日本貿易的案例。可見，當時福建與浙江之間的海道並不十分通暢，而是有很多禁忌。浙江方面，由於官府嚴禁民間造大船，因此，明末的浙江幾乎沒有大商船。而福建方面，並沒有這一禁例，因此，當時往來於閩浙之間的商人多雇傭福建大商船運輸。這些大商船可以走遠海航路，也可以到日本，從而成為浙江官府嚴查的對象。在官府管得嚴的時候，福建大商船不得航行於兩地之間。例如，明末因東南海寇再起，浙江巡撫張延登重申不許福建大船直接入浙，「閩浙海運交界之處，名曰沙堤（即沙埕），以限南北。勒令閩船不許過浙，浙船亦不許過閩」；「貨自南來者，如糖、靛、椒、藤諸物，必易浙船以入；貨自北去者，如桃、棗、藥材諸物，必易閩船以出。」[242] 總之，當時閩浙間的海運是受到一定限制的。不過，一旦海寇活動減少，政府也就失去了禁止海運的動力。實際上，多數官員對民間貿易是睜一眼、閉一眼，福建大商船進入江浙港口，很少被拒絕。所以，明代閩浙間的海上貿易是十分興盛的。

　　往來於福建與江浙之間的商人。晚代的福建與江浙商業氣氛頗濃，以泉州人為首的福建商人集團，一向將江浙作為自己的主要活動領域。何喬遠說，「安平一鎮在郡東南陬，瀕於海上。人戶且十餘萬，詩書冠紳等一大邑。其民嗇，力耕織，多服賈兩京都、齊、汴、吳、越、嶺以外，航海貿諸夷，致其財力，相生泉一郡人。」[243] 從其話中，我們可知道安平商人活動範圍相當廣，而南京與吳越是其重要活動區域。例如安平王氏商人，三代人貿易吳中，前二代人有得有失，至第三代「賈大進，廓增溢羨，為安平鉅家。」[244] 再如「泉州府客人孫滔，為人誠實，有長者風。帶銀百餘兩，往南京買布。」[245] 除了泉州商人之外，各地福建人都到江南城市貿易，連城人謝超，「商於潮……又商于吳，時告逋不下千餘緡，超取券焚之，卒無所責」[246]，他如「寧城一人，姓李名英，年二十餘歲，聰明脫洒，惟

242　張延登，〈請申海禁疏〉，錄自計六奇，《明季北略》卷五，1984 年，第 103—104 頁。

243　何喬遠，《鏡山全集》卷五二，〈楊郡丞安平鎮海汛碑〉，第 1370 頁。

244　王慎中，《遵巖集》卷十二，〈處士易直王翁墓誌銘〉，文淵閣四庫全書本，第 17 頁。

245　張應俞，《騙經》，北京，大眾文藝出版社 2002 年，第 336 頁。

246　杜士晉，康熙《連城縣志》卷七，〈人物志‧謝超傳〉，北京，方志出版社 1997 年，第 166 頁。

耽酒色。常買夏布，往蘇州閶門外，寓牙人陳四店。其店兼賣白酒。」[247]
復如「富人左東溪，止生一子少山，常帶千金財本，往南京買賣。」[248]

　　江南的城市中常見福建商人，「經紀廖三號龍潭者，有女名淑姬，年
方二八，尚未配人。……客人張魯，年二十餘歲，磊落俊雅，頗諳詩書，
浪跡江湖。一日，買閩筍數十担，在廖三店中發賣，不時遇風，都放帳未
收。」[249]

　　江南一帶的商人也常到福建境內經商：「游天生，徽州府人。丰采俊雅，
好裝飾。嘗同一僕徐丁攜本銀五百餘兩，往建寧府買鐵。」[250] 徽州人是江
南諸府中最有名的商人，不論什麼城市，幾乎都少不了徽州商人。他們經
營對福建貿易是經常的。又如「徽州人丁達，為人好善喜捨。一日，與友
林澤往海澄買椒木，到臨清等處發賣，貨已賣訖。」[251]

　　他們之中不乏大商人，「張沛，徽州休寧人，大賈也。財本數千兩，
在瓜州買棉花三百餘擔。歙縣劉興，乃孤苦煢民，一向出外肩挑買賣，十
餘載未歸家，苦積財本七十餘兩，亦到此店買棉花。二人同府異縣，沛一
相見，鄉語相同，認為梓里，意氣相投，有如兄弟焉。棉花各買畢，同在
福建省城陳四店賣，房舍與沛內外。」[252]

　　其他外省人也每每經營江浙與福建的貿易：「羅四維，南京鳳陽府臨
淮縣人。同僕程三郎，帶銀一百餘兩往松江買梭布，往福建建寧府販賣，
復往崇安買筍。」[253] 這位商人往來於福建與松江之間，在福建出售江南的
梭布，而在江南出售福建的筍乾。再如「陸夢麟，江西進賢人。往福建海
澄縣買胡椒十餘担，復往蕪湖發賣。有一客夥，將硼砂一担對換，餘者以
銀伐之。次日，叫店家寫舵公陳涯四船，直到建寧。」[254]

　　總之，在當時的閩浙商道上，有不少商人往來，他們將福建的貨物運

247　張應俞，《騙經》，北京，大眾文藝出版社 2002 年，第 422 頁。
248　張應俞，《騙經》，北京，大眾文藝出版社 2002 年，第 472 頁。
249　張應俞，《騙經》，北京，大眾文藝出版社 2002 年，第 423—424 頁。
250　張應俞，《騙經》，北京，大眾文藝出版社 2002 年，第 362 頁。
251　張應俞，《騙經》，北京，大眾文藝出版社 2002 年，第 456 頁。
252　張應俞，《騙經》，北京，大眾文藝出版社 2002 年，第 364 頁。
253　張應俞，《騙經》，北京，大眾文藝出版社 2002 年，第 382 頁。
254　張應俞，《騙經》，北京，大眾文藝出版社 2002 年，第 387 頁。

到江南，也將江南的貨物運到福建。這些商人，不僅有福建商人，也有江南的徽州商人，並且不斷有其他各地商人加入這條貿易線路，他們的共同努力，使兩地間的貿易興盛起來：「凡福之紬絲，漳之紗絹，泉之藍，福延之鐵，福漳之橘，福興之荔枝，泉漳之糖，順昌之紙，無日不走分水嶺及浦城小關，下吳越如流水。其航大海而去者，尤不可計。皆衣被天下。」[255]這一段文字反映了當時福建與江浙之間陸海商道貿易的繁榮。

二、由江浙運往福建的主要商品

晚明江南城市的風氣奢華，並對全國各地的城市產生巨大的影響，福建也不能例外。李世熊的《寧化縣志》說：「往承平時，白下、閶門之賈，歲再往還，里巷衣冠。必曰京式，器御酒果，非吳下不珍。」[256]江浙習俗的影響，大大改變了閩人的習俗，泰寧縣人說：「泰之產只苧布耳，苧布之外，一絲一絮，必易於外。而今之富民子弟，服必羅綺，色必紅紫，長袖大帶，自為得意。一人倡之，十人效之，浮侈志淫，可為太息。」[257]漳州「中人家才自存，伶俜環堵，亦自強自修飾，為鄉里顏面焉。人無貴賤，多衣綺繡。」[258]這就造成了社會消費水準普遍的上升，而江南的商品在福建極為流行。以服裝原料為例，過去閩人冬夏不過一件苧布衣裳，而到了晚明，閩人在夏天穿絲綢與苧布，冬天穿棉布衣服，並用絲綿及棉絮做夾襖，這都造成絲綢與棉布、棉花消費的增加。福建本土生產的生絲不如江南的品質好，而多雨的氣候不適宜廣泛種植棉花，因此，閩人對絲綢、棉類商品的消費，導致了江南絲綢與棉布的輸入。以下分述江南絲綢、棉布對福建的輸出。

絲綢。明代中葉的《八閩通誌》說：「此地蚕桑差薄，所產者多類，民間所須織紗帛，皆資於吳航所至。」[259]同樣的記載亦見於《興化府志》：「本地蠶葉差薄，絲多類，民間所織紗帛，皆資于吳中。」[260]又如《安海志》

255　王世懋，《閩部疏》叢書集成初編第 3161 冊，第 12 頁。
256　李世熊，康熙《寧化縣志》，卷一，〈風俗志〉，福建人民出版社 1989 年，第 13 頁。
257　韓國藩等，萬曆《邵武府志》卷十，〈風俗〉，第 4 頁。
258　袁業泗等，萬曆《漳州府志》卷二六，〈風土志〉，明萬曆四十一刊本膠捲，第 3 頁。
259　黃仲昭，弘治《八閩通誌》卷二五，〈食貨志〉，福建人民出版社 1990 年，第 512 頁。
260　呂一靜等，萬曆《興化府志》卷一，〈物產〉，第 77 頁。

所說：「俗尚游商，富家挾財本置綿葛等布，胡椒、木香、牙、明珠、翡翠等貨，以往兩京、蘇杭、臨清、川陝、江廣等處發賣。仍置其地所出如絲綿、錦綺、氊布、靴襪等物。」[261]可見，當時的福建輸出各種海外商品及土產，進口江南的絲綢。明代福建向海外輸出大量的絲綢，其中江南綢緞獲取的利潤尤大。在利潤的刺激下，漳州、泉州等城市都仿織江南絲綢，如漳州：

> 漳紗，舊為海內所推，今俱學吳中機杼織成者，工巧足，復相當，且更耐久。
>
> 綺羅，漳製亦學步吳中，第不如紗為精。
>
> 光素緞絹，漳絹與他處不同，亦有最佳者。[262]

泉州絲織業的原料都來自江南：

> 絹，用湖州頭蠶絲為上，柘蠶次之，有素織、花織、雲織、金線織，出郡城；
>
> 紗，亦用湖絲，好者有素紗、花紗、金線紗，出郡城；
>
> 絲布，用湖絲，今織者少，出郡城；
>
> 羅，一為硬羅，一為軟羅，但不如蘇杭佳，亦有織天鵝絨者，不如漳州佳。[263]

漳泉等城市絲織業的發達，更促進了湖州生絲向福建的出口，《閩大記》云：「帛，蠶絲所經緯，有土絹、改機、絲布、線絹、草緞、帽緞之屬，皆出於會城。漳絹、莆絹間有之。欲如吳紈、蜀錦之美好，無有也。以絲出湖蜀，此地所產，盡不佳矣。」[264]據其所載，明代福建出產多種絲織品，不過，其原料大都出於江浙與四川二地。《閩部疏》論福建：「所仰給它省，

261　安海志修志小組，新編《安海志》卷十一，〈物類八・布帛〉，1983 年自刊本，第 115 頁。

262　袁業泗，萬曆《漳州府志》卷二七，〈風土下・物產〉，明刊本膠捲，第 2 頁。

263　陽思謙等，萬曆《泉州府志》卷三，〈物產〉，泉州市編纂委員會 1985 年影印彙刊本，第 43 頁。

264　王應山《閩大記》卷十一，〈食貨考〉，第 190—191 頁。

獨湖絲耳。紅不逮京口，閩人貨湖絲者往往染翠紅而歸織之。」[265] 這也說明福建絲織業的原料主要來自湖州。福建絲織品的進口量很大，唐甄回憶明代：「吳絲衣天下，聚於雙林，吳越閩番至於海島，皆來市焉。五月載銀而至，委積如瓦礫。吳南諸鄉，歲有百十萬之益。」[266] 這樣看來，福建每年從江南輸入的絲綢可達數百萬兩銀子。當然，其中多數商品又被閩人售至海外國家，換回美洲及日本的白銀。

　　江南對福建的棉類商品輸出。王應山《閩大記》說：「此中多麻枲，罕種木綿……若綿布，悉自外至。」[267] 明代前期，閩人大多以苧布為衣，自產自用，隨著明代後期社會風氣的奢華，棉布消費開始多了起來。在這一背景下，為了滿足當地人的消費需要，便要從外地輸入各種紡織品。如位置較為偏僻的龍巖縣：「其至自江浙者，布帛居多，雜物次之，磁器又次之。」[268] 王勝時說：「閩不畜蠶，不植木棉，布帛皆自吳越至。」[269] 這話當然講得過於絕對，實際上，福建省內也有一些地方有棉紡織業與絲織業，不過，這並不能保證這些地方形成自給自足似的紡織品消費，如泉州「絲縷綿絮，由來皆仰資吳浙。」[270] 大致說來，明代福建諸府，福州、福寧、汀州等府都要從江浙輸入棉布，而另一些地區則是進口棉花紡織，安海商人「從河南、太倉、溫、台等州有棉之處，歲買數千包，方足一年之出入。至冬月人閑，則入安溪、永春、德化販賣。」[271] 這些棉花主要供各地婦女紡紗織布，「端淑買綿，晝夜紡衙中，逮歸，積紗一扛。」[272] 泉州沿海逐漸成為主要棉布產地之一，「棉布為類極多，晉江之南鄉及南安、同安多有之。長四丈二尺為一匹，時布五百縷，上布七八百縷，細密堅致，如青花布、斜文布，直經斜緯，織文方斗。」[273] 織成的商品每每輸出海外，「安

265　王世懋，《閩部疏》，第 12 頁。

266　唐甄，《潛書》下篇，〈教蠶〉，中華書局 1984 年刊本，第 157 頁。

267　王應山，《閩大記》卷十一，〈食貨考〉，第 190 頁。

268　湯相等，嘉靖《龍巖縣志》卷上，明嘉靖三十七年刊本膠捲，第 66 頁。

269　王勝時《漫遊紀略》卷一，〈閩遊〉，江蘇廣陵古籍刻印社筆記小說大觀本，第 17 冊，第 5 頁。

270　黃任等，乾隆《泉州府志》卷二十，〈風俗〉，引明萬曆志，第 4 頁。

271　安海志修編小組，《安海志》卷十一，〈物類・布帛〉，第 114 頁。

272　洪朝選，〈亡室宜人端淑蔡氏壙誌〉，《芳洲先生文集》上卷，香港，華星出版社 2002 年，第 172 頁。

273　安海志修編小組，新編《安海志》卷十一，〈布帛〉，第 114 頁。

海商人年買數千匹，往高州、海南及交趾、呂宋等異國貨利。」[274]

　　閩南棉布加工業的發展造成棉類商品量輸入福建。據史料的記載，福建東南沿海與江南的棉花貿易極盛。褚華的《木棉譜》云：「閩粵人於二三月載糖霜來賣，秋則不買布，而止買花衣以歸。樓船千百，皆裝布囊累累，蓋彼中自能紡織也。」吳梅村的〈木棉吟〉說，明代隆慶、萬曆年間，閩商至鎮洋一帶採購棉花，「州賴以饒」，太倉縣的棉花輸出也是靠福建商人的採購，每年九月，「南方販客至，城中男子多軋花生業。」[275] 在前引有關商人的史料中，我們看到兩位徽州商人到福建做棉花生意，其中如張沛，「財本數千兩，在瓜州買棉花三百餘擔。」給人留下深刻的印象。

　　江浙糧食對福建的輸出。福建山多地少，是國內著名的缺糧區：「全閩山海之郡半，山郡不患人滿，諸海邦食地淺，人溢於土，雖大穰，僅足當他省下歲。」[276] 因此，在一般情況之下，福建都要從鄰省輸入糧食。

　　海路北道米入閩。據《福寧州志》的記載，明代成化年間，福寧州大饑，「斗米百錢，民艱食」，而浙江溫州等產米區近在咫尺，卻沒有當地人從浙江運入糧食的記載，說明當時閩浙之間的海運還不發達。迄至嘉靖六年，福寧州又一次發生災荒，「穀價翔踴，民艱食，富者貿貲產轉糴溫州米以濟，貧者掘蕨根充饑。」[277]《福安縣志》也有同樣的記載：「嘉靖六年、十四年，並以四月穀貴，中戶鬻產轉糴溫州米得活。」[278] 可見，溫州米於嘉靖時入閩對於沿海貿易。浙江的溫州在明代是一個糧產區，它與福建省比鄰而居，與福建的海上交通十分方便，王士性寫道：「台溫二郡，以所生之人，食所產之地，稻、麥、菽、粟尚有餘饒，……閩福齒繁，常取給於溫。」[279]、「福、興、漳、泉四郡皆濱於海，……在北資於浙，而溫州

274　安海志修志小組，新編《安海志》卷十一，〈布帛〉，第 114 頁。

275　錢肅樂、張采纂修，崇禎《太倉州志》卷五，〈風俗・物產〉，崇禎十五年刻本，第 25—26 頁。

276　曾異，《紡授堂文集》卷一，〈為三司賀閩督撫都御史蕭公報政序〉，明崇禎刻本，第 44 頁。

277　林子燮等，萬曆《福寧州志》卷十，〈雜紀志・祥異〉。頁碼不明。

278　陸以載等，萬曆《福安縣志》卷九，〈雜紀・歲饑〉，北京，書目文獻出版社《日本藏中國罕見方志叢刊》，1990 年影印本，第 215 頁。

279　王士性，《廣志繹》卷四，〈江南諸省〉，中華書局 1981 年，第 74—75 頁。

之米為多。」[280] 以上幾條史料都說福建從浙江輸入之米取之溫州，實際上，來自台州的也不少，明末董應舉在「米禁」一文中將溫州與台州並列，並說福建之米，「北仰溫台」。

運來福建的北道米有兩個來源，除了浙江外，又一路來自江南，萬曆三十六年，福州大饑，巡撫徐學聚組織商人去江南運米，福州人說：「江、淮、蘇、松之米浮海入閩，自徐公始也，民受其賜大矣。」[281] 除了福州之外，萬曆年間的泉州：「稻、米、菽、麥……由來皆仰資吳、浙。」[282] 何喬遠的《閩書》亦云：「仰粟於外，上吳越而下東廣。」[283] 這都說明泉州也從江浙購入大量的糧食。

以上統計江浙輸往福建的商品有生絲、綢緞、棉花、棉布、糧食等項，這些商品中大多是民眾的日用商品，消費量巨大。閩人為了購買這些商品，支付了大量的白銀。於是，從海外流入福建港口的白銀便通過這一管道流向江浙，繁榮了江南，也繁榮了中國多數地區。

三、由福建運往江浙的主要商品

明代的福建在與江南貿易中支付了大量的白銀，不過，白銀流出過多，閩人也要考慮以輸出商品來平衡江南貿易。於是，許多商人將福建各種土產運入江南銷售，如《閩大記》的作者王應山說：「即有土利，輕齎貿易，盡入江浙要津。」[284] 除此之外，外地商人入閩，如果只帶白銀回去，他們只能獲得商業買賣中一趟的利潤，倘若在福建採購各種商品，他們便能獲得二趟的利潤，因此，入閩商人多願採購各種土產，這也造成福建商品的北流。如前述商羅四維，在松江買梭布一百兩往福建建寧府販賣，「復往崇安買筍，其年筍少價貴，即將銀在此處買走烏銅物，并三夾杯盤諸項銅器，用竹箱盛貯，并行李裝作三担。崇安發夫，直到水口陳四店寫船。」[285]

280　陳夢雷等，《古今圖書集成》職方典，卷一千一百一十，〈臺灣府〉，中華書局、巴蜀書社 1985 年影印本，第 17682 頁。

281　喻政修、林烃總纂，萬曆《福州府志》卷七五，〈雜事志〉，第 742—743 頁。

282　黃任等，乾隆《泉州府志》卷二十，〈風俗〉，引明萬曆志，第 4 頁。

283　何喬遠，《閩書》卷三八，〈風俗志〉，第 942 頁。

284　王應山，《閩大記》卷十一，〈食貨考〉，第 190 頁。

285　張應俞，《騙經》，第 382 頁。

在這一背景下，福建輸出江南的商品日益增多。

福建輸往江浙的商品有水果、木材、紙張、藍靛等項。

水果。福建輸出的水果以荔枝、龍眼最為著名，其時，有不少外地商人入閩購荔枝，「閩種荔枝龍眼家，多不自採。吳越賈人，春時即入貲，估計其園。吳越人曰『斷』，閩人曰『檏』，有檏花者、檏孕者，檏青者。樹主與檏者，倩慣估鄉老為互人。互人環樹指示曰：某樹得乾幾許，某少差，某較勝。雖以見時之多寡言，而後日之風雨，之肥瘠，互人皆意而得之。他日摘焙，與所估不甚遠。估時兩家賄互人：樹家囑多，檏家囑少。」[286]明代的安海，「鄉人以荔枝、龍眼焙作乾，謂之桂林、桂元，運往溫、台、蘇、杭、南京等處發賣謀利。」[287]

龍眼生吃的口感雖不如荔枝，將其炮製之後，其價值遠勝於荔枝，釋如一說：「福清處處有之，廣州所出，核大而肉爛，不及吾閩，商販流布，以此別之。或生食，或浸蜜食，或曝乾煎煬食，健脾、益智、延壽。」[288]自明代開始，龍眼乾已是福建出售的主要商品之一，如何喬遠所說：泉州「園有荔枝、龍眼之利，焙而乾之，行天下。」[289]在荔枝、龍眼二果中，焙乾行銷的主要是龍眼。在中國人看來，龍眼乾是溫補的食品，冬天食用龍眼乾，有利於身體健康，所以，福建龍眼乾在國內銷路極好。它也是福建銷往江南的主要商品之一。

柑橘的輸出量也不少，清代初年的王勝時說：「柑橘一類，俗以黃者為柑，丹者為橘，閩產為天下最，清漳尤稱佳。先朝盛時，閩橘之美，達于京師。歲時傳柑，非此不樂。」[290]這都反映了漳州乳柑在國內市場上的地位。《安海志》說：柑橘「耐搬動、可久藏，鄉人遠商蘇杭、臨清、兩京，或異域番國，必置此為貨，多獲厚利。」[291]而福州的紅橘，因「福橘（吉）」

286　周亮工，《閩小記》卷一，第 16 頁。

287　安海志修編小組，《安海志》卷十一，〈物類志‧土貨〉，第 104 頁。

288　釋如一，《福清縣志續略》卷二上，北京，書目文獻出版社《日本藏中國罕見方志叢刊》，1990 年影印本，第 215 頁。

289　何喬遠，《閩書》卷三八，〈風俗志〉，福建人民出版社 1995 年點校本，第 942 頁。

290　王勝時，《漫遊紀略》卷一，〈閩遊〉，江蘇廣陵古籍刻印社筆記小說大觀本，第 17 冊，第 6 頁。

291　安海志修編小組《安海志》卷十一，〈物類志‧土貨〉，第 105 頁。

之名，成為江南人家迎春節必備的食品，暢銷江南。

明代福建是國內主要的糖產區之一，宋應星說：「凡甘蔗有二種，產繁閩廣間，他方合併得其什一而已。」[292] 這說明了閩粵製糖業在中國的地位。王應山說：「糖產諸郡，泉漳為盛。有紅白及冰糖，商販四方貨賣。種蔗皆漳南人，遍滿山谷。」[293] 用蔗榨製的白糖與紅糖，是福建主要輸出商品之一，萬曆年間的《泉南雜志》記載：「甘蔗，幹小而長，居民磨以煮糖，泛海售焉。其地為稻利薄，蔗利厚，往往有改稻田種蔗者。故稻米益乏。」[294] 據說，明代漳泉一帶缺糧，即與農民以稻田種蔗有關。由此可知，閩南的甘蔗種植相當廣泛。

福建的木材也向鄰省輸出。明代人說，「福建延、汀、邵、建四府出產杉木。其地木商，將木沿溪放至洪塘、南台，寧波等處發賣。外載杉木，內裝絲綿，駕海出洋，每賃興化大海船一隻，價至八十餘兩。其取利不貲。」[295] 文中提到的洪塘與南台（南臺），是福建省會福州臨江的市鎮，它也是閩江上游商人與外省商人交易的地方，江面上停滿了來自上游的小船、木排及沿海來的海船。從這段記載中我們知道，興化商人經常駕駛大海船走江南與福建之間的港口，許多木材商人便租賃他們的海船將木材運到浙江的寧波出售。浙江人說：「商船惟閩有之……間有載木之船，亦不甚高大。」[296] 浙江海禁時，常提到閩船，「凡係閩中載木貨大船，盡行收入定海，不許出洋。」[297] 又如，王在晉的《越鐫》記載：浙江人「先往福建收買杉木，在定海交卸。」[298] 可見，江南一帶不產杉木，所需建材多從福建輸入。

以上的木材輸出主要走海路，其時，福建木材還有從陸路輸入外省的。李世熊說：「吾土杉植最盛，……此材為棟梁、棺槨、舟車、百器之需，

292　宋應星，《天工開物》卷上，〈甘嗜第四〉，巴蜀書社 1989 年，潘吉星校注本，第 278—279 頁。

293　王應山，《閩大記》卷十一，〈食貨志〉，第 194 頁。

294　陳懋仁，《泉南雜志》卷上，第 7 頁。

295　張延登，〈請申海禁疏〉，計六奇《明季北略》卷五，第 103 頁。

296　王在晉，《越鐫》卷十八，〈防海八議〉，萬曆三十九年刻本，四庫禁燬書叢刊，集部 104 冊，第 459 頁。

297　王在晉，《越鐫》卷十八，〈禁通番議〉，第 486 頁。

298　王在晉，《越鐫》卷二一，〈通番〉，第 496 頁。

利用最博。先時徽賈買山，連筏數千為捆，運入瓜步（南京附近），其價不貲。」[299] 據此，閩西的杉木翻山越嶺，被運至江西河流，然後順流而下，轉運江南的瓜州等地。福建木材輸出之多，可以想見。杉木是古代中國主要建築材料，使用量很大，江浙所用建材，一向來自福建，木材因而成為福建重要輸出商品之一。

藍靛。明代江南紡織業盛行，而其染料主要是來自福建的靛青。王世懋認為「泉之藍」，是福建主要輸出品之一[300]。同安人林希元說：「靛，此貨甚於吾同（安），轉販入浙者獲大利，永春只自給。」[301] 葉夢珠記載：他的家鄉上海一帶消費的青靛，「初出閩中」，後來因戰爭隔斷了航路，有人因市場上缺乏福建靛青，便在江南試種，一度獲利。不過，當福建青再度出現於江南市場上時，江南土靛失利，「況所染之色終不若福靛」，所以，最終當地人不種靛青，還是從福建進口[302]。

福建造紙業歷來聞名東南。胡應麟說：「凡印書，永豐（江西）綿紙上，常山（浙江）柬紙次之，順昌（福建）書紙又次之，福建竹紙為下。」按，當時人造的紙主要有楮紙與竹紙二種，楮紙品質好，但價格貴；竹紙品質較次，但價格便宜，因此，藏書家多讚美楮紙而批評福建竹紙。「順昌（紙）堅不如綿，厚不如柬，直以價廉取稱。閩中紙短窄褊脆，刻又舛訛，品最下而直最廉。」胡應麟不知順昌紙也是福建產品，所以將它另入一類。應當說，竹紙在製造之初，其品質比不上楮皮紙是正常的。從其以「價廉取勝」這一點而言，它是一種相當受歡迎的紙，因而，它的市場十分廣闊。到了萬曆年間，福建各地的竹紙製造技術普遍提高，胡應麟說：「近閩中則不然，以素所造法，演而精之，其厚不異於常，而其堅數倍於昔。其邊幅寬廣，亦遠勝之，價直既廉，而卷帙輕省，海內利之。」[303] 從「海內利之」這句話中我們知道，當時福建竹紙的銷售十分廣泛。再如王應山《閩大記》云：「楮，有竹紙數色，白出順昌，黑出建邵諸邑，……其用普于四方。」[304]

299　李世熊，康熙《寧化縣志》卷二，〈土產志〉，第 119 頁。
300　王世懋，《閩部疏》第 12 頁。
301　林希元，嘉靖《永春縣志》卷一，〈物產〉，頁碼不明。
302　葉夢珠，《閱世編》卷七，〈種植〉，上海古籍出版社 1981 年，第 166—167 頁。
303　胡應麟，《少室山房筆叢》卷四，上海書店出版社 2001 年，第 43 頁。
304　王應山，萬曆《閩大記》卷十一，〈食貨考〉，第 194 頁。

何喬遠《閩書》論順昌：「煮竹為紙，紙曰界首、曰牌，行天下。」這些材料都說明順昌之紙在國內市場上非常暢銷[305]。

　　江南是紙張的主要消費市場。晚明福建紙在江南市場上十分走俏，價格節節上升，葉夢珠說：「竹紙如荊川、太史連、古筐、將樂紙，予幼時七十五張一刀，價銀不過二分，後漸增長。至崇禎之季，順治之初，每刀止七十張，價銀一錢五分。」[306] 在這一背景下，福建土紙生產日益興盛。邵武的方志記載：「紙……俱出邵武縣，四方商賈多結販往湖廣、南直隸諸處變賣。本郡諸貨，惟此頗為得利。」[307] 這裡所說的「南直隸」就是江南區域。

　　在江南市場上福建紙商隨處可見，「施守訓，福建大安（即崇安）人。家資殷富，常造紙賣客。一日，自裝千餘簍，價值八百餘兩，往蘇州賣，寓牙人翁濱二店。濱乃宿牙，疊積前客債甚多，見施雛商，將其紙盡還前客，誤施坐候半年。家中又發紙五百餘簍等到蘇州，濱代現賣。付銀訖，託言係取舊帳者，復候半年。」[308] 這一段文字是說一個崇安商人在蘇州受牙人欺騙的故事。但從故事中，我們也可看到這位崇安商人的經營頗有規模，他先後運了 1500 餘簍紙張到蘇州出賣，約價值 1200 兩銀子。

　　明代的福建是國內主要鋼產地，「鐵產上府尤溪為盛，貢課之外，轉市他省，以利器用。甚夥。」[309] 明代福建鋼是相當有名的，盧若騰《島居隨錄》記錄了明代福建鋼的製造：「冬月收取地溲，以柔鐵燒赤投之二三次，剛可切玉。」徐𤊹的《筆精》說：「吾閩產銅鐵，鑄刀劍甲天下。」[310] 許多外地商人到福建購取鋼鐵。「游天生，徽州府人。丰采俊雅，好裝飾。嘗同一僕徐丁攜本銀五百餘兩，往建寧府買鐵。」[311]

　　夏布。明代福建的夏布是相當有名的，尤溪縣的苧布「最佳者價值兩

305　何喬遠，《閩書》卷三八，〈風俗志〉，第 944 頁。
306　葉夢珠，《閱世編》卷七，〈食貨六〉，第 160 頁。
307　韓國藩等，萬曆《邵武府志》卷九，〈物產・貨之屬〉，第 31 頁。
308　張應俞，《騙經》，第 351 頁。
309　王應山，萬曆《閩大記》卷十一，〈物產〉，第 195 頁。
310　徐𤊹，《筆精》卷八，〈鮫魚皮〉，福建人民社 1997 年，第 325 頁。
311　張應俞，《騙經》，第 362 頁。

餘」[312]，外來商人往往購買福建夏布運到北方。「陳棟，山東人也，屢年入福建建陽地名長埄販買機布。萬曆三十二年季春，同二僕帶銀壹千餘兩，復往長埄買布。」[313] 福建商人也將夏布運銷外地，如前述寧城人李英，即以採購夏布為主。福建夏布中，最出色的是惠安北鎮布，當地人說：「北鎮布，漚白苧麻為之。婦人治此者，至井臼之類，亦不敢親操，恐涴手成跡也。此布成之甚艱，其實太輕楚，不耐於用。然今人多重之。每歲和買及橫索，無慮千百匹，里甲甚患苦焉。」[314] 不過，北鎮苧布聲譽使它成為晚明環臺海區域熱銷產品之一，《閩書》記載：「北鎮之布行天下。」[315] 北鎮布之外，永春縣「白苧之布，比弱吳紈。」[316] 王應山《閩大記》述及福建夏布的生產時說：「長樂、建陽、邵武、將樂俱細」，說明這些地方的夏布生產是較好的[317]。

四、晚明福建與江浙經濟的互動及其意義

從閩浙貿易的結構來看，晚明福建與江浙之間的貿易對雙方都有重要意義。對江浙方面來說，與福建的貿易的意義在於：其一，福建是江浙商品輸出海外的中轉站。晚明江浙二地實行海禁政策，江浙的港口沒有對外貿易的權利，整個東南沿海，只有福建的月港在隆慶年間獲得了對外貿易的合法權力。在這一背景下，江浙輸出的商品只有經過福建商人之手才能運銷海外，因此，對江浙而言，福建是江浙勾通海外的重要橋梁之一；其二，福建是江浙白銀的主要來源地。福建本地所產白銀數量有限，但在這一時代，中國的外貿大量出超，導致美洲與日本的白銀以空前的規模輸入中國。由於福建商人在這一時代對外貿易中的特殊地位，福建因而成為海外白銀流入中國的主要管道，江浙對福建的貿易可以為其換得大量的白銀；其三，福建是江浙商品的重要市場之一。晚明白銀的大量注入，使福建人的生活水準有了較大的提高，從而對江浙商品的消費欲望也大為增長。來自江浙的絲綢、棉布、稻米，在福建獲得廣泛的市場，江浙也從這些商品的輸出

312　鄧一龘纂修，崇禎《尤溪縣志》卷四，〈物產志〉，第 595 頁。
313　張應俞，《騙經》，第 361 頁。
314　張岳等，嘉靖《惠安縣志》卷五，〈物產〉，第 21 頁。
315　何喬遠，《閩書》卷三八，〈風俗志〉，第 942 頁。
316　何喬遠，《閩書》卷三八，〈風俗志〉，第 943 頁。
317　王應山，《閩大記》卷十一，〈食貨考〉，第 190 頁。

中，換取大量的白銀；其四，福建是江浙的原料來源地之一。從福建輸出江浙的商品結構來看，最大量的是木材、藍靛等原料。江浙的房子多為土木結構，對木材的使用量很大，東南諸省中，唯有福建能夠輸出大量的杉木，倘若沒有來自福建的木材，江浙只有依賴來自四川等省的建材，因此，福建木材對江浙的建築業是有重要意義的。藍靛是江浙染布業的主要原料。在染布業內，有「金染缸」的說法。這是因為，一匹白坯布經染色以後，其價格可以增加一倍至幾倍！古代的中國人大多是著白布衣服，但在明代，白衣已被看作是喪服，民眾平日所著衣服，多為經過染色的藍布。這一習慣使江浙一帶生產的藍布暢銷天下。僅從這一點來看，福建以藍靛為主的染料生產，對江浙是有重要意義的。此外，福建生產的竹紙，也是重要印刷原料。其五，與福建的貿易繁榮了江南的城市。江浙與北方的城市一向將雜貨店稱之為「南貨店」，這是因為：江南與北方的雜貨主要來自閩粵，如浙江的「普陀一無所產……自閩廣來者皆雜貨，恰勾歲用。」[318] 雜貨店的開設，顯然是江浙城市繁榮的一個原因。其次，福建富商雲集江南城市，是江南城市繁華的一個原因，江南名城蘇州最繁華之地是閶門外的一段街道，而此地恰為是閩粵商人聚集之地；再如：浙江的寧波港有來自閩粵的大商，「閩廣之地，富商遠賈，帆檣如櫛，物貨浩繁。」[319] 可見，福建的商船使當地經濟日益興盛。

　　對福建而言，與江浙貿易也有重大的意義。其一，江浙是福建糧食的主要供應地之一。福建是一個多山的省分，自古有「八山一水一分田」的說法。這一自然條件製約了福建糧食種植業的發展，事實上，自南宋以來，福建就是一個缺糧的省分，沿海區域消費的糧食主要來自外地。明末福建糧食主要有二個來源：南路的廣東米與北路江浙米。刮南風的季節，是廣東米來福建的日子，而刮北風的季節，只有江浙米可以到福建。對福建而言，不論是江浙米還是廣東米，都是不可缺的。明末的福建災荒頻頻，在大多數年分，福建都是靠外省之米度過饑荒的歲月，可以說，明末的江浙航線已經成為福建沿海民眾的生命線；其二，江浙成為福建重要的原料來源地之一。明末福建沿海的絲織業與織布業都很發達，它所生產的商品主

318　朱國禎，《湧幢小品》卷二六，〈普陀〉，第 14 頁。

319　張邦奇，〈西亭餞別詩序〉，《明經世文編》卷一四七，《張文定甬川集》，第 1465 頁。

要用於輸出海外的美洲、歐洲、日本等地，福建自身消費的棉布也很可觀。為了保證絲織業及棉布業的原料供應，福建商人每年都要從江浙運來大量的生絲與棉花。沒有來自江浙的生絲與棉花，福建不可能有較大規模的絲織業與棉織業；其三，江浙也是福建商品的重要市場；如上所述，福建生產的木材、紙張、藍靛、糖品都以江浙為最大市場。明代的江南，由於長江及運河航道的暢通，實際上已經成為中國的中心市場，福建的商品只要進入江南城市，便可以通過江南進入全國各地的商業網絡。尤其是福建與北方市場的聯繫，由於明代的海禁，福建商船不可能直接航行到北方港口，因此，福建商品的北運，大都要經過江南市場的中轉，然後通過運河運向北方。可見，江南與浙江市場對福建的意義非同凡響。其四，江浙還是福建對外貿易中主要商品的來源地之一。明末是中國商品暢銷世界的時代，最暢銷的商品有三類：江浙的絲綢、江西的陶瓷、福建的紅白糖，其中尤以江浙的絲綢能給中國帶來最大的利潤。福建雖有絲織業，但所產生絲品質比不上杭嘉湖區域的湖絲，所以，閩人外貿的絲綢，或是以湖絲為原料，或是直接購取江浙絲織品出售，又或直接向海外市場出售湖絲，也能獲得巨額利潤。因此，福建對外貿易的發展，絕對離不開對江浙的貿易，換句話說，沒有對江浙的貿易，福建商人將失去大半利潤；其五，對福建來說，江南還是銷售海外商品的主要市場。明代的中國主要從海外輸入香料、胡椒、犀角、象牙等奢侈品，這些奢侈品遠非福建的富人所能消費。閩商要將這些商品全部出售，只能依賴於江南市場及與其聯繫的全國各地市場。閩商若能將外貿商品出售，就能回籠銀子，從而採購大量江南商品，獲得進一步發展對外貿易的條件。

由此可見，明末的福建與江浙二地已經結成深厚的貿易關係，雙方經濟的發展，都有賴於對方的市場、原料、資本。在正常的經濟條件下，閩浙之間的貿易促進了雙方的繁榮，換句話說，明末江浙與福建的繁榮，在很大程度上依賴於雙方的貿易。而其依賴程度之深，早已不是可有可無的。

第五節　福建與廣東及內陸省分的貿易

明代福建與廣東、江西的貿易以糧食、布匹的輸入為主，福建則將本地土特產出售於粵贛兩省。

一、福建與廣東的貿易

　　明代福建是著名的缺糧區，不僅要從江南運入糧食，還要從廣東等地運入糧食。其實，廣東運來的大米遠比來自江南的要多。

　　廣東米進入福建的時間很早。漳州的玄鍾原為軍港，但是，其地的軍人後裔，後來以經商著稱於世，「玄鍾向專造運船販米至福行糶，利常三倍。每至輒幾十艘，福民便之。廣浙之人亦大利焉。」[320] 由於玄鍾鄰近廣東，當地軍人運來的糧食多來自廣東吧。嘉靖三十九年，因倭寇的侵擾，泉州一帶民眾無心種田。「是年郡荒，米一斗值一錢四分，知府熊汝達發散倉粟，又出帑銀廣糴以濟民。」[321] 嘉靖四十年，泉州的糧荒更為嚴重：「數年，田畝廢為草莽，斗米值錢百二十文，民逃生入城，無食待斃，瘟疫盛行，死者枕集。知縣鄧洪震措置收埋，萬分巡於開元寺設法施粥。民餓極，有食粥立斃者。是時晉江人張僉憲冕分巡嶺東，諭潮民及玄鍾等處賈人，從海道運穀來泉，平糶以濟。前後穀艘至者千餘，七邑之人多賴全活。立碑頌德，邑人林參議一新為記。」[322] 按「張僉憲冕」即張冕，福建泉州晉江人，嘉靖二十六年進士。他是一個很能幹的官員。廣東當張璉猖獗之時：「朝廷以冕有偉略，擢廣東兵備僉事。至不三月連縛潮陽、惠安二酋，搗其巢。總督張臬檄冕兼二哨，攻璉破其丁坑營，璉遂敗。癸亥倭圍潮，冕引兵入守，賊百計力攻，冕隨機應之。所當無不摧折。閱五十餘日，有奸人謀應賊，為鄰居首發。按實立誅之。賊旋遁去。潮人謂百萬生靈藉冕全活，擢湖廣參議。」由於張冕在廣東潮州做出巨大貢獻，所以，他的勸導潮州人很願意接受。「泉屢被倭，田荒米貴。先在粵時勸諭商人運粟踵至。泉賴以甦，共勒碑通衢紀德焉。」[323] 可見，由於廣東官府大開綠燈，在海禁尚在的背景下，廣東之米才有可能大量進入福建。這以後，廣東之米運到福建成為慣例。其時，漳州對廣東大米的依賴也不亞於泉州。明末陳仁錫說：「漳

320　陳夢雷等，《古今圖書集成》職方典，卷一千一百一十，〈臺灣府〉，第 17682—17683 頁。

321　陽思謙等，萬曆《泉州府志》卷二四，〈雜誌・盜賊類〉，泉州市編纂委員會 1985 年影印彙刊本第 1833 頁。

322　陽思謙等，萬曆《泉州府志》卷二四，〈雜誌・盜賊類〉，第 1836 頁。

323　李清馥，《閩中理學淵源考》卷六十四，〈參議張莊甫先生冕〉，文淵閣四庫全書本，第 18 頁。

泉之區，多仰食東南粟。」[324]

　　明代中葉的廣東地廣人稀，糧食產量豐富，糧價很低。如萬曆四十六年的高州府吳川縣，「斗米錢未二十」[325]，而福建的米價昂貴，「斗米二百錢」。[326] 因故，廣東能向福建輸出糧食。最早成為福建糧食來源地的是廣東的潮州。如漳州「民皆航潮米而食，不專恃本土。」[327] 廣東輸往福建的糧食主要來自毗鄰福建的潮州、惠州二府，潮州正常年景：「每米一石，銀三錢三分，價不騰踴，民無竄徙。」[328] 萬曆年間漳泉人發現：「然每風靜浪息之時，潮州有舡名『牽風仔』，或三隻、五隻，時泊浯州、烈嶼等澳出糴，則潮惠未至甚荒也。況潮之穀多自程鄉饒平山縣而出，每石只直銀一錢。民之趨利如水就下，苟以高估厚利招致之，其孰不來？為今之計，合無遵照發行條欵，令延平、建寧、邵武等府，及福寧州縣，將應解司庫銀兩，差官買赴洪塘地方，聽漳泉二府差舡搬運賑糶，扣銀還司。其潮惠山縣及漳州山縣，頗有收成，聽商人自往彼處收糴。稍高時估一二，以資糴本舡稅。」[329] 可見，當時潮州的山區縣是產米之地。

　　潮州沿海的揭陽是輸出米穀最多的縣之一，郭子章的〈請救荒議〉提到：「潮中之谷，常以貨漳泉，賈客航海乘潮而來」，「無許他郡賈客巨艦滿載出，竟航海。」[330]，「漳泉之民仰粟東粵，無論凶歲，即豐歲猶然。而今制臺商公所議糴閩者，潮獨揭陽耳。且不惟閩仰食於揭，即揭陽之民，亦不憚涉險操舟而糴於閩。此所謂相濟而非以相病也。」[331] 藍鼎元〈揭陽圖說〉記載，明末揭陽縣對福建運米船設有「落地稅」，「歲額一千八百六十四兩有奇」，黃挺和陳占山估計，若每石稻米價值 0.8 兩銀，而以三十稅一的傳統定稅，反推之，每年由揭陽縣運汕頭的稻米達 707400

324　陳仁錫，《無夢園初集》漫二，〈備禦〉，明崇禎六年張一鳴刊本，第 62 頁。

325　陳舜系，《亂離聞見錄》卷上，第 3 頁。

326　郝玉麟等，雍正《福建通志》卷六五，〈雜紀・興化府〉，文淵閣四庫全書本，第 27 頁。

327　王世懋，《閩部疏》第 12 頁。

328　郭子章，〈請救荒議〉，周修東輯校，《郭子章涉潮詩文輯錄》文章六，〈文移〉，暨南大學出版社 2016 年，第 72 頁。

329　洪朝選，《洪芳洲先生讀禮稿》雜著，〈代本縣上救荒事宜〉，四庫未收書輯刊本，第 3 頁。

330　郭子章，《潮中雜記》卷六，〈請救荒議〉，第 19 頁。

331　蔡獻臣，《清白堂稿》卷十，〈與馮揭陽令鄞仙〉，第 41 頁。

石[332]！按，若以郭子章「每百石抽銀三錢，制也」[333] 的稅率去算，則為621333 石！其數量也是相當可觀的。明人說：「且閩以漁船為利，往浙往粵，市溫、潮米穀，又知幾千萬石。」[334]

除了潮州外，惠州也成為福建糧食的來源地。嘉靖時期有人說：「福建漳泉等處多山少田，平日仰給，全賴廣東惠、潮之米。」[335] 但到了明代後期，由於福建糧食消費數量日增，惠潮之米已不足供應，中部的廣州成為福建的商品糧食供應地。廣州位於珠江的下游，其西江上游一直伸展到廣西境內。由於福建人在廣州採購大量的糧食，引致廣州缺糧，於是，廣西的大米沿江運入廣州，再從廣州輸往福建。明末廣州輸出的糧食數量相當大，屈大均說：「往者海道通行，虎門無阻，閩中白艚、黑艚，盜載穀米者，歲以千餘艘計。」[336]

廣東西部的高州、雷州也是糧食產地，「泉漳二郡商民，販東西二洋……或假給東粵高州，閩省福州及蘇杭買貨文引，載貨物出外海。」[337] 其中到高州的大船主要是購買糧食。據朱紈所記，早在嘉靖年間，福建興化府就常有來自高州的米船，「今聞廣東高州有穀船到海上，五隻泊在平海，一隻泊在吉了，三隻入涵頭。」[338] 迄至萬曆年間，高州輸出的糧米更多，有一年，福清商人劉省宇到吳川購糧，他的船隊有六艘大船[339]。「萬曆戊戌（1598 年）……五月十二日，有閩商五舟往吳川買米，歸至碣石海面。」[340] 高州的口岸在吳川縣，而吳川芷蓉港原為很荒涼的地方，「萬曆間，閩廣商船大集，創鋪戶百千間，歲至數百艘，販穀米，通洋貨。吳川小邑也，年收稅餉以萬千計。」[341] 吳川縣的楊振泉考證，明末芷蓉墟有正街、

332　黃挺、陳占山，《潮汕史》，第 306 頁。

333　郭子章，《潮中雜記》卷六，〈請救荒議〉，第 19 頁。

334　《明熹宗實錄》卷三七，第 19 頁。

335　鄭若曾、胡宗憲，《籌海圖編》卷四，〈福建事宜〉，第 282 頁。

336　屈大均，《廣東新語》卷十四，〈食語・穀〉，第 372 頁。

337　沈鈇，〈上南撫臺暨巡海公祖請建彭湖城堡置將屯兵永為重鎮書〉，顧炎武《天下郡國利病書》第 26 冊，福建，第 31 頁。

338　朱紈，《天馬山房遺稿》卷五，〈答此齋林大參論海寇書〉，第 8 頁。

339　陳舜系，《亂離聞見錄》卷上，第 15—16 頁。

340　郭棐纂修，萬曆《廣東通志》卷四一，〈潮州府・兵防・惠潮海上事略〉，第109 頁。

341　陳舜系，《亂離聞見錄》卷上，第 5 頁。

曲街以及秀清諸巷，正街長達二里多。磚鋪路面，兩邊都是商店。街巷之上有沙螺行、蟹行、穀行、蝦蛋行、殼灰行等 6 個商行。墟市內有福建會館、潮州會館和廣州會館。[342] 位於雷州半島茂名縣的梅菉鎮與吳川縣相鄰，明末該鎮十分繁華：「梅菉生齒盈萬，米、穀、魚、鹽、板木、器具等，皆立聚於此。漳人駕白艚，春來秋去，以貨易米，動以千百計，以此富庶，甲於嶺西。」[343] 明末，瞿昌文從安海搭船到高州，「漳泉每歲自高雷糴濟，春往夏回」。舟於四月初五從安海出發，途中遇到風暴，到十六日抵達高州的口岸。途中經歷了 12 天的海程[344]。芷藔港的商業於清代中期轉移到湛江市區，以故芷藔港的古街至今保存較好。

廣東的糧食解救了福建沿海的糧荒，萬曆時，福清葉向高說：「向非泉漳之人貪於厚利，轉粟高、潮，犯禁浮海，閩邑之民久為涸轍。」[345] 福州周之夔說：「往時興泉漳三郡不足，則仰廣米，凡米自廣來者，半係廣人販運，半即係漳泉駕南船往糴。資本多者千金，米船多者數百艘，每艘多者千餘石。」[346] 廣東方面若禁止糧食外銷，馬上會影響到福建沿海，同安縣某年大荒：「潮穀不到，米價日騰，貧民束手待斃。」[347] 蔡獻臣說：「粟仰粵東，而販舶不時至，則糴貴。」[348] 黃克纘說：「七閩地狹人稠，歲所耕穫，不足供半年之食。稍無歲，則米價踊貴，人心驚惶，賴老公祖，鎮之以寬大招徠商賈。南自東粵，北至江南，遞相灌輸，民藉以寧。」[349] 倘若海外糧米不能及時運到福建，便會形成災荒：「自南賊熾，粵粟阻，漳泉饑，廣石猴嶼海商之販粟而南者如熾。」[350]、「民間米貴之故，則閩中田額原少，近者多取給延建邵汀，遠者直仰資浙直惠潮之轉運。然亦為海洋無事，

342　楊振泉，《吳川文物志》，〈芷藔港遺址〉，中山大學出版社 1988 年第 11 頁。轉引自，李龍潛，《明清廣東社會經濟研究》，上海古籍出版社 2006 年，第 162 頁。
343　佚名，〈萬曆丙辰重建北方真武玄天上帝廟記〉，梁兆磬，《梅菉志》卷六，〈金石〉。轉引自，李龍潛《明清廣東社會經濟研究》，第 126 頁。
344　瞿昌文，《粵行紀事》，上海古籍出版社 1987 年，第 354 頁。
345　葉向高，〈論本邑禁糴倉糧書〉，《古今圖書集成》，〈食貨典・荒政部〉，卷一百一，第 83239 頁。
346　周之夔，《棄草集・文集》卷五，〈條陳福州府至荒緣由議〉，第 920—921 頁。
347　許孚遠，《敬和堂集》疏卷，〈乞勘災荒疏〉，第 30 頁。
348　蔡獻臣，《清白堂稿》卷六，〈曹方城令公壽序〉，第 26—27 頁。
349　黃克纘，《數馬集》卷三三，〈柬朱四還中丞〉，第 1576 頁。
350　董應舉，《崇相集》議二，〈米禁〉，第 65 頁。

舟楫通達之日言耳。頃者紅夷外訌，海寇縱橫，遠近販商，人有戒心。米之來路塞矣。」[351] 總之，明代閩廣之間的經濟聯繫十分密切，廣東米對福建是十分重要的。當時人們有這樣的評論：「閩地穀少人稠，專取資於粵，商人揚帆而來，倍獲而去。則不惟閩資粵，而粵亦資閩矣。」[352]

總之，明代閩廣之間的經濟聯繫十分密切，每年往來船舶有上千隻。當時人們有這樣的評論：「閩地穀少人稠，專取資於粵，商人揚帆而來，倍獲而去。則不惟閩資粵，而粵亦資閩矣。」[353] 除了糧食外，廣東的手工業也運銷福建，如龍巖縣商品：「至自廣東者，則布疋器用兼半云。」[354] 總之，福建南部與廣東相鄰，從廣東輸入商品較為便宜，因此，二地間的貿易是相當興盛的。

二、福建與江西、四川的貿易情況

江西米運銷福建。董應舉曾說：福州「皆仰上四府之粟，而邵武可通新城、廣昌，時得其以粟益賤。」[355] 這就是說，由於邵武府向福州輸出大量糧食，有時會引起自己的糧價上升，這時就需要從江西一帶輸入糧食，以便彌補。不過，邵武與江西交界處重山疊嶂，山道崎嶇，運輸量不可能太大。福建南部的汀州也自江西運入糧食。汀州府內有二道水系，一道是閩江上游的沙溪，一道是汀江。處閩江上游的清流、歸化、寧化之米固然可以輸往福州，但汀江水系南流入粵，沿江有長汀、上杭、武平、永定四縣，「杭邑田少山多，民人稠密，所出穀米不足供歲需。」[356] 這些縣所需糧食便需要從外地運來。與汀州毗鄰的江西贛州是一個有名的糧食產區，「贛無他產，頗饒稻穀……口食之餘，則盡以上糶，鮮有蓋藏。」[357] 於是，兩地之間產生糧食交流，汀州人從廣東沿海購入鹽，運至江西販賣，並從江西購入糧食。據說，這一交易原來是非法的，自正德年間王陽明鎮壓了汀、

351　周之夔，《棄草集・文集》卷五，〈廣積穀以固閩圉議〉，第 902 頁。

352　曹履泰，《靖海紀略》卷二，〈定商人穀價告示〉，第 3 頁。

353　曹履泰，《靖海紀略》卷二，〈定商人穀價告示〉，第 3 頁。

354　湯相等，嘉靖《龍巖縣志》卷二，〈民生志〉，第 65—67 頁。

355　董應舉，《崇相集》書四，〈與南二太公祖書〉，第 28 頁。

356　《古今圖書集成・職方典》，卷一千零七十八，〈汀州府〉，中華書局、巴蜀書社影印本，第 17366 頁。

357　魏瀛等，同治《贛州府志》，卷九，〈物產〉，引明・謝詔語。同治十二年刻本。

漳、贛三府州的農民起義後，為了減少社會矛盾，才使這一交易合法化。汀人「賴其利者百餘載。」[358]

明代江西的樟樹鎮是國內著名的藥材市場，福建的藥材往往來自江西，「于定志，雲南西河縣人。……（在四川）得銀八十餘兩。復買當歸川芎，往江西樟樹賣，每担止著本腳銀二兩六錢。到時，歸芎雖缺，然比前價稍落些。牙人代發當歸，十兩一担；川芎六兩一担。……定志又坐一月餘，價落貨賤，與牙人不合，遂轉發到福建建寧府，止賣三兩七錢一担，比樟樹價又減，更費船腳又多。」[359] 這一商人經營失利，是因為沒有抓住時機，以最好的價格在樟樹鎮出售商品。他以為福建的藥材多來自江西，所以，在樟樹鎮未能賣好價錢，便運到建寧府去賣，不料失利。但這則故事反映了福建藥材市場與樟樹鎮的聯繫。

明代的四川商品也常進入福建，除以上的例子外，還有這樣一則故事：「張霸，四川人。為人機關精密，身長力勇。一日，買蠟百餘担，往福建建寧府發賣。此牙家貧徹骨，外張富態，欠前客貨銀極多。霸蠟到，即以光棍頂作鬼名來借蠟，約後還銀。數日後，霸往街遊玩，其蠟遍在諸鋪。及問其姓名，皆與帳名不同。」[360] 以上這則故事記載了當時的四川商人從千里之外將白蠟百擔運到福建來賣。其時四川的藥材是有名的。

總之，明代福建與江西、四川等內陸省分也有一定的商業聯繫。

小結

如我在《明代前期福建史》所述，明代前期福建商品經濟發展程度似乎比不上宋代，只是到了明代中葉，福建的商品經濟才活躍起來。其原因應是經歷元初和元末兩次戰亂之後，福建等省的經濟遭受了重大的損失，戰後的恢復需要一段時間。再者，明初實行海禁政策，傳統的海外貿易受到干擾，國內貿易也受到影響。不論是福建還是江南，都是到了成化年間之後，商品經濟才有所發展。因此，從整體而言，明代前期的中國東南經濟比之南宋，並無明顯的增長。中國東南是中國經濟發展的原動力，東南

358　楊瀾等，道光《長汀縣志》卷三十，〈風俗〉，引明《鹽法志》，咸豐四年刊本。
359　張應俞，《騙經》，北京，大眾文藝出版社 2002 年，第 370 頁。
360　張應俞，《騙經》，北京，大眾文藝出版社 2002 年，第 352 頁。

經濟的遲滯，便意味著中國整體經濟增長乏力。和明代前期不一樣的是，從嘉靖年間開始，中國東南經濟明顯活躍起來，農村市鎮成長，都市商品經濟繁榮，商品的長距離貿易成為商業常態。為什麼這一時期的中國經濟能夠上升一個臺階？尤其在東南區域表現得十分明顯？這是因為，正德年間，由於葡萄牙人東來，中國與歐洲已經建立了初步的市場聯繫，嘉靖年間日本白銀輸入中國，導致東亞國際市場初步形成，迄至隆慶、萬曆年間，西班牙人運來美洲的白銀，標誌著美洲又捲入東亞市場，國際市場的運轉和流通，使參與這一循環的所有國家經濟都活躍起來。必須說明的是，在最早的國際市場上，由於中國手工業大幅度領先其他國家，絲綢、瓷器、白糖等中國商品在世界市場上供不應求，中國在國際貿易中幾乎是一邊倒的順差。所以，在這一國際市場上中國所得最多，來自日本和美洲的白銀大量流入中國，使中國人富裕起來，消費多了，生產也多，整體商品經濟達到一個新的高度。當時人對福建經濟評價很高。「夫閩亦東南一大都會也。上郡阻山，下郡倚海，網罟之所布，耒耜之所刺，幾無餘地。珍錯之所產，果布之所湊，幾無遺財。其君子嫻于文，其小人佃於作，幾無遺力。」[361]

因為福建是海外白銀輸入的主要口岸，大量來自美洲和日本的白銀流入，使福建市場上白銀充斥，來自江南等地的商人都到福建市場上尋找機會。「吾漳泉多外國異物，海錯山珍之屬。」[362] 福建的商品暢銷於全國。山西「洪洞嫁女，以漳州牙轎為華觀，無則多方借之。」[363] 福建人一向喜好蘇州的文化與商品，福建商人便到蘇州市場上採購蘇式商品，並推銷福建的土特產，於是，福建與江南的長距離貿易流行起來。福建的蔗糖、果品、靛青等商品生產影響了糧食生產，於是，福建又不得不從廣東、浙江、江西等餘糧區輸入糧食。可見，早在明末的福建沿海，便出現了大進大出的生產貿易形式。這種模式以泉州和曾經隸屬於泉州的莆田最為典型，所以，我稱之為泉州模式。這一模式，也意味著福建沿海區域的城鎮化進程。

361　李光縉，《景璧集》卷二，〈大方伯翁朱公祖華誕敘〉，明崇禎十年刊本，第 2 頁。江蘇廣陵古籍刻印社 1996 年影印本，第 286 頁。

362　李光縉，《景璧集》卷四，〈壽彭母陳孺人七十敘〉，明崇禎十年刊本，第 30 頁。江蘇廣陵古籍刻印社 1996 年影印本，第 669—670 頁。

363　姚旅，《露書》卷八，〈風篇〉，福建人民出版社 2008 年，第 184 頁。

沿海大型市鎮及老城市的擴張，是城鎮化的體現。如果細察福建的各個行
業，會發現在晚明福建與全國經濟躍升一個層次的時代，福建各行各業也
很繁榮。

第六章　晚明福建農業的多元經營

晚明福建商品經濟較為發達，但其主業仍然是糧食種植業。晚明福建的商業性農業主要表現在水果、經濟作物的種植，以及森林產品的開發等幾個方面。

第一節　糧食種植業

明代福建種植雙季稻，稻麥復種也有發展。明代後期，福建引進了美洲物種番薯，加強了各地的農業生產。

一、晚明福建的水稻種植

水稻是福建的主要糧食作物，明代福建種植的水稻有雙季稻與單季稻。其中雙季稻對中國的農業生產產生較大的影響，以下首先考證福建雙季稻的種植範圍。

福寧州。《福寧州志》記載：「穀稻，又有分遲早，一年兩種。」[1] 該州的福安是福建沿海位置最北的縣之一，據其縣志記載：當地稻穀生產也是「一年兩種」。[2]

1　林子爕等，萬曆《福寧州志》卷一，〈輿地志‧土產〉，第 42 頁。
2　陸以載等纂，萬曆《福安縣志》卷一，第 19 頁。

　　福州府。《福州府志》記載：「厥土黑壤，厥田中下，宜稻，畝歲再穫。」[3]《福清縣志續略》敘述當地的水稻，「香秔，米粒長，色如碧玉，味甘而香⋯⋯六月收。晚秔，六月早稻收完，即種，十月又收。比早稻每畝少收一石。」[4]相似的記載亦見於《長樂縣志》：「長邑之田，一歲再熟。晚禾所得，實不如前。」[5]《閩大記》說得更為明確：「環閩皆山⋯⋯夏種冬種，惟一收。平地之農為洋田，早晚二收，早稻春種夏穫，黃石最佳。晚稻季夏種，仲冬穫，利僅早稻之半。」[6]福州的晚稻產量較少，其原因在於福州的無霜期較短，稻子一定要在霜降前收割，因此，造成晚稻的日照時間較短，稻子灌漿不夠充分，產量也就下降了。其次，明代福州能生產雙季稻的仍是沿海的羅源、連江、長樂、福清與福州府倚郭的兩縣──閩縣、侯官。但是，位於山區的閩清、古田、永福都是以單季稻為主。例如與福州相鄰的山區縣古田，「田歲一穫」。[7]看來在古田縣以北、以西的山區縣，都是不能種雙季稻的。這一規律，不僅適用於福州府，顯然也適用於福寧州的靠山的地區。

　　興化府。興化府位於福州之南，但是，該地種稻的情況亦類似於福州。明代的弘治《興化府志》記載：「稻，有秔，有糯，有一年一收者，有一年二收。一收者謂之大冬，其米顆粒大。莆人種之廣，兩收者春種夏熟，為早稻。秋種冬熟為晚稻，其米亞於大冬。莆人種之少。蓋莆地瘠，凡種田用糞多，較之兩收者為利與一收同。」[8]該府只有二縣，莆田情況如上所述，另見《仙溪志》的記載：「稻，種類非一，有一歲二收者，春種夏熟，曰早穀。⋯⋯既穫再插，至十月熟，曰穛。有夏種秋熟者，曰晚稻。」、「仙遊依山之處，水冷，只宜種晚稻，不宜早稻。必於廣洋中種之。瀕海地方與莆一般。」[9]由此可見，興化府雖然可以種雙季稻，但因為氣候的因素，種雙季並不見得可以獲高產，以故，農民多種單季晚稻。這一情況類似於

3　喻政等，萬曆《福州府志》卷七，〈輿地志・土風〉，第 102 頁。

4　釋如一，《福清縣志續略》卷二上，〈土產〉，北京，書目文獻出版社，《日本藏中國罕見方志叢刊》，1990 年影印本，第 211 頁。

5　夏允彝，崇禎《長樂縣志》卷十一，〈叢談志〉，明刊本，第 2 頁。

6　王應山，《閩大記》卷十一，〈食貨考〉，第 1 頁。

7　何喬遠，《閩書》卷三八，〈風俗志〉，第 941 頁。

8　周瑛等，弘治《興化府志》卷一三，〈山物考〉，第 2 頁。

9　陳遷纂修，《仙溪志》卷五，〈物產〉，第 2 頁。

福州。

　　泉州府。泉州一帶的「早稻，有赤白二種，晉江春種夏收，南安等縣稍遲。德化有早仔，師姑早。晚稻，有赤白二種，秋種冬收，七邑俱有。」[10]以上早稻與晚稻，一種是春種夏收，一種是夏種秋收，當然是構成復種的雙季稻。泉州的山區縣也可以種雙季稻，例如安溪縣，「洋田種二季」。[11]所謂「洋田」即是河流沖積平原上的田地，這類地在山區較少，在沿海較多，安溪地屬山區，所以，當地雙季稻種植不多。另一個原因是：山區種雙季稻比單季不一定合算，如《永春縣志》記載，「其最佳者歲二熟，春曰早穀，六月收，晚曰早槁，十月收。其米皆赤，本地種之少。按二熟之穀，較之一熟所穫亦相當，但二熟之穀少怕亢旱，故種之廣。」[12]

　　漳州府。明人詠漳州：「田稻春秋種」。[13]《漳州府志》記載：「早稻春種夏收，晚稻則早稻既穫，再插至十月收者。」[14]由於漳州位於福建最南部，已接近北回歸線，所以，漳州府的山區也可以種雙季稻，漳州的南靖縣「其地氣候多燠，田一歲兩熟。」[15]又如漳平縣，「早稻熟於六月，晚稻熟於九月。」[16]又如《龍巖縣志》記載：「其米咸有白赤，其穫咸有早晚，歲咸再登。」[17]可見，漳州府附近的山區普遍種雙季稻。至於漳州的沿海，由於氣候條件極好，形成了稻—稻—麥的三熟制，如龍溪縣：「麥有大麥、小麥，海方多蒔大麥，早者仲春即熟。大抵冬稻不登，春多艱食，故預種早麥以濟之；謂歲穫三稔者，冬治田種早麥，仲春又種早稻，秋又種冬稻，冀多力勤，亦可無饑。其頗足之家，多種小麥。」[18]一歲三收的難點在於肥料、人工的投入三倍於普通田地，所以，不是富裕人家，是無法種三季稻的。但若能種三季，其畝產也是普通田地所無法比的。古代中國一年可種

10　陽思謙等，萬曆《泉州府志》卷三，〈輿地志・物產〉，第 38 頁。

11　何喬遠，《風俗志》，沈鍾等，乾隆《安溪縣志》卷四，〈風土志〉，第 109 頁。

12　林希元，嘉靖《永春縣志》，卷一，第 16 頁。

13　黃仲昭等，弘治《八閩通誌》卷八三，〈詞翰〉，第 952 頁。

14　袁業泗等，萬曆《漳州府志》卷二七，〈風土下・物產〉，第 1 頁。

15　黃仲昭等，弘治《八閩通誌》卷三，〈地理〉，第 46 頁。

16　曾汝檀，嘉靖《漳平縣志》卷四，〈物產〉，第 6 頁。

17　湯相，嘉靖《龍巖縣志》卷上，〈物產〉，第 54 頁。

18　劉天授等，嘉靖《龍溪縣志》卷一，〈物產〉，上海古籍書店 1963 年影印天一閣藏本，第 29—30 頁。

三季稻麥的地方唯有福建與廣東，廣東地域遼闊，農田數量比福建多幾倍，一般不需要種三季糧食，所以，以上有關一年種稻麥三季的記載，是中國最早的。

汀州府。汀州府位於福建南部山區，日照條件好，植物生長速度快，當地以種植雙季稻為主，《汀州府志》：「在閩以南，獨多早稻，春種夏收，晚稻則早稻既穫再插，至十月者。米皆有赤、白二色。」[19]《寧化縣志》記載當地的水稻品種：「春種夏熟有六十日可穫者，百日可穫者，至十月而穫者名半冬粘。晚稻有赤白二種，至十一月方熟。」[20]

延平府、建寧府、邵武府。這三府位於閩西北山區，地理條件十分相似，在唐代以上三府都屬於建州，於宋代分為三州。當地也有個別的雙季稻種植，如《建陽縣志》記載：「稻，有一年一收者，有一年兩收者。謂之大冬稻，其粒大。兩收者春種夏熟為早稻，秋種冬熟為晚稻。」[21]不過，明末清初時期，地球進入「小冰河時期」，平均氣溫下降許多，閩西北山區由於地勢較高，常受北方寒流的影響，每年都有一段較長時期的霜凍，以故多數地方不適宜種雙季稻。就方志的記載來看，閩北雙季稻種植越來越少，如尤溪縣「其收穫有大冬，二收。深山氣寒，春盡種而冬熟者，謂之大冬。平原地暖，春初種而秋熟，秋再種而冬再熟者，謂之二收。邑在深山，多寒，稻屬之二熟者少矣。」[22]又如清初延平府的人說：「延屬上瘠，並無一歲再收之田。」[23]延平府位於福建山區中部，既然這裡都無法種雙季稻，該縣上游的邵武府、建寧府也都無法種雙季稻了。

由於明清之際氣溫的下降，福建中北部地方為了解決雙季稻粒灌漿不足的問題，發明了寄種法，寄種稻，「與早稻同下種，早稻刈後更發苗。至十月結實，有芒，米赤色」。[24]這類寄種稻的生長期長，稻粒灌漿時間足，二季稻的產量明顯高於一季稻，清代林則徐說：「閩中早晚二禾，歉可逾

19　唐世涵等，崇禎《汀州府志》卷四，〈土產〉，第8頁。
20　張士俊等，崇禎《寧化縣志》卷二，〈土產〉，明崇禎八年刊本膠捲，第12頁。
21　朱凌等纂修，嘉靖《建陽縣志》卷四，〈貨產〉，第34頁。
22　鄧一矗等纂修，崇禎《尤溪縣志》卷四，〈物產志〉，第595頁。
23　陳夢雷等，《古今圖書集成》職方典卷一零六九，〈延平府‧物產考〉，第17272頁。
24　陽思謙等，萬曆《泉州府志》卷三，〈輿地志‧物產〉，第38頁。

十石。」[25] 這在國內是很可觀的高產。在明代的福建，福州府、泉州府都有這一類寄種稻。如果考慮到這一因素，明代的雙季稻在沿海已經走向高產了。

總之，福建種雙季稻的有：漳州、汀州、泉州等三府地區，其次，興化府、福州府、福寧州的沿海也可以種雙季稻。閩北的建寧府、延平府、邵武府都是種單種稻，與其相鄰的福建沿海山區也只能種單季稻。福寧州與福州府地理位置偏北，無霜期短，種雙季稻灌漿時間不足，所以，當地的雙季稻收成往往比不上單季稻。這是雙季稻一直難以在閩北與閩東發展的原因。但是，福建的南部地區已接近北回歸線，無霜期長，如漳州每年的無霜期長達 322 天[26]。幾乎沒有冬天。在這裡不存在灌漿不足的問題，所以當地不僅種雙季稻，而且還發展了稻—稻—麥三季復種，其產量很高。林俊的〈江公陂記〉說：當地的江公陂築成後，「可田十萬畝，畝收穀一鍾而餘」。[27] 一鍾相當於六斛四斗，也就是 6.4 石。福建省種三季的還有泉州沿海，如惠安縣「邑之種植有歲穫三稔者，冬治田種早麥，仲春穫，又種早稻，秋後又種冬稻，冀多力勤，亦自倍收」。[28]

明代福建的單季稻

延、建、邵三府自古以來以種植單季稻為主。如《順昌邑志》記載：「早稻春種，初秋熟，俗稱為金城穀。其名品甚多。有高杆、低杆者，有有芒、無芒者，有八十日熟、有百日熟者……晚稻亦春種，有秋末熟者，有冬深熟者。其米蒸飯甘軟，比早稻燥硬不同。鄉俗重晚稻，但早稻熟于秋初，正青黃未接之際，農民仰之。肥田高仰，秋來泉水灌溉不及者則種此。然晚稻其品尤多，秋末冬熟者，有名八月白、苦株早，今又更為浦城早等名。冬深熟者，舊名大紅禾、大白、小白，今又更為大冬黃、真珠雷等，謂之晚稻，然較之早稻，則味大異。」[29] 可見，當地主要種植單季早稻與單季晚

25　林則徐，〈江南催耕課稻編敘〉，《林則徐全集·文錄》第五冊，福州，福建海峽出版社 2002 年，第 394 頁。

26　福建省測繪局，《福建省地圖冊》，福建省地圖出版社 1983 年，第 49 頁。

27　林俊，〈江公陂記〉，鄧來祚等，乾隆《海澄縣志》，卷二二，〈藝文志〉，第 11 頁。

28　張岳，嘉靖《惠安縣志》卷五，〈物產〉，第 2 頁。

29　馬性魯，正德《順昌邑志》卷八，〈物產志〉，第 112 頁。

稻。但是，當地雖有早稻與晚稻之別，並不構成復種，其區別僅是收穫季節的不同。閩北的單季晚稻在福建許多地方都可以種植，福清有大冬稻，「十月收，有紫芒、黑芒二種，禾莖長五六尺，隨地肥瘠有高下，米色晶瑩。粒粗大。做飯軟而粘，味甘，性微寒。種雖一番，比秔每畝多收二石。」[30]由此可見，明代福建的大冬稻是一種十分優秀的水稻良種，它一季的產量可以抵早晚兩季的秔稻，甚至還要多收二石。單晚大冬稻在福建許多方志中都有記載，它種於春季清明之時，收於深冬十月，生長期特長，由於日照充分，稻穀灌漿飽滿，產量也高。

二、明代福建的麥子種植

麥是明代福建又一項主要糧食作物，如福州，「其高田間種麥」。[31]明代前期，福建有許多地方種植麥子，明中葉的《順昌邑志》說：「邑多小麥，秋種冬長，春秀夏實，具四時中和之氣，為五穀之先。」[32] 其土田志又云：「土，黑墳，多在平原之地，為田則宜稷麥。」[33] 由此看來，明代順昌縣旱地較多，所以適宜種麥子，而麥子也成為當地主要作物之一。再如《建寧縣志》記載明代中葉地方官推廣種麥，「灘民所種，惟有水稻一種，若二麥則全無矣。嘉靖二十三年，邑令何孟倫諭民種植，歲收頗多，民始知麥之利矣。」[34]

然而，自明代後期福建的氣溫開始下降，閩西北地方不僅不利於種雙季稻，也不利於種麥。《永春縣志》記載：「麥之屬，種有大小，大麥唯飯，小麥麵飯。北方多小麥，南方多大麥。按，北麥粒小而堅，麵口，南麥粒大而鬆，麵少；北人仕南，都不食南麵，云飽脹難消，蓋有毒也。麥怕露霧，永春山多霧露，邑人種之少。」、「按，永春少旱田，又地弗宜黍、稷，穀止此四者（指稻、麥、麻、豆），然麻、豆、麥又十百之一二耳。」[35]福建山區在清明前後，常有陰雨連綿的天氣，但此時恰為麥子收穫的季節，

30　釋如一，《福清縣志續略》卷二上，〈土產〉，第 211 頁。
31　喻政等，萬曆《福州府志》卷七，〈輿地志‧土風〉，第 102 頁。
32　馬性魯，《順昌縣志》卷八，〈物產〉，第 113 頁。
33　馬性魯，正德《順昌邑志》卷三，〈土田志〉，第 45 頁。
34　何孟倫等，嘉靖《建寧縣志》卷三，第 562 頁。
35　朱安期等，萬曆《永春縣志》卷三，〈物產〉，第 11 頁。

許多成熟的麥子因不及收割而爛於田中，所以，這些地區不可多種麥。

當然，在氣候溫暖的福建南部，種植小麥還是沒有問題的。「泉南濱海，土地瘠鹵，所樹藝惟麥、牟麥、黍、菽、瓜、果之屬，絕少粳稻。」[36]這是因為福建沿海多旱地，不適宜種稻，以之種麥，收成更好。《惠安縣志》說：「麥有二種，有大麥、小麥，邑人多蒔大麥，絕早者，仲春即熟。芒粒稀鬆，收入不甚多。大抵冬稻若不登，及春多艱食，故預種早麥以濟之。以所入不多，故種之亦少。其常種者為松蕾麥，又以節間五葉，謂之五葉麥，長穗顆稠密，有赤白二種，白者名秋麥，麥根入地最深，善耐風寒，宜亢爽地。」[37]從以上記載來看，當地即有生長期較短的早麥，可在仲春時收穫，也有生長期較長的松蕾麥，可獲較高的產量。可見，麥作在經濟中占相當的比例。福建農民廣種麥子的一個重要原因是：麥子的收成多在春夏之際。李世熊說：「方夏，舊穀已沒，新穀未升，二麥先熟，為接絕續乏之穀。」[38]一旦麥子歉收，對糧食生產的影響也很大，莆田「丙戌（年），大無禾麥，災沴頻仍，川穀騰湧，萬姓嗷嗷」。[39]同安縣在明末「荒旱頻仍，去秋迄今，七月不雨，二麥失種，民益惶惶。」[40]可見，麥子在明代福建部分地區的糧食生產中，扮演了重要角色。

此外，在閩南地區，稻麥可以構成復種，農民收穫一季水稻後，還有充裕的時間種一季麥，如前述漳州地區出現了稻—稻—麥的三熟制；既然有稻麥三熟制，稻麥二熟制的存在自然是無疑的。由於閩南氣候暖和，無霜期短，不論稻麥都可以充分灌漿，所以，稻麥二熟制肯定帶來高產。

總的來說，由於年平均溫度下降，寒流經常襲擊福建西北山區，明代福建種麥的面積大不如宋代，主要是福建南部仍然保留冬小麥的種植。據《八閩通誌‧土產志》的記載，雖說福建八個府都有種植麥子，但從各地稅收來看，福建山區的麥子種植並不多。例如建陽縣的夏稅麥僅 10 石 8 斗，而其每年的秋糧（稻穀）徵收達 11636 石，前者僅為總量的 0.1%，微不足

36　葉獻綸等，康熙《南安縣志》卷六，〈田土〉，第 178 頁。

37　張岳，嘉靖《惠安縣志》卷五，〈物產〉，第 2 頁。

38　李世熊，康熙《寧化縣志》卷二，〈土產〉，第 76 頁。

39　朱湘，《天馬山房遺稿》卷四，〈大有年志〉，第 16 頁。

40　曹履泰，《靖海紀略》卷四，〈請賑申文〉，沈雲龍，《明清史料彙編》三集，第九冊，第 5171 頁。

道。[41]

如上所述，宋元明福建的糧食復種與氣候有很大關係。宋代福建氣候溫暖，沿海已經出現雙季稻，稻麥復種相當普遍。迄至明代中後期，隨著平均氣溫的下降，閩西北山區的小麥種植面積縮小，雙季稻基本絕跡。福建的南部地近熱帶，不論是在宋代還是明代，雙季稻種植與稻麥復種都很發達，甚至出現了稻—稻—麥的三季復種，畝產量達十石以上！由於福建在宋元明三代都有雙季稻，所以，福建可以成為中國雙季稻的發源地，林則徐在江南推廣雙季稻，根源於福建雙季稻種植的悠久歷史。

三、明代番薯的引進

番薯原產於美洲，嘉靖四十四年（1565 年），西班牙人占據呂宋，將番薯引進呂宋群島，當時，福建漳州人多往呂宋作生意，很快認識了這一植物。「夷人雖蔓生不訾省，然恡而不與中國人，中國人截取其蔓咫許，挾小蓋（籃？）中以來，於是，入吾閩十餘年矣。其蔓雖萎，剪插種之，下地數日即榮。故可挾而來。」[42]

現代學者中，梁方仲先生最早提出番薯是由閩人從呂宋引進的[43]。查福建古代的史料，對這一問題眾說不一，流傳很廣的《金薯傳習錄》聲稱：萬曆二十一年（1593 年），福建長樂人陳振龍在呂宋行醫多年返鄉，攜回番薯藤，試種成功，其子陳經綸向福建巡撫金學曾報告，次年，金學曾在全省推廣番薯，恰逢該年大旱，稻麥減產，唯獨番薯豐收，於是，番薯很快在福建各地傳播開來。

對於《金薯傳習錄》的記載，朱維幹先生表示不可信，他甚至說：「《金薯傳習錄》是出於陳世元偽造事實，以吹噓自己的家庭，恐不足信。」[44] 他的理由是：《閩書》的〈金學曾傳〉未記錄金學曾推廣番薯一事。然而，金學曾確實在福建大力推廣過番薯，福清人陳文炅的〈明都御史金學曾報

---

41 魏時應等，萬曆《建陽縣志》卷三，〈賦役〉，第 343 頁。
42 何喬遠，〈番薯頌〉，載《閩書》卷一五〇，〈南產志〉，第 4437 頁。
43 梁方仲，〈番薯輸入中國考〉，《梁方仲經濟史論文集補編》，中州古籍出版社 1984 年，第 228 頁。
44 朱維幹，《福建史稿》下冊，福建教育出版社 1986 年，第 37 頁。

功祠記〉載：

> 吾融山海之區，東南土瘠而燥，不蕃禾稻，雨澤稍愆，田苗立槁。
> 明萬曆間，旱魃為虐，野草無青。都御史金勘災至此，相厥土宜，
> 將外國所傳曰地瓜者，教民種之[45]。

此外，長樂縣的《祥符志》也記載了金學曾在福建推廣番薯。可見，金學曾推廣番薯，功不可沒。但是，陳振龍是否第一個引進番薯的人，卻是可以商議的。因為，陳振龍引進番薯之際，已是西班牙人占據呂宋的 28 年之後，而從西班牙人占據呂宋的一開始，便與福建閩南商人建立了貿易關係，在這漫長的 28 年時間內，漳泉商人不知道番薯，幾乎是不可思議的。實際上，明代的文獻大多說漳州人最早引進了番薯。明代的《惠安縣續志》云：「是種出自外國，前此五六年間，不知何人從海外帶來？初種在漳州，今侵蔓眾與諸郡，且遍閩矣。」[46]《漳州府志》也有類似的說法：「漳人初得此種，慮人之多種之也。詁曰：食之多病。近年以來，其種遂盛。荒年賴此救饑者眾。」[47] 據記載，泉州人的番薯也得之於漳州府轄下的南澳島。〈亦園脞牘〉記載：

> 萬曆間，侍御蘇公琰有朱薯疏，其略曰：「甲申（1584 年）、乙酉間，漳潮之交，有島曰南澳，溫陵洋舶道之。攜其種歸晉江五都鄉曰靈水，種之園齋，苗葉供玩而已。至丁亥（1587 年）、戊子（1588年），乃稍及旁鄉，然亦置之磽确，視為異物。甲午（1594 年）、乙未（1595）間，溫陵饑，他穀皆貴，惟薯獨稔，鄉民活于薯者十有七八。由是名朱蕷。以其皮色紫，故曰朱薯。」[48]

萬曆甲申年即為萬曆十二年，此時西班牙人占據呂宋馬尼拉已有 13 年，而南澳島已種植番薯了。按南澳島今屬廣東，所以，廣東學者曾以此為據，說明番薯最早引進廣東。但在明代，南澳島一度歸福建管轄。其原因是：嘉靖年間，南澳為海寇、倭寇盤踞之地，戚繼光率福建水師經過多次交戰，方將海寇殲滅。以後，南澳由福建水師駐紮，其中主要是漳州水

45　林昂等，乾隆《福清縣志》卷一一，〈藝文志〉，第 444 頁。

46　黃士紳，萬曆《惠安縣續志》卷一，〈物產續纂〉，萬曆四十年刊本，第 30 頁。

47　袁業泗，萬曆四十一年《漳州府志》卷二七，〈風土下‧物產〉，第 11 頁。

48　轉引自朱維幹，《福建史稿》下冊，第 38 頁。

師。其次，明代對呂宋的貿易一直由漳州人為主，泉州人次之。所以，南澳島的番薯應當是漳州人首先引進的。

　　番薯傳入福建後，逐漸傳入全省各地，據崇禎《汀州府志》記載：「番薯，瘠土之地皆可種，其味甘甜。」[49] 由此可見，明末福建山區已有番薯種植。至於和福建沿海交通的外省地方，可能先於福建山區得到番薯。所以，《龍巖縣志》總結：「番薯，種自呂宋而來，由閩而廣，萬曆中始有之。」[50]

　　番薯傳入福建後，很快引起了各方面的注意，如《泉州府志》說：「番薯，種出島夷，蔓生，多結根，一畝地有數十石之穫，比土薯省力而種多。貧者賴以充腹。」[51] 又如夏允彝所說：「番芋，來自外夷，其味甚香，食者不饑。不擇肥瘠，不畏水旱，邑民以佐粟米之匱，較蜀之蹲鴟尤為勝。」[52] 尤溪縣的「薯蕷，有紅白二種，近有一種蔓生者，紅皮白裡，謂之番薯，種此省力而種多。貧者賴以療饑。」[53] 據以上材料，番薯的優點是耐旱、抗澇，所需勞動力少、成本低，高產。其中最大的優點如謝肇淛說：「種沙地中易生，而極蕃衍。」[54] 福建沿海無河流之處多為沙地，諸如長樂、福清、惠安等縣，沿海岸線的沙地漫延數百里，而且，由於盛行東風，沙線不斷內侵，使沿海沙地越來越多。沿海第二個大患是海水內侵，田地含鹽量高，用這兩類地種稻麥，幾乎是十年九不收。但是，自從出現番薯後，沿海沙地都可以種植番薯，「昔也，陸利在麰麥，今也，利在朱薯。」[55] 番薯的出現，取代了各種旱地作物的地位，也使沿海的饑荒得到緩解，並為福建各地經濟發展奠定了重要的基礎。

四、晚明福建的糧食市場

　　閩粵沿海的缺糧，使之有賴於上游糧食產區的供應。以泉州府而言，它靠山一側的幾個縣都是產糧縣，安溪「其穀足以食郡中。」永春「土沃

49　唐世涵等，崇禎《汀州府志》卷四，〈土產〉，明崇禎十年刊本膠捲，第 10 頁。

50　王見川等，乾隆《永定縣志》卷一，〈土產〉，乾隆刊本，第 52 頁。

51　陽思謙等，萬曆《泉州府志》卷三，〈物產〉，第 40 頁。

52　夏允彝，崇禎《長樂縣志》卷四下，〈物產〉，崇禎十四年刊本，第 66 頁。

53　鄧一鼇纂修，崇禎《尤溪縣志》卷四，〈物產〉，明崇禎九年刊本，書目文獻出版社《日本藏中國罕見方志叢刊》，1990 年影印本，第 596 頁。

54　謝肇淛，《五雜組》卷一一，〈物部三〉，第 283 頁。

55　朱肜等，《崇武所城志》，〈生業〉，第 42 頁。

泉膏，率種一斗而收十之六七，餘可食郡中」。[56] 可見，泉州靠山的數縣都以糧食輸出為最大宗商品。這是泉州一府的情況。然而，隨著沿海城鎮化及人口的增加，閩潮二府內陸山區的糧食不夠食用，便引發了閩贛諸省內陸山區糧食的外輸浪潮。

福建建寧府。閩北的建寧府在福建算是糧食產區，其地雖為山區，但丘陵盆地較多，可以墾殖為糧田平地不少。當然，各縣田地數量極不平衡，田地的多少，決定了當地糧食生產的基本概況。據《八閩通誌》統計，明代中葉，閩北諸縣中，浦城縣的糧田有 150 萬畝，而壽寧縣的田地僅有三萬七千多畝，浦城縣的糧田數量是為壽寧縣的 40 倍！在閩北，與浦城略為相似的縣有：建陽縣擁有糧田 614020 畝，邵武縣，擁有糧田 490539 畝，建安縣，擁有糧田 480498 畝。[57] 以建寧府而論，浦城、建安、甌寧、崇安、建陽等五縣的糧田較多，而壽寧、松溪、政和三縣的糧田較少。從總體而論，建寧府是糧食輸出的地方。明代「建寧府郝天廣，世家巨富，有幾所庄，多係白米。時建寧無價，其管家羅五聞省城米價高騰，邀主人帶二僕，以米十餘船裝往省糶。」[58] 這些史料都表明當時閩西北輸出的糧食甚多。

邵武府是福建著名的糧倉，邵武雖然位於山區，但是，「其土夷曠」[59]，有許多山環水繞的小平原，這些小平原上，有許多富饒的山村，有個遊人說：「自邵武之建陽，非孔道也。然所過六十里間，是閩西最佳麗地。原隰夷衍，竹樹田疇，豐美饒裕，囂落相望，烟火不絕，夾溪面衡，人家時有數百。」[60] 這些小平原或說山間盆地，土壤肥沃，有溪水、泉水可以灌溉，水稻產量高，且不受旱澇天氣的影響，是邵武的糧食產地。

在閩北三府中，延平府的山地較多。「延平為郡，率高山峻僥，無多平原廣野，可耕可稼，閱歲之所入，不足以當中郡之四五。」[61] 何喬遠也說：「地多險阻，纍石為田，引泉注之，厥土赤墳，厥田下下。其夷衍者，厥

56　何喬遠，《閩書》卷三八，〈風俗志〉，第 943 頁。

57　黃仲昭等，弘治《八閩通誌》卷二一，福建人民出版社 1990 年，第 432—439 頁。

58　張應俞，《騙經》，北京，大眾文藝出版社 2002 年，第 444 頁。

59　黃仲昭，弘治《八閩通誌》卷二，〈地理志・形勝〉，第 37 頁。

60　王世懋，《閩部疏》，叢書集成初編第 3161 冊，第 9 頁。

61　鄭慶雲等，嘉靖《延平府志》卷五，〈食貨〉，上海古籍書店 1961 年影印天一閣藏本，第 1 頁。

土黑壚，厥田中下，而俱宜稻。」[62] 可見，由於延平府山地過多，平原就較少了。從各縣來看，該府的將樂、沙縣、順昌三縣擁有較多的平原，是為糧食產區，而永安、尤溪、南平三縣的山地較多，多為糧食輸入區域。

　　從全省的形勢看，閩江像一把攤開的摺扇，支流分布於汀州、邵武、延平、建寧等上四府，而上四府中，除了延平府之外，大都是餘糧區，「建溪南輸，福人賴之」。[63] 明末董應舉說：「吾郡米粟多出上府」，「且上府粟是吾郡（福州）海民利」。[64] 而福州近郊的洪塘市是上游商品的匯聚處，「上府粟聚于洪塘……福海民資以販糶無阻者，此固然之事也。」這裡所說的福海民是指福建沿海各縣的民眾，明代的福州城已有幾十萬人口，其糧食消費是很大的，但上游糧食除供應福州之外，還可供應福州以東的連江、長樂、福清等縣，「福郡沿海數十萬人亦根本赤子也」。[65] 周之夔總結道：「福州一府，上仰延、建、邵、汀及古田、閩清大箬、小箬各山各溪米，皆係彼處商販順流而下，屯集洪塘、南臺二所，以供省城內外，及閩安鎮以下沿海之民轉糶。……各處米，大約出之浦城、松溪、建陽等居其十之四，出之邵武者十之六……延汀米差少。」[66] 以上說明，明末福州得自上游的糧食來源主要是西北的建寧府和邵武府。其他汀州府和延平府，給福州提供的糧食不多。明末為了防範海寇，在沿海一帶實行海禁，海禁嚴厲的時候，沿海三縣民難以到福州運米。如《長樂縣志》載：「長邑山多田少，故民食多仰於延、建諸郡，但運糶者每以『接濟』挾之，從則所索不貲，違則輒行掠散，最為民患。」沿海三縣因此鬧糧荒。後來，產生了小船運輸之法，這是長樂縣的首創，「邑令鄭尚友申請：縣給船由，用小船載至縣，既非出海之舟，難加接濟之目，利民防奸兩得之矣」。[67] 在有些時候，福建沿海的海禁放鬆，允許各地商民前來洪塘貿易。某年泉州大荒，官府對泉州船開放閩江水道。「又資粟於上府者已得請，而以其谷（穀）運之洪塘

62　何喬遠，《閩書》卷三八，〈風俗志〉，第 944 頁。

63　王世懋，《閩部疏》，第 13 頁。

64　董應舉，《崇相集》議二，〈米禁〉，第 68—69 頁。

65　董應舉，《崇相集》議二，〈米禁〉，第 68 頁。

66　周之夔，《棄草集‧文集》卷五，〈條陳福州府致荒緣由議〉，江蘇廣陵古籍刻印社，1997 年，第 919 頁。

67　夏允彝，崇禎《長樂縣志》卷十一，〈叢談〉，第 1 頁。

地方。令漳泉二府募舡往運。」[68] 於是有海商前來搶購糧食：「今漳、泉、興化諸府商販日集洪塘，販米以出。」[69] 以此看來，閩江上游之米有時還一直運往閩南。不過，上游產米有限，僅供應福州府，猶有不足，漳泉若運米過多，福州府各縣米價便會大大上升。所以，福州人一向反對漳泉商人前來運糧，屢屢倡行米禁。這樣看來，閩江上游之米遠銷閩南只是一時的權宜，並不經常。

閩江上游的沙溪流域是福州府大米的來源地之一。汀州歸化縣有如下記載：「近溪之米，裝齾止于省城。」[70] 這是明代中葉的情況。清流縣在明代末年原是產糧縣，當地縣志記載：「按清流附郭米石，僅給民食半年。上流則資黃鎖、烏村、石牛諸路，下流則資玉華、嵩口、韋埠等處。」這段記載表明，清流至少有六個鄉都是產米區。清流縣城及周邊村莊都靠這些鄉村供應糧食。由於出產量大，有一些糧商在清流購糧直銷福州的洪塘鎮：「往年奸商包糴，載下洪塘，以濟洋船，貪得高價。又安沙點商，百千成群，放青苗子錢，當青黃甫熟之時，即據田分割，先於嵩口造船，及期強載出境。」運糧的規模相當可觀，「邑奸市萬石，泛千艘，乘九龍巨浪，揚帆而下，一瞬千里。」[71] 不過，清流輸出糧食過多，也會引起大饑荒。[72] 可見，來自閩江下游福州糧食市場的波動，也會影響上游汀州的糧食供銷。

江西米輸入福建。福州的米多來自閩江上游，邵武府管轄的邵武、光澤、建寧、泰寧四縣都是產米之地。其中，光澤的山路可以通到江西的建昌府，這裡是產米之地。福建缺糧的時候，每每從江西輸入大米。董應舉曾說：「吾郡米粟多出上府，而邵武粟乃自新城、廣昌至，得利則流通，禁嚴則止。」[73] 福州等地「皆仰上四府之粟，而邵武可通新城、廣昌，時得其粟以益賤。」[74] 這就是說，由於邵武府向福州輸出大量糧食，有時會引起

68　洪朝選，《洪芳洲先生讀禮稿》雜著，〈與佘樂吾分守論救荒〉，第 7 頁。
69　董應舉，《崇相集》議二，〈與畢見素議改折官糴〉，第 35 頁。
70　楊縉等，正德《歸化縣志》卷一，〈風俗〉，明嘉靖刊本，第 4 頁。
71　喬有豫，道光《清流縣志》卷二，〈建置志〉，第 143—144 頁。
72　三木聰，〈清代前期福建農村社會與佃農抗租鬥爭〉，廈門，《中國社會經濟史研究》1988 年第 2 期，第 55 頁。
73　董應舉，《崇相集》議二，〈米禁〉，第 68—69 頁。
74　董應舉，《崇相集》書四，〈與南二太公祖書〉，第 28 頁。

自己的糧價上升，這時就需要從江西一帶輸入糧食，以便彌補。從全省大勢來說，閩江上游供給下游的糧食，只能解決沿海部分人口的糧食供應。沿海缺糧縣市的糧食供應，主要依賴廣東及浙江二省。相關情況，我會在沿海省分海路貿易部分中表達。

第二節　果品、釀酒和榨油業

　　作為糧食種植業補充，福建農民都會發展一些水果種植業和小型加工業，這些產業多在農閒時候生產。

一、荔枝和水果產業

　　福建的水果生產歷來在國內較有名氣。王應山說：「果實多品，荔枝、龍眼、橄欖、香櫞四色，獨下府所產，以地溫暖，而此四種皆怯霜雪也。桃、李、楊梅、枇杷、西瓜、雪梨、柑橘、菱角、藕、柿、棗、甘蔗之屬，他郡俱有，沙果、胡桃、菩提果、人面果，間有之，烏梅之用，普于四方。」[75]可見福建果品生產之多。大致說來，中國主要區域都在北回歸線以北，所以，生產於福建、廣東的亞熱帶果品在市場上尤其受到歡迎。福建因距國內主要市場較近，所以，輸出的果品較多。以下敘述明代福建主要輸出果品。

　　1. 荔枝。荔枝號稱果中之王，釋如一說：「荔枝木堅勁，實重，梢脆，同氣聯枝，一朵纍纍相綴，至五六十顆。一樹計實五六十斛，勁枝協力支持以成其熟也。因此命名也。樹大者，二三人圍高四五丈，幾百年猶生不歇，葉似冬青，花繁似橘，而春榮，實大似雞卵而夏熟。……肉豐潔似水晶，味甘芳而多液，為百果之上珍。」[76]方以智說：「楓亭驛荔枝甲天下，長樂縣次之。」[77]何喬遠說：「今閩中四郡所出特奇，而種類僅至三十餘品，肌肉甚厚，甘香瑩白，非廣蜀比也。」[78]陳懋仁說：「今之廣南州郡，與夔

75　王應山，《閩大記》卷十一，〈食貨考〉，第 191 頁。

76　釋如一，《福清縣志續略》卷二上，北京，書目文獻出版社 1990 年影印本，第 215 頁。

77　方以智，《物理小識》卷九，〈草木類〉，第 18 頁。

78　何喬遠，《閩書》卷一百五十，〈南產志〉，第 4441 頁。

梓之間所出，大率早孰（熟），肌肉薄而味甘酸。其精好者，僅比東閩之下等。……閩中惟四郡有之。福州最多，而興化軍最為奇特，泉漳時亦知名。」[79] 福建荔枝之所以聞名天下，與福建的種荔技術有關，謝肇淛曾經述及福建的種荔術：「荔支核種者多不活，即活亦須二十年，始合抱結子。閩人皆用劣種樹，去其上梢，接以佳種之枝，間歲即成實矣。龍目亦然。」[80]這裡說到福建人使用嫁接術改造荔枝，所以，福建的荔枝特好。當時的廣東雖有荔枝，但他們仍然使用核種術，如屈大均說：「核種十五年始實，實小不可食。……故不及閩。」[81] 其實，除了這一項關鍵技術外，福建果農對荔技、龍眼的精心培植也是其中一項最重要的原因。例如，福建農民很注意給果樹施肥：「秋冬之際，以淤泥和糞，壅壓其根，仍伐去枯條，不令礙樹，逢春尤易發生。」冬季，北方寒流南下，「鄉人有愛其樹者，當極寒時，樹下以稻草煨火緼之，寒氣不侵，葉無凋損。」[82] 為了促使新樹早日長大，果農不急於眼前之利，「遇結蕊之時，即摘去之，如此數年，便可尋丈。」[83] 由於果農的精心培植，明代福建荔枝有許多名種，「有鵲卵荔枝，小僅如鵲卵，而味甚甘，核如粟大，間有無核者。」據此，無核荔枝在明代已出現。總的來說：「荔枝以楓亭為最，核小而香多也；長樂之勝畫，次之，肌豐而味勝也；中觀，又次之，色味俱醇而繁多不絕也。三者之外，人間常見尚有二十餘種，如桂林、金鍾、火山之類，品中稱劣矣，然猶足為扶餘天子也。」[84] 按：唐代小說《虬髯客傳》謂隋末英雄虬髯客自謂天下無敵，但見到李世民之後，自慚形穢，不敢與李世民爭天下，乃赴海外扶餘國，終為扶餘國王。此處將福建一般的荔枝品種稱作扶餘天子，是說這些品種在外省仍可稱王。

福建荔枝產於沿海四郡，「閩中惟四郡有之。福州最多，而興化軍最為奇特，泉漳時亦知名。」[85] 福州台江以南，「行數十里間，荔枝、龍眼夾

79　陳懋仁，《泉南雜志》卷上，叢書集成初編第 3161 冊，第 6 頁。

80　謝肇淛，《五雜組》卷十一，〈物部三〉，臺北，偉文圖書出版社有限公司 1977 年，第 279 頁。

81　屈大均，《廣東新語》卷二五，〈荔枝〉，北京，中華書局 1985 年，第 624 頁。

82　徐燉，《荔枝譜》卷下。叢書集成初編本。

83　謝肇淛，《五雜組》卷十一，〈物部三〉，第 280 頁。

84　謝肇淛，《五雜組》卷十一，〈物部三〉，第 279 頁。

85　陳懋仁，《泉南雜志》卷上，第 6 頁。

道交蔭。」興化郡的仙遊縣「楓亭驛荔枝甲天下，彌山被野，樹極婆娑可愛。」[86] 釋如一說：「福建下四郡俱出，福州最多，延亙原野，一家至萬株。」[87]

2. 龍眼，《泉州府志》說：「品名不一，最大者呼虎眼，最小者呼龍眼，晉、南、同、惠出。」[88] 龍眼生於荔枝之後，「荔枝才已，龍眼始行。殼黃瓤白，核壯肉薄。本草謂之荔枝奴，信然。蓋荔枝飽啖之餘，不堪咀嚼。」[89] 不過，龍眼生吃的口感雖不如荔枝，將其炮製之後，其價值遠勝於荔枝，釋如一說：「福清處處有之，廣州所出，核大而肉爛，不及吾閩，商販流布，以此別之。或生食，或浸蜜食，或曝乾煎煬食，健脾、益智、延壽。」[90] 自明代開始，龍眼乾已是福建出售的主要商品之一，如何喬遠所說：泉州「園有荔支、龍眼之利，焙而乾之，行天下。」[91] 在荔枝、龍眼二果中，焙乾行銷的主要是龍眼。在中國人看來，龍眼乾是溫補的食品，冬天食用龍眼乾，有利於身體健康，所以，福建龍眼乾在國內銷路極好。由以上記載中我們知道：明代中國已經流行食用龍眼乾了。

明人種龍眼也使用嫁接術，周亮工記載：「去閩會二十里東南隅，多龍眼樹。樹三接者為頂圓。核之初種，經十五年始實，實甚小，俗呼為『胡椒眼』。覓善接者，鋸木之半，去大實之幼枝接之；至四五年，又鋸其半接如前。若此者三數次，其實滿溢，倍于常種。若一二接即止者，形小味薄，不足尚也。」[92]

3. 柑橘。福建是國內柑橘主要產地之一，謝肇淛說：「閩楚之橘……霜液滿口，足稱荔支、龍眼之亞矣。」[93] 徐光啟認為：「閩中柑橘，以漳州為最，福州次之。」[94] 李世熊議及柑中極品——乳柑時曾說：「則今閩漳所產，恍惚似之，此當為真柑矣。」[95] 何喬遠說：「近時天下之柑，以浙之衢

---

86 王世懋，《閩部疏》，第2頁、第4頁。
87 釋如一，《福清縣志續略》卷二上，第215頁。
88 陽思謙，萬曆《泉州府志》卷三，〈輿地志下〉，第38頁。
89 陳懋仁，《泉南雜志》卷上，第6頁。
90 釋如一，《福清縣志續略》卷二上，第215頁。
91 何喬遠，《閩書》卷三八，〈風俗志〉，第942頁。
92 周亮工，《閩小紀》卷一，福建人民出版社1985年，第16頁。
93 謝肇淛，《五雜組》卷十一，〈物部三〉，第281頁。
94 徐光啟，《〈農政〉全書》卷三十，嶽麓書社2002年，第479頁。
95 李世熊，《寧化縣志》卷二，〈土產志〉，第95頁。

州、閩之漳州為最。」[96] 釋如一說：「橘雖出於閩廣及蘇、越、撫、荊，惟閩之漳州所產為上。隆冬採之，生意如新。」[97] 清代初年的王勝時說：「柑橘一類，俗以黃者為柑，丹者為橘，閩產為天下最，清漳尤稱佳。先朝盛時，閩橘之美，達于京師。歲時傳柑，非此不樂。」[98] 這都反映了漳州乳柑在國內市場上的地位。由於漳州乳柑是福建的貢品，《八閩通誌》記載了漳州柑橘的品種：「朱柑，色朱而澤，味甜而香，為諸柑之冠。乳柑，興福間亦有之，而漳地尤宜。白柑，花香皮薄，亦曰銀柑、胡蘆柑，有臍，蓋乳柑之別種也。」[99] 此外，福州一帶種橘很多，柑橘成熟時，閩江橘紅，成為一景。

福建其他的果樹還有橄欖、桃、佛手柑等，橄欖「樹高二三丈，葉似欅柳，二月開花，八月成實，狀如棗……福州最多，福清所產，百分之一矣。」[100] 各類水果，成為當地經濟的一大來源，如安溪縣，「產多橘、柚、梨、柿之屬，柿有名『重色』者，曬而餅之，可以愈疾。……每當秋冬之交，行其郊野，柿黃梨綠，橘柚垂垂。時入池圍，有舉魚得魚之適。非獨博贏利，取厚資，為民間充實財用者也。」[101]

二、釀酒業和榨油業

小型食品加工大都是農民的副業。

1. 釀酒業

雖說明代的福建不是國內著名的酒產地，但各地生產的酒品種不少，主要有紅酒、白酒、葡萄酒三大類。

燒酒，「又名火酒，非古法也。自元時始創其法。可用濃酒和糟入甑蒸，令氣上，用器承取滴露。飲之可以消冷積，止心痛」[102]。

96　何喬遠，《閩書》卷一百五十，〈南產志〉，第 4448 頁。

97　釋如一，《福清縣志續略》卷二上，第 215 頁。

98　王勝時，《漫遊紀略》卷一，〈閩遊〉，江蘇廣陵古籍刻印社筆記小說大觀本，第 17 冊，第 6 頁。

99　黃仲昭等，弘治《八閩通誌》卷二六，第 545 頁。

100　釋如一，《福清縣志續略》卷二上，第 216 頁。

101　何喬遠，〈風俗述〉，引自沈鍾等，乾隆《安溪縣志》卷四，〈風土〉，第 110 頁。

102　釋如一，《福清縣志續略》卷二，〈土產上〉，第 214 頁。

　　葡萄酒的製造引人注目，《閩小記》載：「惟葡萄（酒）則依西洋人製之，奉其教者，閩俗甚熾，取此酒以祀天主，名曰天酒。」據此，明末福建已有葡萄的製造。

　　古田人以生產紅麴出名，「降來米蒸飯，伴以紅糟，密室藏熟，冷水淘三次，可以作酒，此惟古田能造，遠方、閩中皆用之。」[103]《閩大記》也注明：「造酒紅麴出古田，白曲在在有之。」[104]可見，古田紅麴歷來有名，是當時福建最富特色的產品之一。

　　泉州一帶生產多種酒類，「泉中常飲惟醇酒，⋯⋯其用酒糟蒸造者為燒酒，用白麴時造者，為甜酒，取白甜酒和燒酒煮成者，為蜜林檎。」[105]周亮工論閩中之酒，列舉名稱的有：福州藍家酒、碧霞春、蓮鬚白；建寧府生產的梨花春、河清、西施紅、狀元紅、金盤菊；建陽的賽京華、健步、駐顏、九種蘭、李葉青、蘇合酒、金酒、檀酒；順昌五香燒、延平短白酒，莆田荔枝酒，不注產地的有：柑酒、葡萄酒、綠豆燒等等⋯⋯較有地方特色的是荔枝酒，謝肇淛說：「荔支汁可作酒，然皆燒酒也。作時酒則甘，而易敗」[106]，周亮工卻對荔枝酒大為讚賞：「莆以荔枝入釀，三年藏之，其色如墨，傾之則滿座幽香郁烈，如荔熟坐楓亭樹下時也。」[107]二人評價的差距實際上表明荔枝酒製作技術在明末取得長足的進步。

　　福建之酒銷路最廣的是建陽、順昌二地生產的酒。何喬遠說：「順昌，其酒行八郡。」、「建陽⋯⋯其泉汍冽，可以釀，其釀行東南」[108]。「順昌酒出本縣者佳。酒未釀曰生燒，順人取藥和之，埋地中，至隔年出之，則藏以小罐，盛以竹筐，運他處鬻之，亦曰五香燒。」建陽酒以「九種蘭」最著名：「九種蘭，經春、夏、秋三季，每過一月則易一種蘭香。唯李家延賓則九種次第而陳，玉液瓊漿，不足喻矣。」[109]謝肇淛則認為建陽酒比順昌酒好些：「往者順昌擅場，近則建陽為冠，順酒卑無論，建之色味欲

103　劉日曒等，萬曆《古田縣志》卷五，〈物產・貨之屬〉，第 86 頁。
104　王應山，《閩大記》卷十一，〈食貨考〉，第 195 頁。
105　陽思謙，萬曆《泉州府志》卷三，〈物產〉，第 44 頁。
106　謝肇淛，《五雜組》卷十一，〈物部三〉，第 273 頁。
107　周亮工，《閩小記》卷一，福建人民出版社 1985 年，第 15 頁。
108　何喬遠，《閩書》卷三八，〈風俗〉，第 943 頁。
109　周亮工，《閩小記》卷一，第 14 頁。

與吳興抗衡矣，所微乏者，風力耳。」[110] 實際上，兩種酒者都無法與外省名酒相比，《閩大記》坦率地說：「酒有佳品，如建陽金盤菊，浦城河清、順昌五香燒之屬，亦不能角勝四方。」[111]

2. 榨油

　　福建生產的油類很多，「菜油，菜子所壓者；麻油，脂麻所壓者；桐油，桐子所壓者；柏油，柏子所壓者。諸縣俱出。」[112] 此外還有茶油，《八閩通誌》記載：「柏油、茶油，俱出德化、永春、安溪三縣。」[113] 這說明明代前期，福建已生產各類油品。明代後期，茶油與柏油成為福建主要商品生產之一，王世懋說：「余始入建安，見山麓間多種茶，而稍高大，枝幹槎枒，不類吳中產，問之，知為茶油，非蔡君謨貢品也。已歷汀延邵，愈益彌被山谷，高者可一二丈，大者可拱把餘，以冬華、以春實。榨其實為油，可鐙、可膏、可釜，閩人大都用之，然獨汀之連城為第一，閩之人能別其品。」[114] 據此，茶油不僅可以食用，還可用於梳頭、點燈，使用價值很高。所以，福建西部山區大種茶籽樹，生產茶油。何喬遠說：「又有茶油之茶，建、劍、汀、邵多有之，而連城為第一。」[115]

　　茶油之外柏油的產量也很高，柏油是以烏柏子壓榨出油，柏油可製燭，「燃燈最明」。李世熊說：寧化、歸化間，「凡田傍有臼木者，其田價必增，以臼葉可肥田，子又可採蒸取脂，澆燭貨遠，于人甚有利也。」[116] 此外還有桐油，「桐子所壓者，可以用油漆及燒煙造墨等用，有花桐、光桐二種。」[117] 白蠟油也是明代的一項著名產品，「白蠟，蟲置於樹，至秋採為之。其樹名冬青，一名萬年枝，俗呼為蠟樹。蟲窠生樹枝上，其枝即枯，蠟粘枝而生。」[118] 榨油是一種繁重的手工業，原料在入榨之前，先要蒸熟，

110　謝肇淛，《五雜組》卷十一，〈物部三〉，第 273 頁。
111　王應山，《閩大記》卷十一，〈食貨考〉，第 195 頁。
112　黃仲昭，弘治《八閩通誌》卷二五，〈食貨〉，第 513 頁。
113　黃仲昭，《八閩通誌》卷二六，〈食貨〉，第 541 頁。
114　王世懋，《閩部疏》第 11—12 頁。
115　何喬遠，《閩書》卷一百五十，〈南產志〉，第 4452 頁。
116　李世熊，康熙《寧化縣志》卷二，〈土產志〉，第 122 頁。
117　馬性魯，正德《順昌邑志》卷八，〈物產〉，第 114 頁。
118　馬性魯，正德《順昌邑志》卷八，〈物產〉，第 113 頁。

然後碾為粉末，再蒸一遍，方可入榨，前幾道工序，就要耗費大量人工；作坊主人為了提高效率，還得添置碾、磨、鍋等設備。榨油階段，耗費人工更多，「凡造油，刳巨木為槽，炒熟麻菜實，舂爛，納於槽中，壓出其油。」[119] 榨具動力有兩種，一種榨具是以人力為動力，將楔形木塊打入榨油容器，把油擠出來，一種榨具以水力機械為動力，推動大錘，猛擊木楔。後一種方式提供的錘擊力極大，榨油也多，不是大型作坊，無法備置這種大型水力機械。而福建山區這種作坊是很多的。

第三節　製茶業和製菸業

製茶業和製菸業是兩項專業性較強的食品加工業。晚明福建的製茶業和製菸業是省內主要產業之一。

一、製茶業

宋元時期福建是著名的貢茶區，皇室消費的茶葉多來自建安的御茶園，但是，宋代建安御茶園生產的是片茶，簡單地說：片茶生產是將茶葉研磨後擠壓成塊，吃茶時，要將片茶研磨成粉，然後用茶壺煮沸。由此可知，食用片茶是比較麻煩的。元明之際，中國的飲茶習俗發生了很大變化，片茶不再受歡迎，民間流行飲用散茶。散茶製法簡單，將茶葉炒揉成條，喝茶時，將茶葉放入器皿中沖泡即可。這一習俗的變化，極大影響了福建貢茶的銷路，明代建安御茶園因而廢敗，明代朝廷也最終取消了福建茶葉的進貢[120]。總的來說，明代前期閩北的茶葉生產相當蕭條。不過，在福建其他地區，都有零星的散茶生產，如泉州：「茶，七縣皆有，而晉江清源洞及南安一片瓦產者猶佳。」[121]

明中葉以後，國內市場的消費水準有了很大變化，人們開始講究飲食穿著，茶葉消費量大增，《安海志》記載：「茶，昔惟清源有之，郡人未之種也。後安海遊於外，慣用之。於是飲者知求，賣者知植。……自後鄉人爭慕之，不特富貴之家為然，即村夫下輩亦竊效顰。雀舌一斤，售價三

119　張岳，嘉靖《惠安縣志》卷五，〈物產〉，第 21 頁。
120　徐曉望，〈福建歷代茶政沿革考〉，福州《福建茶葉》1986 年第 1、2 期。
121　黃仲昭等，弘治《八閩通誌》卷二六，〈物產志〉，第 540 頁。

錢。自是而四方山寺爭效種之，而買者爭趨安海矣。」[122] 由此可見，大約在明代晚期，福建沿海出現了飲用茶葉的一股新的熱潮，大大刺激了茶葉的生產與消費。當時閩南有許多地方生產茶葉，林希元記永春的雀舌茶：「清明採者為雀舌，谷雨採者次之，五、六、七、八月採者則粗茶，雀茶一斤值銀一錢，粗茶三斤銀一錢。」[123] 龍溪縣，「舊有天寶山茶、梁山茶，近有南山茶，龍山茶，俱佳。及各處俱有土產，多於清明時採之。」[124] 有名的安溪茶區正穩步發展，「安溪茶產常樂、崇善等里，貨賣甚多。」[125] 萬曆時，何喬遠論述安溪茶，「茶名于清水，又名于聖泉。」[126] 除了閩南之外，閩北一向是福建的茶葉生產中心，浦城縣，「茶，狀如雀舌，味甚香美。各里皆產。」[127] 嘉靖年間的《延平府志》也說：「南平茶出半岩者極佳。」[128] 謝肇淛論茶葉：「今茶品之上者，松蘿也、虎丘也、羅岕也、龍井也、陽羨也、天池也，而吾閩武夷、清源、鼓山三種可與角勝。」[129] 又如姚旅的《露書》說：武夷、清源二茶都是明末「七雄」中可列上名號的名茶[130]。大致說來，晚明的茶業已是福建重要的產業支柱之一。

武夷山區在廢除貢茶制以後，民營茶葉開始發展，嘉靖年間崇安詩人丘雲霄詠武夷茶：「靈雨開仙圃，春風長玉芽。摘來旗葉捲，封處墨題斜。品落龍團翠，香翻蟹眼花。欲移三徑地，從此遍栽茶。」[131] 武夷山區在廢除貢茶制以後，民營茶葉開始發展，「然山中土氣宜茶，環九曲之內，不下數百家，皆以種茶為業。歲所產數十萬觔，水浮陸轉，鬻之四方，而武夷之名甲于海內矣。」[132] 此外，「寧（化）茶最蕃，歲計數十萬斤。」[133] 大致說來，晚明的茶業已是福建重要的產業支柱之一。

122　安海志修編小組，《安海志》卷十一，〈物類志・土貨〉，第 116 頁。
123　林希元，嘉靖《永春縣志》卷一，〈物產〉。頁碼不明。
124　佚名，萬曆元年《龍溪縣志》卷一，明萬曆刊本膠捲，第 19 頁。
125　林有年，嘉靖《安溪縣志》卷一，〈物產〉，上海古籍書店 1963 年影印天一閣藏本。
126　沈鍾等，乾隆《安溪縣志》卷四，〈風土〉，引何喬遠述，第 110 頁。
127　黎民範等，萬曆《浦城縣志》卷十一，〈土產〉，明刻本膠捲，第 20 頁。
128　鄭慶雲，嘉靖《延平府志》卷五，〈物產志〉，第 28 頁。
129　謝肇淛，《五雜組》卷十一，〈物部三〉，第 270 頁。
130　姚旅，《露書》卷十，〈錯篇〉，第 237 頁。
131　丘雲霄，《山中集》卷四，〈酬藍茶仙先春見寄〉，文淵閣四庫全書本，第 1 頁。
132　徐𤊹，〈茶考〉，引自，董天工《武夷山志》卷二一，〈藝文志〉，第 699 頁。
133　李世熊，康熙《寧化縣志》卷二，〈土產志〉，第 169 頁。

　　武夷山之茶最讓人稱讚的是其茶葉本質上佳。明末張大復的《梅花草堂筆談》說：「武夷茶，武夷諸峰皆拔立不相攝，多產茶。接笋峰上，大黃次之，幔亭又次之，而接笋茶絕少不易得。按陸羽經云，凡茶上者生爛石，中者生櫟（礫）壤，下者生黃土。夫爛石已上矣，況其峰之最高最特出者乎？大黃峰下削上銳，中周廣盤鬱，諸峰無與並者，然猶有土滓。接笋突兀直上，絕不受滓，水石相蒸，而茶生焉。宜其清遠高潔，稱茶中第一乎。」[134] 如其所云，武夷山的巖茶大都生於爛石之上，當地每年有二百多天大霧環繞，生長這兒的茶葉素質上佳，武夷巖茶揚名天下，其根本原因在此。

　　明代中後武夷茶的名聲越來越大。丘雲霄尚有〈藍素軒遺茶謝之〉一詩：「御茶園裡春常早，辟谷年來喜獨嘗。筆陣戰酣青迭甲，騷壇雄助綠沉槍。波驚魚眼聽濤細，煙暖鷗罌坐月長。欲訪踏歌云外客，注烹仙掌露華香。」《閩大記》說：「茶出武夷，其品最佳……延平半巖次之。」[135] 又如姚旅的《露書》說：武夷、清源二茶都是明末「七雄」中可列上名號的名茶。[136] 其時外地的文人學士對武夷茶頗有好評，胡應麟在詩中詠及武夷茶：「懷人閩海荔，留客武夷茶。」[137] 萬曆時孫繼皋有〈謝管山人惠武夷茶〉一詩：「病渴惟高枕，誰將茗葉分。色餘仙穴潤，香供隱人芬。啜似湌丹露，烹疑煮碧雲。清風北窗下，忽見武夷君。」[138] 當時南京也流行武夷茶，楊旦的〈歸留都寓邸〉詩中詠道：「詩喉新試武夷茶。」[139] 謝肇淛論茶葉：「今茶品之上者，松蘿也、虎丘也、羅岕也、龍井也、陽羨也、天池也，而吾閩武夷、清源、鼓山三種可與角勝。」[140] 不過，謝肇淛又說：「其武夷、清源二種雖與上國爭衡，而所產不多，十九饋鼎，故遂令聲價

134　陳祖槼、朱自振編，《中國茶葉歷史資料選輯》，北京農業出版社 1981 年，第 326 頁。

135　王應山，《閩大記》卷十一，〈食貨考〉，第 2 頁。

136　姚旅，《露書》卷十，〈錯篇〉，福建人民出版社 2008 年，第 237 頁。

137　胡應麟，《少室山房集》卷三十四，〈蔡生移居城北招飲作（譚英南）〉文淵閣四庫全書本，第 4 頁。

138　孫繼皋，《宗伯集》卷十，〈謝管山人惠武夷茶〉，文淵閣四庫全書本，第 55 頁。

139　楊旦，〈歸留都寓邸〉，曹學佺，《石倉歷代詩選》卷四百五十一，〈歸留都寓邸〉，文淵閣四庫全書本，第 28 頁。

140　謝肇淛，《五雜組》卷十一，〈物部三〉，上海書店出版社 2001 年，第 212—213 頁。

靡復不振。」[141] 值得注意的是，當時廣東的潮州也流行喝福建茶，萬曆年間，曾為武夷山解除負擔的郭子章任潮州知府，他的《潮中雜記‧物產志》評說茶：「潮陽間有之，亦閩茶之佳者耳。若虎丘、天目等茶，絕不到潮。」從清代的材料看，潮州人一直喜歡武夷茶，所以，明代潮州人喜歡的福建茶，可能也是武夷茶。

　　也有人認為武夷茶不算好。《續茶經》一書引用陳眉公的《太平清話》說：「武夷髥崛、紫帽、龍山皆產茶，僧拙於焙。既採則先蒸而後焙，故色多紫赤。只堪供宮中澣濯用耳。近有以松蘿法製之者，既試之，色香亦具足，經旬月則紫赤如故。蓋製茶者不過土著數僧耳，語三吳之法，轉轉相效，舊態畢露。此須如昔人論琵琶法，使數年不近，盡忘其故調，而後以三吳之法行之，或有當也。」[142] 考《太平清話》一書的作者為明代萬曆時的陳繼儒，《四庫全書總目》記載，「太平清話四卷，明陳繼儒撰。是書雜記古今瑣事」，存有內府藏本。《明史》稱：「陳繼儒，字仲醇，松江華亭人。」[143] 陳繼儒是明代著名的隱士，曾得大學士徐階的欣賞，與董其昌齊名，他的主要作品應寫作於明萬曆年間。陳繼儒在《太平清話》一書中對武夷茶的論述，揭示明代後期武夷茶的製作還保留「蒸茶」的工序，這一工序最早出現唐宋時期的建茶製作中，後因蒸汽傷茶而被淘汰。但武夷山卻一直保存這一落後的技術。明末清初製茶業中開始用炒製法取代蒸汽法，所謂「三吳法」或是「松蘿法」，即是以炒製為主的製茶法。萬曆時馮時可《茶譜》說，「茶全貴採造。蘇州茶飲徧天下，專以採造勝耳。徽郡向無茶，近出松蘿最為時尚。是茶始比丘大方，大方居虎丘最久，得採造法。其後於徽之松蘿結庵，採諸山茶於庵焙製，遠邇爭市，價忽翔湧。人因稱松蘿，實非松蘿所出也。」[144] 綜上所述，萬曆年間炒製法曾引進武夷山，但未及推廣，所以，當時人對武夷茶毀譽相半。看來，武夷茶得到稱讚是因為它素質好，但其製作技術不及三吳區域，所以，又有人認為武夷茶不佳。

141　謝肇淛，《五雜組》卷十一，〈物部三〉，第 212 頁。

142　陸廷燦，《續茶經》卷上之三，文淵閣四庫全書本，第 25 頁。

143　張廷玉等，《明史》卷二九八，〈隱逸傳〉，北京，中華書局 1974 年標點本，第 7631 頁。

144　轉引自陸廷燦，《續茶經》卷上之一，第 17—18 頁。

　　儘管明代武夷茶的名聲毀譽參半，但從陳繼儒《太平清話》所敘武夷茶的特點來看，明代的武夷茶已經是發酵茶。今天中國的散茶主要有三種：綠茶、紅茶、青茶（即烏龍茶），綠茶是未經發酵的茶葉，經泡發後，綠茶是青綠色的茶湯，並有清香味；青茶則是半發酵茶，在製作過程中，所摘茶葉被堆放在一起擱置多時，因酶的作用而發酵，這類茶葉製成後，泡出的茶湯是金黃色的，在茶湯中展開的茶葉有一道紅色的邊，俗稱「綠葉紅鑲邊」，其著名代表是烏龍茶；紅茶是全發酵茶，其茶湯的特點是紅色，與綠茶有很大不同。陳繼儒《太平清話》揭示，當時的武夷茶「色多紫赤」、「紫赤如故」，這說明陳繼儒時期的武夷茶已經是全發酵的紅茶。在武夷山流傳一個烏龍茶發明的傳說。說是在抗倭時期，一支軍隊路過武夷山，在一個茶莊駐紮。士兵長途行軍，勞累不已，便躺在茶袋上睡覺。茶莊主人見況心急如焚，待軍隊出發後，趕快將茶袋中的茶倒出來製作，生怕茶袋中的茶悶壞掉。但茶葉經一宿悶裝之後，發熱發酵，發酵的茶葉有一道紅邊，製成成品後，便成了烏龍茶。福建抗倭戰爭發生於明代後期的嘉靖、隆慶年間，這一故事可作為明代後期武夷山已經有發酵茶的旁證。

　　必須說明的是，陳繼儒《太平清話》對武夷茶的論述，被周亮工抄入《閩小記》一書，周亮工在清代初年任福建布政使，20 年前我看到《閩小記》中記載武夷茶「色多紫赤」的記載，便考證武夷山出現紅茶是在清代初年，[145] 現在看來，這一時間可提前至明代後期的萬曆年間。

　　其實，明代後期南方許多地方已經出現了紅茶，李日華的〈紫桃軒雜綴〉說：「匡廬頂產茶，在雲霧蒸蔚中，極有勝韻。而僧拙於焙，瀹之為赤鹵，豈復有茶哉。戊戌春小住東林，同門人董獻可、曹不隨、萬南仲手自焙茶……色香味殆絕。」[146] 這條史料表明，當時廬山的茶沖出來是紅色的，李日華嫌它不好吃。李日華，或稱李日華，《明史》有小傳，「日華字君實，嘉興人，萬曆二十年進士，官至太僕少卿。」[147] 李日華戊戌年（萬

145　按，關於烏龍茶的發明，倪鄭重、何融在《中國茶葉》1979 年第四期上發表的論文〈烏龍茶在先、紅茶在後〉，提出：清代中葉已經有了烏龍茶。拙文〈清代福建武夷茶生產考證〉（南京，《中國農史》1988 年，第 2 期）則將烏龍茶的發明推至清代初年的順治、康熙之交。

146　陸廷燦，《續茶經》卷上之三，第 23 頁。

147　張廷玉等，《明史》卷二百八十八，〈李日華傳〉，第 7400 頁。

曆二十六年，1598 年）遊廬山，看到當地茶葉泡出來是紅色的湯，這表明當時廬山之茶也是紅茶。

烏龍茶在明代後期也出現了。田藝蘅的〈煮泉小品〉：「余嘗清秋泊釣台下，取囊中武夷、金華二茶試之，固一水也，武夷則黃而燥冽，金華則碧而清香，乃知擇水當擇茶也。」[148] 從田藝蘅的《煮泉小品》來看，當時的武夷茶泡出的茶湯是金黃色的，這正是烏龍茶的特點。田藝蘅為晚明杭州名士，《煮泉小品》之前有趙觀寫於嘉靖甲寅年（1554 年）的序，他所品嘗的武夷茶湯是金黃色的，說明明代中後期的武夷茶已經是半發酵的烏龍茶。

不過，明代武夷山的紅茶及烏龍茶製作肯定不是成熟的技術，因為，當時武夷山的僧人還保留宋代蒸茶的落後技術；今天的武夷茶製作都用炒製，炒焙出來的茶葉更香，現今不論綠茶、青茶、紅茶都用炒製，其原因在此。新的炒製技術發明於明代的蘇州，萬曆時和尚大方將其技術傳播於徽州的松蘿，所以，炒茶技術又被稱為松蘿法，萬曆時武夷山雖然引進松蘿法，但未能成功地融進武夷茶的製作，所以，當時武夷山紅茶製作不成熟。

明以來福建的武夷山區發明了紅茶及烏龍茶製造法，對中國的對外貿易必將產生較大影響。

二、製菸業

晚明從國外傳入中國。關於菸草的引進，最早研究菸草問題的吳晗教授在〈談菸草〉一文中指出：菸草傳入中國有三條路，即從交趾傳入廣東，從呂宋傳入閩廣，從朝鮮傳入東北。在這三條道路中，從呂宋進入漳州是最重要的，這是因為，菸草原為美洲植物，後由西班牙人傳入菲律賓，引起當地華人注意後，又傳入中國。由於地理風向的關係，在馬尼拉貿易的多為閩南人，如何喬遠所說：「其地邇閩，閩漳人多往焉。」[149] 去呂宋貿易很快在安海形成一股風氣：「自呂宋交易之路通，浮大海趨利，十家而九。」[150] 其時，去馬尼拉貿易的漳州商人比泉州人更多。《漳州府志》說：

148　田藝蘅，《煮泉小品》，葉羽編，《茶書集成》，第 94 頁。
149　何喬遠，《名山藏》卷一〇七，〈呂宋傳〉，福建人民出版社 2010 年，第 3018 頁。
150　李光縉，《景璧集》卷十四，〈二烈傳〉，第 2398 頁。

萬曆三十一年，「呂宋殺中國人在其國者二萬五千，海澄人尤多。」[151] 得知呂宋的外籍商人多是漳州人和泉州人，就可以知道，為何是漳州人最先將菸草引入中國。這是因為，西班牙人到呂宋貿易，主要是想得到中國的絲綢和瓷器，而當時的中國，只有漳州的海澄月港及澳門是對外貿易港口，澳門的葡萄牙人與西班牙人之間有心結，所以，在澳門活動的泉州人、漳州人成為聯繫澳門與馬尼拉之間貿易的紐帶；此外，漳州的月港可以允許港內的商船對外貿易，而月港與馬尼拉之間，一葦可航，所以，漳州出海的船隻，以去馬尼拉的最多，每年都有數十船。他們運去中國商品，換購西班牙人運到呂宋的白銀。由於風向的原因，從漳州月港到馬尼拉較澳門出發更為方便，所以，對呂宋貿易主要由漳州人控制。在這一背景下，漳州人從呂宋引進了番薯、菸草等美洲產品。

其實，明清時代的文獻大都是說菸草是漳州人從呂宋引進的。康熙年間瑞金的謝重拔的〈禁烟議〉也說：「烟草自海外流傳閩漳。」[152] 康熙年間的《石城縣志》說：「煙草，明末自海外流傳閩漳。」[153] 乾隆《石城縣志》說：「煙草，明末自海外流傳閩漳，故漳煙名最遠播。」[154] 關於菸草入閩的具體記載，要數明末崇禎年間的《海澄縣志》最佳：「淡巴菰，種出東洋，近多蒔之者。」[155] 這段文字明確記載菸草的傳播途徑——漳州的菸草是由「東洋」傳入的。查崇禎《海澄縣志》的作者張燮的又一名著：《東西洋考》，文中的東洋，多指呂宋。所以，此處的東洋應是呂宋國。不過，清人多以「東洋」稱日本，所以，清代有菸草從日本傳來的說法。例如，清代初年黎士宏的《仁恕堂筆記》云：「烟之名，始於日本，傳于漳州之石馬。」[156] 他這是將東洋誤讀為日本，其實未必。黎士宏是汀州名士，在閩贛山區影響很大，所以，有關菸草由日本引種漳州的觀點被許多方志轉載。如道光

151　沈定均，光緒《漳州府志》卷四十七，〈災祥〉，密庵手抄漳州府志，漳州圖書館 2005 年刊本，第 27 頁。

152　謝重拔，〈禁烟議〉，蔣方增，道光《瑞金縣志》卷十一，〈藝文志〉，道光二年刊本，第 34 頁。

153　康熙《石城縣志》卷三，〈物產〉。

154　黃鶴雯，乾隆《石城縣志》卷一，〈輿地志‧物產〉，北京，故宮博物院編，海南出版社影印乾隆四十五年刊本，第 49—50 頁。

155　張燮等，崇禎《海澄縣志》卷十一，〈物產〉，北京，書目文獻出版社《日本藏中國罕見方志叢刊》，1990 年影印本，第 449 頁。

156　黎士宏，《仁恕堂筆記》叢書集成續編第 95 冊，第 45 頁。

《瑞金縣志》云：「烟，種出日本，明末啟禎間始入中國，今遂無地不種植，無人不食，竟為日用必需之物，利與鹽茶等矣。」[157] 在漳州的《詔安縣志》也有這種說法：「烟草，產呂宋，名淡巴菰。後從日本傳于漳州之石碼。天崇間禁之甚嚴，犯者殺無赦。今各省皆蒔之。」[158] 實際上，明代的東洋包括漳州以東的各地區、國家，不僅有日本，還有琉球、呂宋、浡泥等，明代的史籍將西班牙占據的馬尼拉稱為「東洋」，所以，有菸草從東洋傳入一說。不過，清代人們多以「東洋」一詞稱呼日本，久而久之，因而有菸草從日本傳入的誤解。

其實，姚旅的《露書》明確指出：淡巴菰由呂宋傳入。其實，日本國的菸草也是來自呂宋，因其路程遙遠，到馬尼拉的船隻較少，日本與東南亞的貿易，多數是由福建人在居間經營，所以，漳州人在馬尼拉的影響遠比日本人要大，可以想見，漳州人要從馬尼拉引進菸草，肯定不必由日本人做仲介。而日本人所得到的菸草，倒是有可能是漳州人送去的。我的結論是，於情於理，菸草應是由呂宋直接傳入漳州，而不是通過日本商人的仲介。松江青圃人陳琮說：「爰有烟酒，亦曰淡馬草，既稱仁火，原號聖產於呂宋，曾傳返魂之香吟，自唐人猶記相思之句。一自移來閩嶠，遂爾種遍磽田，處處耕煙，家家搉火，製別生熟，色標青黃。」[159] 又如姚瑩《識小錄》引《樊榭山房集》：「煙草，神農經不載。出於明季，自閩海外之呂宋國移種中土。名淡巴菰，又名金絲薰。」[160] 這一說法是最可靠的。

廣東的菸草最早來自越南。崇禎九年（1636）《恩平縣志》：「烟葉，出自交趾，今所在有之，莖高三四尺，葉多細毛，采葉晒乾如金絲色，性最酷烈，取一二釐薰竹管內以口吸之，口鼻出烟。」

按，此文中的交趾，即為越南國，當時名為安南。安南國首都在中部的順化城，順化附近的會安是越南對外通商的港口，當時有許多漳州人前

157　蔣方增，道光《瑞金縣志》卷二，〈物產〉，道光二年刊本，第 38 頁。

158　吳名世等，民國《詔安縣志》卷二，〈地理志・物產〉，民國三十一年刊本，第 10 頁。

159　陳琮，《烟草譜》，〈序〉，嘉慶二十年刻本，續修四庫全書第 1117 冊，第 409 頁，第 1 頁。

160　姚瑩，《識小錄》卷五，〈烟草〉，臺灣文海出版社，近代中國史料叢刊續輯，第 55 冊，第 2284 頁。

往會安貿易。由於明朝限定漳州月港的商船只能到東南亞貿易，而不能到日本，因而，會安成為南海諸地中經營中日貿易的一個港口。漳州人將本土出產的平和窯瓷器運到會安出售，另一些漳州人將會安市場上的這些瓷器運到日本出售，受到日本人的歡迎。因而，在日本的市場上，交趾瓷器是相當有名的商品。近人的研究表明，這些瓷器實際上出自漳州平和、南靖一帶的窯口，這也是眾所周知的常識。知道漳州人在南海貿易中的地位，就可知道，其實，安南國會安港的貿易，多數掌握在漳州人的手中，因此，所謂交趾菸草，更有可能是漳州人從呂宋運到越南的。

1. 閩商與菸草在福建的推廣

　　菸草傳入中國後，首先在福建與廣東種植。崇禎年間福建的《海澄縣志》及廣東的《恩平縣志》都記載了菸草的種植。另一篇記載菸草的明代文獻是姚旅的《露書》。姚旅說：「呂宋國出一草，曰淡巴菰，一名曰醺。以火燒一頭，以一頭向口，烟氣從管中入喉，能令人醉。且可闢瘴氣。有人攜漳州種之，今反多於呂宋，載入其國售之。」、「淡巴菰，今莆中亦有之。俗曰金絲醺。」[161] 這說明菸草引入福建之後，迄至明末，福建沿海的漳州、泉州、興化都有了菸草的種植。姚旅為莆田人，行蹤遍於天下，他於萬曆三十七年曾想將《露書》交付刻印，後因故未出。因而，今人研究《露書》，多將其定為萬曆三十七年的出版物，原因在此。其實，就《露書》的內容而言，有一些內容是天啟、崇禎年間的，所以，此書真正的出版時間，也應是崇禎年間。

　　明末崇禎年間的《海澄縣志》記載：「淡巴菰，種出東洋，近多蒔之者。莖葉皆如牡菊而高大，花如蒲公英，有子如車前子。取葉灑酒陰乾之。細切如絲，燃少許置管中，吸其烟，令人微醉，云可辟瘴。」[162] 這段文字表明：當時漳州人製造菸草是十分講究的，他們不是將菸葉晒乾，而是將其放置於通風的地方噴酒陰乾，然後切成細絲。這一菸草製法很快流行於中國，使中國人的吸菸習俗與美洲原始的吸菸習俗有所不同。美洲人吸菸，

161　姚旅，《露書》卷十，〈錯篇〉，第 261 頁。
162　張燮等，崇禎《海澄縣志》卷十一，〈物產〉，北京，書目文獻出版社《日本藏中國罕見方志叢刊》，1990 年影印本，第 449 頁。

大都是將菸草捲起來，於是有了雪茄；中國人將菸草切成細絲，放在菸鍋裡點燃，於是有了旱菸。後人在細切絲的基礎上用紙包裹菸絲，就形成捲菸，所以說，細切菸絲在菸草史上是一重大發明。這一發明，應是首先出現在漳州。

雖說目前所見明代記載菸草的文獻多為崇禎年間的，但許多文獻都說菸草在萬曆年間已經進入福建。例如《福州府志》說：「（菸）葉大如芋葉，種盛閩中。郡西禪寺之蓋露，一名淡巴菰，明萬曆中始有種者。」[163]《南靖縣志》云：「烟草，種出東洋，萬曆季年始有之，一名相思草。」[164]《安溪縣志》：「烟葉，種來自海外，明萬曆間始有。」[165]以上記載都與《景岳全書》相同，指出閩人是在萬曆年間才開始種植菸草。考西班牙人在馬尼拉建城的時間為 1571 年，即隆慶五年，以後才漸有漳泉人去當地貿易，隨著貿易的增長，馬尼拉越來越富裕，西班牙人在當地站穩腳跟，才會將美洲植物引入菲律賓群島，所以才會有陳振龍於萬曆十五年引進番薯的傳說，估計那時候閩人才開始注意到菸草，因菸草只是一種消費品，不像番薯可以作為糧食，閩人引進菸草肯定會遲一些。但是，閩人約在明萬曆時引進菸草是可以理解的。

明代閩人引進菸草後，先在漳州海澄種植，而後推廣至各縣。如漳州的龍巖縣（清代為龍巖州所在地）：「烟，俗云芬草，崇禎初年始種之。」[166]《寧洋縣志》說：「烟，俗呼薰草。崇禎初年始種之，邇來稱盛，視耕耘之功加勤。然較之漳屬十邑，寧猶未及十之一也。」[167]明清之際的寧洋縣隸屬於漳州，這段話反映了明末漳州十縣種菸之盛況。姚旅的《露書》表明：明末莆田也種植了菸草。由於莆田與漳州之間隔著泉州，菸草能傳到莆田，肯定先行傳到泉州，所以，可以認為此時泉州已經有了菸草種植。事實上，明末泉州山區的德化、安溪二縣都有了菸草。《安溪縣志》說：「烟葉，

163　徐景熹等，乾隆《福州府志》卷二十五，〈物產志〉，海風出版社 2001 年，第 716 頁。
164　王寶序等，乾隆《南靖縣志》卷七，〈物產〉，乾隆四十二年刊本，第 2 頁。
165　沈鍾等纂修，乾隆《安溪縣志》卷四，〈物產〉，廈門大學出版社 1988 年點校本，第 119 頁。
166　鄭愫等，康熙《龍巖縣志》卷二，〈土產〉，康熙二十八年刊本，第 26 頁。
167　張豐玉，康熙《寧洋縣志》卷一，〈輿地志〉，香港，天馬圖書公司 2001 年，第 55 頁。

種來自海外，明萬曆間始有。」[168] 德化：「烟，崇禎初年始種之。」[169] 泉州沿海的種菸業應當更早一些。

　　明朝雖有禁煙之令，但福建是天高皇帝遠的地區，本地民眾對皇帝的命令絕對沒有江南區域那麼順從，多數情況是聽聽而已，仍然做自己的事。所以，明末的閩人仍然吸菸如舊。「明季服煙有禁，惟閩人幼而習之，他處百無一二也」。[170] 「〈寧化土產志〉但云出東洋，始惟閩廣人食之。」[171] 連山區的寧化縣也在崇禎年間發展了菸草種植，可見其發展迅速。《贛州府志》說：「菸，一名淡巴菰……始入中國，初盛於閩。」[172] 這是一個較好的總結。

2. 明代菸草向外省的傳播

　　明代名醫張介賓（1580—1640 年）在其著作中提到了閩粵菸草向大西南的傳播。

　　張介賓，號景岳，江南名醫，著有《景岳全書》。四庫全書收錄了此書，但未注明年代。張介賓死於崇禎十三年，搜索《景岳全書》，沒有清代順治的年號，但其第三十六卷中有：「崇禎丙子後學介賓謹識」等字樣，說明此書約形成於崇禎九年至崇禎十三年之間。此前，一些論文說《景岳全書》是萬曆年間出版的圖書，是弄錯了年代。

　　張介賓以醫學著名，四處行醫，有人向其介紹了菸草，介賓說：「予初得此物，亦甚疑貳，及習服數次，乃悉其功用之捷，有如是者。」張介賓對菸草進行了較深入的研究。他說：

> 烟，味辛氣溫，性微熱，升也、陽也。燒烟吸之，大能醉人。用時惟吸一口或二口，若多吸之，令人醉倒，久而後甦。甚者，以冷水

168　沈鍾等，乾隆《安溪縣志》卷四，〈風土〉，廈門大學出版社 1988 年，第 119 頁。
169　王必昌等，乾隆《德化縣志》卷四，〈物產志〉，第 115 頁。
170　董含，《三岡識略》卷六。轉引自，謝國楨，《明代社會經濟史料選編》中冊，第 75 頁。
171　朱扆等修、林有席等纂，乾隆《贛州府志》卷二，〈物產〉，臺灣成文社影印乾隆四十七年刊本，第 340 頁。
172　陳觀西等，道光《贛州府志》卷二十一，〈物產〉，成文社影印清道光二十八年刊本，第 1466 頁。

一口解之即醒。若見煩悶，但用白糖解之即安。亦奇物也。吸時須開喉長吸嚥下，令其直達下焦，其氣上行，則能溫心肺。下行則能溫肝脾腎服後，能使通身溫暖微汗，元陽陡壯，用以治表，善逐一切陰邪寒毒、山嵐瘴氣、風濕邪閉，腠理筋骨疼痛，誠頃刻取效之神劑也。用以治裏，善壯胃氣、進飲食、祛陰濁寒滯消、臌脹宿食，止嘔噦、霍亂，除積聚諸蟲，解鬱結、止疼痛，行氣停血瘀，舉下陷後墜，通達三焦，立刻見效。[173]

可見，在張介賓的眼裡，菸草是一種溫性解表的藥物。中國的大西南區域，每逢雨季，天氣潮濕陰冷，很容易破壞人體的冷熱平衡，所以，西南民眾喜食辣椒、生薑、檳榔一類溫熱的食物。菸草正是具有同類性質的植物，張介賓將其比為檳榔：「大約此物與烟性略同，但烟性峻勇，用以散表逐寒，則烟勝於此；檳榔稍緩，用以和中煖胃，則此勝於烟。二者皆壯氣辟邪之要藥，故滇廣中人，一日不可少也。」[174]

然此物性屬純陽，善行善散，惟陰滯者用之如神。若陽盛氣越而多躁多火，及氣虛、氣短而多汗者，皆不宜用。或疑其能頃刻醉人，性必有毒。今彼處習服既久，初未聞其妨人者，抑又何耶？蓋其陽氣強猛，人不能勝，故下嚥即醉，既能散邪，亦必耗氣，理固然也。然煙氣易散，而人氣隨復，陽性留中，旋亦生氣，此其耗中有補，故人多喜服而未見其損者以此。[175]

名醫張介賓對菸草的定性，對菸草的推廣是有重大意義的。大致來說，當時人還未能認識到長久吸煙對人體的危害性，因其有溫熱解表的特性，中醫的醫生對其十分嘉賞，並加以推介，指出正確的吸菸方法。據張介賓所說，此物最早在福建與廣東流行，而在萬曆、天啟年間開始推廣到西南區域。

此物自古未聞也，近自我明萬曆時始出於閩廣之間，自後吳楚間皆種植之矣，然總不若閩中色微黃、質細，名為金絲烟者，力強氣勝為優也。求其習服之始，則向以征滇之役，師旅深入瘴地，無不染

173　張介賓，《景岳全書》卷四十八，〈隰草部〉，文淵閣四庫全書本，第43—44頁。

174　張介賓，《景岳全書》卷四十九，第32頁。

175　張介賓，《景岳全書》卷四十八，〈隰草部〉，第44—45頁。

病，獨一營安然無恙，問其所以，則眾皆服烟。由是徧傳。而今則西南一方，無分老幼，朝夕不能間矣。[176]

　　有人考證，此中的征滇之役，即為天啟元年的西南戰事，當時有兩廣的軍隊被調至雲南（或四川）作戰，因而將吸菸的習俗傳到了大西南。值得注意的是，同去的多支軍隊中，只有一支軍隊因吸菸而未患病，可見，當時的廣東和廣西，也不是所有的人都吸菸！但在天啟元年以後，吸菸習俗迅速在西南普及。

　　雖說閩廣都是在明末開始了種植菸草，但明末閩粵兩省的發展水準不同。明代的廣東地廣人稀，而福建沿海地稠人密，手工業發達，尤其是對外貿易發達的漳州，種種手工業產品暢銷全國。[177] 因此，明末漳州人製煙也十分講究。明末的國內菸草市場大都都被閩人占據。如《景岳全書》所說：其他地方雖有種植，「然總不若閩中色微黃、質細，名為金絲烟者，力強氣勝為優也。」可見，閩中菸草以質取勝。讓大西南民眾陶醉的菸草，主要是閩菸。

　　明末吸菸習俗也傳到了江南。張岱是明末浙江著名的文人，他的《陶菴夢憶》云：「余少時不識烟草為何物，十年之內，老壯童稚、婦女、女子，無不吃烟。大街小巷，盡擺烟桌。此草妖也。」[178] 吳偉業《綏寇紀略》：「熹廟時，童謠曰：『天下兵起，遍地皆煙。』未幾閩人有此種，名曰煙酒。云可以已寒療疾。此亦火異也。」[179] 此中的「熹廟時」，即為天啟年間。此文表明，天啟年間，進入閩中的菸草已經傳到許多地方，故有「遍地皆煙」的比喻。明代南方各縣也流行抽菸，康熙年間的《石城縣志》說：「以黃絲為上品，性耗烈，無益。累奉禁，積重難返。嗜者竟若飢渴之不可去。」[180] 由於建菸的市場很大，所以，明末福建菸草業有很大發展，菸草成為福建重要輸出商品之一。葉夢珠的《閱世編》也提到：「烟葉，其初亦出閩中。」、「予幼聞諸先大父云：『福建有烟，吸之可以醉人，號曰乾酒，然而此地絕無也。』」、「崇禎之季，邑城有彭姓者，不知其從

176　張介賓，《景岳全書》卷四十八，〈隰草部〉，第 44 頁。

177　徐曉望，〈論明末清初漳州區域市場的發展〉，《中國社會經濟史研究》2002 年 4 期；

178　陳琮，《烟草譜》卷二，〈烟桌〉，嘉慶二十年刻本，第 8 頁。

179　吳偉業，《綏寇紀略》卷十二，〈火異〉，文淵閣四庫全書本，第 31 頁。

180　康熙《石城縣志》卷三，〈物產〉。

何所得種，種之於本地，採其葉，陰乾之，遂有工其事者，細切為絲，為遠客販去，土人猶未敢嘗也。」明朝末年下達禁煙令：「民間不許種植，商賈不得販賣，違者與通番等罪。彭姓遂為首告，幾致不測，種烟遂絕。」[181]可見，明朝的禁令，一度抑制了菸草在江南流行的可能性。

明代吸菸習俗很快傳到北方。方以智的《物理小識》：「萬曆末，有攜至漳泉者，馬氏造之，曰淡肉果。漸傳至九邊，皆啣長管而火點吞吐之，有醉仆者。崇禎時嚴禁之，不止。」[182]大略北方寒冷，士兵在冰天雪地裡巡邏，吸烟能增加一些暖氣，所以，吸烟在北方流行很快。崇禎皇帝因「吃烟」一詞可以解釋為「吃燕」，即吞併北京，一度曾經下令禁止吃烟。「崇禎癸未下禁烟之令，後因邊軍病寒，遂弛其禁。至末年徧地栽種，雖三尺童子莫不食烟矣。」[183]據說，使崇禎同意開禁的是福建人洪承疇。[184]明末北方市場上菸價很高，王逋的〈蚓庵瑣語〉：「烟葉出自閩中，邊土人寒疾，非此不治。關外至以匹馬易烟一觔。」[185]

雖說明代菸草入華有三條路線，但因建菸的品質最佳，所以，國內諸省的菸草多從福建引進。建煙的推廣，給閩中菸商開闢了廣大的市場。[186]

第四節　漁業和製鹽業

福建是一個靠海的省分，與海洋相關的產業發達。明代福建海洋產業主要有：漁業、製鹽業、造船業。

一、漁業

福建東臨大海，海岸線曲折，多半島、海島，漁業一直很發達。明初雖有海禁之令，但因漁業是沿海民眾賴以生存的食物來源，事實上還是被

181　葉夢珠，《閱世編》卷七，〈種植〉，上海古籍出版社 1981 年，第 167 頁。

182　方以智，《物理小識》卷九，〈草木類〉，文淵閣四庫全書本，第 38 頁。

183　王逋，〈蚓庵瑣語〉，姚之駰，《元明事類鈔》卷三十四，〈花草門二〉，文淵閣四庫全書本，第 19 頁。

184　楊士聰，《玉堂薈記》卷四。轉引自，謝國楨，《明代社會經濟史料選編》上冊，第 67 頁。

185　王逋，〈蚓庵瑣語〉，姚之駰，《元明事類鈔》卷三十四，〈花草門二〉，19 第頁。

186　徐曉望，〈明代菸草傳播新考〉，漳州師院，《閩臺文化交流》2012 年第 1 期。

允許的。明代前期福建諸縣徵收魚課米較多的有六縣，例如，福清縣有魚課米三千三百石，晉江縣魚課米二千二百多石，南平縣魚課米二千三百多石，沙縣魚課米四千二百多石，永安縣魚課米一千五百多石，莆田魚課米二千五百多石，以上是明初魚課米超過一千石的六個縣[187]。莆田、晉江、福清三縣都位於福建沿海，該縣存在著漁戶與魚課，說明福建一些地區仍有海洋漁業。其中內地諸縣之所以有魚課米，主要是因為溪河捕撈業的發展。而其徵稅對象是蛋民。葡萄牙人看到：「還有很多窮人的小船，船上住著丈夫、妻子和兒女。除了自己的船，他們沒有其他住處。船的中間部分有頂，用來擋雨遮陽。『班公船』、『零艇』以及類似我們的划槳長體帆船的船都有木頂覆蓋。……男人們則在城裡找活幹，以便幫助維持這個小小的家；女人們則在船上活動，找一根能觸到河底的長竹竿，在竹竿的一頭綁上一隻藤籃，捕撈河鮮。」[188] 不過，從上述魚課米最多的六縣中有三個縣在內地、三個在沿海，二者相當來看，似乎說明內河捕撈業不亞於沿海。但它從一個側面反映了明初沿海漁業受海禁影響而萎縮了。

二是養殖業的發展，如尤溪縣養「鮂、鱧、草魚，三種苗俱來自江西，九都畜之甚多。」[189] 此外，建安、甌寧一直是福建最著名的淡水魚養殖區，這裡主要的方式是用水塘養魚。葡萄牙人曾見到福建的養魚業：「這裡的養魚池不用石板砌成，而是建在淤泥很多的地方。魚苗所需的主要食物是母水牛和母黃牛的糞便，吃了後魚莃長得如此之快和如此之肥真是一件奇事。儘管這裡是在每年的三四月分捕魚苗，因為我們是在那時看見，但後來我們知道這種情況一直都有，因為人們一直都在吃鮮魚，所以需要一直往魚池裡投入魚苗。」[190]

海洋採集業。海洋採集業也是明朝的稅收來源之一。陳汝咸的康熙《漳浦縣志》引舊志[191] 云：「魚課米，業溪海者之所輸。邑海利為大，溪次之。自鹿溪以南，至舊鎮，向無專主，聽民採取蜆蠔微物。其後，有請升斗米者，

187　黃仲昭等，弘治《八閩通誌》卷二十，〈食貨〉，第 411—421 頁。
188　費爾南‧門德斯‧平托，《葡萄牙人在華見聞錄》，第 104—105 頁。
189　鄧一蕭纂修，崇禎《尤溪縣志》卷四，第 596 頁。
190　費爾南‧門德斯‧平托，《葡萄牙人在華見聞錄》，第 65 頁。
191　按，《漳浦縣志》作於康熙之前的有嘉靖志、萬曆七年的周志與萬曆三十三年的壬志，以故，其所云舊志一定是明代的。

民供其稅，而後敢入。雲霄有公溪，始公而繼私。今民訟於官而復為公立石以紀者，此也。」[192] 這說明有的漁課米不過來自海洋採集業而已。海洋採集多在沿海，不會影響明朝的海禁，所以，明朝對這一點是不禁止的。海洋採集業分布於福建沿海各地，如崇武「海邊有嶼，南曰龜嶼，西曰洋嶼，東曰磨石嶼，北曰青嶼，石罅泉出，洌甚。潮進則水沒，潮退則水出，而淡如故。此四嶼，大小男婦于潮退時用鐵鉤取礪房、仙掌、螺、碸、石乳、紫菜、赤菜、青苔之屬。又沙中步取車螯、蛤蚌、西施舌、王螺、白蟬魚、石巨之屬。」[193] 釋如一記載：「紫菜，海魚之糧也，其色紫，因名，生海邊大石上。九十月候大風起浪，使魚不得食，人以繩繫腰取之。洗淨晒半乾，女工扮抽，又晒乾，藏之。要用先以香油熬熟，退火，然後焙之。……福清近海處多有之，唯萬安為最。」[194]

除了海洋採集業之外，海洋種植業也在沿海發展，漁民種紫菜、蟶、淡菜、海帶，出售於各處。周亮工說：他任按察使之職時，有人控告鄰人盜蟶苗，初以為怪，詢問後方知：「閩人培水田種蟶。」[195] 據寫於萬曆年間的《閩中海錯疏》的記載，閩海已知水族有：鱗部 167 種，介部 90 種 [196]。這從一個側面反映了明代福建漁業的興盛。

海洋捕撈業。明代中葉，海禁漸弛，王忬說：「國初立法，寸板片帆不許下海，百八十年來，海濱之民，生齒蕃息。全靠漁樵為活。」[197] 《龍溪縣志》說：「海鄉之民多業漁，往往浮家泛宅，其目有罾艚、網艚、晏艚之類，皆為機網以取魚。海潮上，漁舟西歸如亂葉，人多於魚，利之厚薄，可知矣。」[198] 泉州「沿海之民，魚蝦蠃蛤，多於粢稻，懸島絕嶼以網罟為耕耘。」[199] 這是說，泉州沿海人民的食物來源，海產多於糧食，這是相當

192 陳汝咸，康熙《漳浦縣志》卷八，〈賦役・漁課〉，漳浦縣政協文史資料徵集研究委員會 2004 年點校清康熙刊本，第 190 頁。
193 朱彤等，《崇武所城志》，〈生業〉，福建人民出版社，1987 年，第 41 頁。
194 釋如一，《福清縣志續略》卷二，上，〈土產〉，第 220 頁。
195 周亮工，《閩小記》卷一，第 11 頁。
196 屠本峻，《閩中海錯疏》，《萬有文庫》本。
197 王忬，〈條處海防事宜仰祈速賜施行疏〉，《明經世文編》卷二八三，《王司馬奏疏》，第 2997 頁。
198 劉天授，嘉靖《龍溪縣志》卷一，〈地理〉，第 26 頁。
199 何喬遠，《閩書》卷三八，〈風俗志〉，第 942 頁。

驚人的！同時也說明當地漁業之發達。至於孤懸海外的島嶼，無不是以漁業為主要產業。

　　明代的捕魚方法有多種：「凡魚得四時之氣不同，各乘氣候而至，漁人隨時設技以待之。曰竹編網船、曰旋網船、曰竹編槍船、曰牽絲繚網、曰拖釣船網、曰沿岸撒網、曰撒網漁船、曰拖紗繚網、曰方網、曰沿岸攀罾、曰拆插竹木繫網、曰扡插扈、曰網斗、曰石扈、曰竹箔、曰扡揪小網、曰手罾、曰手搖釣船、曰步取。」[200]、「崇武濱海軍民人等，以漁為生。冬春則綸帶魚，至夏初則浮大繚取馬鮫、鯊、鯧、竹魚之類，……凡魚依四時之氣而生，其至亦乘四時之氣而至。漁者隨時設網以待之。」[201] 為了追捕魚群，漁民往往出海數月方歸。「每遇捕黃魚之月，巨艘數千」，追捕魚群[202]，沿海魚群循著海流洄游，「魚自北而南，冬則先至鳳尾，鳳尾在浙直外洋，故福興泉三郡沿海之漁，無慮數千艘，悉從外洋趨而北；至春，漁乃漸南，閩船亦漸歸釣，從來如是。」[203] 舟山群島是福建漁民主要的漁場，「台之大陳山、昌之韭山、寧之普陀山等處出產帶魚，獨閩之莆田、福清縣人善釣。每至八、九月，聯船入釣，動經數百，蟻結蜂聚，正月方歸，官軍不敢問。」崇禎元年十二月，舟山的洋面「有船一綜，約八十餘隻……係閩中釣帶魚船隻。」[204] 漳州的漁民則經常去澎湖打魚，「滿載而歸」。[205] 明末的臺灣也是福建漁民的主要漁場，周嬰的《東番記》記載：「泉漳間民漁其海者什七。」[206] 荷蘭人占據臺灣後，在臺灣的打狗港等地向福建漁民徵稅，從其稅收史料中可以看到當時福建漁民在臺灣沿海的數量。曹永和統計：自大員往臺灣各地的漁船，1636 年 11—12 月為 94 艘，1637 年為 128 艘，1638 年為 189 艘，從臺灣附近漁場返回大員的漁船 1636 年 12 月有 3 艘，1637 年不少於 167 艘，1638 年不少於 186 艘[207]

200　張岳，嘉靖《惠安縣志》卷五，〈物產〉，第 20 頁。
201　朱彤等，《崇武所城志》，〈生業〉，第 41 頁。
202　王忬，〈條處海防事宜仰祈速賜施行疏〉，《明經世文編》卷二八三，《王司馬奏疏》，第 2997 頁。
203　董應舉，《崇相集》議，〈護漁末議〉，第 65 頁。
204　浙江巡撫張延登題本，崇禎二年四月二十四日到，錄自中研院，《明清史料乙編》，第七本，第 618—619 頁。
205　袁業泗，萬曆《漳州府志》卷三，〈山川〉。
206　周嬰，〈遠遊篇〉，《東番記》，福建師範大學藏手抄本。第 37 頁。
207　曹永和，《臺灣早期歷史研究》臺灣聯經出版事業公司，1979 年，第 229—230 頁。

　　在這裡有必要說一下近似漁業的畜牧業。來到福建的葡萄牙人描述了福州一帶的牧鴨業：「還有一些大船，上面裝著一家兩口子的全部家當。這種船有很好的艙房，他們的船都帶有寬大的邊翼，用竹葦編成，跟船身一樣長，裡面關著兩千或三千隻鴨子，具體數目大致根據船的大小而定。有些船是主人的，船上住著他們的僕人。他們是這樣放養鴨子的。天亮時給所有的鴨餵一些米飯，但不讓它們吃飽。餵完之後，打開一扇門，門口有一座竹葦橋通向河面。看到鴨子爭先恐後地湧出來，因為那麼多而使得有一些爬到了另一些的身上，出來後立即占據了一大片水面，真是一種奇觀。整整一天直到晚上，鴨子都被放養在稻田裡。稻田的主人給放鴨人一些賞錢，因為鴨子吃掉了稻田中的野草，對稻田進行了清除。天黑時，放鴨人敲響一隻定音鼓，雖然有好幾條船在一起，但鴨子能夠根據鼓聲認出自己的船，返船歸巢。」當時的放鴨人在孵蛋方面頗有技巧：「夏天，把兩千或三千隻蛋放在糞便，天氣和糞便的熱度會使雛鴨出殼。冬天，編一大片竹葦笆，放上那幾千個蛋，在下面燒上一堆不太旺的火，溫度均勻地連續燒幾天，直到雛鴨出殼。這樣孵出的鴨子都一般大小。每條河裡都有很多這樣的放鴨船，所以當地人能吃到很多的鴨。」[208]

二、製鹽業

　　明代福建鹽業沿襲宋元制度，仍以官營鹽業為主，在鹽場的鹽工分為鹽戶與竈戶兩種，鹽戶專門製鹽，竈戶的責任是為鹽戶提供煮鹽所需的柴草，生產的鹽由官府收購。為了保證鹽的生產，官府對鹽生產的管制十分嚴格，鹽民不得改營他業，也不准將食鹽私下買賣。以莆田上里場為例，此地有 2560 家鹽戶，分為 31 團，設有總催、秤子、團首、埕長等職役，由富戶充當，管理鹽戶。[209] 明初福建共有七大鹽場：上三場為福清海口場、福清縣牛田場、莆田縣上里場，這三大鹽場的鹽質較好，「辦納本色，召商開中，運鹽出水口，征延建邵三府及所屬縣轉鬻焉。有引、有課、有禁例，是為西路鹽」。下四場為泉州府轄內的惠安縣惠安場、晉江縣潯美場、晉江縣丙洲場、同安縣浯洲場，由於這三場的「鹽低黑，商人不願中納，歲

208　費爾南・門德斯・平托，《葡萄牙人在華見聞錄》，澳門文化司署等，王鎖英譯本，1998 年，第 106 頁。
209　陳壽祺，道光《福建通志》卷五四，〈明鹽法〉，第 1089—1090 頁。

折銀贍軍」[210]。七大鹽場共有鹽戶 13910 戶，官方定額年產 105340 引，每引 400 斤，共計 4213 萬多斤[211]。平均每戶生產 3029 斤。除此之外，福寧州和漳州區域都有百姓私下設置鹽場，製鹽販賣。可能是由於數量微小的原故，官方並不認真對待。不過，隨著漳州人口的增長，漳州民營鹽場也增多，逐漸引起了官府的注意，嘉靖三十七年（1558 年），漳州所屬的漳浦、詔安二縣也設場徵稅，「每方一丈徵銀三分，名曰丘稅。」[212]袁業泗解釋說：「泉漳俱非行鹽地，無商引正課，及諸禁例，聽民間從便貿易。或有司薄徵其稅以佐軍食，是為南路鹽。」[213]

　　明初福建鹽場兼用晒法、煎法。煎鹽法是宋元時期流行最廣的製鹽法：「其煎法月以二信候潮鹵，潮退，鹵沁土中，遇烈日結生白花，聚之以實於鹵坵，復取鹹水淋之。鹵坵者，穴土為窟，其下為溜池，有竅以相通，用蘆管引之，水漬鹵坵，循管注池中，投雞子桃仁，以浮為節，則鹵可用。迺瀉鹵於竈旁之土斛，以管引注盤上煎之……大盤日夜煎二百斤，小盤半之。」[214]明代初年，福建各鹽場還廣泛使用煎法，所以，明初福建鹽工分為鹽戶與竈戶兩種人。迄至明代中期，只有福寧州鹽戶還在使用煎鹽法。當地人說：「鹽，福清、興化鹽場俱日曬成，獨福寧、寧德必用火熬，計鹵十鍋，才煎一鍋，且海濱無樹木，熱茅以煎，婦人食息不離灶下，最為勞苦。」[215]晒鹽法發明於宋代，元代福建多數鹽場都用晒鹽法，明代就更普及了。「其曬法亦聚鹵地之尤鹹者，曬曝令極乾，實於漏坵，滲入溜池，復取池中水澆之，如是者再，則鹵可用矣。曬鹵之盤，石砌極堅密，為風約水，故廣狹無過數尺。一夫之力，一日亦可得二百斤。宋時塩價斤為錢十，貴倍之。今日價極高不過錢二文，以曬法無柴薪費故也。」[216]可見，晒鹽法的優點在於不要燃料，成本低，價格只是過去的十分之一。所以，明代中期福建的官營鹽場漸漸都改用晒鹽法，煎鹽法被完全放棄，明初專

210　袁業泗，萬曆《漳州府志》卷九，〈賦役下・鹽法考〉，第 2 頁。

211　林熑等，《福建運司志》卷八，〈課程志〉，臺灣中正書局 1987 年，第 381 頁、374 頁。

212　陳壽祺，道光《福建通志》卷五四，〈明鹽法〉，第 1090 頁。

213　袁業泗，萬曆《漳州府志》卷九，〈賦役下・鹽法考〉，第 3 頁。

214　顧炎武，《天下郡國利病書》第 26 冊，〈福建・泉州衛屯田〉，第 66 頁。

215　林子燮等，萬曆《福寧州志》卷一，〈輿地志・風俗〉，第 27 頁。

216　顧炎武編，《天下郡國利病書》第 26 冊，〈福建・泉州府屯田〉，第 67 頁。

為鹽戶提供燃料的竈戶後來也被罷免了。但是，明初晒鹽法還不很成熟，它的刮鹵法與煎鹽法的第一道工序完全相同，勞動強度很大。此後，又出現了埕坎晒鹽法。

埕坎晒鹽法出現於明代萬曆年間。埕坎實為一種大型的鹽池，傳統的鹽池較小，容量不大。而埕坎可視為鹽田，面積較大。埕坎的邊用海蠣灰砌成，池底鋪小石子或瓦片。鹽農在漲潮時引海水入埕，經曝晒濃縮後，便將初步濃縮的鹽水提入又一埕坎，再次曝晒。鹽水達到一定的濃度，鹽場即從海水中析出，結晶成塊。這類埕坎很大，每個埕坎約有一二畝，幾十個埕坎至幾百個埕坎相連，十分遼闊。

埕坎晒鹽法省去括取鹽鹵，海水沖澆等過程，所需勞力較少，所以，它的成本更低：「計一石所售直不過二三分。」普通稻米一石會有 150 斤，鹽的比重會比稻米更大一些。漳州的「曬鹽民原非灶戶，以貲轉佃鹽埕，終日胼胝炎烈中，所成鹽不過二石。」[217] 若以一石為 150 斤而計，日產兩石就是三百斤，比之明初煎鹽法的日產 200 斤多二分之一，價值五分銀。假設五分銀相當五百錢，那麼，一斤鹽的生產成本不過 1.67 銅錢。與其相比，晚明最大的兩淮鹽場，每斤鹽的生產成本約為 8—10 錢。福建鹽價便宜可想而知。不過，由於運輸不易，所以，福建食鹽外銷不多。

關於食鹽的銷售。明代的鹽業是官府管制最嚴的產業，鹽戶生產食鹽，首先要向朝廷或官方指定的商人領取本錢，產品銷售給官府鹽運司，或是官府指定的鹽商，若然鹽農私自售鹽，便是犯法。但福建沿海各府百姓，多是買私鹽吃，而官府為了保證食鹽的銷售，便強迫沿海民眾購買官府配給的食鹽，其消費量不少。明人說：「本朝天下郡縣所在有鹽糧，又有鹽課……凡鹽皆食於官，若男子以丁計，婦人以口計，歲各納米入官，支與鹽，每丁口納米八升，支與食鹽三斤。後鹽不支，民納米如故。」[218] 這就是福建著名的鹽米，實際上相當於人頭稅。實際上，在福建的沿海，泉州、漳州、福寧州都是吃私鹽，如福寧州：「私鹽禁例明甚，黃崎鎮鄰寧德莒州，山無可耕之地，世業販私鹽，釋此不為則盜矣。上司加意寬恤，佯為不知，

217　袁業泗，萬曆《漳州府志》卷九，〈賦役下 · 鹽法考〉，第 3 頁。
218　袁業泗，萬曆《漳州府志》卷九，〈賦役下 · 鹽法考〉，第 2 頁。

稍羈縻之。……私鹽價廉，人皆趨之。」[219] 真正由官府經營的僅是福州府、興化府所生產的鹽。其銷售範圍，是上游的延平、建寧、邵武三府。據《福建通志·明鹽法》記載，明弘治年間每年售鹽 105340 引，萬曆六年前後，每年銷售鹽 104340 引。[220] 每引四百斤，可見，明代福建官鹽銷售定額為 4000 多萬斤。

小結

　　晚明福建的農業的商業化程度較高。由於福建山地多而田地少，福建人農業的發展並非局限於田地，而是多元開發，相當注重園地、山林與海洋。園地的開發主要是種植各式水果。由於福建位於亞熱帶區域，境內許多果品都是江南和中原地區所沒有的，例如荔枝、龍眼、橄欖、蜜柚以及部分柑橘，將這些鮮果或是簡單加工過的乾果運到江南及北方市場，便能獲得大利。自唐宋以來，果品一直是福建省輸出海外基本商品。這是福建沿海園地給福建帶來的利益。福建的山地出產香菇、筍乾等蔬菜類商品，它在江南一帶銷路甚廣，也有運到北方市場的。明代後期，福建還引進了菸草，當時閩粵兩省都有菸草種植，看來閩商的運營能力更強一些，國內市場出售的主要是閩人的菸草。可與菸草並舉的另一項產品，就是蔗糖了。明代江南及北方市場出售的蔗糖，多為福建產品。每年春天，福建商船趁南風北上江南的港口，然後通過江南的水運樞紐，將這些商品運銷全國各地。福建的漁業、鹽業，商品化程度也很高，那時的閩人已經能夠進行深海釣魚的作業，獲得的深海帶魚被醃製成鹹帶魚，運銷內地城鄉。福建山區的農民一向以鹹帶魚為待客佳餚，這種習慣，應當起源於明代。

　　仔細觀察明代的農業，會發現有許多發明。糧食種植中的大冬早，顆粒沉實，是最佳水稻品種。番薯引進之後，很快發展出各式加工法，於是有了番薯粉、番薯乾之名。福建出產的荔枝和龍眼，過去是鹽醃製後出售，現在更多地採取晒乾的方法。於是，龍眼乾成為中國人大家都吃的補品。茶葉加工的發明最為重要，明代福建已經發明了紅茶和烏龍茶，雖說它的製作方法尚未成熟，然而，邁出第一步是最重要的。製作菸草方面，閩人

219　林子燮等，萬曆《福寧州志》卷一，〈輿地志·鎮市〉，第 105 頁。

220　陳壽祺，道光《福建通志》卷五四，〈明鹽法〉，第 1089 頁。

的最大發明是將其切成菸絲，從而成為現代捲菸的濫觴。迄今為止，美洲人吸菸葉裹成的雪茄，美洲之外，更多吸食裹著菸絲的捲菸。甚至在捕魚方面，閩人也有重要發明：深海釣船的出現，使福建漁民可以捕獲大量的帶魚，從此，帶魚和黃魚並列，成為中國人食用的兩大海魚。總之，那種以為近五百年來中國人沒有重大發明的言論肯定是錯的。只不過上述發明大都集中於食品方面，我們熟知而容易忽略罷了。

第七章　晚明福建的手工業

　　明代中後期私人海上貿易的發展，對福建經濟的發展是一個有力的刺激，其一，海外貿易為福建的商品生產開拓了廣闊的海外市場，朱紈說：「漳泉之人，復爾私通日本，坐獲厚利，更相效尤，傾動江南，百貨騰貴。」[1]諸如荔枝、龍眼、蔗糖、陶器等商品源源不斷地輸往外國；其二，海上交通的重新建立，使福建與國內其他省分的經濟聯繫加強。福建的商品不斷輸出各個省分，這也刺激了福建經濟的活躍。明代福建的白糖、紙張、木材、靛青、苧布等各項小商品生產都有較大的發展。而且，由於福建在晚明對外貿易中的特殊地位，使之成為晚明國內商品與海外商品交界的仲介區。它促使福建小商品市場的形成與成長，導致福建經濟結構的調整，從而使晚明福建經濟呈現出與以往不同的特點。

第一節　紡織業和造紙業

　　在中國近代史上，紡織業和造紙業都被列為輕工業，實際上，二者的勞動強度都是很大的。不過，明代的紡織業多為家庭紡織業，而造紙業則是規模較大的工廠工業。

1　朱紈，《天馬山房遺稿》卷四，〈海寇志〉，第21頁。

一、紡織業

　　明中葉以前福建紡織業大勢——以苧麻紡織為主，蠶桑與棉紡織業都不發達。例如福寧州，「州民不業紡織，間有苧、葛、兼絲布，不充服也。」[2] 以下我們分述各類紡織業在福建的發展。

　　福建在宋元時期是中國主要的棉產地，當時棉花種植尚未在全國普及，福建的棉花與棉布都是非常受歡迎的。不過，明代初年，朱元璋在全國範圍內推廣棉花種植，中國的江南與華北平原很快成為中國最大的棉產地。與其相比，最早引種棉花的福建區域在國內的地位急劇下降。《八閩通誌》的物產志記載環臺海區域出棉花的各個府是：建寧府、泉州府、興化府、延平府，然而，建寧府與延平府種植的棉花不多。如建寧府「出浦城、松溪二縣，亦不多」。[3] 又如延平府的將樂縣，在明弘治年間還有棉花及棉布生產，但萬曆年間的《將樂縣志》，在其〈物產‧貨之屬〉便只記載了棉花，沒有棉布。[4] 福建多雨的氣候不利於棉花生長，尤其是福建山區，雨水比沿海更多，所以，福建山區的棉花生產一直無法擴大，而有些地區種棉業漸漸消失，連帶當地的織棉業一起衰落。王應山《閩大記》說：「此中多麻枲，罕種木綿……若綿布，悉自外至。」[5]

　　明代中葉，隨著商品經濟的活躍，棉業的高利潤，吸引了閩人也競相從事棉業。嘉靖年間的安溪縣「近時山坡平曠多有種之者」。[6] 同安縣「生吉貝之綿，而女子善為布」。[7] 萬曆年間，一位遊客「過泉州至同安、龍溪間，扶搖路旁」皆是棉花[8]。當地人流行梳棉紡紗，「端淑買綿，晝夜紡衙中，逮歸，積紗一扛。」[9] 金門島的風俗是「男務耕稼，女務紡織」。[10] 該島的黃氏女子，26歲以後守寡，「朝夕紡織，以事垂白，下撫呱呱。」她靠紡

2　林子燮等，萬曆《福寧州志》卷一，〈土產〉，第43頁。
3　黃仲昭，弘治《八閩通誌》卷二五，第534頁。
4　黃仕禛，萬曆《將樂縣志》卷一，〈物產志〉，福建人民出版社2009年，第28頁。
5　王應山，《閩大記》卷十一，〈食貨考〉，第2頁。
6　林有年，嘉靖《安溪縣志》卷一，〈物產〉，國際華文出版社2002年，第43頁。
7　何喬遠，《閩書》卷三八，〈風俗志〉，第943頁。
8　王世懋，《閩部疏》，第6頁。
9　洪朝選，《芳洲先生文集》上卷，〈亡室宜人端淑蔡氏壙志〉，香港，華星出版社2002年，第172頁。
10　洪受，〈滄海紀遺〉，《滄海紀遺譯釋本》，黃鏘補錄，郭哲銘譯釋，第163頁。

織養活了一家人。又如金門趙氏：「逢世亂，殫力女工」。金門後埔許元之妻是相當典型的：「紡織拮据二十餘年，遂贖夫所蕩產業，買地種八斗，以供祀事。」[11]

興化的棉織業發展很快。弘治《八閩通誌》記載興化府「近來間有種者，亦不甚多。」[12]又如弘治《興化府志》記載：「亦有棉布，織吉貝為之。今所謂木棉花也。樹三四尺，春種秋收，其花結蒲，蒲中有茸細如鵝毛茸，中有核大如豆，用輸車絞出之。乃以竹弓彈碎碎，紡以為布。下里人家婦女治此甚勤。每四五日成一布，丈夫持至仙遊，易穀一石。」[13]可見，興化府的棉花種植是在明中葉發展起來的。

泉州沿海是福建主要棉布產區，「棉布為類極多，晉江之南鄉及南安、同安多有之。長四丈二尺為一匹，時布五百縷，上布七八百縷，細密堅致，如青花布、斜文布，直經斜緯，織文方斗」[14]惠安縣令張岳讚道：「吉貝布，即木綿花茸，邑人為之多粗拙，視晉江機湖所織者，遠不能及。」[15]安海商人「從河南、太倉、溫、台等州有棉之處，歲買數千包，方足一年之出入。至冬月人閑，則入安溪、永春、德化販賣。」[16]這些棉花主要供各地婦女紡紗織布，安溪縣婦女「冬棉夏葛，以為女工」。[17]這些記載表明：晚明從興化至閩南泉漳沿海，興起了棉紡織業，棉花種植亦盛。在沿海的影響下，環臺海區域一些山區也開始紡紗織棉，如尤溪縣生產「花巾，即手巾，以黑白紗縷相間織成，邑產頗多，用充禮儀。」、「線布，以綿紗苧縷交紡成線者，青白色，織而為布，用作被面，堅厚且華。」、「土線布，以吉貝紡紗織成，鄉都近興泉者間有之」。[18]至於泉州的棉布加工業發展有一定規模，它一方面輸入棉花，另一方面卻能輸出棉布，「安海商人年買數千匹，往高州、海南及交趾、呂宋等異國貨利。」[19]可見，明代泉州的棉

11　洪受，〈滄海紀遺〉，《滄海紀遺譯釋本》，第114、118、117頁。

12　黃仲昭，弘治《八閩通誌》卷二六，第556頁。

13　周瑛等，弘治《興化府志》卷一二，〈貨殖〉，第10頁。

14　安海志修編小組，《安海志》卷十一，〈物類·布帛〉，第114頁。

15　張岳，嘉靖《惠安縣志》卷五，〈物產〉，第21頁。

16　安海志修編小組，《安海志》卷十一，〈物類·布帛〉，第114頁。

17　何喬遠，《閩書》卷三八，〈風俗志〉，第943頁。

18　鄧一肅纂修，崇禎《尤溪縣志》卷四，〈物產志〉，第595頁。

19　安海志修志小組，新編《安海志》卷十一，〈布帛〉，第114頁。

紡織業是典型的來料加工業，它的原料來自江南，產品卻可輸出廣東與越南、菲律賓等處。這是商品經濟發達的表現，若非當地商品經濟達到一定的水準，是不可能出現這種現象的。

　　夏布有苧布、葛布、蕉布等多種。苧布是以苧麻織成的紡織品，古代臺海區域絲織品與棉織品的生產都比較有限，唯獨夏布紡織業相當發達，因此，晚明環臺海區域向北方輸出苧麻織品，用以抵消一部分輸入棉製品與絲織品。

　　苧麻是生命力很強的植物，在南方山地，處處可以種植苧麻。翻閱福建各區域的方志，幾乎每一部方志的物產志都有記述苧麻生產，而老百姓皆以苧麻為基本衣料，明代的何喬遠記述安溪情況：「余聞深山之民……隆冬之候，晝襲麻苧，夜則燒柴。」[20] 對福建農民來說，在宋代尚有以紙為衣的記載，而明代百姓皆能有一套麻苧衣服穿，這也算是苧織業進步的反映吧！如將樂縣：「苧麻，一科數十莖，宿根，至春自發，一歲三收，頗可織布。」[21] 苧麻透風，冬天穿苧麻衣服是很冷的。「嘗聞窮谷之民，衣麻禦冬，煨芋卒歲，且終其身，有不識金錢為何物者。」[22] 可見，當地民眾若是維持自給自足，就過著極為貧窮的生活。因此，多數農民要想方設法賣出手中的苧布，以換取棉布製作冬衣，這就形成了苧布生產的小商品潮流。明代後期，福建各縣都能生產各種苧布，如將樂縣：「機布，扁紗，在城，各鄉俱有，其用極廣。生布，圓紗，漠源等都出。白乾布，圓紗，漂白光明。水吉者佳。黃布，圓紗，作色者，萬安都出。水布，似乾而疏。土葛布，安仁、崇善都出。黃帕、白帕、上絹，高灘、安仁都出。苧綾，高灘都出。絲，高灘、安仁都出。」[23] 由於長期從事某項產業，他們的技術驚人。陸容的《菽園雜記》記載當時的種麻技術：「苧，每四五年一種。種須八九月，去舊根，取當年旁生枝為佳。久不更種，到老，根生白蟻傷之。種法，先鋤地作溝，用污泥填壅，每溝約疎五六尺或一尺。五月刈者名頭苧，七月刈者名二苧，九月刈者名三苧。如茂盛，亦不須待至此月。及其未至旁枝未生、

20　沈鍾等，乾隆《安溪縣志》卷四，〈風土〉，引何喬遠語，第 110 頁。
21　李敏等，弘治《將樂縣志》卷二，〈食貨‧土產〉，將樂縣地方志編纂委員會 2001 年自刊本，第 55 頁。
22　鄧其文，康熙《甌寧縣志》卷七，〈風俗〉，康熙三十四年刊本，第 27 頁。
23　黃仕禎，萬曆《將樂縣志》卷一，〈物產志〉，第 29 頁。

花未遭狂風，可也。若過時而生旁枝，則苧皮不長，生花則老，而皮粘於骨，不可剝，遭大風吹折到皮，亦有斷痕而不佳矣。凡將刈先以杖擊去葉，然後刈之。落葉既壅，子根久而浥爛到地亦肥。刈後乘其未燥，以水沃之，剝重皮漚水中，一時取起，以鐵刀戛去粗皮陰乾。若晒乾則硬脆不堪績矣。雨後刈者尤潤而佳。戛法以時，但一面著力，以指按粗皮於刀上而抽取之，每一刈後，製苧稍暇，須灌糞一度，又以圩泥覆之則肥，而收刈可以及時。大率織布以頭苧為尚，二苧滋潤而便於績者耳，三苧尤劣。」[24] 可見，種苧業要投入相當大的勞動力。

　　種苧業是一種商品經濟，對山區自然經濟衝擊頗大。如福建壽寧縣「壽民力本務農，山無曠土。近得種苧之利，走龍泉、慶元、雲和之境如鶩，田頗有就蕪者，此不可不責之田主也。苧山亦曰麻山，一年三熟，謂之三季。富者買山，貧者為傭，中人則自力其地。力薄則指苧稱貸，熟而償之。懷妻子者，鬻苧則一歸，歸日必連袂同行，備不良也。冬削草畢，逼歲還家。凡完糧、結訟必俟苧熟，荒則否。或失利而歷年不歸，或得利而攜孥子久住，壽民之土著者少矣。奸民之在外為非，必托言麻山，然不可詰也。」[25] 壽寧不過是個山僻小縣，然而，商業性苧業卻在經濟中占有重要地位。「壽人所用皆苧山之銀，故多低價。」、「凡完糧結訟必俟苧熟，荒則否。」[26] 苧布的透氣性比棉布好，用作夏天的衣料堪稱上乘，所以，苧布又稱夏布。明代福建的夏布是相當有名的，尤溪縣的苧布「最佳者價值兩餘」[27]，外來商人往往購買福建夏布運到北方。「陳棟，山東人也，屢年入福建建陽地名長埂販買機布。萬曆三十二年季春，同二僕帶銀壹千餘兩，復往長埂買布。」[28] 福建商人也將夏布運銷外地，「寧城一人，姓李名英，年二十餘歲，聰明脫洒，惟耽酒色。常買夏布，往蘇州閶門外，寓牙人陳四店。」[29] 以上這條史料說明福建機布在北方市場銷售。福建夏布中，最出色的是惠安北鎮布，當地人說：「北鎮布，漚白苧麻為之。婦人治此者，至井臼之類，

24　陸容，《菽園雜記》卷十四，文淵閣四庫全書本，第 11—12 頁。
25　馮夢龍，《壽寧待志》卷上，〈風俗〉，第 47—48 頁。
26　馮夢龍，《壽寧待志》卷上，〈風俗〉，第 47—48 頁。
27　鄧一驥纂修，崇禎《尤溪縣志》卷四，〈物產志〉，第 595 頁。
28　張應俞，《騙經》，北京，大眾文藝出版社 2002 年，第 361 頁。
29　張應俞，《騙經》，第 422 頁。

亦不敢親操，恐浣手成跡也。此布成之甚艱，其實太輕楚，不耐於用。然今人多重之。每歲和買及橫索，無慮千百匹，里甲甚患苦焉。」[30] 不過，北鎮苧布聲譽使它成為晚明環臺海區域熱銷產品之一，《閩書》記載：「北鎮之布行天下。」[31] 本縣方志也說：「細白布，通商賈，輦貨之境外，幾遍天下。」[32] 北鎮布之外，永春縣「白苧之布，比弱吳紈。」[33] 安海商人每年都到永春及其鄰縣購買白苧布「千萬匹，北上臨清貨賣。」[34]

苧布是福建的特產。福建輸出夏布而輸入棉布，這是晚明東南商品交流極為壯觀的景象。

藍靛。藍靛是明代最普及的染料，福建為國內主要的藍靛產地，「利布四方，謂福建青。」[35] 福州一帶大量種植藍靛，《閩部疏》記載：「福州而南，藍甲天下。」[36]《永福縣志》說：「至於引水不及之處，則漳、泉、延、汀之民種菁、種蔗，伐山採木，其利乃倍于田。久之，窮岡邃谷，無非客民。」[37] 據當地的縣志，永福人口中，有二三成是客民。這些客民以種山為生，而又以靛青的種植規模較大，嘉靖四十年當地發生的菁農起義，人數達數千人[38]。王應山說：「靛出山谷，種馬藍草為之。皆上府及溫處流人所作。利布四方，謂福建青。」[39] 福州的南郊，至今有名為青布、青圃的村鎮，應是當年藍靛業的反映。福州之外，泉州也以藍靛生產聞名。王世懋認為「泉之藍」，是福建主要輸出品之一[40]。同安人林希元說：「靛，此貨甚於吾同（安），轉販入浙者獲大利，永春只自給。」[41] 葉夢珠記載：他的家鄉上海一帶消費的青靛，「初出閩中」，後來因戰爭隔斷了航路，有人因市場上缺乏福建靛青，便在江南試種，一度獲利。不過，當福建青再

30　張岳等，嘉靖《惠安縣志》卷五，〈物產〉，第21頁。
31　何喬遠，《閩書》卷三八，〈風俗志〉，第942頁。
32　張岳，嘉靖《惠安縣志》卷四，〈本業〉，第2頁。
33　何喬遠，《閩書》卷三八，〈風俗志〉，第943頁。
34　安海志修編小組，《安海志》卷十一，〈物類・布帛〉，第115頁。
35　王應山，《閩大記》卷十一，〈食貨考〉，第5頁。
36　王世懋，《閩部疏》，第12頁。
37　唐學仁，萬曆《永福縣志》卷一，〈地紀・風俗〉，第24頁。
38　唐學仁，萬曆《永福縣志》卷一，〈地紀・時事〉，第26頁。
39　王應山，《閩大記》卷十一，〈食貨考〉，第5頁。
40　王世懋，《閩部疏》，第12頁。
41　林希元，嘉靖《永春縣志》卷一，〈物產〉，頁碼不明。

度出現於江南市場上時，江南土靛失利，「況所染之色終不若福靛」，所以，最終當地人不種靛青，還是從福建進口[42]。

　　總的來看明代福建沿海城鄉的紡織業，在絲織業方面因出口旺盛，出現了依賴湖絲的絲織業；棉紡織業發展不如江浙一帶，要從江南進口大量的棉布。不過，閩南的泉州府和興化府進口江浙的棉花，自行紡紗織布，向外地出口。由苧、蕉、葛布組成的夏布，福建各府都有生產，福建消費的大趨勢是出口夏布進口棉布和絲綢。湖絲和棉花的進口數量也很大。

二、造紙業

　　中國古代造紙業的原料主要有兩種，一種是楮樹皮，一種是竹絲，楮樹皮用於製造高級紙，原料貴，產量少，竹紙原料便宜、產量大，構成了中國造紙業的骨幹。因此，明清以後，中國造紙業一直以竹紙為主。宋應星說：「凡造竹紙，事出南方，而閩省獨專其盛。」[43]這句話反應了福建造紙業在國內的地位。

　　宋應星的《天工開物》詳細記載了福建造紙業的造紙過程：

　　首先，砍代新抽竹筍尚未生枝者為原料，浸入水塘泡沖，滿一百日後撈取加工。經過槌洗，去掉粗殼、青皮，剩下竹絲；

　　其二，將竹絲放入楻桶，與石灰水和拌，煮八天八夜。竹絲爛成竹麻；

　　其三，掏出竹麻放入清水塘中漂洗乾淨，再入木桶水煮，同時加入柴灰、稻草灰；沸騰後，撈出竹料再沖洗。如此反復多次，竹絲完全腐爛為竹麻；

　　其四，把竹麻放入水碓中搗成爛泥；

　　其五，將竹麻傾入槽內，加入拌勻，用細竹簾抄紙，撈出一張後即貼於火牆上烘乾。紙便製成了；

　　其六，將紙包裝運出[44]。

42　葉夢珠，《閱世編》卷七，〈種植〉，上海古籍出版社 1981 年，第 166—167 頁。

43　宋應星，《天工開物》，〈殺青‧第十三〉，第 457 頁。

44　宋應星，《天工開物》，〈殺青‧第十三〉，第 457—464 頁。

　　由此可見，製造竹紙的技術極為繁瑣，有人稱它是古代手工業最繁雜的手工業，不為無理，由於這一原因，明代一些造紙廠的雇傭工人較多、生產規模也大。

　　明代福建造紙工業有較大進步。例如，明代前期福建造的竹紙品質比不上楮皮紙，所以，胡應麟說：「凡印書，永豐（江西）綿紙上，常山（浙江）束紙次之，順昌（福建）書紙又次之，福建竹紙為下。」永豐紙是以楮皮為原料，產量不多，價格昂貴，但品質好，為藏書家歡迎。「順昌（紙）堅不如綿，厚不如束，直以價廉取稱，閩中紙短窄鬆脆，……品最下而直最廉。」胡應麟不知順昌紙也是福建產品，所以將它另入一類。應當說，竹紙在製造之初，其品質比不上楮皮紙是正常的。從其以「價廉取勝」這一點而言，我們知道它是一種就實用程度來說相當受歡迎的紙，因而，它的市場十分廣闊。不過，除了順昌紙以外，其它福建竹紙尚不理想。到了嘉靖、萬曆年間，福建各地的竹紙製造技術普遍提高，胡應麟說：「近閩中則不然，以素所造法演而精之，其厚不異於常而其堅數倍於昔。其邊幅寬廣亦遠勝之，價直既廉，而卷帙輕省，海內利之。」[45] 從「海內利之」這句話中我們知道，當時福建竹紙的消費十分廣泛。

　　福建紙業獲得如此巨大的進步是因為發明了兩大紙類：連史紙、毛邊紙。

　　連史紙與毛邊紙都是竹紙，也是直到今天中國市場上最常見的土造紙。從其使用歷史之長，我們可知當時這是二項在中國歷史上具有重要地位的發明。關於連史紙的出現，造紙界有不少傳說，比較可靠的應是《閩書》的記載，「工作之良，則有……連氏之楮，楮有連氏兄弟為之，其行為三、為四，故綿紙有『連三』、『連四』之名。」[46] 以後，連三紙沒而不聞，連四紙卻揚名天下。連宋應星《天工開物》也稱讚：「近世闊幅者名大四連，一時書文貴重。」[47] 尤溪縣生產的「連四紙，綿料堅白，可造奏冊。」[48] 可見，明末福建的竹紙品質已不亞於用楮皮製造的高級紙，乃至可以用於官府使

45　胡應麟，《少室山房筆叢》卷四，上海書店出版社 2001 年，第 43 頁。
46　何喬遠，《閩書》卷三八，〈風俗志〉，第 946 頁。
47　宋應星，《天工開物》，〈殺青‧第十三〉，第 460 頁。
48　鄧一鼇，崇禎《尤溪縣志》卷四，〈物產志〉，第 595 頁。

用的奏本。

至於毛邊紙，曾有人以為該紙得名於毛氏汲古閣，明末清初江南毛子晉汲古閣印書用這類紙，所以，人們將其紙稱作毛邊紙。葉德輝《書林清話》即用此說。其實，汲古閣肯定不會生產紙。據我所見，至少在萬曆時期的福建方志中，已出現了毛邊紙的記載，產地是將樂縣池湖鄉、安仁鄉、中都鄉[49]。當時汲古閣應未出現，這說明毛邊紙也是閩人發明的。此外，在崇禎《尤溪縣志》中，我們也見到了毛邊紙的記載。福建毛邊紙產量堪稱天下第一，至今仍是如此。

明代閩人造紙，除了用竹絲之外，也用碎布，一個葡萄牙人觀察到：「不管是什麼破布，都不扔掉，因為無論是細布還是粗布，只要不是毛料，就可以用來做薄紙或厚紙。他們還用樹皮、竹葦或絲綢做紙。」[50]

福建山區的延平、建寧、邵武三府是明代福建主要產紙區，而以順昌最多，「順昌人作紙，家有水碓，至造舟急灘中，夾以雙輪如飛，舂聲在舟。」[51]可見，順昌造紙業十分普及。

第二節　伐木業和造船業

明代福建的造船業聞名於世，福建海船製造業的基礎是福建伐木業。晚明閩江上游的杉木種植業發達，商人定時入山採購，大面積砍伐，所採伐的木材在溪流中編成木排，合適的時候順溪流下送到閩江入海口。因泉州晉江上游的森林在宋元時期採伐殆盡，可造船的大木極為稀少，所以，明中葉以後，漳州及福州成為福建造船的主要基地。大量木材被運到沿海港口以供造船。除了造船之外，閩江兩岸的城市建造也需要大量的木材，因此，晚明福建伐木業十分發達。

一、伐木業

福建的山林之產最為豐富，「閩山所產，松杉而外，有竹、茶、烏臼

49　黃元美等，萬曆《將樂縣志》卷一，〈物產〉。明刊本膠捲。

50　費爾南・門德斯・平托，《葡萄牙人在華見聞錄》，第 111 頁。

51　王世懋，《閩部疏》第 10 頁。

之饒。竹可紙，茶可油，烏臼可燭也。」[52] 其中造紙和伐木是兩項重要手工業。

1. 杉木。杉木是中國古代最重要的建材，《順昌邑志》說：「杉，木類松而勁直，葉附枝生，若刺針然，土人作宮室，以此為上。」[53] 福建盛產杉木，它大多是由山區農民種植的。明代前期以「永春最盛，安溪、德化次之也。人生女，課種百株，木中梁棟，其女及笄，藉為奩資焉。」[54] 民眾植樹的積極性很高。閩東支提寺僧人潔庵禪師曾經「手植杉木八萬四千根，備修殿宇之用。」[55] 延平府和建寧府是福建木材產區的骨幹，早在明初，官府就在這裡採木造船。李默在文章中寫到建安縣的士紳與木商的矛盾：「高陽之產杉木也，比於楚材，歲中所伐，以億萬計。狼籍溪澗。豪商利於速達，稍雨輒下木，奔放衝擊，陂埧盡決。農甿苦之。先君具白于監郡，始立禁防，始作筏，相銜而下。田得無涸。惠行數十里。而先君常以身為豪商敵，至破己貲為之，鄉人頌焉。」[56] 邵武府是後起之秀，萬曆年間有人說：「杉，舊本地少種之者，故郡之老屋猶多用松木為棟梁。近三四十年來，郡人種杉彌滿岡阜，公私屋宇悉用之。皆取諸本土而足。……蓋駸駸乎與延建之杉等矣。郡人所謂貨，此其最重者也。」[57] 明末種杉的習俗已遍及福建許多地方，明末何喬遠說：「杉，建、延、汀、邵、福寧為多，是插而生者。」[58]

福建杉木早在宋代就向浙江等地出口。明代前期，朝廷頒布禁海令，福建木材的出口也因而中斷，但是，到了明晚期，福建杉木又開始遠銷浙江寧波，轉運江南各地。「福建延、汀、邵、建四府，出產杉木，其地木商，將木沿溪放至洪塘、南台，（運至）寧波等處發賣，外載杉木，內裝絲綿，駕海出洋。每貸興化大海船一隻，價至八十餘兩。其取利不貲。」[59] 這是海

52　王世懋，《閩部疏》第 12 頁。

53　馬性魯，正德《順昌邑志》卷八，〈物產〉，第 121 頁。

54　黃仲昭，弘治《八閩通誌》卷二六，〈物產〉，第 542 頁。

55　崔嵸，《寧德支提寺圖志》卷六，李懷先、季左明、顏素開點校本，福州，福建省地圖出版社 1988 年，第 146 頁。

56　李默，《群玉樓稿》卷七，〈先考吏部府君行實〉，萬曆元年李培刻本，第 67 頁。四庫全書存目叢書集部第 77 冊，第 776 頁。

57　韓國藩等，萬曆《邵武府志》卷九，〈物產〉，第 91 頁。

58　何喬遠，《閩書》卷一百五十，〈南產志〉，第 4452 頁。

59　浙江巡撫張延登，〈請申請海禁疏〉，計六奇《明季北略》卷五，北京，中華書局，1984 年，第 103 頁。

路運輸。還有從陸路輸入外省的。李世熊說：「吾土杉植最盛，……此材為棟梁、棺槨、舟車、百器之需，利用最博。先時徽賈買山，連筏數千為捆，運入瓜步（南京附近），其價不貲。」[60]據此，閩西的杉木翻山越嶺，被運至江西河流，然後順流而下，轉運江南的瓜州等地。福建木材輸出之多，可以想見。因此，毫不誇張地說：木材早在明代就是福建產值最高的產業之一。

楠木。楠是建材之一，「江南等路造船場，皆此木，閩人作宮室多以為棟樑。」[61]樟木。「可解為桌面，及為船，莆人多解為碑板」，「有闊四五尺者，其氣率烈，熬其汁為腦，以火燃之。置水上不熄，其子可榨油。」[62]尤溪縣出樟木，「赤白二種，俱可製器，大者有數十圍，近因採封船、戰艦，民懼其累，俱鑿成大孔，以示不堪用。」[63]

2. 竹類。福建最多毛竹，方言又稱為「貓竹」。「大者徑七八寸，高而堅實。」它的用處很廣，「筍生於冬者，曰冬筍，不出土，味佳，生於春者乃成竹，可破篾為筐篚及織壁用。筍長將開葉，砍浸作竹絲造紙，民利之。」[64]福建的許多手工業都以毛竹作原料，「福興泉漳之間，以竹為器，延建汀邵之間，以竹為紙；竹之筍，福興泉漳之間烹而饌之。延建汀邵之間，蒸而悶之，鹽而糟之。」[65]竹筍在明代是很受歡迎的食品，有人品賞各種筍：「筍類極多，以江南筍為佳，綠筍、冬筍次之。烏筍、綿筍、箭筍、貓筍、黃筍又次之。苦筍先出，亦有一種趣味。」[66]以上說明：毛竹應用面極廣，可以製作家俱、造紙，竹筍可以食用。毛竹之外，綿竹也有其特殊用途：「綿竹，篾柔軟可為諸般器物，竹中之最美者。」[67]李世熊認為種毛竹十分有利：「一隅之地，日伐千百竿，用之不竭，其利甚溥。」[68]福建山區毛竹種植極多，何喬遠說：「余嘗游永福縣，竹匝地漫山，罕有間斷至隔絕數里者，

60　李世熊，康熙《寧化縣志》卷二，〈土產志〉，第 119 頁。
61　韓國藩等，萬曆《邵武府志》卷八，〈物產〉，第 27 頁。
62　韓國藩等，萬曆《邵武府志》卷八，〈物產〉，第 28 頁。
63　鄧一嘉纂修，崇禎《尤溪縣志》卷四，〈物產志〉，第 596 頁。
64　馬性魯，正德《順昌邑志》卷八，〈物產〉，第 121 頁。
65　何喬遠，《閩書》卷一百五十，〈南產志〉，第 4455 頁。
66　鄧一嘉纂修，崇禎《尤溪縣志》卷四，〈物產志〉，第 596 頁。
67　馬性魯，正德《順昌邑志》卷八，〈物產〉，第 121 頁。
68　李世熊，康熙《寧化縣志》卷二，〈土產〉，第 125 頁。

問之，汀邵間皆然，一大奇也。」[69]王應山評福建：「竹類甚夥，閩多山藪，其利不貲，與渭川千畝等埒，然阻嶺嶠不能遠致也。」[70]據此，福建毛竹的市場主要在省內，不像杉木一樣遠銷外省。王應山以為這是由於福建山川險阻，不宜運輸的緣故；其實，既然福建的杉木可以運銷外省，毛竹當然也可以運銷外省，主要是由於東南數省都出產毛竹，所以，它們不需要從福建輸入毛竹。然而，僅是福建的省內市場已是可觀的。

二、造船業

福建負山面海，河流縱橫，在內有多種河船，在外有各種海船。但是，由於明初實行海禁，傳統民間造船業受到很大打擊，明成祖時，「逐（遂）下令禁民間海船，原有海船者，悉改為平頭船。」[71]這一禁令使民間遠洋海船的製造變為非法為，但是，沿海豪強仍有製造海船下海的，馮璋說：「又況泉漳風俗，嗜利通番，今雖重以充軍、處死之條，尚猶結黨成風，造舡出海，私相貿易，恬無畏忌。」[72]有一些官宦人家更憑著自己與官府的特殊關係造船下海，所以，朱紈巡視福建沿海時，抨擊同安林希元以造渡船為名，私造違式大船通商。此外，福清的鹽船製造是合法的。「在福建，則有白艚船。駕船之兵，則福清縣之鹽民、漳泉之商民也。此船大者可載二三千石，中者可載七八百、一千石，下者可載五六百石，故福建多用之。」[73]迄至明代海禁緩解後，沿海造船業就更發達了，尤其是在海外貿易最盛的漳州。明代鄭懷魁的〈海賦〉說：「富商巨賈，捐億萬，駕艨艟，植參天之高桅，懸迷日之大蓬，約千尋之修纜。」[74]由此可見當時漳州大船的雄偉。據文獻記載，當時漳州海船主要有二種規格：「舟大者廣可三丈五六尺，長十餘丈；小者廣二丈，長約七八丈。」估計其載重量約在200—500噸之間。工匠為了牢靠，多選用厚實木料，所以，造船費用很高，

---

69 何喬遠，《閩書》卷一百五十，〈南產志〉，第 4455 頁。
70 王應山，《閩大記》卷十一，〈食貨考〉，第 191 頁。
71 《明太宗實錄》卷二七，第 4 頁。
72 馮璋，〈通番舶議〉，《明經世文編》卷二百八十，《馮養虛集》，第 2967 頁。
73 俞大猷，《正氣堂全集·續集》卷一，〈又與劉凝齋書〉，第 536—537 頁。
74 鄭懷魁，〈海賦〉，李基益等，康熙《海澄縣志》卷十六，〈藝文〉，清康熙刊本，第 1 頁。

每造一艘船約需 1000 多兩銀子，每年修一次也要五六百兩銀子[75]。

　　晚明因倭寇入侵的關係，福建製造了許多船隻，以裝備水師。俞大猷和戚繼光都很重視大福船，是因為這種船隻很適合大洋作戰。

> 蓋福船之製高大，可容百人。其底尖，其上闊，其首昂而張，其尾高聳，設柁樓三重於上，旁皆設板，裼以茅竹，堅立如垣。其帆桅二道，中為四層，最下一層不可居，惟實土石，以防輕飄之患。第二層乃兵士寢息之所，地板隱之，須從上躡梯而下。第三層左右各設大門，中置水櫃，乃揚帆炊爨之處也。其前後各設木碇，繫以綜纜，下碇起碇，皆於此用力。最上一層如露臺，須從第三層穴梯而上，兩傍板翼如欄，人倚之，以攻敵。矢石火砲，皆俯瞰而發。敵舟小者，相遇即犁沈之。而敵又難於仰攻，此其製，誠盡善而盡美矣。[76]

　　除了大福船之外，閩粵水師還裝備了其他船隻。周之夔的〈水戰火攻策〉說：

> 今海中所用之舟，則福船、中哨船、八槳船、喇叭唬、白艚、漁網船諸類是也。然船號忌雜，則令繁而士難辨，是故福船主外洋攻打，中哨船主哨探攻戰及襲擊內港；八槳船主撈級出哨，亦助擊內港；喇叭唬聽臨時調撥；白艚、漁網聽隨地聯絡，而製度定矣。[77]

福建水師的船隻遠勝日本船隻。

> 日本造船與中國異，必用大木取方，相思合縫。不使鐵釘，惟聯鐵釬，不使麻筋、桐油，惟以草塞鏬漏而已。名短水草。費功甚多，費材甚大，非大力量未易造也。凡寇中國者，皆其島貧人，向來所傳倭國造船千百隻，皆虛誕耳。其大者容三百人，中者一二百人，小者四五十人，或七八十人。其形卑隘，遇巨艦難於仰攻，苦於犁沈，故廣福船皆其所畏。而廣船旁陛如垣，尤其所畏者也。其船底平，不能破浪，其布帆懸於桅之正中，不似中國之偏桅，機常活，不似中國之定，惟使順風，若遇無風、逆風，皆倒桅盪櫓，不能轉

75　張燮，《東西洋考》卷九，〈舟師考〉第 170 頁。

76　鄭若曾，《江南經略》卷八上，〈福船論〉，第 13 頁。

77　周之夔，《棄草集‧文集》卷三，〈水戰火攻策〉，第 569 頁。

餞。故倭船過洋，非月餘不可。今若易然者，乃福建沿海奸民買舟
於外海，貼造重底，渡之而來。其船底尖，能破浪，不畏橫風，鬪
風行使便易，數日即至也。[78]

當時官方所造福船：「大號者官給五六百金，其次亦三四百金，每歲
收葺，一船且數十金。」[79] 明代福建所造民用海船還有釣槽大船、鹽船、漁
船、牛船、剝船、白艚船、烏艚船等多種樣式，河船有清流船、梢篷船，
限於篇幅，不再一一闡述。總的來看，明代福建船業仍位於國內前列，和
宋元時期相比，造船技術也更為成熟。

福建官府造船，最大的是冊封舟。從嘉靖十三年到崇禎六年，明朝五
次派遣使者到琉球國冊封國王，其座船大小有明確記載：

表 7-1　明代出使琉球冊封舟尺度與容積估算

年代	使者	冊封舟尺度			估計載貨容量
		長	寬	深	
嘉靖十三年	陳侃	十五丈	二丈六尺	一丈三尺	3380 料
嘉靖四十年	郭汝霖	十五丈	二丈九尺七寸	一丈四尺	3861 料
萬曆七年	蕭崇業	十四丈五尺	二丈九尺	一丈四尺	3625 料
萬曆三十四年	夏子陽	十五丈	三丈一尺六寸	一丈三尺三寸	4108 料
崇禎六年	杜三策	二十丈	六丈	五丈	10800 料

可見，其長度多數在十五丈上下。這比漳州民船要更大一些。隆慶年
間，福建巡撫塗澤民「竭全閩之錢糧、鳩全閩之財物，奔走全閩之有司吏
卒工役而成」，造成了「冊封琉球過洋極大巨艦，皆可以一當十者二十四
隻。」[80] 這些巨艦成了福建水師的主力，從而擊敗嶺南海寇的入侵。明代福
建造船實力由此可見。

第三節　鐵業及其雇傭制度

明代的冶鐵業在福建經濟中占有重要地位。王應山說：「鐵產上府，

78　鄭若曾、胡宗憲，《籌海圖編》卷二，〈倭船〉，第 201—202 頁。
79　顧炎武，《天下郡國利病書》第 26 冊，〈福建・詔安〉，第 131 頁。
80　塗澤民，〈與京中諸公書〉，《明經世文編》卷三五三，《塗中丞軍務集錄一》，
　　第 3801 頁。

尤溪為盛。貢課之外，轉市他省，以利器用，甚夥。」[81] 可見，福建鐵的輸出量較大。福建的鋼鐵也以品質好聞名於世，徐𤊻說：「閩中產銅鐵，鑄刀劍甲天下。」[82] 可以說，晚明是福建冶鐵業的鼎盛時期。

一、明代福建冶鐵業的規模

據《八閩通誌》的記載，明代中葉，福建共有 15 個縣設有鐵場與鐵爐，其中尤溪縣共有 22 所鐵場，而建安縣有 8 所鐵冶，以手工業時代的標準來說，其規模都相當驚人。全省共有鐵場（鐵坑）41 所，鐵冶 18 所。鐵場即為鐵礦開採地，鐵冶是冶煉鐵礦的地方，設有冶鐵高爐，一個鐵冶至少擁有 1 座以上的鐵爐，福建全省鐵冶 18 所，高爐總數應有數十所，這反映了明代前期福建礦冶業的發展。

嘉靖、萬曆年間，隨著商品經濟的發達，福建的冶鐵業規模更大。在《八閩通誌》記載中，龍溪僅有一所「鐵冶」，但到了嘉靖年間，當地共有爐冶戶 48 戶 [83]，實有煉鐵高爐 24 所 [84]！汀州府在弘治年間僅有 3 所鐵場，但在明代後期，汀州境內的清流、連城、上杭、武平、永定等五縣都曾有鐵冶，其中清流、武平各有 1 座鐵場，連城 4 座鐵爐，上杭鐵爐 5 座，永定 7 座鐵爐 [85]，共有鐵場 2 座，鐵爐 16 座。其規模不可小看。此外，浦城縣有鐵窯 2 座，[86] 龍巖縣的鐵冶分布於「萬安、集賢、龍門、表政、節惠，在在有之。遷移無定。每爐歲課銀五錢。」[87] 他如寧德縣有鐵冶 4 座 [88]。而尤溪縣是福建著名的鋼鐵產地，崇禎年間的縣志記載，尤溪縣有爐冶 22 處 [89]。此外，泉州的安溪縣也是著名的鋼鐵產地，嘉靖《安溪縣志》的貨產部分記載：「鐵，出感德、潘田等處，外縣人業作轉販得利。」[90] 宋應星縱

81　王應山，《閩大記》卷十一，〈食貨考〉，第 195 頁。

82　徐𤊻，《徐氏筆精》卷八，〈鮫魚皮〉，第 325 頁。

83　劉天授，嘉靖《龍溪縣志》卷四，〈田賦〉，第 2 頁。

84　劉天授，嘉靖《龍溪縣志》卷一，〈地理・物產〉，第 34 頁。

85　唐世涵等，崇禎《汀州府志》卷七，〈窯冶〉，第 24—27 頁。

86　黎民範，萬曆《浦城縣志》卷十一，〈土產〉，第 31 頁。

87　湯相，嘉靖《龍巖縣志》卷上，〈鐵冶〉，第 49 頁。

88　舒應元等，萬曆《寧德縣志》卷三，〈鐵冶〉，明刊本膠捲，第 33 頁。

89　鄧一矞纂修，崇禎《尤溪縣志》卷二，〈規制志〉，第 581 頁。

90　林有年等，嘉靖《安溪縣志》卷一，〈物產〉。

論全國的煉鐵業時說：「西北甘肅、東南泉郡，皆錠鐵之藪也。」[91] 所謂「東南泉郡」，即指泉州，而泉州境內，只有安溪縣的潘田是最大的鐵礦產地。所以，當時安溪的冶鐵業也是全國著名的。從龍溪與尤溪分別有 24、22 座鐵爐來看，福建全省會有近百座煉鐵高爐。據北京鋼鐵學院的《中國冶金簡史》一書，明清時期，中國的鐵爐高達 1.7 丈—1.8 丈，煉鐵日產 2 千斤；另有大爐高 2 丈多，可日產 4 千斤生鐵。如果每爐平均產鐵 3000 斤，1 百爐即為日產 300,000 斤。明清的鐵爐大都是每年生產半年，此處以 180 天為計，全年共生產 27000 噸。這一產量可與同時代歐洲的一個國家相當。

從製鐵業在國內的名氣看福建的冶鐵業。高爐煉出生鐵後，或製成鐵塊出售，或澆鑄鐵器，或再煉為鋼、熟鐵，加工成各種工具，這裡統稱為製鐵業。福建的生鐵不如廣東，唐順之說：「生鐵出廣東、福建，火鎔則化……今人鼓鑄以為鍋鼎之類是也。出自廣者精，出自福者粗，故售廣鐵則加價，福鐵則減價。」[92] 明代，中國出口東南亞的鐵鍋多來自廣東，其原因在於廣東生鐵品質好，易於澆鑄。不過，福建是國內兩大生鐵產區之一，所以，福建鑄鐵業也很發達，《八閩通誌》記載：建安縣有九座「鑄冶」，顧名思義，這九座鐵爐是專門從事澆鑄生鐵器皿的。由此可見當地鑄鐵業的生產規模。

然而，福建的熟鐵和鋼的品質卻是國內有名的，方以智引《中通》說：「南方以閩鐵為上，廣鐵次之，楚鐵止可作鉏。」[93] 明代鑄造精緻的兵器，都選用閩鐵，茅元儀說：「製威遠砲須用閩鐵，晉鐵次之。」[94] 趙士禎也強調：「製銃須用福建銕，他銕性燥不可用。煉銕，炭火為上，北方炭貴，不得已以煤火代之，故迸炸常多。」[95] 趙士禎的解釋還停留於感性認識，用化學原理來解釋：鋼鐵中最忌含硫，若不能除去硫這種有害雜質，鋼鐵器物容易產生裂紋，將它製炮，容易炸裂。北方煉鐵原料選用煤，煤之中常帶有硫的成分，所以不如南方用木炭煉製的鋼鐵。這是明代武器製造大師都強調用福建鐵的緣故。由此可見，明代福建鐵暢銷於國內市場，與福建用木炭煉鐵有關。

91　宋應星，《天工開物》，〈五金・第八〉。潘吉星校注本，第 366—369 頁。

92　唐順之，《武編・前集》卷五，文淵閣四庫全書本，第 6—7 頁。

93　方以智，《物理小識》卷七，〈金石類〉，文淵閣四庫全書本，第 7 頁。

94　茅元儀，《武備志》卷一一九，〈製具〉。

95　趙士禎，《神器譜・說銃》，見，《玄覽堂叢書》第 86 冊。

福建號稱東南山國，境內覆蓋著茂密的山林，自古以來是中國重要的木柴產地。發達的煉鐵業便建立在這一基礎上。明代的北方。森林資源的破壞超過福建省，如山西省，生活用燃料全靠煤，因此，他們的煉鐵業也只好用煤為燃料，於是，晉鐵在市場上便無法與閩鐵競爭了。

二、關於冶鐵業受到的封建關係制約問題

在以往的手工業研究中，人們很強調的一點是：明清時代的手工業受到封建勢力的制約，因而不能大發展。一般認為：這種干涉表現在二個方面，其一，官府的重稅；其二，地方勢力對工商業的干涉。然而，我們如實地分析這一問題，感到情況並非如此。

關於官府對冶鐵業的稅收問題。明代的制度不像現在那樣嚴密，以徵稅而言，有些地方徵收銀鈔，有些地方徵收實物。明代的銀鈔處在不斷的通貨膨脹中，其價格不好確定。好在《松溪縣志》中有課鐵折納銀鈔的記載：「鐵冶一在東關里、一在杉溪里，洪武間歲辦鐵冶二千四百九十二斤，折納課鈔一十二錠二貫三百文。」[96] 由此可知，一錠銀鈔可折納實物鐵 203.8 斤，而當時全省徵銀鈔的不過是連江、浦城二縣，分別繳納 121 錠與 4 錠，分別折合 24655 斤、815.2 斤。這樣，全省共納 38761.12 斤。其中，除了連江縣納 24655 斤鐵偏高外，其他各縣所納數量都不多。由此可知，明朝對鐵冶業是實行低稅政策的。除此以外，我們還注意到：有許多縣根本沒有記載鐵冶的稅收額，而且，同一個縣的鐵場，有的有收稅，有的沒有收稅，明末何喬遠說安溪縣：「感德、潘田諸鄉，產鐵處也，有公冶、有私冶；公冶官收其稅，私冶無取焉。」[97] 何喬遠對此十分不理解。從明代民間的習慣法來看，有收稅的鐵場，應當是向官府備案過的，而沒有收稅的鐵場，應當是民間私自設置的。那麼，為什麼有些鐵場要向官府納稅，而有些地方不要？這與鐵商的籍貫有關。若鐵商是土著，在他們自己的土地上設場煉鐵，一般不會有人干涉他們。可是，若是外來的客商，假使他們不能與地方勢力協調好，便要仰仗官府的力量。《沙縣志》記載，在當地的

96　潘拱辰，康熙《松溪縣志》卷六，〈食貨・鐵冶〉，松溪縣編纂委 1986 年點校本，第 130 頁。

97　沈鍾等，乾隆《安溪縣志》卷四，〈風土〉，第 109 頁。

鐵商，每年都要向縣官納賄。其原因在此。然而，從各地稅收的數量來看，多數地方的稅收都非常低，應當不可能成為當地發展冶鐵業的障礙。此外，我們還要考慮到，有許多地方都是不收稅的。明代後期，收稅的鐵冶越來越少，有些地區全是私冶，久而久之，許多人以為冶鐵業是不徵稅的。龍溪的劉天授記載：「國朝南方之鐵無榷，不富國，而富民，良法也。」[98] 可見，明代對冶鐵業的稅收是很低的，有時是全免的，應當說，這一政策有利於礦冶業的發展。由於明代鐵冶業稅收較低，許多富商入山區開採鐵礦，如漳平縣，「鐵，先因得利，諸客商據之。」[99]

關於地方封建勢力的干涉問題。鐵商建造鐵爐的要求，在一些地方常會受民眾的干涉，這種干涉的性質有待於我們分析，不能一概謂之「封建干涉」。設置鐵爐原來是繁榮經濟的好事，但是，它在明代中後期會帶來意想不到的問題。查明代民眾反對設置鐵爐，一個很大的原因是財政上的。從明朝中期開始，國家財政收入困難，因此，一項稅收設立後，一般不可能減免。也就是說，假如有一位鐵商申報設爐，肯定有一份繳納國家的稅收。而冶鐵業的生產肯定不會是永遠的，一旦礦砂的來源盡竭，鐵爐的稅收只有分攤到當地民眾身上。如安溪縣，「鐵礦山鐵場，在感得里，地名潘田，國朝弘治初立鐵爐八座，扇煉，遞年納課。今爐廢而課尤存。」[100] 讓與鐵冶毫無關係的老百姓承擔鐵冶稅收，這是鐵礦業在一些地方引起民眾激烈反對的原因。萬曆年間，政和縣有何浦、程正大二人向縣衙門要求設置鐵爐，便受到當地民眾的反對，縣令車鳴時說：「政和縣舊有鐵爐一所，亦何浦、程正大二人之父告設，歲徵銀一十二兩，今爐廢而餉存。二家分毫不聞。納餉賠累數年後，始議照糧派徵。」[101] 當地人認為：如果讓何、程二家再次設置鐵爐，而他們萬一再次破產，豈不是又要當地人給他們納稅？因此，在民眾一片反對聲中，何程二家終於未能通過新設鐵爐的申請。

環境的破壞也是一個重要原因。鐵爐的開闢，經常造成山林及水利系統的破壞。萬曆《古田縣志》云：「鐵爐之害，可勝言哉！壅川流，鑿地

98　劉天授，嘉靖《龍溪縣志》卷一，〈地理‧爐冶〉，第 34 頁。

99　曾汝檀等，嘉靖《漳平縣志》卷四，〈物產‧貨之屬〉，第 12 頁。

100　林有年等，嘉靖《安溪縣志》卷一，〈物產〉。天一閣景印本。

101　車鳴時，〈申革爐議〉，載于李熙，民國《政和縣志》卷九，〈賦稅〉，民國刊本，第 7 頁。

脈，久雨激水灌城，田畝幾摧。且沙石淤塞，有傷文運。」[102]，「山中築廠，聚集人夫，搬運鐵沙，絡繹不絕。洗沙流水，山液如膏。地壙對之而破敗，山村對之而孤貧。」[103]

《安溪縣志》云：「作冶者皆汀漳旁郡人，耗我米穀，焦煅所及，草木為赭，而山為髡。」[104]

《上杭縣志》云：「鐵，杭山多林木，樵蘇甚便，價亦不昂，今射利開爐者多，柴炭遂倍其值。商獲無涯之利，而杭盡受無窮之損矣。」[105]

以上這些事例，曾被當作封建勢力妨礙煉鐵業發展的典型。然而，我們若是切實分析這些反對的理由，可知主要是因為鐵冶業造成當地環境的破壞，因此引起了當地百姓的反對。看來，經濟發展造成環境的破壞，是中國古代早已遇到的問題。20世紀50年代，中國的這一問題尚未引起重視，人們將發展經濟當作最重要的事情，很少有人會想到環境保護。當時的學者受輿論的影響，在研究歷史時，也未將環境保護當作大問題。因此，他們會將古人提出為保護環境而限制發展冶鐵業的言論，當作封建勢力對商品經濟的干涉。這顯然是不對的。發展與環境保護是兩難的問題，能夠協調發展最好。事實上，要做到這一點很困難。因此，民間存在一些反對意見並不為怪。實際上，當時人們對煉鐵業的限制是有限度的。我們翻閱福建煉鐵業最集中的尤溪縣與龍溪縣的縣志，就找不到反對煉鐵業的言論。《安溪縣志》中雖有反對煉鐵業的言論，但是，作者在錄下這些言論的同時，也強調「小民工作，舍此亦無所牟衣食，利之所生，不得而絕也。」[106]

總的來說，明代福建冶鐵業發展的社會環境還是較好的。

三、明代福建鐵冶業的生產關係

煉鐵業是大規模的雇傭勞動，宋應星記載明代的高爐煉鐵業的分工：「凡鐵爐用鹽做造，和泥砌成。其爐多傍山穴為之，或用巨木匡圍，塑造

102　劉日暘等，萬曆《古田縣志》卷四，第65頁。
103　喬有豫，道光《清流縣志》卷三，〈賦役志〉，福建人民社1992年，第154頁。
104　沈鍾等，乾隆《安溪縣志》卷四，〈風土〉，第109頁。
105　趙成等，乾隆《上杭縣志》卷一，清乾隆十八年刊本，第1頁。
106　何喬遠，〈安溪風土志〉，載沈鍾等，乾隆《安溪縣志》卷四，第109頁。

鹽泥，窮月之力不容造次。鹽泥有罅，盡棄全功。凡鐵一爐載土二千餘斤，或用硬木柴，或用煤炭，或用木炭，南北各從其便。扇爐風箱必用四人、六人帶拽。土化成鐵之後，從爐腰孔流出。爐孔先用泥塞。每旦晝六時，一時出鐵一陀。既出，即叉泥塞，鼓風再鎔。」[107] 煉鐵的分工如上所述，但是，為了給鐵爐供應原料與燃料還需要更多的勞動力，供應，「夫爐冶資薪炭以為用，故山林叢茂去處。則相地宜而為之。鐵礦雖十里外可運而至之也。每爐輒用數百人。」[108] 幾乎每一種記載都表明：煉鐵業雇傭許多工人，明代政和縣的鐵爐「每爐一座，做工者必須數十百人。有鑿礦者，有燒炭者，有煽爐者，其餘巡爐、運礦、販米、販酒等役亦各數十人，是一爐常聚數百人。」[109] 浦城縣的「坊長、大戶招集四方無賴之徒，來彼間治鐵冶，每一爐多至五七百人。」[110] 如果有的商人擁有多座鐵爐，他手下的雇工數量十分驚人，如沙縣「鐵嶺多產鐵礦，媒利徽人恆鳩集無賴，動逾千人，鼓鑄其間」[111]，規模很大。可見，就雇傭的人數看，煉鐵業已是規模相當可觀的產業了。所以，許多人認為：明代福建煉鐵業是資本主義生產方式萌芽的反映。

　　不過，資本主義生產方式不僅表現為雇傭的數量，還表現為雇傭的形式。其中關鍵標準是勞資雙方的關係，只有自由的雇傭關係，才算得上真正的資本主義生產關係。明代福建冶鐵業中的情況較為複雜。明代鐵爐主中，有一些人是地方豪強，如《清流縣志》說：「鐵爐之興……充斯役者率皆土豪有勢力者當之，其出息甚大而結怨亦不少焉。何者？山中築廠，聚集人夫，搬運鐵沙，絡繹不絕，洗沙流水，山液如膏，地墳對之而破敗，山村對之而孤貧，一人專利，千口嗷嗷。或十日不煽，雞鳴狗盜之徒，聚博逞凶，又其法趨晴避雨，一年之間，鼓鑄不過六個月，炭或不繼而歸之，則散不復聚，興廢不恆。故起家者少，而徽運者多喪敗焉。」[112] 這就是說：明代的煉鐵業會受到許多人的反對，只有那些在地方被視為強有力的人，

107　宋應星，《天工開物》，〈五金・第八〉。潘吉星校注本，第366—369頁。
108　湯相，嘉靖《龍巖縣志》卷上，〈鐵冶〉，第49頁。
109　劉天授，嘉靖《龍溪縣志》卷一，〈地理・爐冶〉，第34頁。
110　章懋，〈與許知縣〉，《明經世文編》卷九五，《章楓山文集》，第838頁。
111　徐逢盛等，道光《沙縣志》卷一，〈方輿〉，同治刊本，第14頁。此處轉引自傅衣凌，《明清時代商人及商業資本》，北京，中華書局2007年，第80頁。
112　喬有豫，道光《清流縣志》卷三，〈賦役志〉，福建人民社1992年，第154頁。

才能抵制這些反對，並從事煉鐵業，也只有這些人，才能統治那些桀傲不遜的工人。在這類人物治下，雇傭關係是不會平等的，雇主對雇工的管制，要靠非法強權。但是，這些人在明代鐵冶業中是少數。《清流縣志》所載的豪強只能存在當地，由於他們有地方鄉族勢力的支援，才有豪強的地位。然而，由於礦冶是一項技術勞動，它的經營者大多不是本地人，如浦城縣爐戶，「見其手冊開報之人，俱無籍貫。」[113] 就我們所見的記載而言，經營鐵礦的多為徽州人與汀州人、漳州人，如何喬遠論安溪縣：「作冶者皆汀漳旁郡人，耗我米穀」[114]；如前所述，許多鐵爐主被稱為客商。他們與本地的封建勢力應沒有關係，從一些記載中我們知道：一些徽州商人是靠著向縣官行賄而取得自己地位的。這一類爐主應沒有封建性的超經濟強權。此外，從雇主對雇工的控制程度看，他們並不能完全控制工人。福建的礦夫往往流為劫盜，如寧德縣，「按本縣十四都，原有鐵冶四座，居民無以聊生，或至出外為盜。是亦近於饑寒不得已也。」[115] 如此看來，如果礦主對礦夫有較強的約束能力，礦夫應不會對地方治安產生威脅，所以，他們應屬於身分較自由的雇工。所以，各地土著都將礦夫視作異己分子，主張加強管理。如龍溪縣「邑冶夫多他邑人民，是為盜藪，鐵不可徵，冶夫應立法聯屬之，是亦靖盜之方也。」[116] 總之，明代鐵冶業中，雇工與雇主之間的依附關係並不十分嚴重。

明代晚期是否存在資本主義萌芽？這是一個在學術界引起爭議的問題，甚至對資本主義萌芽這一詞的科學性，也有人反對，乃至斥為偽課題。但我們對晚明手工業生產中的新變化，尤其是雇傭關係的變化，很能找到一個更好的詞，所以姑且用之吧。不過，必須說明的是：此處雖然使用資本主義萌芽一詞，但並不是我認為晚明福建煉鐵業會發展為英國 18 世紀的工業革命，其實，這是兩個概念。工業革命必須在資本主義制度中才能發展，而初期的資本主義制度未必會推出工業革命，明代福建的煉鐵業中有一些資本主義的因素，但這並不等於它會進入工業革命時代。

113　章懋，〈與許知縣〉，《明經世文編》卷九五，《章楓山文集》，第 838 頁。

114　沈鍾等，乾隆《安溪縣志》卷四，〈風土〉，第 109 頁。

115　舒應元，萬曆《寧德縣志》卷二，〈物產〉，第 36 頁。

116　劉天授，嘉靖《龍溪縣志》卷一，〈地理・爐冶〉，第 34 頁。

小結

　　明代海外貿易的發展和白銀的流入，對福建經濟影響很大。尤其是手工業，在白銀時代的初期，福建各項手工業欣欣向榮。

　　明代手工業的最大貢獻是什麼？我想是工業生產流水線的發明。明代的閩贛粵冶鐵業、閩贛造紙業、福建製糖業和江西製瓷業，都有程序明確的流水線生產。在英國的工業革命時代，流水線工業生產被說成是工業革命的重要成就，其實，最早的流水線工業品生產不是出現於英國，而是出現於中國的東南山區。至少在 16 世紀，東南諸省的多種產業已經有流水線生產。英國 18 世紀開始的工業流水線生產不知有否受中國的影響，但是，來自歐洲的傳教士一向很重視景德鎮瓷器的流水線生產，這是有文獻記載的。

　　在手工業方面，福建的絲綢是直接為國際市場生產的，一些技術也受到海外的影響。例如，引進伊朗的地毯技術織成了絲絨，暢銷於國內。相關記載可見於本書第三章。此外，以進口象牙製成的「漳轎」賣到了山西洪洞縣，成為新娘嫁人花轎的首選。而閩人新發明的「改機」綢，也銷售於許多國家。福建沿海各地生產的紅白糖一直是國際市場上的暢銷品。這都反映了福建與國際市場的聯繫。在國內市場，透氣性良好的福建苧布北上，被稱之為夏布。福建商人出售夏布之後，又採購大量棉布、棉紗返銷於閩中，形成大規模的交換。福建的苧布、葛布生產漸漸成為南方的特點。總之，晚明國際市場的提升，福建是最早受益的區域，因此，富有地方特色的小商品生產大發展，迎來全面的繁榮。

　　手工業中的企業經營態勢十分明顯。例如榨糖業、造紙業、煉鐵業、製茶業都是需要雇傭很多工人的產業。商人經營這些產業是為了賺錢，而有些產業需要十來人至幾十人共同工作，這樣才會有利潤。因此，晚明福建有不少雇傭上百人的企業。例如煉鐵業、造紙業。較為靈活的製茶業和榨糖業，能有幾個人就可以開工生產，但人多的優勢不可忽略。晚明的福建白銀較多，各省商人湧入福建經商，有多種商品輸出國內市場，在這一背景下，福建各地出現了多種經營性企業。這種企業，過去稱之為資本主義萌芽，但資本主義萌芽往往又被人稱之為一種社會趨勢，這就帶來許多不好解釋的問題。此處還是還其企業經營的原貌吧。

第八章　晚明福建社會經濟結構的變更

　　總結以上三章對福建商品經濟以及市場的描述，可知明代中晚期福建城鄉的商品生產大有發展，許多行業衝破官府的管制，成為民間新興的產業。荔枝、龍眼、柑橘、染料、紡織、木材、毛竹、紙張、鐵器、造船、瓷器、茶、酒、糖等行業都成為福建經濟的重要支柱，產品遠銷國內外，在經濟中占有重要地位。而且，福建的市場也有很大程度的發展，成為溝通中外貿易的主要管道。這引起些發展無疑使福建的傳統社會經濟結構的變化。

第一節　福建經濟結構的變更

　　本節探討晚明福建經濟結構的一些特點，以使我們對福建社會結構的變化有較深刻的認識。

一、地方經濟結構的變化

　　從地方經濟的角度來看晚明福建農業與手工業商品生產的發展，我們不難發現，晚明許多地方的經濟嚴重地依賴小商品生產。如〈溫陵舊事〉一文寫明末的泉州：「泉地隘而磽瘠，瀕海之邑，耕四而漁六；山縣田於畝者十三，田於山者十七。歲入穀少，而人浮於食。饔飧所資，上則吳浙，下則粵之潮、高。如數月海舶不至，則待哺矣。」[1] 由此可見，泉州的主要

---

[1] 黃任等，乾隆《泉州府志》卷二十，〈風俗〉，清重刊本，第 13 頁。

產業已經不是糧食，而是山海所產的各種經濟作物與海產。這種情況在沿海相當普遍，而內地州縣，其商品化程度雖然不如泉州高，但也有可觀的發展。許多地方，除了糧食生產外，還有一二項土特產成為當地的支柱產業。如延平府，「國課尤取給於坑冶、銅鐵之利，與夫山溪百物之產焉。」[2]其他各府的情況與延平府也有類似之處。在這裡我們且引用《閩書》第38卷〈風俗志〉對泉州各縣的記載：

> 泉州（晉江），園有荔枝、龍眼之利，焙而乾之，行天下，沿海之民，魚蝦蠃蛤之多於羹稻，懸島絕嶼以網罟為耕耘；附山之民，墾闢磽确，植蔗煮糖，黑白之糖行天下。

> 南安，宜瓜蔬之屬，荔枝之實，視晉江差勝。

> 惠安，北鎮之布行天下。

> 德化，有杉木之饒，陶型之器，亞於饒九。

> 安溪，其山產鐵，煮鐵之民聚五方，民衣食焉。

> 同安，是生吉貝之棉，而女善為布。

> 永春，有山林、陂池、苑囿之利，杉木之饒。

以上這些糧食以外的產業對當地經濟不再是無足輕重，而是影響了當地經濟的運轉。以安溪縣的煉鐵業來說，由於礦徒中有些犯罪分子，影響了當地的治安，而且，「焦炭所及，草木為赭。而山落為髡。」對環境造成很大破壞，所以，官府一度曾在當地禁止煉礦。但是，人們很快發現：「小民工作，舍此亦無所牟衣食，利之所生，不得而絕也。」[3]因此，重新允許開礦。再如《政和縣志》的作者車鳴時曾以羨慕的口氣說：「建陽諸縣有沙糖、紙張、明筍、油燭、書籍、布疋、雜物出產，而政和並無一物，是政和之土較諸縣瘠矣。」[4]可見，有否一二項土特產生產，已是當地富裕程度的一個分水嶺。另有一些地方，一旦某項產業失利，造成許多人失業，很可能引起動亂。例如永福縣在嘉靖四十年發生了菁農起義，其原因是：

2　鄭慶雲等，嘉靖《延平府志》卷五，〈食貨〉，第1頁。
3　何喬遠，〈風俗志〉，引自沈鍾，乾隆《安溪縣志》卷四，〈風土〉，第109頁。
4　車鳴時，萬曆《政和縣志》卷八，〈荒政志〉，第5頁。

「漳人王鳳以種菁失利，因聚眾據二十八都為亂，不旬日遂至數千人」。[5]
由此可見，這些產業已成為當地經濟的支柱，它的生產情況影響到當地經濟的正常運轉。主要支柱產業發達了，當地經濟便繁榮，一旦失利，便會造成當地經濟的蕭條，甚至引起社會動亂。

明末福建沿海許多地方缺糧，其實都與民眾從事工商業有關。如福州，「自有生以來，仰上地米，仰他省米，偷安度日，別無長慮。有能耕之人，無可耕之地也。」[6]

明代福建小商品經濟的發達，已經超過了宋代。宋代福建小商品經濟的發達，在國內已是可數的。但宋代福建的小商品生產，其總量並不太大。以當時的海外貿易來說，進入國際市場銷售的商品，大多是絲綢、瓷器之類精美的商品，民用品的輸出並不多。由於國際市場的狹小，儘管國內有強大的生產力，但在海外不能廣泛地推銷自己的商品。因此，宋代的海外貿易是入超的，其標誌是宋代貨幣銅錢的外流相當厲害，乃至朝廷屢屢頒發禁止銅錢輸出的禁令。明朝的商品市場遠比宋代開闊，環球航線的形成，使歐洲與美洲都成為中國商品的市場，因此，福建等地生產的日用品，可以大量向海外輸出。例如陶器、白糖、生絲、雨傘、紙張，都可以在海外找到自己的市場。福建與廣東商品的輸出，導致美洲白銀經過福建、廣東二省大量流入內地，因此，國內市場也活躍起來。江南與江西的棉布、糧食等最基本的生活品，可以大量輸入福建。在這一背景下，福建人因地制宜，發展了小商品生產。他們從明初自給自足的糧食生產，發展到各地有特色的商品生產。全省各府縣都形成了可觀的商品生產，明代福寧州的漁業與種芋；建寧府、邵武府的茶葉、造紙、木材、香菇、竹筍；延平府的冶鐵、苧布、木材；汀州府的種菁、種芋；泉州、漳州的製糖、製菸；福州、興化的果樹種植，都成為當地經濟的支柱產業。它的興廢不是無關大局，而是舉足輕重。這反映了商品經濟初步發展以後，福建經濟結構調整的一個方面。

5　唐學仁等，萬曆《永福縣志》卷一，〈地紀·時事〉，北京，方志出版社 2007 年，第 26 頁。
6　周之夔，《棄草集·文集》卷五，〈條陳福州府至荒緣由議〉，第 926 頁。

二、經濟開發重點的轉變

1. 山地開發在福建經濟中的地位

明代前期，福建經濟以糧食生產為主，對土地的開發主要是可以種植糧食的那一部分土地，由於福建可種糧食的土地太少，所以，明代福建糧食生產一直沒有較大的起色。小商品經濟發展起來後，因地制宜，多種經營，成了新時代的經營特點。晚明福建對土地的開發已不限於糧田，而是講究利用每一個空間，發展不同的商品生產。

例如，明代中葉，周瑛等人討論莆田縣的出路：「吾莆地狹，然種植亦各有所宜，其近山地宜種荔枝、龍眼，此以二十年計，然奪枝而種者，四五年結果；近海地宜種柑橘與桃，柑橘以十二年計，桃以四年計，柑橘奪枝而種者，亦以四五年結果。近溪地宜種松，此以十年計，松十年未成材，而鬃鬣可落賣與窯戶燒磚瓦，宜近溪者，以便於轉載也。人家傍隙地種桑，此以十年計，桑有三利，葉可以養蠶，蠶盡可養豬，豬食桑最發，桑枝可煬口（炭？）；其牆下宜種棕，此以十年計，棕不占地，故宜牆下種，及成，每月收利；其陰地宜種大青草，近山人家最得此利，近城地宜種韭，以買者多；北洋近山去處宜種薑老，老即扶留薯芋（此其故業）；南洋近山去處，訪得宜種紫草、通草（今南寺有）、苧麻、紵麻，及南北二洋平地，皆可種青麻，黃麻、紅花，此以上者皆以年計，其他可以類推，顧人力勤惰何如耳。」[7] 可見，明代中葉的福建沿海的農民對土地的利用已到見縫插針的地步，生活的壓力迫使他們利用一切可能養活自己，所謂只能種糧食不能種經濟作物的教條，實際上對他們根本沒有影響。山耕海漁成為這一時代的特色，過去無法耕種的山地，現在成為新的主要開發對象，「長汀之民，富家守禾稅，貧夫治山畬，可謂得本計矣。」[8] 這是說當地的農民因生活所迫，不得已，從事開墾山地的生涯。《永福縣志》說：「至於引水不及之處，則漳、泉、延、汀之民種菁種蔗，伐山採木，其利乃倍于田。久之，窮岡邃谷，無非客民。客民黠而為黨，轢轢土民，歲侵揭竿為變者，

7　周瑛等，弘治《興化府志》卷十二，〈戶紀・貨殖志〉，第13頁。
8　蔡芳，〈耕織論〉，許春暉纂，乾隆《長汀縣志》卷七，〈風俗〉，清乾隆四十七年刊本，第6—7頁。

皆客民也。」[9] 有許多縣因為山地的開發而走上富裕之路。「浦城介閩浙之間，大率饒於山而嗇于田，故民勤耕織，桑麻被隴，茶筍連山。」[10] 總之，晚明農民經營方式的多元化。明代前期多數農民以糧食種植為主業，但到了明代晚期，農民經營的對象發生了變化，從以田地為主，擴大到一切可種植的土地。由於福建的山地面積占總面積的 90% 以上，所以，多種經營主要體現於山地的開發，那些在山地開發上較有成績的縣，成為省內的富裕縣。

2. 勞動力投入行業的轉變

明代前期的福建農民以糧食生產為主，產品主要用於自給自足的消費；但在明代中後期，農民謀生方式的選擇，明顯多樣化了。據嘉靖年間《龍巖縣志》民生志的記載，當地人的謀生方式可分為九種：

> 一曰農人，藝穀粟以供粢，咸備祿食，充儲餉。……其利大者曰稻，次曰麥，次豆、麻、黍、稷、粱、粟。

> 二曰圃人，毓草木以供蔬食，且口實，其品之佳者，曰綠筍、曰西瓜、曰粉奈、曰梨、曰栗；其利曰苧麻、曰棕、曰茶油、次白蠟、次桐油、生漆、柿餅、蕨粉，出乳黨者佳，又其次曰竹紙、草紙、綿紙之屬。

> 三曰漁人，資川澤以備鮮酢、鮮食不一。其直稍昂者曰鰻、曰鱉、曰石麟，其酢有鰻酢，味佳；溪魚酢，次之；蝦醬、螺醬，又次之。

> 四曰獵人，弋山林以備皮臘支，有麋鹿，有麖，有鹿，有山羊，間有虎豹，其市利三倍。臘惟狐、雉、鼠、雀、口口、鷓鴣之屬。

> 五曰牧人，以蓄孳畜牲，在牧唯牛羊。稼穡既獲，始牧馬，有馬之家胥集為群，吏僕直日以牧，仲春則牧畜於廄，有善牧者，其利俱豐。

> 六曰商人、賈人，以通貨賄。其往也，以巖之貨行于四方，因萃四方之貨而旋居於市。其至自江浙者，布帛居多，雜物次之，瓷器又

9　唐學仁，萬曆《永福縣志》卷一，〈地紀·風俗〉，北京，方志出版社 2007 年，第 24 頁。

10　黎民範等，萬曆《浦城縣志》卷一，〈風俗〉，第 2 頁。

次之；至自廣東者，則布疋器用兼半云。

七曰工人，各以技能備器用，有金工、石工、陶工、土工，其直各視其技而無羨利。惟木工、竹工有事纖巧者，漆工又從而華飾之。其值視他邑三倍。如木盆、木燈、藤枕，篾絲器皿之類，適為民財之蠹，其于用也奚補？

八曰婦女，以業女紅，其業有手巾，有葛布、苧布、麻布，其花繡精巧，雖男子之履，亦加之瑞草雲物，而於布帛以禦寒者乃缺焉而不講，是之謂不知務。

九曰臣妾，洎諸閒人，以飲蔬材，以轉移執事。

此外又有星人、相人、巫人、覡人、棍人、盜人，皆資食貨以為生者，乃惑民殘民，是民生之蠹也[11]。

由此可見，傳統的糧食種植者在明代中後期只能算是九種生活方式之一，還有許多人用其他方式謀生，這些方式，除了「臣妾」與遊民受到批評外，其他七種方式都是被認可的。職業選擇的多樣化，表明當時人生觀念的變化。在這一背景下，專業小商品生產者的大量湧現。縱觀晚明福建各種小商品生產的發展，不難發現：它的利潤略高於農業，所以，有人說：「漳、泉、延、汀之民，種菁、種蔗，伐山採木，其利乃倍于田。」[12]在利潤的吸引下，不少地方都出現了專營某種行業的小農，例如萬曆年間馮夢龍描寫壽寧縣的農民：「壽民力本務農，山無曠土。近得種苧之利，走龍泉、慶元、雲和之境如鶩。田頗有就蕪者。此不可不責之田主也。苧山亦曰麻山，一年三熟，謂之『三季』；富者買山，貧者為傭，中人則自力其地。力薄則指苧稱貸，熟而償之。懷妻子者，鬻苧則一歸，歸日必連袂同行，備不良也。冬削草畢，逼歲還家。凡完糧、結訟，必俟苧熟，荒則否。」[13]這條史料告訴我們：壽寧農民以苧為主要產業，它的地位比糧食更為重要，農民的主要收入來自種苧。這類小生產者以某項商品為主要經營內容，他們的主要收入來源與這一類商品有關，可以稱之為小商品生產者。

11　湯相等，嘉靖《龍巖縣志》卷二，〈民生志〉，第 65—67 頁。

12　唐學仁等，萬曆《永福縣志》卷一，〈地紀‧風俗〉，北京，方志出版社 2007 年，第 24 頁。

13　馮夢龍，《壽寧待志》卷上，〈風俗〉，福建人民出版社 1983 年，第 47—48 頁。

與明代前期相比，當時雖有一定的商品生產，但其市場有限，銷售量有限，不可能有多數人以某項商品的專門生產為生，所以，當時多數商品是來自農民的副業，而不是主業。專營小生產者的大批出現，是明代後期的新氣象。除了壽寧縣苧農外，諸如山區的茶農、菁農，沿海的蔗農、果農，都是這一類人物。有的地方民眾還轉入工商二界，如永定縣：「僻壤也，……民田作之外輒工賈。」[14] 至於福州府等沿海繁榮地區，農民流入其他產業的情況更為驚人，「有田者十僅居其一，其九皆末作食力，捕魚鬻鹽，可証也。」[15]

除此之外，就是以農業生產為主的小農，為了家計，也兼做一些家庭副業。如福安縣，「坊民擅桑麻之利，谷民擅田山之利，溪海等處擅魚鹽之利。」[16] 漳州農村，「處處園載橘，家家蔗煮糖。」[17] 福建許多地方的婦女原來是不事紡織的，但在明末紡織業較高利潤的吸引下，也開始從事棉織業與織苧業。實際上，在明代末年，單純以糧食生產為唯一產業的小農，已是很難見的了。大多數小農都兼營一些家庭副業。前述福建主要的手工業與商業性農業中，就有許多是農民的副業。多元經營使農民經濟的欣欣向榮。

3. 農民活動空間的擴大

明代前期的農民大都不願離鄉背井，去外地謀生。他們自給自足的生活方式也使他們可以在農業勞動中獲得主要生活來源。但明代後期的農民——正如壽寧縣農民，他們不是終年在家從事糧食生產，而是到外地去經營種苧業，以求獲得賴以生存的貨幣。這與古代農民終年守在家中的生產方式相比，生活方式完全不同了；這一情況在福建山區並非只是個別的例子，例如古田縣：

> 田歲一種，地瘠難以蓄眾，壯者往往傭四方。[18]

14　何喬遠，《閩書》卷三八，〈風俗〉，第 945 頁。
15　周之夔，《棄草集‧文集》卷五，〈條陳福州府至荒緣由議〉，第 926 頁。
16　陸以載等，萬曆《福安縣志》卷一，〈風俗〉，書目文獻出版社 1991 年，第 16 頁。
17　徐𤏳，〈海澄書事寄曹能始〉，引自官獻瑤等，嘉慶《漳州府志》卷二五，〈藝文〉，第 3 頁。
18　何喬遠，《閩書》卷三八，〈風俗〉，第 941 頁。

漳州……族大之家，指或數十，類多入海貿夷。壯者散而之他郡，擇不食之壤，開山種畬；或挈舟滄浪間。皆挈妻長子其處。[19]

沙縣，「商賈工技之流，視他邑為多。」[20]

永安縣，「民多業工技。」[21]

清流，……民矯健者刺船建、劍、汀、邵間，穿灘出峽，雷轟電轉，稱最能；

連城，……民入他郡治，版築修砌，累覽堅土，各執技；

將樂，其民多技而好勝。[22]

　　各地的民眾都有了自己獨特的專長，他們便可以去外地謀生，以發揮自己的專長。明代中晚期，福建出現了人口過剩，如莆田縣：「莆為郡，枕山帶海，田三山之一，民服習農畝，視浮食之民亦三之一。」[23]這一句話，向人們展示了明代中期莆田縣人口過剩的情況——當地從事農業的人口只有全部人口的三分之一！這種情況並不是個別的，又如福清縣：「閩八郡其四袥海，民之半鹽魚以生。福清土益鹵，海益患，其田下下，不蓄粟稷而蓄人，故四人外給恒十之七八焉。」[24]可見，福清縣外出謀生的人口更多於本地人口。一般地說，這種情況表明當地商品經濟的發達。在四百年前福清既已出現大量人口外出謀生，其商品經濟發達程度，讓人吃驚。

　　在各種出外謀生的人群中，也許是汀州人的山地經濟最為出名，「山主者，土著有山之人，以其山使寮主執之，而徵其租也。寮主者，汀之久居各邑山中，頗有資本，披寮蓬以待菁民之至，給所執之種，使為鋤植，而徵其租也。菁民者，一曰畬民，汀上杭之貧民也。每年數十百為群，赤手到各邑，依寮主為活，而受其傭值。或春來冬去，或留過冬為長顧者也。」[25]

19　何喬遠，《閩書》卷三八，〈風俗〉，第 946 頁。
20　鄭慶雲等，嘉靖《延平府志》卷一，〈風俗〉，第 12 頁。
21　鄭慶雲等，嘉靖《延平府志》卷一，〈風俗〉，第 13 頁。
22　何喬遠，《閩書》卷三八，〈風俗〉，第 944 頁。
23　周瑛等，弘治《興化府志》卷十二，〈戶紀‧貨殖志〉，第 8 頁。
24　鄭善夫，《鄭少谷集》卷十，〈福清縣復祥符陂記〉，第 9—10 頁。
25　熊人霖，《南榮集》卷十二，〈防菁議上〉。

其實我們在手工業與商業性行業中已經涉及到：福建各地都有許多經營小商品生產的外來移民，如漳州人、汀州人在閩東種蔗種菁，汀、漳、泉人在各地煉鐵，都是很典型的例子。總之，生活方式的改變，造成流動人口增多，他們大多不從事糧食生產，因此，他們的消費，必然造成各地生產與消費結構的變化，從而加強了各種生產物質與消費品的流通。

三、晚明閩人消費習慣的變化

消費習俗是社會習俗的重要的一個方面，它的變遷會影響到社會各階層基本生活態度，如果要解釋晚明福建社會各階層的新動向，我們就不能對當時福建的消費習俗有所瞭解。

明代前期福建簡樸的民風。明代前期的福建商品經濟不發達，「翁生正統己巳，時方朴略，未習於聲華，閭巷壯者，暇日力修本業，以養生送死為福。」[26] 由於民不見所欲，對生活的要求亦不高，邵武府民，「昔冬布而夏苧……無他飾也。」[27] 又如歸化縣，「男子力農事，重於離土，少桑，無蠶桑之利，地不產木棉，婦女勤麻織，作布，貧富資以交易，無行丐，無怨女曠夫。無有忍鬻子女於異地者。七鄉之中，數大姓禮儀文物有中州氣象。其他富室，率樸略鄙吝，間有修儀文者，眾輒非笑之。中人之家，蓬首跣足，每親朋慶會，亦不假修，竹笠芒履，斬斬如也。」[28] 以南安縣來說，南安縣，「向者近古之風，四民各修本業，居恆宴集，品無濫收。士庶悉衣布袍，而殷積之家，間製薄縑輕紗，亦值吉禮嘉會，始一被服，否則藏之笥中，此嘉靖中年事，不待溯之弘正以前也。」[29] 在這一背景下，社會上雖有貧富之別，但人們的實際生活水準並無太大差別。所以，貧富的差距在人們心目中較為淡漠。

但是，隨著商品經濟的發達，各種商品在市場上流通，人們再也無法像往常一樣過簡樸的日子，而是追逐富裕的生活，如泰寧縣的人說：「泰之產只苧布耳，苧布之外，一絲一絮，必易於外，而今之富民子弟，服必

26　王慎中，《遵巖集》卷十四，〈陳啟文墓誌銘〉，第 11 頁。
27　韓國藩等，萬曆《邵武府志》卷十，〈風俗〉，第 18 頁。
28　楊縉等，正德《歸化縣志》卷一，〈風俗〉。
29　葉獻綸等，康熙《南安縣志》卷十九，〈風俗〉。

羅綺，色必紅紫，長袖大帶，自為得意。一人倡之，十人效之，浮侈志淫，可為太息。」民眾服裝的變化，本是很自然的事，但是，維護傳統的老人們卻看不慣，他們指望有人能夠扭轉當時的風氣，「所貴有識者返還纖儉，一人布而令錦者慚，亦維俗之急務也。」[30] 然而，這種理想卻在商品經濟的浪潮中被打得粉碎，明末的邵武府，「風會日流，至于今，而靡極矣。……今衣服必紈綺，簪珥必珠玉，長裾而大袖，製且日日新焉。昔之宴會，魚肉數品，充以果疏，賓主盡歡而止。今陸珍海錯，雜沓几筵，甚至鏤金銀以為器，剪彩繡以為花鼓吹，優人喧闐旅進，匪是，謂之不敬矣。昔士庶踽行市中，暑執扇障面，雨擎蓋蔽濕，不自云苦，今唱驕而乘輿，囊服而擁蓋，僕從紛如也。昔樹蔬稻，藝竹木桐漆之屬，以佐生計，今家置名卉於庭，漸有開園囿、累巖石以娛耳目者，其諸侈淫未易指數。富家巨室，轉相矜詡，即窮鄉下走，慕所不如。」[31]

不僅人們的實際生活發生變化，士大夫對待消費的態度也大有變化，在福建有一個很著名的故事，宋代蔡襄為福州太守，當元宵節將臨之際，他下令每戶人家都要點五盞燈，儒生陳烈作詩諷刺：「富家一盞燈，太倉一粒粟。貧家一盞燈，父子相聚哭。風流太守知不知，猶恨笙歌無妙曲。」但在明代，人們對燈節的看法大變，謝肇淛說：「天下上元燈燭之盛，無逾閩中者。閩方言，以燈為丁，每添設一燈，則俗謂之添丁。自十一夜，已有燃燈者，至十三則家家燈火，照耀如同白日。富貴之家，曲房燕寢，無不張設。殆以千計。重門洞開，縱人遊玩。市上則每家門首，懸燈二架，十家則一綵棚。其燈上自綵珠，下到紙畫，魚龍果樹，無所不有。遊人士女，車馬喧闐，竟夜乃散。直至二十外，薄暮，市上兒童即連臂誼呼，謂『求饒燈』，大約至二十二夜始息。」[32] 在謝肇淛看來，福州燈節的奢華，是太平盛世的反映，陳烈那種觀點早已過時了。萬曆《漳州府志》的作者竟然誇獎化錢如流水的消費者：「然一家之繁費，十家取給焉。貧人得糊口其間，損有餘補不足，安知非天道乎？有如老子素封，衣不曳地，食不重肉，弄牙籌、爭刀鋸，徵以、施予、賑貸，搖頭而走，若者竟日阿堵，貧民不得

30　韓國藩等，萬曆《邵武府志》卷十，〈風俗〉，第 4 頁。
31　韓國藩等，萬曆《邵武府志》卷十，〈風俗〉，第 18 頁。
32　謝肇淛，《五雜組》卷二，〈天部二〉，第 26—27 頁。

不名一錢，出孔甚慳，入孔甚溢，復何益於人世哉！」[33] 如其所說，奢侈浪費的人，會將積聚商業利潤還之於民，他們的消費對社會作出了貢獻；而那些積錢不用的財主，將社會上流通的錢都納入自己的腰包，才是社會的敵人。這一頗為驚世駭俗的觀點，雖說早就出現於春秋時代的《管子・侈靡篇》，但在崇尚節儉的儒家觀念傳播二千年以後，已在中國近乎絕響了。此時隨著時代的變化，重又出現於福建社會，反映了明代社會確實有不同於前代的內容。

消費習慣的變化，引起人們價值觀念的變化，謝肇淛感慨地說：「今世流品，可謂混淆之極，婚娶之家，惟論財勢耳，有起自奴隸，驟得富貴，無不結姻高門，締眷華胄者。……國家立賢無方，即奴隸而才且賢，能自致青雲，何傷？但不當與為婚姻耳！……乃吾郡有大謬不然者，主家凌替落薄，反俛首於奴之子孫者多矣，世事悠悠，可為太息者此也！」[34] 可見，在明代末年的福建，有錢即有地位，一般百姓不再是計較原來社會地位的高低，而是重視錢財的有無，這是典型的商業社會觀念。這種觀念，影響了許多人的行為。

從總體上而言，消費習慣的變化，其一是說明社會生產力的提高，人民的物質消費水準大大提高了，在沿海一帶，即使是普通市民，也都穿著綺麗的服裝，宴會消費，日益豪華。這都是明代初期罕見的。值得注意的是：在以往的時代，也曾有過高消費，但它大多是統治階層的事，而明代末年，消費之風席捲平民。這是歷史上所不見的。它表明人民物質生活的改善。這是值得肯定的。不過，明代晚期也存在許多生活水準很低的農民，尤其是深山，「余聞深山之民，孤立子居，無所作役取錢，眊眊焉。一歲耕種為命，歲之不時，借粟有力之家，母而子之。歷數子而不得贖母，而貧刺骨矣。隆冬之候，晝襲麻苧，夜則燒柴匝地，婦子相次而寢。」[35]

消費習慣的變化，其二是說明社會風氣的變化，它必定影響了人們的人生態度。而人生態度的變化，會對社會產生什麼影響，這是很值得研究的一個問題。貧富的差異，在消費水準較低的情況下，不是很顯著的，但

33　袁業泗等，萬曆《漳州府志》卷二六，〈風土志〉，第5—6頁。
34　謝肇淛，《五雜組》卷十四，〈事部二〉，第369頁。
35　沈鍾，乾隆《安溪縣志》卷四，〈風土・萬曆何喬遠述〉，第110頁。

在商品經濟時代，富者的消費內容，自然引起社會各階層的羨慕，所謂「富者極有餘而奢，貧者以不及為恥。」[36] 漳州人「中人家才自存，伶俜環堵，亦自強自修飾，為鄉里顏面焉。人無貴賤，多衣綺繡。」[37] 這就造成了社會消費水準普遍的上升，《泉州府志》說：「及今而商賈胥役之徒，美服食、僕妾輿馬，置良田好宅，履絲曳縞，擲雉呼盧以相誇耀，比比而然。甚者少年輕俏，窄袖禿巾，衣冠多不循制度，以自為容悅，晉同二邑為尤多也。」[38] 超經濟能力的消費，造成許多家庭的短缺現象，引起了一些人的憂慮，一個汀州人說：

> 又汀俗儉樸，數十年以前，衣被悉布素，今則履絲曳縞之輩，輕裘緩帶之風，踵相接矣。且酒食征逐，歌唱絲竹，以相娛者，又比比皆是。富而奢，尚難為繼，貧而侈，何以善後？禮義薄而奸慝作，未有不由於斯也。[39]

這裡說到了貧富兩類人，在習俗侈靡的時代，超過經濟能力的消費不僅窮人無法承受，就連富人也感到恐懼，如邵武府的建寧縣：「鄰於建昌，藩邸習尚移染，故其俗奢。男飾皆瓦籠帽，衣履皆苧絲，寬袖低腰，時改新樣。葬尚風水，女飾擬於妃嬪，俳優至有黃金橫帶者。宴賓盤如斗堆，累至尺餘，故其諺曰：『千金之家，三遭婚娶而空；百金之家，十遭宴賓而亡。』」[40] 這種超越經濟能力的消費，往往導致地方的貧困化，「作業既劇，物力旋耗，俗安得不壞，而民安得不貧哉？」[41] 又如福州，「鄉紳世宦，數萬金者少，平民大戶，萬金者少。其有田者，區區苗粒，以之納糧，以之供食，以之宮室、衣服、輿馬、僕從、酒漿、交際、婚嫁、喪葬、醫藥、浮屠諸費。雖有稻穀，糧期至，須糶以完糧矣。諸費起，須糶穀以應用矣。又加之以侈靡焉，怠惰焉，故閩中富無三世也。」[42]

36　邱宏，〈杭川鄉約序〉，陳壽祺，道光《福建通志》卷五七，〈風俗〉，第 1173 頁。
37　袁業泗等，萬曆《漳州府志》卷二六，〈風土志〉，第 3 頁。
38　黃任，乾隆《泉州府志》，〈風俗〉，引舊志，萬曆時。
39　蔡芳〈耕織論〉，許春暉纂，乾隆《長汀縣志》卷七，〈風俗〉，清乾隆四十七年刊本，第 6—7 頁。
40　刑址，嘉靖《邵武府志》卷二，〈風俗〉，第 44 頁。
41　韓國藩等，萬曆《邵武府志》卷十，〈風俗〉，第 18 頁。
42　周之夔，《棄草集·文集》卷五，〈條陳福州府至荒緣由議〉，第 926—927 頁。

為了彌補收入的不足，人們無所不用其極，如明人所說：「承平以來，漸變其初，遂由儉入奢。奢不已，則至於貧，貧則末流不可紀悉。或囂訟，或賭博，或白取，或恣強，亦間有毀廉隅而怠學者；有棄學而相尚就檄者。紛不可紀。」[43] 可見，消費水準的變化，使人們熱衷於追求財富，甚至到了不擇手段的地步，於是，社會競爭加強了，而用非法手段進行競爭的人更多了，如建寧府：

> 今日則不然，父母死，溺於堪輿家言，停棺擇地，或一二十年，利謀計奪，訟牒不休，婚姻間有論財者，少年不務本業，而博塞以為生，每至傾人之產。又或群結無賴，號為打手，桀鶩市井，咕嗶後輩，或輕侮其長者。……或有水火之災，惡少乘機搶擄富豪家婦，或為酒會、銀會，甚至招娼歌唱，留連夜飲。漳泉連城人專為米肆，傾造低假，如所謂逼火潤白、絲平爐、灌鉛抹錫，公行無忌，絮不服，蔬菜不食，而窮綺麗、極水陸，爭擬于三吳。闊袖長裙，唐巾鶴氅，無貴賤皆是。無情之訟，八邑具然，而潭浦為甚。諸如此類，未易縷指，撫今追昔，能不慨然？[44]

由此可見，商品經濟的發展，改變了人們的生活態度，各階層紛紛不擇手段地追逐利潤，造成社會矛盾的加劇。這是明朝面臨的社會問題。

第二節　福建土地制度的變化

晚明福建商品經濟發達，古老的土地制度也受到衝擊。不過，一些土地買賣中遇到的問題，根源還是在於明朝官府對土地制度管理過於鬆懈。

一、晚明福建的「一田三主」問題

一田三主曾經被視為明清時期才出現的亂象，但據楊際平對敦煌田制的研究，唐代的敦煌就有這種類似問題。看來這是中國經濟史的痼疾了。不過，敦煌是大唐農業區的邊緣地帶，核心區域又是如何呢？大致說來，土地權力被佃農私自瓜分，是一種非法的現象。它的存在與發展，與官府

43　蘇民望等，萬曆《永安縣志》卷二，〈風俗〉，第 7 頁。
44　丁繼嗣等，萬曆《建寧府志》卷四，第 52 頁。

的土地管理力度有關。我在十卷本《福建通史》第六卷元代部分分析了元代泉州的幾份買地券，發現宋元時期官方介入民間土地買賣頗深，民間土地買賣的進行過程，會有官府人員參與，所有買賣都要得到官府相關部門的認可，因此，宋元土地買賣不會讓官府失去地稅田租。但是，到了明代初年，朱元璋宣布官府認可民間的土地買賣事實，此後官府不再介入民間買賣過程。一開始，官府因而少了很多事，久而久之，各種弊端出現。官府不再掌握民間田地情況，導致瞞稅等各種情況出現。其次，由於明代中葉發生了鄧茂七起義，這對地主階級的打擊很大。何喬新說：「八閩自沙尤之變以來，民桀驁，下凌上，賤犯貴，相師成風。」[45] 這樣，土地權力逐漸轉移到佃農手中，他們因利益私相分割地權，導致了「一田二主」及「一田三主」等情況的出現。

晚明福建土地買賣中的「一田三主」問題。這是明清福建租佃關係中十分引人注目的現象，也成為海內外經濟史專家關注的一個熱點，對於「一田三主」，在明代方志中有一些記載，不過，這些記載往往被清代的方志襲用，所以，人們多以為這些材料是清代的。此處根據明代方志的記載，研究明代的「一田三主」問題。

「一田三主」的提法首先出現於漳州的方志，最早記載這一情況的，有嘉靖十四年（1535 年）劉天授等人的《龍溪縣志》，嘉靖三十七年（1558年）湯相的《龍巖縣志》，以及萬曆四十一年（1613 年）袁業泗等人的《漳州府志》。崇禎十四年（1641 年）夏允彝的《長樂縣志》也有記載。《龍溪縣志》云：「柳江以西一田二主，其得業帶米收租者，謂之大租田；以業主之田私相貿易，無米而錄小稅者，謂之糞土田。糞土之價，視大租田十倍。以無糧差故也。」[46]

這條記載揭示了明代漳州的兩種地主——大租主與小租主，大租主是法定的土地主人，要承擔賦稅；而小租主的來源是佃戶私相轉售的緣故，他們只收租，而不要承擔稅收，所以，小租田的價值特高，竟高過大租的十倍。和宋代的情況相比，如果說宋代租佃關係的問題是地主占有佃農的人身，而明代的佃戶，則利用占耕已久的優勢，將地主之田轉相出售，成

45　何喬新，《椒邱文集》卷十六，〈寄彭學士彥實〉，文淵閣四庫全書本，第 30 頁。
46　劉天授等，嘉靖《龍溪縣志》卷一，〈地理〉，第 26 頁。

為小租主，他們實際上已不是佃戶，而是特殊形式的地主。這反映了明代佃戶勢力的強大。但是，以上材料也說明：這是柳營江以西的情況，即漳州南部龍溪、漳浦、平和、南靖等縣，而在柳營江以東——即泉州附近，包括漳州的長泰縣，並沒有這種情況。如前所述，在泉州與興化，地主的權力是很大的。

「一田二主」以後發展為「一田三主」。例如《漳州府志》的載：「其受田之家，後又分為三主，大凡天下土田，民得租而輸稅於官者，為租主，富民不耕作而貧無業者代之耕，歲輸租於產主而收其餘，以自贍給，為佃戶。所在皆然。不獨漳一郡而矣。唯是漳民受田者，往往憚輸賦稅，而潛割本戶米配租若干石以賤售之。其買者亦利以賤得之，當大造之年，輒收米入戶，一切糧差，皆其出辦，於是，得田者坐食租稅，於糧差概無所與，曰小稅主。其租者但有租無田，曰大租主，（民間買田契券，大率記田若干而已）民間仿效成習，久之，租與稅遂分為二，而佃戶又以糞土銀私授受其間，而一田三主之名起焉。」[47]明代地權的多次分割，與地價、糧價不斷上升是有關的，如《長樂縣志》說：「總之，人眾田少，故田值甚昂，而求佃、奪佃者紛紛，價所以益昂也。大抵上田畝十二金，或十金，亦有至十五金者，中田八九金，下田六七金，惟園地差賤耳。」[48]其次，它揭示了明代漳州一田三主的又一來源——一些地主怕承擔賦稅，便將一部分地租割給它人，這樣，他們自己成為前文所說的小租主，不要承擔賦稅；這種習慣，也見於《龍巖縣志》的記載：「三曰授產田，富家田多則賦必重，乃授田於人，頂戴苗米，計其租僅足以供其賦。貧狹受之，一有不支，則人田俱沒矣。古者授田之家一，今者授田之家三，甚者那移轉貸，又不止於三矣。」[49]

在一田三主的習慣中，很明顯的是佃戶也加入「地主」的行列中，例如，《龍巖縣志》說：「受田之家，其名有三，一曰官人田，官人即主人也。謂主是田者而輸賦於官者，其租曰大租。二曰糞土田，糞土即糞其田之人也。佃丁出銀幣于田主，賃其田以耕。田有上下，則質有厚薄，負租則沒

47　袁業泗，萬曆《漳州府志》卷八，〈賦役上〉，第 6—7 頁。
48　夏允彝，崇禎《長樂縣志》卷十一，〈叢談〉，第 6 頁。
49　湯相，嘉靖《龍巖縣志》卷上，〈民物志第二〉，第 46 頁。

其賃。沿習既久，私相授受，有代耕其田，輸租之外，又出稅于質田者，謂之小租，而不知其田之所止云。」[50] 為什麼佃戶有轉租田地的權力？此文作了說明：是因為佃戶出了糞土銀，《漳州府志》說：「按，佃戶出力代耕，如傭雇取值，豈得稱為田主，緣得田之家，見目前小利，得受糞土銀若干，名曰佃頭銀，田入佃手，其狡黠者逋租負稅莫可誰何。業經轉移，甚者佃仍虎踞，故有『久佃成業主』之謠。皆一田三主階之為厲。」[51] 此文進一步揭示了一些佃戶成為小租主的原因，他們出銀幣給地主承佃，所以，取得了永佃權，他們只要不負租，地主對他們便無可奈何，因此，他們可以將土地轉佃他人，成為小租主。

　　一田二主與一田三主，的出現，使農村的土地關係複雜化。明代龍溪人說：「我朝版籍詳備，他邦田制頗明，唯龍溪最弊，田名糞土，稅子謂之無米租，名大租，謂之納米租。無米租皆富家巨室蟠據。納米租則有才力者攘取。富者驕溢而日奢，官府催科而日敝。一窮佃而田主兩三人蠶食之。焉得不去為逃徒盜賊也。」[52]

　　對官府來說，最為頭痛的還是「白兌」這類人物的出現，《漳州府志》記載：「大租之家，於糧差不自辦納，歲所得租，留強半以自贍，以其餘租帶米兌與積慣攬納戶，代為辦納，雖有契券，而無資本交易，號曰白兌，往往逋負官賦，構詞訟無已時。」[53] 這類人大多是一些不怕官府的「刁民」，他們貪圖眼前之利，往往給家庭帶來無窮的災害，因為：官府的賦稅是額定的，荒年雖有減免，其實這種機會不多，所以，在豐年時，他們收入的地租尚可抵稅，但在荒年，地租入不敷出，這些人無以抵租，往往弄得家破人亡。

　　關於明代「一田三主」習慣流行的範圍。在《龍溪縣志》與《漳州府志》中，都有記載「一田三主」是柳營江以西的習慣，但《長樂縣志》的記載也表明：明代長樂一帶也有一田三主，如《長樂縣志》說：「他處田畝此屬一主而已。長邑有田面、有田根，富者買面收租，古所謂見稅十五者也。

50　湯相，嘉靖《龍巖縣志》卷上，〈民物志第二〉，第 46 頁。
51　袁業泗，萬曆《漳州府志》卷八，〈賦役上〉，第 6—7 頁。
52　劉天授，嘉靖《龍溪縣志》卷四，〈田賦志〉，第 20 頁。
53　袁業泗，萬曆《漳州府志》卷八，〈賦役上〉，第 6—7 頁。

貧者買根耕種，其價半于田面，其買根者又多不自種，而令他人代佃，則佃者一還面租，一還根租，或總輸租於根主，而根主分還面主，承佃之人，相承既久，又或私令他人轉佃，則又有不根焉。」[54] 這條史料說明長樂縣存在一田三主，但是，作者仍以為這是長樂縣特有的情況，看來，當時一田三主確實是新出現的一種民事習慣，所以，各地都以為本地獨有。就今人收輯到明代的田契看，實際上，一田三主的習慣不僅在漳州，在閩北也是有的。

二、土地買賣中的「找價」問題

找價是明代福建土地買賣中出現的問題，如長樂縣，

> 俗賣產業與人，數年之後，輒求足其直，謂之『盡價』，至再至三，形之詞訟，此最薄惡之風，而閩中尤甚。官府不知，動以為賣者貧，而買者富，每訟輒為斷給。不知爭訟之家，貧富不甚相遠，若富室有勢力者，豈能訟之乎？吾嘗見百金之產，後來所足之價，反逾其原直者。余一族兄，於余未生之時，鬻田於先大夫，至余當戶，猶索盡不休，此真可笑事也。[55]

> 長樂混訟最多者，告找價也。而其弊因產業之售，非收除過戶，則告找價終無已時，必過戶乃已。於是賣主愈習勒，不肯收除，以為將來索詐之地。遂有貿產四五十年未有過戶者，久之，互相轉售迷失淵源。賣主不知產屬何人？反得賠糧之累，惟定法以年限為主，十年以外，契不約贖者，概不找價，其過戶與否，總置不問。則此弊可洗，其賣主不肯過戶者，又往往據以自佃，一過戶，恐業主不令耕種也。然賣主勢必逋租，業主亦因逋糧以相抵，每行混訟，其法惟當以完租為主，如租完即過戶，不必改佃，租逋立行改佃過戶，則此弊並絕。余於審役款中已言之，茲復詳列。[56]

從以上兩條記載看找價，它的實行並不是無條件的，也有其前提——即，賣田人掌握老契不肯過戶，同時承擔官府原定的賦稅，所以，他們有

54　夏允彝，崇禎《長樂縣志》卷十一，〈叢談〉，第 6 頁。

55　謝肇淛，《五雜組》卷四，〈地部二〉，第 103 頁。

56　夏允彝，崇禎《長樂縣志》卷十一，〈叢談志〉，第 5 頁。

理由向買主索取。其次，明代福建的土地價格呈不斷上升的趨勢，早期出賣土地的價格較低，所以，在價格上揚之後，他們會向買主索討，而社會輿論也同情這些人，給了買主極大的壓力，使他們不得不付出一定的補償。如果田地的市場價格低於賣主索討價格的總額，買主肯定情願退還土地，另購其他田地。找價行為也就無法存在下去了。

其次，我們也要看到：賣主索討找價，也是有其危險的，因為：如果買主不堪騷擾，他也有可能私下將土地轉賣他人，甚至轉賣數手，使土地的原主人無法找到實際耕作者。結果，他非但無法進一步索取找價，而且還要承擔原有的賦稅。所以，找價習慣的存在，給民眾帶來一系列問題。

既將土地售於別人，主權便隨之轉移，在西方法律制度下，不管售價是否合理，土地原主人是不能反悔的。但在中國，民間存在著「找價」的習俗，田地出售以後，雖隔多年，仍然可以向買主索討。這種習俗，看似有利於保護失地的小農，實際上，它造成一系列的商事糾紛，很不利於經濟發展。它使人們的精力浪費在「找價」之類的人際關係消耗中，它是不成熟商品經濟時代特有的表現，同時也極大地制約了商品經濟的發展。

租佃關係導致社會矛盾的增加，龍溪縣「又有鄉斗，有受十筒者，有八九筒者，五六筒者，業主照鄉例用以收租，佃人用以辦稅，其業佃良厚者相安，無弊貪點謀利者，增減斗面，時致頑訟。沾習已久，官司屢禁而不能革。要之，合（核？）其原多寡之數，而概以官斗則業不失租，有定則無難為者。」[57]

第三節　福建社會結構的變化

晚明商品經濟的發達，不僅促使福建各地經濟結構的調整，而且引起福建各地社會結構的變化，這些變化，反映了時代新的特點，也給官府對社會的管理提出新的問題。

一、晚明福建地主階級的變化

經營地主的出現。在商品經濟發展的背景下，出現了一些以營利為主

57　劉天授，嘉靖《龍溪縣志》卷一，〈地理〉，第 26 頁。

要目的的經營地主，明代中葉的仙遊林翁「家于縣西，始事勾股，既，乃於城西樊圃雜植桑柘、樱櫚、果樹若菜茹，因號西圃主人。既又市田數畝、廛數區，而勤力於其間。」[58] 這位林翁「始事勾股」，說明他原來是一位會計人員，這類人物對金錢是比較敏感的。他從原來的位置上退下來以後，經營的內容相當廣泛，即種田，又種植各類經濟作物，還經營商店。他的目的很明顯，是為了謀取市場利潤。這便與傳統的食租地主有了區別。這類人物還有不少。如同安縣的林處士，「同安富室多坐食，少務農桑，處士身致贏，尚計口力田，抱甕決渠，備勞苦而適也。」[59] 富室因有廣泛的經濟收入，他們的子孫以消費為其生活的主要內容，這是不論中國、西方社會共同的特點。但在這種背景下，還是出現了上述同安林處士之類的人物，他們雖然富有貲財，但還是親自參加勞動，而且「計口力田」，這說明他善於運用資本增值的規律，以謀以市場利潤。福建在晚明，商品經濟大發展，因此，這類人物是不少的。不過，由於條件的限制，中小地主靠經營農業而發家致富，是很難見的，因為，「泉南富家，田不過五頃至十頃，極矣，為山多而巨姓繁耳。」[60] 所以，許多地主都是轉而經營商業：「尤公兄弟共炊而食，自勞其身，轉貨浮巨海，出東方歐駱鄞甬之墟。授弟其柄，使握家政。」[61] 尤家兄弟的分工十分有趣，哥哥出海貿易，弟弟在家主持家政，其主持家政的內容不明。若僅僅限於家政，那麼，這是一個純粹的商人家庭。但明人所謂的「家政」，也有可能包括農業投資，因而，這也有可能是一個兼營農商的人家。他們以海外貿易的收入投入農業，成為商人地主。在農村，已有專門向佃農放高利貸的「穀主」：「每歲未及春杪，各村農佃早已無耕本，無日食，不得不向放生穀之人，借生作活。及至冬熟時，先須將田中所收新穀加息完債，穀債未了，租債又起，又須豫指餘粒，借銀財主以還田主租錢，其極貧者生穀債本，竟莫能償。只隨冬加息，子什其母。甚有寧負田主租，不敢負穀主債，恐塞下年揭借之路者。如是而收成甫畢，貧佃家已無寸儲矣。」[62]

58　鄭岳，《山齋文集》卷十，〈壽西圃林翁八十冠帶序〉，第 12 頁。
59　鄭善夫，《鄭少谷集》卷十二，〈同安林處士墓誌銘〉，第 3—4 頁。
60　陳懋仁，《泉南雜志》卷上，第 9 頁。
61　王慎中，《遵巖集》卷十二，〈淑閒吳氏墓誌銘〉，第 25 頁。
62　周之夔，《棄草集‧文集》卷五，〈廣積穀以固閭閻議〉，第 903—904 頁。

　　明代的商人地主階層。明代商人兼併土地是很普遍的現象，建陽縣治：
「飛甍鱗次，可千七百家，其巨室多事詩書，其細民仰食機利，其土田分
寄各里。」[63] 當時有人評說順昌人：「獨擅書紙之利，易得厚貲。」[64] 一些
商人聞名於商界，如「鄭金、呂榮年，順昌人，二人幼相友善，以鬻販為生。
所至人推其誠。」[65] 大致說來，福建山區的商人以經營土特產為其特色，例
如，順昌的商人經營書紙，汀州的商人經營靛青。沿海區域的商人以下海
貿易為特色。泉州晉江地主：「量田所入以為出，久之，有餘，以其餘貲
附宗人之敏者，貿遷于外。」[66] 漳州懸鐘原為軍港，但是，其地的軍人後裔，
後來以經商著名於世，「懸鐘向專造運船販米至福行糶，利常三倍。每至
輒幾十艘，福民便之。廣浙之人亦大利焉。」[67] 安海的高元近，原為一名儒
生：「以父業儒，家計窘迫，乃棄儒入商，往西南夷以謀利，歷年不歸。」[68]
至於官僚退役後經商，則是明代普遍的現象，謝肇淛說：「蓋吾郡縉紳，
多以鹽筴起家，雖致政家居，猶親估客之事。」[69] 普通市民也以經商為最好
的出路，福州：「閭巷少年，仰機利泛溟渤，危身取給，不避刀鋸之誅，
走死地如鶩者，徼重獲也。」[70] 晚明的社會風氣重利輕義，如：「福州會城
及建寧、福寧，以江浙為藩籬，東南抱海，西北聯山，山川秀美，土沃人稠。
地饒荔挺橘柚，海物惟錯，民多仰機利而食。俗雜好事，多賈治生，不待
危身取給。若歲時無豐食飲，被服不足自通，雖貴官巨室，閭里恥之。故
其民賤嗇而貴侈。」[71] 在這種風氣裡，商人成為各階層最為羨慕的對象，各
階層的人都擁入商人階層。福建商人以海商聞名天下，在福州府，以福清
商人集團最為出名，「福清僻在海隅，戶口最繁，食土之毛十才給二三，

63　魏時應等，萬曆《建陽縣志》卷一，第 242 頁。仙遊「邑近莆，莆濱海地狹，民產
　　半於彼」。
64　《古今圖書集成・職方典》，卷一千零六十八，〈延平府・風俗考〉，第 17264 頁。
65　張萱，《西園聞見錄》卷六，〈朋友〉，民國二十八年哈佛燕京社重刻本，第 33 頁。
　　華文書局印行本，第 507 頁。
66　王慎中，《遵巖集》卷十四，第 12 頁。
67　陳夢雷等，《古今圖書集成・職方典》，卷一千一百一十，〈臺灣府〉，第
　　17682—17683 頁。
68　安海志修編小組，新編《安海志》卷三三，〈節烈〉，第 380 頁。
69　謝肇淛，《五雜組》卷十五，〈事部三〉，第 405 頁。
70　喻政修、林烴總纂，萬曆《福州府志》卷七，〈土風〉，第 106 頁。
71　張瀚，《松窗夢語》卷四，〈商賈紀〉，北京，中華書局 1985 年，第 84 頁。

故其民半逐工商為生。」[72] 當時有人將福清商人與徽商相比：「吳之新安，閩之福唐，地狹而人眾，四民之業，無遠不屆，即遐陬窮髮，人跡不到之處，往往有之。誠有不可解者。蓋地狹則無田以自食，而人眾則射利之途愈廣故也。」[73]

泉州的安平商人在明代也是著名的海商，當地人說：「安平一鎮在郡東南陬，瀕於海上。人戶且十餘萬，詩書冠紳等一大邑。其民嗇，力耕織，多服賈兩京都、齊、汴、吳、越、嶺以外，航海貿諸夷，致其財力，相生泉一郡人。」[74] 漳州府以海澄商人最為著名，在月港幾乎是無人不商：「歲雖再熟，獲少滿籌。戴笠負犁，個中良苦。於是，饒心計與健有力者，往往就海波為阡陌，倚帆檣為耒耜，凡捕魚緯簫之徒，咸奔走焉。蓋富家以貲，貧人以傭，輸中華之產，騁彼遠國，易其方物以歸。博利可十倍。故民樂之。」[75]

超經濟強權在商品經濟時代的發展，是一個很突出的現象。在明代初年，人際關係有其溫情脈脈的一面，不是到利害衝突時，很少有人願意不講情面。但在商品經濟發展的時代，溫情脈脈的人際關係已被人們當作一種負擔，更多的人是赤裸裸地追逐利潤。其中有那麼一部分人，他們無法在經營中獲得利潤，或說無法在正當經營中獲取他們滿意的利潤，於是，他們便想方設法通過超經濟強權攫取利益，例如，漳州有些地主倚仗權勢霸公產、收私稅，成為當地的惡霸，例如，海洋採集業在漳州是一大產業，「若海則跨邑之東南彌望無際……有泥泊、有沙泊。泥泊產鮮盛，沙泊次之，網泊以水漲涸為限，各有主者，昔年濱海居民以方自疆界為己業，有之，其後轉相鬻質，顧其為直一而利十，利廣故爭，爭則強有力者必勝，勢不得不歸於巨室。諺曰：『泥泊隨鄉官』，此亦風之下者矣，可慨也。」[76]《詔安縣志》記載：當地的海塗被「宦族豪民據為私產」，甚至為此展開

72　葉向高，〈論本邑禁糶倉糧書〉，《古今圖書集成》，〈食貨典・荒政部〉，卷一百零一，第83238頁。

73　謝肇淛，《五雜組》卷四，〈地部二〉，第102頁。

74　何喬遠，《鏡山全集》卷五二，〈楊郡丞安平鎮海汛碑〉，第1370頁。

75　張燮等，崇禎《海澄縣志》卷十一，〈風土志〉，第1頁。

76　陳汝咸，康熙《漳浦縣志》卷八，〈賦役・漁課〉。

械鬥[77]，漳州則有豪強攔路收稅，「小則或在海取蛤者、取蠣房者，每一耙納錢四文，每一刀納錢二文」[78]，《天下郡國利病書》記載漳浦縣：「環海之利，歲收不啻四五千金，其所輸官課，未及五十分之一也。」[79] 他們的行為當然會加重社會危機。

這種非法強權其實不止來自於豪強，同樣來自於遊民，在晚明福建社會中，無業遊民的增長，成為顯著的社會現象。如南安縣「嘉靖中被倭毀掠，室廬俱灰，戶多散亡。故姓避寇入郡者，不復營舊宅，鬻產買牛，給佃墾荒，不能復昔之半。於是，糧產多歸於晉之士紳，閭巷細民，一切失業者，皆相率趨賭賻、椎剽、囂訟之計，竟錐刀，以幸旦夕。甚者則蠅營狐媚，始不過隸豪門以求活，繼且狐假叢借賣其主以自雄，而有司幾不敢問。」[80]

豪強與遊民交相作用，成為社會的一大災難，例如晚明的漳州：「又其甚者，豪門上族，實繁有徒，蜂目既嗔，豺聲乍展，始猶禍中黔庶也。終且煽虐士紳矣。閭左無賴拔扈，朝張雞肋安拳螳臂推轍。始猶橫施村落也。終且明目都市矣。大都競勝終訟，競利啟梦，鼠輩因憑社作威，虎冠以生翼滋暴，狡者視暗劣為奇貨，後進凌長大作死灰，此漳與四方所同也。」[81]

二、明代縉紳地主的變質和農民的反抗

縉紳地主的發展，是晚明福建社會的又一個特點。明人稱有功名的士大夫為縉紳，他們是朝廷的主要支柱。明初官宦多清廉，莆田一帶，「當時士大夫畏清議，歸來宦囊皆淡，無豪強兼併之風」。[82] 汀州的習俗：「仕官尚清白，間以厚積多金，雖至戚交游弗齒。」[83] 由此可見，明代有一部分縉紳能夠實踐儒者「安貧樂道」的人生原則，對錢財不是看得很重。雖說

77　民國《詔安縣志》卷二，引舊志。

78　洪朝選，《洪芳洲先生讀禮稿》卷三，〈代本縣回勞軍門咨訪事宜〉。

79　顧炎武，《天下郡國利病書》第 26 冊，〈福建〉，第 120 頁。

80　康熙《南安縣志》卷十九，〈風俗〉。

81　袁業泗，萬曆《漳州府志》卷二六，第 5—6 頁。

82　陳鴻、陳邦賢，〈熙朝莆靖小紀〉，錄自《清史資料》第一輯，北京，中華書局 1980 年，第 120 頁。

83　楊瀾，《臨汀彙考》卷三，〈風俗考〉。

以他們的身分，即使退休以後也不可能以勞動謀生，但是，他們對於「求田問舍」是十分謹慎的，畏於清議，他們不可能有太多的土地。就多數人而言，應是過著小地主的生活。但在明中葉以後，隨著商品經濟的發展，「千里做官為發財」的觀念深入人心，多數做官的人，都以發財為其主要目的，他們發財歸來，便大量兼併土地，如郭造卿論述興化府：「今因為府，為其科甲盛也，科甲既盛，則徭役多復，而田產踰制，細民日困。」[84] 清初的陳鴻回顧明末的莆田：「明末仕改清操，捆載而歸，求田問舍，每戶數千租。郭尚書（應聘）租至一萬三千石，惠洋庶民方南川，租亦一萬二千石。富者千倉萬箱，往往閉糶。每至春末，穀價湧高，由是富者愈富，窮者愈窮，田租每石價值七八兩。」[85] 他們兼併土地至於旁縣，如仙遊：仙遊「邑近莆，莆濱海地狹，民產半於彼」。[86] 這種現象不止於興化府，福州的「縉紳喜治第宅，亦是一蔽。當其壯年歷仕，或秉掌王事，或家計未立，行樂之光皆已蹉跎過盡，及其官罷年衰，囊橐或盈，然後窮極土木，廣侈華麗以明得志，曾幾何時，而漕先朝露矣！余鄉一先達，起家鄉薦，官至太守，貲累巨萬，家居繕治第宅，甲於一郡，材具工匠，皆越數百里外致之，甫落成而身死，妻亦死，子女爭奪，肉未寒而券入他人之手矣！」[87] 董應舉很感慨地說：「敝郡土薄窄，偷山海之隙為田，而多屬之于鄉官。人無本業，不商則盜。先時士夫猶知自重，蓄田不甚多，今且兼府踰縣矣。」[88]

各類地主的發展，使晚明福建的土地兼併達到驚人的地步，謝肇淛比較晚明各地的情況時說：「江南大賈，強半無田，蓋利息薄而賦役重也。江右、荊楚、五嶺之間，米賤田多，無人可耕，人亦不以田為貴，故其人雖無甚貧，亦無甚富，百物俱賤，無可化居，轉徙故也。閩中田賦亦輕，而米價稍為適中；故仕宦富室，相競蓄田，貪官勢族，有畛隰遍於鄰境者。至於連疆之產，羅而取之，無主之業，囑而丐之；寺觀香火之奉，強而寇之；黃雲遍野，玉粒盈艘，十九皆大姓之物；故富者日富，而貧者日貧矣。」[89]

84　郭造卿，〈閩中分處郡縣議〉，顧炎武《天下郡國利病書》第 26 冊，第 20 頁。

85　陳鴻、陳邦賢，〈熙朝莆靖小紀〉，錄自《清史資料》第一輯，第 120 頁。

86　朱淛，《天馬山房遺稿》卷二，〈贈仙邑大尹近山劉侯秩滿考績序〉，第 6 頁。

87　謝肇淛，《五雜組》卷三，〈地部一〉，第 75 頁。

88　董應舉，《崇相集》三，〈答江福清書〉。

89　謝肇淛，《五雜組》卷四，〈地部二〉，第 103 頁。

土地的大量集中，造成一系列的社會問題，例如安溪縣：「縣至郡城，水可舟也，民間有田，悉入於郡大家之手，載粟入郡，而民間米粟以此不充。佃種之家，郡大家僕隸時時奈何之。」[90] 由此可見，安溪縣雖為糧食產地，但因為地租多入泉州士大夫之手，因而造成了當地缺糧的社會情況。有些地主還利用荒年抬高糧價，謀取私利。例如，葉向高曾遣責富人「乃一遇歲凶，便乘以為利，閉倉屯以索高價，生嘗在一度間，見諸士夫相語，問穀價幾何：告之若干，其人曰：我誤矣，日者我糶太早，遂少幾分也。生聞而甚鄙之。」[91] 由此可見當時的社會風俗。唐宋時期，人們積穀以求富，明代的福建人，則以銀為最終追逐的目標，他們積穀，其實都是為了換取銀錢。如周之夔所說：「其田主及有力家，城居者倉廒既設他縣，每年不過計家口所食穀幾何，量運入城。餘盡就庄所變糶，即鄉居大戶亦然。蓋米穀重滯，且多折耗，而出穀入銀，輕便易貯，故凡稍知心計之人，皆相率積銀，逐末生息，決不作積穀迂緩之務。」[92]

　明末福建佃農反抗。租佃關係是晚明福建最為突出的土地關係，「鄉村小民，其間多是無田之家，須就田主討田耕作，每至耕種、耘田時節，又就田主生借穀米，及至終冬成熟，方始一併填還。佃戶既賴田主給佃、生借經養家活口，田主亦籍田客耕田納租以供瞻家計；二者相須方能成之。今仰人戶遞相告成，佃戶不可侵犯田主，田主不可撓虐佃戶，如當耕牛車水之時，仰田主依常年例應付穀米，秋冬收成之後，仰佃戶各備所借本息填還。其間若有負玩不還之人，仰田主經官陳論，當為監納，以警頑慢。」[93] 這種租佃關係在多數時候處於平衡的狀態中，「建陽，富農高廩蓋藏，稍貯額賦供官；佃輸租大家，貯餘以備春作，嬉嬉如也。」[94]

　明代的普通農民不願與官府打交道，他們情願將自有的土地賣給別人，自己做佃戶。這樣做，他們的收入雖然少了些，但也沒有了承擔官府賦役的煩惱。《閩清縣志》說：「相傳明季遼餉迫逼，一年兩納。民間有田者，

90　沈鍾等，乾隆《安溪縣志》卷四，〈風土〉，引何喬遠〈風俗述〉，第 110 頁。

91　葉向高，《蒼霞草》卷十，〈答南二太撫臺書〉。

92　周之夔，《棄草集・文集》卷五，〈廣積穀以固閩圍議〉，第 903—904 頁。

93　湯相，嘉靖《龍巖縣志》卷上，〈公移・勸農文〉，第 86 頁。

94　魏時應等，萬曆《建陽縣志》卷三，書目文獻出版社《日本藏中國罕見方志叢刊》，1990 年影印本，第 358 頁。

半多賤售於貴顯，願為之耕作。」[95] 可見，這種習俗在明代末年尤為廣泛。由於福建山路遙遠，農村與城市之間往來不便，地主除了收租的時候，一般不下鄉，所以，佃戶是有較大自由的。在永福縣有這樣一種說法，「買賣之家，惟知有佃戶不知有田，田在千巖萬壑，未易躡履至也。」[96] 如建寧府，「點佃連主之租，又從而詭移其田，顧先赴訴以惑聽。」[97]、「至於稼穡，農夫一售主田，數相貿課，易三兩人，而主不得知。負租者比比皆然。」[98] 所以，在福建民間一直有久佃成主的說法，事實上，我們也從明代的地契中發現，一些地主最後將土地賣給了佃戶，如〈崇禎七年閩清縣陳六官賣田盡契〉記載：「立當契人陳以海六官，原有民田數號，坐產閩清縣四都地方，於前年憑中宋雲門兄，賣與鄭旌遷原佃為業，得價銀及苗米石數，俱載原契明白。」[99] 它反映了明代福建佃戶一定的地權。

　　但是，到了明末，「不在地主」越來越多例如，晉江地主們多置地於山區諸縣，主佃關係十分淡漠，如德化縣：

> 屯田盡歸巨室，收租多係家人，凡賢縉紳肅家政者，主佃相安，未嘗橫索，間有新進喜事之僕，乘此路隔二日，僻處山窩，瞞主不知，遂以德化收租為樂境，三五乘群，乘輿而至，大斗浮量，額外需索，收租已畢，不肯回家，日則賭錢飲酒，夜則乘醉圖姦，佃戶不堪，願退不耕，則又具呈糧館，票提監禁，所以一聞呈告，便挈妻子而逃，積怨含冤，日甚一日[100]。

　　以上引文出自德化縣令，他對身分地位很高的田主們留有餘地，所以，將一切責任推給田主們的奴僕，實際上，奴僕們的橫行，都有田主為其後臺，目的是提高地租。據傅衣凌先生的研究，當時的地主階級用「小斗出、大斗入」的方法實際提高了賦稅額，為了迫使佃農接受，又用一班豪奴做打

95　民國《閩清縣志》卷八，〈雜錄〉。

96　謝肇淛等，萬曆《永福縣志》卷一，〈土田〉。

97　丁繼嗣等，萬曆《建寧府志》卷四，第 52 頁。

98　車鳴時，萬曆《政和縣志》卷一，〈風俗〉，第 25 頁。

99　福建師大歷史系，《明清福建經濟契約文書選輯》，福建人民出版社 1997 年，第 217 頁。

100　姚遲，〈關詳辭任文〉，載王光張等，民國《德化縣志》卷七，〈民賦屯糧〉。轉引自，傅衣凌，《明清農村社會經濟》第 91 頁。

手，迫使佃農接受。在這一背景下，佃農也以各種方式對抗地主，在泉州地區，忍無可忍的佃農終於發動了佃農暴動，他們組織佃兵，到各個地主之家較正斗量，甚至殺死一些怙惡不悛的地主。這一鬥爭發展到極點，佃農們相約不輸租，而沿海的大地主也不敢派人到山區各縣收租。明末風起雲湧的佃兵起義，和這一鬥爭是有關係的 [101]。

總的來說，福建沿海的泉州、興化二府，是地主權力較強的地方，其原因在於：這二個地方向來是科舉較盛的地區，許多地主都是有功名的人，他們與官府的聯繫較為密切，所以，若有佃農反抗，他們很容易調動官府的力量來對付農民，發生在德化的主佃事件，便是很好的說明。先是，沿海地主派莊僕到德化收租，這些人胡作非為，引起農民的反抗，拒絕納租。德化縣令站在本縣人的立場上，對佃農寄與較大同情，而沿海海官宦聽了莊僕們的一面之辭，對德化縣令頗為不滿，而德化縣令被迫辭職，寫了前引述的申述。從這一事件，我們可以感到沿海大地主的政治力量。不過，當明末佃兵起事後，佃農與地主的關係也發生了一個倒轉，山區佃農普遍拒納地租，而沿海地主也不敢派人去山區收租，這是明末清初的情況。

小結

從社會各階層的變更來看，小商品經濟的發展確實給福建社會各階層帶來很大的變化。從積極的一方面來說，經營地主的產生，使社會上多了一種積極向上的力量。但是，這個時代還有一種變化，就是商人與官僚兼併土地，導致許多人失去自己的本業，兩極分化越來越嚴重。被剝奪土地的農民，如果沒有出路，就會引起社會問題。這是鄭芝龍下海為盜之後，總是譴責泉州豪戶的原因。晚明對社會最具消極意義的變化是：豪紳地主憑著自己的勢力壓榨百姓，擴大自己的財富。甚至縉紳地主也無法控制自己的家奴，想方設法敲詐民眾，以便擴大自己的財富，應付日益擴大的開支。對有錢人家日益富裕的同時，社會底層失去土地的農民越來越多，遊民階層的隊伍擴大，這兩個階層都是用超經濟強權來謀取利益，他們的存在對社會造成很大的危害。

101　參見，傅衣凌，〈明清之際的奴變與佃農解放運動〉、〈明清時代福建佃農風潮考證〉，傅衣凌，《明清農村社會經濟》，三聯書店 1961 年。

　　總的來說，從明代福建社會的變更中可以看出，小商品經濟促進了晚明福建社會的發展，但也帶來了許多的社會問題。若能處理好這些問題，社會便能繼續向前發展。倘若無法處理好，社會便會陷入戰亂。西方國家應付這種情況的方法發展法制，明確私人利益和公共利益。然而，明代的統治尚有濃厚的人治意味，因而不能處理好相關社會問題。最終導致社會大亂。這是令人遺憾的。

第九章　晚明福建官民關係的變更

　　晚明商品經濟的發展，使東南沿海經濟欣欣向榮。然而，人之間的關係也因為利益衝突而顯得更為緊張。明朝官府的地方結構較為鬆散，缺乏管理商品時代人際關係的經驗，因而發揮不了作用。

第一節　商品經濟浪潮中的管理問題

　　商品經濟不僅對福建的經濟與社會造成衝擊，也對官僚機構造成很大的衝擊，在商品經濟時代，隨著民眾收入的普遍增長，官員們從政府得到的合法收入，遠不足以供給他們的消費，也趕不上一般富人的水準。其次，隨著商品經濟時代支出的增加，地方財政出現巨額的虧空，於是，地方官每每將主要精力用於彌補自己的收入以及加強地方財政。但是，這些增稅的努力，每每是得益甚少，為害甚大。此外，由於官員精力的轉向，造成社會管理水準的降低。社會變化帶來的一系列問題，官府無力解決，潛藏著深層的危機。

一、擴展鹽商專賣的問題

　　元明以來，福建實行鹽專賣的只是一部分地區，他如閩東鹽區，自古以來不實行專賣，許多山區與沿海的民眾靠販鹽為生，政和縣西南部「家家挑鹽，幼者十二三，老者五六十，數步換肩，三里歇息，日食粗米二升，

分作四頓，夜眠草席，僅長尺餘，一生紙被，終歲麻衣，頭不巾，腳不襪，夏炙日，冬履霜，登嶺穿林，衝風冒雨，一沾瘴癘，傳染不休，艱苦萬狀，難盡形容。」[1]可見，這一類的鹽買賣，實際上沒有什麼利潤，完全是維持生活而已。但到了明代後期，很多人卻想壟斷閩東的鹽業買賣，從中謀利，方志記載：「嘉靖初，言利之徒劉春、薛希敏、黃五峰告開東路官鹽，始議行鹽之地，上通四府、江浙等處，本地細鹽照舊流通。既而思專其利，嚴禁細鹽。不許煎熬挑販。知縣林公時芳引例：擔負之鹽，不為私販，詳申兩院，其禁允弛。隆慶末，奸商狼饕，百計仍充細鹽，官商將沈海灶戶編作五場，每季散銀於各灶，每銀一錢，岢鹽一百六十斤。灶戶日夜煎熬，給商之外，剩餘升斗，名曰火食。餘鹽挑出換米，於法無禁，商人又以阻撓國課為辭，輒行打奪。夫既係火食餘鹽，又非行鹽之地，與官鹽實不相妨，何為橫害？而至此極哉。且各灶戶憚其辦課之苦，兌其雜差。今本縣灶戶既辦國課，又當民差，已不堪命，復為奸商法外凌虐，幾何不轉為溝中之瘠哉？且不惟沿海居民受害，其害流之一邑，每商船上幫，夾帶私鹽，小船夜日盤接，駕言出哨巡鹽為名，凡遇載貨小船，即行劫掠，萬曆十年，殺死數命，少以縮手，邇年仍肆，故習為民主者，於此一事誠不可不加以意也。」[2]可見，官商壟斷閩東鹽業，對社會產生極大的危害，其一，百姓再也吃不到低價的私鹽；其二，製鹽灶戶受到官商盤剝；其三，沿海運貨的過往船隻都受查私鹽人的勒索，沿海商業受打擊很大。因此，在閩東擴大行鹽範圍，無疑是從閩東百姓口中奪食，大大妨礙了經濟的正常發展。在福州的沿海數縣，也有鹽幫勒索民眾的問題。董應舉說：「海上故無幫，自嘉靖四十三年流棍誑官，以海為港，而壺江幫立，廣石、連江繼之，萬曆間又分連江為定海、北茭、奇達，是為六幫。六幫立而沿海漁民十數萬家，被商哨毒虐，至賣妻鬻子，流徙而去為盜賊者有之。」[3]為什麼鹽壟斷會給民眾帶來那麼多的問題？這是因為：當時的漁民沒有冷凍技術，生產的魚類，除了晒乾之外，多以鹽巴醃製。食鹽壟斷之後，導致鹽價上升，漁民所製商品無法出售。「醃鮅百斤，須鹽二十斤。買之海販，價止二分六釐，而幫價已至八分，海上鮅價不過錢餘耳。能餘幾何養我妻子？我民

1　車鳴時，萬曆《政和縣志》卷八，〈詞翰志〉，第 6 頁。

2　舒應元，萬曆《寧德縣志》卷二，〈食貨〉，第 24 頁。

3　董應舉，《崇相集》議，〈海課解疑〉，第 28 頁。

終歲所網能踰萬斤上耶？而以八金市幫鹽，公以為無死得乎？幫實有口，能食我網，食我船，食我兒，且食我妻。吾有死而已。」[4] 由於這一原因，在鹽幫制實行的地區，漁民紛紛破產，董應舉說：「予自乙卯歸，買一婢，壺江人也；又買，又壺江人也；駭而問之。曰：壺江男女賣幾盡矣。遣人往查，則有三女一男俱賣而隨以死者，有二男一女俱賣，且及妻者；一一得其主名，凡賣男女一百四十六人，賣妻十人，餓死無筭。」[5] 可見，鹽專賣給閩東沿海鹽民帶來無盡的災難。普通商販也受到牽連，王應山說：「往聞販夫所肩瑣屑，董董充稅，嗟號棄去。」[6] 顯然，官方的肆意劫掠，給民間商業帶來極大的危害。實際上，官府所得並不多。例如，福州附近六幫之一的壺江幫，壟斷了當地的鹽業，「壺江商課幾何？曰：三年僅九十一兩三錢五分耳！」[7] 朝廷無論收入有多緊張，都不會缺這 91.53 兩銀子。所以說，官府實行這一政策，其實是有人假公濟私，打著為公家增加收入的旗號敲詐民眾，獲得非法收入。官商完全是利用官府所給權力在為自己謀利。這種情況的普遍存在，是晚明商業社會的一大問題。

二、晚明福建市鎮管理問題

晚明福建市鎮的管理問題。《龍巖縣志》的作者說：「夫日中為市，自古已然，惟市官之法不行，而狡詐滋，錢布之法不通，而銀幣困。平物價，謹權量，通泉布，皆留心民用者，所必講也。先是，市鎮貿易，機械百出，易權移量，罔利索價，又銀雜低假，包銅灌鉛，真偽莫辨，至鄉人挑負入市，竟為欺騙，白手而空歸者，其害豈小哉。近以里老呈首嚴加禁革，平估價值，不許低昂，官給升斗秤尺，懸諸通衢，銀非九成以上，不得行使。違者各治以罪，頗知遵守，民咸稱便矣。但錢法尚滯，思有以通之。猶未能也。」[8] 由此可見，明代市鎮一度非常混亂，十分需要管理。明代官員說，「夫鎮市氓商所雜居而征旅往來，舟車輻輳，利藪歸焉，奸萌易以叢起，甚至觸網冒法，蓋事勢之流相激使然。謂宜申令明禁，痛繩豪點，以杜孽牙。」[9]

4　董應舉，《崇相集》議，〈海幫答問〉，第 33 頁。
5　董應舉，《崇相集》議，〈海課解疑〉，第 28 頁。
6　王應山，《閩大記》卷十一，〈食貨考〉，第 190 頁。
7　董應舉，《崇相集》議，〈海課解疑〉，第 28 頁。
8　湯相，嘉靖《龍巖縣志》卷上，第 48 頁。
9　林子燮等，萬曆《福寧州志》卷一，〈鎮市〉，第 98 頁。

但是，明代對市場的管理沒有一定之規，地方官心血來潮，反而製造了許多問題。

設立商牙管理市場，是明代普遍的做法。湯相的〈議處浮糧事宜〉：「一明商稅以絕爭端。照得本縣溪南、雞鳴二處宿歇往來客商，貨賣油苧等物，未免薪水之利，前無官稅，往往致爭。合無照各處市鎮、河埠，則例招人承認，歲輸銀兩，頂補浮糧，俾業有定主，稅有定規。不惟國課可復，而訟端亦可息矣。」[10] 據此，官牙的任務是管理市場，並收取稅收，上繳官府。據《建陽縣志》記載，明代當地有：「魚貨牙稅八名，納銀三十二兩；豬牙十二名，納銀八兩四錢；米牙十名，納銀五兩；魚貨牙稅十二名，納銀九兩六錢；棉布牙六名，納銀六兩；夏布牙七名，納銀五兩六錢；油牙三名，納銀一兩五錢；藥牙二名納銀二兩；糖牙六名，納銀七兩二錢；棉花牙二名，納銀二兩；紙牙七名，納銀四兩二錢；鹽牙四名，納銀四兩。」[11] 這些牙人79 名，散布於全縣的市鎮，共納銀87.5 兩。當然，古代中國的政令很少有完全統一的，在有些地方就不實行牙人制度，例如同安縣：「商賈交易市廛之利，官無與焉。前此有侵收縣前市稅，日取行貨之人地錢者。又有私設溪邊埠頭勒抽買賣牙錢者。又有私設前街驢頭勒取雇請牙錢者，俱被控禁革。此誠惠商之善政也。」[12] 像同安這樣不設牙人，而讓民間自由買賣，其實是最有利於商業發展的。在設牙人的地區，常因牙人而產生矛盾，例如，閩東沙埕市的官牙與私牙之爭是非常典型的。福寧州的沙埕市是閩東的主要口岸，關於當地的商稅，萬曆《福寧州志》上有這樣一番爭論：「沙埕市，十二都，近始設市，立牙徵稅，萬曆十八年以前，止稅額一十六兩，十九年兵憲李公館行議，僉定官牙八名，加稅至八十兩為額，並不得再抽商貨，亦不得多索商人，以五十兩充該道稿賞，餘三十兩仍貯州庫充餉。此議雖行，而私牙蠹利撓法，官稅無徵。」從這段文字中我們知道：沙埕市最關鍵的問題是：當地有官牙與私牙之分，官牙因私牙的競爭無法做生意，所以無法向官府納稅。那麼，沙埕市何以有私牙？官員們記載：「往時牙行皆係外府流民，時夫（？）時來，率多逋負，去年議詳院道，僉立

10　湯相，嘉靖《龍巖縣志》卷上，〈官司志第二〉，第94—95 頁。

11　魏時應等，萬曆《建陽縣志》卷三，〈賦役〉，第351 頁。

12　陶元藻等，乾隆《同安縣志》卷一，〈街市〉。民國重刊本。

本州殷實人戶八名，充為官牙，年徵稅銀八十兩，內五十兩聽巡道操賞之費。餘充餉額。而異棍私牙，猶然潛住，託名賣飯，兜攬商舡，官牙反被掣肘。」那麼，這些私牙是些什麼人？官員們說：「類皆興化、福清、永嘉、樂清豪滑，莫能禁，且此輩雖係流徒，業已立家成產，一旦驅而禁之，似與人情未便。」[13]

大致說來，沙埕是一個新興的市鎮，它的出現，是四方商客匯聚的結果，從其牙人來自興化、福清、永嘉、樂清等地可以證明：他們經營的對象也是這些地方的商船。可想而知，這些外來人與當地土著會有各種矛盾，而地方官在這方面一般是照顧土著的。看來，由於牙行的利潤引起各方面的羨慕，所以，土著富戶也想爭奪這一行業。然而，儘管他們成了官方指定的官牙，可是，由於他們經營方式的問題，他們仍然經營不過外來的私牙，在這一背景下，官方為了保證稅款的收入，只好用新的辦法：「合將見仕沙埕開鋪招船歇客人戶，共五十五家，無拘外省異郡，照上中下品，編八甲，籍名在官。」通過這一方式控制商戶，「如過商漁船只到埠，官牙帶各甲查確貨物，引船攬寫已定，將本船貨物與水腳銀兩，應抽納稅數，商人船戶和姓名、貫址、欲往某處字樣填單。」[14]

市場本是自由競爭之地，然而，由於官府的參予，一些人變為壟斷者，一些人變為非法的經營者。這就破壞了沙埕市的正常發展。

為了確保官府八十兩銀子的稅收，福寧州官方還想出了許多莫名其妙的辦法，例如，他們規定：「閩貨至沙埕者，令投閩牙，使閩牙坐小船引浙舡裝載過浙，每船腳銀一兩，抽取三分，以二分付官牙，為接風送行之資，以一分納官充稅。」此外，「仍行烽火寨，亦按季輪撥哨船三隻，無分汛期，悉以見在船捕隊目兵，專一巡邏鎮下、沙埕二澳海口，使南來船隻必盡入沙埕，毋令透越。仍刊號票小單，以乘各船出入不禁。每季發票單各四百張，置立循環四扇。」[15]往來閩浙二省之間的商船是否要進沙埕港，這本是商船自由選擇的事，如果強迫每一艘商船都要進港，必定增加許多商船的成本，這在同時代的資本主義國家是一項大忌，人們輕易不敢定此

13　林子燮等，萬曆《福寧州志》卷一，〈鎮市〉，第98—100頁。
14　林子燮等，萬曆《福寧州志》卷一，〈鎮市〉，第101頁。
15　林子燮等，萬曆《福寧州志》卷一，〈鎮市〉，第101頁。

類法規，因為，這很容易引起戰爭。但在明朝，一個小小的州縣官就可以制定此類「法令」，而其目的不過是確保八十兩銀子的收入！這說明明代商品經濟發展的最大敵人，往往就是原該為民眾著想的官府！

此外，還有一類官府人員也是擾亂市場的主要分子，如建寧縣，「先是，在城墟市，貨物駢集，多有各衙人役指官為名色，通同各鋪行市久慣行頭低價抑買，或白手刁拿，無異劫奪。及有止執小票賒取進衙，經旬累月，不得領價，及有價之日，或被冒領，或勒要分例若干，方肯進票。價銀一兩，不得及一半，深為民患。自知縣何孟倫到任，革諸弊，凡用一蔬一菜，皆將見銀封識，依時價出買，猶恐前項奸徒，乘機挾騙，隨立印信文簿，給發各行戶收執，遇有某衙某年月日差人買取某物，價值若干，曾否領價，有無虧損，從實填注，每月朔望，各執簿送縣查驗，由此奸懲弊絕，而小民無虧克之虞矣。」[16] 在中國的官場上，官官相衛，像上述建寧縣縣官力圖約束手下官吏不得擾民的例子是少見的。它的出現，往往是官吏擾民已達民怨沸騰的反應。而這類事情在明代市鎮上是不少的。總的來說，市鎮的發展說明它不可缺少官府的管理，但官府的管理往往又成為市鎮發展的阻力。按照儒者的教導，政府的官吏應當為民作主，而不是妨礙民間的發展，但明代所形成的政府機構，又使它的官吏成為民眾的「老爺」，他們不是為民作主，而是讓民眾適應自己的方便，這種秩序一旦形成，民眾再也無法監督老爺，而「老爺們」總是想出許多奇怪的法子去限制民眾，使民眾不得不求自己，一方面顯示了老爺的威風，一方面又開拓了撈取非法收入的法門。許多官員是情不自禁地這樣做的。

水寨對民眾的掠奪。「沿海水寨多倡為接濟之禁，以阻商舶而索厚利，夫閩人通倭則誠有之。然皆漳之窮民于海上，掠取商貨以往，若有貨之舟，則皆南往高州，北往蘇松者也。將官見賊舟則畏避如虎，甚且為其所掠，盡殺其兵而取其舟，張其旗幟以誤商舶。惟見貨舟，則多方攻逐索其厚利，稍不如意，則以通倭誣之。故近日海上經過水寨，非費十數金不可。」[17]

明末社會給我們的教訓是：在商品經濟發展的時代，應當重視法制的建設，如果有了健全的法制，商品經濟的發展，只會給福建帶來福音，而

16　何孟倫纂修，嘉靖《建寧縣志》卷二，〈建置〉，第 473—475 頁。
17　黃克纘，《數馬集》卷三三，〈東朱四還中丞〉，第 1576 頁。

不是相反。

第二節　晚明福建徭役制度的變更

　　經濟結構與社會結構的變化，必然引起上層建築的變更。明初建立的官僚體制漸漸地不再適應商品經濟發展的要求，對此，明朝做出了一些相應的政策調整，體制上也有所變化。然而，各級官員對金錢瘋狂追求，最終埋葬了他們的努力。

一、一條鞭法與徭役制度的變革

　　明代初年的徭役是和戶種有關的，匠戶要為官府服役若干時間，鹽戶要承擔鹽場的一些差事。這類職務並不是榮譽性的，而是要承擔相關的支出。由於明代確定的田賦額較少，經常不夠地方官開支，於是，地方性的許多開支，被攤入徭役。例如庫子之役，即派某個富戶看管某項倉庫，不管倉庫裡有沒有東西，該項的行政支出，都要這一富戶負責。明初風氣樸實，開支不大，民眾對徭役尚能支持。但在明中葉以後，庫子成為談虎色變的一項重役。何喬遠說：「均徭之役，最重莫如庫子。編排庫子，所以策應心紅紙箚酒席下程之費，官司廉儉，尚有為民樽節；其漫無貲省者，狼藉乾蘭，不復顧惜，民役數日，費殆不貲。」又如驛傳之役，「則民持金入驛僱募夫腳，策應官府迎送過客，仕宦之人，往往挾帶賓從，行李輜重過當，於是相為隱避，有潛數竣事之期，囑託幹旋，令其改期就道者。」[18]以南平縣的驛站徭役來說：「賦役之難，惟驛遞為甚，其不便於民者久矣。……籍民田糧，上戶者為夫首、為馬驢首，數有不足，以中下戶補湊之。每糧一石，徵銀若干，……官府吏皂有打點錢，驛遞官吏有常例錢，山民不識官府，不諳操舟執轡，豪強包攬之徒，得以坐挾其財，盡所欲乃得釋去……每糧一石，多至八九錢者有之」[19]，民眾對庫子、驛傳之役的畏懼於此可見。從總體趨勢看，明中葉以後徭役的負擔越來越重，如漳平縣「漳平糧里稀微，……供王賦者與法同，而給雜役者較之地方，不知倍蓰。

18　何喬遠，《閩書》卷三九，〈版籍志〉。第963頁。

19　鄭慶雲，嘉靖《延平府志》卷五，〈土貢〉，第26頁。

十百均平之法，縣司難一一以守，天下通弊也。」[20] 又如《沙縣志》論及徭役問題：「百餘年來，蠲免未聞，而州縣之徵，則日趨於繁且重焉。自沙言之，糧出於田，差本乎丁，固矣。而又有軍與匠焉，魚課、鹽糧焉，六分丁料焉，綱銀、秋祭焉，驛傳、水夫、民快工食焉，府縣之流差焉，計其一歲之所出，為糧五千八百餘石，為銀一萬四千九百兩餘，而官吏之侵剋，科納之加添，額外之鏑補，無礙之科派不與焉。司以是責之府，府以是責之縣，縣以是責之里甲，雜然而並至，卒然而取應。里甲之中，夫長有奸良，丁戶有逃移，里地有近遠，糧長有虛浮，天時有旱潦，固不能一律以備也。」[21] 所以，明代中葉福建徭役之重是各部縣志、府志共同的苦經，《政和縣志》的作者車鳴時曾說：「古者稅民不過十一，役民不過三日，今不啻數倍矣。」[22]

按照明代早期的制度，重要的徭役都是按戶輪流承擔的。雖說朝廷規定十年輪流一次，但其支出額的巨大，每每造成承擔者的破產，於是，明代中葉，福建實行了一系列的徭役改革。首先是實行徭役改折，就是說，凡有徭役，不是直接調百姓服役，而是改徵銀子。明朝將部分差役改為徵收銀兩，而這部分銀兩一部分按田畝分擔，一部分由人頭分擔。如泉州府志云：「男子年十六以上為成丁，丁當米一石事。其身貴者、老者、疲癃殘疾者，皆復之不事。正德十四年沈御史灼議酌民口賦始行八分法，每一丁歲徵銀八分，以充歲辦等料，惟差役仍舊，十年一事云。」[23] 於是，徭役有了銀差與力差之分。這一制度，又名綱銀法。何喬遠說：「役法弊矣，嘉靖末年，撫按兩院始令各縣除正雜之名，止稱綱銀，以一年應用通計實數，只據見年丁糧多寡，每戶徵銀若干，審定規則，先一月徵收在官，以應後月支用。」[24] 但是，由於各項徭役開支不同，有些戶種承擔徭役過重，如興化府，「民間戶役最重者莫如塩戶，蓋軍戶則十年取貼軍裝，匠戶則四年輪當一班，塩戶既與軍民諸戶輪當本縣之里長，又輪當塩場之總催、團首、秤子、埕長，……至見當之年，正差之外，凡塩司過往，公差牌票下場，及該場官吏在官人役等費，

20　曾汝檀，嘉靖，《漳平縣志》卷五，〈戶賦〉，第1頁。
21　葉聯芳纂修，嘉靖《沙縣志》卷四，〈賦役〉，第14頁。
22　車鳴時，萬曆《政和縣志》卷三，〈賦役〉，第3頁。
23　陽思謙等，萬曆《泉州府志》卷六，〈戶口〉，第3、4頁。
24　何喬遠，《閩書》卷三九，〈版籍志〉，第963頁。

輪月接替支應、賠販，需索之苦，過於民矣。況（塩）場官白首窮途，吏胥門隸，復不可制，加以積棍包當多取，上下交征，非竭澤不甘。又軍民諸戶遞年均徭，驛傳之編，凡民正米一石，只派銀二錢上下，塩戶每年每丁既納銀二錢五分，每粮一石，納銀五錢五分，尚有私貼腳費及僱募塩丁等役，輕重懸絕。」[25] 以上說到鹽戶的徭役負擔最重，新的方法並不解決問題。為了均攤各類徭役的負擔，後來又實行「十段法」，何喬遠說：「按均徭舊規，十甲輪差。十段法將暨縣實差丁糧以甲為次，分作十段，每年輪以一段編差。蓋以十甲輪差，遇有本甲丁米多者，則銀少而差輕；或有本甲丁米少者，則銀少而差重，未免有不均之歎。故更以十段，而均其丁米。所以使十年編銀無多寡之異，而任役無輕重之懸。」[26] 如果說綱銀的主要目的是將徭役改徵銀兩，那麼，十段法之意，便是均攤徭役。均攤的標準，是按照各鄉村的人丁數量與田賦數量。

其後又有一條鞭法問世。一條鞭法最早出於江西，時為隆慶四年，而福建實行一條鞭法，是在萬曆初。李世熊說：「是法也，倡自江西按察使蔡充廉，諸上議則備載王宇沐參政均勻書中，江西巡撫周如斗、劉光濟先後奉行之。閩巡撫龐尚鵬奉行尤力。」[27]

對一條鞭法制度，今人已有相當多的研究，但仍然是一個不易說清的問題。若要把握其要點，主要有以下幾個方面要注意：其一，雖說一條鞭法的主旨是田賦與徭役合一，但由於田賦總額是確定的，而徭役的名目煩多，所以，一條鞭法主要是針對徭役的改革；其二，一條鞭法的精神是將所有的徭役合併於賦稅，一起徵收，以後不再有各項徭役的名目；其三，賦役合一後，不再分徭役的銀差和力差，全部改徵銀兩，由官府自行雇傭勞工服役。按，這一方法是綱銀法之後的發展。因為，綱銀法實行時，徭役只是部分改折，所以有銀差與力差之別，而一條鞭法將其全部統一了；其四，徵收的標準，以田賦與人丁兩項為準，一般是「丁四糧六」。就是說，人丁占四成比例，田賦占六成比例。明末的夏允彝說：福建丁銀最重，「有差丁，有料丁，料丁者，優免之丁，止辦料銀，差銀為與也。差丁者，以

25　顧炎武，《天下郡國利病書》第 26 冊，〈福建〉，第 51—52 頁。
26　何喬遠，《閩書》卷三九，〈版籍志〉，第 963 頁。
27　李世熊，〈條鞭總論〉，載曾日瑛等，乾隆《汀州府志》卷三九，中國方志叢書影印清乾隆刊本，第 56 頁。

綱、徭、機三差銀與田米對派，米七丁三。……各縣丁銀不同者，以差有不同、且田米多少之異耳。」[28] 過去有些書說一條鞭法是全部將徭役攤入田畝徵收，這是錯的；其五，官府根據開支確定明年的徭役總額，一體徵收。

對一條鞭法，《閩書》的作者何喬遠給予很高的評價：「法行而民甚以為便。」[29] 李世熊有〈條鞭總論〉一文評價道：「前人有言法至一條鞭而盡善矣，雖祖安石雇役之遺意。未可以其人而少之。所謂盡善者何也？以輪甲則遞年十甲充一歲之役，條鞭則合一邑之丁糧，充一歲之役也。輪甲則十年一差，出驟多，易困。條鞭則每年零辦，所出少，易輸，譬十石之重，有力人弗勝，分十人運之，即輕而舉也。夫十年而輸一兩，固不若一年一錢之輕且易也。人安目前，孰能歲積一錢以待十歲後用者？又所當之差，有編銀一兩而幸納如數者，有加二三至倍蓰相什百者。名為均徭，實不均勻之大矣，今十甲通編，不分年，則丁糧均，優免者勢不能分數口以幾幸，則濫冒清。合銀力二差並正雜諸辦，徵附秋糧，則名目簡，富人不近官，從人不坐名，則覬覦寢，官給銀，於募人，人不得反復抑勒，則市猾屈，去頭戶、貼戶之派，則貧富平蘇澹煩困，何啻解懸哉！」[30]

一條鞭法在總體上是成功的，但實行時間較久之後，也暴露了它的毛病，其一，一條鞭法的原則是：以開支定賦稅總額。這一法則實行後，便給官府增加稅收大開方便之門，一些官員毫無顧忌的揮霍，都轉嫁到百姓身上。其次，朝廷過去有賦稅額的限制，現在可以任意加稅；其二，福建實行一條鞭法，人丁銀的比例過大，一些窮人家庭，過去只要承擔力役即可，而現在要承擔不斷加碼的賦稅，到了明後期，這是一項相當沉重的負擔。如《長樂縣志》的作者夏允彝說：「余生吳越間，所聞丁口銀不一，俱絕寡，長吏鮮有催科及此者。長邑丁銀至重，且十倍吳越，民其巧者，賄里之長，多漏脫，拙者身輸全丁，又每為其父兄既沒、親故逃亡者代輸，苦不堪忍。」[31] 李世熊也說：「在明季清初，每米一石貼役一二金而止。又幾年，五六金，今遂八九金，小戶縣十數金而未足。」[32]

28　夏允彝，崇禎《長樂縣志》卷十一，〈叢談〉，第 3 頁。

29　何喬遠，《閩書》卷三九，〈版籍志〉。第 963 頁。

30　李世熊，〈條鞭總論〉，載曾曰瑛等，乾隆《汀州府志》卷三九，第 55—56 頁。

31　夏允彝，崇禎《長樂縣志》卷四，〈食貨志・戶口〉，第 1—2 頁。

32　李世熊，〈條鞭總論〉，載曾曰瑛等，乾隆《汀州府志》卷三九，〈藝文志〉，第

二、清丈與加派

　　田賦徵收的混亂情況。明朝徵收田賦，有官田與民田之分，其稅收額是不同的。《泉州府志》云：「國朝凡天下田地，山林海塘海蕩等，悉書其名數於籍，其田之等有二：曰官、曰民。若職田、若學田、若廢寺、若沒官、若官租，皆係之官職田者，唐制，職官所分之田也。學田者，府縣以贍學校之田也，廢寺田者。寺額廢而入官者也。沒官田者，籍沒之家入官者也。又有原沒今沒之別，官租田者，籍沒之田，而募人耕種者也。民田苦徭役重累，官田者有折解而無徭役，故豪家操鬻田者急，或強冒官產，或減畝合券乃鬻田者，亦久操之懸產不推。迄於死徙，其子孫稚弱，淪亡盡，無從究詰。間或有水漂沙壓，田去產存，饔餐無資，而追呼日逼，凡此二者，不得不號籲官司憐之，浮糧之名所由起矣。」[33] 按照明初的制度，官田約畝收一石的重稅，而民田的稅收約為每畝三升至五升。明中葉以後，明朝調整官田的稅收，逐步將其過高的稅收攤入民田，所以，官田在晚明不僅不要承擔重稅，還可享受明初即有的免於承擔徭役的好處，泉州府的豪強將民田冒充官田，其原因在此。明代中葉，在田賦方面一個重要問題是：由於民間的田地買賣盛行，許多田地在不斷轉賣過程中，它的稅收被穩瞞，官府無法收到該項田賦，這類徵不到的田糧，被稱之為「浮糧」。當時每個縣都有一些浮糧，日積月累，浮糧越來越多，這便影響到政府的稅收。明初福建有 1482.6 畝納稅田地，而明代中葉以後福建納稅田地數的下降，到 1353 萬畝，共納田賦正稅夏稅麥 877 石、秋稅糧 841,353 石[34]，田地數比明初下降了 129 萬畝，據福建各地方志的記載，明代中期官府所掌握的田地數，要比朝廷掌握的田地數還要少，永春縣「國初額田千六百頃，為糧九千四百餘石」，嗣後因經歷戰亂、虎患、自然變遷等因素，永春的納稅田下降了二百餘頃，「而虛賠之糧，凡石一千有奇」。[35] 這一情況同時存在於其他各縣，如龍巖縣：「夫則壤成賦，其來舊矣，總巖中官民田地僅一千六百五十六頃二十四畝六分七釐，正賦米一萬一千二百五十二石二斗一升四勺，其浮糧已一千二百一十五石五斗八升一合，無徵賠貼米

　　　　55—56 頁。
33　陽思謙，萬曆《泉州府志》卷六，〈田土〉，第 6 頁。
34　引自，梁方仲《中國歷代戶口、田地、田賦統計》，第 333 頁。
35　朱安期等，萬曆《永春縣志》卷六，〈農政〉，第 21 頁。

一千三百八十五石三斗四升二合八勺八抄，何其汩沒之多耶？豈巖穀之變遷，貧絕之轉徙，田地因之而汙萊歟？噫，其所由來亦漸矣。」[36] 納稅田地的下降，其實是民間瞞田習慣的發展。不過，明朝為了財政上的平衡，對田地數控制較緊，輕易不讓某一地方減稅減田。所以，各縣迷失的田地稅，只好由當地縣官想辦法彌補，而縣官的方法大都是將其灑派其他田地。而許多地方乾脆收不到。於是，萬曆年間，在張居正當國時，明朝下決心進行田地清丈，決定核實田地數量，以便徵稅。何喬遠說：「賦法弊矣，說者謂宜履畝方田。而萬曆初年，江陵相始議行之，相度高下膏腴，定為上中下三則，折為實畝，配官米若干、民米若干，鈔米若干。有寺田九廢而入民家者，亦如民田配產。要以無失舊制二米原額而已。而受田之戶，分受魚鱗一紙，弓步畝數，令可自秸，而浮糧悉清。」[37] 就這一原則來看，明朝廷並非真正要求全面點清田地，而只是要求落實原有的賦稅。只要能查出原有的賦稅，並坐實承擔者，朝廷對實際的田地數量，並非苛求。但是，這只是後人的總結。而在當時，以張居正的雷厲風行，各地官員只是奉命查出實額，有些地方確實這樣執行了。例如晉江縣，「萬曆十年朝廷下方田之令，泉惠安、安溪二邑第均擁浮糧於業戶而已。晉江令彭國光勵精集事，履畝定則，一概丈量灑派，計溢額一千四百八十頃有奇，而產米亦增五分之二，即灑浮糧而均攤之，不至是也。人始謂惠安、安溪之士民有遠慮先見焉。」[38] 晉江令徹底清查，對朝廷是有功的，但他卻在民間遭到士大夫的遣責，這是因為：他使晉江的田賦增加了五分之二，這可不是一個小數！明末的田賦不斷增加，於是，晉江縣的田賦相當沉重，乃至民眾不堪負擔。當然，晉江縣的情況是個別的，多數地區採取的方法與安溪、惠安相同，瞞田在民間仍是廣泛存在的，例如南靖縣，當地的縣官說：「按，南靖土田，不經清丈，區畝稅糧，原無定則，奸民乘之，欺隱日滋。間嘗覆通田畝，不下三十萬，其登賦稅者十五萬九十有奇耳。此外皆他邑豪所居者也。」[39]

　　可見：南靖縣隱瞞的土地至少在 15 萬畝左右，約相當於納稅田地數。

36　湯相，嘉靖《龍巖縣志》卷上，第 53—54 頁。

37　何喬遠，《閩書》卷三九，〈版籍志〉，第 963 頁。

38　陳壽祺等，道光《福建通志》卷四九，〈田賦志〉，第 1009 頁。

39　蔡克恭等，萬曆《南靖縣志》卷三，〈賦役志〉，明刊本膠捲，第 8—9 頁。

福建其他地方隱瞞土地的情況也類似於南靖縣，只是數量或多或少，沒有明確的數字。若按南靖縣的比例，福建省實際擁有的田地數約為納稅田的一倍。不過，從明代的稅制來看，朝廷加賦其實已經考慮到民間的瞞田，在這一背景下，誰要是認真報上土地畝數，會在朝廷的重徵之下將民眾壓垮，因此，晚明的福建，瞞田是普遍存在的。這是民眾自我保護的方式。

晚明朝廷面臨著北方遊牧民族南下的威脅，而政府的財政緊張到了無以復加的地步，為了解決財政問題，朝廷開始增派賦稅，簡稱之「加派」。晚明的加派是根據原有賦稅額增加的，如嘉靖二十一年，戶科給事中郭鋆等條陳六事：「福建一省每糧一石，納米五斗，銀二錢五分，米則存留，銀則扣解，計每歲餘銀三萬有奇。又變賣廢寺田價租銀，亦不下數萬，宜查催解用，他省傚此。」[40] 嘉靖三十年，戶部議坐派各省京料銀，福建省攤到十四萬，比江西省的十二萬還多兩萬[41]！

加派一般說是臨時性的，一般遇到重大戰事，軍費開支大增，戶部便以加派來解決。上述加派，主要是因為韃靼人南下，北京戒嚴，以故加派。戰事緩解之後，加派便會取消。然而，明末的農民戰爭爆發後，建州女真族頻頻叩關，內外戰事交替，不僅不再取消加派，而且連連加碼，例如，崇禎初年，福建省的加派每畝七釐銀，全省共為 12 萬兩餘，而崇禎三年，由於對遼戰事頻繁，戶部又加到每畝九釐，於是全數再增加 4 萬餘兩白銀。[42]明末不僅有遼餉，還有剿餉、練餉，與明代中葉相比，賦稅總額增加了幾十倍。北方許多省分在此重壓之下崩潰，福建等南方省分儘管困難，尚可支援，這與明代中葉老百姓的瞞稅是分不開的。對明朝而言，倘若福建省在明末即已崩潰，那麼，在清軍的壓力下，鄭成功是不可能支持那麼長時間的抗清鬥爭的。

第三節　明末福建官民關係的變更

明代後期地方官府的無能，說明它已經無法適應日趨變化的世界。對明末福建社會最大的打擊來自朝廷的重稅。這方面最典型的例子是萬曆皇

40　張溶等修，《明世宗實錄》卷二五九，第 1 頁。

41　張溶等修，《明世宗實錄》卷三六九，第 5 頁。

42　《崇禎長編》卷三八，崇禎三年九月庚子。

帝的工商稅和遼餉、練餉等三大餉的加徵。

一、高寀與晚明福建的礦稅

　　高寀入閩。晚明的萬曆皇帝是中國歷史上最貪財的一個皇帝，他於萬曆中期派宦官為稅監，至各省開礦收稅，增加皇室收入，從而造成社會上的混亂。萬曆二十六年，宦官高寀來到福建。高寀入閩時，「金鉦動地，戈旗絳天，在在重足，莫必其生命。而黠吏、逋囚、惡少年、無生計者，率望膻而喜，營充稅役，便覺刀刃在手，鄉里如幾上肉焉。」[43] 可見，高寀的手下盡是一班社會的渣滓，他們聚匯於高寀的手下，為其出謀畫策，對民眾巧取豪奪，對福建人民造成極大的災難。

　　高寀入閩。晚明的萬曆皇帝是中國歷史上最貪財的一個皇帝，他於萬曆中期派宦官為稅監，至各省開礦收稅，增加皇室收入，從而造成社會上的混亂。萬曆二十六年，宦官高寀來到福建。高寀入閩時：「金鉦動地，戈旗絳天，在在重足，莫必其生命。而黠吏、逋囚、惡少年、無生計者，率望膻而喜，營充稅役，便覺刀刃在手，鄉里如几上肉焉。」[44] 可見，高寀的手下盡是一班社會的渣滓，他們聚匯於高寀的手下，為其出謀畫策，對民眾巧取豪奪，對福建人民造成極大的災難。

　　高寀入閩以開礦收稅為名，但福建的銀礦，早在明代中葉既已衰敗，高寀重開廢礦，大多是入不敷出，他的辦法是：「不論有礦無礦，但與富人廬墓相連處，輒命發掘，必飽行賄乃止。」對民間的稅收，更是無本生意。張燮記載：「寀在處設關，分遣原奏官及所親信為政，每於人貨湊集，置牌書聖旨其上，舟車無遺，雞豚悉算。」福建的稅收以海澄縣為巨，高寀企圖派人去海澄收稅，縣令嚴禁部下不許給高寀為虎作倀，並高寀派出的人重責之。高寀無可奈何，只好親自上陣，「自後每歲輒至，既建委官署于港口，又更設于圭嶼；既開稅府于邑中，又更建于三都，要以闌出入。廣搜捕。稍不如意，并舢貨沒之。得一異寶，輒攜去曰：吾以上供。」[45] 這種做法，對民眾而言，實際上是公開的搶奪，但高寀有皇帝做靠山，各級

43　張燮，《東西洋考》卷八，〈稅璫考〉，第 155 頁。

44　張燮，《東西洋考》卷八，〈稅璫考〉，第 155 頁。

45　張燮，《東西洋考》卷八，〈稅璫考〉，第 155 頁。

官員都無法管他，所以，在民間任意胡作非為。蔡獻臣說：「自礦稅使出，閭里關市所在騷然。有司計無奈何，則議包稅。於是八閩郡邑，各額派若干，吾泉得稅千縉，而同安得八十。當事者心良苦哉！無何，奸民蔡德邵等投監充牙，因緣為市，於是，七邑加稅之半，而吾同復得四十縉，蓋公稅一，私稅十，舊稅剜肉，新稅椎髓，商民亦極病矣。比者晉江安溪額外之稅已蠲，獨同稅如故。」[46]「自稅璫出，而三十六澳之民業包稅八十縉，後復額外加增其半，遂至上執餉稅之額，而下肆牙行之奸。頃者李令君上牘，按臺陸公毅然罷之。其後乃獲以香資、地稅議抵，可謂約己裕民者矣。雖蠲四十縉耳，而商民之受惠寧啻十百哉。」[47]可見，高寀入閩，給福建商民帶來極大的危害。

　　高寀的手下還瞞著高寀增加稅收。例如，高寀在廈門設立稅關，「固令其稅民貨物，毋得及米粟。而使者至嘉禾，詭曰：中貴人云：『米粟不稅，但稅鬻米粟者船。』於是度船廣狹，以準額賦。使者挾中貴人之重，士民小弱，畏使者之勢，而中貴人無所得聞。」[48]但廈門一地，本土出產糧食不多，完全依賴海外進口，高寀的重稅，使糧船不敢進入廈門，廈門發生糧荒。常駐廈門的浯銅遊兵沈有容便挺身而出，向高寀進言，高寀下令罷除此稅。大致說來，高寀入閩後，身邊立即圍繞了一批想發不義之財的人，他們給高寀出主意，巧立名目收稅，而其收入，一部分給高寀，另外一大部分，是被這些人中飽。因此，他們在民間引起極大的公憤。

　　福建海澄一帶，歷來是民風強悍的地方，高寀的胡作非為，終於遇到了反抗。萬曆三十年，高寀在海澄縣下令：賈舶歸岸，一人不准上岸，一定要繳完稅收後才能回家。「有私歸者逮治之，繫者相望於道。諸商嗷嗷，因鼓譟為變，聲言欲殺寀，縛其參隨，至海中沉之。寀為宵遁，蓋自是不敢復至澄。」[49]其後，高寀通過福建官府向海澄商人施加壓力，迫使他們多繳稅收。

　　高寀居於福州，建高樓亭閣，被稱為福州一霸。他甚至以活嬰的腦髓

46　蔡獻臣，《清白堂稿》卷七，〈同安溪南蠲稅功德碑〉，第 45 頁。
47　蔡獻臣，《清白堂稿》卷十七，〈同安縣誌輿地志〉，第 3 頁。
48　何喬遠，〈嘉禾惠民碑〉，沈有容，《閩海贈言》，第 3 頁。
49　張燮，《東西洋考》卷八，〈稅璫考〉，第 156 頁。

為食。張燮記載：「原奏官魏天爵、林宗文百計媚寀，由是得幸。忽進一方云：『生取童男女腦髓和藥餌之，則陽道復生，能御女種子。』寀大喜，多買童稚，碎顱刳腦。貧困之家，每割愛以售。惡少年至以藥迷人稚子，因而就寀，倖博多金者。稅署池中，白骨齒齒。」高寀掠民財富無所不至，「里市貧民挾貨無幾，寀朝夕所需，無鉅細悉行票取，久乃給價，價僅半額，而左右司出入者又幾更橫索，錢始得到手，如是者歲歲為常。」[50]

萬曆四十二年，廣東稅使李鳳死，有令高寀兼管粵稅，閩人聞知大喜，以為高寀貪於嶺南富裕遠勝閩中，高寀一定會去廣州。但是，廣東人聽說高寀將入粵，歃血為盟，必殺高寀。而福建民情洶洶，終於釀成了一次大的市民暴動。

暴動的直接原因是福州市民討債。高寀在福州，所需貨物皆從行戶索取，名為賒欠，其實未必有歸還之意。董應舉記載：「各行戶以寀且行，四月十一、十二日，群赴領價。」[51]張燮記載：「四月十一日，寀所未嘗直商人數百輩，自金繒以迄米鹽，所負金錢巨萬，群赴闇署求領，辭氣稍激。寀揮所練習亡命群毆之，立斃數人。餘眾趨出，復從巍樓射之，放火延燒民屋數十餘家，眾各奔潰。次早，遠近不平，各群聚闇署，約數千人。」當時的百姓對高寀憤怒已久，他們包圍高寀的公署後，試圖放火焚燒公署，高寀見其勢不妙，與其死黨突圍，「寀露刃躍馬，率甲士二百餘，突犯中丞台」，劫持福建地方官為人質，使民眾不好下手。但他無論住在哪裡，都被民眾包圍，無路可出。福建地方官乘機紛紛上疏，控訴高寀激起民變。其時萬眾雲集，殺一高寀不難，但地方官們力主法律解決[52]。雙方相持許久，由於葉向高從中斡旋，六月分，萬曆皇終於同意招回高寀。高寀蹉跎至九月方才離閩。高寀離開後，福建官府收治高寀手下的幫凶，「發其凶黨，收縛殆盡。」[53]

高寀虐閩十六年，終於被民眾趕走。在此其間，高寀及其徒眾，做盡不法事，公開掠奪百姓。這是商品經濟時代，官吏虐民奪財的典型事件。

50　張燮，《東西洋考》卷八，〈稅璫考〉，第155頁。
51　董應舉，《崇相集》，〈紀璫變〉，第39頁。
52　張燮，《東西洋考》卷八，〈稅璫考〉，第155頁。
53　董應舉，《崇相集》，〈紀璫變〉，第40頁。

由於有皇帝做後臺，所以，高寀表現無所顧忌，極大地激起民憤。但其事件的實質，與其他官吏想方設法虐民得財沒有本質的不同，它反映了晚明官場的社會風氣，從皇帝到下級官吏，都在千方百計地追求金錢，而且不擇手段。從高寀事件中，我們可以看出商品經濟時代官吏們窮凶極惡的嘴臉。在這一背景下，其代價肯定是社會社會管理的腐敗。

二、明中後期戶口的失落

如前所述，明代福建稅收與徭役的負擔與人口有關，在官府登記在冊的人口，在明代早期要承擔一定的徭役，而在明代後期，要承擔一定的賦稅。所以，明代有錢的人家都想辦法少報戶口，或不報戶口，因此，明代各縣的逃戶問題十分嚴重。閩北的建寧府：「承平既久，生齒宜繁，然稽之版籍，則遞減於前，而聚廬顧亦如舊。豈客戶多而土著者寡邪？為民牧者不可不留意也。」[54] 在這一背景下，逃走的百姓獲得了解脫，而留下的百姓則要承擔他們的賦稅，他們的賦稅額自然增加了。在這種情況下，不想逃走的百姓唯有選擇隱瞞人口的方法，夏允彝說：「里長每貪目前之利，殷實甲首，啗之以餌，即置不報。其貧單甲首，寧十年納銀至三兩之外，而不能于一時辦一兩之賄，里長即從而報之在冊。」[55] 據此我們知道：明代隱瞞人口的代價是一名一兩銀子，這個價錢對農民是可觀的，但對一般的富戶來說，還不至交不起，而且，繳納之後，還可以免去各種人頭稅，所以，這是一項很有利的投資。於是，明代往往出現富戶人口較少的現象，如延平府：「富者家聯數十丁，籍之所入者惟數丁耳。貧者家實無一二丁，籍之所載，乃與富者等。茲固里胥之弊耳。已凡有賦若役，上之人唯按其籍之多寡以定，其差之輕重，里胥歲坐取其漏丁之錢，以私於己而已。而貧者之差乃算至毫髮，縷縷不遺。是故富者益富，貧者益貧。民若之何而不亡且盜也。」[56]

但是，里甲向農民的敲榨也會有一個極限，由於貧民不斷逃亡，而朝廷不斷加稅，也使里甲長們感到：如實點算人口只是給自己添麻煩而已。

54　謝純等，嘉靖《建寧府志》卷十二，〈戶口〉，第1頁。

55　夏允彝，崇禎《長樂縣志》卷十一，〈叢談〉，第3頁。

56　鄭慶雲等，嘉靖《延平府志》卷五，〈戶口〉，第5頁。

如長樂縣：「其後貧單者或死或逃，且無親戚，則里長不得不代為勾賠，始之自利，究適以自累矣。」[57]因此，明代後期的里甲長們，對核實人口數量不太感興趣。因為：若是上報人口太多，只是增加自己的負擔。明代福建官員也主張對這一問題不要太認真。《漳州府志》：「論曰：海內幸承平，而戶口不益於舊，民或欺隱然。而徭役重矣。……力耕不足於賦稅，又增其負擔何以堪？」他們要求官員「按比圖籍者，第使乘除登耗之數，無大相遠焉，可矣。毋務增戶口，使貧民以生為桎梏也哉！」[58]《永福縣志》的作者也說：「或者徒見民不加多，乃疑有司未稽其實。顧皇恩浩蕩，不察淵魚隱匿之弊。時容有之。」[59]官府許多官員採取這一態度，在那些正統的官員看來是不合適的，但卻滿足了老百姓的要求。何喬遠說：「今庶民之家，登冊者名為官丁，不登冊者名為私丁。官丁納官錢約可三錢，私丁則里胥量其家之人口多寡、財力豐詘而取其資，以備衙門應役之用，亦其勢也。有司編審之時，率視米多寡量註丁口，皆非實數矣。」[60]據到過福建的西班牙人觀察，納稅戶口與實際人口，往往相差十倍。「例如有個叫夏蘇（Jcasin）的人對我們說，他戶內有 70 人，但他只納七人的稅。另一個人對我們說，他戶內約 60 人，他只交四人的稅。因此，登記的納稅人口遠遠（少於應納稅的人口）。」[61]

　　由於上述原因，明代中葉福建納稅戶口的下降。從福建省的總數來看，據《閩書》版籍志記載的福建人口，明初洪武二十六年為：815527 戶，3916806 口；明中葉的弘治四年則降到 506039 戶，2106060 口；而晚明萬曆六年，雖然經過清查，福建人口仍在下降，計 515307 戶，1738793 口[62]。當然，這都不是福建真正的人口數量。對於福建納稅人口的損失，許多人都表示不以為然：「國初龍巖戶口一萬三千三百有奇，成化間開置漳平，版籍所分，十示及五，而戶口之存額，不追半，由是而來，又八十餘年矣。休養生聚，固宜其數之日滋也。戶之增者，不盈五百，而口之蝕已

57　夏允彝，崇禎《長樂縣志》卷十一，〈叢談〉，第 3 頁。
58　袁業泗，萬曆《漳州府志》卷四，〈規制志〉，第 27 頁。
59　唐學仁等，萬曆《永福縣志》卷一，〈戶口〉，北京，方志出版社 2007 年，第 24 頁。
60　何喬遠，《閩書》卷三九，〈版籍志〉。第 958 頁。
61　拉達，〈記大明的中國事情〉，《南明行紀》，第 268 頁。
62　何喬遠，《閩書》卷三九，〈版籍志〉，第 958 頁。

千有奇，其故何哉？豈貧乏之轉徙日多，抑巧滑之隱避日眾邪？」[63]事實上，有許多證據表明明中葉以後福建人口是增長的，如建陽縣「建邑生齒漸蕃，版章亦孔，固矣。」[64]

沙縣：「以沙言之，負山阻溪，生齒既繁，開墾日益，惟加增可耳。」[65]

安溪縣：「今也承平日久，戶口繁多，種物不及其成，食物不及其長，欲如往時李森以千章木浮海入三山施浮屠，何可得也。而山幾童矣。」[66]

泉州府：「按戶口之數，至於今日盛矣，小民家兄弟多，則爭於衣食……多男子則多憂，子庶民者，可以取譬。」[67]

龍溪縣：「我國家休養生息，版圖視宋額有贏無縮，近歲以來，吏有以版籍漁獵者，遂為病政。嗚呼，釐而正之，勞來安輯，使病民者無所施其智，豈不在於良牧乎？」[68]

《永安縣志》說：「大抵閩地……分治以來，承平日久，生齒漸繁，地不足以居，田不足於食，庶而未富，方懼其將來也。」[69]，「福清僻在海隅，戶口最繁，食土之毛，十才給二三，故其民半逐工商為生」[70]。

《長樂縣志》說：「民之生也，約三十年一倍，國朝承平三百年，戶口之滋，當且數十倍，乃載於籍者不耗減為幸，何歟？增口則增賦，懼累民也。」[71]

萬曆來到福建的西班牙使者拉達記載：從同安出發，「我們萬分驚異地看到沿河兩岸有許多城鎮，彼此相距那樣近，簡直可說那是一座城。不僅這裡，我們還發現赴福州的整個路上（約六十里格）人煙都是那麼稠密。」、「我們途經的那些城鎮，當地的居民開耕土地達到連巉巖、石山

63　湯相，嘉靖《龍巖縣志》卷上，〈戶口〉，第 45 頁。
64　朱凌等，嘉靖《建陽縣志》卷四，〈戶口〉，第 12 頁。
65　葉聯芳，嘉靖《沙縣志》卷四，第 6 頁。
66　沈鍾等，乾隆《安溪縣志》，卷四，〈風土〉，引何喬遠述，第 110 頁。
67　陽思謙等，萬曆《泉州府志》卷六，第 4 頁。
68　劉天授，嘉靖《龍溪縣志》卷一，〈地理〉，第 3 頁。
69　蘇民望、蕭時中纂，萬曆《永安縣志》卷三，〈建置志〉，第 2 頁。
70　葉向高〈論本邑禁糶倉米書〉，《古今圖書集成》，〈食貨典・荒政部〉，卷一百零一，第 83238 頁。
71　夏允彝，崇禎《長樂縣志》卷四，〈食貨志・戶口〉，第 1—2 頁。

都播種的程度，儘管看來在那兒得不到什麼收成，所以，我認為這是世界
人口最多的國家。」[72] 可見，當時福建沿海人口之多，給西班牙人留下深刻
的印象。

這些材料都表明：明代中葉以後，福建人口實際上是在增長中，而官
府冊籍上的人口之所以下降，完全是由於官吏未能認真點算人口的緣故。
《福州府志》的作者論述道：

> 論曰：余嘗考歷代草創，井邑蕭條，蓋百姓新去湯火故爾。及治平
> 日久，則未有不滋殖者也。……國家治平晏然無事二百年於茲，即
> 前古未有矣。休養生息，涵濡汪濊，固宜數倍于國初時，而民不加
> 多，豈有是理哉？抑或有司未稽其實，而奸胥蠹吏得為僥倖者地耳。
> 舊制，凡十載一籍其民，大抵足舊數而止，此敝政也。夫一邑之戶，
> 始衰而終盛，一族之人，始寡而終眾，奈何必因其舊也哉？是故豪
> 宗巨家，或百餘人，或數十人，縣官庸調，曾不得徵其寸帛、役其
> 一夫，田夫野人，生子黃口以上，即籍于官吏，索丁銀急於星火，
> 此所以貧者益貧，而富者益富也。又自倭寇以來，軍儲徵求，催督
> 旁午，皆出於田，瘠土之供竭矣。不毛之宅，無職事之人，終日美
> 衣甘食，博奕飲酒，市井嬉遊，獨不可稍舉古人以末之政，以紓力
> 本之困也耶？為今之計，欲使戶無匿丁，則莫若凡訟於官者，必稽
> 其版，凡適四方者，必驗其襦，則戶口可覆。戶口可覆，則賦役可
> 均，不惟足國裕財，驅民于農，亦無便於此者矣。[73]

再如張燮所說：「晚近生齒日繁，官不勝載，有司者亦惟略約其大都
銷增一二，以補雕耗之數。俾無缺額耳。銳意求多，在己博赫赫之名，而
民間之貽累也，以世雖云實數，且與虛冒等，此仁人所為擱筆也。」[74]

林文恪與張燮的觀點相反，一個主張核實人口，一個主張不必過於認
真，但他們都指出明代冊籍的福建人口遠低於實際人口！總之，在明代的
多數時期內，福建人口在總體上應是發展的。官府掌握的人口數下降，其
訣竅在於：人口減少時，官府一定要如實上報，以減輕賦役，而人口增長時，

72　拉達，〈出使福建記〉，《南明行紀》第 250 頁。
73　喻政修、林烴總纂，萬曆《福州府志》卷二六，〈戶口〉，第 256 頁。
74　張燮等，崇禎《海澄縣志》卷四，〈戶口〉，第 352 頁。

則可報可不報；若如實報戶口，只是增長本地民眾的徭役，增加官府工作量，對本人並無好處。由於這一原因，在福建地方志上，我們常看到一些矛盾的說法：如《浦城縣志》謂：「按，已開國之初，迄於弘正，遞消遞長，世運一更。嘉隆以至今日，廬井相望，雞犬之聲相聞，非一時極盛之際乎？」[75] 據其記載，當地人口應是很多的，但是，在《浦城縣志》上，官府所掌握的戶口不過 1 萬多戶，45460 人。其他各縣的人口數的實質，可以想見。

明代的真實人口數，一直是明史學家感到頭痛的問題，由於人口要承擔徭役，全國各地都存在普遍性的人口隱瞞。有人估計，晚明真實的人口數量，不是朝廷發表的 5 千萬餘，而是 1 億 5 千萬。雖然沒有確切的根據，但多數人接受這一估計。在這一基礎上，我們可對晚明福建的真實人口作一估計。一般認為，明初的人口統計較為可靠，其時，福建的人口約占全國人口的 6％。如果晚明福建人口仍然保持這一比例，其總數應為 900 萬人。

官府登記人口數字的下降，其實意味著朝廷對地方約束力的下降。由於朝廷的出爾反爾，地方政府已不敢向中央政府說實話，並採取一切措施抵制中央政府的加稅。在這一前提下，朝廷無法動員全國的物力，因此，晚明朝廷在對外戰爭中屢屢失利，在內最終敗於農民起義，都不是沒有原因的。

三、晚明朝廷與地方關係的變更

明代初年，朝廷對農村的統治，是通過里甲制度推行的。何喬遠說：「凡役法，有正役，有雜役。里甲、老人，謂之正役，即宋之鄉役也。……里甲之役，圖為十甲，以一戶丁力相應者為長統：甲首十戶，籍在坊者謂之坊長，在鄉者謂之里長，歲輪一甲見役，專長催錢糧、勾攝公事，及出辦上供物料。老之役凡在坊在鄉，每里各推年高有德一人，坐申明亭為小民平戶婚、田土、鬥毆、賭盜一切小事。此正役也。」[76] 從其設計而言，里甲是鄉村的行政領袖，朝廷徵納賦稅，大都是通過里長、甲長進行的；而具有司法調解權的老人，則是朝廷司法的延伸，它能將大量的民事糾紛消除

75　黎民範等，萬曆《浦城縣志》卷十一，〈戶口〉，第 1 頁。
76　何喬遠，《閩書》卷三九，〈版籍志〉。第 961 頁。

於萌芽狀態之中，以免朝廷的官員負擔過重。但是，到了明中葉，里甲成為不堪忍受的徭役：「里甲之役，其始催徵錢糧、勾攝公事而已，後乃以支應官府諸費，若祭祀、鄉飲、迎春等事，皆其措辦，浸淫至於雜供、私饋無名百出，一紙下徵，刻不容緩，加以里皂抑索其間，里甲動至破產。」[77] 李世熊說：「人之不願為鄉職，自唐睿宗世始也。而輪差之法，至宣宗始創見焉。夫其不願差也。而後差之以輪也，於是期會追呼，鞭笞楚撻。困踣無聊，則有逃之而已。上之人既奴隸叱之，囚徒臨之，則下之人安得不自賤，倚法為奸，匿稅規免，固其所也。至明太祖老人之設，固齒德俱，尊人也，今亦與里長同視而虐用之，久矣。」[78]

明代晚期，里甲制度瀕於瓦解，其原因在此。由於賢者多不願任里甲，它往往落在遊民手中。龍溪有人說：「聞之君子曰：今世所謂總小甲，即古保甲。先王聯屬其民之意猶有存者，賢牧令用情其間，可敦本俗、衰盜賊、抑奸萌。龍溪包山原，臨大海，誠仿朝廷甲社法，飾以古法。民可從理也，日官府卑賤其役，良人恥為之，不得已，多立名色為捕盜，為保長，為千長，武斷囂訟，藪盜率斯人為之。嗚呼，淳漳之風，其惟保甲也夫！」[79] 以訴訟來說，明代初期的老人調解制度，使許多矛盾解決於萌芽中，許多地方是民淳訟簡，如興化府的林俊說：「吾郡瀕海，民性脆弱，不樂訟，士力學，農力耕如是而已。」[80] 而明中葉以後，老人調解制度形同虛設。於是，大量的訴訟被提交官府衙門，邵武人感慨地說：「正德以前，民皆畏官府，追呼依期而集，無事棰楚。城中民或不識府縣門，村民有老死不識城市者。訟絕無而僅有。稱為民淳事簡焉。而今連負爭訟，至刁慣不畏官府矣。蓋撫之非道也，抑亦世變之趨歟！」[81] 明代大儒蔡清也有同樣的感歎：「吾泉素稱民淳訟簡，昔人至以佛國為之號……比年以來，誰生厲階，舊俗浸改，訟牒動以數百計。或上司行部環遮馬首而謀者絡繹也。於是為郡

---

77 何喬遠，《閩書》卷三九，〈版籍志〉，第 962 頁。

78 李世熊，《里老論》，曾曰瑛等，乾隆《汀州府志》，卷三九，〈藝文志〉，第 62 頁。

79 劉天授等，嘉靖《龍溪縣志》卷一，第 7 頁。

80 林文俊，《方齋存稿》卷三，〈送月溪黃君唯夫守興化序〉，文淵閣四庫全書本，第 21 頁。

81 刑址等，嘉靖《邵武府志》卷二，〈地理・風俗〉，第 46 頁。

縣轉苦其難。」[82]、「今之詞訟一日或投數十百紙」。[83] 在農業經濟時代，人們相互敬讓，注重維護人際關係，加上有老人調解的制度，所以，泉州一帶有民淳訟簡之譽。而在商品經濟時代，每個人都重視自己的利益，想方設法能多得到一些利益，所以訴訟案件大大增多，乃至官府無法應付。

在這種環境下，老百姓對官府的觀念發生變化，一點也不為怪。晚明的官府既不能保護民眾的安全，也不能公平地處理民間事務，只有在徵收賦稅與壓榨百姓時，才能看到他們的影子。老百姓不尊重這種官府，是理所當然的。既然官府無法處理民間的事務，老百姓便有必要自己管理自己，於是，晚明出現了許多民間的自治組織。晉江青陽縣的「青陽鄉約」是一個很典型的例子。

明代晉江青陽鄉約刻於石碑，立於當地的石鼓廟前。石鼓廟是晉江青陽鎮香火最盛的廟宇之一，當地民眾在這裡進行「做王公生」、「除夕守歲」、「答神酬謝」、「做半年」、「抽籤問卜」、「討藥簽」等民俗活動，在石鼓廟裡，矗立著一塊〈青陽鄉約記〉的石碑，該碑原立於明萬曆十六年（1588 年），是研究明代福建社會史的重要史料之一。它反映了晚明沿海社會的變化與特點。據該碑的記載，晚明的晉江縣的青陽鎮，由於許多社會矛盾得不到及時處理，非法強權成為社會中普遍的現象，部分土豪劣紳，豢養家奴，橫行於市，社會上遊民增多，以欺詐百姓為生，如〈青陽鄉約記〉記載：「矧膏粱子弟，動逾禮度，豪家僮僕，恣意採樵，甚者強凌弱，眾暴寡，以至盜賊橫行無忌，民罔克胥。」如果讓這種情況發展下去，將來那些從事正當經營的人得不到合法的收入，而土豪劣紳成為社會中最富有的階層，社會肯定要走向動亂，發展的成果喪失。青陽鎮又是一個擁有許多紳士的地方，官府便想借用鄉紳的力量來實現鄉村的治安。賢明的泉州知府王方南便是鄉紳自治的提倡者。而青陽鄉紳莊用賓應時而起，他以當地的信仰中心石鼓廟為其核心，糾合當地的頭面人物，制定青陽鄉約。他們在石鼓廟建立議事堂，由鄉紳共議民間的事務，判定鄉間發生事情的

82　蔡清，《虛齋先生文集》卷三，〈贈節推葛侯報政之京序〉，文淵閣四庫全書本，第 8 頁。

83　蔡清，《蔡虛齋先生文集》卷三，〈送（晉江）縣尹鄧侯述職序〉，文淵閣四庫全書本，第 10 頁。

是與非，然後有所獎罰，並強迫執行。青陽鄉約建立後，青陽的社會矛盾能夠得到及時處理，社會治安收到很大效果：「至於桃李垂街，田疇被畝，人和盜絕，一時為盛。」

不過，青陽鎮是文化發達的地方，也是官府統治力較強的地方，在這些地方的鄉村自治，官府是可以接受的。但在另一些地區，也有另一種的「鄉村自治」，這些地方的豪紳利用利用福建山區天高皇帝遠的特點，利用鄉族組織控制民眾，不聽朝廷的號令。明代中期以後，福建山區頗有一些世代與朝廷對抗的反政府力量。例如：

> 龍巖為邑，在萬山之中，其外提封百里。山窮崖絕，聚落乃建，易為盜藪。……鄰南（靖）上（杭）、連（連城）、永（安）、漳（平），咸巖邑也。尤產盜魁，勢能號召役屬，則相與交臂為一。其所居層樓碉寨，鸛鶴之所棲也；仄徑陡崖，猿猱之所緣也。其所置甲伍副長，虎豹之猛屬也。利矢焱弩，風雨之飄驟也。介意不慊，建旗鳴鉦，四出攻剽，汀漳延之間騷然；或偃旗臥鉦，休林谷間，則武斷鄉曲，刻鹽紙利以自封。時平俗革，上下相麋，疆以邊索，猶租賦不事，公匿亡命；若巨盜竊發，連合回應，首為亂區。其天性如此。加以保險負阻，雖健吏武將相屬，豈易治哉。[84]

這些豪強在深山結寨自守，其性質也與明初的農民義軍不同了，明代官員說：「盜之生也，人皆以為饑寒迫也。此見其始，不見其終也。彼其掠之餘，可以為衣食計矣。而猶不之止者，何也？欲之迷也。貪于苟得恣於取盈。無農夫終歲之勤。一朝而百倍其利，宜知其利而不知害也。盜安得息乎？」[85]明中葉嘉靖年間，幾乎每年都有成百上千的反政府武裝抄掠城鄉，範圍波及閩西南的多數山區縣[86]。漳州附近的幾個府州都是反政府力量出沒的地區，明代人說：「廣東惠潮與福建汀漳、江西南贛接壤，萬山盤錯，為盜賊淵藪。」[87]嘉靖時曾入閣任大學士的桂萼曾這樣評價福建：「汀（汀州）漳（漳州）之山尤廣，人跡罕到。獨與贛州（江西屬府）聲勢相通，

84　洪朝選，《芳洲先生文集》，〈龍邑湯侯平寇碑〉，香港，華星出版社2002年，第250—251頁。

85　佚名，〈弭盜議〉，載劉維棟，萬曆《大田縣志》卷九，〈版籍〉，第38頁。

86　參見，陳壽祺等，道光《福建通志》卷二六七，〈明外紀〉，第5060—5062頁。

87　轉引自李國祥、楊昶主編，張溶等修，《明世宗實錄》卷五八，第3頁。

提督兵備實交治之。……蓋簡僻莫如邵武，囂訟莫如漳州。」[88] 在三省中，以福建與廣東交界處的「大帽山賊」最為著名，三省交界處的反政府力量，往往以大帽山賊為其領袖，自動聽其指揮。有一些史料記載了這些世代相續的反政府力量：上杭縣溪南的「來蘇等里，保安、沙布等處，接連廣東程鄉松源地方，積年賊首百十餘徒，窩老山深處，恃險為非，玩法無忌。眾賊之中，張羅二家積惡尤甚，釀成腹心之禍，不可勝言。」[89] 迨至明代後期，山賊的騷擾更是此起彼伏，成為明朝廷無法解決的治安之癌。另有一些地區，它們的鄉村自治，不像晉江那樣有序，也不像龍巖那樣走極端，而是千方百計對朝廷瞞稅避役，有時抗稅不繳。只要能達到目的，他們一般也不會造反。這些地區在福建是十分廣泛的。我們知道：在明中葉的抗倭戰役中，福建沿海的許多地方都建立的城堡，這些土堡兼民居與堡壘為一體，堡壘雖然用土築成，但其基礎的厚度每每達到一丈數尺，若沒有大型火炮，很難奈何這些土堡。在明代，火炮的機動性很差，大多用於守城，而不是用於進攻。而福建多山，那些建於山區的土堡，只有小路與外界相通，一般情況下，人們根本無法將大炮運入山區攻打這些土堡。因此，這些土堡成為鄉間民眾憑以抗擊官府的可靠屏障。官府對他們只能協調，不能壓制，這類寨堡的增多，其實也標誌著朝廷對福建的統治越來越成為有名無實。

小結

　　小商品經濟的繁榮，使福建經濟結構發生變化，它使當地民眾離開以糧食生產為主的產業，進入小商品生產，從滿足自身消費為主的自然經濟，發展為以賺錢為主的商品經濟，從而改變了當地的經濟結構。地方經濟結構的變化，農民成分的變化，都使當地經濟富有新的特點。這些特點的產生，也使當地的市鎮經濟大發展。

　　然而，商品經濟的發展同時也帶來了混亂，不止是經濟領域的混亂，而且還有社會的混亂、賦稅制度的混亂，這一切都導致晚明福建社會的動亂。由此我們來看傳統儒家的思想：他們認為：士農工商四種人中，應當

88　桂萼，〈福建圖序〉，《明經世文編》卷一八二，《桂文襄公奏議四》，第 1865 頁。
89　吳文度等，弘治《汀州府志》卷末，附錄，第 14 頁。

以農為主，商人排在最後，因為，商人的發展，肯定會帶來一系列社會問題。以這一觀點去看明末福建的歷史，似乎一切都在映證儒家的傳統學說，確實——晚明商品經濟的發展，給福建帶來了動亂，再看明清之際福建的戰亂，雖有外來的因素，但也可看成是明末福建動亂的發展。於是，這裡引出一個嚴肅的問題：商品經濟對古代中國社會是有利還是無利？在商品經濟較弱的時代，中國的賦役條條有案，國力強盛；而商品經濟發達之後，社會上一片混亂，導致社會組織的最後崩潰，在其中，那一種選擇是對的？我認為：應當說，商品經濟的發展對社會是利大於弊。從明朝的統治來看，早在明代中期，既出現了社會危機，北方的荊襄農民起義、劉六、劉七起義，與北虜南倭問題，都深深撼動了明朝廷的統治基礎，為了解決這一系列社會問題，朝廷只有加餉加派，如果不是當時商品經濟發展，使百姓的經濟實力大大增加，明朝廷的加餉加派，老百姓是無法承擔的。應當說，明末商品經濟的發展，使明朝廷有了更多的生存機會。但是，我們也應該看到：商品經濟是一種法制經濟，它不可能在法律軟弱的社會裡生存。在西方國家，隨著商品經濟的發展，都有一個法制不斷發育健全的進程，儘管商品經濟的發展帶來了一系列社會動亂的因素，但是，強大的法律制度將商品經濟納入一定的軌道裡運行，所以，商品經濟在西方國家只是加強了國家，而不是像在中國一樣動搖了國家的存在基礎。明代最大的問題是法制跟不上社會發展的需要，尤其是在福建這樣邊遠的省分，國家權威日益衰減，每年的賦稅都很難徵全。古老的法律不適應經濟發展的需要，官僚們因循守舊，對社會上的新事物熟視無睹，所以，他們無法制定出一套新的法律，也無法應付商品經濟的發展。在這一背景下，商品經濟發展為一股無序的力量，破壞了社會存在的基礎，從而造成大動亂。

第十章　晚明福建的書院、科舉、刻書業

明代福建仍然是文化大省，它的科舉、書院都相當發達。這是福建文化繼續發展的內在環境。晚明福建刻書業處於鼎盛時期，它的最大的成就是促成小說出版的發展。

第一節　福建的科舉與書院

明代福建教育圍繞著科舉選士制度而運行，由科舉選拔的人才相對較多，屬於華東文化發達的省分。

一、晚明的科舉與人才

明清兩代都以科舉制為選拔人才的主要方式，而福建是海內著名的文化大省，所以，明清兩代福建科舉業相當發達。下為晚明福建各府進士統計表：

表 10-1　明代晚期福建省各府進士統計表

府名＼年代	福州府	興化府	泉州府	漳州府	汀州府	邵武府	延平府	建寧府	福寧府	總計
嘉靖二年姚淶榜	8	15	4						1	28
嘉靖五年龔用卿榜	16	7	7	1			1			32
嘉靖八年羅洪先榜	16	7	12	1			1	1		38
嘉靖十一年林大欽榜	11	11	10	3		1	1	2		39
嘉靖十四年韓應龍榜	22	9	6	1				1		39
嘉靖十七年茅瓚榜	8	14	9							31
嘉靖二十年沈坤榜	12	7	5	1				1		26
嘉靖二十三年秦鳴雷榜	6	5		4	1				2	18
嘉靖二十六年李春芳榜	6	6	9	5	1		2	1		30
嘉靖二十九年唐汝楫榜	6	9	17	6		1				39
嘉靖三十二年陳謹榜	9	8	13	5				5	1	41
嘉靖三十五年諸大綬榜	13	2	5	6		1		1		28
嘉靖三十八年丁士美榜	6	8	9	1				1		25
嘉靖四十一年申時行榜	5	2	13					4		24
嘉靖四十四年范應期榜	10	3	13	9				1		36
嘉靖年間福建九府進士	154	113	132	43	2	3	5	18	4	474
隆慶二年羅萬化榜	3	6	18	7	1		1	1		37
隆慶五年張元忭榜	6		15	7			1	3		32
隆慶年間福建九府進士	9	6	33	14	1		2	4		69
萬曆二年孫繼皋榜	2	11	12	11	1		1	1	2	41
萬曆五年沈懋學榜	4	5	7	7	1			2		26
萬曆八年張懋修榜		4	12	16				1		33
萬曆十一年朱國祚榜	11	5	15	11						42
萬曆十四年唐文獻榜	5	5	21	7				1		39
萬曆十七年焦竑榜	6	2	16	6						30
萬曆二十年翁正春榜	4	1	13	10				2		30
萬曆二十三年朱之蕃榜	3	2	18	9	1			1		34
萬曆二十六年趙秉忠榜	1	4	13	4		2		2		26
萬曆二十九年張以誠榜	4	3	11	8				1		27
萬曆三十二年楊守勤榜	5	6	6	8		1		2		28
萬曆三十五年黃士俊榜	4	7	13	7		1	2			34
萬曆三十八年韓敬榜	5	2	16	6			1	1		31
萬曆四十一年周延儒榜	3	6	10	9						28
萬曆四十四年錢士升榜	3	7	16	8		1		1	1	37
萬曆四十七年莊際昌榜	3	6				1			1	11
萬曆年間福建九府進士	63	76	199	127	3	6	4	15	4	497
天啟二年文震孟榜	2	4	11	8	1	1				27
天啟五年余煌榜	5	3	13	7			1	1	1	31
天啟年間福建九府進士	7	7	24	15	1	1	1	1	1	58
崇禎元年劉若宰榜	2	6	16	11	1		1	1	1	39
崇禎四年陳于泰榜	6	2	9	8	2					29
崇禎七年劉理順榜	3	4	9	5			1			22
崇禎十年劉同升榜	1	1	12	2						16
崇禎十三年魏藻德榜	6	3	15	12				1	1	38
崇禎十六年楊廷鑑榜	8	11	16	3			1	1		40
崇禎年間福建九府進士	26	27	77	41	3	1	3	4	2	184
晚明福建九府進士	259	229	465	240	10	11	15	42	11	1282

該表說明，晚明 41 次科舉考試，福建省共有 1282 人成為進士。平均每次考試，福建省約有 31 人多中舉，在國內屬於上游水準。就省內九府而言，福建東南的福州府、興化府、泉州府、漳州府等四個府包攬了 1193 名進士，占全省總數比例的百分之九十三！

　　晚明令人驚訝的是山區科舉的衰退。以隆慶年間的兩次科舉考試為計，泉州府進士為 33 名，漳州府為 14 名，福州府 9 名，興化府 6 名，建寧府 5 名，延平府 2 名，汀州府 1 名，邵武府與福寧州皆無人中舉。和明代中葉相比，山區科舉事業的衰退十分明顯。山區的建寧府、延平府、汀州府、邵武府等四府，總共只有 8 名進士，僅占總數 62 名的八分之一。

　　晚明福建山區的建寧府、邵武府、延平府、汀州府以及福建省東北部的福寧府合計，僅有 89 名，不足東南一個府的一半。其中農業發達的建寧府還占去近一半，即 42 人。建寧府在晚明 41 次考試中，平均每次都可以中舉一人，反應了閩北農業大區不急不緩的節奏。和宋元及明代前期相比，閩北的建寧府、邵武府、延平府中舉人數大減，從北宋的上千人中舉，下降到晚明 41 次科舉考試僅 68 人中舉，這是為什麼？說起來還是與金融有關。從宋朝到明代前期，閩北三府是國內重要白銀產地，來自銀礦的白銀大量流入市場，導致閩北人較為富裕，因而能對儒學教育投入較多的錢。晚明閩北的銀礦大都廢棄，而福建沿海四府成為白銀來源地。晚明中國的白銀主要來自日本和美洲，由福建沿海出發的商人到日本及菲律賓經營有方，賺取了大量的白銀。在海外白銀流入福建沿海的背景下，沿海四府民眾更有錢請老師教學，修建學校，因此，明代福建沿海的儒學相當發達。總之，儒學是一個需要大量投資的學問，普通的農業區還養不起大量的儒士，只有商品經濟較發達的區域，才會有相對發達的儒學。這一結論或許出乎許多人的意料之外，卻是從具體區域研究中得出的結論。

　　明代後期，其他省分的人口紛紛超過福建，但其分配的舉人名額仍然不如福建。有些省分的科舉名額雖然高於福建，但是，這些省分的人口往往是福建省的幾倍。所以，福建科舉業在明代還是相當興盛的。而且，閩人有考試作官的傳統，他們進京後，錄取率也是較高的。明代福建共有 1700 多名進士。許多人認為：若以進士在人口中所占比重而言，明代福建錄取的進士比江浙諸省還高，所以，福建才是真正的科舉大省。

　　晚明有兩個朝代年歲較久。其中嘉靖朝長達46年，萬曆朝長達48年。將兩朝福建各府科舉從數做一比較，可以看出各地的興衰。福州府在嘉靖年間表現出色，15場科舉考試中，有154人中舉，不愧為閩中首府。另外兩個可以和福州比較的是興化府和泉州府，嘉靖年間分別有113名、132名進士，三府齊頭並進，扛起了福建省科考大旗。迄至萬曆年間，不知什麼原因，福州府的中舉人數下降，16次考試，僅有63人中舉，平均每場考試僅4人。興化府雖然經歷倭寇之災，中舉人數還有76人，高於福州，其成績雖然不如明代前期顯赫，但也不錯了。最為突出的是泉州，竟然有199人中舉，這是罕見的好成績。郭柏蒼評論：「泉州府，前明科甲極盛，然未有登鼎甲者。先時有：『四眼開，狀元來』之謠。隆慶戊辰，晉江黃文簡鳳翔宗伯以榜眼及第。萬曆癸未，晉江李文節廷機相國、丙戌晉江楊文恪道賓宗伯、壬辰晉江史繼偕相國，俱以榜眼及第。己未會試，泉州登進士者十一人，莊際昌少詹魁天下，果符四眼之謠。」[1]這是說明後期泉州有四個榜眼，一個狀元！此外，漳州府的進步驚人，以前科舉考試一向不太突出的漳州，萬曆年間竟然有127人成為進士！從其歷史來看，隆慶元年月港成為明朝唯一一個允許商人到海外貿易的港市，漳州商人在馬尼拉等地的成功，賺取了大量白銀，這對漳州的科舉考試應是一個有力的刺激。此外，漳州從明代前期的陳真晟到晚期的黃道周，一向有許多人認真讀書，此時趕上福建省先進水準，也是理所當然的。

　　本地文化名人對本土文化的幫助很有力。泉州科舉考試突出，有一個重要原因是從明代中葉開始，蔡清、林希元、陳琛等儒學之士相當有名。其時，晉江學者以研究易經出名，明代由晉江人撰寫的解說易經的各種書籍達一百多種，個個都是飽學之士。他們寫的《四書》解說之類的書，成為明代科舉之士必備的參考書。晉江之外，莆田人研究《尚書》，漳浦人研究《詩經》，都是國內有名的。明代福建的進士，至少三分之一出自晉江、莆田、漳浦三縣，他們研究經書的深度不可蠡測，這使他們較容易對付科舉考試吧。

　　福州科舉考試的轉折出現於崇禎年間。經過萬曆及天啟年間的低潮之

1　郭柏蒼，《竹間十日話》卷五，〈福州〉，海風出版社2001年，第81頁。

後，福州府中舉人數漸漸從每次兩三個，上升到每次五六個，究其轉折原因也許和福清人葉向高有關。他在萬曆末年擔任宰相，擅長協調皇帝與大臣的關係，使朝廷上下矛盾有所緩和，政事處理恰到好處。有葉向高為榜樣，人們對福州學者的頗為看好，而福州學子的科舉考試漸漸通暢起來。晚明福建各府的科舉考試中，泉州的表現非常出色。41 次考試中舉 465 人，平均每次都有 11 人成進士。《泉州府志》云：「泉郡人文之盛，甲于全閩。人占畢而戶弦歌，自宋迄明，士以理學經濟為務，恥為詩賦文詞之習。及嘉隆以後，鄉前輩博洽淹通，出其緒餘，皆足以爭衡上國。」[2]、「泉海一濱遐壤也，其提封幅員，生齒編戶，貢藎供輸視中州上郡不能十之一，直以弦誦相聞，衿紳鱗奮，燁然稱鉅于閩中。」[3]

　　明代後期的萬曆皇帝不愛面見大臣，他與眾臣交往的方式主要通過奏疏和詔諭，從這時候開始，有一些福建籍大臣進入了中樞機構。清代的梁章鉅總結道：「吾閩在前明登政府者凡十七人，而泉州即有十人，建安楊榮，沙縣陳山，福清葉向高，莆田周如磐、朱繼祚、黃鳴俊；漳浦黃道周，其餘李廷機、史繼偕、張瑞圖、楊景辰、黃景昉、蔣德璟、林汝楫、陳洪謐、劉鱗長，皆晉江人，林釬，同安人，皆泉屬也。」、「若前代福州官至尚書者，多至二十一人，而閩縣林文安公家，則有三代五尚書之盛。」[4] 但總的來說，閩人進入中樞不如宋代多，也不如江南地區多。明代江西省有 70 多個宰相，這是福建無法比擬的。

二、福建的學校與書院

　　明朝重視教育，設置學校和書院成為朝廷上下共同的認識。所以，明朝統治穩定之後，便在各府縣大設學校與書院，對各府縣來說，學校和書院都是普遍的公共設施，通常每個府縣都有一所由訓導和教諭直接掌管的學校，另有一所或幾所書院。例如，泉州的書院有四所，統以泉山書院之名，相傳始於朱熹。正德年間因蔡清講學有名，郡守葛恆將泉山書院移至蔡巷，方便當時的學者。泉州城內外，還有歐陽書院和安海鎮的石井書院，

2　黃任等，乾隆《泉州府志》卷二十，〈風俗志〉，光緒重刊本，第 12 頁。
3　黃鳳翔，《田亭草》卷五，〈賀郡侯程公擢閩臬序〉，商務印書館 2018 年，第 115 頁。
4　梁章鉅，《歸田瑣記》卷四，中華書局 1981 年，第 79—80 頁。

都是自宋以來傳承有緒的古老書院。泉州在嘉靖年間添加一所新的書院，創造者為羅倫。羅倫號一峰，為嘉靖初年著名的學者。他因事被貶為泉州市舶司提舉，在市舶司傍建立一峰書院，供士子學習之用。書院的發展，對當地文化建設有一定的作用。泉州的學官說：「吾郡人文甲於他郡，邇歲益彬彬矣。」[5]

官府常將書院當作祭祀先賢之所，例如，晉江安海的石井書院和同安的大同書院，都是與朱熹有關的著名書院，後世學者在這兩個書院塑造朱熹之像，使其成為祭祀先賢之所。不過，這些地方占地較多，應能成為學者講席之地。因朱熹在泉州做過官員，泉州許多縣都有與朱熹有關的書院。例如同安的大同書院、文公書院，安溪的紫陽書院，在朱熹登臨的鳳山，還有鳳山書院。永春縣也有文公書院，德化縣有丁溪書院和紫陽書院。這些書院之名，大都有紀念朱熹之意，可知朱熹在閩中影響之深。泉州各縣書院大都設置學田數十畝至上百畝，其收入用於祭祀先賢之用吧。

明代的書院大都由官府直接管轄，它能否發揮真實的作用，完全看官府的意思。有的官員重視學校和書院。「督學邵銳選取閩中於會城書院分經擇師」，著名學者林學道被選中，在福州教學。這是嘉靖年間的事：「司徒馬森其及門士也。」[6]按，馬森的特點是擅長理財，首倡一條鞭法的龐尚鵬在福建提出一條鞭之時，曾向退休在家的馬森請教過。不過，明代後期的學校，對學問的重視是其次的，更為重視的是科舉的選拔。它的主要功能是培養科舉人才，已不見宋代書院的自由講學。因而，這些學校和書院在推動福建文化發展上的意義也不如宋代。

明中葉以後，講學之風重新興起。王陽明學派十分活躍，與他對立的晉江蔡清等人，也堅持朱子學，不改初衷，各派都宣傳自己的主張，這便刺激了書院重興。例如，明代中葉，福州新出現的書院有：登雲書院、竹田書院、泉山書院、養心書院、崇正書院、道山書院；重建的書院有共學書院、三山書院，全省書院文化一時大盛。不過，不過，明代後期，統治者開始注意鉗制輿論，多次下令廢除天下的書院，所以，明中葉建的許多書院，後來也都陸續廢棄。由於學校的財力有限，實際上無法長年運作，

5　陽思謙等，萬曆《泉州府志》卷五，〈規制志下〉，第28頁。
6　李清馥，《閩中理學淵源考》卷五五，〈學正林致之先生學道〉，第10頁。

多數情況下淪為祭祀之所，每年祭祀孔子或是朱熹時起用一二次，多數情況下是關著大門。所以，學校和書院的大成殿，往往被老百姓看作冷衙門。與其相對立的是：明朝學子考試所祭祀的神明，漸漸轉向文昌帝崇拜，他們不敢在孔子面前呈上私心很重的祈禱，卻會在文昌帝神像之前暢所欲言，因而民間祭祀的文昌廟香火頗盛。至於民間講學的場所，多數在老師的私人所有場所。明代的老師不一定是寒酸的儒者，他們也有一些人是很有錢的，甚至放高利貸求富。因此，明代的學者可以在自己的大房子裡教學生。他們教學生的場所，更接近於朱熹所說的「精舍」。各個老師學問自有特點，便形成了學派。後人賞評泉州的何喬遠學派：

> 余嘗讀鏡山公文集，載王未齋傳，而知作菴先生與公為一時典型師表，維挽狂瀾之砥柱也。公生於萬曆之代，至崇禎初年捐館。維時士風譚說異矣，公之言曰當嘉靖之時，晉江有蔡松莊先生講易，松莊之歿，弟子雲從。而吾先子作菴與之相亞。當是時王文成之學方新，學士大夫多議其簡徑，而閩中諸先正去考亭尤近，尊守其致知力行之說，以合於聖門，博文約禮之義，不敢一毫離於繩尺。其為功甚勤。而其踐履甚實，及乎今日，而始講性命，以為高扣玄虛以為歸，求之躬行實踐之際，茫然背馳，不見其影響，而去諸先正之學遠矣。嗚呼，公之言如此，其為世道慮也，不亦深切著明哉。即此見公之篤信師說，遵主朱學，淵源相紹，確乎不移。[7]

可見，明代學者講論的場所，多為自身擁有的精舍，這些精舍不像宋代的書院那樣出名，卻也承擔著發展儒學的重任。

學校及書院之外，明代基層儒學教育是社學。朱元璋上臺後，曾下令在全國各地鄉村普遍設立社學，然而各地因財力不同，所設社學數量不同，而且，由於社學單位較小，時建時廢，所以，明洪武年間閩北社學的設置情況不明。明代中葉弘治年間編纂的《八閩府志》記載了建寧府與邵武府各縣的社學，但延平府及政和縣缺載，共計建寧府及邵武府在明代中葉弘治年間共有 42 所社學，平均每縣有 4 所社學。假設一所社學有 20 名學生，每縣就有 80 名學生。當時閩北一個縣約有數萬人口，而社學只能容納不及

7　李清馥，《閩中理學淵源考》卷七十五，文淵閣四庫全書本，第 9 頁。

百名的學生，占總人口數約為千分之一，由此可知，明初只能有極少數人受到教育。

　　明中葉以後，明朝廷多次下令普及社學，南平縣在正德年間創建 4 座社學。[8] 又如，建寧縣有 21 所社學，「皆明嘉靖二十三年知縣何孟倫以官地及毀淫祠所設改者，其後時有興廢。」[9] 據《閩書》的記載，晚明社學最多的將樂縣，一度建有 68 座社學！不過，明代統計數字不全，《八閩通誌》有建寧府、邵武府的社學統計，而沒有延平府的社學統計，《閩書》載有延平府、建寧府的社學數量，卻沒有邵武府的統計資料，此處綜合二書作明代閩北各縣社學數量表。見下表：

表 10-2　明代閩北各縣社學表 [10]

縣名	社學數量	縣名	社學數量	縣名	社學數量	縣名	社學數量
建安	3	甌寧	2	浦城	6	建陽	3
松溪	4	政和	缺載	崇安	3	光澤	4
邵武	5	泰寧	5	建寧	21	南平	3
將樂	68	沙縣	5	尤溪	5	順昌	2
永安	4						

　　以上 16 個縣共有 145 座社學，平均每縣有 9 座社學，但若除掉將樂縣的 68 所，其他各縣平均只有 5 座社學。平均數比明代前期僅增一所。

　　明代泉州府各縣都有社學，萬曆《泉州府志》統計了四個縣的社學：安溪縣 36 所，德化縣 10 所，同安、惠安各有九所。[11] 其中安溪縣擁有的社學數量讓人驚訝，可見泉州人文基礎深厚。

第二節　福建刻書業的發展

　　晚明商品經濟的活躍，使刻書業的市場擴大。科舉事業仍是基本市場。李詡說：「余少時學舉子業，並無刊本窗稿。有書賈在利考朋友家往來，

8　陶元藻等，乾隆《延平府志》卷十，〈學校志〉，第 19 頁。
9　張景祈等，光緒《邵武府志》卷十二，〈學校志〉，第 48 頁。
10　黃仲昭，《八閩通誌》下冊，卷四五，〈學校志〉，第 7—33 頁。又，何喬遠，《閩書》卷三四至卷三七，〈建置志〉，第 847—912 頁。
11　陽思謙等，萬曆《泉州府志》卷五，第 29—32 頁。

鈔得鐙窗下課數十篇，每篇謄寫二三十紙，到余家塾，揀其幾篇，每篇酬錢或二文或三文。……未聞有坊間板。今滿目坊刻矣。亦世風華實之一驗也。」[12] 可見，明代大量印刷科舉的參考資料是在明代中後期。但考科舉者專讀參考書而不顧經典原著，顧炎武對此很不滿：「國家之所以取生員而考之以經義、論、策、表、判者，欲其明六經之旨，通當世之務也。今以書坊所刻之義，謂之時文，舍聖人之經典，先儒之注疏與前代之史不讀，而讀其所謂時文。時文之出，每科一變，五尺童子能誦數十篇而小變其文，即可以取功名，而鈍者至白首而不得遇。老成之士，既以有用之歲月，銷磨於場屋之中，而少年捷得之者，又易視天下國家之事，以為人生之所以為功名者，惟此而已。」[13] 但誰也無法改變當時的情況。明代學者說：「比歲以來，書坊非舉業不刊，市肆非舉業不售，士子非舉業不覽。」[14] 當時的人甚至主張燒掉書坊刻印的這些時文，何良俊說：「余在南都時，嘗與趙方泉督學言，欲其分付上江二縣，將書坊刻行時義盡數燒除。仍行文與福建巡按御史，將建寧書坊刻行時義亦盡數燒除。方泉雖以為是，然竟不能行。徒付之空言而已。」[15] 從何良俊想行文福建焚毀書坊相關版本這一點來看，當時建陽書坊出的這類書不少。這說明當時的科舉事業創造了一個廣大的科舉參考書市場。除了科舉事業之外，明代的文人喜出自己的文集。清代葉德輝說：「前明書皆可私刻，刻工極廉。聞前輩何東海云：『刻一部古注十三經，費僅百餘金。故刻稿者紛紛矣。』嘗聞王遵巖、唐荊川兩先生相謂曰：『數十年讀書人，能中一榜，必有一部刻稿。屠沽小兒，身衣飽煖，歿時必有一篇墓誌。此等板籍，幸不久即滅，假使盡存，則雖以大地為架子，亦貯不下矣。』又聞遵巖謂荊川曰：『近時之稿板，以祖龍手段施之，則南山柴炭必賤。』」[16] 不過，明朝所出書中，也有一些是名人作品。「故祭酒蔡清潛心易學專意注疏，平生精力所得，盡在蒙引一書。真足羽翼聖經，開示後學。」嘉靖八年十月，禮部為此行文福建提學副使，命其將《易經蒙引》一書交付書坊刊印，「庶幾可以傳播遠邇」。[17] 萬曆年

12　李詡，《戒庵老人漫筆》卷八，〈時藝坊刻〉，中華書局 1982 年，第 334 頁。

13　顧炎武，《顧亭林詩文集》卷一，〈生員論〉，第 23 頁。

14　李濂，〈紙說〉，黃宗羲編，《明文海》卷一〇五，文淵閣四庫全書本，第 5 頁。

15　何良俊，《四友齋叢說》卷三，〈經三〉。上海古籍出版社 2012 年，第 18 頁。

16　葉德輝，《書林清話》卷七，〈明時刻書工價之廉〉，第 154 頁。

17　朱彝尊，《經義考》卷五十，文淵閣四庫全書本，第 10 頁。

間，福建著名詩人徐興公籌措為唐朝的建州刺史李頻出版文集，「所計工資不過四金」。[18] 他自己的一部小型詩集則由福建巡撫南居益令建陽書坊出版。為了出版自己的文集，他還賣了幾畝地。[19] 唐宋名家的書不斷再版，鄒緝說：「《歐陽居士集》五十卷，洪武初永豐縣令蔡玘已為之鏤板，而建寧書坊又為之傳刻。則此外集亦當與之並行也。」[20]

建陽書坊刻書業發展很快。《建陽縣志》記載：「書籍，出於麻沙崇化兩坊，昔號圖書之府。麻沙書坊毀于元季，惟崇化存焉。今麻沙鄉進士張璿偕劉蔡二氏新刻書板寢盛，與崇化並傳於世，均足嘉惠四方雲。」[21]

據研究麻沙版本的專家張秀民的研究，明代建陽書坊見於著錄的有 60 家左右，其中 47 家有姓名堂號可考，余氏家族 12 家，劉姓 10 家，楊姓 4 家，葉姓 4 家，鄭姓 3 家，熊姓 3 家，其餘各姓在 2 家以下[22]。其中楊氏清白堂、余氏雙峰堂、三台館、萃慶堂等，都出版了許多書籍，是國內著名的堂號。當時人記載：書坊「比屋皆鬻書籍，天下客商販者如織。」[23] 所以，明代版本學家胡應麟說：「三吳七閩，典籍萃焉。」[24] 謝肇淛說：「閩建陽有書坊，出書最多。」[25] 明末何喬遠的《閩書》也說：「書坊之書盛天下。」[26] 以上這些材料都表明明代後期建陽書坊之盛。

據《千頃堂書目》一書，明代刻有《建寧書坊書目》一卷，此書今已不存。不過，明代的三部《建陽縣志》都有關於〈書坊書目〉的記載。據嘉靖年間的《建陽縣志》，嘉靖年間書坊備有的版本有：制書《大誥》等 24 種，經書《四書大全》等 47 種，諸史《史記》等 44 種，諸子《六子全書》等 23 種，諸集《文獻通考》等 46 種，文集《文章正宗》等 88 種，詩集《離

18　徐㶿，《徐興公尺牘》，〈寄傅同蘭〉，福建省圖書館藏抄本。
19　徐㶿，《徐興公尺牘》，〈答李公起〉。
20　鄒緝，〈書居士外集後〉，程敏政編，《明文衡》卷四八。文淵閣四庫全書本，第 5 頁。
21　朱凌等，嘉靖《建陽縣志》卷四，〈戶賦志‧貨產〉，上海古籍書店 1962 年影印天一閣本，第 33 頁。
22　張秀民，〈明代印書最多的建寧書坊〉，《文物》1979 年第 6 期。
23　朱凌等，嘉靖《建陽縣志》卷三，〈封域志‧鄉市〉，第 6 頁。
24　胡應麟，《少室山房筆叢》卷四，〈經籍會通〉，上海書店 2001 年，第 42—43 頁。
25　謝肇淛，《五雜組》卷十三，〈事部一〉，第 266 頁。
26　何喬遠，《閩書》卷三八，〈風俗志〉，第 943 頁。

騷經》等 35 種，雜書《天下志略》等 75 種，總計 382 種[27]，比之弘治《建陽縣志》所載書坊圖書總數多了 210 種。若詳細比較弘治年間與嘉靖年間的書目，其中只有 99 種版本是相同的，嘉靖《建陽縣志》的書目中，共有 283 種不見於明代前期。這說明自弘治十七年（1505 年）到嘉靖三十二年（1553 年）48 年內，書坊新刻版本應有 283 種，平均每年新出書五六種，其中既有一兩卷的小書，也有卷帙浩繁的大書，總卷數無法統計。

萬曆二十九年（1603 年）的《建陽縣志》也記載了書坊收藏的書板。不過，許多書都標明版本已燬。在可用的書版中，有 103 種新版本，另有 62 種舊有版本。從新書的角度來看，弘治年間有版本 172 種，嘉靖年間新增了 283 種，再加上萬曆年間的 103 種，書坊從明代前期到萬曆二十九年（1603 年），共出版了 558 種版本的書籍。卷數無法統計，僅弘治年間已出的 172 種書，計有 5039 卷。按其比例，明代共出 558 種書，應有 17000 卷書版。每卷以 10000 字計，估計共刻印了 1.7 億字。但在此之外，還有未計入的小說 82 種，待後文說明。請見下表：

表 10-3　明代建陽書坊版本表[28]

弘治十七年（1504 年）	嘉靖三十二年（1553 年）	萬曆二十九年（1601 年）
大誥三篇	大誥三篇（以下制書）	高廟大典
洪武禮制一卷	洪武禮制	
禮儀定式一卷	禮儀定式	
洪武正韻十六卷	洪武正韻	洪武正韻
	大明一統志	大明一統志
大明令一卷	大明令	大明一統輿圖廣略
	皇明政要	皇明憲章錄
	大明會典	大明會覽錄
大明律三十卷	大明律	大明律
	大明律讀法	國朝紀要
	大明官制	皇明通紀

27　朱凌等，嘉靖《建陽縣志》卷五，〈學校志・圖書〉第 21—30 頁。

28　袁銛，弘治《建陽縣續誌》典籍，四庫存目叢書本，第 87 頁；朱凌等，嘉靖《建陽縣志》卷五，〈書坊書目〉，嘉靖三十二年刊本，第 21—30 頁；田居中等，萬曆《建陽縣志》卷七，日本藏中國罕見地方志叢刊，書目文獻出版社 1991 年影印萬曆原刊本，第 440—445 頁。

	議頭大明律	永昭兩陵編年史
諸司職掌九卷	諸司職掌	官制新典（熊克）
	儀注	
教民榜	教民榜文	
武臣大誥一篇	開國功臣錄	
孝慈錄一卷	聖學心法	
為善陰騭十卷	為善陰騭	
孝順事實十卷	孝順事實	
勸善書二十卷	勸善錄	
五倫書六十二卷	五倫書	
大學大全一卷	國朝文類	
論語大全二十卷	皇明文衡	
續資治通鑑綱目二十七卷	續資治通鑑綱目	
中庸大全一卷	四書大全	四書大全
易經大全二十四卷	易經大全	易經大全
書經大全二十卷	書經大全	
詩經大全三十卷	詩經大全	
春秋大全三十七卷	春秋大全	
禮記大全三十卷	禮記大全	六經龍驤
孟子大全一十四卷	五經白文	六經三注
	五經正文	學庸章句（朱熹）
四書通義共三十八卷	四書白文	四書管天（熊熙）
四書集注共二十九卷	四書正文	
周易本義二十四卷	周易本義	周易本義（朱熹）
	易經傳義	周易管天（熊熙）
書傳纂疏四卷	書經集注	
書經童子問十二卷	詩經集注	
春秋胡氏傳三十卷	春秋胡傳	
春秋左氏傳七十卷林堯叟著	春秋左傳	左氏始末
春秋公羊傳二十八卷	春秋公羊傳	
春秋穀梁傳二十卷	春秋穀梁傳	
春秋纂疏三十卷元新安汪克寬纂	春秋纂疏	
春秋會通二十四卷元盧陵李廉輯	春秋會通	

	春秋國語	左國
春秋王伯列國世紀三卷宋吳郡李琪撰	春秋王伯列國世紀	
周禮集說十二卷元吳興陳友仁集	禮記集說	禮記集說
	五經旁注	
	巾箱易本義	易義（游酢）
	官板四書集注	
	四書旁注	
	書經童子問	
	巾箱四書集注	
	五經類語	
	三禮考注	
周易參議臨江梁寅撰	周易翼傳	
周易啟蒙一卷	周易啟蒙	易學啟蒙（朱熹）
	書傳纂疏	
	孝經	孝經
性理大全七十卷	性理大全	檀弓考二二通
	性理白文	
	左傳要語	
	孔子家語	孔子家語
	小學集解	小學
	小學啟蒙	
大學衍義四十三卷宋真德秀著	大學衍義	
大學要略一卷	大學衍義補	
	格物通	
	性理文錦	
	四書家引	
	易經蒙引	
史記一百三十卷	史記	史記評林
南史八十卷今板燬	南史	漢書評林
北史一百卷今板燬	北史	帝王經譜（熊克）
南唐書三十卷	南唐書	戰國策
宋史全文三十六卷	宋史全文	中興小曆（熊克）

遼史一百一十六卷板燬	遼史	玉堂綱鑑
金史一百三十五卷板燬	金史（已上六史今板俱燬）	綱鑑會編
資治通鑑一百二十卷陸唐老註	資治通鑑	資治通鑑
資治通鑑節要三十卷	資治通鑑節要	通鑑纂要
十七史詳節二百七十三卷	十七史詳節	十七史詳節（縣治無板）
十九史略一十卷	十九史略	
古史六十卷	古史	國語
	通鑑白文	諸史品節
世史正綱三十二卷	世史正綱	
貞觀政要十卷	貞觀政要	
古史通略五卷	古史通略	九朝通略（熊克）
小學史斷一卷	小學史斷	
百將傳十卷	百將傳	
	班馬異同	
	前編綱目	
	朱子綱目	朱子綱目
	戰國策	
	吳越春秋	
	吳氏春秋	
日記故事十卷元虞韶編	日記故事	日記故事
	兩漢文鑑	歷朝捷錄
	唐文鑑	宋元捷錄
	宋文鑑	我朝捷錄
	通鑑纂要	
	讀史管見	
	列女傳	
	三史正宗	
	三國志	
	兩漢故事	
	宣和遺事	
	通鑑蒙引	
	通鑑品藻	
	將鑑博議	

	言史慎餘	
	當朝名臣言行錄	
名臣言行錄共六十二卷	宋名臣言行錄	八朝名臣言行錄（朱熹）
東萊左氏博議十六卷宋呂祖	東萊博議	
方輿勝覽七十卷宋祝穆編輯	兩朝史要	
	歷朝統論	
老子道德經互注二卷	六子全書	六子全書
莊子南華經十卷晉郭象注	五子全書	諸子精華（熊克）
列子沖虛經八卷張諶注	武經七書	武經七書
荀子二十卷唐楊倞註	孫子兵法	孫子兵法
黃石公素書一卷宋張商英注	黃石公素書	韜略全書
揚子法言十卷晉李軌等互註	賈誼新書	揚子法言注（宋咸）
	管子	管子
山海經十八卷	韓非子	韓非子
世說新語八卷	孔叢子	吳子十三篇
陸宣公奏議二十二卷唐陸贄撰	陸宣公奏議	
杜氏通典四十二卷杜祐撰	劉向新序	老莊翼
	劉向說苑	南華副墨
小學集解六卷	白虎通	抱樸子
雪航膚見十卷國朝南平趙弼撰	鹽鐵論	漢魏名家
	三子口義	三子口義
	劉乾中論	二十四子要刪
	淮南子	淮南子
	草木子	
	諸子纂要	諸子品節
	朱子大全	
	朱子語錄	語類大全（朱熹）
朱子成書	朱子成書	文公年譜
	王氏論衡	考亭譜（朱克輯）
	諸集	考亭志朱世澤輯

	文獻通考	文獻通考（縣治無板）
事文類聚共二百二十卷原板缺弘治十七年知縣區玉重刊	事文類聚	事文類聚
類說五十卷宋曾慥編板不存	集事淵海	潭陽文獻（何喬遠著）
	藝文類聚	藝文類聚
山堂攷索二百十二卷章如愚編	山堂考索	山堂考索（縣治無板）
群書一覽十卷	翰墨大全	
黃氏日抄九十七卷紀要十九卷黃震撰	黃氏日抄	黃氏日抄（縣治無板）
押韻淵海二十卷元嚴毅編輯	大韻府大全	韻學大成
	古今韻書	韻海諸書辨疑
韻府群玉二十卷陰時夫編輯	韻府群玉	韻府群玉
	中原音韻	正韻海篇
	玉海摘粹	
	初學記	評史妙論（劉朝陽）
玉篇三十卷梁顧野王撰	漢文選	漢文選
	增定文選	文選李善著（縣治無板）
氏族大全十卷	氏族大全	氏族大全
事物紀原十卷	事物紀原	
	姓源珠璣	
事林廣記共四十卷	事林廣記	
	古文會編	
	古文大全	
	文公家禮	家禮（朱熹）
爾雅十一卷	爾雅埤雅	
埤雅二十卷宋陸佃撰	諸儒蠹測	
家禮儀節八卷國朝大學士瓊臺丘濬輯	家禮儀範	
近思錄十四卷	近思錄	近思錄（朱熹）
	綱目兵法	
	程氏遺書	

	文章軌範	
	文章正印	
	儀譜	
	經史海篇	經史海篇
群書備數十二卷國朝張羨和編次	群書摘要	
	古文真寶	
	古文明解	
對類大全二十卷徐駿編	武經直解	
崇古文訣三十五卷	崇古文訣	
	鶴林玉露	
	四十家小說	
南村輟耕錄三十卷元天台陶宗儀撰	南村輟耕錄	
古文苑二十一卷	海篇直音	古文苑
古文真寶二十卷	玉篇	古逸書
翰墨大全二百七卷宋劉應李編	律呂元聲	
文章正印八十卷宋劉震孫編缺	釋文三注	
書言故事十卷胡繼宗編	書言故事	刻鵠錄（陳黼）
	金璧故事	璧文考證（李有則著）
文章正宗二十四卷宋真德秀選	文章正宗	
續文章正宗四十卷鄭百選	續文章正宗	
丁卯集二卷唐許渾撰	秦漢文	秦漢文
韓昌黎文集五十卷附錄一卷唐韓愈撰 柳柳州文集四十八卷唐柳宗元撰	韓柳文集	
	歐陽文集	批點蘇文
三蘇文集七十卷蘇洵十一卷蘇軾三十二卷蘇轍二十七卷	三蘇文集	三蘇文集
	三蘇文粹	蘇長公全集
	蔡中郎集	蔡中郎集

李太白詩選四卷范得機批點鄭鼐編次	李白文集	
	梅溪文集	駱賓王集
元豐類稿五十卷宋曾鞏撰	南豐文集	
	王荊公文集	
	疊山文集	
	草廬文集	
	山谷文集	
	象山文集	
	真西山文集	
程雪樓文集二十卷元程鉅夫撰	淮海文集	
俟庵文集三十卷元李仲公撰	龜山文集	
范得機詩集七卷元范樗撰	止齋文集	
劉靜修文集二十二卷元劉因撰缺多	東萊文集	
	南軒文集	初譚集
翠屏文集四卷國朝張以寧撰	仁峰文集	圖繪宗尋
	宋濂文集	湯臨川集
元朝風雅三十卷蔣易編集	虛齋文集	元朝風雅
西京類稿三十卷國朝楊榮撰	陽明文集	鶴田集（蔣易）
于公奏議國朝于謙撰	白沙文集	白沙詩選
	甘泉文集	湯睡菴集
	楓山文集	知非子集（黃璿）
屏山文集二十卷宋劉子翬撰	屏山文集	徐文長文集
雲莊文集二十卷宋劉爚撰	雲莊文集	劉雲莊文集
後村文集五十卷宋劉克莊撰	後村文集	袁中郎全集
勿軒文集八卷元熊禾撰	勿軒文集	勿軒文集
鳴盛詩選十二卷晏鐸選	篁墩文集	建陽集（丁顯）
	東海文集	儒學志（韋悅）
	空同文集	李崆峒文選

	何仲默文集	晦菴詩抄
	王氏家藏集	晦菴文抄
	呂太史文集	汪南溟太函集
	簡牘大全	陳眉公手集
	啓箚青錢歐蘇手簡	
	農桑撮要	
	田家曆	
	大觀本草	
	東垣十書	東垣十書
八十一難經五卷	八十一難經	八十一難經
脈訣一卷王叔和撰	王叔和脈訣	王叔和脈訣
圖經衍義本草四十二卷	本草集要	本草大全
	藥性賦	藥性賦
食療本草一卷唐孟詵撰	日用本草	藥性賦補遺（熊宗立）
	活人心要	
	奇效良方	
婦人良方二十四卷陳自明撰	婦人良方	婦人良方
	千金方	難經脈決注解（熊宗立）
	醫學正傳	醫學正傳
醫方大成十卷元孫允賢集	丹溪心法	醫學會編（黃炫）
	丹溪纂要	丹溪附餘
	明醫雜著	
	袖珍方	
銅人針灸經三卷宋王惟德撰	銅人針灸經	
和濟局方十卷	加減十三方	
傷寒活人指掌圖一卷吳恕撰	傷寒論	
三因方六卷宋陳言撰	乾坤生意	
全嬰方十卷馮道玄編	外科心法	保嬰全書
救急傷方一卷趙季敷集	救急易方	
原醫藥圖藥性賦八卷熊宗立撰	針灸四書	
	活人指掌賦	

	醫林正宗	
	醫林集要	
	脈經	
	青囊雜纂	
	醫方捷徑	醫方捷徑
	諸症辨疑	醫學源流
	傷寒十書	傷寒十書
	痘疹方	古今醫鑑
	徐氏針灸	萬病回春
	危氏得效方	
	潔古老方	
	錫類鈴方	
	卜筮元龜	
	拆字林	
	斷易奇	製茶十詠錄（熊蕃）
	海底眼	
	天玄賦	天玄注解（熊宗立）
楚辭八卷文公朱熹撰	火珠林	楚辭集注
楚辭後語六卷文公朱熹撰	雙林影	楚辭後語
杜詩七言律一卷元虞集注	小湖文集	
杜詩選六卷范得機批點鄭鼐編次	張文潛集	
唐宋詩林萬選一五卷宋何新之編選缺	詩集	
楚辭辯證二卷文公朱熹撰	離騷經	
杜工部文集二卷附錄一卷徐居仁編次	事類賦	
杜工部詩集二十五卷徐居仁編次	杜工部詩	杜律虞著
李太白詩集二十六卷薛仲邕編次	李白詩集	李杜詩選
選詩補注八卷補遺一卷續編四卷劉履注	選詩補注並補遺續編	
萬寶詩山三十五卷缺	萬寶詩山	
詩宗群玉府三十卷毛直方編缺	詩宗群玉府	

	瀛奎律髓	
詩學大成三十卷毛直方集	詩學大成	
雅音會編十二卷康麟編	押韻淵海	
唐詩鼓吹十卷元郝天挺註	唐詩鼓吹	唐詩鼓吹
草堂詩餘二卷	草堂詩餘	草堂詩餘
唐音十五卷元楊士弘選國朝張震輯注	唐音	草堂文集（劉勉之）無板
唐詩粹十二卷劉斌編注板不存	出相唐詩	唐詩品彙
詩人玉屑二十卷宋黃昇集	詩人玉屑	文海披沙
王右丞詩六卷唐王維撰	詩韻釋義	韻會小補
詩林廣記二十卷宋蔡正孫編	詩林廣記	遵生八牋
唐三體詩二十一卷元周弼編	三體詩	十二家唐詩
中州詩集十卷元元好問輯板不存	潛庵詩	李于鱗唐詩選
李長吉詩四卷唐李賀撰	文山詩	
鼓吹續篇十卷朱紹選	寇準詩	
樂府一卷元元好問輯板不存	陳摶詩	
東坡詩集二十五卷舊毀同知周時中新刊	東坡詩	
	賈島破風詩	
	畫橋詩集	
	解學士詩	
	瓊臺吟稿	卓氏藻林
	胡曾詠史詩	孤樹裒談
	空同詩	
唐宋分類千家詩選二十二卷宋劉克莊選	千家詩	
唐宋千家詩選十卷元詹子清選	孝順詩	
	中和集	
	對類大全	對類
	聲律發蒙	

	雜書	
	天下志略	
居家必用十二卷	居家必用	
皇帝內經素問十二卷	黃帝素問	黃帝素問
內經靈樞十二卷	魁本百中經	
運氣論奧一卷	關煞百中經	
巢氏病原五十卷隋巢無方撰	萬年一覽	
濟生方十卷續方二卷宋嚴用和編	大百中經	大百中經
南陽活人書二十卷宋朱肱撰	子平淵海	
	子平淵源	
	五星指南	經纂類增
	耶律經	
	千里馬	
	應天歌	
	消息賦	
	珞琭子	
	望斗經	
	臺司妙纂	
	通書大全	通書大全（熊宗立）
	成書大全	曆府通書
	陰陽捷徑	發微通書
	曆府通書	
地理鼇雪心賦一卷熊宗立註	尅擇便覽	雪心賦注解（熊宗立）
	天文賦	天機會元
	地理大全	地理纂要
	地理真機	地理仙婆集
	地理集說	地理總說（蔡發）
人相編十二卷	千金風水	地理人子須知
	十代風水	
	肘後經	琢玉斧
	鬼靈經	

	葬經全策	
金精鰲極六卷熊宗立註	金精鰲極	金精鰲極注解
	玉機微義	豔異篇
	玉函經	
	碧玉經	
	魯班經	
	地理摘奇	
	皇堂葬經	
	葬神口訣	
	修真十書	
	參同契	
	悟真篇	
	人相篇	人天指掌
	麻衣相法	麻衣相法
	五行相	
	三世相	
	前定數	
	梅花數	
	範圍數	
	牛經	
	馬經	
	山海經	
	博物經	
	贏蟲錄	
	律條疏議	
	大明直引	
	讀律管見	
	出巡錄	
	出巡奏議	
	洗冤錄	洗冤錄
	無冤錄	
	九章演算法	
	詳明演算法	
	明解演算法	

	指明演算法	
	木天一覽	
	西京路程	
	佛門定制	
	道門定制	
	心香妙語	
	群賢集語	
	磨刀賦	
	夢珂故事	
	爛柯經	
	千家錦	

　　以上表格表明，嘉靖二十九年是書坊的鼎盛時期，其後 50 年，書坊所出書數量反而不如前 50 年所出書。此外，從明政府對書坊的重視程度來看，明世宗嘉靖五年，朝廷專門派遣翰林汪佃赴閩中校書[29]。為了保證書坊刊印四書五經的品質，嘉靖十一年（1532 年），福建提刑按察司對建寧府發出一道告諭：「福建等處提刑按察司為書籍事，照得《五經》、《四書》，士子第一切要之書，舊刻頗稱善本，近時書坊射利，改刻袖珍等版，款制褊狹，字多差訛……雖士子在場屋，亦訛寫被黜。其為誤亦已甚矣。該本司看得書傳海內，板在閩中，若不精校另刊，以正書坊之謬，恐致益誤後學。……即將發出各書，轉發建陽縣，拘各刻書匠戶到官，每給一部，嚴督務要照式翻刊，縣仍選委師生對同，方許刷賣。書尾就刻匠戶姓名查攷，再不許故違官式，另自改刊。如有違謬，拿問查罪。追版劃毀，決不輕貸。」[30] 這都說明嘉靖年間，朝廷對建陽書坊非常重視。能夠引起朝廷如此重視，說明建陽書坊在當時的地位還是很高的。但到了嘉靖後期，書坊出書數量日漸減少。從嘉靖三十二年迄至萬曆二十九年的近 50 年時間內，書坊新出的書僅有 103 種。比之前一個 50 年差了 180 餘種。萬曆年間的《建陽縣志》還記載了建陽人所著書籍 200 餘種，其中 130 餘種已經沒有版本。這都說明萬曆年間，建陽書坊出版的經史子集之類的書遠不如嘉靖年間。

29　梁章鉅，《歸田瑣記》卷三，〈麻沙書版〉，第 54 頁。又見，張溶等修，《明世宗實錄》卷六五，第 6 頁。

30　葉德輝，《書林清話》，〈書話七〉，明時刻書只准許翻刻不准另刻，第 149 頁。

再從《明代版刻綜錄》一書來看，該書綜錄現存明代版本數千餘種，若以萬曆元年為限，在該年之前，各地書坊所印經史子集多為建陽書坊版本，但在萬曆元年之後，全國各地冒出了上千種書坊，大都自行印書，其中屬於建陽書坊的書籍寥寥無幾。可見，建陽書坊的衰敗應從明代萬曆年間就開始了。迄至明末的天啟、崇禎年間，想找一本建陽書坊刊本的經史類書都很不容易。1645 年，南明隆武帝在福建登基，為了抗清，隆武帝長駐閩北的建寧府。建陽縣是建寧府轄下的一個縣，於是，建陽「書坊送綱鑑一部、續稗海一部、浙江通志一部」給隆武帝。[31] 這事說明書坊還能印一些經史類書。不過，隆武帝是一個愛書的人，但書坊在其登基之時，卻只能送一些《綱鑑》、《浙江通志》之類的書，連《稗海》也沒有正本，只有《續稗海》之類的雜書。書坊的窘境顯而易見。隆武帝對這些書不屑一顧，「給價銀四兩三錢還之」，說明這些書的品質頗成問題。

明末建陽書坊的衰落與中國文化中心轉移到江南有關。晚明江南市場經濟繁榮，交通方便，使其成為四方學者遊學的中心。南京的三山街，蘇州的閶門內外，杭州的鎮海樓內外，都成為著名的書市。來自各地的書都匯聚於此，圖書銷售量很大。一開始，三大書市所售書都來自建陽。但在三大書市形成一定規模之後，書市的書商開始自行印書出售，逐漸成為建陽書商的勁敵。明代版本學家胡應麟說：「凡刻之地有三，吳也、越也、閩也……其精吳為最，其多閩為最，越皆次之。」可見，福建之書只能以數量稱著國內，其品質不如江南地區。品質的下降，使書坊的書只能靠低價取勝，「凡刻，閩中十不當越中七，越中七不當吳中五，吳中五不當燕中三，燕中三不當內府一。」、「其直重，吳為最；其直輕，閩為最，越皆次之。」價格過於低廉很能保證品質，胡應麟說：「閩中紙短窄黧脆，刻又舛譌，品最下而直最廉，餘筐篋所收什九此物，即稍有力者弗屑也。」當然，閩中之書也隨著造紙術的改良而進步，「近閩中則不然，以素所造法演而精之，其厚不異於常，而其堅數倍於昔，其邊幅寬廣亦遠勝之。價直既廉而卷帙輕省，海內利之。」[32] 可見，萬曆年間建陽書坊用紙也有進步。

其實，江南所刻書，也有品質問題。楊慎說：「觀樂生愛收古書，嘗

31　佚名，《思文大紀》卷一，臺灣文獻叢刊本，第 6 頁。

32　胡應麟，《少室山房筆叢》卷四，第 43 頁。

言古書有一種古香可愛。余謂此言末矣。古書無訛字，轉刻轉訛莫可考證。
余於滇南見故家收唐詩紀事，抄本甚多。近見杭州刻本，則十分去其九矣。
刻陶淵明集，遺季札贊。草堂詩餘舊本，書坊射利欲速售，減去九十餘首。
兼多訛字。余抄為拾遺辯誤一卷。先太師收唐百家詩皆全集。今蘇州刻則
每本減去十之一。如張籍集本十二卷，今只三四卷。又傍取他人之作入之。
王維詩取王涯絕句一卷入之。詫於人曰：『此維之全集。以圖速售。』今
王涯絕句一卷在三舍人集之中。將誰欺乎？」[33] 以上事實表明，江南也有一
群書商出書的品質不高。不過，由於江南城市售書容易，而商品經濟的發
展，使閩北的梨木、紙張都成為商品，遠銷江南城鄉，有不少建陽書坊的
商人遠赴江南謀生。據張秀民考證，書坊商人葉貴於萬曆年間刊焦竑《皇
明人物考》一書，而明末金陵也有一位名為葉貴的書商刊印《諸葛武侯祕
演禽書》，張秀民疑二者為一人，「可能兩處都有他的書坊」。[34] 其實，更
合理的解釋是：葉貴這位「閩建書林」的書商將其書鋪遷往南京。又如，
明後期建陽游榕曾製造銅活字版一套，萬曆二年（1574 年），有人用這部
銅活字在無錫印《太平御覽》一千卷。這也是建陽刻書技術流向江南的一
個證明。

　　由於外來資金與技術的投入，晚明江南的刻本品質有很大提高。明清
之際王士禎說：「今杭絕無刻，國初蜀尚有板，差勝建刻。今建益下，去
永樂宣德亦不逮矣。唯蘇州工匠稍追古作。此嘉靖初語也。近則金陵蘇杭
書坊刻板盛行，建本不復過嶺。蜀更兵燹，城郭邱墟，都無刊書之事。京
師亦鮮佳手。數年以來，虞山（即常熟縣）毛氏、崑山徐氏，雕行古書，
頗倣宋槧。坊刻皆所不逮。古今之變如此其亟也。」[35] 王士禎的《居易錄》
出版於清康熙中期，但以上這段話將明代初年說成是國初，可見，這段話
應說於明末。其時，張獻忠進入四川，成都受到戰爭的破壞，刻書業也衰
落了。王士禎的話表明，明末江南有一批學者從事刻書，虞山毛氏、崑山
徐氏，都是著名的刻書家。他們所刻的書籍品質遠勝於建本。

　　與江南刻書品質蒸蒸日上相比，晚明建陽刻本的品質卻在下降。萬曆

33　楊慎，《升菴集》卷六十，〈書貴舊本〉，第 21 頁。

34　張秀民，〈明代印書最多的建寧書坊〉，《文物》，1979 年第 6 期。

35　王士禎，《居易錄》卷十四，第 14 頁。

九年，建陽書林董思泉刻《墨子》一書，自稱有古本為據，該書的前面還有著名學者茅坤的序，書商自稱茅坤參加此書的校讎。其實，茅坤與這位董思泉一點關係都沒有。所謂茅坤的序，原為嘉靖年間學者陸穩為唐堯臣刻《墨子》所寫的序，董思泉只是將序的作者改為茅坤後便刻入本書。然而，作者雖以大牌學者為招牌，書的內容卻有許多錯訛。《墨子》當中的「其」字，都被董思泉刻成「亦」字。董思泉當然不是故意出錯，而是他的文字水準，使他分不清古文中的「亦」字與「其」字，乃至弄錯。以這種文化水準刻出的其他經書，可想而知，無法引起人們的興趣，甚至遭到質疑。謝肇淛說：「閩建陽有書坊，出書最多，而板紙俱最為濫惡，蓋徒為射利計，非以傳世也。大凡書刻，急於射利者必不能精，蓋不能捐重價故耳。」[36] 因此，明代晚期的學者都願意買江南著名學者所刻的書，乃至建陽書坊的書失去信譽，也失去了市場。明代閩北的文風已經不如江浙區域，這影響到書商的學識也不如江浙區域。所以說，書商整體文化水準的降低，是晚明建陽刻書業逐漸蕭條的原因。

不過，萬曆年間建陽書坊的沒落並非一蹴而就，其時建陽書商雖然少印經史類書籍，但出版的小說不少。現存明代 82 種書坊刊印小說版本，其中多數是在萬曆年間出版，這些書都未列入《建陽縣志》的版本記載中。[37]

第三節　福建的小說出版

中國通俗小說始於宋代的話本，在明代進入了成熟時期，產生了上千種小說，這是中國文學史上的重要事件。據筆者統計，明代的白話小說至少有三分之一是建陽書坊版，這說明建本在中國小說史上有其極為重要的地位。

對中國小說版本的研究，始於本世紀初的大師——胡適與魯迅，後經孫楷第、鄭振鐸、大塚秀高等人的發掘，大部分尚存的明代小說書目及其內容梗要業已面世。在這方面的重要的著作有：孫楷第《中國通俗小說書目》、鄭振鐸《西諦書目》、大塚秀高《中國通俗小說書目改定稿》、杜信

36　謝肇淛，《五雜組》卷十三，〈事部一〉，上海書店 2001 年，第 266 頁。

37　徐曉望，〈建陽書坊與明代小說出版業〉，葉再生主編《出版史研究》第四輯，北京，中國書籍出版社 1996 年。

孚《明代版刻綜錄》、戴不凡《小說見聞錄》和王重民《中國善本書提要》。

1987 年，韓錫鐸、王清原彙綜各名家所著書目提要寫成《小說書坊錄》一書，是迄今為止較全面的中國通俗小說書目。該書所錄明代小說共有 225 部。由於該書附有印書堂號和書坊主人姓名，為我們查出哪些小說是建陽書坊版提供了便利。有些不太出名的印書堂且又未附籍貫，為慎重起見，暫不列入。已知明代建本小說如下：

表 10-4 明代建陽刊本小說一覽表

年代	書名卷數	刊刻者堂號
正德四年刻	《剪燈新話》四卷、附錄一卷	建陽 楊氏 清江書堂
正德四年刻	《剪燈餘話大全》四卷	建陽 楊氏 清江書堂
嘉靖三十二年刻	《新刊參採史鑑唐書志傳通俗演義》八卷	建陽 楊氏 清江書堂
嘉靖三十一年刻	《新刊大宋中興通俗演義》八卷	建陽 楊先春 清白堂
萬曆十六年刻	《京本通俗演義按鑑全漢志傳》十二卷	建陽 楊先春 清白堂
萬曆三十二年刻	《新刻全像二十四尊得道羅漢傳》六卷	建陽 楊先春 清白堂
萬曆刻	《鼎鍥京本全像西遊記》二十卷一百回	建陽 楊先春 清白堂
嘉靖三十二年刻	《鼎鍥京本全像西遊記》二十卷一百回	建陽 楊江 清白堂
萬曆十六年刻	《新刻全相二十四尊得道羅漢傳》六卷	建陽 楊江 清白堂
	《達磨出身傳燈傳》四卷七十則	楊麗泉 清白堂
萬曆十六年刻	《京本通俗演義全漢志傳》十二卷	余文台
萬曆二十六年刻	《新刊皇明諸司廉明奇判公案》四卷	余文台
	《新刊八仙出處東遊記》二卷二十八則	余文台
	《新刊京本編集二十四帝通俗演義》二十卷	余文台
萬曆二十年刻	《新刻按鑑全相三國志傳》二十卷	建陽 余象斗雙峰堂
萬曆二十六年刻	《萬錦情林》六卷	建陽 余象斗雙峰堂
萬曆二十六年刻	《新刊皇明諸司廉明奇判公案》四卷	建陽 余象斗雙峰堂
萬曆三十三年刻	《廉明奇判公案傳》四卷	建陽 余象斗雙峰堂
萬曆刻	《新刊出像補訂參採史鑑南宋志傳通俗演義》十卷五十回	建陽 余象斗雙峰堂
萬曆刻	《北宋志傳通俗演義》十卷五十回	建陽 余象斗雙峰堂
萬曆刻	萬曆刻《新刊大宋通俗演義》八卷八十則，附精忠錄二卷	建陽 余象斗雙峰堂
萬曆刻	《新刊京本編集二十四帝通俗演義全漢志傳》十四卷	建陽 余象斗雙峰堂
萬曆刻	《新刊八仙出處東遊記》二卷	建陽 余象斗雙峰堂
	《京本增補校正全像忠義水滸傳評林》二十五卷	建陽 余象斗雙峰堂

	《北方真武祖師玄天上帝出身志傳》四卷二十則	建陽 余象斗雙峰堂
	《廉明奇判公案》二卷一百零三則	建陽 余象斗雙峰堂
萬曆刻	《新刊京本全像插增田虎王慶忠義水滸全傳》	建陽 余象斗雙峰堂
萬曆三十四年刻	《新刊京本春秋五霸七雄全像列國志傳》八卷	余象斗 三台館
萬曆四十二年刻	《新刻皇明開運輯略武功名世英烈傳》六卷	余象斗 三台館
萬曆刻	《新刊校正演義全像三國志傳評林》二十卷	余象斗 三台館
萬曆刻	《新鐫全像東西晉演義傳》十二卷五十回	余象斗 三台館
萬曆刻	《新刻按鑑演義全像唐書志傳》八卷	余象斗 三台館
	《全像按鑑演義南北兩宋志傳》二十卷	余象斗 三台館
萬曆刻	《新刊按鑑演義全像大宋中興岳王傳》八卷八十則	余象斗 三台館
	《新刻按鑑編集二十四帝通俗演義全漢志傳》十四卷	余象斗 三台館
萬曆刻	《全像類編皇明諸司公案傳》六卷	余象斗 三台館
萬曆十六年刻	《京本通俗演義按鑑全漢志傳》十二卷	文台 余世騰
萬曆二十六年刻	《新刊皇明諸司廉明奇判公案》四卷	余氏 文台堂
	《按鑑演義帝王御世盤古到唐虞傳》二卷十四則	余季岳
	《按鑑演義帝王御世有夏志傳》四卷十九則	余季岳
萬曆刻	《全像演義皇明英烈傳》	余應詔
萬曆刻	《馮伯玉風月相思》	熊龍峰 忠正堂
萬曆刻	《孔淑芳雙魚扇墜傳》	熊龍峰 忠正堂
萬曆刻	《蘇長公章臺柳傳》	熊龍峰 忠正堂
萬曆刻	《張生彩鸞燈傳》	熊龍峰 忠正堂
萬曆刻	《新刊出像天妃濟世出身傳》三十二回	熊龍峰 忠正堂
萬曆二十四年刻	《新刊京本補遺通俗演義三國全傳》二卷	熊清波 誠德堂
重修世德堂刻	《新刻像官大字西遊記》二十卷	書林 熊雲濱
萬曆三十年刻	《新鐫京本校正通俗演義按鑑三國志傳》二十卷	閩 鄭世容
萬曆三十年刻	《北方真武祖師玄天上帝出身志傳》四卷二十四則	熊仰台
萬曆三十三年刻	《京板全像按鑑音釋兩漢開國中興志》六卷	詹秀閩
萬曆刻	《鐫唐代呂純陽得道飛劍記》二卷十三回	建陽 余德彰 萃慶堂
萬曆三十一年刻	《新鐫晉代許旌陽得道擒蛟鐵樹記》二卷十五回	余泗泉 萃慶堂
萬曆三十年刻	《鐫五代薩真人得道咒棗記》二卷二十四回	余泗泉 萃慶堂
	《燕居筆記》十卷	余泗泉 萃慶堂
萬曆三十三年刻	《新刊京本校正通俗演義按鑑三國志傳》二十卷	鄭少垣 三垣館
萬曆三十七年至四十七年刻	《三國志傳》	喬山堂

萬曆三十八年刻	《重刻京本通俗演義按鑑三國志傳》二十卷二百四十則	建陽 楊起元 閩齋
萬曆刻	《鼎鍥京本全像西遊記》二十卷一百回	建陽 楊起元 閩齋
萬曆刻	《杜騙新書》四卷八十二則	陳懷軒 存仁堂
崇禎刻	《新鐫國朝名公神斷李卓吾詳情公案》六卷首一卷三十九則	陳懷軒 存仁堂
萬曆刻	《新鐫全像大字通俗演義三國志傳》二十卷	閩 芨郵齋
萬曆刻	《新鐫校正京本大字音釋圈點三國演義》十二卷二百四十則	潭陽[38] 鄭以楨
萬曆刻	《新刻按鑑演義三國英雄志傳》二十卷二百四十則	建陽 楊美生
萬曆刻	《鼎鍥全像唐三藏西遊釋厄傳》十卷	蓮台 劉永茂
天啟三年刻	《新刻考訂按鑑通俗演義全像三國志傳》卷二百四十段	閩 芝城[39] 黃正甫
崇禎四年刻	《華光天王南游志傳》四卷十八則	李仕弘 昌遠堂
崇禎刻	《新刻全像水滸傳》一百五十回	富沙[40] 劉興我
崇禎刻	《新鐫東西晉演義》十二卷五十回	武林
	《徐文長先生批評隋唐演義》十卷一百十四節	武林
	《皇明諸司廉明奇判公案傳》二卷	建安 鄭氏 萃英堂
	《李卓吾先生批評三國志》一百二十回	建陽 吳觀明
	《國朝名公神斷詳刑公案》八卷	南閩潭邑 劉太華
	《新鋟全像大字通俗演義三國志傳》二十卷	閩 劉龍田
	《唐鍾馗全傳》四卷三十三則	劉雙松
	《南海觀音菩薩出身修行傳》四卷二十四則	煥文堂
	《好逑傳》四卷十八回	煥文堂
	《新刻全像海剛峰先生居官公案》四卷七十一則	煥文堂
	《新刻全像牛郎織女傳》四卷	余成章
	《燕居筆記》	余公仁
	《新刻名公神斷明鏡公案》七卷	王崑源 三槐堂
	《新鐫玉茗堂批評按鑑參補出像南北宋志傳》二十卷	王崑源 三槐堂
	《全像三國志傳》二十卷	富沙 劉榮吾 黎光堂

　　以上書坊所刻小說版本共計 82 種，占明代現存小說 225 種版本的 37%。可見，書坊在明代小說出版史上是極為重要的。

38　建陽又名大潭城，所以，建陽也被稱為「潭陽」。
39　芝城即管轄建陽的「建寧府」所在地建安的別稱。
40　富沙為建安的古稱之一，五代時，割據閩北建都建安的王延政被稱為「富沙王」。

　　書坊小說出版業的文化背景。明代是中國出版業向平民普及的時代。在宋元時期，中國出版的大多是儒生自作詩文集和他們用的科舉參考書，以及佛道二教的讀物。真正能反映市民本質的書籍是很少的。明代初年，這一情況並無重大變化，因此，當時的出版業規模相當有限。顧炎武說：「當正德之末（約 1521 年，此時明朝已建立 153 年），其時天下惟王府、官司及建寧書坊，乃有刻版。其流布於人間者，不過四書五經、通鑑、性理諸書。」[41] 我們上列書坊所出明代小說都是正德以後的版本，即是這一事實的反映。當然，事情也非絕對，實際上，明代前期也有不少雜書，甚至小說，只是數量少，流傳不廣而已。在弘治年間的書坊目錄中，已可看到「故事」之類的書。葉盛說：「故事，書坊印本行世頗多，而善本甚鮮。惟建安虞韶以成日記故事，以為一主楊文公、朱晦庵之遺意。」[42] 但到了明代中後期，隨著商品經濟的發展，市民階層興起，文化普及率提高，小說漸漸流行。葉盛的《水東日記》云：「今書坊相傳射利之徒，偽為小說、雜書，南人喜談如漢小王（光武）、蔡伯喈（邕）、楊六使（文廣），北人喜談如繼母大賢等事甚多。農工商販，抄寫繪畫，家畜而人有之；癡騃文婦尤所酷好。」[43] 正是有了這樣一支主要由市民階層組成的愛好小說的隊伍，通俗小說才有了廣大的市場，明代小說出版因此而發達起來。書坊是最早趕上這一浪潮的出版地。

　　書坊是明代小說出版的濫觴之地。從現存小說來看，中國最早的小說多出於書坊，這已被元代所發現的六部小說證實。而明代早期的小說，也多從書坊出版。例如正德四年的《剪燈新話》、《剪燈餘話》，嘉靖三十一年的《新刊大宋中興演義》，嘉靖三十二年的《鼎鍥京本全像西遊記》。除上述四部書之外，又如：《皇明諸司廉判公案》、《東遊記》、《二十四帝通俗演義》、《萬錦情林》、《南宋志傳》、《北宋志傳》、《北遊記》、《南遊記》、《列國志傳》、《東西晉演義》、《盤古到唐虞傳》、《有夏志傳》、《馮伯玉風月相思》、《孔淑芳雙魚扇墜傳》、《蘇長公章臺柳傳》、《張生彩鸞傳》、《天妃濟世傳》、《呂純陽飛劍記》、

41　顧炎武，《亭林文集》卷二，〈鈔書自序〉，《顧亭林詩文集》，第 29 頁。
42　葉盛，《水東日記》卷十二，文淵閣四庫全書本，第 11 頁。
43　葉盛，《水東日記》卷二十一，第 11 頁。

《許旌陽鐵樹記》、《薩真人咒棗記》、《燕居筆記》等等……都在書坊出了第一版。《三國演義》、《西遊記》、《水滸傳》等三部明代巨著都在建陽出了較早的版本。書坊為什麼能出這麼多小說呢？這與書坊老闆較早重視小說編纂出版有關。在萬曆年間，書坊的熊大木和余象斗都是多產的小說家，熊大木所纂《北宋志傳》是中國最早的形諸文字的楊家將故事，而其所著《南宋志傳》則是《說岳全傳》的前身；至於余象斗也創作了《南遊記》、《北遊記》等神魔小說。這些小說的文字算不上精品，但它提供了深度加工的胚胎，對中國小說的發展起了相當重要的作用。

書坊小說出版的鼎盛時期及其衰落。書坊於正德、嘉靖年間開始出版小說（就已知明代小說而言），萬曆年間（1573—1619 年）達到盛期，現存 82 種建本小說裡除了 5 種不明年代、3 種是正德、嘉靖時期、3 種是天啟、崇禎時期外，其餘多數都是萬曆年間的。若以《小說書坊錄》所錄書統計，現知萬曆年間出版小說共有 120 種，其中書坊版約占一半，其餘金陵、杭州、成都、北京等大城市合起來才占了一半，書坊在萬曆間的地位於此可見。由於閩北是古代話本小說的搖籃，閩北人對小說的撰寫也有一定貢獻。福建南平的趙弼創作《效顰集》3 卷，收錄傳奇小說 25 篇；建陽余邵魚創作《列國志傳》，最早將春秋戰國的歷史演化為故事，成為後人再創作的基礎。尤其值得一提的是熊大木和余象斗兩位書商兼作者。建陽書商熊大木，編著的通俗小說有《兩漢志傳》、《唐書志傳》、《大宋中興通俗演義》、《北宋志傳》等。他的小說融匯了許多民間戲劇、話本，奠定了許多故事的主要結構，例如：楊家將故事、岳飛故事，最早都出現於他的小說中。沒有這一堅實的基礎，其他精美的講史演義便無從談起。余象斗也是書坊人，經他編著出版的小說有《華光天王傳》、《玄帝出身志傳》，這兩部神魔小說在明代屬於中上水準。魯迅的《中國小說史略》給熊大木、余象斗二人予以一定好評。對於余象斗，我們還需交代一句：他在萬曆年間刊印過 21 種通俗小說，是有代表性的書坊人物。

但是，自天啟、崇禎之後，書坊印書業突然衰退，在現知建陽明代小說中，出自明末的 24 年裡的僅有 3 種，與萬曆年間的盛況非常不相稱，其原因何在？書坊是民間出版商經營起來的，其興，與民間企業家善於抓住機遇有關；其衰，也與民間企業家見利忘義有關。明代沒有出版法，出版

界的情況十分混亂。余象斗在自印的《四遊記》中說：「不佞斗自刊《華光》等傳，皆出予心胸之編集，其勞鞅掌矣，其費弘鉅矣。乃多為射利者刊甚，諸傳照本堂樣式，踐人轍跡而逐人後塵也。今本坊自立者固多，而亦有逐利之無恥與異方之浪棍、遷徙之逃奴，專欲翻人已成之刻者，襲人唾餘，得無垂首而汗顏無恥之甚乎？故說。」[44] 然而，僅是全文翻刻還算好，因為，這從整體上尚不致影響書坊的聲譽，最可恨的是一些奸商故意刊漏一部分，郎瑛說：「我朝太平日久，舊書多出，此大幸也，亦惜為福建書坊所壞。蓋閩專以貨利為計，但遇各省所刻好書，聞價高，即便翻刊。卷數目錄相同，而於篇中多所減去，使人不知，故一部止貨半部之價，人爭搆（購）之。」[45] 胡應麟評價閩本《水滸傳》：「余二十年前所見《水滸傳》本尚極足尋味。十數載來為閩中坊賈刊落，止錄事實，中間遊詞餘韻，神情寄寓處一概刪之，遂幾不堪覆瓿。復數十年無原本印證，此書將永廢矣。余因嘆是編初出之日，不知當更何如也。」[46] 金埴也有類似的觀點：「周櫟園書影載羅氏水滸傳一百回，其原本各有妖異語引其首。嘉靖時郭武定重雕其書，削其致語，獨存本傳。金壇王氏小品中亦云：『此書每回各有楔子，今俱不傳。』予見閩中建陽書坊所刻諸書，節縮紙版，求其易售，諸書多被刊落。此書亦建陽翻刻時刪削者。六十年前白下、吳門、西泠三地之書尚未盛行，世所傳者，獨建陽本耳。其中訛錯甚多，不可不知。」[47] 以上兩位學者都說閩版《水滸傳》將書中最好的部分刪去了。再以《西遊記》一書而言，現在所見明代書坊版鼎鍥本《西遊記》和《西遊釋厄傳》都刊印於萬曆時，卻比嘉靖時的吳承恩《西遊記》內容要少一半以上，其原因也是同樣的。加上沒有版權法的保護，好書往往競爭不過壞書，書坊坊主裡，投機取巧者戰勝老實經商者，造成書坊書商整體水準的下降。於是，書坊壞書充斥，這大大敗壞了書坊的聲譽，最後終於有一天，外地書商都不願買書坊的小說，於是，書坊的小說生產便不得不落幕了。

44　余象斗，《東遊記》，嶽麓書社 1994 年刊《四遊記》本，第 3 頁。

45　郎瑛，《七修類稿》卷四五，〈事物類〉，上海古籍出版社 2001 年，第 478 頁。

46　胡應麟，《少室山房筆叢》卷四一，〈莊嶽委談〉，第 437 頁。

47　金埴，《不下帶編》卷四，〈雜綴兼詩話〉，北京，中華書局本，第 64—65 頁。

小結

　　晚明福建的文化事業相對繁榮，但也出現了一些不好的跡象。就科舉事業和學校來說，福建省科舉發達不亞於其他省分，在華東也是可數的。其中關鍵原因在於宋代福建省在理學方面的研究水準明代仍在延續。當時考科舉的人，主要將泉州名儒蔡清、林希元、陳琛編寫的《四書淺說》之類的著作當參考書，福建學子對這些書理解較深，當然可以考得成績好一些。這也是泉州學子長期成為福建省頭名的原因。此外，漳浦人研究《詩經》，莆田人研究《尚書》都能卓有貢獻，以漳浦人來說，前有陳真晟，後有黃道周，都是明代有名的大儒，他們的學生前後相續，考科舉確實容易些。興化府的進士主要出在莆田縣，漳州的進士主要產於漳浦縣，兩縣成為府內的骨幹。

　　晚明福建的出版業卻是有喜有憂。晚明出版業是個急劇變化的產業。建陽書坊原來靠印刷科舉參考書發財，明代後期又出現了小說編纂出版這一產業。晚明著名的小說，大都在建陽出現第一版，而後向江淮等地擴散，再經名家潤色，成為著名小說。《三國演義》、《水滸傳》、《西遊記》都是這樣出現的。不太出名的還有《楊家將》、《說岳全傳》等等。建陽書坊正是在這一背景下走向高潮。不過，隨著刻印的梨木、松煙等材料市場化，即使在南京、杭州這類城市也可買到這類印刷材料，建陽漸漸失去產地的優勢。中國印刷業的中心，也由福建轉移到江浙的城市。這與晚明才子匯聚江南的趨勢是一致的。福建文化事業漸漸落後於江浙。

第十一章　晚明福建的理學和文史藝術

　　晚明的福建有一波文化發展的浪潮，來自閩中的理學家、文學家、詩人、藝術家，在國內都有一定的文化地位。它象徵著晚明福建文化的繁榮。

第一節　福建的理學家和異端

　　晚明福建理學以捍衛朱子學為其特點，來自泉州的陳琛、林希元、張岳，是晚明理學界的著名人物。不過，同樣來自泉州的李贄卻成為理學家眼裡的異端。

一、「泉州三狂」的人生與經學

　　明代福建經學在學界的地位很高。汪道昆的《太函集》論述：「自近世經術興，則閩士為嚆矢。我國家令諸博士授業，非閩士說者不傳。於是四方之士屈首愛成，不啻功令。彼都人士斐然與江左浙右同風。」[1]大約在嘉靖年間，繼承蔡清學術的「泉州三狂」陳琛、林希元、張岳，在國內學術界有很高的地位。

　　正德十二年（1517 年），蔡清的學生晉江陳琛與同安林希元、惠安張岳同時考中進士，他們三人寓居佛寺，共同研究《易經》，一時有「泉州

1　汪道昆，《太函集》卷三，〈贈黃全之序〉，四庫全書存目叢書，集部 117 冊，齊魯書社 1997 年。

三狂」之稱。這三人共同特點是崇拜蔡清的學問，陳琛是蔡清的學生，林希元在蔡清生前也向他請教過，張岳對蔡清一向是崇敬的，因此，人們都將「泉州三狂」看作蔡清學派的人物，三人也以理學嫡傳自命，砥礪名節，成為當時有名的道學家。

在中國古代，道學家是一個榮譽很高、但規矩極多的道德偶像。他們必須實踐孔子給君子提出的標準：「富貴不能淫、威武不能屈，貧賤不能移」，具體到一個官員的道德，那麼他們就必須安貧樂道，勤於政事，每到一地，都要造福地方。在同僚之間，不可阿諛奉承，不可向上級送賄賂，看到上級的錯誤，要挺身出來批判。說起來，這都是明代官員應當做到的事。然而，明朝給官員們的薪水很少，一個官員若只拿薪水，只能過清貧的日子。因此，當時的官員大都無法實踐官員的基本標準。普通的官員總會想辦法擴大收入，使自己的生活好起來——有的做得很過分，就成為貪官了。面對這種情況，明朝的皇帝就想給眾臣樹立一些榜樣，這類人物就是道學家。朝廷會請一些道學家出來做官，讓他們給官員做楷模。蔡清生前就是這樣一個典範人物。不過，蔡清生前尚處於明代中期，那時商品經濟還不太發達，人們消費的商品有限，富人與窮人過的日子差距不太遠。而泉州三狂生活的明代正德、嘉靖年間，商品經濟開始活躍起來，官員們受奢華的風氣影響，貪汙的越來越多，這對泉州三狂這樣的道學家是很大的考驗。所以，研究這三人的學術成就和一生道路是很有意思的。

陳琛，字思獻，號紫峰，晉江人。他是蔡清的嫡系學生。陳琛年輕時自行研究易經，蔡清看到他的成果大為嘉賞，並說：我若能得到此人為朋友，那就太好了。於是，陳琛通過朋友的介紹晉見蔡清。蔡清說，我研究的一些東西告訴他人，大多無法理解，而你早已得到其中的精髓了。於是，陳琛投入蔡清的師門，成為蔡清講授易學的主要助手。蔡清到江西做學政，也將他帶在身邊。因蔡清在學界的地位，「易學在閩南」成為當時學界的共識。《明史‧蔡清傳》云：「其門人陳琛、王宣、易時中（以上晉江人）、林同、趙逸（山東東平人）、蔡烈（龍溪人）並有名，而陳琛最著。」可見，陳琛是蔡清的衣鉢傳人。陳琛與林希元、張岳中進士之後，聚在佛寺共同研究《易經》，交流心得體會，一時造成很大的影響。

陳琛將儒學研究看得比官職更重。中進士之後，授職刑部主事，這本

是一個很好的起點。但他懷念在家的老母親已經七十多歲，常年難通音訊，自請調南京冷衙門任職。在南京任職一段時間，他又提出父母已老，辭去官職，回家養親。《明史・蔡清傳》所附的陳琛事蹟記載：嘉靖七年（1528年），朝中有人推薦他出山做官，他竭力推辭，家居一年左右，突然接到貴州提學僉事的任命，還讓其直接赴任。不久，有人覺得貴州太遠，又將陳琛的職務改為江西督學，可以說，朝廷對他是十分照顧的。然而，陳琛仍然不肯出山。為了躲避官員們的催逼，陳琛高臥家中，很少出門，州縣長官也難見到他一面。他的著作《易經通典》、《四書淺說》與林希元的《易經存疑》被視為科舉的正宗教材。

　　張岳，字維喬，號淨峰，惠安人。在泉州三狂中，他的「狂」，最早出名。正德八年（1513年），他去福州參加舉人考試，獲得第一名。當新舉人拜見長官時，除了福建布政使之外，鎮閩宦官也跑出來，接受新舉人的禮拜。其時各省都有皇帝派出的宦官，他們是皇帝身邊人物，負責打小報告。因此，福建的官吏們對他十分畏懼。但是，宦官的真實地位又是十分低下的，他們是皇帝的家奴，和士子官員在法律上的地位無法比較。然而，迫於形勢，福建官員們雖然私下瞧不起宦官，在正式場合對宦官也得以禮相待。久而久之，宦官也適應了。張岳卻不同，他見到宦官之時，作揖不拜，氣得宦官說：「今年的舉人難道是琉球國來的嗎？」意指張岳是外國人，不懂禮節。這事反映了張岳的一個特點：認死理，不懼權貴。

　　正德十一年張岳成為進士之後，授職行人。有一次，明武宗生病，數日不上朝，他們的身邊只有一些宦官打理他的生活。張岳認為這種做法不好，萬一宦官假造御旨呢？於是，他上一道奏疏，要求皇帝生病時，大臣也要陪待在身邊。這是擺明對宦官不信任，他在宦官眼裡的地位可知。不久，張岳參加諫阻明武宗南巡的跪奏，受到廷杖，並被打發到南京冷衙門任國子監學正。一直到嘉靖皇帝即位，他才被調回北京，仍為行人。他的父親去世，按規定要守制三年，他返家路中路過浙江。其時，王陽明的心學聞名天下，過往學者都去求教。心學的特點是主張頓悟，反對朱熹的格物致知。然而，張岳是蔡清學派的人，這一學派的特點就是尊奉朱熹。因此，他雖然在王陽明處待了三天，談話卻不投機。當談到「明德」之時，王陽明說：「明德之功，只在親民，後人分為兩事，非也。」王陽明的話，

翻成今人語言就是：若要建立個人道德，只管為民眾服務就是。因此，樹立道德與為民服務就是一回事。但張岳覺得不對，他脫口而出：戒懼、謹獨都是儒者日常修身時所下的功夫，在還不能為民眾服務之時，這些功夫也是要做的。「如公言，又須立一親民之本，以補之乎？」張岳的話抓到了王陽明的失誤，王陽明對這位倔強的年輕人竟然沒有辦法。於是，張岳辭歸鄉里。辭別時，王陽明的弟子承認：這位倔強的南方人是一位豪傑。這一事件實際上是蔡清學派與王陽明的一次交鋒。王陽明的心學雖然風靡一時，卻難以征服閩中的經學家。這是因為，王陽明的學問以哲學思維見長，對於古老的經學，他並不擅長。因此，即使在心學最盛的時候，明朝的考試仍然要用蔡清對四書的研究，參考林希元、陳琛的解經文字。在經學方面，王陽明學派缺乏立足點。張岳回到泉州後，曾經訂立約束自身的規則二十條，其主題是：「居敬窮理，蓋聖賢所指以教人者。王氏諱窮理，任良知，安知非指人心為道心，認氣質為天性乎！」可見，他是將王學當作論敵了。多年後他出任江西提學，「是時江西人正崇尚王氏學。先生約士守程朱書，毋得談良知。」[2] 張岳敢於抵制王學，是因為福建學者有朱熹傳下來的經學為底子。他讓江西學子不要談流行的理論，而是下功夫研究經學，立身正，旁人無以指責。

在正德、嘉靖之時，王陽明以立德、立功、立言而聞名天下，張岳在「立言」方面是王陽明的對立面，另在立德與立功兩個方面，都不輸於王陽明。在泉州「三狂」中，張岳在政治上得以發揮才華，是因為他得到了嘉靖皇帝的信任。

嘉靖皇帝是正德皇帝的堂弟，他的父親是明孝宗之弟，早年被打發到湖北安陸，是為興獻王。正德皇帝是明孝宗的獨子，他自己沒有兒子，因此，正德皇帝死後，應是血緣最親的興獻王入繼大統，興獻王其時也死了，這才輪到新的興獻王——正德帝的堂弟朱厚熜，這就是嘉靖皇帝。嘉靖皇帝繼位之後，關於皇帝繼承哪一人的血統引起了爭議。以內閣首輔楊廷和為首的一派大臣認為，嘉靖皇帝應作為過繼明孝宗的兒子繼承皇位，繼位後要改稱明孝宗為父，至於嘉靖皇帝自己的父親，只能作為王叔，母親為

2　李清馥，《閩中理學淵源考》卷六十四，〈惠安張氏家世學派・襄惠張淨峰先生岳〉，第 6—7 頁。

叔母。這讓嘉靖皇帝感到十分委屈，他的母親甚至拒絕到京。不過，在諸臣中也有個別例外，下級臣僚中有張璁、桂萼等人支持嘉靖帝的立場，仍稱本生父親為皇考。其後嘉靖帝對張璁、桂萼十分欣賞，數年後讓他們入閣辦事，張璁還當了首輔。張璁因議禮而升官，以禮學專家自命，但是，在一次討論「大禘禮」之時，張岳冒犯了張璁。《明史·張岳傳》記載：所謂大禘禮，就是祭祀皇帝祖先靈位之禮，這裡的困難在於：早在朱元璋之時，他就說不清祖先的名字。張璁提出：給明太祖以前的朱氏祖先都安一個名字，設廟祭祀。張岳向禮部尚書李時建議：不如設一個皇初祖之位，不必實以人名。李時將這個主意告訴張璁，張璁不以為然，堅持己見。然而，張璁的奏議提交之後，嘉靖皇帝批下來的聖旨，卻是同意張岳的主張，只設皇初祖之位。這讓張璁十分緊張。因為，張璁得到嘉靖皇帝的信任，完全是因為他的禮學專長，現在出了一個比他更懂禮學的專家了。他想羅致張岳為自己的黨羽，張岳卻不為所動。於是，張璁利用自己的權力，讓張岳出任廣西提學僉事。這是一個主管廣西學人的官職。按照當時的慣例，高級官員獲得新職後，都要到首輔府上致謝，張岳負氣不謝張璁而離京赴任。嘉靖年間的廣西時常發生動亂，張岳一到職，就遇到柳州衛所軍隊因缺餉而發動的暴動，當各個官員束手無措之際，張岳出面安撫衛所官兵，事情平定之後，又懲罰了首惡之人。張岳在提學任上，也有自己的主見，努力發展當地的儒學。不過，在貶官之後，張岳內心還是有失落感的。他在詩中寫到：「登高易為感，況茲萬里心。高城餘百雉，翠色前山深。詰屈水通海，蒼茫日載陰。美人隔宵旦，末由攬芳襟。舉手招青鳥，願托瑤華音。青鳥不我顧，瑤華日以沈。耿耿還自念，有酒且共斟。」[3] 這首詩氣魄宏大，感情真摯，用懷念美人方式寄託貶官後失落的情感，達到很高的藝術水準。他認為，君子雖然遭受一時挫折，但不能放棄自己的原則。「宛宛西飛日，餘光照客裳。青岡留一壑，石瀨幽且長。駕言從之遊，山水有清光。浮雲日夕起，寒風何凄涼。寧為巖畔栢，不隨秋葉揚。揭來二三子，懷德應徬徨。淵雋尋薄味，苦淡出清商。浩歌入雲表，驚起雙鴻翔。沈浮何足論，茲意殊未央。仰看河漢碧，徒爾問津梁。」[4] 詩言志，於此可見。

3　張岳，《小山類稿》卷二十，〈與夢山登欽州東城樓〉，福建人民出版社2000年，第382頁。

4　張岳，《小山類稿》卷二十，〈送人之崑山司訓〉，福建人民出版社2000年，第

　　張岳在廣西提學僉事任上不久，被調任江西提學，時為嘉靖十一年。
然而張岳在任僅一年，執政的張璁找一些舊話題，將張岳貶為廣東鹽課提
舉。數年後，張岳轉任廣東廉州知府。作為一個道學家，張岳在任上很負
責，他很注重儒學和農業，一方面親自給學生講課，另一方面，他提倡開
墾荒地，擴大糧食種植，並將家鄉的提水工具桔槔介紹給當地，對發展廉
州的農業有貢獻。張岳在廣西廉州時，明朝與越南發生一些問題。越南本
是明朝的進貢國，但其時大臣莫登庸卻殺死黎姓王族多人篡位。廣西欽州
知府林希元主張出兵討伐莫登庸。張岳雖為林希元好友，卻持反對意見，
認為明朝沒有必要去干涉越南內政。當事的高官最後決定採納張岳的意見。
從此，張岳以知兵聞名南方，多次出任要職，平定南方的動亂。他的職務
也升至都御史大都督等職，為一品高官。

　　嘉靖朝是權臣張璁、夏言、嚴嵩相繼當政的時代。張岳以理學名臣自
重，除公事外，從來不與宰相府的人往來。在嚴嵩之後任宰相的徐階告訴
張岳的兒子：「嚴嵩擅權二十年，在外督兵的大臣，唯有張岳敢於不給宰
相送禮，還能全身而退。」實際上，從張璁、夏言到嚴嵩，每一個閣臣都
不斷給張岳製造麻煩，往往是小過大罰，賞不如功。張岳能建事功，一方
面是他得到嘉靖皇帝的賞識，另一方面是廉潔自持，使政敵無處下手。他
曾經任職的廣東廉州是珍珠產地。張岳為官數年，潔身自愛。離任時，家
人提出：從未見過南珠的樣子，要求找來看一看，看完之後，又原樣還給
官府。這事在廣東官場傳為嘉話。張岳的晚年，布衣素食，「好積書，囊
無餘積，不事生產，作業既貴，猶茹糲衣素，如寒士。」一生無愧於道學
家之稱。[5]

　　林希元，字茂貞，同安人。他中進士後，得授大理評事。嘉靖皇帝登基，
有重振朝綱之意。他上書言事八條，其中建議停止派遣宦官鎮省一事得到
採納。明初朱元璋鑒於歷代宦官之禍，不讓宦官擔任高級職務。不過，朱
元璋之子朱棣奪取政權之後，派出高級宦官鎮守各省，他們並不直接參政，
實際上每每給朝廷打小報告，形成宦官稱霸一方的局面。在林希元上奏之

375 頁。
5　李清馥，《閩中理學淵源考》卷六十四，〈惠安張氏家世學派・襄惠張淨峰先生
　　岳〉，第 11 頁。

後，嘉靖帝廢除了宦官鎮省制度。一個學者的建言導致實行一百多年制度的變革，緩解了各省的宦官之禍，應當說，林希元做了一個道學家最該做的事。其時，林希元人望很高，嘉靖初年，林希元因判案一事與大臣們發生矛盾，棄官返家。朝臣認為這是埋沒人才，有許多人上疏推薦林希元，於是，希元得授廣東按察僉事，掌管廣東的鹽專賣和屯田。這兩項事業關係到廣東地方財政來源，經過希元整頓之後，頗有起色。他在任上還撰寫了《荒政叢言》一書，並將此書獻給朝廷，朝廷將此書頒給各省，授希元督學之官。希元在廣東一度代理按察使，平定大股叛匪。可見，希元是一個很有才華的人。他的〈丁酉除夕有感〉云：「牢落天涯兩歲除，夢中曾幾賦歸與。聖朝未有寬恩詔，邊郡猶勞判事書。忙裏不知殘臘去，客邊惟覺二毛疏。椒盤此夜誰觴酒，忽憶家鄉萬里餘。」[6]該詩表明，林希元忘我工作，連除夕也沒有好好地過。

　　然而，希元雖然才華橫溢，卻又有恃才傲物的一面。「至其氣質剛急，銳於用世，則類其鄉人陳真晟。故其為南京大理寺評事，則忤江彬，忤御史譚會，忤大理寺卿陳琳，坐謫泗州州判。及為大理寺丞，又請剿遼東叛兵，坐謫欽州知州。官廣東時，值安南莫登庸篡國，力請討之。疏凡六上，竟坐是中計典歸。歸後又以爭郡邑利病幾中危法，其負氣喜任事，蓋可想見。」[7]以上事實表明，林希元在任時是一個好官，很能為老百姓所想。退休後，他在生活上遇到問題。鄉居的林希元曾作〈面皮薄歌〉給其朋友：「人生莫得面皮薄，皮薄一事做不著。心頭纔有半分虧，十分面赤害羞辱。官中不曾持一文，歸來稱貸無所獲。常時或可強支持，凶年無錢那得穀。宗姻知我別稱貸，為我所累多怨讟。始信厚皮之人百做美，為馬為牛皆不避。歸來金銀滿箱篋，腴田美宅任意置。凶年土荒田宅賤，此時仍獲萬倍利。相爾面皮太薄人，苦樂何啻差萬里。如今欲作厚皮人，富貴榮華可立致。只為面皮生定不可易，欲作令人復羞死。不如且留一個名，好與後人上青史。見齋見齋，當世之人面皮幾尺厚，何爾與我獨相似。」[8]作為理學家，林希元很清廉地從官職上退了下來，眼見其他退休官員坐擁厚貲，林希元

6　林希元，〈丁酉除夕有感〉，朱彝尊《明詩綜》卷四十一，文淵閣四庫全書本，第19頁。

7　紀昀等，《四庫全書總目》卷一百七十六，林次崖集存目，第57頁。

8　林希元，〈面皮薄歌〉，鄭方坤，《全閩詩話》卷六，文淵閣四庫全書本，第81頁。

卻是到處借貸無門。現實生活的打擊讓他很無奈。不過，時當嘉靖二十年
（1541 年）之後，九龍江下游同安與龍溪交界處的海滄一帶，有葡萄牙人
進駐做生意。當地民眾在與葡萄牙人貿易中致富。[9] 林希元被龍溪海滄（明
末屬海澄，今屬廈門）人請去做老師，他也和民眾一起做外貿生意。數年
後，朝廷發現葡萄牙人在漳州、寧波一帶的活動導致當地治安出現問題，
便有屬行海禁之議，派出朱紈巡撫浙江福建沿海。林希元竭力反對海禁，
並主張開放對外貿易，與朱紈發生衝突。朱紈在奏疏中點名林希元：「又
如考察閒住僉事林希元，負才放誕，見事風生，每遇上官行部，則將平素
所撰詆毀前官傳記等文一二冊寄覽，自謂獨持清論，實則明示挾制。守土
之官，畏而惡之，無如之何，以此樹威。門揭『林府』二字，或擅受民詞，
私行拷訊，或擅出告示，侵奪有司，專造違式大船，假以渡船為名，專運
賊贓并違禁貨物。夫所謂鄉官者，一鄉之望也。乃今肆志狼籍如此，目中
亦豈知有官府耶。蓋漳泉地方，本盜賊之淵藪，而鄉官渡船，又盜賊之羽
翼。」[10] 朱紈此奏，就差一點沒說林希元與盜賊勾結，實際上，林希元不過
是做些違禁的外貿生意而已。以今人的立場來看，明朝的海禁是不合理的，
民間的海上私人貿易是值得同情的。林希元為官不貪汙，退休做生意賺錢，
本來是可以理解的。但因林希元反對朱紈的海禁政策，受到朱紈的打擊。
此後，林希元家居 20 來年，閉門不出。

　　從陳琛、張岳、林希元的身上，我們可以看到道學家的困境。他們雖
能清廉自守，並做到為官一任，造福地方，卻在官場上一再遭受打擊。陳琛
對此的反應是乾脆辭職還鄉，以教書為生。張岳因得到嘉靖皇帝的眷顧，還
能做些事。但他在官僚們忌妒的目光裡，活得並不自在。性格張揚的林希元
則是一再碰釘子。究其原因，與明朝所給薪水太少有關。由於薪水太低，這
些官員們無以為生，只能接受陋規，收受賄賂，以解決生計問題。因多數官
員都是如此，道學家們為官清廉，便成為眾人的眼中釘。他們在官場飽受打
擊，其原因在此。可以說，明代官場的道學家時代已經過去。三狂之後，官
場假道學多，真的道學家少，「道學家」往往成了貶義詞。

9　徐曉望，〈明代葡萄牙人在漳州的貿易及東亞歷史的拐點〉，《澳門研究》2012
年第 3 期。

10　朱紈，〈閱視海防事〉，《明經世文編》卷二〇五，《朱中丞覽餘集》，第 2158 頁。

二、晚明理學的異端李贄和林兆恩

　　明代哲學上最有成就的是浙江的王陽明，他不屑於瑣碎的經學注解，而以自己對理學的體會為主，主要著重於哲學上的發揮，因此，他的學問被稱為「心學」。王陽明在理學內部是朱熹的反對派，在他的影響下，明代的理學家大都貶低朱熹而崇尚心學，形成一股強大的學術潮流。福建學者中，也有受王學影響的。例如莆田的林學道「初從蔡文莊受學，復之江西，從王文成訂良知之說。」[11] 然而，由於朱子學的強大影響，也由於福建山區與世隔絕的地理形勢，朱學一直是主要流派，多數學者仍以注經研究為主，與外省形成鮮明的對照。許多學者對王陽明學說不以為然，例如謝肇淛說：「新建良知之說，自謂千古不傳之秘，然孟子諄諄教人孝弟，已拈破此局矣，況又鵝湖之唾餘乎？」[12] 其中只有少數人吸收了王陽明的學問。

圖 11-1　泉州李贄故居

　　明代福建的理學家中，受王陽明影響較深的是李贄與林兆恩二人。李贄為福建晉江人，號卓吾，別號溫陵居士。有回族血統。祖先曾以航海經商為業，到他父親時改為教書謀生，家境貧寒。他於嘉靖三十一年（1552 年）中舉，三年後任河南輝縣教官。以後歷任國子監博士、刑部員外郎、雲南姚安知府。萬曆八年（1580 年）辭官，寓居湖北黃安縣耿定理家的天窩書院。耿定理死後，移居麻城芝佛院。在此著書講學，轟動一時。萬曆三十年被明朝廷以「倡亂言亂道，惑世誣民」的罪名逮捕，在獄中自殺而死。李贄在哲學上受王陽明的影響很深，對佛教禪宗也很感興趣。他以「真道學」、「真儒」自居，提倡思考，不盲從古人。

11　李清馥，《閩中理學淵源考》卷五五，〈學正林致之先生學道〉，第 10 頁。

12　謝肇淛，《五雜組》卷十五，〈事部三〉，第 302 頁。

他毫不留情地批判傳統觀念和揭露假道學家的虛偽面目，被世人視為「狂士」，更有人罵他為「妖人」。但是，他的著作在民間很受歡迎。他的主要著作有《藏書》、《續藏書》、《焚書》、《續焚書》、《史綱評要》、《初譚集》等等。他對思想界的衝擊主要表現在：（1）反對迷信權威，提出不以孔子的是非為是非的命題。他認為孔子是人而不是神，人的是非觀隨著時代的變化而變化，孔子若生在後世，是非觀也會發生變化。他還貶低儒家經典《六經》和《論語》、《孟子》等書，認為這些書不過是史官和孔孟學生的筆記，不是什麼永恆的真理。（2）揭穿假道學的面目。指出他們口裡背誦經典的章句，心裡想著高官厚祿，表面上冠冕堂皇，滿肚子男盜女娼，遇事手足無措，拿不出一點辦法。（3）批判傳統禮教，反對男尊女卑的世俗觀念。他認為人有男女之分，而見識高低則沒有男女之別。公開讚賞武則天的統治藝術，認為她勝過丈夫唐高宗百倍。他還贊成寡婦再嫁，稱讚卓文君私奔司馬相如是善擇偶。這些觀念都是當時的人們難以接受的。他的呼籲，反映了明代理學家拯救儒學於庸俗的努力。

如果說李贄對中國思想界的影響主要是以破除權威迷信的方式，去震懾同時代人，林兆恩則是在吸取道教與佛教的基礎上，試圖以儒教為核心創造一個統一三教的新宗教。

從中國的思想文化史來看，三教合一論源遠流長，最早可以追溯至東漢牟子的《理惑論》。魏晉南北朝時期，三教合一論成為思想界不可忽略的思潮。明代更是三教合一思潮的一個高峰時期，以心學為特徵的王陽明學派，幾乎都對三教合一認可。不過，以前的三教合一論，大多是隻言片語，並未形成系統的理論，而林兆恩則是傾全力研究儒佛道三教。他認為儒佛道三教雖然來源不同，但有其一致的地方：其一，三教都是關於心身性命的學說；其二，三教都主張內省，發明本心；其三，三教都主張內外雙修，修身養性與綱常倫理並不矛盾；其四，三教都主張離世「不爭」；其五，三教體驗「道」的途徑相類似。於是，林兆恩最終創立了三一教，在三一教的祠堂裡，孔子像與老子、釋迦牟尼並列。三一教產生後，它在福建沿海傳播較快，明代已有數萬教徒，並突破福建的範圍，傳播到江南等地。[13]

13　以上參見，林國平，《林兆恩與三一教》，福建人民出版社 1992 年。

由出生於福建的儒者林兆恩來創立三一教，是有其社會背景的。經過元代宗教的惡性膨脹之後，明代的道教與佛教其實都處於衰落時期，尤其是在思想界，佛道二教都沒有力量與儒教對抗。因此，歷史上曾經盛行一時的三教爭寵鬥勝的矛盾，也成了過眼雲煙。但對儒者來說，這一勝利是微不足道的，他們真正的目的是改造社會。而儒教即使在鼎盛時代，也有許多不足。明初的儒教雖然獲得統治地位，但在改造社會方面遠遠沒有達到目的。許多儒者們認為：這是由於儒教主要是士這一階層的學問，不能深入到民眾中去。其次，儒教的說法是與道教、佛教相提並論時提出來的，實際上，儒教沒有類似道教與佛教的宗教組織，它只是一個鬆散的共同體。它之所以無法在改造社會方面做出成就，與這一點是有關的。因此，有必要以儒教為核心，而吸收佛教與道教的組織形式，創立一個新的宗教。三一教的創立，與這一背景是有關的。三一教的根據地主要是在莆田與仙遊二縣，其他地區主要是莆仙移民從事三一教傳播，都未能持久。其原因在於，當時的知識分子未能廣泛接受三一教。其一，孔子與老子、釋迦牟尼並列的古怪形式，已嚇倒了一大批中國知識分子。對許多儒者而言，林兆恩異化了儒教，不是有功，而是有罪。其二，受到農村一盤散沙式的組合形式的影響，在中國社會，嚴密的宗教組織一向難以發展，這使三一教在民間的傳播受到阻礙。它雖然取得一些成績，但不可能大發展。因此，三一教最終無法開創一個新局面，而林兆恩也只能成為晚明思想界的一代怪傑。

三、晚明福建的經學新風

自從宋朝以來，福建的儒學傾向於哲學，其代表作是朱熹的理學。不過，朱熹的理學研究還是採取注經式的方法，在闡明經典的哲學含意的同時，主要致力於經典的注釋。從表面看朱熹的工作，他一生都是在為一部部經典注釋，並為學生講解經典。而在後代理學家看來，朱熹注解比較透的著作僅《四書》而已。因此，應當繼續朱熹的工作，把對《十三經》的注釋作透。不過，宋代注經往往是少數大師們的事，所以，宋人的注經著作較少，但品質高；而明代福建有一個相當廣大的注經群體，從積極的一方面來說，在歷史上還從來沒有這麼大的注經群體，從此，儒家的經典再

也不是少數人所壟斷的學問，而有關著作的湧現，也達到了令人不可思議的地步。以福建的《易經》注釋來說，僅福建境內，即有數百部研究《易經》的著作問世。所以，明代人們認為：天下《易經》研究要數福建最好，而福建境內，又以晉江縣為最！據周學曾道光《晉江縣志》卷 70 藝文志統計：僅晉江縣在明代即有 66 部注釋《易經》的專著。其他如漳浦人研究《詩經》，莆田人研究《尚書》，都是成果累累。這些研究，從形式上看，是有很大的發展，例如，對《易經》的研究一直是儒家的一個弱點，在宋儒中，程頤、朱熹都為《易經》作注，但都自謙為入門之作。明代福建儒者的《易經》作品，當然在很大程度上超越了傳統的《易經》研究，而且在相當程度上產生了全國影響。

陳第與音韻學。陳第，字季立，連江人。陳第少年時便以博學聞名，成人之後好談兵。戚繼光、俞大猷、譚綸等軍事家都很讚賞他的學問。陳第曾隨俞大猷到長城一線駐防，多次立功，任過游擊將軍，但因與巡撫吳兌發生衝突，棄官而歸。此後究心學問，遍遊天下，到過臺灣等地。他的名著有《毛詩古音考》、《屈宋音義》，在音韻學方面取得突破性的成就。音韻學是一門研究古音韻的學問，它是乾嘉學派研究古典文獻的基本武器，而奠定古音韻學基礎的是陳第。在陳第之前，明代已經有一些儒者發現，宋儒注釋古代經典有失誤之處，而其主要錯誤與不懂古人的音韻有關。例如，朱熹注釋《詩經》時，無法解釋古代的詩經韻腳問題，對一些明顯看來不押韻的四言詩，朱熹採用了「協韻」說，其意為：古人可以將一些音韻相近的辭通押，謂之協韻。朱熹其實不大懂音韻學，「協韻」說也不是他的發明，因而朱熹強用「協韻」說，產生了許多矛盾，不能自圓其說。明代儒者發現這一點之後，開始對古音韻學的研究。陳第的主要貢獻表現於：破除盛行中古的「協韻」說迷霧；闡發古音發展變化的觀點；劃分古音演變階段；創立本證、旁證相互映證的方法；利用方言作為考證古音的旁證。[14] 這些貢獻對音韻學的建立是十分重要的，因而陳第被稱為明代音韻學的第一人。在這一基礎上，顧炎武進一步研究古代音韻，做出新的貢獻，從而打通研究古音韻的道路。清代乾嘉學派的主要方法，即是以古音韻學

14　黃保萬，〈陳第與音韻學〉，徐曉望主編《福建思想文化史綱》，福建教育出版社 1997 年，第 269—271 頁。

為武器，研究古代經典。不過，由於顧炎武的弟子主要在江南一帶發展，所以，乾嘉學派的學人主要在江南，閩中學者不多。

明末思想界開始發生變化，在晚明盛行一時的心學也暴露出它的問題，它引發部分學者隨意發揮儒家的思想，有的將其引向儒學的反面。其次，因心學重視悟性，一部分學者不重視經典學習，幾代人之後，便導致學問空疏之譏。於是，明末清初思想界產生了否定之否定，朱子學重新興起，而閩中的黃道周與李光地都是其中的重要人物。

黃道周，字幼平，號石齋，福建漳浦鎮海衛人，家居銅山島。天啟二年（1622 年）進士，出任翰林院編修。他知識廣博，能言善辨，是一個很好的老師。但是，其人性格耿直，不畏強權，每每得罪大臣。進入翰林後，他曾任御前展書官。這個職位，說白了就是陪皇帝讀書。按照當時的規矩，展書官在座位上起身為皇帝打開書本，應當跪著，膝行而前。黃道周認為這不符合禮節，起身站立，走路向前。陪侍天啟皇帝的宦官魏忠賢，屢屢用眼神暗示，叫他跪下。黃道周不管不顧，從容為皇帝展開書頁後退下。黃道周的耿直從此引起眾人注意。不久，黃道周因父親老病，辭職回家。父母死後，他又守喪多年，直到崇禎二年歸還原職。崇禎四年，黃道周因上疏救故相錢龍錫而遭降職處罰。崇禎五年，他又因上達奏疏中有諷刺權臣周延儒、溫體仁之語，被崇禎帝免去官職，貶為民。崇禎九年復官，再次上疏針貶朝政，又遭貶職。崇禎十一年（1638 年），時任少詹事的黃道周又因批評楊嗣昌、陳新甲等人與皇帝當廷發生爭執，崇禎皇帝一開始還想以說理的方式壓倒黃道周，道周卻一句不讓，氣得皇帝當庭罵道周為「奸佞」，命其退下，而道周在退下之前，還聲辨：當面指出皇帝之錯，是忠臣而不是奸佞！皇帝與廷臣在討論政事時吵架，這是明朝歷史上從未有過的事，楊嗣昌等人請崇禎殺黃道周，崇禎最終給黃道周的處分是連降六級，任江西照磨。兩年後，江西巡撫解學龍向朝廷推薦黃道周，卻導致道周再次被處分，並牽連多人。黃道周被流放廣西。崇禎十五年，黃道周再次復職，晉見皇帝後，黃道周提出養病的要求，獲准。其後，黃道周講學漳浦明誠堂。

黃道周一生在朝時間少，講學時間多。他曾於崇禎三年到浙江主持科舉考試，崇禎五年下野後，浙江的學生為其建造大滌書院，請他講學其中。

在福州，他也曾講學於蓬萊書院。在家鄉漳浦縣，黃道周講學多處。他在東山守墓三年，四方前來求學的達千人以上。道周讀書，過目不忘，知識面廣博。學生所提問題，上至天文，下至地理，他都能馬上回答。在政治上，他的許多主張接近東林黨派，因而在江南很有影響。當時的崇禎皇帝已經被老百姓討厭，敢與皇帝抗辨的黃道周在他們心中成為英雄人物。下野期間，道周所到之地，前來聽講的學生成百上千，成就了極大名聲。

崇禎十七年（1644年），明朝滅亡，崇禎帝自殺。南京諸臣擁福王登基，是為弘光。因黃道周在民間有人望，弘光任命黃道周為禮部尚書。南京被清軍攻克之後，黃道周在南下途中遇到唐王朱聿鍵，後與鄭鴻逵等人擁立唐王為隆武帝。在抗清鬥爭中，他被俘後誓死不降，就義於南京東華門，死前留下了「綱常萬古，節義千秋，天地知我，家人無憂」的遺言。清人將他比之於文天祥之類捨身取義的真正道學家。

明末的黃道周，作為政治家是失敗的，但是，他的學問卻贏得後人的敬佩。四庫全書收入他的著作有《易象正》、《榕壇問業》等十多種。黃道周的時代，王學流於空談的弊病已經顯露出來，但黃道周博學廣知，顯示卓越的學識。可貴的是，黃道周以朱子學為主，但不排斥陽明學。他主張以朱子學為主，兼收王學之長，顯示了自己的特點。

黃道周認為：性命之原在於太極，太極與陰陽為一體，因而，他的本體論以性、氣二重結構為其特色。他的認識論，則以強調客體為特色。他認為：沒有客體的存在，便不可能有人的認識，因此，他認為「物」才是「心」的本源。人類的認識是從物到心的領悟。在政治上，黃道周經常與權臣和皇帝發生衝突，因此，他主張天下是天下人的天下，而不是皇帝一個人的，作為學者，他有權為民說話。這些思想都有一定的積極意義。

黃道周的經學著作極多，並以象數學聞名天下。然而，他的著作以深奧為特點，多數人讀不懂，因而傳播不廣。乾嘉學者認為黃道周的易學隨意更改易經八卦的次序，大都不予認可。但他們對黃道周《榕壇問業》展示的博學是佩服的。事實上，今人對黃道周的研究太少，對其獨具特色的象數系統所知更少，因此，對其經學成就，還很難評論。

第二節　晚明福建的文學

晚明福建的文學界十分熱鬧，以曹學佺為首的晉安詩派達到很高的水準；在文學理論方面，王慎中的崇尚唐宋文章的理論也引起了關注。李贄的文學點評，更是晚明文壇的熱點。

一、晚明福建的詩歌

晚明晉安詩人。明代福州的大家族都重視文學，開辦詩社，相互酬唱，因而閩中詩人一代接一代，相繼而起，作詩水準也在提高中。《明史·文苑傳》「稱閩中詩文自林鴻、高棅後，閱百餘年鄭善夫繼之，迨萬曆中年曹學佺、徐熥輩繼起，謝肇淛、鄧原岳和之，風雅復振焉。」《明史·文苑傳》論閩中詩人，過於重視他們的官職，曹學佺、謝肇淛、鄧原岳皆為大官，所以，他們的名字列在前面，其間雖有無官職的徐興公，但對閩中詩派有重大貢獻的徐熥竟未列入。反映了《明史》作者的偏見。晚明閩中詩人同其前輩一樣，主張詩宗盛唐，其進步在於，明代前期的閩中十子及中葉的鄭善夫，都過於重視形式，乃至抑制了自己的真性情，而晚明的閩中詩人，則注意吸收唐人比興方法的同時，寄託自己的感情。同時，他們都是學富五車的學者，對古文學有深厚修養，見識比前人更高一籌，因而，他們的詩也達到較高的水準。

從時序而論，鄧原岳是最早有影響的作者之一。他是閩縣人，萬曆二十年進士，曾選編《閩詩正聲》，開研究鄉土文學之風氣。他的代表作有〈儀真道中見桃花盛開感而賦之〉：「偪側何偪側，行盡江南又江北。二月桃花爛漫開，燦若朝霞弄春色。今年苦雨花較遲，江北不如江南時。但願春風隨轉轂，到處花開迎馬足。」[15]此詩詠物抒情，已經有唐人風格，但其內容發掘不深。又如他的〈江上別徐惟和兄弟〉：「驛路風吹楊柳枝，江雲江草不勝悲。也知遠道終須別，借得離筵駐片時。」[16]該詩確實有詩味，但力道不足。他的〈桃源道中〉較令人喜歡：「春風籬落酒旗開，流水桃

15　鄧原岳，〈儀真道中見桃花盛開感而賦之〉，朱彝尊編，《明詩綜》卷六二，文淵閣四庫全書本，第 21 頁。

16　鄧原岳，〈江上別徐惟和兄弟〉，乾隆皇帝《御選明詩》卷一一一，文淵閣四庫全書本，第 7 頁。

花映碧山。寄語漁郎莫深去，洞中未必勝人間。」該詩最後一聯頗具哲理。

　　鄧原岳詩中提到的徐惟和兄弟，即為閩縣詩人徐𤊹、徐興公，他們都是生活於萬曆年間的閩縣詩人。其中徐𤊹字惟和，考中舉人後，歷考多次，未能中進士，中年早逝，令人歎惋。謝肇淛的《小草齋詩話》感歎：「吾郡中似當以徐惟和為冠，其才情聲調足伯仲高季迪。」可見，徐𤊹是晚明福建詩人的代表人物。他的〈酒店逢李大〉：「偶向新豐市裡過，故人尊酒共悲歌。十年別淚知多少，不道相逢淚更多。」[17]同樣是送別詩，比起鄧原岳的淺淡，徐𤊹的作品感人致深。又如他的〈客中寒食〉：「去歲燕山道，今朝劍水濱。如何兩寒食，俱作異鄉人。」再如〈漂母祠〉：「落落千金報，悠悠國士心。從今慚漂母，不敢過淮陰。」[18]這兩首五絕寄情之深，都是抒發心靈的力作。徐𤊹詠金陵一詩也得到多人稱讚，〈旅次石頭岸〉：「石頭城下水微茫，回首鄉關驛路長。瓜步烟波連斷靄，秦淮雲樹隔斜陽。秋高落木迷村舍，夜靜寒潮到女牆。客裡愁心已如此，一聞南雁更淒涼。」[19]徐𤊹在詩歌各種體裁中，以律絕寫得最好，古體不是最擅長。他的弟弟徐興公，則嫻熟於各種詩體。徐𤊹曾經編輯明代福州各代詩人詩集，編成《晉安風雅》一書十二卷。

　　徐𤊹字惟起，後改為興公。他以藏書家聞名一時。他的書房之前，栽竹成林，曲徑通幽，訪客讚不絕口。他有一首詩送徐𤊹北上考試：「夜靜江空欲上潮，榜人催喚解蘭橈。離腸禁得幾回斷，別夢不辭千里遙。沙起交河陰漠漠，風吹易水冷蕭蕭。關山迢遞何時盡，此是他鄉第一宵。」[20]該詩詠物寄情，感情真切，手法熟練，顯示了大家氣魄。又如他的詠〈蘆花〉一詩：「江畔洲前白渺茫，蕭蕭搣搣鬪秋光。輕風亂簸漫天雪，斜月微添隔岸霜。半夜雁群清避影，數聲漁笛澹吹香。瓊枝玉樹分明見，愁絕懷人水一方。」[21]雪白的蘆花常見於河洲，因是野生之物，少有詩人題詠。徐興公以清雅的文字，將野生蘆花寫得這麼美，是一首優秀的詠物詩。以情動人是二徐的共同特點，徐興公的〈宮人斜〉：「空山冥漠夜沉沉，多少芳

17　徐𤊹，《幔亭集》卷十三，〈酒店逢李大〉，文淵閣四庫全書本，第 12 頁。
18　徐𤊹，《幔亭集》卷十一，文淵閣四庫全書本，第 6、8 頁。
19　徐𤊹，《幔亭集》卷八，〈旅次石頭岸〉，第 16 頁。
20　徐興公，〈驛樓送惟和兄北遊〉，朱彝尊，《明詩綜》卷七十，第 22 頁。
21　徐興公，〈蘆花〉，《御選明詩》卷八十六，第 25 頁。

魂不可尋。莫怨埋香在黃土，長門深比墓門深。」[22] 此詩感歎宮女一生的孤寂，死後葬於深山的冷漠，又引入漢武帝與長公主的故事，指出被漢武帝生生離棄的長公主，更苦於月下孤墳中的宮女。短短的 28 字裡幾度曲折，寫盡了人世間的悲哀，不愧晚明福建的代表性詩人。

圖 11-2　永泰方廣巖萬曆年間的碑銘

上有福州著名文士謝肇淛、陳鳴鶴、徐興公等人之名。

　　與鄧徐等人交好的詩人還有謝肇淛，他是福州長樂人。萬曆二十年進士，官至布政使。他的《小草齋詩話》則是晚明閩中詩派的主要詩論著作。謝肇淛的詩用字精確，如〈送徐興公還家〉：「楓落空江生凍煙，西風羸馬不勝鞭。冰消浙水知家近，春到閩山在客先。斜日雁邊看故國，孤帆雪裏過殘年。憐予久負寒鷗約，魂夢從君碧海天。」[23] 其中「春到閩山在客先」一句，讓人詠歎再三；該句中「先」字用得好，堪稱詩眼，使全詩活了起來。謝肇淛曾在蘇州創作一首名為：〈吳興海天閣〉的詩：「飛閣接天都，珠宮控太湖。山光圍百雉，野色入三吳。水落琴聲盡，雲崩塔勢孤。東南多王氣，回首起棲烏。」這首詩在文人雲集的蘇州也得到多方讚賞。人們反復詠歎他的：「水落琴聲盡，雲崩塔勢孤。」在景色的描寫中，寫出歷史的壯闊，歷史上，有幾個詩人能夠達到如此境界？鄭翰卿為此寄詩云：「翠

22　徐興公，〈宮人斜〉，朱彝尊，《明詩綜》卷七十，第 23 頁。

23　謝肇淛，〈送徐興公還家〉，《御選明詩》卷八十六，第 36 頁。

荇青蒲碧浪湖，裁詩對酒憶人無。謝郎近日縱橫甚，尚有雲崩塔勢孤。」由此可見謝肇淛此詩在當時的影響。當時人對謝肇淛的詩評價很高：「李本寧云：在杭樂府豐約文質，適得其中；五古贍而不俳，華而不靡；七古音節鮮明，氣勢沈鬱；律詩比耦精嚴，絕句意在筆先，韻在言外。大都率循古法而中有特造。體無所不備，變無所不盡。今詩道向衰，余將以在杭為砥柱焉。」[24]

晚明閩中詩派公認的領袖是曹學佺。曹學佺，字能始，號雁澤，又號石倉居士、西峰居士，福州侯官人。萬曆二十三年進士，仕致廣西右參議等職。因撰《野史紀略》詳載梃擊案本末，被閹黨劉廷之參劾受處分，削職為民。明末，唐王聿鍵在福州稱隆武帝，曹學佺出仕禮部尚書。清兵入閩，曹學佺在福州舉兵反抗，失敗後自殺身死。曹學佺一生著述弘富，計有《石倉全集》等1329卷。他編寫過《石倉十二代詩選》共八百八十八卷，這是一部被收四庫全書的詩歌總集。

曹學佺少年時即以聰慧聞名，但其追求淡雅情致的風格，一時不為他人注意。他在雲南做官時有一詩詠〈板橋〉：「兩岸人家傍柳條，玄暉遺跡自蕭蕭。曾為一夜青山客，未得無情過板橋。」這首詩開頭較為平淡，第二句寫黃昏時的風景，似乎也很平常，但最後兩句「曾為一夜青山客，未得無情過板橋」出來之後，才讓人覺得詩人對板橋風景寄情之深。此時回讀他開頭兩句詩，才知其為後來的高潮做了精彩的鋪墊，讓人詠歎再三。進而想到他不過是在板橋住宿一夜，已經被當地風物感染，詩人的內心世界的豐富，對自然山水寄情之深，如此胸襟懷抱，令人景仰不已。

曹學佺的詩中偶爾也有情感濃烈的篇章，他的〈送西安太守〉一詩云：「長安西望路漫漫，泰華峰陰日色寒。長樂故宮秦輦絕，未央前殿漢鐘殘。月明渭水浮三輔，花滿驪山繡七盤。京兆風流誰不羨，時從閨閣畫眉看。」[25]這首詩詠景、詠史，都有豪邁過人的氣魄，尾聯對太守重視家庭生活的描寫，亦有唐人重情的風格。將其列於盛唐大詩人媲麗的詩篇中，亦不多讓。因而謝肇淛稱，自中唐大曆之後，罕見此類詩篇。詩歌的多樣性，使人們漸漸感受到曹學佺大詩人的氣魄，他在明代詩壇上逐漸得到同行的認同。

24　鄭方坤，《全閩詩話》卷八。
25　曹學佺，〈送西安太守〉，鄭方坤，《全閩詩話》卷八，第400頁。

最能體現曹學佺風格的還是那些富有禪理的小詩。曹學佺對盛唐時的王維最為欣賞，也像他一樣以禪入詩，體現超脫人生的覺悟。例如〈除夕柬非熊茂之〉：「度嶺穿林境孰如，懷人遙望片雲居。應知寂寞禪關裡，一樹梅花共歲除。」曹學佺晚年的詩歌更加精緻，例如他辭官歸鄉時有〈留別金陵〉一詩：「微月斜陽影已低，風霜四起夕淒淒。烏生兩翼不飛去，只在白門城上啼。」[26] 這些詩只有反復讀幾遍，才能體會作者寄情之深。時人稱其溫婉多致，從容淡雅，在晚明詩人中獨樹一幟。明末清初大文豪錢謙益、吳梅村都認為他是明末詩壇上數一數二的代表人物。

二、晚明福建的散文與評論

王慎中與古文運動

明代中葉以後，文人學士開始不滿於臺閣體的文章，他們提倡學習秦漢以前生活活潑的古文，因而有「文不讀秦漢以後」的口號。當時的學者竭力模仿秦漢古文的規法，亦步亦趨。其中的毛病也和明代的詩歌運動一樣，過於泥古，在模仿古人的過程中，失去了自己。王慎中是福建晉江人，在任職禮部時，他與唐順之、李開先等結為好友，不斷探討古文的得失，最後提出了學古文主要學「唐宋八大家」的觀點。在唐宋八大家中，王慎中對宋代的曾鞏最感興趣。實際上，唐宋八大家中，曾鞏的成就遠遠比不上其他諸人，這是眾所公認的。然而王慎中重視曾鞏，有其獨特的意義。唐宋八大家中，韓愈的領袖位置是無可爭議的。人們列出唐宋八大家，不可能不以韓愈為首。但韓愈的文章雖好，卻有其內在的弊病。他在模仿古人時，很注意比秦漢更為古老的儒家十三經，他的作品，常用古代經典上已經死亡的詞句。後人讀韓愈的散文，常會覺得它比秦漢的文字還要難讀，其原因在此。而宋人的散文自有宋代特有的風格，那就是平易流暢，強調心靈的自然流露。曾鞏的散文也有這一特點。因此，王慎中在學古文方面，其實並不盲目崇拜八大家，而有自己的選擇。從這一點來看，王慎中等人重視唐宋古文成就，與林鴻等人大有不同，林鴻等「閩中十子」過於泥古，而王慎中則注意到自己風格的形成。這是他的進步。由於王慎中等人的提倡，唐宋古文漸漸成為明清兩代文士學古文的範本，明清之際的文學流派，

26　曹學佺，〈除夕柬非熊茂之〉、〈留別金陵〉，《御選明詩》卷一一一，第 9—10 頁。

不同程度上受到王慎中這一觀念的影響。他在八人中列入宋代的六人，實際上更為重視宋人的風格。晚明到清代的散文，以流暢居多，是受了王慎中的影響。

王慎中的散文風格類似曾鞏，強調以文言志，達性情、敘義理，反對華而不實，掉古人書袋。他為俞大猷寫的〈海上平寇記〉是代表作，開篇，他先寫俞大猷給他的印象：溫慈款愨，似一文弱儒生。繼而寫交戰中：桴鼓鳴、箭雨落，士卒變色落魄；而俞大猷「顧意喜色壯，張揚矜奮，重英之矛，七注之甲，鷙鳥舉而虓虎怒，殺人如麻，目睫曾不為之一瞬，是何其猛厲孔武也。」[27] 頗有先聲奪人之勢。然而，王慎中本意在於寫俞大猷仁義治軍的大將之才。此後，他評論大猷平日治軍方略，點出大猷愛護士卒、能得軍心的特點，預言他將來必有大用。文章雄奇磅礴，膾炙人口。自此文出，俞大猷譽滿士林，以後竟成一代名將。總之，王慎中雖然復古，但也有了自己的心得，與明代初期相比，在他的身上，顯示了明中後期文學家的進步。

明代「唐宋古文運動」對後世文學流派影響極大，清代盛極一時的桐城派古文運動宣導者方苞等人，便聲稱他們是師法「唐宋派」主將歸有光。實際上，桐城派的許多主張都可在王慎中文集中找到先例。迄今為止，研究古文的學者多以「唐宋八大家」為典範，這正是王慎中和唐宋派定下的基調。清代晉江張汝瑚編纂《明八大家集》，集中收入宋濂、劉基、方孝孺、王陽明、唐順之、王慎中、歸有光、茅坤八人，王慎中名列其中。可見，王慎中在散文史上有一定的地位。

李贄的文學觀

李贄是明代文化界最不安定的分子，他涉足許多領域，不論在哪個領域，他都要向權威挑戰，衝擊禁錮人們思想的「圍牆」，疑他人之所不敢疑，道他人之所不敢道。在文學界，他提出「童心說」，批判錮守經典的思維方法。他還評點小說、戲劇，將這兩種民間流傳的藝術形式與傳統的經典文學作品相提並論。這些觀點對晚明文壇起了振聾發聵的作用。

27　王慎中，《遵巖集》卷八，〈海上平寇記〉，文淵閣四庫全書本，第48頁。

提倡「童心說」。李贄在《焚書・童心說》一書中說道：

> 夫既以聞見道理為心矣，則所言者皆聞見道理之言，非童心自出之言也。言雖工，於我何與，豈非以假人言假言，而事假事文假文乎？蓋其人既假，則無所不假矣。由是而以假言與假人言，則假人喜；以假事與假人道，則假人喜；以假文與假人談，則假人喜。無所不假，則無所不喜。滿場是假，矮人何辯也？然則雖有天下之至文，其湮滅于假人而不盡見于後世者，又豈少哉！何也？天下之至文，未有不出于童心焉者也。苟童心常存，則道理不行，聞見不立，無時不文，無人不文，無一樣創制體格文字而非文者。詩何必古選，文何必先秦。降而為六朝，變而為近體，又變而為傳奇，變而為院本，為雜劇，為《西廂曲》，為《水滸傳》，為今之舉子業，皆古今至文，不可得而時勢先後論也。故吾因是而有感于童心者之自文也，更說什麼《六經》，更說什麼《語》、《孟》乎？

李贄這段文字對傳統文學觀的背叛在於：其一，以「童心說」對抗「文以載道」的一貫傳統，認為文章不一定要講大道理，只要出自真實感情便是好文章；其二，提倡文學的進化觀，認為各時代的文學皆有其表現形式，不必厚古薄今；其三，蔑視《六經》、《論語》等經典。李贄曾指斥《六經》、《論語》、《孟子》為孔門不肖弟子「記憶師說，有頭無尾，得後遺前」。在當時沒有人敢這樣評說這幾部儒家經典。李贄驚世駭俗的言論，遠遠超軼唐宋派的境界。

李贄是中國歷史上第一個評點長篇小說的評論家，開風氣之先。他有幾個特點值得注意：其一，將歷來被正統文人歧視的小說奉為明代有代表性的文學形式，並稱《水滸傳》為「古今至文」。在中國文學史上，是他第一個給小說這麼高的文學地位；其二，批判假道學，歌頌李逵、武松等人率直坦蕩的性格；其三，將統治者視為「誨盜」的《水滸傳》定名為《忠義水滸傳》，認為忠義是貫穿《水滸傳》的主題思想；其四，推崇個性化的人物塑造方式。這些觀點對後世影響極大。

除了《忠義水滸傳》之外，市坊流行的小說中，還有李贄評點過的《三國志一百二十回》、《殘唐五代史演義傳八卷六十回》、《西遊記》一百回、《新刊武穆精忠傳》八卷，但是，這些書的評論是否真的出自李贄之手，

現在還沒有定論。

　　民間戲劇被正統文人視為不登大雅之堂的東西，而李贄卻評點了至少15 種劇本。他的突出論點是：其一，《西廂》和《拜月記》都是與天地相終始的文學珍品；其二，提出「化工」的藝術境界，即與自然化為一體，奪天地造化之功。

　　李贄的文學理論為中國文學史開闢了一個新天地，他在這方面的貢獻不可低估。李贄還是一位散文家，他的文章率性而為，不假雕飾。〈題孔子像於芝佛院〉以辛辣著稱，自傳體〈卓吾論略〉敘及家人，溫情脈脈。操縱各種文體，十分嫻熟。

　　明末福建最受稱讚的散文家是福州的謝肇淛、曹學佺、董應舉，泉州的何喬遠以及漳州的張燮等五位文章大家。

　　謝肇淛，字在杭。他是一位名詩人，還是一位散文大師，著作宏富。《榕蔭詩話》云：「在杭《小草齋》、《遊燕下菰居》、《東鎣江》諸集而外，有《五雜組》、《文海披沙》、《西吳枝乘》、《滇略》、《百粵風土記》、《支提山志》、《長溪瑣語》。」這些作品多為歷史地理學作品，對研究明代各地風俗習慣大有助益。其中《五雜組》、《滇略》都很有名。尤其是雜史筆記《五雜組》傳播很廣。晚明最有名的野史筆記，除了《萬曆野獲編》之外，就數《五雜組》影響最大了。在這本筆記中，謝肇淛從自然、地理論述到風俗、雜史，無所不包，知識面廣博。內容或長或短，長的有數千字，短的就兩三行，只要能說清楚問題，作者絕不浪費筆墨。作者對事對物的評論，或是詼諧幽默，或是一針見血，都能觸動人心，給人留下深刻的映象。

　　曹學佺在明末的福建是領袖級的人物，各地文人都以與曹學佺交往為幸。隆武帝在福州，對曹學佺也很重視。清軍入閩後，他在鼓山自殺殉國，「有生前一管筆，死後一條繩」之語，反映了他對自己文學成就的自負。有《石倉全集》傳世。不過，曹學佺的全集在清初被列為禁書，四庫全書不收他的全集，民間流傳的大都是殘本。然而，曹學佺在鄰國也有影響，因此，日本的內閣文庫有一套《石倉全集》保存下來，全書一百卷，陸續刊刻於萬曆、天啟、崇禎年間，收錄了他在各時期的詩歌和文章。曹學佺信奉佛教。他和鼓山湧泉寺的關係很深。經過晚明出售寺田的風波之後，

福建寺院不是廢棄，就是衰敗。連福建首寺鼓山湧泉寺也是一片蕭條。曹學佺回鄉後，大力支持鼓山湧泉寺重振寺院經濟，為其索回田地數百畝，使湧泉寺得到固定的經濟收入。湧泉寺在寺院經濟普遍衰敗的背景下進入新的發展時期，出現了曹洞宗名僧元賢、道霈等著名人物。曹學佺在福州城內，也支援寺院及各類道觀的修建。他的著作中有許多文章都與宗教信仰有關。

董應舉與《崇相集》。董應舉為長樂人，作為一個管理過具體事務的退休官員，依然關注時事的的變化，尤其重視家鄉的事務。明代末年，長樂沿海經常出現災荒，外來糧食供應不上，福州及長樂的米價就會大漲。有一次，他在外地聽說家鄉米價漲了，便從閩北運載大米三百石回家。那些炒糧食的奸商聽說曹學佺帶米回家，知道他肯定會以低價出售，便搶在曹學佺之前，壓低價格出售糧食，使福州的糧食價格大為緩解。董應舉和福建官府來往頗多，經常為官府出謀劃策，解決家鄉面臨的海寇、糧荒等問題。因此，董應舉的文章風格是務實，沒有空話，不怕反映社會矛盾。看他的文章，可以瞭解明代末年的福建沿海社會。

何喬遠與《鏡山全集》。何喬遠是明代末年泉州著名的儒者，著作等身。晚年編纂《皇明文徵》七十四卷，於崇禎四年刊出，清代被列為禁書，傳播不廣。《四庫全書總目》云：「是集以明代詩文分體編次，各體之中又復分類，自洪武迄崇禎初年。自序云：國家之施設建立，士大夫之經營論著，悉具其中，下及於方外、閨秀，無不兼收並錄。」這本書的編纂，表明何喬遠對明代文學史有很深的研究。

第三節　福建的史地之學

晚明福建編纂了《閩書》、《閩大記》等新的省志，各個府志的編纂，也達到很高的水準。最讓人稱道的是張燮的《東西洋考》，它是中國海洋史上的名著。展現了福建文化的特點。

一、明代閩人的史學著作

明清時代閩人的史學著作不多，較為有名的有《宋史新編》、《名山藏》

等書。此外，黃光昇的《昭代典則》、黃景昉的《國史唯疑》、楊榮《北征記》都有一定名氣。

《宋史新編》的問世

　　《宋史新編》是明代學者以理學總結宋遼金史的專著。它的觀點，是明代學者回顧歷史反復斟酌後的結晶，所以，它不是莆田學者柯維祺一個人的專著，而代表了明代儒者的價值取向。柯維祺以宋朝的歷史總括宋遼金三代，為其成功而歡呼，為其失策而感歎。在對宋王朝內部各種勢力分析上，他大力謳歌岳飛抗金的英雄事蹟，無情抨擊出賣宋朝的秦檜，他讚揚文天祥不畏強權的錚錚鐵骨，肯定他寧死不做元朝大官為宋朝守節的精神。在學術上，他對宋朝的史實進行了考訂，糾正了脫脫《宋史》中的不少錯誤。總之，《宋史新編》是一部有其時代意義的書。

點評歷史的李贄

　　李贄的史學著作有《初潭集》30 卷，《藏書》68 卷，《續藏書》27 卷。其中《續藏書》收集了明代名人的傳記，評論亦無特別之處。引起世人異議的主要是《藏書》。《藏書》收錄戰國至元亡時的歷史人物 800 多個，材料大多來自正史，但在傳記前後，李贄有總論和附評，抒發自己的觀點。李贄一反傳統教條，聲稱「予李卓吾一人之是非」，大膽評點歷史人物，獨樹一幟。他說：「自古至今，多少冤屈，誰與辨雪？故讀史時真如與百千萬人作對敵，一經對壘，自然獻俘授首，殊有絕致，未易告語。」因而，他對人物的評價往往和傳統觀念不同。例如，秦始皇有統一中國之功，亦有暴政殘民之罪，後世史學家多側重其暴政一面，予以譴責；而李贄則稱讚他為「千古一帝」，統一中國，澤惠百世。他重評了許多對歷史有貢獻的人物，例如商鞅、吳起、荀卿、秦始皇、武則天。甚至對奉為聖人的孔子，也會說一些跳皮的話。他的評價不一定全對，但其人暢所欲言的獨立風格，對思想界震動很大，起了啟發人們獨立思考的作用。李贄之後，王夫之著《讀通鑑論》、趙翼著《廿二史箚記》等，評點人物蔚為風氣，而李贄則為開風氣之先者。

《名山藏》的開拓

　　何喬遠，泉州晉江人，萬曆十四年進士，官至南京工部侍郎。他長期擔任閒職，因而有精力寫作。退休後，何喬遠曾經在安海居住，對泉州人的海上商業很熟悉。他清廉自守，成為官員的典範。明末閩南鄉紳有侵擾百姓者，一遇荒年，成千上萬的民眾下海投靠鄭芝龍。其時，唯獨何喬遠能夠得到民眾的擁護。因此，連下海為盜的鄭芝龍想招安，也有意走他的後門。何喬遠敢於為民眾說活，他曾經上疏力主對外通商，廢除海禁。顯示了卓越的思想境界。他的知識面豐富。主要著作有：《鏡山全集》、《閩書》以及《名山藏》，每一部都是百萬言的巨著。何喬遠的《名山藏》著於明末，記載明代十三朝歷史，全書分為記載制度的 37 記和傳記為主的 35 紀，共 100 卷。體裁類似紀傳體，但不那麼嚴格，顯示了何喬遠力圖突破傳統體裁的嘗試。作者重視社會的下層人物。司馬遷在《史記》中列入〈貨殖傳〉，被傳統史學家譏為「退君子，進小人」，其後兩千年，很少有人敢為商人作傳。何喬遠的《名山藏》一書，卻設置了〈貨殖記〉，再次為商人作傳，他還有〈方伎記〉記錄藝術家和科學家、技術發明者；〈方外記〉將僧道納入史冊，均顯示了作者獨特的眼光。五四以後的史學家多讚賞該書的創造精神。此外，該書收錄了大量明代野史筆記的材料，對中外關係史與民族史的記載相當詳細，至今仍有很高的史料價值。如果說《宋史新編》主要著力建設一個傳統的歷史秩序，而何喬遠的《名山藏》，則力圖超越傳統，創造一個新的體系——更能容納社會變化的新的歷史秩序。何喬遠故於崇禎年間，明末大儒錢謙益對其評價較高。[28]

　　黃光昇的《昭代典則》。黃光昇，字明舉，晉江人。嘉靖四十四年進士，官至刑部尚書。光昇因職務的關係，嫻熟明代制度，該書以紀事編年的方式，記載了元末明太祖起兵到明穆宗隆慶二年的明朝史事。全書共二十八卷，出版後得到許多人的讚賞。是一部編纂較好的明代歷史著作。

　　葉向高的《玉堂綱鑑》。葉向高，福建福清人，萬曆十一年進士。他長期任職翰林院，萬曆三十五年入閣，而後長期主持閣務，被稱為宰相。天啟年間再度入閣，不久辭歸。該書二十冊，七十二卷，寫於擔任翰林學

28　郭白陽，《竹間續話》卷四，第 82 頁。

士時期。葉向高生性謹慎，處理各種事務，都要關注前人處理同類事的成敗，將這類事例編成一書，因而成就了《玉堂綱鑑》一書。該書對明代官員處理同類事有參考作用。

黃景昉的《國史唯疑》。黃景昉，晉江人，天啟五年進士，官至東閣大學士。該書記載明代歷朝的遺文逸事，共有十二卷。所載事情，常常得到後人的引用，清朝人對此書較為看重。

二、晚明福建的方志

王應山和《閩大記》。王應山，福州侯官人。是萬曆年間福州有名的學者，他以教授《春秋》經聞名於時。萬曆年間編纂的《福州府志》，有不少內容是王應山編定的。《閩大記》初步編成於萬曆十年，後來陸續補充，由王應山手定的資料，最遲在萬曆三十七年。王應山死後，他的兒子王毓德又增添了一些內容。該書當時沒有刊印，後來保留下來的約有五十五卷，近年方有鉛字本出版。

王應山於萬曆年間還編成了《閩都記》三十三卷。此書完成於萬曆四十年，一直到清朝才有刊本問世。該書記載福建省會福州的山川景點和文物，附有各類詩和短文，記載鄉邦史料相當詳細。

何喬遠的《閩書》撰於明代末年。全書在 150 卷以上，共達 300 多萬字，篇幅比《八閩通誌》多一倍，增加的 152 萬字主要是明代福建的情況。以何喬遠一人之力，為明代福建方志增加 150 萬字以上的內容，何喬遠為此付出了大量的勞動。

《閩書》收輯大量的福建地方史料，進行整理、評述。相當全面地論述了福建各方面的情況。例如，他的〈武軍志〉記載了明初各地衛所官員的來歷，他們升官受封的原因。這就保留了大量鄭和下西洋的史料。人們從其記載中知道當時福建衛所動員的情況。《閩書》的風俗志不僅收集各方志的史料，有時還能加上自己的體會，難能可貴。他的〈南產志〉記錄了福建各地的物產，還收錄了自己所寫的〈番薯頌〉，對引入福建的新品種番薯，給予極高的評價。《閩書》的人物部分所占比重最大，明代各方志記載的人物，大都被其收錄《閩書》，有時還會加以中肯的評點，後人

閱讀這些人物傳，會加強人們對當地歷史的瞭解。《閩書》尤其重視對外交流，著有《島夷志》等書，反映了作者廣闊的視野。

王應山和何喬遠之外，明末曹學佺也嘗試編纂《福建通志》。福建從明代開始有了全省通志。最早的《通志》是黃仲昭等人的《八閩通誌》，而後有何喬遠的《閩書》，王應山的《閩大記》。《八閩通誌》相對簡略，《閩書》偏重閩南，《閩大記》未完成。於是，明末福州名紳曹學佺有志編纂《福建通志》。在曹學佺的《石倉全集》中，有一冊名為《湘西紀行》的書，應寫於他去湘西的路上。在這本書裡，曹學佺展示了自己編寫《福建通志》的計畫，並對福建史上的一些重點問題和難點進行了探討，例如福建的海寇及賦役制度的變革等內容，他都寫出綱要。其中明代福建賦役的變化相當複雜，由明代縉紳來寫明代賦役前後的變化，條理清晰，成為後人研究明代賦役的重要史料。然而曹學佺最終未能完成自己的編書計畫。

晚明最大的特色還是方志編纂的全面展開。在明朝以前，州縣衙門只有簡單的圖志，只有少數州縣編纂了縣志和州志。迄至明代前期，一些地區展開編纂方志。然而，編纂方志成為一項必做的事，還是明代後期展開的。馮夢龍在山區小縣壽寧做官，覺得自己應當為本縣做一些事，便編纂了《壽寧待志》，為壽寧方志打下基礎。壽寧之外，多數府縣都有自己的方志。以閩北三府來說，嘉靖年間編成並保留至今的府志有：《建寧府志》、《延平府志》、《邵武府志》，縣志有：《建陽縣志》、《建寧縣志》、《沙縣志》、《尤溪縣志》、《南平縣志》。萬曆年間，《延平府志》、《建寧府志》和《邵武府志》重修。萬曆年間編纂的閩北縣志就更多了，有：萬曆《浦城縣志》、《建陽縣志》、《永安縣志》、《將樂縣志》、《政和縣志》以及崇禎年間編成的《尤溪縣志》。

閩北之外，各府州都有自己的府縣志。萬曆年間編成的《福州府志》、《興化府志》、《漳州府志》各有兩部，明代三次編纂《汀州府志》，有弘治、嘉靖、崇禎三部府志傳世，一部更比一部詳細。萬曆年間編成的《泉州府志》以其詳賅讓人稱讚。如果說明代前期的縣志大都只有幾萬字，府志約有十幾萬字，那麼，明代後期的縣志，大都有十來萬字，尤其是府志，大都有數十萬字。因此，在此基礎上編成的省志，大都有數百萬字了。所以說，明代是方志的繁榮時代。

三、有關福建的地理學著作

明代閩人撰寫的地理學著作，要數《大明一統名勝志》最有名。它的編纂者明末著名學曹學佺。這類著作，早期最有名的是祝穆的《方輿勝覽》和王象之的《輿地紀勝》，編纂方法是以各地風景名勝為基礎，收納有關文字和詩歌，從而展現了各地的風俗及民間傳說故事。由於《方輿勝覽》和《輿地紀勝》都是宋代的著作，兩書之後，各地編纂的類似著作太分散，很少有名著。曹學佺以搜集明代風景詩歌為主，收納了許多罕見的祕本，纂成一部二百零七卷的巨著。曹學佺還有一部名為《蜀中廣記》的著作，是他在四川按察使任上寫成的，共計一百零八卷，記載了四川各方面的歷史和風俗習慣。此書分十二目：名勝、邊防、通驛、人物、方物、仙、釋、遊宦、風俗、著作、詩話、畫苑，對日後編纂《四川通志》極有價值。

明代的閩人以對外貿易聞名，許多人成為官方代表，參加了出使海外的行動。於是，他們留下一些對外交通的著作。例如《明史》記載的龔用卿《使朝鮮錄》三卷和謝杰的《使琉球錄》六卷等。其中最為著名的要數張燮的《東西洋考》。

張燮是漳州著名的學者，他長期生活於明代著名海港——月港（今海澄）附近，對福建的海外貿易非常熟悉。應月港市舶司所請，他撰寫《東西洋考》12 卷。全書分西洋列國、東洋列國、外紀、稅璫、餉稅、舟師、藝文、逸事八考，記載了明代與月港通航的 36 國與地區的歷史、國情、風俗、物產、貿易等情況，對歐洲殖民主義者在東方的掠奪及其海寇行徑均有揭露。該書記載從月港到海外諸國的航程、航路、氣象、潮汐等航海知識，有一定的實用價值。《明史・外國傳》中的許多內容，多從《東西洋考》中摘寫。

有一些由外省人撰寫的福建地理文章也是十分出名的。其中著名的有：王世懋的《閩部疏》，屠本畯的《閩中海錯疏》。

屠本畯，字田叔，浙江鄞縣人。他以門蔭入仕，官至福建鹽運司同知。《閩中海錯疏》共三卷，詳細記載福建海洋動物兩百多種。其中水族（魚類，含水生哺乳動物）共一百六十七種，介殼類共九十種。並附有「非閩產而閩所常有者」海粉、燕窩二種。人們常將其書與黃衷的《海語》相比，

認為它記載海洋動物比《海語》更為全面些。然而，也有人認為《閩中海
錯疏》的引徵不夠詳賅。以下引《四庫全書總目》一書的評價：「其書頗
與黃衷《海語》相近，而敘述較備。文亦簡核，惟其詞過略，故徵引不能
博贍。舛漏亦未免。如鯊魚一條，《海語》謂鯊有二種，而此書列至十二
種，固可稱賅具。然《海語》所謂海鯊、虎頭鯊常以春晦陟於海山，旬日
化而為虎者，此書反遺之。又海鰌一條，海語謂其魚長百里，牡蠣聚族其
背，曠歲之積崇。十許文鰌負以遊，峬岞水面如山。其形容最為曲盡。而
此但以移若山嶽一語概之，殊未明析。然其辨別名類，一覽了然，頗有益
於多識。」按，這些評論來自對典故相當熟悉的文學家，他們對《閩中海
錯疏》沒有納入有關鯊魚變成老虎的傳說以及巨型鯨魚長達百里的傳說，
感到可惜。然而，具有現代海洋動物知識的人知道：鯊魚不可能變成老虎，
鯨魚不可能有五十公里長。所以，《閩中海錯疏》揚棄那些不可信的傳說，
正是其具有科學精神的進步。這是傳統士大夫不理解的。

王世懋的《閩部疏》。王世懋為蘇州太倉人，曾任福建提學副使，對
福建情況相當熟悉。《閩部疏》記載福建各地的風俗地理，不求全備，但
求新奇的事件，而且大都是親歷的感受，因而特別有價值。例如，在他的
筆下，福建與江浙一帶的商品貿易非常發達，翻越閩浙、閩贛之間分水關
的商品，如同流水一樣運往江浙，這一評價具有極大的經濟史價值。又如，
他路過閩北邵武、建陽之間的山道之時，見兩岸雜花生樹，美麗異常，對
閩北的小平原讚不絕口。這種感受，非親身經歷者寫不出來。對於研究明
代福建史的作者來說，《閩部疏》是一部不可不看的書。

除此之外，尚有陳懋仁的《泉南雜志》、謝肇淛的《長溪瑣語》等雜
史問世。這兩本雜史雖然篇幅有限，但對明代福建歷史頗有參考價值。

在山水志方面，謝肇淛一人貢獻了：《太姥山志》三卷和《方廣巖志》
四卷，他還和徐興公合作了《鼓山志》十五卷；徐興公個人編纂了《雪峰志》
十卷。除此之外，徐表然編成的《武夷山志》四卷，明末又有衷仲孺編成
的《武夷山志》十九卷。

第四節　福建的藝術世界

　　明代的福建藝術在建築、瓷像、書畫等方面都有傑出成就。

圖 11-3　泰寧尚書第的建築

　　1. 晚明福建的建築藝術。明代的福建，民眾對宗教的熱情明顯不如宋元時期，大型的宗教建築和作品也少了。因此，罕有大型宗教雕塑作品。福建普通建築以木建築為主，而木建築壽命不過百年，保留至今的不多。泰寧的「尚書第」是明代官員李春熙所建。李春熙為泰寧人，萬曆二十六年進士，官至南京戶部郎中。春熙仕途不順，很早就退居家中，在家建造了這一所面積較大的居室，民間稱之為尚書第。這是一座典型的磚木結構建築，房子的門面由青磚砌成，石灰咬縫。這類磚牆，往往能堅持數百年不倒。但明代的建築尚不及清代的青磚房細膩，實地觀察，泰寧「尚書第」青磚之間填縫的灰泥厚過清代的青磚縫。磚牆雕飾不多。尚書第大院內部的磚木也不像清代的房子擁有許多雕飾，而是以實用為主，線條簡練。明代的街道大都不過一丈八尺，而泰寧「尚書第」的大門高約三丈，因此，「尚書第」有壓倒全街的氣勢。「尚書第」臨街大門有七個門面，這是明代制度民間最高級的規格，也是由宅主地位決定的。尚書第內的房子前後七進，每一進房子都有一個天井，天井之下是一個四方型低於地面的坑，這是生活用水的傾倒之處。按照傳統的風水觀念，家裡的水，代表著財產，所以，不可讓它流入他處，只能在內部消化。所謂「肥水不流他人田」。池塘的北面，通常有兩間房子一個廳，供人居住。所以，一進可以住一個小家庭。像「尚書第」這樣的大院子，中軸的每一進，都有三個開間，而其兩側各有兩個小院，可供小家庭居住。全套住宅會有數十間房間，可以住一大家族。

圖 11-4　浦城臨江鎮安橋

始建於明洪武十三年（1379 年），今存橋梁為民國二十五年重建。

　　明代福建的公共建築以橋梁最為出名。沿海重要區域的橋梁多為石橋，大多數重要石橋都建於宋代，並在明代得到多次維修和保護。明代新添大石橋的不多，福州的洪山橋是一個例子。洪山位於福州西側，它的南端是倉山島北側的洪塘鎮，當時從閩江上游南下的商船多停留於洪塘鎮，此處水深，還可以停泊來自沿海各港的海船，所以，閩江上游和沿海的船隻可以在此進行物資交流。由洪塘鎮通向閩江北岸的大橋就是洪山橋了。該橋相傳始建於明中葉的成化十一年（1475 年），萬曆初年福建巡撫龐尚鵬進行擴建。以後歷代都有維修。該橋的橋墩全石建成，明代的橋面為巨杉構建的木梁，清代更以石。橋長 419.8 米，擁有 36 個橋孔。

　　浦城臨江鎮安橋也是一座出名的大木橋。其橋墩為船型，尖頭對著上游的溪水，橋墩上疊以短而粗的大木，而兩座橋墩之間，以巨杉跨架，形成全木橋面。橋面上建成連續不斷的橋亭，其作用是增大橋的重量，不易被洪水沖走。這類風格的大木橋在閩北山區有許多。

　　南平是建溪及沙溪合流之處，兩溪匯合之後，形成著名的劍潭。劍潭流向東面的溪水，就是劍溪了。溪水浩浩蕩蕩，撲向下游峽江。南平城位於劍潭的北岸，城下的溪水像一個巨大的人字。風水先生認

圖 11-5　南平建於明代的寶塔，及塔上的人物雕塑

為：南平多瘟疫，應與這個「人」字有關。因而建議在劍溪的兩岸各建一座塔，以鎮壓瘟疫之氣。萬曆年間，南平人按風水先生的建議，在劍溪兩岸建造了兩座寶塔，以上照片為西塔。這是一座實心的九級寶塔，每層寶塔周邊，都雕有多座佛教護法神之像。南平人傳說，兩座寶塔建成後，南平的瘟疫確實少了，不過，這兩座寶塔像是在大型的「人」之上添了兩點，變成了「火」字，所以，之後的火災多了起來。

　　2. 晚明福建的瓷器藝術。晚明福建的德化窯聞名於天下，該窯出產的素白瓷，在國際市場上被譽為「象牙白」，受到許多人的喜歡。明代德化瓷器傳世極少，在清代已經受到好評。晚清郭柏蒼說：「德化窑，皆白瓷器，出德化縣。所製佛像、尊鼎、瓶盤、盞斝，皆精緻古雅。其色，潔白中現出粉紅，至今其價翔矣。」[29] 德化瓷器保留至今的都已十分珍貴，故宮博物院藏有一支德化瓷簫，堪稱海內珍品。關於這種瓷簫，明清之際的周亮工評論道：「德化瓷簫色瑩白，式亦精好，但累百枝無一二合調者，合則聲淒朗，遠出竹上。」[30] 皇室所藏應是德化瓷簫中的上品。此外，日本的一箱根神社也保留著一支瓷簫，作為社寶[31]。德化瓷器中最出色的是瓷塑，明人何朝宗的瓷塑觀音，是日本、西歐收藏家競相搜羅的珍品。在日本市場上，德化瓷塑──「送子觀音」被當作聖母瑪利亞像，成為日本天主教徒必備的偶像，其用量之大達到驚人的地步[32]。塑造這類瓷器在明清之際成為一種風氣，清初王澐說：「德化陶器，純素……或作仙佛像，今浮梁（景德鎮）陶反效之矣[33]。」可見，德化瓷器也有影響景德鎮瓷器的時候。以下為兩件明代德化窯的精品。其雕刻的細膩，造型之優美，都令人讚歎。

29　郭柏蒼，《閩產錄異》，長沙，嶽麓書社 1986 年，第 39 頁。

30　周亮工，《閩小記》卷二，第 40 頁。

31　葉文程，《中國古外銷瓷器研究論文集》，北京，紫禁城出版社 1988 年，第 241 頁。

32　葉文程，《中國古外銷瓷器研究論文集》，第 241 頁。

33　王澐，《漫遊紀略》卷一，〈閩遊・器物〉，第 5 頁。

圖 11-6　　明代德化窯精品瓷器，轉引自五卷本《福建通史》第四冊。

除了德化窯之外，福建另一個出名的窯口為漳州窯，漳州窯製品大都模仿景德鎮瓷的風格，不限於素瓷。明代，福建的窯工在金門島發現類似景德鎮藍花的釉礦，因而可以大量製作青花瓷。不過，漳州窯的青釉不如景德鎮青釉深濃，以下是漳州窯瓷器：

圖 11-7　　明代漳州窯瓷器，其精品的釉色相當不錯。[34]

福建的德化窯也會生產各色瓷器。前為德化窯的青瓷及多色瓷的產品，其中青瓷瓶的優雅、多色盤中間龍紋的氣勢，都讓觀者感觸頗深。

不論是漳州窯還是德化窯，都被藝術家用來生產藝術瓷。以下三尊佛像都是晚明雕塑精品。左面第一尊站立的佛像為漳州窯產品，主題應是「達摩渡海」吧？神像主人腳下是萬頃波濤，神主卻紋絲不動，低眉順眼，一心守道。不愧為得道大神。中間的德化瓷觀音像也是難得的精品。衣服褶皺的處理都非常精細，因而給人一種飄飄若仙的感覺。右邊的文昌像是著名瓷塑高手何朝宗的作品。文昌神是中國文人創造的一尊神靈，相傳他主

34　攝於福建博物院。

管人間的科舉考試，所以，文人都要拜文昌神。若是在家中案上供一尊文昌像，方便天天祭祀。何朝宗所塑文昌像，各個細節都處理得很好，很難塑造的手指，衣服的褶皺，都恰如其分地體現主人翁的超然神態。這三尊神像相對於西方雕塑有其不同特點。例如，他們的眼睛都是東亞人的丹鳳眼，不像西方的雕塑總是睜眼對著觀眾，這三尊人物雕塑共同的特點是眼睛微微向下，整個意態是在思考；其次，這三尊塑像都沒有繼承古人「楚王好細腰」的傳統，而是給神主一定的腰圍。許多美術專業的學生會有這樣的疑問：「細腰之外的雕像可能有美感嗎？」琢磨這三尊像之後，可能會有另外的回答。

圖 11-8　明代德化窯白瓷瓶盤[35]

圖 11-9　明代德化窯彩色瓷盤[36]

　　明人何朝宗的瓷塑人物像是絕佳藝術品，受到廣泛稱讚。然而因《德化縣志》不載其人，至今對於何朝宗的生平不詳，就其作品而言，何朝宗不是普通瓷工，應當深厚的文化修養。何姓在福建是大姓，卻沒有一個何姓家族認領何朝宗。看來他是一個外省人，只是利用德化瓷塑造神像罷了。據《福建通志》記載，萬曆年間有一位擔任延平府同知的人，名為何朝宗，通州人，他在閩南活動過。今觀明代學者顧清的《北遊稿》中有一首名為：〈蒲葵扇歌送何朝宗教諭之同安〉的詩，詩云：

> 天生蒲葵作涼筐，野人乍見呼椶葉。柄端出葉葉作摺，裏稜外稜剛鬣鬣。

35　晉江博物館藏。
36　福建省博物院藏品。

中攢邊展鳳翎接，邊際筠絲壓妥貼。通體天成此人合，漢宮紈素出
翦裁。

南陽白羽須編排，丹青組繡卻走避三舍，紙屏石枕尚覺非全才。

先生南海我北海，一葉輕涼為誰采。翩然乘風致我傍，簞几一時顏
色改。

君今去我向閩關，扇亦收藏篋笥間。明年把扇京塵裏，相憶千山重
萬山。[37]

　　如果這位何朝宗即是塑像之人，那麼，他是明代低層次的官員，這類
人最怕別人將其當作匠人，而且不會以出賣藝術品為生，難怪他在藝術方
面的成就他人不知了。

　　明代的中國已經是世俗社會，因
而神的雕像不會是統一的一種風格。
右為木雕玄武像。

　　中國人對粗壯有力之人有「虎背
熊腰」之說，所謂熊腰，就是腰桿很
粗之人。這是中國傳統武士像多為肥
腰的原因。這尊玄武像，氣場雄大，
足以震攝小鬼。是一尊較為成功的神
像。可惜的是：當時民間對藝術家尊
重不夠，許多雕塑藝術家沒有留下名字。

圖 11-10　　無名氏的木雕玄武像，轉引
自五卷本《福建通史》第四冊。

　　3.張瑞圖的書法。晉江的張瑞圖是晚明著名的書法家，《竹間續話》說：
「張瑞圖，字二水，晉江人。萬曆榜眼，工書，與董其昌、邢侗、米萬鍾
齊名。」[38] 一時有「南張北董」之稱。但董體脫胎於王羲之等人的行書，嫵
美而缺乏力量。張瑞圖則強調學習魏碑，書法古樸、剛勁，突破了當時流
行的書法體系，從而開創了練字先練魏碑的風氣，對近三百年中國與日本
的書法有很大影響。在其時代，張瑞圖的大字尤其受到讚譽，「奇姿橫生」
是眾多名家對他的評價。閩南一帶，多有他的墨蹟留存。

37　顧清，《東江家藏集》卷十一，〈北遊稿中集七〉，第 29 頁。

38　郭白陽，《竹間續話》卷四，第 71 頁。

　　4. 曾鯨的人物畫。明代後期福建的藝術頗有一些新的東西。其中以人物畫大師曾鯨最為著名。曾鯨為莆田人，字波臣，生活於明末，和西方傳教士有交往。在中國藝術家中，他是最早接受西洋藝術的人。他的人物畫吸收了西洋畫的透視法，以色彩濃淡顯示人物面部表情，富有立體感，以肖像畫風靡一時。《金陵瑣事》謂：「曾鯨，字波臣，莆田人。流寓金陵，寫照入神。」《圖繪寶鑑續纂》說：「善寫貌，儼然如生，得筆墨之靈。」《烏青文獻》說：「鯨寫照妙入化工，道子、虎頭無多讓焉。」[39] 王士禎的《于亭雜錄》第五卷說：「寫真一技，古稱顧虎頭。……近日如曾鯨、謝彬輩以此擅名。」顧虎頭，即為顧愷之，顧愷之是晉代著名的人物畫家，是中國第一個以擅長人物畫出名的畫家，唐代的吳道子號稱中國畫人物第一人，將曾鯨等人比作顧愷之、吳道子，可見當時對其評價之高。

　　《榕陰詩話》云：「謝在杭小影一幀，予得見於鼇峰坊薛士玉家。豐頤隆準，粹容充悅。姬人桃葉就其所執之卷而舒之，流觀盼睞，翩若燕翔。童子煮茶，石鼎沸聲，與松籟互答。蓋曾鯨所寫也。」[40] 謝在杭，即明代著名學者、詩人謝肇淛，曾鯨為其所畫肖像，將其侍妾的美麗，侍童的勤勞畫得十分逼真，且有神采，因而贏得多人的讚賞。

　　其時，與曾鯨齊名的還有吳文中等人。「姚園客嘗言，莆中有四絕：吳文中山水、曾波臣小照、洪仲章小楷、黃允修篆石。按，文中名彬，號枝隱，以畫授中書舍人。波臣名鯨，寫生名重一時。仲章名寬，與允修皆萬曆布衣。」[41]

　　姜紹書《無聲詩史》讚曾鯨人物畫如鏡取影，妙得精神，獨步藝林。後人將其人物寫真法命名為「凹凸法」，明清許多畫家都受其影響，被稱為「波臣派」。又如《江南通志‧流寓》：「廖大受，字君可，福建人。寫照精絕，識者謂曾鯨之後，當推第一，海內莫比。久客宜興，卒於旅次。」可見，廖大受也是一個寫真的名家。

　　繪畫之外，明代平和縣的李文察是著名的音樂史專家。他著有《樂記補說》二卷、《典樂要論》三卷、《律呂新書》補注一卷，《福建藝文志》

39　《御定佩文齋書畫譜》卷五十七，〈畫家傳十三‧明三〉，第51頁。
40　鄭方坤，《全閩詩話》卷八，第14頁。
41　郭白陽，《竹間續話》卷四，〈福州〉，海風出版社2001年，第72頁。

中有《李氏樂書》十九卷之名，然而，對他的專門研究似未展開。與李文察齊名的，是莆田的李文利，他是成化年間的舉人，思南府教授。李文利著有《大樂律呂元聲》六卷、《大樂律呂考注》四卷。具體情況不詳。

小結

　　晚明福建仍然屬於發達省分，不論在理學、史學、文學各方面都有一定的成就。作為王陽明的反對派，蔡清、林希元、陳琛、張岳諸人都有相當的成就。清朝建立後，對明代儒者唯獨肯定蔡清這一學派，是有一定道理的。此外，福建也有受王學影響的思想家，這就是李贄和林兆恩，李贄對明代思想界影響極大，不論在哲學界還是文學界，都可以看到李贄的影響。他帶來了強大的衝擊，其影響是全國性的。然而，從本質上來說，李贄一生都在追求儒學原本的東西，實際上，他不是反儒學，而是反對晚明儒學中形式主義的東西。在傳播自己的思想的同時，李贄一直受到保守勢力的排斥，但是，李贄一直無所畏懼，絕不討好權勢者，這種品質是是很難得的。此外，林兆恩提出了「三教合一」之說，也是非常有特色的。他認為不論儒教、佛教還是道教，都是以教化民眾為其特點，因此，沒有必要加強各教的分歧，而是著力於各教的共同目的，以此彌合各教的隔閡。三教合一之後，林兆恩是以孔子為其核心，因此，他的學說的實質，是以儒教統合其他宗教。以上是哲學界的成就。

　　在文學界，王慎中等人提出宗法韓柳文章的主張，被譽為宗唐派。閩人的詩歌也是以宗法唐人為特點。不過，晚明的曹學佺已經模仿唐詩的框架中走出，他和謝肇淛、徐𤊹等人寫的詩，更加自然隨意，情感真切，屢有佳作。在史學界，《東西洋考》是記載海外貿易的名作，至今是國際學術界非常重視的名著。此外，省志的修纂大有進步，晚明留下來的兩部省志是：《閩書》和《閩大記》，材料宏富，記載全面。其他各府的府志，大都寫得不錯，尤其對人物的記載和發掘成績頗大。晚明福建的藝術也很有成就，書法方面的張瑞圖，繪畫方面的曾鯨，都有自己的成就。瓷塑藝術更是反映了民間藝術的巔峰成就。總之，福建晚明階段的文化成就還是相當可觀的。

第十二章　晚明福建的宗教世界

　　晚明福建的宗教世界有兩點十分突出。其一，佛教的復興；其二，天主教入閩，與佛教儒學發生衝突。此外，福建天主教士中耶穌會及多明我會（Dominican Order）之間的衝突，影響了天主教在東方的傳播。

第一節　福建佛教的衰落與復興

　　福建自古是佛教興盛的區域，但在明代嘉靖年間，為了抗倭的需要，福建官府強徵寺院收入的六成為軍費，這導致福建寺院大面積破產。迄至明萬曆年間，隨著太后給支提寺捐錢重修，並賜該寺佛經龍藏，福建佛教重新。不過，寺院不再是大地主，多數僧人過著農禪並重的生活，也獲得了重新發展的力量。

一、晚明福建的寺田問題

　　福建自古以業寺田較多，直到明代前期，全省各地尚有許多寺田，我已在《明代前期福建史》一書中敘述過了。明代晚期，隨著商品經濟的發展，寺田成為各方面都想吃一口的唐僧肉。不僅許多地區的豪強對寺田強取豪奪，而且，官府為了財政上的問題，也想通過寺田收稅及出賣寺田等方法，從而籌集經費。《漳州府志》記載：「漳州古稱佛國，自唐迄元，境內寺院大小至六百餘所，今廢寺多所併入，而合為五禪寺（開元、法濟、

淨眾、南山、龍山），帶糧米二千三百二十餘石（各縣寺觀亦有苗米，惟五禪寺最多）……自成化以後，凡寺田一應徭差兵餉，與民田丁米通融編派。」[1]其後又有「寺田徵銀」之議，「賣寺田」之議。《南安縣志》記載：「先是，嘉靖中，大工乏費，令民找買寺田。」[2]這是說，嘉靖年間皇帝大修宮殿，缺乏經費，便有人提出賣掉民間的寺田，用以支付皇帝修宮殿的開支。《沙縣志》記載：「嘉靖二十一年春，賣過廢寺二十一所，田價銀八千五百餘兩。但銀俱解京，田皆歸買主。」[3]看來當時主要是賣廢寺田，所以，未能引起廣泛的注意。

　　寺田的爭奪反映了明代統治階級內部矛盾的激化，鄉紳地主與寺院地主之間，為寺田的歸屬展開了激烈的爭奪。福建寺院自古以來既以富裕聞名，但宋代的寺田尚屬地方公產，其收入大多用於地方財政與公共事業。元代與明代寺院的私有化，使寺院地主成為各方指責的中心，所以，許多鄉紳主張將寺田沒收，分給無地貧民，或作它用。這對各地寺院打擊很大。較大額的寺田收稅始於倭亂之時，由於倭寇的侵擾，福建省軍費支出大增。於是，便有學者提議：沒收寺院田地，以其收入移作軍費開支。後來，福建巡撫真的接受了這一建議。巡撫衙門政令福建各地將寺田的收入四六開，六分用作軍費，四分仍歸寺院。這一規定表面上是合理的。但在實際上，各寺院擁有的寺田數量只是帳面數字。真實的情況是：各大寺院的收入大都被佃戶隱瞞，多數寺院根本就無法拿到所有的田租。於是，官府強徵寺院的六成租稅，便造成寺院被迫貼補租稅的情況，只是多少不同而已。假使一個寺院本來就只能拿到六成的田租，那麼，福建巡撫之令下達後，該寺院現有的田租收入全部繳納後自己就沒有收入了。寺院負責的僧人只好想辦法挪移其他經費貼補。然而，入不敷出，不消幾年，許多寺院破產。這種情況在福建是很普遍的，各寺院所受打擊只是程度不同而已。因而福建巡撫的這一政策是對福建寺院經濟的一大打擊。自此之後，許多寺院廢敗，僧人逃往外省，而其田地寺院多入於當地鄉紳之手。以福州市中心的法海寺來說，嘉靖年間，該寺僧人逃光，本寺院落被當地舉人高敘占為私

1　袁業泗，萬曆《漳州府志》卷八，〈賦役志〉，第 9—10 頁。
2　民國《南安縣志》卷十二，〈田賦〉。
3　葉聯芳，嘉靖《沙縣志》卷三，〈職制・僧會司〉，第 15 頁。

宅。高敘毀壞佛像，搜刮金銅，遭到許多人的痛斥。其後，高敘破產，寺院落到侍御藍濟卿手中。萬曆二十七年，藍濟卿之孫將法海寺原宅還給佛教僧人。[4] 不過，福建省寺院的數量遠多於道觀，飽受打擊的主要是那些中小寺院，而少數大寺總有鄉紳出面保護，因此受打擊的程度不是那麼厲害。其時，萬曆《漳州府志》記載抗倭期間寺院賦稅田賦的變化：

> 嘉靖二十七年，奉部行勘合，寺觀田地五頃內抽一頃徵銀（每畝徵銀一錢）備賑，未幾，停止；四十三年，時軍興多故，福建巡撫譚綸議寺田俱以十分為率，以四分給僧焚修，其六分入官，每畝輸租銀二錢，內一錢二分充餉，八分糧差，是為寺租四六之法；四十四年，巡撫汪道昆又題請額加派，民間每丁徵銀四分；米一石，徵銀八分，專備軍餉之用。號曰丁四米八，而僧與民俱重困。（按，黃冊登帶，每僧田一畝，帶正耗米五升三合五勺，計田一十八畝七分，該米一石。舊例，每僧米一石，帶租多者十一二石，少者七八石，多寡相兼，大率米一石，得租十石。後畝徵銀二錢，是每米一石該銀三兩七錢四分，計租十石，止值時價銀二兩五錢，至三兩止。今徵餉銀至三兩七錢，則租價外，當賠銀七錢，其法太重，難以徵納）。[5]

可見，迄至嘉靖後期，由於平定倭寇需要大量的軍費，福建地方官府開始加徵寺田的租稅，寺田的負擔一下增加了許多。據當時人的估算，按官府規定的比例徵收銀錢，田主是要破產的，如呂一靜的萬曆《興化府志‧田賦志》記載：「初寺僧升平之時，將田產依民間田地價值，典賣有力之家，自寺租新法初行，只於寺僧名下追徵，勢不能支。遂至逃竄。後軍門塗公廉得其情，清查寺田坐址，拘集佃戶承管，隨派里排帶徵。」[6] 可見，這一改革主要是為了緩解寺僧的重賦，但這一改革實行後，寺田實際上已成為一種官田了。由於寺租過重，僧田租額有所下降：「其後，僧徒告累，屢屢增減不一，萬曆二十三年戶部據撫臣題復，僧田每畝定徵餉銀一錢二分，二十五年，巡撫金學曾以倭警議增兵餉，以舊例雖四分焚修，然寺大田多者，所得利尚厚，下所司議寺田除二千畝照舊四六給，其餘悉按畝徵餉銀

4　中國佛教學會福建省分會，《福建佛教志二稿》，第二冊，九十年代初期油印本，第2頁。
5　袁業泗，萬曆《漳州府志》卷八，〈賦役志〉，第9—10頁。
6　呂一靜，萬曆《興化府志‧田賦志》。

一錢二分，惟田不及二千畝者，仍其舊。（後定餘田分為二八，二分焚修，八分徵餉），所徵餉倍于異時，而寺田累極矣。」[7]這是明末的情況。

　　明末寺僧的「復地運動」。《興化府志》提到一種現象：當時的寺田不是屬於寺僧直接管轄，而是轉佃給「有力之家」掌管，寺僧僅僅是「大租主」。這類情況在福建相當普遍，《漳州府志》云：「至於寺租，莫不皆然。他府並長泰等縣，寺租、寺田盡屬於僧，而漳、龍、南、平、澄四縣，則掌小稅者為田主，或一田專帶僧租，或一田兼帶僧租、民租，或一田專帶官米、民米，或一田兼帶官民米，並兼帶租，至不一也。僧掌大租，亦只收租納糧，與民大租一例，不識田之坐址，不管田之買賣，隨田屬某家，則就某家取租，是為租主，不為田主。故四縣只有寺租，原無寺田，所從來遠矣。」[8]對這種複雜的民間土地占有情況，官府並不很瞭解，明末重視寺田，一部分僧人便乘機收復田地，在漳州的龍溪、南靖、平和、海澄四縣，「各僧與吏胥緣為奸，始焉逆用大斗，以抬增租價，繼焉混報畝數，以湧溢餉額，縉紳衿佩，概被憑陵，郊郭井廬，屢遭騷擾。民始不勝其病矣」[9]。

　　《漳州府志》以為這是漳州才有的現象，其實，其他各縣也有僧人找還田地的「運動」。如泉州的《南安縣志》記載：「萬曆十九年倭警復聞，先後巡撫相繼清查助餉乃有司奉行太過，而奸僧尋端告訐，於是，盡提查無庫收者，徵銀若干，無官貼者，徵銀若干，責之原買，則田多他屬，責之現管，則價已貼足，輾轉鉤搭，一田而逮至數人，一人而連及數家捕係置對，蔓引株連，民甚病之。」[10]對此，各地的鄉紳十分不滿，於是：「永春人李開藻貽書方伯范公淶，其書縷縷千餘言。大略謂：寺田奉旨變賣，業在嘉靖中年找買，後既經丈量，已攤入黃冊，歲辦粮差，與民業無異。七八十年間，時事遷改，其子孫不能守，鬻之他人，庫收官帖，安得一一分折。歷年既久，安能一一存留。而有司毛舉數咎，輾轉追求，至比於民間貼契之說，猥鄙特甚。且令胥役居為奇貨。黔黎日困陷穽，非仁人所忍聞也。」[11]在鄉紳們的強烈要求之下，福建巡撫終於罷除找還寺田的政令。

7　袁業泗，萬曆《漳州府志》卷八，〈賦役志〉，第9—10頁。
8　袁業泗，萬曆《漳州府志》卷八，〈賦役志上〉，第42頁。
9　袁業泗，萬曆《漳州府志》卷八，〈賦役志〉，第9—10頁。
10　民國《南安縣志》卷十二，〈田賦〉。
11　顧炎武，《天下郡國利病書》第26冊，第70頁。

明代後期，隨著福建經濟的恢復和繁榮，地方士紳感到寺院的危機妨礙了佛道二教文化的傳承，開始興起恢復寺田的運動。不久，官府也捲入這一運動。由於寺田被大量隱占，福建地方政府試圖清查寺田，增加收入，然而一部分僧人趁機與吏胥勾結，敲詐各地鄉紳，又引起了鄉紳們嚴重不安，他們向地方官施加壓力，最終迫使地方官放棄這一政令。這一事件，反映了地方官對寺田管理的失敗。

明末因財政困難，又有些人主張賣寺田。不過，經歷了明代嘉靖年間的運動之後，寺院主持也積累了豐富的經驗。他們會通過佛教信徒做官員的工作，從而阻止了情況的惡化。例如，唐王在閩中建立政權之後，鄭芝龍手下官員一度提出賣寺田。但唐王的王后知道之後，讓唐王停止這一政令。

二、晚明福建佛教的復興運動

寧德支提寺與明朝皇室的關係。在信仰方面，明朝永樂皇帝與福建結緣頗深，永樂皇帝為建立福州的二徐真人廟花費大力，他的妻子徐皇后則讓明代皇宮與寧德支提寺結下深厚的因緣，這種關係一直延續到明代後期，對福建佛教的復興起了重要作用。

近來，福建史學界找到一條有關鄭和航海的新資料，出於由寧德支提寺所藏的《支提寺全圖》明代木刻版本，這塊木刻版今藏於寧德支提寺中。支提寺是國內有名氣的大寺。

> 支提寺，在支提山，吳越錢氏建。西有那羅巖，石室空洞深廣數十丈，為天冠化成寺。宋開寶四年建大華巖（嚴）寺於化成林之北。建時見天燈隱隱，鐘磬梵唄，縹緲空中。政和間，郡守黃裳請賜萬壽額。明永樂間，仁孝皇后鑄天冠菩薩一千尊，泛海祀於寺，復賜藏經於支提。為海內第一禪林。[12]

支提寺至今保留一些明代文物。木刻版本《支提寺全圖》是其中的一件。該圖題額為：〈敕賜大支提山華藏萬壽寺山圖記〉，全篇文字殘缺不少，尚能看得出的文字有些涉及鄭和：「迨我國朝成祖文皇帝握乾符以昇位，澤被九流」，「仁孝皇太后體坤德以資化，恩隆三寶」，「官鄭和之口運」等

12　郝玉麟等，雍正《福建通志》卷六十三，〈古蹟〉，第 67 頁。

句。要理解這些殘缺的句子，得知道永樂五年支提寺發生的一件大事。

《福建通志》記載：

> 明永樂中，仁孝皇后遣謁者泛海，齎送銅天冠一千尊於支提寺。中
> 流風濤簸盪，舟人大恐，以為蛟龍睥睨寶物，盡棄舟中所有。次至
> 天冠，每一投，風輒少霽。謁者泣拜曰：此中宮命也，實命當誅，
> 不如覆吾舟！風遂止。而棄者已半。時有樵者見群僧晒袈裟於巖上。
> 及謁者至，則所棄天冠已在寺中矣。（《寧德縣志》。）[13]

這個民間傳說透露的一個很重要的資訊：永樂年間，仁孝皇后曾命人
送天冠菩薩一千尊到支提寺中，他們是走海路！這就可能與鄭和有關了！
永樂五年九月，鄭和回到南京，未暇暖席，便出發到福建，原來是為了替
仁孝皇后送一千尊天冠菩薩給寧德支提寺！這也讓我們知道，為何永樂五
年九月的《實錄》文字只記載王貴通出使占城，因為，鄭和另有一個使命，
將仁孝皇后敬佛的使者送到福州，他可能先王貴通出發到福州。永樂帝再
令艦隊遠航，此時艦隊的另一位首腦王貴通尚在南京，所以，就由王貴通
領命了。

永樂帝的皇后是開國重臣徐達的女兒。她與永樂帝同甘共苦，為永樂
帝登基出力不少。皇室稱之為「仁孝皇后」。她死於永樂五年秋七月乙卯，
永樂帝悲傷不已，親自上堂祭祀，素服百日有餘，終身不再立皇后。不過，
永樂帝和其皇后信仰不同。永樂帝信仰道教，一生侍奉玄天上帝、二徐真
人等道教神仙。仁孝皇后則以信奉佛教出名。她出版過：《仁孝皇后夢感
佛說大功德經一卷》，載於《明史・藝文志》。鄭和於永樂五年九月分回
到南京，仁孝皇后已經去世一個多月。剛死的人，遺言十分重要，鄭和急
急出京，應與此事有關。寧德支提寺隸屬於福州府（其時元代的福寧州已
經撤銷，而明代的福寧府尚未建立）管轄，而鄭和的艦隊常住福州長樂，
所以，由他駕船到福建送天冠菩薩等重要文物，是理所當然的。

仁孝皇后為什麼會給寧德支提寺捐贈一千尊天冠菩薩？這與明朝內宮
時隱時現的高麗血統有關。約在元代，朝鮮半島的高麗國開始給元朝進貢
美女，後來成為一種慣例，所以，元代內宮有很多來自朝鮮半島的宮女，

13　郝玉麟等，雍正《福建通志》卷六十七，〈雜記・叢談三〉，第61頁。

她們有些人成為貴妃，對元朝、明朝血統有一定影響。徐達於明朝建立之時攻占北京，虜獲元朝嬪妃、宮女萬計，按照當時處理敵國女性的習慣，徐達應是從中選出一批美女晉獻明太祖朱元璋，他和諸將也會分享一批美女。所以，朱元璋和徐達的周邊，都會有高麗女子。後來，朱元璋和徐達結為親家，徐達的女兒嫁給朱元璋第四子朱棣，是為徐妃，即為後來的仁孝皇后。他們的身上是否有高麗血統就不好說了。但是，在內宮流行的高麗文化，很可能影響了他們。而寧德支提寺，是與高麗文化有關的一個中國寺院！

　　唐宋時期，中國佛教興盛，有諸多宗派。華嚴宗的實際開創者為唐代前期名僧康居人法藏。華嚴宗在唐代很有影響，但在唐武宗滅佛之時許多經典失傳。唐末華嚴宗再起，是因為元表等高麗僧人從高麗帶回華嚴經典，所以，元表等高麗僧人在華嚴宗內影響很大。元表曾居於寧德支提山一帶。後來，吳越王錢俶建華嚴寺，便選擇了寧德支提山，即為寧德支提寺。支提寺認元表為開山祖師。元表在朝鮮半島影響很大，學界認為朝鮮的茶文化即為元表帶去的。當時的高麗人嚮往中國，有元表這樣一位名人在中國揚名，皆以為榮。所以，支提寺在當時高麗人心中有重要地位。高麗籍宮人將崇拜華嚴宗的文化傳播到明朝內宮，這是宮人嚮往支提寺的原因。仁孝皇后受其影響，相當重視支提寺。《華嚴經》載：「支提山在東南方，有天冠菩薩與其眷屬一千人俱，常在其中而演說法。」[14] 應當是在周邊朝鮮女子的影響下，仁孝皇后起大願，為支提寺施捨一千尊天冠菩薩，並重新修建支提寺。明代文人陳鳴鶴說：「迨明興，成祖皇帝命無礙（禪師）復建，賜額華藏寺。仁孝皇后亦以鐵鑄天冠一千尊，高尺許，賚至山中，仍建寶閣於佛殿之西以祠焉。」[15]《福建通志》記載：「明永樂間，仁孝皇后鑄天冠菩薩一千尊，泛海祀於寺，復賜藏經於支提，為海內第一禪林。」[16] 明代支提寺的地位於此可見。今支提寺藏有一塊古匾，上書：「敕賜華藏寺」，「大明永樂五年欽差太監鼎建禪林」。但是，這位建寺的「欽差太監」卻不是鄭和，《支提寺志》記載：「至明永樂五年，欽差中使周覺成建大殿，

14　釋普現，〈支提寺志序〉，崔嶷，《寧德支提寺圖志》序，福州，福建省地圖出版社 1988 年，第 14 頁。
15　陳鳴鶴，〈支提寺始末記〉，崔嶷，《寧德支提寺圖志》卷四，第 41 頁。
16　郝玉麟等，雍正《福建通志》卷六十三，〈古蹟〉，第 67 頁。

賜額『華藏寺』，詔無礙禪師住持。仁孝皇太后重賜鐵鑄天冠一千尊，建寶閣於殿西祀之。」[17]

　　這樣看來，永樂五年鄭和急赴福州，其主要任務是送「欽差中使周覺成」護送皇后所賜支提寺的天冠菩薩像、大藏經等物品到福州府寧德縣。周覺成到了福州，鄭和的相關使命就完成了。鄭和另外的任務是第二次下西洋。其時，第一次下西洋的船舶剛剛回國，有必要重新整修，鄭和每次下西洋之前，都要提前到長樂太平港，應與督促整修船舶有關。永樂六年，鄭和第二次下西洋，他的始發港應為福州長樂港。

　　除了永樂年間朝廷賜寧德支提寺一千尊天冠菩薩外，萬曆年間，皇室給支提寺賞賜佛教大藏。

　　明代佛教的社會基礎很深，來自皇室的崇佛行為，對佛教的發展是一個刺激。晚明萬曆年間，皇帝的母親李太后崇奉佛教。《明史·諸王傳》提到：「九蓮菩薩者，神宗母孝定李太后也。太后好佛，宮中像作九蓮座，故云。」《寧德支提寺圖志》記載：「萬曆元年，慈聖宣文明皇太后一夕夢僧人導至東南支提山，禮天冠菩薩，及醒，命中使圖跡僧儀，唯師（大遷和尚）酷肖夢中，召見稱懿旨，事以師禮，因敕入閩中興梵剎。時支提遭鍾奎之誣，寺燬僧散，守山僧一陽，志存興復，力不從心。先是，陽公夢赤虬繞樹之祥，適師奉命來山，喜符夙願，力任興造之役。師遂命工度材，凡七載告竣。殿宇煥然一新。其時，三山王參知應鍾、林方伯懋和詣師徵詰奧義，讚賞不已。及當道劉中丞堯誨、商直指為正、鄭觀察善并諸藩臬大臣、鄉搢紳先生，莫不延之上席，以及海內緇素望風飯向參請，殆無虛日，座下恆遶數千指。至十八年，詣京復命，皇太后迎居北壽寺。」其後，皇太后又命令慈壽寺僧人萬安接替大千和尚到支提寺，並且「賚賜藏經六百七十八函至山」。幾年後，福建巡撫為了頌恩方便，上奏得朝廷同意，將這套大藏經移藏福州。而皇太后於二十五年再賜一部大藏經給支提寺。[18] 由於支提寺得到皇家的欣賞，福建官府特意由抗倭戰爭時期沒收的寺田中，返還支持寺二百畝田地，再後，因支提寺僧人達到「千指」，福

17　崔嶷，《寧德支提寺圖志》卷二，〈寺〉，第 14 頁。
18　崔嶷，《寧德支提寺圖志》卷三，李懷先、季左明、顏素開點校本，福州，福建省地圖出版社 1988 年，第 30、31、42 頁。

建官府各重要官員為其捐俸購田四百畝。[19] 可見，萬曆年間的支提寺再次得到皇宮的欣賞，從而在福建掀起了一股佛教熱潮。

事實上，明代佛教的世俗化引起晚明高僧和士大夫階層的嚴重不安，他們力圖重振佛教。儘管他們的努力只是在部分寺院有效，但延續了閩中佛教一脈，對佛教的生存有重大意義。

1. 黃檗山萬福寺和臨濟宗在閩中的振興。福清黃檗萬福寺是佛教歷史上著名寺院之一，唐代南宗禪大師黃檗希運出身於該寺，其後黃檗希運的弟子臨濟義玄開創臨濟宗，是為宋以後佛教中影響最大的一個宗派。由於這一緣故，萬福寺在南方極有名。明代後期，在福清籍宰相葉向高的支持下，皇帝賜給萬福寺「藏經六百七十八函，帑金三百兩，敕書一道，寺額、紫伽黎缽盂、錫杖」。這一事件轟動一時，「萬里海邦，莫不駭矚。時萬曆甲寅歲也。」[20] 此後，福清、莆田一帶的鄉紳大舉施捨，將萬福寺修飾一新，而許多名師也移駐萬福寺。於是萬福寺成為南方禪宗的重要據點。

明末清初有三位國內著名的佛教大師駐錫萬福寺，他們是密雲圓悟、費隱通容和隱元。密雲圓悟對佛教的貢獻在於重振佛教臨濟宗，在明末談禪風氣極濃的氣氛下，許多士大夫成為他的寄名弟子，他們不滿於理學的枯燥說教，而想從圓悟的禪理中得到啟發，圓悟的臨濟宗禪風符合他們的口味，所以，密雲圓悟每到一處，「風行草偃，馳走天下，宿衲鴻儒。」[21] 人們認為：他是元明兩代佛教最著名的代表人物之一。費隱通容是圓悟親傳弟子，對弘揚臨濟宗頗有貢獻。而隱元則是受他們親炙的閩籍高僧。

隱元禪師諱隆倚，福清人。同時代的王谷讚道：「今隱元禪師又為費老人高足，法眼洞明，機鋒猛烈，一門而三闡宗旨，樹幟禪關，誠古今法寶中希覯者。飛錫回閩，首登黃檗，開堂說法，普照人天，而善信之皈依諦聽者，不啻龍象紛馳，鳳麟畢集。」[22] 這段話大致反映了隱元的學術造詣及其在佛教徒中的威望和地位。在明末清初，他的《語錄》遠傳日本，仰

19　王應鍾，〈支提山華藏寺復田碑記〉，清・崔嶸，《寧德支提寺圖志》卷四，第 42 頁。
20　隱元、清馥等，《黃檗山寺志》卷三，〈鏡源傳〉，福建省地圖出版社 1989 年，第 34—35 頁。
21　隱元、清馥等，《黃檗山寺志》卷三，〈圓悟傳〉，第 36 頁。
22　隱元、清馥等，《黃檗山寺志》卷六，〈外護〉，第 94 頁。

慕他的日本人千方百計將他請至日本弘法，並為他在京都近郊重建一座黃
檗萬福寺，隱元便留居日本不返。隨隱元傳至日本的中國佛教理論、書法、
繪畫、醫學，被日本人譽為「黃檗文化」。[23]可見，隱元是一位有國際影響
的僧人。由於圓悟、費隱、隱元等人長期在萬福寺說禪，萬福寺成為南方
最重要的臨濟宗據點之一。明末清初，該寺名流輩出，傳續了禪宗文化，
其影響迄至晚清不衰。

　　2. 曹洞宗流派在閩中。明代曹洞宗是與臨濟宗並稱的兩大流派之一。
不過，一向有「臨天下，曹一角」的說法。曹洞宗主要流行於東南諸省。
明萬曆年間，江西無明慧經禪師重振曹洞宗，曾入閩中傳道，使閩北一些
寺院成為曹洞宗據點。《福建佛教志》記載慧經禪師：「明天啟七年駐錫
福州鼓山湧泉寺，六個月後回博山，聲名更盛。明末，在吳、越、江、閩間，
大闡宗風，學士大夫禮足求戒的前後不下數萬人。」[24]慧經有兩大青出於藍
的弟子，其一為元來，他常住閩北董巖寺、福州湧泉寺修行，留下的著作
有《住建州董岩禪寺語錄》。《住建州仰山禪寺語錄》、《住福州鼓山禪
寺語錄》，都是明代禪宗名著。慧經的另一弟子元賢為福建僧人，他是福
建建陽人，俗姓蔡，為建陽著名的「蔡氏九儒」後裔。他少年時受過很好
的教育，一日偶然看到佛經，發現在儒學之外，竟有另外一門大學問，便
執意出家，研究釋典。青燈古佛下，讀書多年，漸以對曹洞宗的研究聞名，
被譽為「明三百年之一人也」。他往來於閩、贛、浙三省，晚年長住鼓山
湧泉寺，使湧泉寺成為曹洞宗據點，他的弟子有道霈、雪樵等，都是很有
造詣的學問僧。他們歷代傳承曹洞宗，使湧泉寺在閩中諸寺中的地位大大
提高，實際上成為福建各寺院的首腦。

　　3. 元賢的僧史著作和思想。元賢是研究佛教史的著名學者之一，他的
《建州弘釋錄》分類記載了由唐至明末建州（即建寧府）的歷代名僧，是
福建佛教史名著。他另著《繼燈錄》、《補燈錄》二書，旨在繼承《五燈
會元》為宋末至明代僧人作傳。二書皆得名家讚賞。元賢其他著作還有：
《永覺元賢禪師廣錄》、《繼燈錄》、《補燈錄》、《建州弘釋錄》、《法

23　〔日〕木宮泰彥著，《日中文化交流史》，第 695—698 頁。
24　中國佛教學會福建省分會，《福建佛教志二稿》第一冊，90 年代油印本，其時福
　　建佛學會會長為妙湛，第 23 頁。

華私記》、《楞嚴翼解》、《楞嚴略疏》、《金剛略疏》、《般若心經指掌》等著作，共 80 餘卷。元賢的學問博雜，出入儒釋二家，對佛教、儒教命題，多有深入探討。他的學術思想可歸納為以下特點：[25]（1）主張三教一理，理一教殊。他繼承朱熹思想，提出「理實唯一」，儒、釋、道三教，最終都歸於理。其區別在於聖人因時勢、人情之異，提出了不同主張。儒者人世，以仁義禮樂治國，其失在於執著名相，翻為桎梏。老莊之說虛無自然，使人超越名相，不為物累。而佛教超人越天，窮理盡性，達到孔子所謂欲言而無言的境界了。（2）人性的本體是真如。儒家對人性善惡有一番爭執，孟子言性善，荀子言性惡，揚雄以為人性善惡相混，韓愈則說性有三品，在元賢看來，這些對人性的探討，都執著於「用」，並非反映了性的本質，唯有釋教直指人性為真如性體，只有悟得本性，方是真性。可見，元賢對人性的認識顯然比儒家諸子更進一層。（3）天命為人性外在。儒者以天命為宇宙之宰，元賢認為，天命仍為人心的體現，「夫二氣、五行之紐樞，實即吾人之妙心，故曰：『三界唯心』。」因而，捨心之外，以為冥漠之中別有主宰是錯的。他以禪宗的主觀唯心論去統一儒者的客觀唯心論，反映了他立足於佛教的立場。（4）太極即真如。儒者以太極為萬物本源，太極動為陽，靜為陰，陰陽化生萬物。元賢以真如的體性解釋太極，「不動不靜者，太極之體；有動有靜者，太極之用。用依體發，強名曰生；體超於用，實自無生。攝用歸體，生既無生；全體起用，無生而生。」「太極之體，語大則包納太虛，語小則全具一塵。雖全具一塵，即包納乎太虛；雖包納太虛，即全具於一塵。」他以佛入儒，對太極的解釋別開生面。（5）論格物致知，強調悟性。朱熹的格物致知說在明代影響很大，但也受到王陽明的批評。元賢認為，格物致知說「特逐物而窮其當然之則」，他和王陽明一樣，蔑視求「則」的重要性，而強調人的悟性。他要求知者達到精義而至於入神，靈光獨露，迥脫根塵。這是將哲學家的追求取代一切科學技術了，這種求知方法實際上是不利於後學的。禪悟並不是世界的一切，元賢把禪悟當作人生的唯一追求，而忽視其他實用科學，這是元賢的一大弱點，也是禪宗的一貫弱點，這種思維方法實際束縛了禪宗的發展活力。（6）論

25　郭朋的《明清佛教》一書概括了元賢思想的 12 個特點，並輯錄大量史料，今據郭先生一書的材料與論點進一步展開探討，觀點與郭朋先生不盡一致。

老莊的虛無境界。老莊以有無相對，要求人們去今之有，歸昔之無，這種思想看似超脫，在元賢看來，其弱點是執著於無，並非真無。三界唯心，萬法唯識，有既無，無既有，有無之間，非有非無，亦有亦無，是真有無。（7）孝乃為人之本。這是儒家的觀點，作為佛教徒，本應超越家庭觀，可是，元賢卻說：「甚矣，孝之為義大也。身非孝弗修，人非孝弗治，天地非孝弗格，鬼神非孝弗通，即無上至真等正覺，非孝亦無由致！」將孝道強調到如此地步，在佛教徒中還是僅見的。（8）主張「三宗一源」。佛教有禪宗、教宗、律宗三大流派，唐宋以來，三宗自成門戶，論爭不已。明代三宗派皆已式微，唯禪宗復起，代有名僧。作為禪宗代表人物之一，他對瀕於絕境的二宗派並不歧視，而是主張三宗一家，同源異流，榮辱與共。這反映了在佛教全面衰退的背景下，佛教徒熄止內爭，共同對外的要求。

從以上 8 點看，元賢是一個有思想的人物，他立足佛教，兼攝儒道，時有新見。在明代佛教界是罕見人物。

圖 12-1　德化窯佛教塑像，廈門大學人類學博物館藏。

圖 12-2　明代德化窯瓷塑達摩與觀音 [26]

26　北京，故宮博物院編，《故宮博物院藏品大系，雕塑第 8 冊，瓷塑與泥塑》，紫禁

福州北嶺下的崇福寺於萬曆四十七年重建，主體建築於崇禎五年落成，當時請江西名匠雕造高九尺的阿彌陀佛像，有人稱其甲於閩中。該寺派出的僧人到日本募捐，因戰亂緣故不得回歸故鄉，因而在日本長崎建立崇福寺。該寺僧人以福州崇福寺為祖寺。[27]

圖 12-3　福州開元寺的一座殿堂，傳為明代建築。

第二節　天主教在福建的傳播

晚明天主教再次傳入中國，福建省是其重要基地之一，不過，即使在明代末年，儒學與天主教的衝突也開始露出苗頭了。

一、天主教再次傳入閩中

元代傳入泉州的基督教在明代已不見記載，一般認為：由於元末泉州戰亂相續，以經商為主的基督徒都離開這一城市，返回故土。明中葉，西方早期殖民者西班牙人和葡萄牙人打通了從歐洲至中國的航路，天主教傳教士也隨之東來，開始滲入中國傳教。明末，諸如徐光啟、李之藻、楊廷筠等著名士大夫都加入天主教。一時期內，談論「天學」成為一種時髦。

天主教入閩與閩籍首輔葉向高有關。天啟四年（1624 年），葉向高告老還鄉，在杭州路遇耶穌會的教士——艾儒略[28]，兩人談得十分投機。艾儒略為義大利布雷西亞人，早年受過扎實的教育，1609 年來華，1610 年抵達澳門。在澳門時期，他在耶穌會修道院教授數學的同時，堅持學習儒家經典，具有一定程度的中國文化修養，1613 年進入內地傳教。在杭州時期，他刊印了《萬國全圖》、《職方外紀》、《西學凡》等著作。當時的耶穌會士以儒學的章句表述基督教原理，主要弘揚儒學與基督教共通的地方，

城出版社、安徽美術出版社 2011 年。

27　中國佛教學會福建省分會，《福建佛教志二稿》，第二冊，九十年代初期油印本，第 20 頁。

28　艾儒略（Giulio Aleni，1582—1649 年）字思及，明末義大利耶穌會傳教士，萬曆三十八年（1610 年）來華。

並傳播西方科技知識，因而引起士大夫
的廣泛興趣。在葉向高邀請下，艾儒略
跟隨葉向高來到福建傳教，於1624年
12月抵達福州。受葉向高影響的閩中
士大夫皆與艾儒略交往，交談儒學與世
界的新事物。在巴黎圖書館所藏《熙朝
崇正集》中，收錄了71位閩中士大夫
贈給艾儒略的詩。其中著名人物有葉向
高、曹學佺、張瑞圖、何喬遠等。在士
大夫們的支持下，艾儒略的傳教十分順

圖12-4　泉州出土的西班牙人墓碑，攝於泉州海交館。

利，葉向高的孫子葉益蕃在福州宮巷為艾儒略建造了福建第一所天主教堂
——三山堂，又名福堂。崇禎八年（1635年）福州城內已經有了數百名教
徒。艾儒略以三山堂為據點，出版了《三山論學紀》、《耶穌聖體禱文》
等十幾種宣揚天主教義的書籍，其中也有一些涉及各方面科技知識的小冊
子，例如《幾何要法》等。因此，艾儒略在閩被視為西學東漸的重要時期。

　　一個遠在歐洲的宗教能在中國引起士大夫們強烈的興趣，這是一個值
得研究的問題。基督教的教義與儒學有同有異，根柢不同。但是，傳教士
們竭力掩蓋二者的差異。利瑪竇和艾儒略都將自己打扮為西方的儒者，聲
稱到中國來為的是與中國的儒者印證儒學，他們將儒學與天主教某些相似
之處加以發揮。例如：儒者相信上帝，他們便說天主教的唯一之神便是上帝；
儒學講仁愛，利瑪竇便寫《交友論》，提出為朋友不惜自己的一切。這些
迎合，使儒者錯以為儒學與利瑪竇、艾儒略的「天學」是一家。在《熙朝
崇正集》中，葉向高給艾儒略的詩是這樣寫的：「爰有西方人，來自八萬
里……言慕中華風，深契吾儒理。」張瑞圖的贈詩說：「九原不可作，勝
友乃嗣起。著書相羽翼，河海互原委。孟氏言事天，孔聖言克己。誰謂子
異邦，立言乃一揆。」可見，葉、張二人都天真地把天主教當成儒學一支
了。[29] 明末，國家面臨著種種社會問題，很明顯，用儒學已無法解決，許多
儒者便想尋找新的出路。李贄和林兆恩想從傳統文化中找出路，林兆恩吸
收佛道二教建立三一教，便是這種努力之一。但是，他們都沒有成功。徐

29　徐曉望，《福建思想文化史綱》，福建教育出版社1996年，第259頁。

光啟等人的想法是將儒學與天主教的宗教組織結合起來，利用天主教組織將儒學普及於民眾。葉向高、張瑞圖等人對天主教也是這種看法。天啟七年（1627 年），葉向高與艾儒略共著《三山論學》一書，在該書中，以葉向高提問、艾儒略回答的形式，探討了一系列社會問題，艾儒略不涉教義爭論，而以基督的仁愛精神闡明自己看法，站在儒學立場上的葉向高覺得這些觀點都可接受，且能闡發許多儒教未能說透徹的問題，大為讚歎：「天主之教，如日月中天，照人心目。」後來，他的子孫中有多人加入天主教。

二、明末福建天主教與儒佛二教的衝突

然而，天主教實與儒學有本質的不同，教士傳播天主教，絕不是想讓它成為儒學發展的鋪路石，在贏取儒者支持取得一定成績後，艾儒略等人的傳教就更重視基督教的教義了。他們力爭信徒將基督教義放在第一位，而不是過多重視儒家學說。天主教反對偶像崇拜，在中國人祭祖和祭孔問題上，天主教傳教士與中國士子發生衝突。對普通的儒者來說，在家拜祖先，在學校祭祀孔子都是必定要做的事。但傳教士們往往將孔子和人們家庭中的祖先牌位當作偶像，唆使信徒放棄祭拜孔子和祭拜祖先，這就引起了雙方的衝突。後來，耶穌會傳教士看到祭孔和祭祖已經成為中國人不可分離的習俗，尤其是儒者，不讓他們祭祀孔子，他們便無法進入學校，參加科舉考試。最終在中國的耶穌會傳教士做出妥協，默許信徒對祖先和孔子的祭祀，但對一些缺乏文化知識的基層信眾，則從一開始就引導他們徹底放棄偶像崇拜。福建的儒者觀察到這一點之後，便產生了對教士們的不滿。

福建佛學界人士對天主教的傳教士尤為不滿。耶穌會士利瑪竇進入中國後，在廣東、南京等地傳教。一開始，他向佛教徒靠攏，後來覺得在廣東等地，佛教徒的社會地位不高，便改向儒者靠攏，打著西儒的旗幟傳教，從而獲得很大成功。此後，耶穌會人士傳教，常常以批判佛學開頭。在儒學方面，艾儒略在儒者面前專講天主教與儒學相同的一面，但在教徒面前，他也批判程朱理學太極兩儀產生世界之說，因為基督教認為世界是上帝創造的。這些觀點漸漸傳到儒者和佛教徒耳裡，引起了儒佛雙方的不滿。福建是佛教影響很大的區域，本省佛教的勢力比外省要強得多。崇禎八年（1635 年），福寧府僧人行元著〈代疑序略說〉、〈緣向陳心〉二文，直

接批判天主教的信徒楊廷筠，而莆田僧人性潛也在〈燃犀〉一文中猛批天主教徒。此外，福州府士人陳侯光、福寧府士人林啟陸，都發文回應，在福州等地造成批判天主教的氛圍。[30] 他們的著作和文章後來都被收入《破邪集》、《闢邪集》二書。在這一背景下，福州官府也行動起來，崇禎十年，福建教案發生。

福建教案的背景是天主才教在民間的傳播引起士紳的不安。先是，寧德縣的王春向福建巡撫沈猶龍告發：有四名夷人藏在寧德一位吳姓官員的家中。沈猶龍派人將這四名夷人抓住，原來是四位傳教士。經審判之後，福建巡按御史張肯堂下令將這四人驅逐出境。這是很輕的判決。[31] 不過，福建按察使徐世蔭和福州知府吳起龍借此事為藉口，張榜禁止天主教傳播，並下令驅逐傳教士陽瑪諾和艾儒略。傳教士被迫退出福州，到處藏匿。艾儒略憑著自己在士大夫中的關係，寫信給在籍大學士晉江人張瑞圖出面緩頰。其時，在福建任總兵的鄭芝龍是天主教徒，對鄭芝龍有恩的曾櫻是福建參政，他如泉州蔣德璟是中樞高官，他們都在艾儒略的請求下出面調解。吳起龍不得不放鬆對艾儒略等人的壓力。崇禎十二年，在外躲避多年的艾儒略回到福州教堂宣教。明清之際，福建局勢動盪，福州遭圍城之難，艾儒略避難延平府的南平縣，在此地傳教，1649 年去世。艾儒略在閩中共計25 年，分赴各地傳教，建造較有大的教堂 22 座，受洗人數達萬餘人 [32]。其時，福建已經成為天主教在遠東的重鎮。

由於艾儒略在福建的發展，明清之際的天主教會將福建當作重要基地。其時進入福建傳教的著名人物還有：義大利人聶伯多（Petruc Canevari）、杜奧定（Augustinus Tudeschini），葡萄牙人陽瑪諾（Emmanuel Diaz Junior）、郭納爵（Lgnatius da Costa），波蘭人穆尼閣（Smogo Lenski），以上諸人皆為耶穌會士，他們以葡萄牙人占據的澳門為據點，陸續來到大陸各省傳教，在福建工作多年。其中郭納爵將儒家經曲《大學》譯成拉丁文，取名為《中國智慧》，在歐洲產生極大影響。這是中國經典西譯的開

30　林仁川、徐曉望，《明末清初中西文化衝突》，上海，華東師大出版社 1999 年，第 139 頁。

31　施某，〈福建巡海道告示〉，徐昌治編輯，《破邪集》卷三，周岩編校，《明末清初天主教史文獻新編》下冊，國家圖書館出版社 2013 年，第 1747 頁。

32　陳支平、李少明，《基督教與福建民間社會》，廈門大學出版社 1992 年，第 12 頁。

始。[33]

第三節　明代的陳靖姑信仰及聖公崇拜

陳靖姑信仰流傳於福建、浙江與臺灣等地，各地有關陳靖姑的傳說都有一些差異。明代海北遊人無根子所著《海遊記》記載的陳靖姑傳說，有明顯的佛教痕跡，然而，民間又有許多人將陳靖姑看作道教的神。比較二者的差異可看出道教與佛教對民間信仰的爭奪。

一、《海遊記》所展示佛教對陳靖姑信仰的改造

明代的《海遊記》一書云：「自天地開闢之後，人民安業，以儒、釋、道、巫四教傳於天下。儒出自孔聖人，居人間以孝悌忠信行教，釋出自世尊，居西境以持齋行教；道出老子，居鐘南以修煉行教；巫出自九郎，居閭山以法行教。」[34]可見，在《海遊記》這部書的作者那裡，巫教是與儒佛道三教相頡頏、且自成系統的一種宗教。其中，巫教的開創者是閭山九郎。關於閭山派巫教，宋代道教大師白玉蟾說：「巫者之法，始於娑坦王，傳之盤古王，再傳於阿修羅王，復傳於維陀始王、長沙王、頭陀王、閭山（山在閭州）九郎、蒙山七郎、橫山十郎、趙侯三郎、張趙二郎。此後不知其幾。昔者巫人之法，有曰盤古法者，又有曰靈山法者，復有閭山法者，其實一巫法也。」[35]可見，閭山派是當時巫法的一大流派。不過，迄至元明時期，諸派巫法似都歸宗於閭山派門下，而其門徒也打出了巫教的旗號。

閭山派巫教以陳靖姑為教主，這是眾所周知的。《海遊記》一書，便是敘說陳靖姑學法、行法的故事。整篇故事約有二萬餘字，此處當然不可能將全文錄入。不過，查明代的《三教源流搜神大全》一書，其中有關「大奶夫人」陳靖姑的記載，大致上是《海遊記》的縮寫，今引錄如下：

> 昔陳四夫人祖居福州府羅源縣下渡人也。父諫議，拜戶部郎中，母葛氏，兄陳二相，義兄陳海清。嘉興元年，蛇母興災吃人，占古田

33　黃順力，〈艾儒略及其他耶穌會士在福建〉，陳支平主編，《福建宗教史》福建教育出版社 1996 年，第 381—383 頁。

34　海北遊人無根子，《新刻全像顯法降蛇海遊記傳》，建邑書林忠正堂刊，第 1 頁。

35　白玉蟾，《海瓊白真人語錄》卷一，《道藏》第 33 冊，第 113—114 頁。

縣靈氣穴洞於臨水村中，鄉人已立廟祀，以安其靈，遞年重陽，買童男童女二人以賽其私愿耳。遂不為害。時觀音菩薩赴會帰南海，忽見福州惡氣沖天，乃剪一指甲化作金光一道，直透陳長者葛氏投胎，時生於大曆元年甲寅，歲正月十五日寅時誕聖，瑞氣祥光，罩躰異香，繞閭金鼓声，若有群仙護送而進者。因諱進姑。兄二相曾授異人口術瑜珈大教正法，神通三界，上動天將，下驅陰兵，威力無邊，遍救良民。行至古田臨水村，正值輪祭会首黄三居士供享，心惡其妖，思靖其害，不忍以無辜之釋啖命于荼毒之口，敬請二相行法破之。奈為海清酒醉填差文券時刻，以致天兵、陰兵未應，悞及二相為毒氣所吸。適得瑜仙顯靈，憑空擲下金鍾罩，覆仙風所照，邪不能近。兄不得脫耳。進姑年方十七，哭念同氣一糸，匍往閭山斈法，洞王女即法師傳度驅雷破廟罡法，打破蛇洞取兄，斬妖為三。殊料蛇稟天宿赤翼之精，金鍾生氣之靈，與天俱盡，豈能歿得。第殺其毒，不敢肆耳。至今八月十三起，乃蛇宿管度，多興風雨霖霓，暴至傷民稼穡。蛟妖出沒，此其証也。[36]

以上故事與佛教的關係體現在：

其一，陳靖姑（或稱陳進姑）是觀音的化身之一。《海遊記》的開篇說：後世巫教不顯，是佛教的觀音之神使閭山巫法再興。觀音之所以將指甲化為陳靖姑大奶夫人，是因為她「見閭山法門久沉不現，欲思揚開其教」，所以，她將一根白髮化為白蟒一條，去人間作亂，而後又派陳靖姑下去斬蛇，由於這一過程，閭山派巫教得以再興[37]。可見，觀音是閭山派教主所依仗的主神。

其二，陳靖姑之兄陳二相是瑜珈大教的門徒。關於瑜珈教，宋代道教大師白玉蟾曾給學生彭梠講解：「梠問曰：『今之瑜珈之為教者何如？』答曰：『彼之教中謂釋迦之遺教也，釋迦化為穢跡金剛，以降螺髻梵王，是故流傳此教，降伏諸魔，制諸外道，不過只三十三字，金輪穢跡咒也。然其教中有龍樹醫王以佐之焉，外此則有香山、雪山二大聖，豬頭、象鼻

---

36 佚名，《三教源流搜神大全》卷四，上海古籍社 1990 年影印清刊本，第 183—184 頁。
37 海北遊人無根子，《新刻全像顯法降蛇海遊記傳》卷上，臺北，施合鄭民俗文化基金會，第 66 頁。

二大聖，雄威華光二大聖，與夫那又太子，頂輪聖王及深沙神，揭諦神以相其法，故有諸金剛力士以為之佐使，所謂將吏惟有虎伽羅、馬伽羅、牛頭羅、金頭羅四將而已。其他則無也。今之邪師雜諸道法之辭，而又步罡捻訣，高聲大叫，胡跳漢舞，搖鈴撼鐸，鞭麻蛇打桃棒，而於古教甚失其真。似非釋迦之所為矣。然瑜珈亦是佛家伏魔之一法」。」[38]

　　從白玉蟾的敘述中我們知道：瑜珈實為佛教中的一派，以重視降伏妖魔為其特點。瑜珈教的神靈相當繁雜，其中，香山大聖觀音、雪山大聖等，都是著名的神靈。《海遊記》一書記載了相關故事：「卻說羅源縣下渡村陳諫議，已有妻葛氏夫人，生一子名法通。義男名海清，一女名靖姑。法通朝拜雪山法天聖者為師，一日，辭母帶海清從各處救人疾苦，母許之。」[39]按，《海遊記》中的劉祖師又被稱為「雪山法天聖者」，他應當就是白玉蟾所說的瑜珈教「香山、雪山二大聖」之一。可見，陳靖姑信仰在佛教人士看來，是屬於佛教的。

　　關於雪山大聖，其實為「雪山法天大聖者」的縮寫。從其所展示的神跡來看，它實為一個有法術的人，這類人物各種宗教都有，只是稱呼不同罷了。道教稱之為道士，佛教稱之為和尚，只有瑜珈教才將這類人物稱之為「聖者」，這是十分特殊的稱呼。《海遊記》所載的聖者其實不只雪山法天聖者一人，還有蘭天聖者、飛天聖者、法天聖者等三人。《海遊記》云：陳法通與義弟陳海清在古田臨水村與蛇精鬥法，陳海清將「文書燒去，請得王、龔、劉三祖師——蘭天聖者、飛天聖者、法天聖者到壇。」[40]關於三大聖者的姓，各書記載都有些不同，有的記為王、龔、劉，有的記為楊、龔、劉，他們在閩北的農村很有影響，有時被稱之為三佛祖師，或是三濟祖師。

　　《邵武縣志》云：

　　　三佛祖師者，一劉氏，交趾人，一楊氏，南華人，其一為西域突利

38　白玉蟾，《海瓊白真人語錄》卷一，《道藏》第33冊，文物出版社、上海書店、天津古籍出版社，第114頁。

39　白玉蟾，《海瓊白真人語錄》卷一，萬曆《道藏》第33冊，文物出版社、上海書店、天津古籍出版社，第114頁。

40　海北遊人無根子，《新刻全像顯法降蛇海遊記傳》卷上，臺北，施合鄭基金會，第66頁。

屬長民，本無姓，以母契丹氏適龔，遂為龔姓。龔生而好道，早歲辭親出家，至儋州昌化縣地藏菩薩道場，隨眾聽法。至定水與劉、楊遇，相見如故。因同詣雪峰義存，求證上道。義存為剪髮作頭陀，命法名曰：龔志道、劉志達、楊志遠，遂各受偈辭去。溯舟至郡境，楊適楊源，龔適道峰，而劉居七臺山之獅子巖，後皆化去。紹興八年，郡旱禱雨，立應，敕封真濟、神濟、慈濟三公。淳祐間，加封圓照顯祐大師。[41]

以上三位祖師在傳說中為唐末名僧雪峰義存手下的人物，由於他們尚未正式剃度，只能做頭陀，回溯白玉蟾有關巫法源流的演說，我們知道，其中有「頭陀王」其人，應當就是這三位聖者了。

總之，在佛教看來，陳靖姑是觀音的化身，也是瑜珈派的重要神靈之一，她的師尊輩人物中，尚有三佛祖師等人。

二、道教有關陳靖姑信仰的重塑

明代嘉靖年間，為了爭取抗倭的經費，福建巡撫衙門下令將全省的寺觀田官六僧四分成，這給佛道寺觀很大的打擊。以武夷山道教宮觀來說，明中葉以前，武夷山道觀還是欣欣向榮的，那時武夷山道觀的田地遍布於崇安、建陽諸縣，每年都可獲得大量的田租。但經倭寇之亂時的官府強徵租稅，這些道觀大都破產，道士逃往外省。乃至明末找不到一所像樣的道觀。正規道觀之外，民間信仰卻有很大發展。它們往往取代了正規道教的地位。其中福建省的陳靖姑信仰尤其發達。

明代萬曆年間重編的《道藏》一書，對陳靖姑信仰有如下記載：

按，《楓涇雜錄》云：唐大曆中，閩古田縣有陳氏女者，生而穎異，能先事言，有無輒驗。嬉戲每剪鳶蝶之類，噢之以水，即飛舞上下，嚙木為尺許牛馬，呼呵以令，其行止一如其令。飲食遇喜，升斗輒盡，或辟穀數日自若也。人咸異之。父母亦不能禁。未字而歿。附童子言事，鄉人以水旱禍福叩之，言無不驗。遂立廟祀焉。宋封順

懿夫人，代多靈跡，今八閩人多祀之者。[42]

將以上記載比之前述有關陳靖姑的傳說，完全是另一種樣子，陳靖姑噀水變物，辟穀數日，預言未來，是一個道士的形象了。

明末陳鳴鶴的《晉安逸志》對陳靖姑事蹟有較詳細的鋪張敘說：

> 女道除妖。陳靖姑，閩縣人，五世好道。靖姑少孤，與其兄守元力田牧畜。守元食牛山中，靖姑餉而遇餒嫗，即發其簞飯飯之，別以己食進兄。嫗因託身，靖姑以母事之，不敢有闕。嫗病疽，靖姑跪而吮之。無何，嫗死，靖姑為棺殮畢葬。一日，守元出，靖姑為守牛，渡牛而溺。忽見紫府嚴麗，前時餒嫗雲衣月帔，迎立而笑曰：兒來何莫。遂授以神篇秘籙。居歲餘，見靖姑於寶皇，寶皇大悅，迺拜真官得主地上鬼神。賜鶴馭歸家。守元見之，大恐曰：妹既已為魚鱉餌矣，何遽如許？靖姑告之故，迺竊發嫗塚，但衣被而已。於是，為靖姑再拜求其術，願得通籍金闕，望見寶皇顏色。靖姑上書請之嫗，嫗報曰：上下有等，幽顯有章，道俗有別，神之紀也。而兄凡品也，安取禮而見上帝無已。得授方列於漢文成、五利之屬，足矣。其後，守元以方得幸於閩王鏻父子，封天師，賜甲第、車馬、帷幄、器物，為之築坺（壇），鑄黃金為寶皇，奉祠之。靖姑既善符籙，遂與鬼物交通，驅使五丁，鞭笞百魅。嘗詣郡城，道遇荒塚，得遺骸，卷以簀而禁之。須臾，肉骨起拜曰：妾，繇王宮人也。姓班氏，不知易幾世矣。嫗寔生我，請得以身事嫗，備除門之役所甘心焉。靖姑遂畜為弟子。鄉有虎魅，能變形為人，靖姑劾繫降之。使為遠遊前驅。永福有白蛇為魅，數為郡縣害，或隱刑（形）王宮中，幻為閩王后，以惑王。王及左右，不能別也。王患之，召靖姑使驅蛇。靖姑率弟子為丹書符，夜圍王宮，斬蛇為三，蛇化三女子，潰圍飛出，靖姑因驅五雷，追數百里，得其尾於永福，得其首於閩清，各厭殺之。其頭奔入古田臨水井中。於是靖姑乘勝從他道馳入古田，圍井三匝，蛇迺就女人服，係頸自縛，箭貫耳，抱馬足，請降。諸弟子或言誅蛇，靖姑曰：蛇千歲之精，亦天地一氣，且已降服，又

42　佚名，《搜神記》，《道藏》第 36 冊，文物出版社、上海書店、天津古籍出版社，第 290 頁。

殺之，非太上好生之意。迺以蛇屬部伍，使長居井中。還報閩王，
閩王曰：蛇魅行妖術逆天理，隱淪後宮，誑惑百姓，斧鉞所不能傷，
虎落（狼）所不避。今靖姑親率神兵，斬獲首級，服其餘孽，以安
元元，功莫大焉。其封靖姑為順懿夫人，食古田三百戶，以一子為
舍人。靖姑辭讓食邑不受，迺賜宮女三十六人為弟子，建第臨水，
使者存問，相屬於道。後數歲，靖姑逃去，隱居海上。[43]

　　以上故事比之《搜神記》的記錄大不相同，不過，卻也體現了陳靖姑
屬於道教系統。二者的差異表現在：《搜神記》對陳氏女的記載脫離了福
建的民間傳說，大致是外省文人的記載；而陳鳴鶴為福建人，對福建民間
傳說瞭若指掌。他在《晉安逸志》中謂陳靖姑是一道教神仙，其主要事蹟
是鎮服白蛇，這都與福建民間傳說符合。而其在這段這載中提到陳靖姑的
哥哥是陳守元，超渡陳靖姑的神靈是寶皇，都使陳靖姑傳說更有道教風味。
陳守元在歷史上實有其人，他生活於五代時期，是閩國王宮最寵信的道士
之一。而道教神靈──「寶皇」，也是福建的「土產神仙」。寶皇原名為
王霸，為南朝梁時期的道士，王霸幼好神仙術，「每登怡山（在福州西部），
經宿乃返。年三十遊武夷山，十六年還舊居，乃於山南鑿井，有白龜吐泉
煉藥既成，點瓦為金。是歲閩中斗米千錢，乃鬻金運米以濟貧民。後以所
餘藥服之，旬日如醉，忽於所居皂莢木下蟬蛻而去。」[44]唐代末年，王潮與
王審知率兵始入閩，經唐朝授職為「威武軍節度使」，此後，王氏子孫盤
據閩中六十年，建立了閩國政權。王氏統治者為鞏固自己的政權，自稱是
王霸子孫。王氏後人在道士陳守元的主持下，稱王霸為「寶皇」，為其建
寶皇宮。這是道教勢力在福建最大的時期。可見，陳鳴鶴將陳靖姑托附於
陳守元及寶皇，是將陳靖姑的傳說進一步道教化了。

三、福建的聖公崇拜

　　聖公崇拜在福建中部較為盛行，永泰縣有著名的張公，邵武縣有劉公，
南平縣與建甌縣有蕭公，古田與南平的交界處有連公，他們都是瑜珈教的
聖者，與陳靖姑崇拜有密切關係。有時四位聖者被人們連在一起稱呼，這

43　陳鳴鶴，《晉安逸志》，轉引自徐𤊹，《榕陰新檢》卷六。
44　梁克家，《（淳熙）三山志》卷三八。

就是《三教源流搜神大全》一書所說的張、蕭、劉、連四大聖者。[45]

圖 12-5　南平市溪源庵的德雲殿及其殿內張、蕭、劉、連、邵五大聖公塑像

　　三濟祖師在瑜珈教中又被稱為「蘭天聖者、飛天聖者、法天聖者」，在一些民間祝祠中，三聖者又被稱為「三大聖者」，於是有了「蘭天大聖者、飛天大聖者、法天大聖者」，三大聖者也可簡縮為三大聖，即「蘭天大聖、飛天大聖、法天大聖」，過去看《西遊記》，一直不明白「齊天大聖」這類非佛非道的稱呼來自何處？知道邵武一帶民間的三濟祖師崇拜之後，才曉得「大聖」是民間對瑜珈教聖者的一種稱呼，這些「大聖者」亦人亦神，法力通天，可以祈雨除病，保佑民眾平安，在邵武、順昌民間享有極高的聲譽。

　　順昌縣民間有不少通天大聖碑。2004 年 4 月 27 日，我應順昌縣委書記郭躍進之邀，赴順昌調查。在我建議下，郭躍進書記發動大家調查本地的通天大聖碑。後來，我們在建西鎮安下村殷坑自然村看到了一處通天大聖碑，其傍還有「黃公道者」及「本壇土地」兩塊碑，唯惜碑上文字看不清楚，大約是萬曆年間立的。當天下午，我們又驅車前往大曆鎮。在大曆鎮立墩村的金斗頂看到了又一處「通天大聖」之碑。在這塊通天大聖之碑的傍邊，同樣有「黃公道者」及「本壇土地」二塊碑相伴而立。通天大聖碑上的時間是：「正德十四年二月初九日。」其後，我們驅車向山上駛去。在山腰附近的范地自然村又看到一處通天大聖碑，其傍也是黃公使者與本壇土地之碑。該碑的紀年與題名是：「正德二年歲次丁卯六月初三吉日立，喜捨花銀信士張文盛同室蔡珠娘。」此外，在大曆鎮的大山頭，也看到一

45　佚名，《三教源流搜神大全》卷四，〈大奶夫人〉，第 183 頁。

處通天大聖碑，其題名是：「丁亥年七月喜捨，信女謝仙娘伏願子孫綿遠者。」最為著名的是寶山頂上的通天大聖碑，其傍還有齊天大聖之碑，二碑前的孫悟空塑像是後人所建的。

圖 12-6　順昌大曆鎮的「通天大聖」碑，其傍為「本壇土地」及「黃公使者」

圖 12-7　順昌縣大乾鄉上湖村寶山峰頂的通天大聖碑

　　我注意到順昌人的通天大聖崇拜有悠久的歷史，但對齊天大聖的崇拜歷史並不太久遠。上述在順昌發現的通天大聖碑都立於明代。而且，這些碑大都立於可看到天空的空曠處。村民說，通天大聖的神通就是「通天」，所以，不能在通天大聖碑上搭蓋建築物，以免妨礙通天大聖神通的發揮。因此，雖說好幾處立通天大聖碑的地方，都有小廟，可供敬香人休息。但這些小廟都立在通天大聖碑之外，廟的屋簷不得遮蓋大聖碑。這些故事說明鄉民對通天大聖的信仰歷史悠久，而且十分虔誠。在這次調查中，我很想再發現齊天大聖碑，卻一直沒有收穫。雖說順昌當地有齊天大聖廟，瞭解之後也很失望，原來，該廟附近原有的碑是通天大聖碑。以理推之，當地原有的信仰應為通天大聖信仰，齊天大聖是後來引進的。總之，齊天大聖應當不是順昌的原生信仰，而是從外地傳入的，所以，當地沒有很多的齊天大聖碑。

第四節　晚明福建的天妃信仰

明朝是儒學定於一尊的時代，儒者以儒學為指導，批判民間的各種思潮。明代的天妃信仰也經歷了儒家思想的洗禮，最終相互滲透與融合。

一、明朝對天妃的祭祀

在明朝的禮志中，規定南北兩大廟宇祭祀天妃。「明直沽有天妃廟，北京有真武廟、洪恩靈濟宮（祀徐溫子知證知諤）……福州靈濟宮、廣州天妃廟、南海真武廟、瓊州靈山廟、電白靈湫廟、誠敬夫人祠，皆終明之世，有司歲時致祭不絕。」[46]

以上史料表明，天津（直沽）天妃宮與廣州天妃廟是明朝國家祀典的重要廟宇，長期得到朝廷的祭祀。明末崇禎元年李待問的〈柵下天妃廟記〉便說：「五羊城南有特祠，當事者春秋司享。」[47]這說明廣東地方官對廣州天妃廟的祭祀一直延續到明代末年。

圖 12-8　明代德化瓷塑天妃像

除此之外，南京及太倉的天妃宮極受重視，「天妃，永樂七年封為護國庇民妙靈昭應弘仁普濟天妃，以正月十五日、三月二十三日，南京太常寺官祭。太倉神廟以仲春、秋望日，南京戶部官祭。」[48]可見，南京天妃宮與太倉天妃宮的祭祀時間不同。南京天妃宮祭祀的時間是正月十五及三月二十三日，而太倉天妃廟祭祀的時間是春秋二祭，其時間應為三月二十三日及九月初九日。二者祭祀時間不同的原因不明，但太倉天妃廟早在元代就有春秋二祭，明代的春秋二祭應是這一制度的延伸。

以上是四座一直得到明朝官府祭祀的天妃廟，而且，祭祀的級別較高。奇怪的是，湄洲天妃祖廟卻未得列入朝廷四大祭祀天妃的廟宇之列。不過，

46　嵇璜、劉墉等，《續通志》卷一一四，〈禮略‧吉禮四〉，文淵閣四庫全書本，第 39 頁。

47　李待問，〈柵下天妃廟記〉，蔣維錟輯，《媽祖文獻資料》，第 138 頁。

48　張廷玉等修，《明史》卷五十，〈志第二十六‧禮四〉，第 1304 頁。

據明代的官書，湄洲廟也有地方官祭祀，例如，《明一統志》說：「天妃廟，在湄洲嶼。妃莆人。……本朝洪武、永樂中，凡兩加封號，今府城中有行祠，有司春秋祭焉。」[49] 看來，到湄洲祭祀的官員級別不高，所以，湄洲祭祀未列入《明會典》等官書。究其原因，應與湄洲廟地理偏僻有關，省級官員要到湄洲廟不是很方便。其它得到祭祀的四大天妃廟都位於大城市附近，前去祭祀的官員級別較高，尤其是南京天妃廟和太倉天妃廟，前往祭祀的是分別是太常寺官員及戶部官員。至於由不同部門官員分祭二廟，其理由也很明白。太常寺是國家主管祭祀工作的主要部門之一，由太常寺主祭，這是對神明地位的尊重。而戶部主管國家賦稅的收入，江南是國家賦稅主要來源之地，每年將江南徵納的糧米運到北京，是一項極為重要的工作。運輸糧食，不是海船就是漕船，都要靠天妃保佑。因此，早在元代，就形成了戶部官員春秋二季祭祀天妃的制度。明代戶部官員繼承了這一制度與習慣。

明代二祭也代表一種等級。《明會典》卷一六九記載：「普濟禪師一祭，真武廟二祭，天妃宮二祭，祠山廣惠王廟蔣、忠烈王舊廟、壽亭侯廟，俱二祭，五顯靈順廟一祭。」類似記載也見於《明史》：「天妃，永樂七年封為護國庇民妙靈昭應弘仁普濟天妃，以正月十五日、三月二十三日，南京太常寺官祭。太倉神廟以仲春、秋望日，南京戶部官祭。司馬、馬祖、先牧神廟，以春、秋仲月中旬，擇日南京太僕寺官祭。諸廟皆少牢，真武與真覺禪師素羞。」[50]

得到二祭的神明要比每年只一祭的神明更重要一些。明代對真武帝的崇敬是空前的，而真武帝每年所得祭祀不過二次，天妃能與其並列，反映天妃在明代國家祭祀中的地位較高。不過，這一切制度的制定都是在明代初年，其時，因出外使者得到天妃保護，所以，天妃的地位也比較高。明代官員迷信祖制，凡是洪武、永樂年間制定的制度，都被後世無條件地遵守，很少有發生變化的。因此，雖說後世對天妃的敬意不如明初，但朝廷對天妃的祭祀仍然延續下來。

另要注意的是：明代祭祀天妃是用少牢之禮。所謂太牢、少牢，是商

49　李賢，《明一統志》卷七七，第 41 頁。
50　張廷玉等修，《明史》卷五十，〈禮志四〉，第 1304 頁。

周以來祭神的犧牲。太牢之禮是用牛為祭品,少牢之禮是用豬、羊為祭品。這說明二點,其一,明朝在祭天之時使用太牢,而祭祀天妃只用少牢,說明朝廷對天妃的祭祀不如對天帝的祭祀;其二,朝廷在祭祀天妃時用了動物為貢品,雖說這是沿襲商周以來的祭祀制度,但與佛教不殺生的戒律有衝突。朝廷在祭祀天妃、司馬、馬祖、先牧神廟等神靈時指出:「諸廟皆少牢,真武與真覺禪師素羞。」[51]「素羞」即為素食,真武帝是道教神明,而真覺禪師(馬祖道一)是佛教中人物,自元明以來,道教中的全真教與佛教都主張不殺生,因此,朝廷不能用動物貢品褻瀆神明。但對天妃,朝廷卻沒有強調要用素食,而且用了動物中較大型的豬與羊為祭品。這說明明朝對天妃所屬宗教的認同與佛道二教不同。佛教傳入中國是在漢朝,道教形成於東漢,而在漢朝以前,中國已有傳統的宗教信仰──即天帝信仰,夏商周三朝的國王,都自稱是「天子」,他們每年都要祭祀天帝。商代的甲骨文即為祭祀天帝時卜卦用的物品。這種傳統宗教信仰,我們可稱為國家信仰,也可稱之為宗法性宗教。自漢唐以來,國家信仰為歷代朝廷所繼承,一直到清朝,祭天之禮都是大事。以上敘述表明,明朝統治者沿襲古代的傳統,將對天妃的祭祀列入自古以來沿襲的國家祀典,因而,對她的祭祀,要用傳統的動物犧牲。這也就是說,明朝對媽祖的祭祀模式,是從黃帝以來華夏民族的傳統方式,至少已經有 5000 年以上的歷史。在這種傳統祭祀制度產生的時代,世界上各大宗教都未產生,道教與佛教的歷史,最多只有 2000 多年。所以,就朝廷祭祀天妃的性質而言,這不是佛教或道教,而與儒教有相當的關係。儒教的產生雖在春秋之末,但儒教一直以尊崇夏商周三代禮制為精神支柱,所以,宗法性宗教主要在儒教的範疇內延伸並傳之後世。

二、明代官員對天妃信仰的爭議

儒學在中國傳播有兩千多年的歷史,漢武帝之時,在董仲舒的建議下,朝廷宣稱「獨尊儒學」,實際上,即使在漢朝,獨尊儒學從未做到。東漢以後,佛教傳入,道教興起,文化界形成三教並立的局面。在南宋以前,佛教、道教對民眾及統治者的影響,其實不亞於儒學。明朝建立之後,儒

---

51 張廷玉等修,《明史》卷五十,〈禮志四〉,第 1304 頁。

者漸漸掌握了朝廷大權，儒學影響到朝廷各方面的政策，官府的宗教政策
不能不受影響。儒者的理想是恢復夏商周三代的理想社會，而夏商周三代
的宗教是宗法性宗教的一統天下，其時沒有其它宗教，最多只有民間一些
宗教的萌芽——民間信仰。在統治者看來，這些百姓自己創造的神靈只是
一些「淫祀」，淫祀妨礙了官方信仰的威信，搞亂了民眾的思維，所以，
一定要劃除淫祀，使國家信仰定於一尊，永不動搖。然而，歷史的變化出
人所料，自從秦漢以來，不僅民間信仰有了很大的發展，而且，還出現了
與儒家抗衡的二教——佛教與道教。在明朝以前，唐、宋、元三代的統治
者都十分崇信佛道二教，在佛道二教的影響下，民間信仰有很大的發展，
而且其中不少神靈得到朝廷的封賜，從而成為國家信仰。天妃就是其中的
一個神靈。從宋朝到元朝，天妃從一個鄉村女巫上升為神，從民間淫祀變
為正規的國家信仰，而天妃的封號，從最初的神女逐步上升為夫人、聖妃、
天妃，明朝廷每年都要派出官員祭祀天妃，這在儒者看來都是不正常的。
於是，有一些人想從另一個角度來解釋天妃，陸深說：

> 天妃宮，江淮間濱海多有之。其神為女子三人，俗傳神姓林氏，遂
> 實以為靈素三女。太虛之中，惟天為大，地次之，故製字者謂一大
> 為天，二小為示。故天稱皇，地稱后，海次於地者，宜稱妃耳。其
> 數從三者，亦因一大二小之文。蓋所祀者海神也。元用海運，故其
> 祀為重。司馬溫公則謂：「水，陰類也，其神當為女子。」此理或然。
> 或云宋宣和中遣使高麗，挾閩商以往。中流遭風，賴神以免，使者
> 路允迪上其事於朝，始有祀。丘濬碑。[52]

在陸深的言論裡，天妃雖為女子，卻是宋代著名道士林靈素的女兒，
而不是福建莆田海濱的普通女子。他也承認天妃之名僅是表示海神是天次
要的配偶。該說源出於邱濬。

明代大儒邱濬說：

> 天所覆者地也，地之盡處海也，海之所際則天也。蓋氣之積為天，
> 而凝結以成地，所以浮乎地者，水也。水源地中，而流乎地之外，
> 其所委之極，是則為海。海之大際天，其為體也甚鉅，而其用則甚

險而莫測焉。冥冥之中，必有神以司之，然後人賴之以利濟。中國地盡四海，自三代聖王莫不有祀事，在宋以前四海之神各封以王爵，然所祀者海也，而未有專神。宋宣和中朝遣使航海於高句驪，挾閩商以往。中流適有風濤之變，因商之言，賴神以免難。使者路允迪以聞，於是中朝始知莆之湄洲嶼之神之著靈驗於海也。

惟天為大，物不足以儷之，儷之者，地也。地之所以為地，具山與川之形以成，然山有限界，足力可以盡之，惟川之為川，液融於地氣，通於天形，浮於地之外，而委於天之際，以為海，源源之流，積而不溢也。炎炎之焰，暵而不乾也。汪洋浩渺之浸，無所如而不相通也。是則海之大與天同，而司海之神稱天以誄之，而且假以侊儷之名，厥亦宜哉。[53]

邱濬之說的奧妙在於將天妃信仰抽象化，塑造了一個理性的天妃，而不是女巫的天妃。這使天妃信仰與傳統的天帝信仰體系相吻合。邱濬對天與海關係的看法得到許多人的贊同，明末方以智說：「水神屬陰，故曰天妃。今以為林氏，天妃宮，江淮間、濱海多有之，其女子三人。俗傳神姓林氏，遂實以為靈素三女。太虛之中，惟天為大，地次之，故天稱皇，地稱后，海次於地者，宜稱妃耳。蓋所祀者海神也。」[54]方以智是明代著名的博物學家，他的看法也代表了明代儒者的一般看法。明代後期與朝廷直接有關的海事較少，所以，在明人眼裡，海洋是次要的，有這種思想作前提，可知明代人絕不會晉升天妃為天后。

明代另有一些人著力貶低天妃的地位。陸容說：「天妃之名，其來久矣。古人帝天而后地，以水為妃。然則天妃者，泛言水神也。元海漕時，莆田林氏女有靈江海中，人稱為天妃，此正猶稱岐伯張道陵為天師，極其尊崇之辭耳。或云：水，陰類，故凡水神皆塑婦人像。而擬以名人，如湘江以舜妃，鼓堆以堯后。蓋世俗不知山水之神不可以形像求之，而謬為此也。」[55]

在陸容等明代知識分子看來，天地之間以天為尊，以地為大，故天為「上帝」，地為「帝后」，由於古代中國人大都住於內地，所以，他們將

53　邱濬，《重編瓊臺藁》卷十七，〈天妃宮碑〉，第20—21頁。
54　方以智，《通雅》卷二十一，〈姓名〉，文淵閣四庫全書本，第13頁。
55　陸容，《菽園雜記》卷八，北京，中華書局1985年，第95頁。

天與地看作是最重要的，而海洋只能作為天的次要配偶——「帝妃」，在這一前提下，海神被稱為「天妃」。

陸容之說的關鍵在於抹去天妃信仰的神祕性，這與儒者淡於宗教的精神是一致的。在這一基點上更進一步，就會徹底否定天妃信仰的重要性。明代儒者朱淛為天妃家鄉之人，他卻成為明代批判天妃信仰最激烈的人物，他說：

> 世衰道微，鬼怪百出，俗所敬信而承奉之者，莫如天妃，而莫知其所自始。宋元間，吾莆海上黃螺港林氏之女，及笄蹈海而卒。俚語好怪，傳以為神，訛以傳訛，誰從辨詰。天妃封號，則不知起于何時……夫上天至尊無對，誰為媒妁，以海濱村氓弱息作配于天？其無理不經，謬恣舛逆，與鄴人為河伯娶婦之事尤為怪誕也。大抵故（胡）元尚鬼，各處守土之官摭拾神異以聞于朝，輒取封號。今荒山野廟之中，宣封護國侯王者在處有之，而天妃以女身獨存，又云顯跡海上，故海上人尤尊事之。夫人情窮蹙，則籲天呼地以祈倖免。今夫楫扁舟，破巨浪，颶風簸揚，天地顛倒，何恃而能無恐？俗傳天妃之神能偃風息雨，出死入生，是以凡以海為業者尤所敬信，有急則皈依焉。然風濤漂沒，葬于魚腹者何限也，幸而不死，則歸功天妃，指天畫日，以為得天助也，互相誑誘，轉相陷溺。……莆禧海上有天妃宮，凡番舶往來，寇盜出沒，具瞻拜致禮，修齋設醮，歲以為常。而其所如往，亦必盱睢偵伺、杯珓許可而後行。夫神聰明正直而一焉者也，謂之天妃，惟曰其助上帝。……吾鄉國清塘上，舊有天妃廟，八境承事，勤于祖妳（禰），其土偶設像，男女混雜，其衣服往往為人褫去，撐柱支體，守者數以窩盜發覺。前郡太守雲泉吳公毀其薪木，以新弼教公館。夫不能自庇其身，乃能造福于人；一廟之宮不能以陰靈呵護俾勿壞，乃能凌越鯨波萬里之外以救胥溺之危，不亦難乎？要之所謂天妃者，亦古之寓言所謂無是公、烏有先生之類耳！[56]

作為天妃的家鄉人，朱淛對天妃的批判如此嚴厲，反映了儒學大師一貫批評民間淫祀的立場。朱淛宣傳他的觀點時，正是陳侃出使琉球之後，

---

56 朱淛，《天馬山房遺稿》卷六，〈天妃辨〉。

有人以陳侃出使得天妃保佑為例，質疑朱淛之說。朱淛則以莆田人黃乾亨出使滿剌加溺死海中一事為例，認為天妃既不能保佑其家鄉之人，又怎能保佑其它使者？或生或死，不過是幸與不幸而已。關於黃乾亨出使一事，《明史》記載：「尋遣給事中林榮行人黃乾亨冊封王子馬哈木沙為王。二人溺死，贈官賜祭，予蔭，恤其家，餘敕有司海濱招魂祭，亦恤其家。復遣給事中張晟、行人左輔往。晟卒於廣東，命守臣擇一官為輔副，以終封事。」[57] 按，黃乾亨與林榮是出使滿剌加，後在占城海面遇難，僅有少數人在越南登岸，沿陸路回國。所以，後人往往誤以為他們是出使占城。謝肇淛說：「往琉球海道之險倍於占城，然琉球從來無失事者，占城則成化二十一年給事中林榮、行人黃乾亨皆往而不返，千餘人得還者麥福等二十四人耳。蓋亦物貨太多，而不能擇人故也。」[58] 可見，當時海難的原因實在於同去的人太多，船舶載貨太多，終於發生事故。朱淛以此事例批評崇拜天妃的人。

按，嘉靖年間，皇帝沉溺於道教，整天燒香拜神，而與大臣每每發生衝突。所以，臣民對皇帝重視道教十分不滿。陳侃於嘉靖年間奏上天子，要求福建官府祭祀天妃，而朱淛當此之際大力批評天妃信仰，其實是在發洩對皇帝的不滿。朱淛此論在儒者中並非個別的，還有些明代官員將天妃當作妖怪：「辨龍母祠謂本祠秦媼，而斥其五龍、天妃之為妖。此不必傳且足以破千古之謬與訛者也。」[59] 這類觀點在儒者中影響深遠。

這一時代，不少地方官將天妃當作淫祀查禁，福建的《延平府志》將尤溪縣的天妃廟列入「應毀者」之列。[60] 其作者說，「或曰，祠祀何也？曰，祀於郡若邑，明祀典也。祀于民，諸有功德而民祀之也。毀淫祠者，錄治功也。毀淫祠，前此未之聞也。自郡守歐陽子鐸、陳子能始。夫淫祠毀則民志定，民志定則風俗美，風俗美則教化行，可以言治矣。余故曰：錄治功也。曰，祠有應毀而未毀者者何也？曰，昔唐狄仁傑下江南，毀淫祠千

57　張廷玉等修，《明史》卷三百二十五，〈外國六〉，第 8418 頁。

58　謝肇淛，《五雜組》卷四，〈地部二〉，第 85 頁。

59　陳謨，《海桑集》卷九，〈跋嶺南錄〉，文淵閣四庫全書本，第 17 頁。

60　鄭慶雲等，嘉靖《延平府志》卷十三，〈祠祀志〉，上海古籍書店 1961 年影印天一閣藏本，第 10 頁。

餘，存應祀者四祠。今毀乃有未盡者，非缺典歟？余故列之以待來者。」[61] 有些地方官拆毀天妃廟，如廣東省潮陽縣，「娘宮巷也有一廟，靈甚，故巷因以為名。嘉靖初，提學魏校檄行拆毀，後遂併入民居。」[62] 還有些官員將天妃廟改做他廟，王守仁在廣東做官時，他手下官員即有將天妃廟改為忠孝祠的。「據增城縣申稱：參得廣東參議王綱，字性常，洪武年間因靖潮寇，父子貞忠大孝，合應崇祀；于城南門外天妃廟改立忠孝祠。看得表揚忠孝，樹之風聲，以興起民俗，此最為政之先務；而該縣知縣朱道瀾乃能因該學師生之請，振舉廢墜若此，則其平日職業之修、志向之正，從可知矣。仰行該縣，悉如所議施行，其神像牌位及祭物等項，俱聽從宜酌處。完日具由回報。」[63] 總之，明代儒者經常侵犯天妃信仰。

三、晚明儒者對天妃信仰觀念的變化

　　隨著時間的流逝，明代儒者對天妃的觀念也有所變化。儘管反對淫祀是儒學的主流，但也有一些儒者繼承傳統神道設教的思維方式，認為維護天妃崇拜還是有利的。明代著名文學家王慎中在〈修天妃宮記〉一文中說：

> 所謂神者，果有物哉？炁蒿肹蠁，飛揚浮游，昭明在上，充塞擊觸於四旁，非無物也。危困之所，籲號疾札之所請禱，忽然有接於人，其精爽翕霍而狀象彿彷，莫不神之，以為是有物焉。拯危困為安樂，化疾札為生全，而崇事報享之儀，由之焉起。嗚呼，此民之所以為不可使知也。其有接乎彼者，固其籲號迫切之專，請禱誠信之篤，自為其神感於其心，忽然有動乎耳目，而以為有物焉，則過矣。方其專且篤也，其人之所自為與，或為其父母兄弟妻子，惟其所為者之存乎心，而他不存焉。昔日之所膠擾、抹鍛、滑撓其神者，一旦蕩然不存乎心，而神為之告，豈有異物哉。然世之人固舉謂之為有物矣。於是摶土斷木，為其形容，寵之名號，原本氏族，廣衍景蹟，以附是物；而穹堂奧室，大庭高閣以居之，患其不稱也。刲羊椎牛，

61　鄭慶雲等，嘉靖《延平府志》卷十三，〈祠祀志〉，第 14—15 頁。
62　林大春，隆慶《潮陽縣志》卷十，〈壇廟志〉。上海書店 1963 年影印天一閣館藏明代方志選刊本。
63　王守仁，《王陽明全集》卷十八，〈批增城縣改立忠孝祠申〉，上海古籍出版社 1992 年，第 637 頁。

沈玉瘞帛，為其饗侑；伐鼓撞鐘，被巫紛史，為其歌舞，奔走竭蹶。天下之人，惟神之歸。嗚呼，斯民之不可使知其亦久矣。故先王為之著其教，善其報事之文，使之鼓舞而不勸，以勿陷於淫諂誕罔之邪。蓋始之所以有神者，本生於其人之誠，而教之既設，則人莫不歸是神也。而後能勉於為誠，使其崇事之嚴，報享之厚，一出於忠利，憚畏之本心，則去非遠罪，無即於凶，蠢蠢趨往，以赴疇祉，惠迪之會，若有為之，披導閉止。是莫不起於斯人之所自為而由於歸。是神之所為勉，則土木形容，亦聰明正直之所憑，而何邪之有？……得民者，為之興便布利，除攘患害，民不祈而得其所欲。不禳而違其所惡，籲號請禱之誠，無所用之。而烏有冀於神。然先王猶存其教，所謂鼓之舞之，使之不倦。順其不可，使知之情，而誘之於勿邪焉耳。侯為郡既久，災癘不生，寇賊銷逃，遺四境以安樂，生全之福神，將無以為靈。則斯宮之完修，殆予所謂存其教誘之勿邪之義歟。斯義也，固非民之所知，不可不著以告後之為政者。故記之如此。[64]

　　在王慎中看來，世界是沒有神的。世人所謂神，只是一種精神現象。但儒者並不需要因此而詆毀神明，更聰明的方式是利用老百姓對神明的信仰，推行儒家的仁義道德，使百姓不在知不覺中走向正道。可以認為：王慎中的思想比朱淛更為深刻。當然，這也可以從兩人身分不同來考慮。朱淛長期在野，他考慮問題的核心是大是大非，對他來說，凡是不符合儒家思想的異端都該批判；而王慎中長期在朝做官，在朝廷中朋友很多，他考慮更多的是統治政權的長治久安，既然天妃信仰有利於教化百姓，就沒有必要剷除迷信，而是要利用這一點鞏固朝廷的統治。其實，明朝廷內也有許多人贊成王慎中的觀點，這是媽祖信仰能在明代長期保留的原因。實際上，雖有部分官員將天妃廟當作淫祠將其拆除，更多的官員是修建天妃宮。邵武縣在嘉靖十六年，即有知縣葉樸出面整修天妃宮。[65]

小結

　　明代晚期，因倭寇活動的影響，福建實行僧田高稅的政策，使各大寺

64　王慎中，《遵巖集》卷八，〈修天妃宮記〉，文淵閣四庫全書本，第64—66頁。
65　刑址等，嘉靖《邵武府志》卷十，〈祀典〉，第26頁。

院都遭受財政問題，許多寺院因而衰敗。然而，明代的文化人喜歡和僧人談禪，從中汲取不同的文化因素。因此，明代後期的學者往往贊助寺院的修復。湧泉寺、雪峰寺等福建名寺，就是在這一背景下得到維護和發展。例如，曹學佺對湧泉寺的修復便起了很大作用。在學者們的鼓勵下，晚明福建佛教復興，出現了一流人物，諸如元賢、隱元等人，都是一代名僧。由於他們經營，明末福建禪宗復興。隱元東渡日本，在日本重建黃檗寺，培育了日本的黃檗文化，對日本民俗和佛教的影響極大。

　　天主教方面，因退休宰相葉向高對天主教人士艾儒略頗為看重，使艾儒略在福建贏得儒士的好評，他在福建傳教二十多年，成績非同凡響。然而，明末福建天主教也受到內部教派鬥爭的影響，原來由耶穌會主導的福建天主教教會，受到多明我派的衝擊，因而引發了巨大的爭議，其造成的矛盾主要表現於清代，這裡就不多說了。總的來說，福建的文化氣氛相對寬容，各種宗教和教派都可以在閩中傳播，各自競爭。不過，明末信仰天主教的人士並不太多。

　　明代的正規道教不振，但民俗道教頗有發展。由《海遊記》一書來看，明代陳靖姑信仰十分發達，並在民間有相當大的影響。至於晚明的天妃崇拜是歷史上較為淡漠的時期。其根源在於儒者對民間信仰的批判，這不單是針對天妃，同樣針對民間的其他神靈。然而，儒者對民間信仰的批判，在民間遇冷，基層民眾仍然維持天妃信仰，而且越來越熱。明代末年，儒者對天妃信仰的看法有所變化，開始重視天妃信仰的發展。從這一發展趨勢來看，清代天妃信仰進入一個高潮時期不出意外。

主要參考文獻

一、古籍文獻

明・張溶等修，《明世宗實錄》，臺北，中研院歷史語言研究所 1962 年校印本。

明・張溶等修，《明穆宗實錄》，臺北，中研院歷史語言研究所 1962 年校印本。

明・張惟賢等修，《明神宗實錄》，臺北，中研院歷史語言研究所 1962 年校印本。

明・傅冠等修，《明熹宗實錄》，臺北，中研院歷史語言研究所 1962 年校印本。

《明實錄・崇禎長編》，臺北，中研院歷史語言研究所 1962 年校印本。

李國祥、楊昶主編，薛國忠、韋洪編，《明實錄類纂・福建臺灣》，武漢出版社 1993 年。

明・顧炎武，《天下郡國利病書》，商務印書館四部叢刊三編顧氏手稿本。

明・顧炎武，《肇域志》抄本，續修四庫全書史部，第 595 冊。

明・陳子龍等選輯，《明經世文編》，北京，中華書局 1987 年。

清・嵇璜、曹仁虎等編，《續文獻通考》，文淵閣四庫全書本。

明・谷應泰等，《明史紀事本末》，北京，中華書局 1977 年。

明・過庭訓，《明分省人物考》，周駿富輯，《明代傳記叢刊》第 137 冊。明文書局影印本。

明・黃訓，《名臣經濟錄》，文淵閣四庫全書本。

明・唐順之，《武編・前集》，文淵閣四庫全書本。

明・瞿九思，《萬曆武功錄》，明萬曆刊本。

清・孫承澤，《春明夢餘錄》，文淵閣四庫全書本。

明・佘自強，《治譜》，崇禎十二年刻本。

清・顧祖禹，《讀史方輿紀要》，北京，中華書局2005年；又，傳世藏書本，
　　海口市，海南國際新聞出版中心1995年。

清・張廷玉等，《明史》，北京，中華書局1974年標點本。

民國・趙爾巽等，《清史稿》，北京，中華書局1977年標點本。

清・畢沅，《續資治通鑑》，上海古籍社1987年。

清・徐乾學等，《資治通鑑後編》文淵閣四庫全書本。

清・杜臻，《粵閩巡視紀略》，文淵閣四庫全書本。

清・佚名，《清初海疆圖說》，臺灣文獻叢刊第155種。

明・王守仁，《王文成全書》，文淵閣四庫全書本。

明・林俊，《見素集》，文淵閣四庫全書本。

明・葛昕，《集玉山房稿》，文淵閣四庫全書本。

明・烏斯道，《春草齋集》，文淵閣四庫全書本。

明・顧璘，《息園存稿》，文淵閣四庫全書本。

明・彭韶，《彭惠安集》，文淵閣四庫全書本。

明・吳寬，《家藏集》，文淵閣四庫全書本。

明・丘雲霄，《山中集》，文淵閣四庫全書本。

明・崔銑，《洹詞》，文淵閣四庫全書本。

明・羅玘，《圭峰集》，文淵閣四庫全書本。

明・沈鯉，《亦玉堂稿》，文淵閣四庫全書本。

明・徐溥，《徐文靖公謙齋文錄》，臺灣，明史論著叢刊本。

明・方良永，《方簡肅文集》，文淵閣四庫全書本。

明・何喬新，《椒邱文集》，文淵閣四庫全書本。

明・邱濬，《大學衍義補》，文淵閣四庫全書本。

明・王恕，《王端毅奏議》，文淵閣四庫全書本。

明・李東陽，《懷麓堂集》，文淵閣四庫全書本。

明・虞堪，《希澹園詩集》，文淵閣四庫全書本。

明・周瑛，《翠渠摘稿》，文淵閣四庫全書本。

明・龔用卿，《雲崗選稿》，萬曆三十五年刊本，四庫全書存目叢書，集部，第 88 冊。

明・鄭善夫，《少谷集》，文淵閣四庫全書本。

明・姜宸英，《湛園集》，文淵閣四庫全書本。

明・胡直，《衡廬精舍藏稿》，文淵閣四庫全書本。

明・顧清，《東江家藏集》，文淵閣四庫全書本。

明・李時勉，《古廉文集》，文淵閣四庫全書。

明・林文俊，《方齋存稿》，文淵閣四庫全書本。

明・李默，《群玉樓稿》，臺灣，明史論著叢刊本。

明・陳有年，《陳恭介公文集》，萬曆陳啟孫刻本。

明・羅欽順，《整庵存稿》，文淵閣四庫全書本。

明・譚綸，《譚襄敏奏議》，文淵閣四庫全書本。

明・劉堯誨，《督撫疏議》，萬曆刊本。

明・汪道昆，《太函集》，續修四庫全書影印萬曆刊本。

明・張時徹，《芝園集》，明嘉靖二十三年鄒守愚刻本，濟南，齊魯書社 1987 年四庫存目叢書集部，第 81 冊。

明・趙用賢，《松石齋集》，明刊本。

明・謝肇淛，《小草齋文集》，明天啟間刻本，四庫全書存目叢書集部第 176 冊。

明・郭正域，《合併黃離草》，萬曆四十年史記韋刻本。

明・王世懋，《王奉常集》，明萬曆刻本。

明・宋楙澄，《九鑰集》，萬曆刻本。

明・翁萬達，《翁萬達集》，上海古籍出版社重刊本 1992 年。

明・黎民表，《瑤石山人稿》，文淵閣四庫全書本。

明・項喬，《項喬集》，溫州文獻叢書本，上海社會科學院出版社 2006 年。

明・胡應麟，《少室山房集》，文淵閣四庫全書本。

明・孫繼皋，《宗伯集》，文淵閣四庫全書本。

明・趙文華，《趙氏家藏集》，四庫未收書輯刊本。

明・蘇伯衡，《蘇平仲文集》，文淵閣四庫全書本。

明・黃鳳翔，《田亭草》，何炳仲點校，商務印書館 2018 年點校本。

明・駱日升，《駱台晉先生文集》，鄭煥章點校，商務印書館 2017 年。

明・莊履豐，《莊梅谷先生文集》，陳建中、陳秋紅點校本，商務印書館

2018 年。

明・李廷機，《李文節集》，明人文集叢刊本，臺灣，文海出版社 1970 年。

明・戴鱀，《戴中丞遺集》，明嘉靖三十九年戴士充刻本。四庫全書存目叢書，集部第 74 冊。齊魯書社 1995 年。

明・朱浙，《天馬山房遺稿》，文淵閣四庫全書本。

明・朱紈，《甓餘雜集》，明朱質刻本，《四庫全書存目叢書・集部》，第 78 冊。齊魯書社 1995 年。

明・洪受，《滄海紀遺》，《滄海紀遺譯釋本》，黃鏘補錄，郭哲銘譯釋，金門縣文化局 2008 年。

明・倪岳，《青谿漫稿》，文淵閣四庫全書本。

明・劉良弼，《刻中丞肖巖劉公遺稿》，明刊本。

明・林章，《林初文詩文全集》，天啟四年刻本。

明・許孚遠，《敬和堂集》，日本東京尊經閣文庫藏明刊本。

明・韓霖，《守圉全書》，崇禎八年刊本。

明・蔡清，《虛齋集》，文淵閣四庫全書本。

明・蔡清，《四書蒙引》，文淵閣四庫全書本。

明・林希元，《同安林次崖先生文集》，乾隆十八年詒燕堂刻本，四庫全書存目叢書・集部，第 75 冊。

明・鄭岳，《鄭山齋先生文集》，文淵閣四庫全書本。

明・黃仲昭，《未軒集》，文淵閣四庫全書本。

明・王慎中，《遵巖集》，文淵閣四庫全書本。

明・黃承玄，《盟鷗堂集》，明刊本。

明・沈演，《止止齋集》，崇禎六年刊本。

明・張居正，《張太岳先生文集》，萬曆四十年唐國達刻本。

明・林大春，《林井丹先生集》，民國重刊本。

明・徐中行，《天目集》，明刻本。

明・溫純，《溫恭毅集》，文淵閣四庫全書本。

明・吳肅公，《街南續集》，康熙程士琦等刻本。

明・許弘綱，《群玉山房疏草》，康熙四十一年許氏百城樓刻本。

明・徐中行，《天目先生集》，明萬曆十二年張佳胤刻本。四庫全書存目叢書・集部第 121 冊。

明・張爕，《霏雲居續集》，明萬曆刻本。

明・葉向高，《蒼霞草全集》，揚州古籍出版社 1994 年景印明刊本。

明・林偕春，《雲山居士集》，漳浦方志辦 1986 年據光緒十五年多藝齋刻本謄印。

明・蔡獻臣，《清白堂稿》，福建省圖書館 1980 年據崇禎本抄。

明・《劉堯誨先生全集》，乾隆抄本。四庫全書存目叢書，第 128 冊。

明・曹學佺，《曹能始先生石倉全集》，明天啟間刊本。

明・周之夔，《棄草集》，江蘇廣陵古籍刻印社，1997 年景印本。

明・董應舉，《崇相集》，崇禎刻本，四庫禁燬書叢刊集部，第 102 冊。

明・董應舉，《崇相集》，民國十七年重刊本，不分卷。

明・曾異，《紡授堂文集》，明崇禎刻本。

明・黃克纘，《數馬集》，江蘇廣陵古籍刻印社 1997 年。

明・蔣德璟，《蔣氏敬日草》，明隆武續刊本。

明・駱日升，《駱台晉先生文集》，民國 34 年力行印刷所鉛印本。

明・嚴九岳，《笥存集》，光緒十四年活字排印本。

明・熊開元，《魚山剩稿》，上海古籍出版社 1986 年。

明・洪旭，《惠安王忠孝公全集》，福建師範大學藏手抄本。

明・張燮，《霏雲居集》，《張燮集》第一冊，陳正統等編，中華書局 2015 年。

明・張燮，《霏雲居續集》，《張燮集》第二冊，陳正統等編，中華書局 2015 年。

明・張燮，《群玉樓集》，《張燮集》第三冊，陳正統等編，中華書局 2015 年。

明・何喬遠，《何氏萬曆集》，明萬曆刊本，北京，故宮博物院編，故宮珍本叢書第 538 冊。海南出版社 2000 年。

明・何喬遠，《鏡山全集》，日本內閣文庫藏明刊本。

明・何喬遠，《鏡山全集》，陳節、張家壯點校本，福建人民出版社 2015 年。

明・李時勉，《古廉文集》，文淵閣四庫全書本。

明・孫承澤編，《硯山齋雜記》，文淵閣四庫全書本。

明・葉春及，《羅浮石洞葉絅齋先生全集》，康熙十三年太初堂藏版。

明・李光縉，《景璧集》，江蘇廣陵古籍刻印社 1996 年影印崇禎十年刊本。

明・周嬰，《遠遊篇》，福建師範大學圖書館藏手抄本。

明・徐時進，《啜墨亭集》，明刻本。

明・徐熥，《鼇峰集》，明刊本。

明・魯士驥，《山木居士外集》，續修四庫全書影印乾隆四十七年刻本。

明・王世貞，《弇州續稿》，文淵閣四庫全書本。

明・宋楙澄，《九籥集》，萬曆四十年刻本。

明・項篤，《小司馬奏草》，明刻本。

明・熊明遇，《文直行書詩文》，熊人霖順治五年刊本。

明・熊人霖，《操縵草》，明崇禎刻本。

明・陳仁錫，《無夢園初集》，明崇禎六年張一口刊本。

明・池顯方，《晃巖集》，廈門大學出版社 2009 年。

明・戚繼光：《戚少保奏議》，中華書局，2001 年。

明・俞大猷：《正氣堂全集》，廖淵泉、張吉昌點校，福州，福建人民出版社 2007 年。

明・汪道昆，《太函集》，萬曆間刻本，四庫全書存目叢書，集部第 117 冊。

明・《李贄文集》，北京燕山出版社 1998 年。

明・鄭文康，《平橋稿》，文淵閣四庫全書本。

明・袁中道，《珂雪齋集》，萬曆四十六刻本。

明・焦竑，《焦氏澹園集》，萬曆三十四刻本。

明・洪朝選，《洪芳洲先生讀禮稿》，清光緒重刊本。

明・洪朝選，《芳洲先生文集》，香港，華星出版社 2002 年。

明・郭應聘，《郭襄靖公遺集》，萬曆三十四年郭良翰刻本。

明・王崇炳，《金華徵獻略》，清雍正金律刻本。

明・張瀚，《臺省疏稿》，萬曆二年吳道明刻本，續修四庫全書第 478 冊。

明・耿定向，《耿天臺先生文集》，萬曆二十六年刻本。

明・顧炎武，《顧亭林詩文集》，中華書局 1983 年。

明・李魯，《重編爐餘集》，民國潮安集文印社重刊本。

明・錢謙益，《牧齋初學集》，崇禎瞿式耜刻本。

明・林芝蕃，《林涵齋文集》，不分卷，民國重刊本。

明・熊開元，《魚山剩稿》，上海古籍出版社 1986 年。

明・黃道周，《黃漳浦文選》，臺灣文獻叢刊第 137 種。

明・盧若騰，《留庵文選》，臺灣文獻叢刊第 245 種。

明・曹學佺，《石倉歷代詩選》，文淵閣四庫全書本。

明・黃宗羲主編，《明文海》，文淵閣四庫全書本。

明・程敏政編，《明文衡》，文淵閣四庫全書本。

清・馮奉初輯，《潮州耆舊集》，吳二持點校本，暨南大學出版社 2016 年。

清・朱彝尊編，《明詩綜》，文淵閣四庫全書本。

清・乾隆帝，《御選明詩》，文淵閣四庫全書本。

明・袁表、馬熒編，《閩中十子詩》，福建人民社 2005 年。

明・徐紘編，《明名臣琬琰續錄》，文淵閣四庫全書本。

明・陳軾，《道山堂後集》，康熙甲戌刊本。

明・洪若皋，《南沙文集》，康熙三十三年。

明・張家玉，《張家玉集》，廣東高等教育出版社 1992 年。

清・劉坊，《天潮閣集》，民國五年刊本。

清・張遠，《無悶堂集》，清康熙二十四年刊本。

清・湯彝，《盾墨》，道光刻本。

清・鄭方坤，《閩詩錄》，文淵閣四庫全書本。

清・鄭杰輯、陳衍補訂，《閩詩錄》，民國刊本。

清・乾隆等，《御選明臣奏議》，文淵閣四庫全書本。

鄭麗生，《鄭麗生文史叢稿》，福州，海風出版社。

明・嚴從簡，《殊域周咨錄》，余思黎點校本，北京，中華書局 1993 年。

明・萬表，《海寇後編》，原出金聲玉振集，四庫全書存目叢書，子部第 31 冊，齊魯書社 1995 年。

明・黃衷，《海語》，文淵閣四庫全書本。

明・鄭若曾、胡宗憲，《籌海圖編》，北京，中華書局 2007 年點校本。

明・鄭若曾，《鄭開陽雜著》，文淵閣四庫全書本。

明・龐尚鵬，《軍政事宜》，萬曆五年刻本。

明・鄭若曾，《江南經略》，文淵閣四庫全書本。

明・鄧鐘重輯，《籌海重編》，四庫全書存目叢書，史部 227 冊。

明・項篤壽，《今獻備遺》，文淵閣四庫全書本。

明・徐紘，《明名臣琬琰續錄》，文淵閣四庫全書本。

明・李日華纂輯，《輿圖摘要》，崇禎六有堂刊本。

明・顧充纂輯，《新鍥纂輯皇明一統紀要》，萬曆元年廣居堂葉近山刊本。

明・陳侃，《使琉球錄》，《中國邊疆研究資料文庫・海疆文獻初編》，沿海形勢及海防，第三輯，智慧財產權出版社 2011 年。

明・蕭崇業，《使琉球錄》，臺灣文獻叢刊第 287 種，1970 年。

明・郭汝霖，《重編使琉球錄》，日本沖繩縣宜野灣市，榕樹書林 2000 年。

明・謝杰，《琉球錄撮要補遺》，臺灣文獻叢刊第 287 種。

明・夏子陽，《使琉球錄》，臺灣文獻叢刊本第 55 種。

明・佚名，《嘉靖倭亂備抄》，不分卷，文淵閣四庫全書存目叢書史部，第 49 冊。

明・王士騏，《皇明馭倭錄》，中國文獻珍本叢書，禦倭史料彙編（二），全國圖書館文獻縮微複製中心 2004 年。

明・郭光復，《倭情考略》，首都圖書館藏舊抄本，四庫全書存目書叢，子部，第 31 冊。

明・王士性，《廣志繹》，北京，中華書局 1981 年標點本。

明・陸容，《菽園雜記》，文淵閣四庫全書本。

明・王臨亨，《粵劍篇》，中華書局 1987 年。

明・葉盛，《水東日記》，文淵閣四庫全書本。

明・楊雲聰，《玉堂薈記》，借月山房匯抄第十四集。

明・葉權，《賢博編》，中華書局元明史料筆記叢刊 1987 年。

明・吳朴，《渡海方程》，陳佳榮、朱鑒秋編著，《渡海方程輯注》，上海，中西書局 2013 年。

明・謝杰，《虔臺倭纂》卷上，明萬曆刊本，有萬曆二十三年謝杰序。鄭振鐸，《玄覽堂叢書續集》第十七冊，國立中央圖書館民國三十六年刊線裝本玄覽堂叢書本。

明・謝杰，《虔臺倭纂》卷下，鄭振鐸，《玄覽堂叢書續集》第十八冊，國立中央圖書館民國三十六年刊線裝本玄覽堂叢書本。

明・鄭舜功，《日本一鑑・窮河話海》，鄭樑生編，《明代倭寇史料》，第七冊，標點民國二十八年刊本，臺北，文史哲出版社 2005 年。

明・徐學聚輯，《嘉靖東南平倭通錄》，1943 年盆山精舍影印本。

明・王在晉，《海防纂要》，四庫禁燬書叢刊史部 17 冊。

明・陳第，《東番記》，沈有容《閩海贈言》，臺灣文獻叢刊第 56 種，第 154 冊。

明・陳第，《東番記》，沈有容，《閩海贈言》，萬曆三十一年陳第撰，崇禎刊本，成文社中國方志叢書臺灣地區第 40 種。

明・周嬰，《遠遊篇》，福建師範大學圖書館藏手抄本。

明‧方以智，《物理小識》，文淵閣四庫全書本。

明‧朱國楨，《湧幢小品》，北京，中華書局 1959 年。

明‧陳舜系，《亂離見聞錄》，李龍潛、楊寶霖、陳忠烈、徐林等校，《明清廣東稀見筆記七種》，廣東人民出版社 2010 年。

明‧張瀚，《松窗夢語》，中華書局 1985 年。

明‧謝肇淛，《五雜組》，上海古籍社點校本 2011 年。

明‧沈德符，《萬曆野獲編》，中華書局 1959 年。

明‧李詡，《戒庵老人漫筆》，北京，中華書局 1982 年。

明‧徐光啟，《農政全書》，嶽麓書社 2002 年。

明‧歸有光，《三吳水利錄》，文淵閣四庫全書本。

明‧胡應麟，《少室山房筆叢》，上海書店出版社 2001 年。

明‧王在晉，《越鐫》，萬曆三十九年刻本，四庫禁燬書叢刊，第 104 冊。

明‧黃汴，《天下水陸路程》，山西人民出版社 1992 年。

明‧延陵處士編校，《新鍥江湖祕傳商賈買賣指南評釋》，潭邑余文台梓行本。

清‧佚名，《商賈便覽》，乾隆五十七年刻本。

明‧張應俞，《騙經》，北京，大眾文藝出版社 2002 年。

明‧馮夢龍，《醒世恆言》，長沙，嶽麓書社 1989 年。

明‧余象斗，《東遊記》，嶽麓書社 1994 年刊《四遊記》本。

明‧黃景昉，《國史唯疑》，熊德基點校本，上海古籍出版社 2002 年。

明‧張燮，《東西洋考》，謝方點校，中華書局 2000 年。

明‧慎懋賞，《四夷廣記》，臺灣，廣文書局史料三編本。

明‧戚繼光，《紀效新書》，北京，中華書局 2001 年。

明‧黃俁卿，《倭患考原》，清抄本，《四庫全書存目叢書》史部，第 52 冊。

明‧宋應星，《天工開物》，潘吉星校注本，巴蜀書社 1989 年。

明‧唐甄，《潛書》，中華書局 1984 年刊本。

明‧曹履泰，《靖海紀略》，臺灣文獻叢刊第 33 種。

明‧計六奇，《明季北略》，北京，中華書局，1984 年。

明‧計六奇，《明季南略》，臺灣文獻叢刊第 88 種。

明‧陳懋仁，《泉南雜志》，叢書集成初編第 3161 冊。

明‧陳全之，《蓬窗日錄》，上海書店古籍出版社 2009 年。

明‧王世懋，《閩部疏》，叢書集成初編第 3161 冊。

明・姚士麟，《見只編》，叢書集成初編本。

明・卜大同輯，《備倭記》，清道光十一年《學海類編》本，四庫全書存目叢書上，子部，第 31 冊。

明・張萱，《西園聞見錄》，燕京社民國二十九年重刊本，又見，《續修四庫全書》，上海古籍社 2000 年。

明・屠本峻，《閩中海錯疏》，《萬有文庫》本。

明・姚旅，《露書》，廈門大學圖書館藏抄本。

明・姚旅，《露書》，《四庫全書存目叢書》子部，第 111 冊。

明・姚旅，《露書》，福建人民出版社 2008 年。

明・徐𤊒，《荔枝譜》，叢書集成初編本。

明・徐𤊒，《筆精》，福建人民出版社 1997 年。

明・徐𤊒，《榕陰新檢》，福州，海風出版社 2001 年。

明・徐𤊒，《徐興公尺牘》，福建省圖書館藏抄本。

明・馮夢龍，《醒世恆言》，長沙，嶽麓書社 1989 年。

明・侯繼高，《全浙兵制》，天津圖書館手抄本，《四庫全書存目叢書》子部第 31 冊。

明・郎瑛，《七修類稿》，世紀出版集團、上海書店 2001 年。

明・茅瑞徵，《皇明象胥錄》，商務印書館四部叢刊影印芝園藏板。

明・何喬遠，《名山藏》，福建人民出版社 2010 年。

明・何喬遠，《名山藏》，明崇禎十三年刊本。

明・王圻，《三才圖繪》，明萬曆三十七年刊本。

明・李日華纂輯，《輿圖摘要》，明崇禎間六有堂刊本。美國國會圖書館藏。引自《域外漢籍文庫》，第四輯，史部。西南師範大學出版社、人民出版社同刊。

明・北京大學圖書館編，《皇輿遐覽》，中國人民大學出版社 2008 年。

明・毛晉、廣要，《陸氏詩疏廣要》，文淵閣四庫全書本。

明・盧若騰，《島居隨錄》，廈門大學圖書館藏手抄本。

明・沈有容，《閩海贈言》臺灣文獻叢刊第 56 種。

明・姚士麟，《見只編》，叢書集成初編本。

洪思等撰，《黃道周年譜》，侯真平校點，福建人民出版社 1999 年。

明・佚名，《思文大紀》，臺灣文獻叢刊本，第 111 種。

明・顏俊彥，《盟水齋存牘》，北京，中國政法大學出版社 2002 年。

明・陸宷，《覽勝紀談》，明刻本。

明・何良俊，《四友齋叢說》，上海古籍出版社 2012 年。

明・朱彝尊，《曝書亭集》，文淵閣四庫全書本。

清・屈大均，《廣東新語》，中華書局 1985 年。

清・周亮工，《閩小記》，福建人民出版社 1985 年。

清・鈕琇，《觚賸續編》，中華歷代筆記全集本電子版。

清・郁永河，《裨海紀遊》，臺灣文獻叢刊第 44 種。

清・陳琮，《烟草譜》，嘉慶二十年刻本。

清・許奉恩，《里乘》，光緒五年常熟刻本。

清・陳盛韶，《問俗錄》，北京，書目文獻出版社 1983 年。

清・梁章鉅，《歸田瑣記》，北京，中華書局 1981 年。

清・郭柏蒼，《閩產錄異》，嶽麓書社 1986 年。

民國・佚名，《興化文獻》，馬來西亞雪蘭峨興安會館 1947 年刊本。

清・王勝時，《漫遊紀略》，江蘇廣陵古籍刻印社筆記小說大觀本，第 17 冊。

中國社會科學院歷史研究所清史研究室編，《清史資料》第一冊，北京，中華書局 1980 年。

清・余颺，《莆變紀事》，《清史資料》第一冊，北京，中華書局 1980 年。

清・陳鴻、陳邦賢，〈熙朝莆靖小紀〉，《清史資料》第一輯，北京，中華書局 1980 年。

清・李清馥，《閩中理學淵源考》，文淵閣四庫全書本。

清・葉德輝，《書林清話》，嶽麓書社 1999 年。

明・陳道修、黃仲昭纂，弘治《八閩通誌》，福建人民出版社 1990 年。

明・王應山纂、王毓德編次，《閩大記》，北京，中國社會科學出版社 2005 年。

明・王應山纂、王毓德編次，《閩大記》，福建社會科學院圖書館藏手抄本。

明・何喬遠纂修，《閩書》，福建人民出版社 1995 年點校本。

清・郝玉麟等，雍正《福建通志》文淵閣四庫全書本。

清・沈廷芳等，乾隆《福建通志》，乾隆三十三年刊本。

清・陳壽祺等，道光《福建通志》，臺灣華文書局 1968 年影印本同治十年刊本。

民國・李厚基修、沈瑜慶、陳衍纂，民國《福建通志》，1938 年福州刊本。

清・佚名，《福建省例》，臺灣文獻叢刊本。

福建省測繪局，《福建省地圖冊》，福建省地圖出版社 1983 年。

明・林烃等，《福建運司志》，臺灣中正書局 1987 年。

明・葉溥等，正德《福州府志》，明刊本膠捲。

明・葉溥等，正德《福州府志》，福州，海風出版社 2001 年。

明・喻政修、林烃總纂，萬曆《福州府志》，北京，書目文獻出版社《日本藏中國罕見方志叢刊》，1990 年影印本。

明・喻政修、林烃總纂，萬曆《福州府志》，福州，海風出版社 2001 年。

清・徐景熙等，乾隆《福州府志》，福州，海風出版社 2001 年。

明・王應山，《閩都記》，清道光十一年原刊，北京，方志出版社 2002 年。

清・朱景星、鄭祖庚，《閩縣鄉土志》，清光緒三十二年排印本。

清・胡之禎、鄭祖庚，《侯官縣鄉土志》，清光緒三十二年排印本。

明・白花洲漁，《螺洲志》，清福州董執宜抄校本。

明・夏允彝，崇禎《長樂縣志》，崇禎十四年刊本。

清・楊希閔等，同治《長樂縣志》，清同治八年刊本。

民國・李駒等，民國《長樂縣志》，福建人民出版社 1994 年標點本。

民國・邱景雍等，民國《連江縣志》，連江縣方志委 1988 年標點本。

清・釋如一，《福清縣志續略》，北京，書目文獻出版社《日本藏中國罕見方志叢刊》，1990 年影印本。

清・林傳甲修、郭文祥纂，康熙《福清縣志》，康熙十一年刊本。

清・林以棨，順治《海口特志》，福州，海潮攝影藝術出版社 1994 年。

清・林昂等，乾隆《福清縣志》，福清縣方志委 1987 年。

明・隱元、清馥等，《黃檗山寺志》，福建省地圖出版社 1989 年。

明・唐學仁等，萬曆《永福縣志》，北京圖書館藏清抄本。

清・俞荔等，乾隆《永福縣志》，清乾隆十三年刊本。

民國・王紹沂等，民國《永泰縣志》，永泰方志委 1987 年標點本。

民國・楊宗彩等，民國《閩清縣志》，民國十年排印本。

明・陳良諫等，萬曆《羅源縣志》，北京，方志出版社 2007 年。

清・林春溥等，道光《羅源縣志》，羅源縣政協文史委 1983 年點校本。

明・劉日暘等，萬曆《古田縣志》，明萬曆刊本膠捲。

明・劉日暘等，萬曆《古田縣志》，北京，方志出版社 2007 年點校明萬

曆刊本。

清 · 辛竟可等，乾隆《古田縣志》，古田縣方志委 1987 年標點本。

明 · 楊德周，崇禎《玉田識略》，福建省圖書館藏抄本。

民國 · 余鍾英等，民國《古田縣志》，民國三十一年排印本。

清 · 沈鍾，乾隆《屏南縣志》，屏南縣方志委 1989 年油印本。

民國 · 黃履思等，民國《平潭縣志》，平潭縣方志委 1990 年標點本。

明 · 謝純等，嘉靖《建寧府志》，上海古籍書店 1963 年影印天一閣藏本。

明 · 丁繼嗣等，萬曆《建寧府志》，明萬曆三十四年刊本膠捲。

清 · 張琦等，康熙《建寧府志》，南平地區方志委 1994 年標點本。

清 · 鄧其文，康熙《甌寧縣志》，康熙三十四年刊本。

民國 · 詹宣猷、劉達潛修，蔡振堅、何履祥纂，民國《建甌縣志》，民國十八年刊本。

明 · 朱凌等纂修，嘉靖《建陽縣志》，上海古籍書店 1963 年影印天一閣藏本。

明 · 魏時應等，萬曆《建陽縣志》，書目文獻出版社 1990 年日本藏中國罕見方志叢刊影印本。

清 · 柳正芳等，康熙《建陽縣志》，清康熙四十二年刊本。

清 · 李再灝等，道光《建陽縣志》，1986 年 7 月建陽縣志辦重刊本。

民國 · 羅應辰等，民國《建陽縣志》，民國十八年刊本。

清 · 潘拱辰等，康熙《松溪縣志》，松溪縣編纂委 1986 年點校本。

明 · 車鳴時，萬曆《政和縣志》，明萬曆二十七年刻本膠捲。

民國 · 李熙等，民國《政和縣志》，民國八年刊本。

明 · 馮夢龍，崇禎《壽寧待志》，福建人民出版社 1983 年。

清 · 柳上芝等，康熙《壽寧縣志》，壽寧縣方志辦 1988 年標點本。

明 · 黎民範等，萬曆《浦城縣志》，明萬曆三十七年刊本膠捲。

清 · 翁昭泰等，光緒《浦城縣志》，清光緒二十三年刊本。

清 · 管申駿纂修，康熙《崇安縣志》，康熙九年刻本。

清 · 張彬等，雍正《崇安縣志》，清雍正十一年刊本。

清 · 章朝栻等，嘉慶《崇安縣志》，清嘉慶十三年刊本。

清 · 董天工，乾隆《武夷山志》，方志出版社 1997 年。

明 · 邢址等，嘉靖《邵武府志》，上海古籍書店 1963 年影印天一閣藏本。

明 · 韓國藩等，萬曆《邵武府志》，明萬曆四十七刊本膠捲。

清・張景祈等，光緒《邵武府志》，清光緒二十三年刊本。

清・李正芳等，咸豐《邵武縣志》，邵武市地方志編纂委員會 1986 年自印本。

明・何孟倫等，嘉靖《建寧縣志》，天一閣藏明代方志選刊續編本，第 38 冊。

清・朱霞等，乾隆《建寧縣志》，清乾隆二十四年刊本。

民國・錢江、范毓桂等，民國《建寧縣志》，民國八年刊本。

清・許燦等纂修，乾隆《泰寧縣志》，泰寧縣志編纂委 1986 年點校本。

清・高澍然等，道光《光澤縣志》，清同治九年補刊本。

清・邱豫鼎編，光緒《光澤鄉土志》，光緒三十二年（1906 年）排印本。

明・鄭慶雲等，嘉靖《延平府志》，上海古籍書店 1961 年影印天一閣藏本。

清・孔自洙等，順治《延平府志》，順治十七年刊本。

清・陶元藻等，乾隆《延平府志》，清乾隆十一年刊本。

清・楊桂森等，嘉慶《南平縣志》，清同治十一年重刊本。

民國・蔡建賢等，民國《南平縣志》，南平市志編纂委 1985 年點校本。

明・李敏纂修，弘治《將樂縣志》，天一閣館藏明代方志選刊續編，第 37 冊。

明・黃元美等，萬曆《將樂縣志》，明萬曆十三年刊本膠捲。

清・徐觀海等，乾隆《將樂縣志》，福建省圖書館藏抄本。

明・葉聯芳，嘉靖《沙縣志》，嘉靖二十四年刻本。

清・徐逢盛等，道光《沙縣志》，清道光十四年刊本。

清・徐逢盛等，道光《沙縣志》，同治刊本。

民國・羅克涵等，民國《沙縣志》，民國十七年排印本。

明・蘇民望、蕭時中纂，萬曆《永安縣志》，書目文獻出版社《日本藏中國罕見方志叢刊》，1990 年影印本。

清・裘樹榮，雍正《永安縣志》，永安縣方志委 1989 年據道光重刊本標點本。

清・陳樹蘭等，道光《永安縣續志》，永安縣方志委 1989 年據道光重刊本標點本。

明・李文兊等，嘉靖《尤溪縣志》，上海古籍書店 1962 年影印天一閣藏本。

明・鄧一鼎等纂修，崇禎《尤溪縣志》，明崇禎九年刊本，書目文獻出版社《日本藏中國罕見方志叢刊》，1990 年影印本。

民國・洪清芳等，民國《尤溪縣志》，尤溪縣方志辦 1985 年標點本。

清・吳天芹等，乾隆《順昌縣志》，清乾隆三十年刊本。

明・劉維棟，萬曆《大田縣志》，明萬曆三十九刊本膠捲。

清・葉銘等，乾隆《大田縣志》，清乾隆二十四年刊本。

明・閔文振等，嘉靖《福寧州志》，嘉靖十七年刊本膠捲。

明・林子燮等，萬曆《福寧州志》，北京，書目文獻出版社 1990 年日本藏中國罕見方志叢刊影印本。

清・李拔，乾隆《福寧府志》，寧德地區方志編纂委員會，1991 年自印本。

明・陸以載等纂，萬曆《福安縣志》，北京，書目文獻出版社《日本藏中國罕見方志叢刊》，1990 年影印本。

明・陳曉梧等，崇禎《福安縣志》，清康熙十六年刊本膠捲。

清・黃錦燦等，光緒《福安縣志》，福安縣方志委 1987 年標點本。

明・閔文振等，嘉靖《寧德縣志》，明嘉靖十七年刊本膠捲。

明・舒應元，萬曆《寧德縣志》，明萬曆十九年刊本膠捲。

清・盧建其等，乾隆《寧德縣志》，寧德縣方志辦 1983 年點校本。

清・崔嶷，《寧德支提寺圖志》，李懷先、季左明、顏素開點校本，福州，福建省地圖出版社 1988 年。

民國・徐有吾等，民國《霞浦縣志》，霞浦方志委 1986 年點校本。

明・謝肇淛，《長溪瑣語》，清抄本，四庫全書存目叢書，史部第 247 冊。

清・黃鼎翰，光緒《福鼎縣志》，清光緒三十二年刊本。

明・周瑛、黃仲昭，弘治《興化府志》，福建人民出版社 2007 年點校本。

明・呂一靜等，萬曆《興化府志》，明萬曆三年刊本膠捲。

明・馬夢吉等，萬曆《興化府志》，明萬曆間刊本膠捲。

清・廖必琦等，乾隆《莆田縣志》，乾隆二十三年刊本。

石有紀、張琴，民國《莆田縣志》，福建省圖書館藏抄本。

莆田縣志編纂委員會編，共和國《莆田縣志五十八種》，莆田縣志編纂委員會 1959 ～ 1965 年鉛印本。

明・林有年，嘉靖《仙遊縣志》，天一閣抄本。

清・胡啟植、葉和侃，乾隆《仙遊縣志》，乾隆三十五年原刊，民國重刊本。

明・陽思謙等，萬曆《泉州府志》，泉州市編纂委員會 1985 年影印彙刊本。

明・陽思謙等，萬曆《泉州府志》，臺灣學生書局影印本。

清・黃任等，乾隆《泉州府志》，清乾隆二十八年刊本、民國重刊本。

清・方鼎等，乾隆《晉江縣志》，清乾隆三十年刊本。

清・周學曾等，道光《晉江縣志》，福建人民出版社 1990 年標點本。

莊為璣，《晉江新志》，泉州市方志委 1986 年鉛印本。

明・林有年，嘉靖《安溪縣志》，上海古籍書店 1963 年影印天一閣藏本。

清・謝宸荃等，康熙《安溪縣志》，清康熙十二年刊本。

清・沈鍾等，乾隆《安溪縣志》，廈門大學出版社 1988 年。

明・許仁修、蔣孔煬纂，嘉靖《德化縣志》，明嘉靖十年刊本膠捲。

清・王必昌等纂修，乾隆《德化縣志》，德化縣志編纂委 1987 年點校本。

民國・王光張等，民國《德化縣志》，民國二十九排印本。

明・林希元，嘉靖《永春縣志》，北京圖書館藏抄本，明嘉靖五年刊本膠捲。

明・朱安期等，萬曆《永春縣志》，明刊本膠捲。

清・顏鑄等，乾隆《永春州志》，清乾隆五十一年刊本。

明・朱肜等，《崇武所城志》，福建人民出版社 1987 年。

明・張岳，嘉靖《惠安縣志》，上海古籍書店 1963 年影印天一閣藏本。

明・葉春及，《惠安政書》，福建人民出版社 1987 年。

清・吳裕仁，嘉慶《惠安縣志》，民國二十五年重刊本。

清・葉獻綸等，康熙《南安縣志》，康熙十一年刊本。

民國・蘇鏡潭等，民國《南安縣志》，泉州泉山書社排印本。

安海志修編小組，新編《安海志》，1983 年安海自刊本。

清・陶元藻等，乾隆《同安縣志》，民國八年重刊本。

清・劉光鼎等，嘉慶《同安縣志》，清嘉慶三年刊本。

民國・吳錫璜等，民國《同安縣志》，民國十八年排印本。

清・周凱、凌翰等，道光《廈門志》，鷺江出版社 1996 年標點本。

清・林焜熿，道光《金門志》，臺灣，臺灣書店 1956 年鉛印本。

明・羅青霄總輯，萬曆《漳州府志》，萬曆元年刊本。

明・袁業泗等修、劉庭蕙等纂，萬曆《漳州府志》，明萬曆四十一年閔夢得刊本。漳州市政協、廈門大學出版社 2012 年影印本。

明・袁業泗修、劉庭蕙纂，《漳州府志》，萬曆四十一年原刊，廈門大學出版社 2012 年影印本。按此書福建方志目錄常題為，袁業泗修，劉庭蕙纂。

清・蔡世遠等，康熙《漳州府志》，清康熙五十三年刊本。

清・李維鈺、官獻瑤等，乾隆《漳州府志》，清嘉慶補刊本。

清・沈定均、吳聯熏等，光緒《漳州府志》，清光緒三年刻本。

明・劉天授等，嘉靖《龍溪縣志》，上海古籍書店 1963 年影印天一閣藏本。

明・佚名，萬曆《龍溪縣志》，明萬曆元年摘抄本膠捲。

清・吳宜燮等，乾隆《龍溪縣志》，清光緒五年增刊本。

清・葉先登等，康熙《長泰縣志》，康熙二十六年刊本。

清・張懋建等，乾隆《長泰縣志》，民國二十一年排印本。

明・梁兆陽修，蔡國楨、張燮等纂，崇禎《海澄縣志》，崇禎五年刊本，北京，書目文獻出版社《日本藏中國罕見方志叢刊》，1990 年影印本。

清・李基益等，康熙《海澄縣志》，清康熙三十二年刊本。

清・鄧來祚等，乾隆《海澄縣志》，乾隆二十七年刊本。

清・陳汝咸修、林登虎纂，康熙《漳浦縣志》，康熙三十九年原修，民國十七年翻刻。

清・陳汝咸修、林登虎纂，康熙《漳浦縣志》，民國二十五年排印本。

清・王相等，康熙《平和縣志》，清光緒十五年重刊本。

清・黃評桂等，道光《平和縣志》，平和縣方志委 1997 年影印稿本。

明・蔡克恭等，萬曆《南靖縣志》，明刊本萬曆二十七年刊本膠捲。

民國・鄭豐稔等，民國《南靖縣志》，南靖縣方志委 1994 年整理本。

清・薛凝度等，嘉慶《雲霄廳志》，民國二十四年排印本。

清・秦炯纂修，康熙《詔安縣志》，康熙三十年刊本。

民國・陳蔭祖修、吳名世纂，民國《詔安縣志》，民國三十一年排印本。

民國・李猷明等，民國《東山縣志》，原纂於民國三十一年，東山縣方志辦 1987 年。

明・湯相修、莫元纂，嘉靖《龍巖縣志》，明嘉靖三十七年刊本膠捲。

清・徐銑等纂修，乾隆《龍巖州志》，福建省地圖出版社 1987 年。

清・陳文衡等，道光《龍巖州志》，清光緒十六年補刊本。

明・曾汝檀，嘉靖《漳平縣志》，漳平圖書館 1985 年重刊本。

清・林得震等撰，道光《漳平縣志》，民國二十四年排印本。

明・蕭亮修、張豐玉纂，金基增修，永曆《寧洋縣志》，永曆二十九年增修本。

清・蕭亮等，康熙元年《寧洋縣志》，漳平方志辦 2001 年。

清・董鐘驥撰，同治《寧洋縣志》，清光緒三年增刊本。

宋　·　胡太初纂、趙與沐，開慶《臨汀志》，福建人民出版社 1990 年點校本。

明　·　吳文度等，弘治《汀州府志》，明弘治十年刊本膠捲。

明　·　邵有道纂修，嘉靖《汀州府志》，天一閣藏明代方志選刊續編，第 39—40 冊，上海書店影印本。

明　·　唐世涵等，崇禎《汀州府志》，明崇禎十年刊本膠捲。

清　·　曾曰瑛等，乾隆《汀州府志》，中國方志叢書影印清乾隆十七年刊本。

清　·　曾曰瑛等，乾隆《汀州府志》，北京，方志出版社 2004 年。

清　·　潘世嘉等，康熙《長汀縣志》，清康熙二十五年刊本膠捲。

清　·　許春暉纂，乾隆《長汀縣志》，清乾隆四十七年刊本。

清　·　楊瀾等，道光《長汀縣志》，咸豐四年刊本。

民國　·　丘復等，民國《長汀縣志》，民國三十年刊本。

清　·　趙成等，乾隆《上杭縣志》，乾隆十八年刻本。

清　·　顧人驥等，乾隆《上杭縣志》，乾隆二十三年刻本。

民國　·　丘復等，民國《上杭縣志》，民國二十八年上杭啟文書局刊本。

清　·　杜士晉等，康熙《連城縣志》，方志出版社 1997 年。

清　·　李龍官、徐尚忠，乾隆《連城縣志》，廈門大學出版社 2008 年。

民國　·　王集吾修、鄧光瀛纂，民國《連城縣志》，民國二十七年維新書局排印本，《中國地方志集成》，福建府縣志輯，35。

清　·　趙良生，康熙《武平縣志》，武平縣方志委 1986 年點校本。

明　·　張士俊等，崇禎《寧化縣志》，明崇禎八年刊本膠捲。

清　·　李世熊，康熙《寧化縣志》，福建人民出版社 1989 年。

明　·　周憲章，萬曆《歸化縣志》，書目文獻出版社《日本藏中國罕見方志叢刊》，1990 年影印本。

民國　·　王維梁等，民國《明溪縣志》，廈門大學出版社 2008 年點校本。

明　·　陳桂芳等，嘉靖《清流縣志》，福建人民出版社 1992 年。

清　·　王霖等，康熙《清流縣志》，康熙四十一年刊本。

清　·　喬有豫，道光《清流縣志》，福建人民出版社 1992 年。

清　·　林善慶，民國《清流縣志》，福建地圖出版社 1988 年。

清　·　王見川等，乾隆《永定縣志》，乾隆二十二年刊本。

清　·　巫宜福等，道光《永定縣志》，道光十年刊本影抄本。

卓劍舟等，《太姥山全志》（外四種），福州，福建人民出版社 2008 年。

明　·　陳組綬，《皇明職方兩京十三省地圖表》，崇禎九年刊本，鄭振鐸編，

　　　《玄覽堂叢書三集》第十一冊，國立中央圖書館 1948 年。

清 · 朱正元，《福建沿海圖說》，上海，光緒二十八年刊本。

曹婉如、鄭錫煌、黃盛璋、鈕仲勳、任金城、秦國經、胡邦波編，《中國
　　　古代地圖集 · 明代》，北京，文物出版社 1995 年。

清 · 齊翀，乾隆《南澳志》，道光二十一年據乾隆四十八年本增刊。

清 · 印光任、張汝霖，乾隆《澳門紀略》，澳門文化司署 1992 年點校本。

蘇州博物館等編，《明清蘇州工商業碑刻集》，江蘇人民出版社 1981 年。

二、近人著作、論文

馬克思《資本論》第一卷，《馬克思恩格斯全集》第 23 卷，中國人民出版
　　　社 1974 年。

〔英〕約翰 · 克拉潘（Sir Joln Clapham），《簡明不列顛經濟史：從最早
　　　時期到 1750 年（*A concise Economic Histroy of Britain:From the Earliest
　　　Times to 1750*）》，范定九、王祖廉譯，上海譯文出版社 1980 年。

〔美〕湯普遜（James Westfall Thompson），《中世紀經濟社會史》，原版
　　　1928 年，耿淡如譯本，北京，商務印書館 1997 年。

〔日〕小葉田淳，《明代漳泉人の海外通商發展》，臺北，野山書房 1942 年。

張維華，《明代海外貿易簡論》，上海人民出版社 1956 年。

張維華，《明史歐洲四國傳注釋》，上海古籍出版社 1982 年。

鄭樑生，《明代中日關係史研究》，臺灣，文史哲出版社 1985 年。

劉芝田，《中菲關係史》，臺北，正中書局 1964 年。

陳台民，《中菲關係與菲律賓華僑》，香港，朝陽出版社 1985 年。

〔美〕保羅 · 布特爾（by Paul Butel），《大西洋史》，劉明周譯，上海，
　　　東方出版社中心 2015 年。

朱杰勤，《東南亞華僑史》，中華書局 2008 年。

王賡武，《南海貿易：南中國海華人早期貿易史研究》，香港，中華書局
　　　香港分局 1988 年。

林惠祥，《臺灣番族之原始文化》，北京，中研院社會科學研究所專刊第
　　　3 號，1930 年。

陳懋仁，《明代倭寇考略》，1934 年。

薩士武、傅衣凌等，《福建對外貿易史研究》，福建省研究院社會科學研
　　　究所 1948 年。

傅衣凌，《明清時代商人及商業資本》，中華書局 1956 年。

傅衣凌，《明清農村社會經濟》，三聯書店 1961 年。

傅衣凌，《明代江南市民經濟試探》，上海人民出版社 1963 年。

傅衣凌，《明清社會經濟史論集》，北京，中國人民出版社 1982 年。

傅衣凌、楊國楨合編，《明清福建社會與鄉村經濟》論文集，廈門大學出版杜 1987 年。

石原道博，《倭寇》，吉川弘文館平成八年，該書原版於昭和三十九年。

田中健夫，《倭寇》，東京，教育社 1982 年。

嚴中平，《中國棉紡織史稿》，北京，科學出版社 1955 年。

陳詩啟，《明代官手工業研究》，湖北人民出版社 1958 年。

劉石吉，《明清時代江南市鎮研究》，北京，中國社會科學出版社 1987 年。

趙岡、陳鐘毅，《中國棉紡織史》，北京，中國農業出版社 1997 年。

徐新吾主編，《江南土布史》，上海社會科學院出版社 1992 年。

鄭學稼，《日本史（三）》臺北，黎明文化公司 1977 年。

鄭昌淦，《明清農村商品經濟》，中國人民大學出版社 1989 年。

中國佛教學會福建省分會，《福建佛教志二稿》，共三冊，九十年代初期油印本，其時福建佛學會會長為妙湛。

梁方仲，《梁方仲經濟史論文集》，北京，中華書局 1989 年。

梁方仲，《梁方仲經濟史論文集補編》，中州古籍出版社 1984 年。

全漢昇，《中國經濟史論叢》，香港，新亞研究所 1972 年。

全漢昇，《明清經濟史研究》，臺北，聯經出版公司 1987 年。

全漢昇，《中國經濟史研究》，北京，中華書局 2011 年。

曹永和，《中國海洋史論集》，臺北，聯經出版公司 2000 年。

王家范，《明清江南史研究三十年 1978—2008 年》，上海古籍出版社 2010 年。

〔日〕黑田明伸，《貨幣制度的世界史》，中譯本，中國人民大學出版社 2011 年。

顧誠等，《永寧衛城文化研究》，福建人民出版社 2001 年。

中國海洋發展史論文集編輯委員會編，《中國海洋發展史論文集》第一輯，臺北，中研院三民所 1984 年。

中國海洋發展史論文集編輯委員會編，《中國海洋發展史論文集》第二輯，臺北，中研院中山人文社會科學研究所 1986 年。

張炎憲主編，《中國海洋發展史論文集》第三輯，臺北，中研院中山人文
　　社會科學研究所 1988 年。

吳劍雄主編，《中國海洋發展史論文集》第四輯，臺北，中研院中山人文
　　社會科學研究所 1988 年。

張彬村、劉石吉主編，《中國海洋發展史論文集》第五輯，臺北，中研院
　　中山人文社會科學研究所 1988 年。

張炎憲主編，《中國海洋發展史論文集》第六輯，臺北，中山人文社會科
　　學研究所 1997 年。

湯熙勇主編，《中國海洋發展史論文集》第七輯，臺北，中山人文社會科
　　學研究中心 1999 年。

朱德蘭主編，《中國海洋發展史論文集》第八輯，臺北，中研院人文社會
　　科學研究中心 2002 年。

劉序楓主編，《中國海洋發展史論文集》第九輯，臺北，中研院人文社會
　　科學研究中心 2005 年。

湯熙勇主編，《中國海洋發展史論文集》第十輯，臺北，中山人文社會科
　　學研究中心 2008 年。

福建省歷史學會廈門分會編輯，《月港研究論文集》，1983 年自刊本。

李文治、魏金玉、經君健等編，《明清時代的農業資本主義萌芽問題》，
　　中國社會科學出版社 1983 年。

鄭永常，《來自海洋的挑戰──明代海貿政策演變研究》，臺北縣，稻鄉
　　出版社 2008 年刊本。

朱維幹，《福建史稿》下冊，福建教育出版社 1986 年。

陳遵統，《福建編年史》，福建省圖書館藏 1959 年手稿本。

彭信威，《中國貨幣史》，上海人民出版社 1988 年。

丘光明編著，《中國歷代度量衡考》，科學出版社 1992 年。

戴裔煊，《明代嘉隆年間的倭寇海寇與中國資本主義的萌芽》，北京，中
　　國社會科學出版社 1982 年。

戴裔煊，《明史·佛郎機傳箋證》，中國社會科學出版社 1984 年。

新予，《浙江絲綢史》，浙江人民出版社 1985 年。

《安海港史》研究編輯組編，《安海港史研究》，福州，福建教育出版社
　　1989 年。

廈門大學歷史研究所主編，《福建經濟發展簡史》，廈門大學出版社 1989
　　年。

鄭學檬，《中國古代經濟重心南移和唐宋江南經濟研究》，嶽麓書社 2003年。

鄭學檬、徐東升，《唐宋科學技術與經濟發展的關係研究》，廈門大學出版社 2013年。

鄭學檬，《點濤齋史論集：以唐五代經濟史為中心》，廈門大學出版社 2016年。

楊國楨，《閩在海中──追尋福建海洋發展史》，江西高校出版社，1998年。

楊國楨，《東溟水土──東南中國海洋環境與經濟開發》，江西高校出版社，2003年。

林仁川，《明末清初私人海上貿易》，上海華東師範大學出版社 1987年。

林仁川，《福建對外貿易與海關史》，鷺江出版社 1991年。

黃福才，《臺灣商業史》，江西人民出版社，1990年。

李伯重，《理論、方法、發展、趨勢，中國經濟史研究新探》，浙江大學出版社 2013年。

李伯重，《江南的早期工業化，1500—1850年》，中國社會科學文獻出版社，2000年。

李伯重，《火槍與帳簿──早期經濟全球化時代的中國與東亞世界》，生活、讀書、新知三聯書店 2017年。

陳支平，《民間文書與臺灣社會經濟史》，長沙，嶽麓書社 2004年。

黃仁宇，《十六世紀明代中國之財政與稅收》，阿風、許文繼、倪玉平、徐衛東譯，北京，生活、讀書、新知三聯書店 2001年。

《饒宗頤潮汕地方史論集》，汕頭大學出版社 1996年。

陳佳榮，《南溟集》，香港，麒麟書業有限公司 2005年。

李東華，《泉州與我國中古的海上交通》，臺灣學生書局 1986年。

黃啟臣、鄭煒明，《澳門經濟四百年》澳門基金會 1994年。

李金明，《明代海外貿易史》，中國社會科學出版社 1990年。

李金明，《海外交通與文化交流》，雲南美術出版社 2006年。

李金明、廖大珂，《中國古代海外貿易史》，廣西人民出版社 1995年。

李隆生，《晚明海外貿易數量研究──兼論江南絲綢產業與白銀流入的影響》，臺北，秀威資訊科技股份有限公司 2005年。

唐次妹，《清代臺灣城鎮研究》，北京，九州出版社 2008年。

蘇基朗，《刺桐夢華錄──近世前期閩南的市場經濟》，浙江大學出版社 2012年。

田培棟，《明史披揀集》，三秦出版社 2012 年。

萬明，《明代中外關係史論稿》，中國社會科學出版社 2011 年。

張金奎，《明代山東海防研究》，中國社會出版社 2014 年。

王川，《市舶太監與南海貿易——廣州口岸史研究》，北京，人民出版社 2010 年。

陳景盛，《福建歷代人口論考》，福建人民出版社 1991 年。

吳承明，《中國資本主義與國內市場》，中國社會科學出版社 1985 年。

許滌新、吳承明主編，《中國資本主義發展史》第一卷，中國資本主義萌芽，人民出版社 1995 年。

林滿紅，《四百年來的兩岸分合》，臺北，自立晚報文化出版部，1994 年。

林滿紅，《銀線—— 19 世紀的世界與中國》，詹慶華、林滿紅等譯，江蘇人民出版社 2011 年。

黃挺、陳占山，《潮汕史》，廣東人民出版社 2001 年。

徐曉望、陳衍德，《澳門媽祖文化研究》，澳門基金會 1998 年。

中研院臺灣史研究所籌備處，《臺灣商業傳統論文集》，1999 年。

廖大珂，《福建海外交通史》，福建人民出版社 2002 年。

陳自強，《漳州古代海外交通與海洋文化》，福建人民出版社 2014 年。

林南中，《漳州外來貨幣概述》，福建人民出版社 2014 年。

〔日〕外山幹夫，《松浦氏と平戶貿易》，日本，東京，國書刊行會 1987 年。

〔日〕松浦章，《中國の海賊》，東京，東方書店 1995 年。

〔日〕松浦章，《明清時代東亞海域的文化交流》，鄭潔西等譯，江蘇人民出版社 2009 年。

〔日〕坂本太郎，《日本史》，北京，中國社會科學出版社 2008 年。

〔日〕上田信，《海與帝國：明清時代》，高瑩瑩譯本，廣西師範大學出版社 2014 年。

〔日〕上田信，《東歐亞海域史列傳》，寇淑婷譯本，廈門大學出版社 2018 年。

〔澳大利亞〕傑佛瑞・C・岡恩，《澳門史》，秦傳安譯，中央翻譯出版社 2009 年。

湯開建，《澳門開埠初期史研究》北京，中華書局 1999 年。

湯開建，《委多黎〈報效始末疏〉箋正》，廣東人民出版社 2004 年。

湯開建，《明代澳門史論稿》，黑龍江教育出版社 2012 年。

晁中辰，《明代海禁與海外貿易》，北京，人民出版社 2005 年。

晁中辰，《明代海外貿易研究》，故宮出版社 2012 年。

向達注釋本，《兩種海道針經》，北京，中華書局 2000 年。

中國第一歷史檔案館、澳門一國兩制研究中心，《澳門歷史地圖精選》，
　　　北京，華文出版社 2000 年。

〔葡萄牙〕曾德昭（Alvaro Semedo），《大中國志》，何高濟譯，李申校，
　　　上海古籍出版社 1998 年。

〔西班牙〕門多薩（J. G. de Mendoza），《中華大帝國史》，何高濟譯，北京，
　　　中華書局 1998 年。

〔西班牙〕胡安・岡薩雷斯・德・門多薩（J. G. de Mendoza），《中華大
　　　帝國史》，孫家堃譯，北京，中華書局 2009 年。

〔英〕Ｃ・Ｒ・博克塞，《澳門與日本的早期貿易》，C. R. Boxer, *The Great
　　　ship from Amacon: Annals of Macao and the Old japan Trade, 1550-1640*,
　　　Centro de Estudos Historicos Ultramarinos, Lisboa, 1959.

張天澤，《中葡早期通商史》，姚楠、錢江譯，中華書局香港分局 1988 年。

金國平、吳志良，《過十字門》，澳門成人教育協會 2004 年。

金國平、吳志良，《早期澳門史論》，廣州，廣東人民出版社 2007 年。

吳志良主編，《澳門史新論》，澳門基金會 2008 年。

吳志良、金國平、湯開建主編，《澳門史新編》，澳門基金會 2008 年。

金國平編譯，《西方澳門史料選萃（15—16 世紀）》，廣東人民出版社
　　　2005 年。

郭萬平、張捷主編，《舟山普陀與東亞海域文化交流》，浙江大學出版社
　　　2009 年。

栗建安主編，《考古學視野中的閩商》，北京，中華書局 2010 年。

廣東省社會科學院、廣東海洋史研究中心編，《海洋史研究》第二輯，北京，
　　　社會科學文獻出版社 2011 年。

陳小沖主編，《臺灣歷史上的移民與社會研究》，北京，九州出版社 2011 年。

佚名，《中國古陶瓷論文集》，文物出版社，1982 年。

葉文程，《中國古外銷瓷研究論文集》，北京，紫禁城出版社 1988 年。

福建省博物館，《德化窯》，文物出版社 1990 年。

福建省博物館，《漳州窯》，福建人民出版社 1997 年。

福建省博物館、日本茶道資料館等，《特別展：交趾香合──福建出土的

遺物和日本的傳世品》，日本寫真株式會社 1998 年。

廣東文物考古研究所、廣東省博物館、國家文物水下文化遺產保護中心編著，《孤帆遺珍——南灣 I 號出水精品文物圖錄》，北京，科學出版社 2014 年。

孟原召，《閩南地區宋至清代製瓷手工業遺存研究》，北京，文物出版社 2017 年。

李獻璋，〈嘉靖年間における浙海の私商及び舶主王直行蹟考（上）〉，日本，《史學》34 卷，第 1 號（1962 年）

〔日〕木宮泰彥，《日中文化交流史》，胡錫年譯，商務印書館 1980 年。

徐曉望，〈16—17 世紀環臺灣海峽區域市場研究〉，廈門大學歷史系博士論文 2003 年。

〔日〕中村孝志，《荷蘭時代的臺灣史研究・上卷・概說・產業》，臺北，稻鄉出版社 1997 年。

〔法〕費爾南・布羅代爾（Fernald Braudel），《菲力浦二世時代的地中海和地中海世界》，唐家龍、曾培狄等譯，北京，商務印書館 1996 年。

〔法〕費爾南・布羅代爾（Fernald Braudel），《15 至 18 世紀的物質文明、經濟和資本主義》，顧良、施康強等譯，北京，生活、新知三聯書店 1993 年。

〔美〕柯文，《在中國發現歷史——中國中心觀在美國的興起》，北京，中華書局 1989 年。

〔美〕施堅雅，《中國封建社會晚期城市研究》，王旭等譯，吉林教育出版社 1991 年。

〔美〕王國斌，《轉變的中國——歷史變遷與歐洲經濟的局限》，李伯重、連玲玲譯，江蘇人民出版社 1998 年。

〔日〕速水融、宮本又郎編，《日本經濟史》，北京，三聯書店 1997 年。

〔日〕川北稔，《一粒砂糖裡的世界史》，趙可譯本，海口市，南海出版社 2018 年。

〔美〕施堅雅主編，《中華帝國晚期的城市》，中華書局出版社 2000 版。

〔日〕濱下武志，《近代中國的國際契機——朝貢貿易體系與近代亞洲經濟圈》，朱蔭貴、歐陽菲譯本，中國社會科學出版社 1999 年。

〔日〕濱下武志，《中國近代經濟史研究——清末海關財政與通商口岸市場圈》，高淑娟、孫彬譯，江蘇人民出版社 2006 年。

〔日〕濱下武志，《海域亞洲與港口網絡的歷史變遷：十五—十九世紀》，

海洋史叢書編輯委員會，《港口城市貿易網絡》，朱德蘭、劉序楓，序iv，臺北，中研院人文社會科學研究中心，2012年。

〔德〕貢德・弗蘭克（Frank, G.），《白銀資本——重視經濟全球化中的東方》，劉北成譯，北京，中央編譯出版社2000年。

〔美〕彭慕蘭（Kenmeth pomeranz），《大分流——歐洲、中國及現代世界經濟的發展》，（*The Great Divergence: Europe,Chima,amd the Making of the Moderm World Economy*），普林斯頓大學出版社2000年原版，史建雲譯本，南京，江蘇人民出版社2010年。

〔美〕彭慕蘭（Kenneth Ponmeranz）、史蒂夫・托皮克（Steven Topik），《貿易打造的世界——社會文化與世界經濟》，黃中憲譯本，陝西師範大學出版社2008年。

程紹剛譯註，《荷蘭人在福爾摩莎》，臺北，聯經出版事業公司2000年。

鄭維中，《製作福爾摩莎——追尋西洋古畫中的臺灣身影》，臺北，大雁文化事業公司2006年。

〔英〕崔瑞德、〔美〕牟復禮編，《劍橋中國明代史1368—1644年》下卷，北京，中國社會科學出版社2006年。

徐泓，《二十世紀的明史研究》，臺灣大學出版社中心2011年。

〔日〕森正夫、野口鐵郎、濱島敦俊、岸本美緒、佐竹靖彥編，《明清時代史的基本問題》，周紹泉、欒成顯等譯，北京，商務印書館2013年。

〔日〕檀上寬，《明代海禁和朝貢》，京都大學學術出版會2013年。

〔英〕羅傑・克勞利，《征服者：葡萄牙帝國的崛起》，北京，社會科學文獻出版社2016年。

〔美〕尤金・賴斯、安東尼・格拉夫頓，《現代歐洲史・早期現代歐洲的建立1460—1559》，北京，中信出版社2016年。

〔美〕薩利・杜根、大衛・杜根，《劇變：英國工業革命》，孟新譯，中國科學技術出版社2018年。

董建中主編，《清史譯叢》第十一輯，《中國與十七世紀危機》，商務印書館2013年。

〔義大利〕喬吉奧・列略（Giorgio Riello），《棉的全球史》，劉媺譯，上海人民出版社1981年。

〔德〕普塔克（Roderich Ptak），《普塔克澳門史與海洋史論集》，趙殿紅、蔡潔華等譯，廣東人民出版社2018年。

秦佩珩，〈明代的朝貢貿易〉，《經濟研究季報》第一卷，第二期（1941年）。

又見，《秦佩珩學術論文集》，中州古籍出版社 1999 年。

薛澄清，〈明末福建海關情況及其地點變遷考略〉，《禹貢半月刊》第五
　　卷七期（1936 年）。

薩士武，〈明成化間福建市舶司移置福州考〉，《禹貢半月刊》第七卷一、
　　二、三合期（1937 年）。

田汝康，〈十七世紀至十八世紀中葉中國帆船在東南亞洲運輸和商業上的
　　地位〉，《歷史研究》1956 年第 8 期。

〔日〕岩生成一，〈在臺灣的日本人〉，許賢瑤譯，《荷蘭時代臺灣史論
　　文集》，臺灣，佛光人文學院 2001 年。

〔日〕岩生成一，〈關於近代日中貿易的數量考察〉，《史學雜誌》第 62
　　編第 11 號。

〔日〕岩生成一，〈明末僑寓日本中國人甲必丹李旦考〉，《東洋學報》
　　第 23 編第 3 號，1936。又見許賢瑤譯，《荷蘭時代臺灣史論文集》，
　　臺灣，佛光人文社會學院 2001 年。

黃志中，〈福建地區商品經濟的發展和資本主義的萌芽〉，《福建師大學報》
　　1981 年第 2 期。

季羨林，〈一張有關印度製糖法傳入中國的敦煌殘卷〉，北京，《歷史研究》
　　1982 年第 1 期。

李洵，〈西元十六世紀的中國海寇〉，《明清史國際學術討論會論文集》，
　　天津人民出版社 1982 年。

林仁川、陳傑中，〈試論明代漳泉海商資本發展緩慢的原因〉，《中國社
　　會經濟史研究》1982 年第 1 期。

張蓮英，〈明代中暹的貿易關係及華僑對暹羅經濟發展的作用〉，《中國
　　社會經濟史研究》1982 年第 2 期。

〔日〕松浦章，〈明末清初的澳日貿易〉，陳燕虹譯、孔穎校，《澳門研究》
　　2016 年第 3 期。

廈門海關、泉州海關、泉州海外交通史博物館聯合調查組，〈泉州海關史
　　跡調查〉，《海交史研究》1988 年第 1 期。

錢江，〈1570—1760 年中國和呂宋貿易的發展及貿易額的估算〉，《中國
　　社會經濟史研究》1986 年第 3 期。

錢江，〈17 至 18 世紀中國與荷蘭的瓷器貿易〉，廈門大學，《南洋問題研究》
　　1989 年第 1 期。

陳鏗，〈清代臺灣的開發與福建社會經濟的發展〉，《福建學刊》1989 年

第 6 期。

莊國土，〈略論早期中國與葡萄牙關系的特點 1513—1613 年〉，澳門《文化雜誌》1994 年第 18 期。

莊國土，〈16—18 世紀白銀流入中國的估算〉，《中國錢幣》1995 年 3 期，第 3—10 頁。

徐曉望，〈明代漳州商人與中琉貿易〉，泉州，《海交史研究》1998 年 2 期。

陳學文，〈明清時期臺灣蔗糖業的發展〉，載萬斌主編《我們與時代同行——浙江省社會科學院論文精選 1996—1999 年》，杭州出版社，2005 年。

唐文基，〈論明朝的寶鈔政策〉，《福建論壇》文史哲版 2000 年第 1 期。

金國平、吳志良：《1541 年別琭佛哩時代定製瓷之圖飾、產地及定製途徑考》，澳門基金會 2011 年。

廖大珂，〈葡萄牙人在浙江沿海的通商與衝突〉，廈門大學南洋研究院，《南洋問題研究》2003 年 2 期。

廖大珂，〈朱紈事件與東亞海上貿易體系的形成〉，濟南，《文史哲》2009 年 2 期。

萬明，〈明代白銀貨幣化：中國與世界連接的新視角〉，《河北學刊》2004 年第 3 期。又載，萬明，《明代中外關係史論稿》，中國社會科學出版社 2011 年。

萬明，〈白銀資本與 20 世紀末以來的白銀問題研究〉，萬明，《明代中外關係史論稿》，中國社會科學出版社 2011 年。

徐曉望，〈「中國資本主義萌芽論」的合理內核與中國近代化問題〉，廣東，《學術研究》2003 年 1 期。

徐曉望、陳支平，〈論傅衣凌先生與中國資本主義萌芽的研究〉，《明史研究論叢》，黃山書社 2004 年 7 月。

劉振群，〈窯爐的改進和我國古陶瓷發展的關係〉，《中國古陶瓷論文集》，文物出版社 1982 年。

林汀水，〈九龍江下游的圍墾與影響〉，《中國社會經濟史研究》1984 年第 4 期。

呂作燮，〈明清時期蘇州的會館和公所〉，《中國社會經濟史研究》1984 年第 2 期。

楊欽章，〈十六世紀西班牙人在泉州的所見所聞〉，《福建論壇》1985 年 1 期。

〔日〕森村健一，〈菲律賓聖達戈號沉船中的瓷器〉，曹建南譯，《福建文博》1997 年第 2 期。

〔日〕金澤陽，〈埃及出土的漳州窯瓷器——兼論漳州窯瓷器在西亞的傳播〉，《福建文博》1999 年增刊，總第 35 期。

〔法〕莫尼克・寇里克，〈界定汕頭器的年代—— 1600 年 11 月 4 日，聖達戈號大帆船〉，王芳譯、樓建龍校，《福建文博》2001 年第 1 期。

范金民，〈明清時期江南與福建廣東的經濟聯繫〉，《福建師範大學學報》2004 年 1 期。

陳春聲，〈從倭亂到遷海——明末清初潮州地方動亂與鄉村社會變遷〉，《明清論叢》第 2 輯，北京，紫禁城出版社 2000 年。

〔葡〕魯伊・羅里多（Rui D Ávila Lourido），〈葡萄牙人與絲綢之路：明朝末年的澳門與馬尼拉〉，《文化雜誌》2002 年秋季刊。

〔澳〕布里安・莫洛尼（Brian Moloughney）、夏維中，〈白銀與明朝的滅亡再研究〉，澳大利亞大學編，《遠東歷史論集》坎培拉，澳大利亞大學 1989 年，第 51—78 頁。

倪來恩、夏維中，〈外國白銀與明帝國的崩潰〉，《中國社會經濟史研究》1990 年第 3 期。

廣東文物考古研究所、國家文物水下文化遺產保護中心、廣東省博物館，〈廣東汕頭市南澳 I 號明代沉船〉，《考古》2011 年第 7 期。

孫靖國，〈明代海防地圖——全海圖注〉，北京，《地圖》，2013 年第 2 期。

邱永志，〈國家救市與貨幣轉型——明中葉國家貨幣制度與民間市場上的白銀替代〉，《中國經濟史研究》2018 年第 6 期。

三、資料彙編

吳晗輯，《朝鮮李朝實錄中的中國史料》，北京，中華書局 1980 年。

陳祖槼、朱自振編，《中國茶葉歷史資料選輯》，北京農業出版社 1981 年。

福建省測繪局、福建省民政廳，《福建省地圖冊》，福建省地圖出版社 1983 年。

〔義〕利瑪竇、金尼閣著，《利瑪竇中國箚記》，何高濟、王遵仲、李申譯，北京，中華書局 1983 年。

〔葡〕曾德昭（Alvaro Semedo），《大中國志》，何高濟譯，上海古籍出版社 1998 年。

余定邦、黃重言編，《中國古籍中有關新加坡馬來西亞資料彙編》，北京，中華書局 2002 年。

黃重言、余定邦編，《中國古籍中有關泰國資料彙編》，北京大學出版社 2016 年。

粘良圖選注，《晉江碑刻選》，廈門大學出版社 2002 年。

陳國仕輯錄，《豐州集稿》，南安縣志編纂委員會 1992 年自刊本。

王文徑編，《漳浦歷代碑刻》，漳浦縣博物館 1994 年。

〔荷〕包樂史（Lenoard. Blussé），《巴達維亞華人與中荷貿易》，莊國土、吳龍、張曉寧譯，廣西人民出版社 1997 年。

包樂史、吳鳳斌，《18 世紀末吧達維亞唐人社會》，廈門大學出版社 2002 年。

〔澳大利亞〕安東尼 • 瑞德（Anthony Reid），《東南亞的貿易時代：1450—1680 年》第一卷，《季風吹拂下的土地》（原版，耶魯大學出版社 1988 年），吳小安、孫來臣、李塔娜譯，北京，商務印書館 2013 年。

〔澳大利亞〕安東尼 • 瑞德（Anthony Reid），《東南亞的貿易時代：1450—1680 年》第二卷，《擴張與危機》（原版，耶魯大學出版社 1993 年），孫來臣、李塔娜、吳小安譯，北京，商務印書館 2013 年。

周鑫，《東南亞的貿易時代：1450—1680 年》評價，廣東省社會科學院、廣東海洋史研究中心編，《海洋史研究》第二輯，2011 年 8 月版。

鄭振滿、丁荷生編，《福建宗教碑銘彙編 • 興化府分冊》，福建人民出版社 1995 年。

鄭振滿、丁荷生編，《福建宗教碑銘彙編 • 泉州府分冊》，福建人民社 2003 年。

國立中研院歷史語言研究所，《明清史料甲編》等，上海，商務印書館 1951 年。

郭輝譯，《巴達維亞城日記》，中文版，臺灣省文獻委員會 1970 年印行。

梁方仲，《中國歷代戶口、田地、田賦統計》，上海人民出版社 1980 年。

謝國楨，《明代社會經濟史料選編》上、下，福建人民出版社 2008 年。

姚楠譯，〔荷〕威伊邦特庫著，《東印度航海記》，北京，中華書局 1982 年。

竺可楨，〈中國近五千年來氣候變遷的初步研究〉（1973 年 2 月），《竺可楨全集》第 4 卷，上海科技教育出版社 2004 年，第 444—473 頁。

費爾南・門德斯・平托，《葡萄牙人在華見聞錄》，澳門文化司署、東方葡萄牙學會、海南出版社、三環出版社，王鎖英譯本，1998 年。

〔葡〕雅依梅・科爾特桑，《葡萄牙的發現》，鄧蘭珍等譯，中國對外翻譯出版社 1996 年。

〔西〕伯來拉、克路士等著，《南明行紀》，何高濟等譯，北京，中國工人出版社 2000 年。

余定邦、黃重言等編，《中國古籍中有關新加坡、馬來西亞資料彙編》，北京，中華書局 2002 年。

平托著、金國平譯，《遠遊記》，澳門基金會等，1999 年。

中國測繪研究院編纂，《中華古地圖珍品選集》，哈爾濱地圖出版社 1998 年。

〔瑞士〕艾利・利邦（Élie Ripon），《利邦上尉東印度航海歷險記——一個傭兵的日記 1617—1627 年》，伊佛・紀侯編注，賴慧芸譯，包樂史、鄭維中、蔡香玉等校注，臺北市，遠流，曹永和文教基金會 2012 年。

衷海燕、唐元平編，《廣東海上絲綢之路史料彙編・明代卷》，廣東經濟出版社 2017 年。

國家圖書館出版品預行編目資料

明清福建臺灣史第二卷：晚明福建史 / 徐曉望著. -- 初版. -- 臺北市：蘭臺出版社, 2024.03
　冊；　公分. --（臺灣史研究叢書；21）
ISBN 978-626-97527-4-4(全套：精裝)

1.CST: 歷史 2.CST: 臺灣史 3.CST: 明代 4.CST: 清代 5.CST: 福建省

673.12　　　　　　　　　　　　　　　　　　112020852

臺灣史研究叢書21

明清福建臺灣史第二卷：晚明福建史

作　　者：徐曉望
總　　編：張加君
主　　編：沈彥伶
編　　輯：沈彥伶　凌玉琳
美　　編：凌玉琳
校　　對：張建民　楊容容　古佳雯
封面設計：陳勁宏
出　　版：蘭臺出版社
地　　址：臺北市中正區重慶南路1段121號8樓之14
電　　話：(02)2331-1675或(02)2331-1691
傳　　真：(02)2382-6225
E－MAIL：books5w@gmail.com或books5w@yahoo.com.tw
網路書店：http://5w.com.tw/
　　　　　https://www.pcstore.com.tw/yesbooks/
　　　　　https://shopee.tw/books5w
　　　　　博客來網路書店、博客思網路書店
　　　　　三民書局、金石堂書店
經　　銷：聯合發行股份有限公司
電　　話：(02) 2917-8022　　傳真：(02) 2915-7212
劃撥戶名：蘭臺出版社　　　　帳號：18995335
香港代理：香港聯合零售有限公司
電　　話：(852) 2150-2100　　傳真：(852) 2356-0735
出版日期：2024年03月 初版
定　　價：全套新臺幣12000元整（精裝，套書不零售）
ISBN：978-626-97527-4-4